2016 西峰年鉴

XIFENG YEARBOOK

西峰区人民政府　主管
西峰区地方志办公室
西峰区档案局　编

方志出版社
Publishing House of Local Records

图书在版编目（CIP）数据

西峰年鉴. 2016 / 西峰区地方志办公室，西峰区档案局编. -- 北京: 方志出版社，2016.12
ISBN 978-7-5144-2253-5

Ⅰ. ①西… Ⅱ. ①西… ②西…Ⅲ. ①区（城市）—庆阳—2016—年鉴 Ⅳ. ①K294.23

中国版本图书馆CIP数据核字(2016)第291215号

西峰年鉴（2016）

编　　者： 西峰区地方志办公室
西峰区档案局
责任编辑： 刘方圆

出 版 人： 冀祥德
出 版 者： 方志出版社
地址　北京市朝阳区潘家园东里9号（国家方志馆4层）
邮编　100021
网址　http://www.fzph.org
发　　行： 方志出版社发行中心
电话（010)67110500
经　　销： 各地新华书店
印　　刷： 庆阳市鹤原印务有限公司

开　　本： 889×1194　1/16
印　　张： 50.3
字　　数： 645 千字
印　　次： 2016年12月第1版　2016年12月第1次印刷
印　　数： 001～500册

ISBN 978-7-5144-2253-5　**定价：** 280.00元

《西峰年鉴（2016）》编纂委员会

《西峰年鉴（2016）》编辑部

编辑说明

一、《西峰年鉴》以马克思列宁主义、毛泽东思想、邓小平理论、“三个代表”重要思想、科学发展观为指导，旨在全面、系统、准确地记载西峰区年度政治、经济、社会等方面的基本情况和各行各业取得的成就，为各级领导科学决策提供依据，为社会各界人士了解西峰提供权威、翔实、丰富的区情资料。

二、《西峰年鉴(2016)》采用一年卷编辑形式出版，其所记述资料上限始于2015年1月1日，下限止于2015年12月31日。

三、《西峰年鉴(2016)》由文字叙述、彩色插图组成。内容包括特载、大事记、区情概况、党政、民主党派和社会团体、法治、武装、经济管理与监督、农村经济、工信交通、城建环保、商贸流通、财政税务、金融保险、社会管理、社会事业、联村联户及精准扶贫、乡镇街办、村组社区选介、项目建设、统计公报、荣誉成果、新闻特载、年度人物、档案钩沉、附录等信息，部分文字内容配有彩色插图。通过以上内容充分反映了西峰2015年的政治、经济、文化、社会等各方面取得辉煌成就。

四、《西峰年鉴(2016)》所涉及的文字内容和数据，均来源于西峰区直属各单位所提供上报资料档案。选用时本着实事求是的原则，力求准确和真实，经编委会成员审定后选用，并交还原单位审核确认。所使用数据均以统计结果为准。

五、《西峰年鉴(2016)》农田土地面积沿用“亩”为计量单位。

六、《西峰年鉴(2016)》是在西峰区政府的指导下，是编委会及各单位编辑人员通力合作的结果。编写过程中得到了各单位的大力支持及协助，在此谨向为年鉴付出辛勤劳动的单位及个人深表谢意。由于编者水平有限，错讹和疏漏在所难免，敬请社会各界批评指正。

《西峰年鉴(2016)》编写组

目 录

特 载

在区委三届九次全委(扩大)会暨全区经济工作会议上的讲话……………………章志兼(1)
人大常委会工作报告…………………赵海东(10)
政府工作报告………………………王 驰(16)
政协西峰区委员会常务委员会工作报告………………………………罗亚林(27)

大事记

1 月……………………………………………(35)
2 月……………………………………………(35)
3 月……………………………………………(35)
4 月……………………………………………(36)
5 月……………………………………………(36)
6 月……………………………………………(37)
7 月……………………………………………(38)
8 月……………………………………………(38)
9 月……………………………………………(39)
10 月……………………………………………(40)
11 月……………………………………………(41)
12 月……………………………………………(41)

区情概况

区情概况……………………………………………(43)

党 政

中国共产党西峰区委员会
精准扶贫……………………………………(45)
项目建设……………………………………(46)
“三农”服务…………………………………(47)
工业园区……………………………………(47)
市场体系……………………………………(48)
社会治理……………………………………(48)
从严治党……………………………………(49)
重要文件……………………………………(49)
党务工作……………………………………(50)
公文办理……………………………………(50)
信息建设……………………………………(50)
协调服务……………………………………(50)
安全保密……………………………………(50)
督查督办……………………………………(50)
“双联”与精准扶贫……………………………(51)
信访维稳……………………………………(51)
后勤保障……………………………………(51)
党风廉政建设………………………………(51)
业务提升……………………………………(51)
组织人事……………………………………(51)
干部队伍建设………………………………(51)
基层组织建设………………………………(53)
人才队伍建设………………………………(54)
自身建设……………………………………(54)

宣传思想精神文明建设……………………(55)
精神文明建设……………………(55)
城乡文化建设……………………(55)
文化产业建设……………………(55)
对外宣传……………………(56)
思想政治……………………(56)
统一战线……………………(57)
民主政治建设……………………(57)
民族宗教……………………(57)
非公有制经济发展……………………(58)
对台事务……………………(59)
基层统战……………………(59)
农村工作……………………(59)
党风廉政建设……………………(60)
“三农”工作……………………(60)
乡村和城乡一体化发展……………………(60)
全区“双联”行动……………………(61)
惠农政策……………………(62)
农村环境综合整治……………………(62)
革命老区脱贫致富……………………(63)
“双联”及精准扶贫……………………(63)
机构编制管理……………………(63)
行政审批制度改革……………………(63)
机构编制管理……………………(64)
事业单位登记管理……………………(64)
电子政务中心建设……………………(64)
“双联”及精准扶贫……………………(64)
区直机关党建……………………(64)
基层党组织建设……………………(64)
党风廉政建设……………………(64)
文化活动……………………(65)
扶贫攻坚及联村联户……………………(65)
老干部工作……………………(66)
老干部社会福利……………………(66)
老干部生活待遇……………………(66)
关心下一代……………………(66)
“双联”及精准扶贫……………………(67)
党史研究……………………(67)
党史研究……………………(67)
党史资料征集……………………(67)
党史宣传教育……………………(67)
“双联”及精准扶贫……………………(67)
党校……………………(67)
党风廉政建设……………………(67)
宣讲辅导……………………(68)
科研成果……………………(68)
“双联”及精准扶贫……………………(68)
自身建设……………………(68)
信访……………………(69)
信访案件……………………(69)
信访办理……………………(69)
领导接访……………………(69)
积案化解……………………(69)
业务建设……………………(70)
督查考核……………………(70)
督查调研……………………(70)
绩效考评……………………(70)
深化改革……………………(70)
“双联”及精准扶贫……………………(71)
干部培训……………………(71)
培训工作……………………(71)
管理服务……………………(72)
“双联”和精准扶贫……………………(72)
中国共产党西峰区纪律检查委员会
党风廉政……………………(73)
宣传教育……………………(73)
案件查办……………………(73)
八项规定……………………(73)

"三转"工作……(74)
权力清单……(74)

西峰区人民代表大会常务委员会

人大监督……(74)
执法检查……(74)
视察调研……(75)
人事任免……(75)
人大代表之家……(76)
"双联"与精准扶贫……(76)
代表建议……(76)
代表活动……(76)
党风廉政建设……(77)
宣传报道……(77)
文案处理……(77)
业务建设……(77)

西峰区人民政府

推进精准扶贫……(78)
推进项目建设……(78)
推进城市建设……(78)
推进工业强区战略……(78)
推进商贸繁荣……(79)
加快产业开发……(79)
发展社会事业……(79)
加强民生保障……(79)
加强城市管理……(79)
重视安全生产……(80)
维护社会稳定……(80)
深化作风建设……(80)
创新体制改革……(80)
推进廉政建设……(80)
重要会议……(80)
重要文件……(83)
政务工作……(84)
政务服务……(84)
综合协调服务……(84)
队伍建设……(85)
党的建设……(85)
作风建设……(85)
廉政建设……(85)
政务中心……(85)
信息网络……(86)
应急保障……(86)
地志修编……(86)
侨务管理……(86)
会务服务……(86)
机关后勤管理……(86)
精准扶贫……(86)

中国人民政治协商会议西峰区委员会

政治协商……(87)
民主监督……(87)
参政议政……(87)
视察调研……(87)
社情民意……(87)
委员活动……(87)
提案办理……(88)
党风廉政建设……(88)
联谊活动……(88)
文史编撰……(88)
宣传报道……(89)
业务建设……(89)
"双联"和扶贫攻坚……(89)

民主党派和社会团体

中国民主同盟西峰区委员会……(91)
学习培训……(91)
参政议政……(91)
社会服务……(91)
精准扶贫……(92)
组织建设……(92)
工商联……(92)
理论学习……(92)

管理服务……(92)
参政议政……(92)
招商引资……(93)
自身建设……(93)
总工会……(93)
基层工会建设……(93)
困难职工帮扶……(94)
劳动模范……(94)
维护职工权益……(94)
“双联”及精准扶贫……(94)
自身建设……(95)
共青团西峰区委员会……(95)
团的基层组织建设……(95)
青少年社会活动……(96)
团的自身建设……(96)
“双联”及精准扶贫……(97)
妇联……(97)
基层组织建设……(97)
科技培训……(97)
主题实践活动……(98)
“双联”及精准扶贫……(99)
文学艺术家联合会……(99)
文化活动……(99)
文艺创作……(100)
党风廉政建设……(101)
“双联”和精准扶贫……(101)
科学技术协会……(101)
科普培训及“三下乡”活动……(101)
基层农技协会……(101)
科普示范……(102)
科普项目……(102)
科普活动……(103)
考察学习……(103)
残疾人联合会……(103)
党风廉政建设……(103)
康复服务……(103)
扶贫攻坚……(104)
特殊教育……(104)
就业培训……(104)
文体维权……(104)
“精准扶贫”及服务群众……(104)
红十字会……(105)
基础组织建设……(105)
救助……(105)
博爱家园项目……(105)
宣传……(105)
救护培训……(105)
志愿服务活动……(106)
“双联”及精准扶贫……(106)

法　治

政法综治……(107)
社会治安防控体系建设……(107)
综治信息平台建设……(107)
重点整治……(107)
油区治安管控……(108)
社会矛盾化解……(108)
社会稳定风险评估……(108)
防范和处理邪教……(108)
禁毒……(109)
执法质量建设……(109)
队伍建设……(109)
精准扶贫……(109)
法制政府建设……(110)
宣传培训……(110)
规范性文件……(110)
依法行政……(110)
行政复议应诉……(110)
“双联”精准扶贫……(110)

人民公安……(110)
维护政治稳定……(110)
打击刑事犯罪……(111)
社会治安管理……(111)
交通安全管理……(111)
消防安全监管……(112)
队伍建设……(112)
“双联”及精准扶贫……(112)
人民检察院……(112)
检察业务……(112)
检察改革……(113)
“保民生、促三农”专项行动……(113)
“两好、两促”专项行动……(113)
党风廉政建设……(113)
队伍建设……(114)
“双联”及精准扶贫……(114)
人民法院……(114)
案件审理……(114)
案件执行……(114)
审判管理……(114)
法律服务……(115)
队伍建设……(115)
“双联”及精准扶贫……(115)
司法行政……(115)
法治宣传……(115)
人民调解……(116)
基层建设……(116)
特殊人群管理……(116)
法律服务……(116)
作风建设……(116)
“双联”及精准扶贫……(116)

武　装

人民武装……(119)
思想政治建设……(119)
战备训练……(119)
改善基础薄弱问题……(119)
战备和生活保障……(119)
部队管理……(119)
“双联”和扶贫攻坚……(119)
消防……(119)
政府消防安全责任制……(119)
消防安全专项行动……(120)
消防安全“网格化”管理……(120)
消防宣传……(120)
消防基础设施建设……(120)

经济管理与监督

发展和改革……(121)
经济运行……(121)
项目监管……(121)
项目建设……(121)
资金争取……(121)
失地农民安置……(122)
“十三五”规划及年度计划编制……(122)
招商引资……(122)
经济动员……(122)
经济体制改革及公车改革……(122)
稳增长促改革调结构惠民生防风险政策措施落实跟踪审计……(122)
“三张清单一张网”和机关党建……(122)
扶贫攻坚及精准扶贫……(123)
国土资源管理……(123)
用地保障……(123)
土地市场建设……(123)
耕地保护……(123)
土地整理项目……(124)
土地执法监察……(124)
日常业务工作……(124)
矿产资源管理……(124)

地质灾害防治……………………………(124)
审计整改落实……………………………(124)
两个责任落实……………………………(125)
食品药品监管……………………………(125)
机构改革…………………………………(125)
监管情况…………………………………(125)
食品安全…………………………………(125)
药械监督…………………………………(125)
依法行政…………………………………(125)
队伍建设…………………………………(126)
重大项目建设……………………………(126)
宣传教育…………………………………(126)
“双联”及精准扶贫………………………(126)
工商行政管理……………………………(127)
市场主体注册登记………………………(127)
市场监管…………………………………(127)
非公企业党建……………………………(127)
消费维权…………………………………(127)
联村联户…………………………………(128)
统计………………………………………(128)
统计服务…………………………………(128)
基层统计…………………………………(128)
统计数据…………………………………(128)
依法治统…………………………………(129)
统计综合…………………………………(129)
干部作风…………………………………(129)
审计监督…………………………………(129)
预算执行审计……………………………(129)
经济责任审计……………………………(129)
政府投资审计……………………………(130)
民生保障专项资金审计…………………(130)
财务收支…………………………………(130)
计算机审计和绩效审计…………………(130)
经济责任联审……………………………(130)
内部审计…………………………………(130)
信息宣传…………………………………(130)
党风廉政建设……………………………(130)
干部作风大整顿…………………………(131)
“双联”和精准扶贫………………………(131)
物价管理…………………………………(132)
价格管理…………………………………(132)
价格监督检查……………………………(132)
价格调节基金……………………………(132)
收费管理…………………………………(132)
价格认证…………………………………(133)
精准扶贫…………………………………(133)
质量技术监督……………………………(133)
质量发展…………………………………(133)
质量监督管理……………………………(133)
计量监管…………………………………(133)
标准化管理………………………………(133)
特种设备安全监管………………………(134)
稽查打假…………………………………(134)
“双联”和精准扶贫………………………(134)
安全生产监督管理………………………(134)
安全生产责任制…………………………(134)
安全宣传教育……………………………(135)
基层基础建设……………………………(135)
综合协调…………………………………(135)
专项整治…………………………………(135)
执法检查…………………………………(135)
事故调查处理……………………………(136)
安全生产源头管理………………………(136)
扶贫攻坚…………………………………(136)

农村经济

农业………………………………………(137)
农业综合效益……………………………(137)
项目建设…………………………………(137)
特色产业开发……………………………(137)
农业科技创新与示范推广………………(137)

农民科技培训……(138)
农村经济管理……(138)
农业执法监管……(138)
一乡三村现代农业综合示范工程创建……(139)
农村能源工程建设……(139)
农作物病虫害预测预报……(139)
人工影响天气……(139)
水产养殖……(139)
农业信息服务……(140)
"双联"及精准扶贫……(140)
林业……(140)
项目建设……(140)
林下经济……(140)
林政执法……(140)
护林防火……(140)
森林检疫……(141)
精准扶贫……(141)
农业机械化……(141)
农机农田作业……(141)
新技术推广……(142)
国家补贴农机具……(142)
农机安全监理……(143)
农业机械调查……(143)
农资市场监管……(143)
"双联"及精准扶贫……(143)
果业……(143)
林果标准化示范园提质创建……(144)
低产老果园提质改造……(144)
优质苗木繁育……(144)
组装式冷藏库项目……(144)
流通运营……(144)
品牌创建……(144)
中国庆阳农耕文化节苹果赛果暨开园采摘活动……(144)
扶贫攻坚……(144)
水务……(145)
项目建设……(145)
抗旱防汛……(145)
水政水资源管理……(145)
农村供水工程运行管理……(145)
精准扶贫……(146)
水土保持……(146)
流域治理及梯田建设……(146)
项目建设……(146)
淤地坝管理及防汛……(146)
水保监督执法……(146)
水保宣传……(146)

工信交通

工业和信息化……(147)
工业经济指标……(147)
工业项目建设……(147)
中小企业服务……(147)
工业标准化厂房建设……(147)
工业节能降耗……(147)
信息化建设……(147)
工业安全生产……(148)
"十三五"规划编制……(148)
"双联"及精准扶贫……(148)

附:企业简介

甘肃省西峰制药有限责任公司……(148)
凌云服饰集团有限公司……(149)
庆阳鸿业墙材建设工程有限责任公司……(149)
庆阳市腾祥混凝土有限责任公司……(150)
庆阳市兴庆混凝土有限公司……(150)
庆阳西庆涂料有限公司……(151)
甘肃省庆阳市庆渝建材装饰有限责任公司……(151)
庆阳市北地红调味食品有限公司……(151)

庆阳木林森炭业有限公司……………(152)
西峰区六年养殖专业合作社…………(152)
庆阳峰阳种植专业合作社……………(152)
庆阳兴源种养殖农民专业合作………(152)
石油开发管理……………………………(152)
地企合作…………………………………(152)
油田产能建设……………………………(152)
“一站式”管理……………………………(152)
“和谐模范油区”创建……………………(153)
“双联”帮扶………………………………(153)
电力供应…………………………………(154)
安全生产…………………………………(154)
营销管理…………………………………(154)
农网工程建设……………………………(154)
一体化管理………………………………(155)
党风建设…………………………………(155)
交通管理…………………………………(155)
通村公路建设……………………………(155)
交通项目建设……………………………(155)
公路养护…………………………………(156)
路政管理…………………………………(156)
安全生产…………………………………(156)
“双联”及精准扶贫………………………(156)
道路运输管理……………………………(157)
客运站管理………………………………(157)
安全生产整治……………………………(157)
市场管理…………………………………(157)
三基三化…………………………………(158)
“政企通”无纸化办公……………………(158)
“双联”及精准扶贫………………………(158)
通信………………………………………(159)
移动………………………………………(159)
联通………………………………………(159)
电信………………………………………(159)

城建环保

住房和城乡建设…………………………(161)
项目实施…………………………………(161)
城市道路…………………………………(161)
园林绿化…………………………………(161)
城区集供热………………………………(161)
棚户区改造………………………………(161)
保障性住房建设…………………………(161)
村镇规划建设……………………………(162)
建筑市场管理……………………………(162)
安全质量管理……………………………(162)
市政公用事业管理………………………(162)
资金争取…………………………………(162)
市政道路管理维护………………………(162)
游园广场管理维护………………………(163)
市政照明管理维护………………………(163)
综合管沟管理维护………………………(163)
燃气安全管理……………………………(163)
大气污染治理及城乡环境卫生整治……(163)
“两集中两到位”改革……………………(164)
“双联”及精准扶贫………………………(164)
城市管理…………………………………(164)
市容市貌管理……………………………(164)
建筑工地及渣土拉运车辆管理…………(165)
门头招牌广告管理………………………(165)
数字城管平台……………………………(165)
双联行动…………………………………(165)
住房公积金管理…………………………(166)
精准扶贫及联村联户……………………(166)
工业园区管委会…………………………(166)
项目资金…………………………………(166)
基础设施建设……………………………(166)
项目建设…………………………………(166)
搬迁安置…………………………………(167)

招商引资……(167)
“双联”和精准扶贫……(167)
环境保护……(167)
资金争取……(167)
环保模范城市创建……(167)
核与辐射安全监管……(167)
污染减排……(168)
环保宣传……(168)
环境执法……(168)
大气污染治理……(168)
联村联户……(169)
环境卫生……(169)
争取资金投入……(169)
清扫保洁……(169)
垃圾清运……(169)
扬尘治理……(169)
环境卫生集中整治……(170)
公厕中转站管理……(170)
城乡环卫一体化……(170)
项目建设……(170)
构建平安环卫……(170)
精准扶贫……(171)
爱国卫生运动……(171)
扶贫攻坚……(172)

商贸流通

商务……(173)
经济指标……(173)
项目建设……(173)
内贸……(173)
外贸……(174)
电子商务……(174)
精准扶贫……(174)
供销合作……(174)
网络建设和基层合作组织建设……(174)
项目进展……(174)
粮食管理……(174)
目标管理……(174)
粮油购销……(175)
仓储管理……(175)
粮食执法……(175)
放心粮店创建……(175)
军粮供应……(175)
“扶贫攻坚”行动……(175)
烟草专卖……(175)
烟草销售……(175)
零售终端……(175)
市场监管……(176)
“双联”与精准扶贫……(176)
盐务管理……(176)
财务指标……(176)
盐业管理……(176)

财政税务

财政……(177)
财政收支……(177)
财政改革……(177)
项目保障……(177)
农业综合开发……(177)
“一事一议”项目……(178)
社会保障资金管理……(178)
政府采购……(178)
非税收入……(178)
会计管理……(178)
国有资产管理……(179)
乡镇财务管理……(179)
国家税务……(179)
税务指标……(179)
税法宣传……(179)
税收政策……(179)

税收征管……(179)
纳税服务……(180)
队伍建设……(180)
党风建设……(180)
联村联户……(181)
地方税务……(181)
地税收入……(181)
税收征管……(181)
依法治税……(181)
党风廉政建设……(181)
税收队伍建设……(182)
“双联”及精准扶贫……(182)

金融保险

金融……(183)
金融扶贫……(183)
项目融资……(183)
金融改革创新……(183)
金融风险防控……(184)
项目建设……(184)
世行贷款甘肃庆阳城市基础设施建设项目……(185)
项目采购……(185)
项目进展……(185)
资金管理……(185)
培训学习……(185)
综合协调……(185)
“双联”及精准扶贫……(186)
中国农业发展银行庆阳市西峰区支行……(186)
银行资产……(186)
业务数据……(186)
联村联户……(186)
中国农业银行庆阳市西峰区支行……(186)
银行资产……(186)
业务数据……(186)
联村联户……(186)
庆阳农村商业银行股份有限公司……(187)
银行资产……(187)
业务概况……(187)
精准扶贫……(187)
瑞信村镇银行……(187)
银行简介……(187)
业务数据……(187)
联村联户……(187)
人寿保险……(187)
财产保险……(188)

社会管理

人力资源和社会保障……(189)
就业创业……(189)
社会保障……(189)
人事人才……(189)
劳动保障监察……(189)
党风廉政建设……(190)
“双联”及精准扶贫……(190)
民政工作……(190)
城乡社会救助……(190)
防灾减灾救灾……(190)
双拥优抚安置……(191)
基层政权建设……(191)
社会事务管理……(191)
作风能力建设……(192)
老龄工作……(192)
老龄宣传……(192)
老年人保障……(193)
老龄信访……(193)
看望慰问……(193)
新型养老服务体系……(193)
丰富老年人的文化生活……(193)
“双联”及精准扶贫……(194)

扶贫开发……(194)
精准识别……(194)
精准帮扶……(194)
精准管理……(196)
精准考核……(196)
宣传培训……(196)

社会事业

教育……(197)
学前教育……(197)
义务教育……(197)
普通高中教育……(197)
职成教育……(197)
民办教育……(197)
队伍建设……(198)
艺术教育……(198)
办学条件……(198)
教学改革……(198)
教育管理……(199)
科学技术……(199)
“双联”及精准扶贫……(199)
附:学校简介
庆阳第三中学……(199)
南街小学……(200)
后官寨镇中心小学……(201)
体育……(202)
体育产业……(202)
基础设施建设……(202)
群众体育……(202)
训练竞赛……(202)
“双联”及精准扶贫……(203)
卫生和计划生育……(203)
医药卫生体制改革……(204)
人口和计划生育……(204)
新型农村合作医疗……(204)
公共卫生……(204)
医疗服务质量管理……(205)
人才队伍建设……(205)
中医药……(205)
“双联”及扶贫攻坚工作……(205)
附:医院、卫生院简介
西峰区妇幼保健计划生育服务中心……(206)
彭原卫生院……(206)
文化广播影视……(207)
主要指标……(207)
项目规划……(207)
为民办实事……(208)
公共文化服务……(208)
文化旅游产业……(208)
电视网络宣传……(208)
文艺创作……(209)
群众文化活动……(209)
文化旅游市场管理……(209)
文化遗产传承保护……(209)
“双联”及精准扶贫……(210)
民俗文化产业……(210)
项目建设……(210)
招商引资……(210)
机关建设……(211)
党的建设……(211)
“双联”及精准扶贫……(211)
档案工作……(212)
档案整理……(212)
档案查借阅和保护……(212)
机关档案室晋等升级……(212)
档案宣传……(212)

"双联"及精准扶贫……(212)

联村联户及精准扶贫

2015 年西峰区联村联户为民富民行动……(213)
2015 年西峰区精准扶贫脱贫行动……(215)

乡镇街办

董志镇……(221)
项目实施……(221)
城乡整治……(221)
信访调处……(222)
精准扶贫……(222)
温泉镇……(222)
经济指标……(222)
项目建设……(222)
农业产业……(223)
城乡建设……(223)
社会事业……(223)
精准扶贫……(223)
彭原镇……(224)
项目建设……(224)
产业开发……(224)
民生改善……(224)
社会事业……(225)
基层党建……(225)
"双联"与精准扶贫……(225)
后官寨镇……(226)
项目工作……(226)
产业开发……(226)
城乡建设与管理……(226)
为民办实事……(227)
党风廉政建设……(227)
社会治安综合治理……(227)
社会管理……(228)
安全生产……(228)
肖金镇……(229)
经济指标……(229)
项目建设……(229)
特色产业……(229)
基础设施……(229)
环境整治……(229)
文化商贸……(229)
精准扶贫……(229)
什社乡……(230)
经济建设……(230)
产业开发……(230)
项目建设……(230)
环境卫生整治……(230)
"三农"工作……(231)
精准扶贫……(231)
显胜乡……(232)
主要指标……(232)
项目建设……(232)
城镇建设……(232)
富民产业……(232)
民生落实……(232)
美丽乡村建设……(233)
精准扶贫……(233)
西街街道办事处……(234)
经济数据……(234)
基层党建……(234)
项目建设……(234)
环境整治……(234)
社会管理……(235)
综治维稳……(235)
队伍建设……(235)
精准扶贫……(235)

北街街道办事处……(236)
经济指标和项目建设……(236)
产业培育……(236)
为民办实事……(236)
城镇建设与管理……(237)
南街街道办事处……(237)
经济指标……(237)
棚改项目……(237)
城市管理……(237)
社会服务……(238)
社会治安……(238)
文化建设……(239)
廉政教育……(239)
硬件建设……(239)

村组社区选介

董志镇庄头村……(241)
温泉镇米堡村……(241)
彭原镇赵沟畎村……(242)
后官寨镇赵咀村……(243)
肖金镇杨咀村……(244)
什社乡文安村……(245)
显胜乡显胜村……(245)
西街办东门村……(245)
北街办长庆北路社区……(246)
南街办九龙南路社区……(247)

项目建设

庆阳嘉鑫国际建材市场建设项目……(249)
庆阳市区雨洪集蓄保塬生态项目……(249)
鑫兰石化庆阳永欣干气芳构化建设项目……(250)
庆阳瑞华天然气综合利用及深加工建设项目……(250)
西峰区显胜乡毛寺村精准扶贫示范村建设项目……(251)
四中片区棚户区改造项目……(251)
庆阳天富亿生态民俗村二期工程简介……(252)
西峰区得旺养殖农民专业合作社简介……(252)
杨咀村精准扶贫项目……(252)
庆阳中庆农产品有限公司生产线技术改造项目……(253)
综合建材市场项目……(254)
西峰区 2015 年实施项目表……(255)

统计公报

庆阳市西峰区二〇一五年国民经济和社会发展统计公报……(275)

荣誉成果

西峰区 2015 年单位获奖统计（地厅级以上）……(281)
西峰区 2015 年个人获奖统计（地厅级以上）……(286)
著作篇……(288)
美术篇……(291)
摄影篇……(292)
音乐篇……(292)
影视篇……(295)

新闻特载

大项目引领快发展……(297)
“社火头儿”的喜与愁……(298)
乘势破“瓶颈” 聚力拔“穷根”……(299)
燃起致富新希望……(301)
撬动脱贫致富内生动力……(302)

西峰："项目引擎"驱动"发展快车"…………(303)
西峰："希望之果"铺就致富路……………(304)
让雨露"滴灌"到户……………………………(305)
实施民生大工程 打造城市新景观…………(306)
"服务+"引领西峰打造"幸福社区"………(307)

年度人物

新晋升及人事变动县处级人物简介…………(309)
2015年晋升高级职称专业技术人员…………(311)

档案钩沉

张学良与西峰的"一面之缘"…………………(313)

附 录

数字西峰…………………………………………(315)
调研报告…………………………………………(317)
全区禁毒工作视察报告……………………(317)
全区苹果产业发展现状调研报告…………(321)
全区食品安全监管工作调研报告…………(325)
强化廉政防风险 严格监管保安全………(330)
关于贯彻落实《廉政准则》情况的调研报告……………………………………(332)
西峰区商贸系统重点领域经济体制改革调研报告……………………………………(334)
西峰区"十三五"现代服务业发展对策研究……………………………………(337)
西峰区"十三五"扩大消费需求对策研究……………………………………(341)
西峰区电子商务发展情况的调研报告……(343)
西峰区财政困难现状及对策………………(345)
对于加强乡镇年轻干部培养管理的实践和思考……………………………………(346)

特 载

在区委三届九次全委(扩大)会暨全区经济工作会议上的讲话

中共庆阳市委常委、西峰区委书记　章志兼

2015 年 1 月 16 日

同志们：

岁逢闰月春来早。今年，我们在春节前召开区委全委(扩大)会暨经济工作会议，目的是早抓早进，赢得先机；主要任务是贯彻落实中央经济工作会议、省市委全委(扩大)会暨经济工作会议精神，总结全区 2014 年工作，研究分析当前形势，安排部署今年工作，动员全区上下进一步统一思想，提振信心，合力攻坚，克难奋进，努力开创全区经济社会转型跨越发展的新局面。下面，按照区委常委会讨论的意见，我讲四方面问题：

一、关于 2014 年工作

过去的一年，区委常委会牢牢把握稳中求进总基调，团结带领全区干部群众，认真贯彻落实党的十八大，十八届三中、四中全会及习总书记系列重要讲话精神，以党的群众路线教育实践活动为总抓手，以改革创新为原动力，以十大重点项目为主战场，深入推进“三双”战略，在团结中拼搏，在务实中苦干，在创新中突破，圆满完成了区委三届七次、八

次全委(扩大)会议确定的各项目标任务，全区呈现出经济健康发展、民生持续改善、社会和谐稳定的良好态势。概括起来，主要亮出了“五张成绩单”：

一是态势良好的经济成绩单。面对国家宏观政策趋紧、央企生产规模缩减的不利形势，始终把加快经济发展作为首要任务，严格落实抓改革、调结构、稳增长、惠民生的有效措施，科学应对经济运行新常态。地区生产总值和固定资产投资位居全市第一，呈现出朝气蓬勃的领先之态；大小口径财政收

入、城镇居民人均可支配收入、农民现金收入较2013年均实现了两位数增长，呈现出增中有升的进步之态；社会消费品零售总额、招商引资分别超过50亿元、150亿元大关，呈现出动力强劲的突破之态。

二是支撑有力的项目成绩单。坚持把项目作为加快发展的主引擎，扎实开展“项目提速增效年”活动，科学控总量、保体量，全力抓建设、保投资。全区共启动实施500万元以上各类项目259个，其中亿元以上项目43个，占全市的一半以上。特别是举全区之力打造的十大重点项目，形象进展均实现了实质性飞跃。东湖公园经过三年的改造扩建全面建成开放，打造了新的“城市绿肺”和“天然氧吧”。集固沟保塬、生态保护、农业灌溉、观光休闲、环湖经济等功能于一体的雨洪集蓄保塬生态项目呼之欲出；南盘旋、体育场等33个旧城片区改造多点开花，一批代表城市新商圈、新地标的现代化综合体正在拔地而起；陇东汽车城、工业园区已具雏形，民俗文化产业园、专业市场建设全面拉开，产城互融的发展平台即将搭起；同步推进硬件建设与软件改造，城市管理水平持续提升，城市面貌日新月异，我们的宏伟蓝图正在逐步变成现实。

三是提质增效的改革成绩单。着眼向改革要质量、要效益，把重心放在三产结构调整上，突出表现为“六个转变”：全年流转土地3.7万亩，发展千亩以上果菜苗林基地12个，农业产业正在由分散化向规模化转变；在做大做强“果菜畜”三大主导产业的同时，天富亿现代生态农业体验园开创了全市发展无土栽培的先河，珍贵药材、稀有苗木、奇特花卉等特色富民产业在我区开花结果，产业种类正在由传统单一型向现代多元化转变；积极推行网上销售、订单销售、专业推介会销售，“庆阳果、果真好”登上央视荧屏《新闻联播》，西峰品牌成功走出国门、走向世界，农产品正在由重生产向重品牌重销售转变；结合农村公墓制度改革，扎实推进美丽乡村建设，小康农宅建设正在由安居型向美居型转变；积极探索银企、地企融合发展新机制，非公经济增加值完成66.2亿元，非公经济发展正在由重企业培育向重竞争力提升转变；电子商务等新型业态逐步推广运用到十大专业市场建设，世界500强企业之一的红星美凯龙建设快速推进，商贸服务业正在由传统市场为主向新型业态和名优企业齐头并进转变。

四是普惠城乡的民生成绩单。秉持民生至上的理念，坚持发展社会事业和创新社会治理齐抓共管，加大公共财政投入力度，民生保障迈出了新步伐。突出精准施策，纵深推进“双联”和扶贫攻坚行动，塬边咀梢群众生产生活条件明显改善，1.74万贫困人口实现脱贫摘帽，我区成为全省第一批基本实现脱贫任务的县区之一。行政村幼儿园基本达到全覆盖，城乡教育资源配置更趋均衡。西峰电视台顺利开播，搭建了唱响发展主旋律、传播西峰好声音的对外窗口和崭新平台。城乡名医交流坐诊步入常态化，基层医疗服务体系日趋完善。福景、汇景家园即将建成投用，社会保障提标扩面。质监、工商、药监顺利完成体制转化，市场监管体系进一步健全。着力强化“五项安全一项维稳”，安全生产大检查、矛盾纠纷排查、打非治违等专项活动深入开展，社会大局和谐稳定。“5个100”便民工程快速推进，特别是实施巷道治理64条35万平方米，新建环保公厕42个，群众如厕难、出行难、停车难等问题得到有效解决，群众幸福指数不断攀升。

五是风清气正的作风成绩单。突出从严管党治党，大力弘扬南梁精神，党的群众路线教育实践活动取得了丰硕的思想、制度、党建等七大成果。着眼以整改促工作、转作风，扎实开展“125”即知即改行动，“万名干部上街整治环境脏乱差”活动，开创了干群携手参与城市管理的新局面；“百名干部带案下访解民忧”活动，兑现了解决一个信访案件就是解决一个民生问题的承诺；失地农民安置有效破解了重大项目用地征拆难题。成立基层为民服务中心340个，构建了区、乡、村、组四级上下贯通的便民服务新机制，服务型党组织建设扎实推进。坚持思想建党与制度治党齐抓，出台修订完善了《西峰区干部纪律作风监督管理办法》等67个制度，初步建立起便于执行、便于监督、便于问责的制度体系，做到了以制度管人管事管权。党内政治生活步入常态化，各级班子的凝聚力、战斗力明显增强。严格落实党风廉政"两个责任"，扎实开展"四项清理"，严查违纪违规问题，"四风"顽疾得到有效遏制，广大党员干部的宗旨意识明显强化，形成了为民务实清廉的干事作风。高度重视人大、政协、人武部工作，注重发挥统战及工青妇等群团组织作用，全区上下形成了团结向上、共谋发展的良好氛围。

总结一年的工作实践，全区上下积极应对各种困难挑战，聚力改革创新，进一步砥砺了克难奋进的意志，激发了奋力赶超的干劲，增强了转型升级的信心。全年共获得市级以上奖励87项，召开全省质量工作、全市土地流转等各类现场会12次，生态建设和现代农业发展工作代表全市迎接全省重点项目观摩。各乡镇街办都有得意之作、奋进之笔，四门乡镇共计完成征地拆迁5600亩，项目工作全面突破；肖金镇小城镇建设迈向一个新台阶；什社、显胜"三农"工作生机蓬勃，群众增收致富步伐明显加快；三个街办旧城改造有序推进，为民服务工作亮点纷呈；绝大多数部门都有可圈可点的"拳头产品"；各村(社区)都能够立足自身实际谋划发展，主动作为，多点发力，整体工作有新提升、新跨越。这些成绩的取得，是全区广大党员和干部群众团结奋斗、扎实苦干的结果，是区上四大班子密切配合、各级党组织辛勤工作的结果。在此，我代表区委对大家的努力付出表示衷心地感谢！

在肯定成绩的同时，我们更应该看到存在的不足和问题：一是经济增长的依赖性。作为区域中心城市，受宏观经济下行等不利因素影响，经济增长对投资的依赖，GDP对长庆油田、庆化炼厂产量的依赖，财政收入对土地出让的依赖，这些都是我们不争的事实和面临的困惑，发展后劲明显不强。二是结构调整的单一性。三次产业结构比为4:59:37，而石化工业"一业独大"，地方工业数量少、规模小、层次低的局面没有根本改变，工业反哺农业，带动农业产业化、城镇化发展能力不强。三是民生普惠的局限性。农民增收渠道不宽，失地农民安置欠账大，扶贫攻坚任务繁重，民生保障与群众的期盼还有很大差距，贫困群众自主"造血"能力不强。四是人才技术的短缺性。医疗、卫生、科技等领军人才稀缺，企业等市场主体自主创新意识不够，对环境和资源的消耗日趋严重，可持续发展能力不强。五是干部作风的飘浮性。个别干部缺乏担当精神，干事创业的动力不足，自叹"为官不易"就"为官不为"，做一天和尚撞一天钟，不作为、慢作为、乱作为、伪作为的现象在一定程度上仍然存在，发展意识、忧患意识、责任意识不强。对这些问题，都需要我们在今后的工作中高度重视，认真解决。

二、2015年经济形势、工作思路和总体目标

2015年是西峰发展不平凡的一年。大而言之，是全面深化改革的关键之年，是全面推进依法治国的开局之年，也是全面完成"十二五"规划的收官之年；小而言之，是深入实施"三双"战略，实现"两个率先"目标的攻坚之年。为此，我们必须权衡利弊，分析形势，从五个方面加以分析研判：

一是从现状看发展面临的新常态，我们必须理性对待，顺势而为。2014年，网络点击率最高的词汇是"新常态"。什么是新常态？从全国而言，就是经济增速从高速转向中高速，增长结构由中低端转向中高端，发展动力从传统增长点转向新增长点。而我们作为后发展地区，经济"蛋糕"本身体量小，发展水平整体滞后，与发达地区差距明显。面对新常态，我们要在继续保持紧跑状态的同时，把效益和质量放在更加突出位置，做到以快促好、好中求快，推动经济协调可持续发展。只有这样，才能进一步缩小同发达地区的差距，才能实现同步进入小康社会的目标。

二是从政策看发展面临的新机遇，我们必须积

极作为，乘势而上。主要有以下五个方面：法治政策：十八届四中全会开启了法治社会建设的新征程；产业政策：全国“一带一路”战略的实施；土地政策：农村土地征收、集体经营性建设用地入市、宅基地制度改革“三箭齐发”；金融政策：继续实施积极的财政政策和稳健的货币政策；项目政策：对棚户区改造和中西部地区基础设施投入力度进一步加大；这些政策利好前所未有。

三是从区位看发展面临的新使命，我们必须主动担当，争创一流。新一届市委班子高瞻远瞩，将弘扬传承南梁精神提到了战略高度，把“三个生态”战略定位和“四个强市”务实举措作为指导全市今后工作的总纲，描绘了建设幸福美好新庆阳的宏伟蓝图，奏响了改革创新的奋进号角，拉开了转型跨越的发展大幕。西峰作为庆阳市党政机关所在地，勇做“三个生态”建设的先行区，既是新时期市委、市政府对我们的明确要求，也是我们现阶段最大的政治。我们要把“三个生态”新理念与“三双”战略有机结合，找准落脚点，瞄准突破口，努力当好全市经济社会发展排头兵。

四是从自身看发展面临的新优势，我们必须鼓足干劲，大干快上。庆阳至上海、银川新航线顺利开通，架起了连接华东和塞上的空中走廊；银西铁路建设进入倒计时，商贸流、信息流、人才流将会相继涌来。十大重点项目作为跨越发展的硬支撑，今年已经到了收获期，一些制约发展的突出瓶颈必将得到破解。从严治党新的伟大工程全面推进，全区干部焕发出了前所未有的干事激情。从交通、项目、生产要素等优势来看，西峰转型已成大势，跨越已成定势。

五是从困难看发展面临的新挑战，我们必须趋利避害，攻坚克难。全球经济下行压力较大，拉动经济增长的“三驾马车”动力不足，房地产市场对经济发展的贡献锐减，土地供给制约和银根紧缩持续加剧，历史还贷包袱重，保吃饭与保发展的矛盾突出。城郊村与偏远乡村、立地条件好的村与塬边咀梢村差距十分明显，扶贫攻坚压力大，率先建成小康社会时不我待。我们必须进一步增强危机感、紧迫感和责任感，变压力为动力，以发展的思路解决发展问题，才能向群众交出精彩满意的答卷。

谋定而后动。区委确定今年全区工作的总体思路是：全面贯彻党的十八大，十八届三中、四中全会精神，紧盯“两个率先”目标，深入推进“三双”战略，突出项目建设和扶贫攻坚两个主抓手，加快改革创新、依法治区进程，倾心打造全市政治生态、经济生态、自然生态的先行区，奋力建设美丽文明、和谐幸福新西峰。

我们的奋斗目标是：“一稳两优三高”，“一稳”就是贫困村户实现稳定脱贫；“两优”就是优化结构（农业、工业、服务业占到地区生产总值的比例达到6:60:34），优化质量（大口径财政收入、城镇居民可支配收入、农民人均纯收入分别突破10亿元、23000元和7700元）；“三高”就是主要经济指标增量、增幅和人均GDP均高于全市平均水平。

围绕上述目标，全区工作的总体要求是：聚力实干，创新奋进，强质增效，迈步跨越。聚力实干。力聚则壮，实干兴邦。要充分调动各级干部通过教育实践活动焕发出的新活力，凝聚一切力量，汇集各种要素，把心思集中到谋发展上，把精力聚焦到抓项目上，握指成拳搞突破，抱团成军攻大事，以更加求实的作风、务实的举措，赢得实实在在的效果，在全区上下形成千帆竞发干事、齐心协力成事的良好态势。创新奋进。创新是解决一切困难的金钥匙，也是检验干部执政能力的试金石。只会按部就班干事不会积极创新，就是典型的占位子、守摊子。各级干部要主动适应发展的新形势，大胆解放思想，不断历练和发扬逢山开路、遇水架桥的创新进取精神，积极探索，闯关夺隘，不为条条框框所束缚，不为传统定式所左右，以新方法寻求新路径，以新作为开创新局面。强质增效。面对经济发展的新常态，作为后发展地区，我们必须着眼长远，严格遵循中央宏观经济调控政策，突出绿色发展这一主题，在中高速度中求高质量，在适度规模中求高效益，积极发展新兴产业，加快转型升级改造，促进经济发展方式从“规模速度型粗放增长”向“质量效益型集约增长”转变。通俗地讲，就是既要金山银山，更要绿水青山；既要保证吃饱，更要保障吃好。迈步跨越。发展的实践、成果的积淀昭示着我们，西峰的经济社会发展勇立全市之首。可以确切地说，庆阳的发展看西峰将成为一种共识。我们要继续保持昂扬向上的发展态势，甩开膀子，迈开步子，大干快上，全力以赴促进经济社会发展跨向更高水平、越上更新台阶，加快打造特色凸显、魅力宜居的甘肃东部门户城市。

三、2015 年工作重点

今年的重点工作是打好“三大战役”，促进“六大跨越”。

三大战役：就是项目建设大会战、稳定脱贫攻坚战和依法治区持久战。三者互促互进，相得益彰，贯穿于全年工作的始终。其中，项目建设是实现跨越发展的总引擎，带动扶贫攻坚和依法治区；扶贫攻坚是实现跨越发展的硬任务，助力项目建设和依法治区；依法治区是实现跨越发展的软环境，护航项目建设和扶贫攻坚。

（一）打好项目建设大会战。项目是经济的命根子和活力源，带动投资导向，牵动经济走向，引领发展方向。关于今年的项目工作，总体目标是：十大重点项目年内要基本建成。具体要求是：既定的目标任务不变、推进措施不变、包抓责任不变、工作干劲不变。各包抓领导要把十大重点项目作为履职尽责的主打牌，造福于民、助推发展的主抓手，倒排工期、挂图作战，靠前指挥、一线抓促，把好项目建设进度关、质量关、安全关、廉洁关，确保日有进度、周有形象、月有突破。以此为带动，实施 500 万元以上项目 260 个以上，形成大项目顶天立地、小项目铺天盖地的发展局面。

（二）打好稳定脱贫攻坚战。“木桶效应”告诉我们，没有贫困人口的脱贫就不是真正意义上的全面小康。今年，扶贫攻坚的目标只有一个，就是实现稳定脱贫，决不能让一个贫困户在小康路上掉队。具体任务有三项：一要把战略重点放在精准施策上。各帮联单位要因地制宜、因村施策、因户施法，把力量向贫困村聚焦，把资金向贫困村倾斜，把项目向贫困村集中，推动扶贫攻坚由“喷灌式”的粗放扶贫向“滴灌式”的精准扶贫转变，做到有的放矢，达到“四两拨千斤”的效果。二要把战术关键放在强化造血上。习总书记强调，贫困地区的发展归根要靠内生动力。要将“双联”行动和扶贫攻坚行动相结合，以破解资金制约为主攻点，采取行业扶贫、专项扶贫、社会扶贫三项模式，确保村有致富项目、户有增收产业、人有致富技能。各贫困村要不等不靠，主动与帮联单位搞好对接，不断提高群众自主创业、自谋发展、自我脱贫的能力。三要把战果体现放在稳定脱贫上。从根本上彻底摘掉“穷帽子”，才是真正的脱贫。今年全市要实施 2400 公里通村油路，提出西峰区、正宁县要实现全覆盖。我们要抢抓机遇，坚持以路为基、以水为要、以电为先、以房为本，掀起以通村油路建设为牵引的农村基础设施建设新高潮，一个村、一个组、一个区域攻坚突破、整体推进，让农村群众生产更便捷、生活更舒心、发展致富更有信心。

（三）打好依法治区持久战。党的十八届四中全会为我们推进依法治区指明了方向，提供了遵循。从今年起，依法治区将是我们工作的新使命，具体抓好三方面工作：一是推进全民普法。各级各部门要把法治建设贯穿于“五位一体”建设的总体布局中，建立党员干部学法用法制度，深入开展法律“七进”活动，让“办事依法、遇事找法、解决问题用法、化解矛盾靠法”成为全社会的思想自觉和行为自觉。二是推进严格执法。各行政执法单位要运用法治方式，加强和创新社会治理，依法规范公务人员的行为准则，做到在法治轨道上统筹社会力量、平衡社会利益、调解社会关系、规范社会行为，着力向法治要经济活力、发展动力和增长潜力。三是推进公正司法。要建立法律援助、人民调解、法律服务、普法教育“四位一体”的基层综合法律服务体系，不断提高法治工作队伍的思想政治素养、业务工作能力、职业道德水准和廉洁自律意识。司法部门要大力推行阳光审判、阳光执行、阳光警务建设，做到有法必依、执法必严、违法必究，切实维护社会公平正义。

六大跨越：这既是推进“三双”战略的核心要求，也是实现“两个率先”目标的现实需要。各级各部门要围绕中心，聚焦定位，突出重点，抓实见效。

（一）主抓“三农”工作，在加快城乡一体化进程上促跨越。“三农”工作的目标是实现城乡一体化，城乡一体化的实质是以城带乡，也就是以城市之“火”点亮农村之“灯”。今年“三农”工作总体思路是：以推进农村土地确权登记为抓手，将建新村与育产业结合，夯基础与提效益齐抓，分类指导，整体推进，促进农业增效、农村发展、农民增收。总体布局是，在城郊村，要围绕城市补给，以天富亿生态观光农业体验园为带动、为样板，推动观光农业、生态农业、设施农业齐头并进。在远郊村，重点突出“两推一精”扶贫措施，对李岭等30个发展水平较好的村实行小康建设整村推进。在东坪等11个贫困村实行基础设施建设、优势产业培育、公共服务配套三项扶贫攻坚整村推进；在毛寺等地处塬边咀梢、沟壑梁峁区和塬面深度插花区的15个特困村，实行点对点、人对人的精准扶贫。在致富产业发展上，以3个果树专业乡、“一园两川”瓜菜、10个草畜循环农业示范点建设为重点，创新运用龙头带动、能人领办、标准示范、建管并重、流转经营等新模式，变粮农为果农、菜农、牧农、林农，实现农业产业化、销售一体化、收入多元化。要抢抓全市“再造一个子午岭”的有利机遇，大力发展苗林产业，走出一条大地增绿、农民增收的“双赢”之路。在美丽乡村建设上，要按照新建与改造、散户集中与小村合并、中心村建设与社区建办的“三结合”原则，同步推进水、电、路、房、田“五大工程”，积极开展环境卫生整治和“生态文明村”创建活动，达到科学规划布局美、村容整洁环境美、创业增收生活美、乡风文明身心美的“四美”目标。

（二）主推城市建管，在提升城市形象品位上促跨越。城市是一个地方的形象和窗口，是经济社会发展的重要载体和平台。一要借势借力抓旧城改造。旧城改造既是重大的民生工程，也是发展工程，既是改变城市“二元结构”的必然选择，也是广大群众的强烈期盼，更是有效拉动投资、带动消费的必经之路，可谓是“一石三鸟”。《中央棚户区改造意见》规划要利用5年时间完成800万户的棚户区改造任务，优惠政策千载难逢。西峰作为集镇基础上发展起来的城市，抓好旧城改造，是促进城市可持续发展的唯一选择。可以说，改的是贫穷，改的是落后，改的是旧面貌；要的是活力，要的是民生，要的是新形象。从发达城市的实践来看，改则蓬勃向上，活力无限，不改则每况愈下，胶着发展。我们要巧借东风行大船，按照先急后缓、先易后难、先集后散的原则，逐步对气象局、炮台巷等13个片区进行整区块开发，提高城市宜居宜业宜游宜商指数。特别是南盘旋片区西南角东方丽晶年内要建成投用，东北角中元世贸完成主体工程，西北角商业综合体8月底前开工建设，打造全省东部门户城市建设的新地标和商贸制高点。二要破除瓶颈抓基础建设。着眼提升承载能力，重点做好“三篇文章”：水系建设要突出大循环。致力彻底解决城市内涝问题，6月底前建成雨洪集蓄保塬生态工程、北湖二期工程，达到改水、节水、提水、引水、蓄水的标准，与东湖形成三湖交相辉映的生态景观，打造城在湖中、湖在城中、湖映城色的黄土高原湖城。道路建设要突出大畅通。要充分依托世行项目，加快城市道路建设，确保庆化大道中段改造、南梁大道新建等10条道路年内实现通车，促进路网密度和畅通程度双提升。大什字、安定路什字、三中什字过街人行天桥6月底前竣工投用，打造全市首批人车分离的城区立体化交通枢纽。供热建设要突出大覆盖。供热既事关民生，更关乎城市的环境质量。要坚持绿色、低碳、环保发展之路，开工建设东区供热站，新区供热站供热面积增加60万平方米，确保城区集中供热覆盖率达到50%。三要全员参与抓城市管理。近三年，我们通过开展城市管理年、城市管理提升年、城市管理攻坚年，城市形象有了大的改观。今年我们要扎实开展城市管理成果巩固年活动，以落实《庆阳市城市市容和环境卫生管理办法》为抓手，突出市民素质提升教育，狠抓餐厨垃圾、城市噪音、户外广告、建筑工地、交通秩序、市场环境“六项整治”，达到广告归栏、垃圾归场、摊点归位、坐商归店、集贸归市、车辆归道、渣土归沟、噪音归零“八归”标准，基本实现干净、整齐、畅通、文明、和谐的目标。

(三)主攻工业园区，在壮大工业经济实力上促跨越。近年来，我们按照政府先期投入打基础、招引项目育产业的思路，有序推进南北两大园区建设，初步搭建起了企业发展的“安居窝”和孵化地。今年，要按照工业强市的要求，重点解决好“四低”问题：一是解决园区基础承载力低的问题。园区是工业发展的平台和载体。要通过筑巢引资、股份合作、市场运作等多种方式，一期标准化厂房建成投用，年内南部石化工业园区A1、A3路，北部工业集中区B1、C17路必须建成通车，搭起以南部“四纵三横”、北部“三纵三横”道路为框架的千亩园区雏形。二是解决招引企业入驻率低的问题。环境就是生产力。要以建设投资洼地、创业宝地、企业家最满意的福地为目标，全面落实“四最”服务机制，年内两大园区至少要新增500万元以上企业3户。三是解决入驻企业投产率低的问题。效益是企业发展的核心。要坚持以“退”为“进”，对超过协议规定期限、迟迟没有开工建设的企业要亮“黄牌”，坚决杜绝圈而不建、建而不产的问题，确保引进一个、建成一个、投产一个。四是解决小微企业竞争力低的问题。要以解决小微企业经营压力大、成本上升、融资困难等难题为切入点，创新银企合作新机制，支持小微企业转型升级。全区新增小微企业340户以上，实现带动一批产业，带活一片经济，带富一方百姓。

(四)主扩市场体系，在繁荣商贸服务业上促跨越。城市就是依“城”而建的“市”。“城”是载体，是大平台，“市”是核心，是竞争力。要围绕“22310”市场规划体系，突出新建与改造相结合、规范管理和丰富业态相结合，通过抓点、架线、联面，逐步构建城中大商场、城郊大市场、城中专业街、城郊大物流的商贸物流新布局。一要抓好市场建设这个“点”。按照规划引领、市场运作、社会实施、多方参与的原则，年内陇东汽车城一期4S店和车立方博展中心正式运营，二期开工建设，综合建材市场一期、东区放心食品城2个市场建成主体，民俗文化产业园完成北城墙、镇朔楼、大剧院等核心区主体工程，形成东西两条商贸物流带雏形，实现缓解城市交通、带动城市产业、优化城市布局“三赢”目标。二要架起先进业态这条“线”。坚持规范低端、提升中端、培育高端，加快推进南盘旋、红星麦凯龙、家乐福等商业综合体建设，大力吸引名店、名牌、名企入驻，发展科技研发、电子创意、金融投资等高端服务业，打造吸引人气、聚集财气、汇集商气的“强磁场”。三要织密市场营销这张“网”。依托区位和交通优势，突出新建与改造相结合，深入实施“退市还路”、菜篮子工程，落实“陇货网上行”电子商务计划，搭建西峰名优产品电子交易平台，加强网络销售物流配送监管，形成管理规范、质量可靠、配送快捷的市场营销网络。

(五)主力社会治理，在改善民计民生上促跨越。民生连着民心，民心就是政治。要坚持把保障和改善民生作为各项工作的归宿，在服务中创新管理，在管理中优化服务，不断提高群众幸福指数。重点实施“四大工程”：一是安全生产保民工程。安全生产既是保障群众健康幸福的“生命线”，更是推动科学发展的“责任线”，就是“100-1=0”。元旦上海踩踏事件，再一次给我们敲响了安全工作的警钟。要严格落实“党政同责、一岗双责、齐抓共管”的工作要求，进一步细化靠实党委主体责任、政府监管责任、部门管理责任和企业主体责任，形成全社会齐抓共管的安全生产工作大格局。按照“全覆盖、零容忍、严执法、重实效”的要求，坚持预防在先、排查在先、责任在先，重点抓好农村道路交通、校园、食品药品、企业生产、消防“五项安全”，确保不发生重特大安全生产事故，做到守土有责、守土尽责。二是政法维稳安民工程。近年来，区委对政法工作高度重视，政法软硬件建设不断完善，政法队伍持续壮大。年前，交警大队移交区公安局直接管理，精干高效、运转协调、警令畅通的公安交通管理运行机制即将形成。我们要围绕“平安西峰”建设目标，全力抓好刑事案件查办、禁毒、交通、网络安全、综治维稳工作，保持对各类违法犯罪活动的高压态势，进一步提升社会治安防控水平。要严格落实领导包案责任制，扎实开展“突出矛盾和信访问题集中排查化解”活动，确保排查到位、化解到位，全力维护社会大局和谐稳定。三是社会事业惠民工程。按照“旧城按需扩容、新区高标准建设、乡村优质覆盖”的原则，加快推进教育资源均衡配置，着力缓解城区“大班额、择校热”问题，努力办学生进步、家长放心、社会满意的教育。要大力创建“名院、名医、名科”品牌，解决群众看病难、看病贵的问题。要大力实施先进文化引领工程，着力加强文化旅游产业培育，形成强大的品牌吸引力和辐射力。要纵深推进“和谐西峰大舞台”等群众文化活动，构建以大型广场、东湖公园为龙头，农村文化广场、城区小游园和校园操场为补充的全民健身网络，不断丰富群众精神文化生活。四是保障住房暖民工程。安居才能乐业。要把安置失地农民作为今年民生工作的重要篇章，严格落实“货币补偿、住房安置、支持就业、社会保障”措施，在统筹安置中彻底解决历史遗留问题，确保失地农民不失业、不失居、不失利，共享城市发展成果。要加快福景家园建设进度，让保障性住房成为群众的民心工程和德政工程。

（六）主心从严治党，在强化发展保障上促跨越。王三运书记强调，抓不好党建，抓发展有什么用。各级党组织书记要牢牢把握全面从严治党这个主线，把抓党建作为最大的政绩，坚决落实市委提出的“四讲要求”、“四个坚持”、“四点共识”、“四种力量”班子建设新标准，巩固扩大群众路线教育实践活动成果，为我区各项事业的发展打造良好的政治生态。一要培植思想教育之魂。思想建设是根本。要以学习贯彻党的十八届四中全会和习总书记系列重要讲话精神为重点，依托“智汇西峰大讲堂”、“德行西峰大家庭”两大载体，深入开展社会主义核心价值观和南梁精神宣传教育，切实加强思想道德和精神文明建设，把认识超前、思想解放、崇德向善、聚力发展的正能量转化为加快发展的强大动力。二要夯实组织建设之基。基础不牢，地动山摇。要紧扣解决服务群众“最后一公里”问题，着力以新模式优化为民服务，夯实党建基础。农村党建要注重“助农增收”服务，大力实施能人强村、好人治村战略，不断强化村级党组织引领服务经济发展、带动群众增收的能力。社区党建要注重“精细管理”服务，大力推行物业管理服务“三位一体”新机制，不断提升社区精细化服务水平。机关党建要注重“效能提升”服务，突出城乡帮联，抓好结对帮扶，着力延伸机关干部服务触角，树立高效便民服务新形象。“两新”组织党建要注重“职能强化”服务，不断深化“三优先双培养一带头”和社会组织“双管理”模式，开创党群互促共建的党建工作新格局。三要强化干部选用之功。为政之要，贵在用人。习总书记对如何选用干部提出了“五条标准”：“信念坚定”，就是把理想高高举过“头”顶；“为民服务”，就是把宗旨深深烙在“心”里；“勤政务实”，就是把发展紧紧抓在“手”中；“敢于担当”，就是把责任稳稳扛在“肩”上；“清正廉洁”，就是把名利远远抛在“身”后。这也是我们今后选人用人的标准仪。要坚持德才兼备、以德为先、以廉为基的原则，加大干部选拔任用、考核评价力度，认真落实《西峰区科级领导干部交流工作暂行办法》，加快干部交流使用步伐，把重心向工作一线倾斜、向乡镇街办倾斜、向抓项目的干部倾斜，让干部用德行说话、凭业绩晋位。四要筑牢正风肃纪之堤。吏治清明，才能政治清明。通过教育实践活动，我们初步建立形成了务实管用的制度体系，但制度建设不是一劳永逸的。我们必须及时把群众期盼、实际需要、新鲜经验结合起来，深入推进制度机制创新和修改完善，切实把权力关进制度的“笼子”。要教育广大党员干部严格遵守中央“八项规定”、省委“双十条”、市区委各项纪律规定，加大案件查办力度，对违反制度踩“红线”、闯“雷区”的，要发现一起、查处一起，使党员干部心有所畏、言有所戒、行有所止。要按照省委“两手抓两手硬、双促进双落实”的要求，严格落实党风廉政“两个责任”，扎实开展“三级约谈”，做到责任传导到位、措施细化到位、检查督促到位。五要激发民主集中之力。团结就是战斗力。始终用好批评和自我批评的有力武器，把规范党内生活作为一种常态，积极支持人大、政协依法履行职能，进一步加强对工青妇等群团组织的领导，着力以党建促妇建、带团建，充分发挥各方面的积极性、创造性，形成区委科学领导、人大依法监督、政府高效服务、政协民主协商、社会各界人士共谋发展的良好工作局面。

四、保障措施

做好全年各项工作，重在责任，贵在落实。这里我要重申一下，我们的“12345”保障机制要管一届、管五年，重点做到以“四责”促“四抓”：

一要捆绑定责抓领导。什么是领导？“领”就是带领，以行带人；“导”就是引导，指引方向。对于确定的每一项重点工作，都实行县级领导牵头抓总、科级干部直接负责、一般干部分工落实的“金字塔式”责任体制，一砖一瓦都牵动全局，一梁一柱都关乎成败。要把任务自上至下分解到层、细化到人，把职责捆绑起来，把责任捆绑起来，把考核捆绑起来，通过抓领导促使领导抓，形成一级做给一级看、一级带着一级干的生动局面。

二要主动履责抓担当。前段时间，网络上流行一句话：“尽心履职从放下手机开始”，引发了广大网民的热议和好评。我认为，这对我们的干部也同样适用，也是一些干部工作状态的侧影。各级领导干部要以发展为己任，在其位、谋其政、敬其业、竭其力，争做真抓实干的“急先锋”，不做混天度日的“撞钟僧”。今年，每个乡镇街办要确定5—10件大事，区直部门要确定5—8件大事，各村既要有长远发展规划蓝图，又要确定当年3—5件大事实事，作为各自的主打牌和代表作，力争在省、市、区树亮点、争先进。

三要跟踪督责抓进度。督促检查是推动工作的重要手段，也是领导决策的延伸。要按照“全年抓主线、阶段抓重点”的原则，紧扣“时间表”和“路线图”，坚持重点工作推进到哪里，督查检查就跟进到哪里，通过旬调度、月通报、季分析、半年评比、年终考核，确保对各项工作做到心中有数、调度有方、推进有力。

四要淘汰问责抓奖惩。抓不落实的事＋抓不落实的人＝抓落实。严格兑现先进重奖重用和落后问责淘汰，对重点工作突破不了的、保不了一方平安和抓不好班子、带不好队伍的实行责任追究，这是我们坚持不变的一条铁律。要坚决做到不换思想就换人、不换作风就换人、不换状态就换人，让项目为干部说话，让干部用实绩说话，形成风清气正、奋勇争先的干事创业氛围。

同志们，新形势赋予新使命，新常态需要新作为。让我们在改革开放和依法治区的伟大征程中，真抓实干，开拓创新，锐意进取，砥砺拼搏，深入推进“三双”战略，为建设美丽文明、和谐幸福的新西峰而努力奋斗！

（陈盼）

人大常委会工作报告

——在庆阳市西峰区第七届人民代表大会第六次会议上

西峰区人大常委会主任　赵海东

2016 年 1 月 19 日

各位代表：

我受区七届人大常委会委托，向大会作工作报告，请予审议，并请与会同志们提出宝贵意见。

2015 年主要工作

过去的一年，是我区深入实施"三个生态"建设和"双轮驱动"战略，紧盯"两个率先"目标，协调推进"四个全面"战略布局，经济社会各项事业取得重大进展的一年。一年来，在区委的坚强领导下，区人大常委会坚持以习近平总书记系列重要讲话精神为指导，认真贯彻落实党的十八大和十八届三中、四中、五中全会精神，紧紧围绕全区工作大局，坚持与时俱进，强化使命担当，积极依法履职，全年共听取和审议"一府两院"专项工作报告 6 个，组织执法检查和调研视察 14 次，开展跟踪监督 3 项，作出重大事项决定决议 2 项，审查备案规范性文件 28 件，办理代表建议 45 件，依法任免国家机关工作人员 30 人次，圆满完成了区七届人大四次会议确定的各项目标任务，为全区经济社会发展和民主法治建设做出了积极努力。

一、着眼大局、凝心聚力，推动落实重点工作任务

常委会始终自觉将人大工作融入全区工作大局，积极参与，主动作为，着力推动重点工作任务的落实，确保了区委各项重大决策的贯彻执行。

（一）认真探索研究，稳步推动人大工作机制改革。常委会认真贯彻落实中央、省、市、区委全面深化改革精神，围绕市场化、法治化改革目标，确定了总体实施目标、改革路线、责任委室、责任人员，按照集中学习调研、研究制定规划、落实改革举措、形成新的常态四个步骤，稳步推进改革任务的落实。年内，研究制定了拟出台文件目录，紧扣法治政府建设、预算监督、代表联络等重点改革环节，及时出台了法律法规实施情况监督检查、预算监督、人大代表建议意见办理、人大代表联系选民等 12 项工作制度，完成了民主法制领域深化改革的阶段性工作任务，有力推动了全区政治经济、民主法制进程。

（二）积极主动作为，督促落实重点项目建设。常委会组织 30 多名人大代表集中视察了全区 15 个重大项目和重点工作。常委会一名副主任兼任全

区重点项目建设督察长，牵头督办重点项目的落实，推动了重点项目建设顺利实施。常委会领导分别牵头包抓重点项目，坚持定期走访调研，协调解决项目建设中存在的问题，尤其对全区十大重点项目之一的陇东汽车城项目，抓协调，促落实，确保了该项目一期工程按期完工。一汽丰田、大众、东风日产、雪铁龙、标致等10多个品牌汽车4S店顺利建成投入运营。二期项目拆迁结束，三期项目正在制定建设规划。目前，各项工作继续稳步推进，陇东汽车城的商业聚焦效应正在快速显现。

（三）坚持精准发力，扎实推进扶贫攻坚工程。常委会按照省、市、区委关于开展双联行动和精准扶贫的统一部署，动员干部职工投入扶贫攻坚一线，帮助村组改善基础设施条件，为群众广开增收致富渠道。常委会领导包联一个乡镇和5个贫困村，机关干部对口帮联1个贫困村、27个双联户、13个精准扶贫户，协调争取资金1260多万元，实施村组道路硬化、农电网改造、村部建设等基础设施项目8个，较好地完成了精准脱贫任务。

（四）抢抓政策机遇，全力抓好区乡人大工作。去年，中央转发了《中共全国人大常委会党组关于加强县乡人大工作和建设的若干意见》，省、市委相继召开人大工作会议，对区、乡（镇）人大工作进行部署安排。对此，常委会党组高度重视，积极争取区委的重视和支持。区委常委会专题听取了党组的汇报，认真讨论研究，制定出台了《中共西峰区委关于加强和改进人大工作的意见》，并及时召开了区委人大工作会议，从指导思想、目标任务、工作措施、机构设置、人员配备、经费保障等方面提出了具有前瞻性和可操作性的意见，为加强和改进区、乡（镇）人大工作提供了政策支持和机制保障，区、乡（镇）人大工作正在全面进入法制化、科学化、规范化轨道。

二、围绕中心、强化监督，积极助推经济社会发展

常委会坚持法治导向、问题导向、发展导向和民生导向，紧紧围绕区委决策部署，不断完善监督工作的方式方法，全力支持“一府两院”工作。

（一）加强对计划和预算执行的审查监督。将新《预算法》的贯彻落实纳入人大监督范围，积极探索“政府全口径预算决算”监督方式，听取和审议上年度财政预算调整和财政决算、本年度财政预算及执行情况的有关报告5项，提出审议意见22条，审查、审议通过了2014年财政决算、2015年公共财政收支预算、政府性基金收支预算和社会保险基金收支预算及调整方案、2015年政府债务限额分配计划方案，以及将用于归还历年工程欠款的两亿元贷款本息列入区财政预算的报告。重视和支持审计监督，听取了关于审计工作情况的报告，督促区政府及有关部门认真落实审计意见，保证了审计监督的严肃性。审查通过了2015年国民经济和社会发展计划调整方案，并听取和审议了2015年上半年计划执行情况的报告，建议区政府从全局出发，科学谋划，统筹兼顾，积极应对当前存在的困难和问题，破解资金短缺难题，努力保持经济社会平稳发展。

（二）全面跟进对依法治区工作的监督。从法制宣传教育入手，综合运用执法检查、听取和审议专项工作报告、跟踪检查等监督方式，在提高广大干部群众法治意识的基础上，促进“一府两院”依法行政、公正司法。集中开展以“大力弘扬宪法精神、全面推进依法治区”为主题的“12?4”国家宪法日学习宣传教育活动，“一府两院”及其部门负责人、乡镇街办负责人、区人大代表等300多人参加了宪法知识百题问答活动，有效普及了宪法知识。以短信平台、问卷调查和专题报告的形式，跟踪检查了“六五”普法工作审议意见的整改落实情况。先后组织市、区人大代表80多人次，深入部分工程施工现场、危化品生产单位、工矿企业、运输企业、学校、人员密集场所以及基层安监站，对全区贯彻落实《安全生产法》情况进行了全面检查；深入区公安分局禁毒大队、西峰区拘留所、看守所等部门，对全区禁毒、监所管理及公安队伍建设等工作开展情况进行了专项检查；配合省人大专题调研了法检两院推进

司法公开工作情况，配合市人大开展了《消防法》《安全生产法》《水土保持法》《矿产资源法》等法律法规贯彻落实情况检查；跟踪检查了2014年区人大常委会对区政府教育体育、住建工作审议意见的整改落实情况。

(三)通过关注民生问题增强监督实效。针对近年来群众最关心、反映最强烈的民生问题，常委会组织委员和代表开展了对文化广播影视、环境保护等工作的调研，广泛听取了社会各界的意见建议，向区人民政府下发审议意见书5份，提出审议意见21条。深入重点文化单位、基层乡镇综合文化站、农民文化广场，以及干部群众中，调研我区文化广播影视工作情况，建议区政府进一步改善文化基础设施，充实专业人才队伍，加强文化市场综合执法。配合市人大组织对创建活力迸发经济生态、清真食品管理等工作进行了专项调研，配合陇原环保世纪行庆阳组委会开展了“节能减排”主题采访活动。

(四)坚持依法行使人大法定职权。进一步严格人事任免程序，严格落实向宪法宣誓就职制度，全年共任免人大常委会及“一府两院”工作人员30人(其中：任职19人，免职11人)。同时，强调任后监督工作，进一步增强了被任命人员的民本意识和法治观念。围绕规范性文件是否合法、是否符合法制统一原则，组织有关工委对全区规范性文件进行了备案审查，全年共向市人大常委会报备规范性文件13件，审查区政府及乡镇人大报备的规范性文件28件，废止规范性文件7件。

三、创新机制、突出保障，全力支持人大代表履职

常委会坚持通过“人大代表之家”建设和拓展双联“人大代表在行动”活动，不断加强代表工作制度建设，做好联系代表、服务代表的各项工作，充分发挥代表主体作用。

(一)全面规范“人大代表之家”活动。采取定期检查、看阵地、听汇报、座谈了解等方式，指导、督促各乡(镇)人大、街办人大联络组以“人大代表之家”为平台，开展学习交流、代表述职、代表联系接待选民、视察调研等活动，着力把代表活动之家打造成为人大代表的“培训基地”“活动阵地”和“服务窗口”。年内，组织70多名代表向选民述职测评，开展代表集中学习活动500多人次，代表参与视察、调研、行风评议等活动120多人(次)。继续坚持“双联系”和“主任接待日”制度，常委会组成人员集中联系走访代表66人次，接待代表和群众来信来访38人次，收集和处理代表意见建议96条。

(二)深化拓展双联“人大代表在行动”。始终坚持把参与中心、服务大局、促进发展作为代表活动的核心任务，特别在精准扶贫工作上，充分发挥人大代表在各条战线上的模范带头、典型引领作用。先后协调落实贫困村组水、电、路、卫生所、幼儿园等基础设施建设项目28个，发展规模养殖户166户，荒山造林1400多亩，栽植果树1100多亩，栽植核桃树200多亩，种植特色瓜菜900多亩、药材1200多亩，推广双垄沟播小麦、地膜玉米7000多亩，带动群众自筹和社会资金投入2000多万元。区人大常委会和温泉等3个乡镇人大被评为全市双联“人大代表在行动”活动先进集体，6名人大代表获评先进个人。

(三)狠抓代表建议意见督办工作。对区七届人大四次会议代表提出的涉及社会管理、城市建设、道路交通等12个方面的45件建议和30件意见向区政府进行了集中交办，并确定区政府31个部门为具体承办单位和协办单位，常委会领导牵头亲自督办重点建议。7月、11月分两次对代表建议办理工作进行了督查，有力推动了建议的办理工作。截止目前，已办结41件，正在办理4件。答复率100%，办结率91%，办结满意率96%；30条意见答复19条，答复率63%。通过代表建议意见的办理，人民群众关切的热点难点问题得到了及时解决。

(四)切实提升代表履职服务水平。在增强代表履职意识、提高代表履职能力、发挥代表作用上狠下功夫，组织开展代表专题培训2次，有6名市、区人大代表赴全国人大深圳培训基地参加培训，并邀

请市委党校两名教授在区七届人大五次会议期间分别举办了"弘扬南梁精神、践行'三严三实'"和"深入贯彻《代表法》、争当模范人大代表"两个专题培训。对2015年度基层人大工作进行了考核，评选出4个先进集体和13名先进基层人大工作者，评选出代表建议承办先进单位6个，优秀人大代表16名，受到了区委的表彰奖励。组织力量拍摄录制了10名优秀人大代表风采专题片，广泛宣传人大代表先进事迹，为人大代表履职尽责树立了标杆。

四、改进作风、狠抓教育，不断加强人大自身建设

以"三严三实"专项教育为契机，深入落实中央"八项规定"，持之以恒纠正"四风"，努力营造崇廉尚俭、风清气正的人大机关环境。

（一）"三严三实"专项教育成效显著。坚持问题导向和开门搞活动，常委会领导带头上党课，围绕三个专题，进行了6次专题研讨。机关党员干部深入村组，面对面认真听取群众意见建议200多条。以"三个清单"为主线，党组及班子成员聚焦"不严不实"，坚持把自己摆进去，通过分析对照检查、召开专题民主生活会，共查摆各类问题40个，制定整改措施102条，并全部整改到位，党性得到了锻炼，宗旨意识进一步强化，工作作风进一步转变，党群干群关系进一步密切。

（二）干部学习教育培训继续扎实开展。开展了乡镇（街办）人大专干轮训活动，17名基层人大专干到人大机关各委室进行了跟班培训。组织机关13名干部先后参加了全国、省、市人大举办的业务培训班、全市年轻优秀干部培训班、全区业务工作培训班。创新机关大讲堂活动，各委室负责人分别就习近平总书记文艺工作座谈会讲话精神、中央一号文件、"四个全面"战略布局、公安机制体制改革、宪法、选举法等专题进行辅导讲座，开展集中学习35场（次）。

（三）宣传交流工作取得较好成绩。先后在《人民之声报》等省级以上报刊杂志发表作品20多篇，在西峰人大网发布各类新闻信息80多条，编发《西峰人大专讯》52期。《西峰区人大志》编纂工作稳步推进，预计今年3月份完成出版工作。《中国人大》杂志社"百县百乡行"采访报道组对我区人大代表工作进行了专题采访，并在《中国人大》杂志、甘肃电视台进行了报道。嘉峪关市雄关区、张掖市临泽县人大到我区考察学习。

（四）机关效能建设水平不断提升。进一步明确党风廉政建设"两个责任"，全面落实"一岗双责"，认真学习党的《廉洁自律准则》和《纪律处分条例》，严格按照中央和省、市、区委相关规定，修订完善了会议、财务等管理制度，制定出台了常委会组成人员联系人大代表、人大代表联系选民等多项工作制度。进一步转变机关文风、会风和作风，从日常工作抓起，从常委会会议、主任会议改起，严格执行会议考勤和请假报批制度，机关各种报告、文件、会议都提倡讲真话、讲实话、讲短话。严控"三公"经费支出，倡导勤俭办事，机关没有违规行为的发生。

各位代表，过去一年区人大常委会工作所取得的成绩，是区委正确领导的结果，是全体人大代表和人大常委会全体组成人员共同努力的结果，是全区广大人民群众大力支持、"一府两院"密切配合的结果。在此，我代表区人大常委会，向全体人大代表、向所有关心支持人大工作的同志们表示衷心的感谢！

在肯定成绩的同时，我们也清醒地认识到，区人大常委会工作与实现"四个全面"战略布局的要求，与"五个发展"理念，与人民群众对人大工作的殷切期盼相比，还存在监督力度需进一步加强，建议办理成效需进一步提升，与代表群众的联系需进一步深入等问题，我们将认真听取人大代表和社会各方面的意见，切实加以改进，努力做得更好。

2016年工作任务

2016年是启动实施"十三五"规划的开局之年，是全区人大工作改革创新的关键之年。区人大

常委会的总体工作思路是：深入贯彻党的十八大和十八届三中、四中、五中全会及习近平总书记系列重要讲话精神，立足“四个全面”战略布局，牢固树立“五个发展”理念，大力实施“三双”战略，紧扣建设“两区五中心”和“两个率先”目标，围绕全区工作大局和区委人大工作会议精神，全面加强和改进区、乡（镇）人大工作，强化监督检查，严格依法履职，全力推进“十三五”规划良好开局和扶贫攻坚工程，推动人大工作迈上新台阶。

一、抢抓新机遇，始终保持正确工作方向

认真学习贯彻中央文件和省、市、区委人大工作会议精神，始终自觉将人大工作置于党委领导之下，找准人大工作与全区中心工作的切入点和着力点，推动人大工作不断取得新进步。要讲政治、讲规矩，对人大工作中的重要会议、重要工作、重大事项及时向区委请示汇报，并按法定程序办理，充分发挥人大党组领导核心作用，保证人大在思想上、政治上、行动上与党中央和区委保持高度一致。进一步健全“一府两院”由人大产生、对人大负责、受人大监督的工作制度，健全人大讨论、决定重大事项制度，对人大常委会任免人员范围、任免程序、任后监督等方面制度进一步完善，规范被任命人员向宪法宣誓制度，督促“一府两院”任命人员履行向宪法宣誓承诺制度，探索实现党管干部与人大依法任免干部的有机统一，推进任免工作更加民主化、规范化、法制化，保证党委的意图得到贯彻落实。

二、着眼新规划，切实推动经济社会发展

进一步深化对“十三五”时期经济社会发展规律的认识，加强规划纲要与专项规划的统筹衔接，做好对全区“十三五”规划的审查。强化预决算审查监督，结合区政府2015年度预算执行和其他财政收支的审计工作报告，认真调查研究，审查批准2015年决算、2016年公共财政收支预算、政府性基金收支预算和社会保险基金收支预算，听取和审议2016年上半年国民经济和社会发展计划、预算执行情况等方面的工作报告。对区人民政府贯彻执行《预算法》情况开展执法检查，了解预算编制、预算审查批准、预算执行和预算监督等情况，进一步强化预算分配和监督职能，保障经济社会健康平稳运行发展。组织代表集中视察全区重点项目建设和失地农民安置情况，提出前瞻性、操作性、实践性较强的意见和建议，督促政府认真解决失地农民后顾之忧，化解新形势下城市建设与农民安置的矛盾，帮助失地农民实现安居乐业。对全区精准扶贫工作进行专题调研，摸清现状，发现问题，督促各级政府和各帮联单位进一步深化认识，强化措施，创新思路，破除瓶颈，精准发力，帮助贫困乡村早日实现全面小康。

三、适应新常态，不断增强依法监督实效

大力学习宣传以宪法为核心的中国特色社会主义法律体系，听取区政府“六五”普法工作情况报告，审查批准法制宣传教育第七个五年规划，作出深入开展法制宣传教育的决议。结合第三个“12·4”国家宪法日暨第十六个全国法制宣传日活动，深入开展宪法宣传教育，大力弘扬宪法精神，切实增强宪法意识，推动全面贯彻实施宪法。对区人民检察院法律监督工作情况进行专项检查，监督和支持区人民检察院依法履行法律监督工作职责，充分发挥司法系统内部监督制约作用。开展《大气污染防治法》执法检查，全面了解和掌握区人民政府对《大气污染防治法》的贯彻实施情况，进一步推动大气污染防治工作向纵深发展。按照党的十八届五中全会提出的“推进健康中国建设、实施食品安全战略”要求，以食品加工、流通、消费等安全监管为重点，对全区贯彻实施《食品安全法》工作情况进行执法检查，守好全区人民的食品安全底线。跟踪检查全区禁毒、监所管理及公安队伍建设、文化广播影视、安全生产等方面工作的整改情况。对社会各界广泛关注的保障性住房建设、城市管理等工作开展专题询问。进一步健全备案审查制度，做好“一府两院”及乡镇人大规范性文件备案审查工作，促使区政府及其组成部门依法

行政，维护人民群众合法权益。

四、开创新思路，继续提升代表工作水平

坚持在区委的统一领导下，依法加强对人大代表换届选举的组织领导，切实把好人大代表人选的政治关、素质关、结构关。严格按照选举工作的法定程序，重大问题和重要情况由区人大常委会党组及时向区委请示报告，顺利推进区乡(镇)人大换届选举工作。建立代表学习培训的长效机制，组织开展专题培训，不断提升代表履职水平和能力。在代表中开展"四个一"活动(每个代表每季度至少读一本好书、学一部法律、结合双联"人大代表在行动"给群众办一件实事、提一条合理化建议)。坚持和完善人大常委会组成人员联系代表、代表联系群众的"两联系"制度，定期向人大代表通报人大常委会和"一府两院"工作情况，保障代表知情知政权。在全区"人大代表之家"建设规范化、制度化的基础上，探索建立人大代表小组活动的常态化机制，不断深化拓展双联"人大代表在行动"活动，充分发挥人大代表在扶贫攻坚一线的模范带头作用。严格将代表建议办理纳入全区重点工作目标管理考核，由区督查考核局和区人大常委会代表人事工委负责共同督办，对重点建议采取政府区长、副区长领办和区人大常委会主任、副主任牵头督办的方式，加大承办力度，确保代表建议办理落到实处。

五、把握新要求，全面加强人大自身建设

认真学习贯彻党的路线、方针、政策和习近平总书记系列重要讲话精神，牢固树立党的观念、政治观念、大局观念、群众观念和法治观念，切实把纪律和规矩挺在前面，严格遵守中央"八项规定"、《廉洁自律准则》和《纪律处分条例》，强化党风廉政建设"两个责任"，坚持民主集中制原则，不断提高议事决策水平。全面落实区委《关于加强和改进人大工作的意见》和区委人大工作会议精神，下大力气解决好人大工作在体制、机制、干部交流等方面的问题。积极参与配合全区重点项目建设与督察，继续深入开展"双联"行动，大力实施精准扶贫工程，动员机关干部职工深入一线察实情、出实力、求实效，为加快全面小康步伐贡献应有的力量。做好人大宣传舆论工作，突出人大会议、人大工作和人大代表活动的新闻价值和效果，形成宣传人民代表大会制度和人大工作的长效机制。

各位代表、同志们！改革的蓝图已经绘就，伟大的征程已经起航。在新的一年里，我们要在区委的坚强领导下，坚定信心，奋发有为，以时不我待的责任意识、勇于担当的为民情怀，努力推动人大工作与时俱进，为建设美丽文明和谐幸福新西峰做出新的更大的贡献！

(赵凌燕)

政府工作报告

——在庆阳市西峰区第七届人民代表大会第六次会议上

西峰区人民政府区长　王　驰

2016年1月19日

各位代表：

现在，我代表区人民政府向大会作工作报告，请予审议。并请各位政协委员和列席会议的同志提出意见。

一、“十二五”发展及2015年工作回顾

“十二五”时期是我区经济社会发展经受重大考验、取得巨大成就的五年。五年来，政府工作在区委的坚强领导和区人大、区政协的监督支持下，团结和依靠全区人民，积极适应经济新常态，坚持稳中求进总基调，紧盯“两个率先”总目标，全力实施“三双战略”，以扶贫攻坚为最大任务，以十大重点项目为主战场，凝心聚力，攻坚克难，全区经济社会发展取得了可喜的成绩。

（一）聚焦转型跨越发展，坚持不懈扩总量、提质量，经济实力明显增强。全区经济总量稳固攀升，地区生产总值累计完成830亿元，是“十一五”的2.6倍，年均增长16.3%；全社会固定资产投资累计完成1008亿元，是“十一五”的3.7倍，年均增长21.3%；社会消费品零售总额累计完成254亿元，是“十一五”的2.3倍，年均增长16.1%；地方规模以上工业增加值累计完成28.7亿元，是“十一五”的2.6倍，年均增长21.6%；公共财政收入累计完成56亿元，是“十一五”的3.2倍，年均增长18.3%；城镇居民人均可支配收入和农民人均可支配收入分

别达到23171元和7648元，比“十一五”末净增10718元和3563元。“十二五”期间，全区经济增速高于全省、全市平均水平，在全省86个县区排名进入前10名，比“十一五”末提升了2个位次。

（二）聚焦小康社会目标，全力以赴抓攻坚、聚合力，脱贫步伐明显加快。以基础设施建设、优势产业培育、公共服务配套“三大攻坚”工程为引领，累计整合各类扶贫资金8.5亿元，实施各类项目286个，新修农村道路71条297公里，在全市率先实施通组道路工程，组级道路通畅率达到60%；实施农村安全人饮工程8处，解决了72个村6.67万名群众和学校师生饮水安全问题；改造农电线路876公里；实施易地扶贫搬迁工程13个，搬迁安置群众1105户；改造农村危房（窑）4300户，惠及群众1.8万人，贫困群众生产生活条件得到极大改善。坚持把“双联行动”和扶贫攻坚深度融合，通过省、市、区

228个机关单位上万名干部对口帮联100个行政村5700户贫困户，因村施策，因户施法，全区贫困率由“十一五”末的12.4%下降到0.38%，贫困户人均可支配收入由1965元增加到7483元，提高了3.8倍。

（三）聚焦经济结构优化，始终不渝扩规模、提质量，产业效应明显扩大。农业产业化、品牌化效应凸显，打造苹果专业乡（镇）3个、专业村25个，苹果产业总面积达到20万亩，“陇清”牌苹果获甘肃省著名商标；设施瓜菜种植面积稳定在2万亩以上，产业规模、效益实现了“双提升”；建成标准化养殖小区35个，带动规模养殖户1500户，探索形成了“畜－沼－菜”、“畜－沼－果”循环农业生产模式；累计完成苗林培育21万亩，达到历史最好水平。工业发展平台集聚效应初步显现，工业园区主次路网、供排水、供电等基础设施建设加快推进，园区主体框架基本形成，上海瑞南、兰州鑫兰等28户知名企业入园建设，以石油石化、建材制药等为主的工业经济占全区经济总量的“半壁江山”。着眼打造陇东商贸物流中心，十大专业市场建设强势推进，万辉国际、昊鑫时代广场等一批高端商业综合体成功落地，非公经济和外向型经济发展持续向好，第三产业比重较“十一五”提高了四个百分点，为区域中心城市持续发展注入了强劲动力。

（四）聚焦门户城市创建，坚定不移夯基础、提水平，城乡面貌明显改善。以优化城市功能布局的节点性工程为重点，占地450亩的东湖公园全面建成开放，成为全市最大的开放式公园；集固沟保塬、生态保护、农业灌溉、观光休闲、环湖经济等功能于一体的南区雨洪集蓄保塬生态工程建成投用，形成庆阳“新地标”；总投资15亿元的南盘旋东方丽景项目主体工程已封顶，是全省单体建筑面积最大的城市综合体；陇东汽车城一期竣工投运，成为陇东地区第一个开放式、多元化、综合性汽车产业销售集聚区；嘉鑫国际建材城建成运营，成为商贸经济的“新引擎”，城市聚集效应进一步凸显。新建、改建长庆大道等城市主次干道78公里，同步配建地下综合管廊76公里，改造慢行交通走廊145公里，实施市政扩容提质项目46个、大型排洪工程4处，与“十一五”末相比，城区供热、供水、排污、垃圾处理能力均提升了2倍以上，彻底解决了困扰多年的城市内涝问题。启动旧城改造项目8个、棚户区改造项目11个，实施小城镇改建项目76个，建成区面积由20平方公里增加到35平方公里，城镇化率达到55%，比“十一五”末提高了7.5个百分点，城市承载能力和品位形象大幅提升。顺利通过省级文明城市、卫生城市复审。庆阳机场4C级改造顺利完成，西长凤高速、雷西高速穿境通车，西合、西镇二级公路建成投用，对外交通“大动脉”全面联通。

（五）聚焦统筹协调发展，千方百计增投入、促协调，社会事业明显进步。累计投入资金7.6亿元，实施校舍建设项目350个，撤并农村学校19所，建办寄宿制中小学校11所，新建乡镇公立幼儿园23所，顺利通过国家义务教育均衡发展验收。区医院住院楼、乡镇卫生院、社区卫生服务中心等一大批医疗基础设施项目建成投用，全区新增医疗业务用房3.2万平方米，区、乡、村三级医疗信息实现互联互通。庆阳民俗文化产业园等一批文化产业项目破土动工，天富亿生态民俗村、什社乡李岭村走出了城郊现代农业、美丽乡村与文化旅游融合发展的新路子；成功举办（协办）香包民俗文化节等大型活动12场（次），“和谐西峰大舞台”等群众文化活动精彩纷呈，西峰广播电视台恢复开播。城乡居民养老保险、新农合参保率均保持在98%以上，城乡低保标准分别由“十一五”末的每人每年2556元、1096元提高到4272元、3300元；新建城乡老年人日间照料中心及互助幸福院32处、保障性住房2557套、失地农民安置点23处，城乡居民居住条件不断改善。安置高校毕业生1787人，新增城镇就业1.1万人，城镇登记失业率控制在4%以内。累计办理民生实事136件。

（六）聚焦扩大对外开放，凝心聚力促改革、求突破，发展活力明显增强。行政审批制度改革扎实推进，承接、取消、合并、调整各类行政事项284项。全面建成区、乡、村三级政务服务网络，实现行政村政务服务点全覆盖。工商、质监、食药监、卫生计生等机构改革顺利完成，预算管理、国库集中支付、“营改增”等财税体制改革快速铺开。集体林权制度改革全面完成。持续扩大对外开放，成功引进红星美凯龙、上海瑞南等知名企业投资建设，西峰的知名度和影响力进一步提升。积极探索政银投融资机制，与国开行、农发行等金融机构加强合作，为棚户区改造、扶贫攻坚、项目建设等直接融资规模近40亿元。

（七）聚焦政府自身建设，持之以恒改作风、提效能，服务水平明显提升。持续推进法治政府建设，坚持依法行政，自觉接受人大、政协和社会监督，累计办理市、区人大代表政协委员建议提案676件，办复率均达到100%。积极开展审计监督，审计各类项目423个，查处违规和管理不规范资金4.2亿元。严格落实中央“八项规定”、省委“双十条规定”和市、区委“实施细则”，扎实开展政府系统党的群众路线教育实践活动和“三严三实”专题教育，聚焦问题导向，突出查纠改转，会议、文件大幅减少，“三公”经费逐年下降，干部作风持续转变。通过不懈努力，我区先后荣获全国国土资源节约集约模范县（区）、全国义务教育质量监测先进县（区）、省级文明城市标兵、全省第一家国家级新农村建设档案工作示范县（区）等荣誉称号，连续四年获得全市综合目标管理考核第一名。

各位代表，五年的发展实践，使我们深深地体会到，推动西峰经济社会发展，必须做到“四个坚持”：一是必须坚持把加快发展作为第一要务。五年来，我们紧盯“两个率先”目标和“三双战略”不放松，科学研判、准确把握全区发展的阶段性特征，以十大重点项目为“引擎”，以产业结构优化为主线，有力地推动了经济社会稳步发展。实践证明，只有咬定发展目标、找准发展路径，持续用力，久久为功，才能争得主动、创造优势，在激烈的竞争中实现赶超进位。二是必须坚持把改革创新作为最大动力。五年来，我们以敢闯敢试敢担当的精神，深化行政审批、公共服务等体制机制改革，全力破解财政、土地等瓶颈制约，有效激发了各项事业快速发展的内生活力。实践证明，只有坚持用改革创新思维，牢牢把握推动发展的关键环节，全面革除体制机制弊端，精准发力，善做善成，才能为经济社会发展提供不竭动力。三是必须坚持把改善民生作为根本目标。五年来，我们突出民生导向，加大投入，集中力量，倾力解决事关群众切身利益的教育、卫生、交通等问题，得到广大群众的衷心拥护和大力支持。实践证明，改善民生，既是发展的目的，也是持久的动力。只有处处以人为本，注重经济发展与民生改善的辩证统一，两者才能相互促进、相得益彰。四是必须坚持把真抓实干作为坚强保证。五年来，我们持续转变作风、提升效能，紧扣目标任务，直面矛盾问题，凝聚发展合力，狠抓工作落实，保持了经济发展、民生改善、社会稳定的良好局面。实践证明，只有大力弘扬求真务实、攻坚克难的作风，心无旁骛，埋头苦干，才能干成事、成大事。

各位代表，五年工作成绩的取得，得益于区委统揽全局、科学决策，得益于人大、政协有力监督、鼎力支持，得益于全区上下积极参与、奋力拼搏！在此，我代表区人民政府，向所有参与、关心和支持西峰发展的同志们、朋友们表示衷心的感谢，并致以崇高的敬意！

各位代表，刚刚过去的2015年，我们按照市委、市政府和区委的决策部署，积极应对宏观经济下行压力，化解各类风险，克服多重困难，着力稳增长、调结构、转方式，突出破瓶颈、促改革、保稳定，较好地完成了区七届人大四次会议确定的各项目标任务，全区经济社会保持了稳中有进的发展态势。预计地区生产总值完成176.8亿元，同比增长3.8%；全社会固定资产投资完成266.4亿元，同比增长11.2%；地方规模以上工业增加值完成7.9亿元，同比增长8%；社会消费品零售总额达到61亿元，同比增长18.5%；公共财政收入完成13亿元，同比增长14.6%。

一是精准扶贫在合力攻坚中收效明显。量身制定了“1+20”精准扶贫实施意见，创新提出了“5341”工作标杆，探索形成了“九个助推、九个深度融合”新模式，精准扶贫工作纵深推进。整合各类资金3.8亿元，集中实施“三大攻坚”工程，贫困村标准化卫生室、公办幼儿园、老年人日间照料中心和卫生厕所在全市率先实现了全覆盖，达到了村有致富产业、户有致富门路，实现了整区稳定脱贫目标。立足自然资源和文化资源禀赋，积极探索招商引资、旅游开发与精准扶贫深度融合的新路径，形成了独具特色的“毛寺模式”，为全区乃至全市脱贫攻坚树立了可复制、可推广的样板。

二是项目建设在聚力突破中强势推进。强化用地征拆，落实各类项目用地2000多亩，有效保障了长庆油田生活基地二期等47个重大项目建设。庆阳大剧院等16个市列项目开工建设，区级十大重点项目全面收效，固沟保塬等49个重点项目完成年度建设任务，五星大厦等116个招引项目顺利落地建设，为固定资产投资逆势攀升提供了有力支撑。全年共实施500万元以上项目363个，完成投资284亿元；招商引资签约项目30个，到位资金187亿元。

三是产业开发在调优结构中提质增效。农业主导产业开发规模、质量和效益明显提升，苹果产量突破12万吨，种植瓜菜16.5万亩，新建、改建养殖小区27个，完成苗林培育6万亩，农民家庭经营性收入占农民人均可支配收入的比重提高了7个百分点。工业产业发展步伐加快，南部石化园区A1路北段建成通车，永欣石化、瑞华天然气项目即将投产；北部工业集中区B1路等3条道路加快建设，庆宁粮油等6个入园项目进展顺利。第三产业提速发展，建成区级电子商务中心、乡级电商服务站、村级电商示范店54个，新增网店1021个，电商交易额突破2亿元，成为经济增长新亮点；东区食品城等重点市场项目加快建设，第三产业实现增加值78.3亿元，增长6.5%。

四是城市功能在统筹推进中持续完善。实施道路、供热、供水等城市基础设施建设项目66个，新建、改建城市道路18条17.9公里，庆化大道北段等9条道路建成通车；东区集中供热站等6个项目完成年度建设任务。四中南侧片区等8个棚户区改造工程全面展开，实施征拆2488户、19.7万平方米。完成机场至城区道路亮化、岐黄大道路灯提质改造、城市主次干道交通信号灯和道路标识牌安装，建成公共停车场10处，整治巷道21条，硬化入城土质路5条，城区69座公厕免费开放。纵深推进“城市管理成果巩固年”活动，城乡环境卫生整治、城区大气污染防治纳入常态化管理，城乡面貌焕然一新。

五是公共服务在共建共享中全面提升。庆化实验学校一期等10个教育项目建成投用，齐楼、顾咀、陈户3所区域中心学校全部完成整合，北师大庆阳附属学校落地建设，优质教育资源配置水平全面提升。新建高标准村级卫生室23所，医疗报销病种范围扩大至51种；启动实施了区域医疗卫生一体化管理，基层首诊、分级诊疗、双向转诊的就医新格局逐步形成。庆阳民俗文化产业园完成年度建设任务，天富亿生态民俗村成功创建国家4A级旅游景区；建成“乡村舞台”38个、综合文化站8个，开展各类文体活动200多场（次）。西峰广播电视网和西峰电视微信公众平台开通运行，区级主流媒体宣传平台不断扩大。筹措1.6亿元，完成了15个社区标准化建设。

六是各项改革在探索实践中创新突破。“三张清单一张网”全面建立，权责清单全部上线公布。“三证合一、一照一码”商事登记制度全面实行，市场主体数量持续增加，新注册登记企业1095户，同比增长88%。土地确权登记颁证工作全面完成，流转土地1.8万亩。加快推进小额贷款保证保险试点工作，政策性担保公司、民间资本服务中心设立运营，实现了财政补助、银行信贷、社会资金的良性互动。财政预算、国库集中支付等改革有序推进，“三公”经费同比下降11.4%。

安全生产、综治维稳、信访、审计、档案、残疾人、外事侨务、防震减灾、民族宗教、拥军和关心下一代等工作都取得了新的进步。

在看到成绩的同时，我们也清醒地认识到工作中存在的矛盾和问题：一是率先实现全面小康目标的任务依然艰巨，转型跨越发展的动力不足，公共服务配置水平不高，城乡居民收入偏低，特别是塬边咀梢村组基础条件差、贫困程度深，巩固脱贫成效、严控返贫的难度还很大。二是产业结构不尽合理，农业产业基础薄弱、品牌优势发挥不足、质量和效益还较低；工业产业结构单一，对以石油为主的中省企业依赖度高，地方工业量小势弱、增长乏力；现代服务业发展层次低、创新力和竞争力不强、对经济增长的拉动作用不明显。三是区域中心城市的辐射带动效应仍然较弱，工业化、产业化推动城乡一体化进程缓慢，与区委确定的“三个生态”先行区目标和全市经济发展“排头兵”的定位还不相符。四是加快发展与资金不足的矛盾依然突出，财源结构单一，历史债务包袱沉重，资金调度艰难，化解债务与增加收入、改善民生与保障发展仍然是我们当前亟待破解的难题。五是社会维稳工作难度加大，受经济下行等因素影响，各类社会矛盾纠纷大幅增多，特别是民间借贷、农民工欠薪等问题集中凸显，劝返、稳控、化解的难度越来越大，已成为影响社会稳定的突出问题。六是少数干部思想观念、精神状态和工作作风还不能适应跨越发展的新要求，政府自身建设仍需加强。这里需要特别说明，尽管我们尽了最大努力，但是“十二五”期间和2015年仍有个别指标未达到预期。对这些问题，我们将采取有效措施，努力加以解决。

二、“十三五”规划目标及2016年工作任务

“十三五”期间，是全面实现小康目标的决胜阶段，也是经济社会转型升级、跨越发展的关键时期。从宏观经济大势来看，困难挑战复杂严峻。在经济增速换挡压力和结构调整阵痛相互交织的大环境下，区域经济结构不合理、投资增长趋缓、居民收入增长乏力、消费能力不足等矛盾和问题将更加突出，发展的不确定性因素不断增加。从微观发展趋势来看，利好机遇双重叠加。国家深入实施革命老区振兴、丝绸之路经济带甘肃黄金段等一揽子战略规划，以及支持甘肃、支持革命老区发展的一系列政策措施将全面落实，同步配套的改革红利将陆续释放，这些发展重点和投资导向覆盖了经济社会的方方面面，为我们稳增长、调结构、转方式、惠民生提供了难得的政策支持和坚强的发展保障。同时，作为全省东翼发展的主战场，随着机场、铁路、高速公路等对外交通的全面联通，西峰将快速融入西安经济圈和关天经济区，区位优势、后发优势将更加凸显。只要我们抢抓机遇、趋利避害、积极作为，牢牢把握发展的主动权，就一定能推动全区经济社会迈出转型升级、跨越发展的新步伐。

综合考虑面临的形势和任务，今后五年我区经济社会发展的基本思路是：深入贯彻党的十八大和十八届三中、四中、五中全会精神，围绕“四个全面”战略布局和“五大发展”新理念，深刻把握“转型升级、跨越发展”主基调，锁定“两个率先”总目标，持续深化“三双战略”，突出“两区五中心”发展定位，坚持以脱贫奔小康和项目建设为主抓手，加快改革创新、依法治区进程，全力打造首善之区、文明之区、和谐之区。

预期目标是：全区生产总值、地方规模以上工业增加值、全社会固定资产投资、社会消费品零售总额、大小口径财政收入、城乡人均可支配收入年均增速保持在合理区间。各项约束性指标控制在省、市下达目标之内。2018年在全市率先实现全面小康。

发展定位是：

——创建全市“三个生态”先行区。推动各项工

作创一流、争上游，在政治生态上，开展素质提升、先锋引领、作风整顿、铁腕执纪“四大行动”，持续强化政府系统自身建设；在经济生态上，以大招商引进大项目，构建“125”产业布局，加快富民强区进程；在自然生态上，始终坚持“三个不上”原则，实施固沟保塬、苗林培育、环境治理“三大工程”，全力当好全市经济社会发展排头兵。

——创建革命老区小康建设示范区。抢抓国家支持革命老区建设的有利机遇，大力实施重点项目建设、公共服务优化、创业致富增收、生态环境保护、依法保障权益、社区管理创新“六大计划”。确保到2018年，全区各项指标达到全面小康标准，在全市率先走出脱贫致富奔小康的新路子。

——打造区域性总部经济中心。紧盯全市“两个千亿级循环经济产业链”建设，依托老城小什字、新老城结合部南盘旋、新城南湖经济区“三点一线”商贸黄金发展轴，加大招商引资力度，创新“西峰下单、异地生产、西峰结算、异地配送”模式，大力发展能源制造总部经济、金融商务总部经济、本土企业总部经济。

——打造区域性新型工业中心。按照“标准化建设、企业化管理、市场化运作、保姆化服务”模式，发挥石油煤炭等资源优势和医药制造基础优势，以绿色环保、节能减排、循环利用、低碳发展为主攻方向，推动南北两大工业园区高端发展，做大做强地方工业。

——打造区域性物流枢纽中心。依托全省“丝绸之路经济带”庆阳驿站城建设，深入推进“22310”商贸物流工程，加快十大专业市场建设，高标准启动实施肖金、后官寨、彭原大型物流园区项目，培育高效畅通的物流配送体系，构建城中大商场、城郊大市场、城中专业街、城郊大物流的商贸流通格局，打造陇东区域核心物流节点和关天经济区次级商贸物流节点。

——打造区域性农产品生产交易中心。推进果、菜、畜、苗林四大主导产业规模化、标准化生产，大力发展循环农业、高效农业、生态农业、观光农业。围绕庆阳苹果、什社小米等地方特色农产品的深加工包装，积极推广“互联网+”产销链条新模式，组建区级农民专业合作联社，打造生产标准化、质量品牌化、供销“一站式”服务平台，形成西部绿色农产品贸易市场顶端优势。

——打造区域性文化旅游中心。紧扣民俗文化旅游、绿色生态旅游、乡村休闲旅游主题，深入挖掘庆阳历史文化、地域文化、民俗文化资源的特点与内涵，采取点线面结合，积极推动文化与旅游深度融合发展，打造庆阳民俗文化产业园、天富亿生态民俗村、蒲河川美丽乡村旅游景区、农耕文化非遗示范基地、北石窟寺、小崆峒等六大旅游品牌，力争创建一批国家4A级景区，积极融入西安、延安、银川文化旅游圈，全力建设黄土高原知名旅游城市。

各位代表，2016年，是“十三五”规划的开局之年，承上启下，任务艰巨，责任重大。全区经济社会发展的预期目标是：地区生产总值增长8.5%；地方规模以上工业增加值增长9%；全社会固定资产投资增长9%；大、小口径财政收入较上年预算增长8%；社会消费品零售总额增长9%；城镇居民人均可支配收入增长10%；农民人均可支配收入增长13%。城镇登记失业率控制在4%以内；城镇化率提高2个百分点。

围绕上述目标，2016年，我们将重点做好以下八个方面工作：

(一)以全面小康为目标，切实加快脱贫致富步伐

补齐基础短板。紧扣全面建成小康社会的5个方面39项指标，高标准推进贫困村基础设施建设和公共服务配套，加快解决群众行路、吃水、用电、住房等具体问题，提质改造农村道路28条125公里；改造农电线路29个村，实现14个村动力电全覆盖；实施显胜、肖金、董志、彭原4个乡镇6个行政村易地扶贫搬迁项目，建设集中安置点3处，搬迁群众112户435人，让贫困群众生产生活更加方便、更有保障。

壮大富民产业。按照“一乡一品、一村一业”产业发展思路，因地制宜，突出特色，加快推进“五个组团发展”，调整优化产业布局，促进一、二、三产深度融合。全年新栽果树2万亩，全面建成温什万亩矮化密植苹果示范园区，果品产量达到15万吨；种植各类瓜菜16万亩，产量达到29万吨以上；完成青贮饲草15万吨，新建规模养殖小区7个；种植全膜玉米5万亩，确保粮食产量实现“十三连增”。创新“龙头企业+合作社+基地+农户”运营模式，流转土地3万亩，培育产销龙头企业7户，实现产业发展、企业增效和贫困群众增收同步推进。

强化帮扶措施。进一步优化扶贫队伍，将基层工作经验丰富、带动致富能力强的干部补充到帮扶队伍中来，鼓励民营企业等社会力量通过多种形式参与帮扶，形成脱贫帮扶的强大合力。全面整合农牧、人社、扶贫等培训资源，培训农村劳动力5000人(次)，确保每户贫困家庭有1名科技明白人。争取兰州银行“金桥工程”贷款2亿元以上，全部用于扶持富民产业发展，力争贫困村70%以上农户带资入股资金合作社。

(二)以项目建设为引擎，不断增强经济发展后劲

用足用活政策。抢抓国家加大对西部地区、民族地区和革命老区基础设施建设等政策利好，积极谋划实施一批交通，水利、城市地下综合管廊等重大基础设施项目，以及绿色低碳循环项目、传统能源产业转型升级项目和农产品生产加工项目，确保全年论证储备项目140个以上，力争棚户区改造、环境治理等79个重大项目挤进国家及省、市规划盘子，全年争取到位国省投项目资金10亿元以上。

加快建设进度。狠抓项目用地征拆，确保北师大庆阳附属学校、银西高铁西峰段、陇东学院岐伯医学院等18个省、市重点项目顺利实施，全年储备供应土地2000亩以上。继续落实县级领导包抓项目责任制，突出抓好市、区重大项目建设，确保庆阳民俗文化产业园、陇东汽车城二期等41个区级重点项目取得突破性进展，庆化实验学校二期等147个新建项目完成前期工作，城区地下综合管廊等113个续建项目完成年度建设任务。全年力争实施500万元以上各类项目310个，完成投资300亿元以上。

强化对外合作。坚持招强引名和外向型发展战略，紧盯国内知名企业，围绕优势产业、城市开发、工业园区和市场建设等方面，主动出击，力争苏宁电器、万达集团等16户国内500强企业落户建设，万辉国际等8个重点引资项目取得突破性进展。年内，争取到位资金100亿元以上。

(三)以调优结构为主线，持续推动产业转型升级

做大园区经济。加快工业平台建设，南部石化园区开通A1、A3路，完成供排水、排污管线敷设，污水处理及再生利用工程开工建设，陇运石化物流等6个项目入园建设，永欣石化、瑞华天然气项目正式投产；北部工业集中区开通B1、C17路，供排水及排污工程开工建设，益翔药业、庆宁粮油2户企业全面建成，西峰制药厂搬迁等4个项目开工建设，4栋标准化厂房建成投运。

做活商贸经济。以十大专业市场建设为重点，加快构建对外通市场、对内联群众、产销对接的现代物流体系，确保综合建材市场二期、东区食品城年内完成主体工程。借助“互联网+”和区电子商务中心，建设村级电子商务示范点40个，电子商务创业孵化园入驻电商企业30户以上，搭建我区特色农产品、地方工业产品和文化产品推介销售平台，积极创建全国电子商务进农村综合示范县区。

做强非公经济。坚持把非公经济作为区域经济发展的“生力军”，鼓励引导非公经济主体围绕能源资源、特色农业、文化旅游等产业开发，发展配套服务业，延伸产业链条。认真落实中央、省、市支持政策，加大财政资金扶持力度，引导金融机构增加贷款规模，为非公经济发展营造良好的环境。全年新增非公企业300户以上，新增就业人员1.5万人。

(四)以完善功能为核心，大力推进新型城镇化建设

夯实基础建设。借助国省投资金、棚改资金和世行资金，实施道路、供热、供排水、污水垃圾处理、老城区地下弱电管网等基础设施建设项目60个，确保庆化大道中段等9条市政道路建成通车，北京大道北段等12条道路完成年度建设任务；开工建设东区污水处理厂等7个供排水工程，完成东区供热站一期、城区集中供热脱硫除尘等5个民生项目建设。全力实施小城镇基础设施、市场管理、交通整治、环境治理四大工程，启动实施城郊村发展规划编制工作，全面提高小城镇综合服务功能。

推进棚户区改造。坚持把棚户区改造作为城市转型的“一号工程”，年内，张三巷片区汽修厂区块、四中南侧片区、原市委片区、地毯厂片区、家乐福超市片区开工建设，三中片区市房管局公房区块、周岭村片区改造工程建成主体，确保完成市上下达的4867户棚改任务。

提升管理水平。全面推进城市管理精细化、数字化、智能化建设，启动实施新区路灯智能管控、街巷综合治理及市场建设等项目，加快推进长庆大道南段等市政道路“杆线入沟”进度，逐步消除城区“黑电杆”和“蜘蛛网”。积极探索建立供水、供暖市场化管理、生活垃圾分类收集机制，全力实施城镇环卫设施“五小惠民工程”，完成城区停车场规划编制，新建大型停车场2处。持续开展城乡环境卫生整治活动，完善城市管理长效机制，巩固整治成效。

(五)以环境治理为重点，努力构建生态安全屏障

实施苗林培育工程。扎实推进天保、三北防护林、中央财政补贴造林、苗林培育、道路绿化等工程，完成中幼林抚育1万亩、苗林培育5万亩，绿化城乡道路35条150公里，建设城市公共绿地13.2万平方米，全面落实好国家级公益林和天保工程区公益林的管护工作，着力提升生态环境质量。

实施固沟保塬工程。以土地深松、农田保护、沟道治理、生态修复为重点，全面启动甘肃东部百万亩土地整理复垦子项目、火巷沟滑坡治理、石咀子至毛寺段防洪治理等工程，全力支持小盘河水库及供水工程建设，新建水土保持拦蓄工程21座，完成水土流失治理10平方公里，有效遏制塬面水土流失。

实施生态治理工程。深入贯彻《环境保护法》、《大气污染防治法》，持续开展精准治污行动，加大资金和人力投入，全面落实燃煤小锅炉拆除、城区道路洒水喷雾抑尘、渣土拉运专业化运作等六项措施，确保全年城区空气质量优良天数达到300天。严把项目建设环评审批关，全力抓好城乡生活垃圾、生活污水处理，严厉打击破坏环境的违法行为，切实提升环境质量。持续推进美丽乡村建设，不断改善农村面貌。

(六)以开源节流为抓手，全面提升财政保障水平

强化组织收入。围绕城市发展和产业开发，积极培育多元化、有后劲的财源群，不断壮大后续财源基础。进一步加大重点税种、重点领域、重点行业税源监管，强化综合治税力度，确保应收尽收。跟进争取中央、省、市各类转移支付和专项资金，力争年内到位资金10亿元以上。

强化支出管理。全面公开财政预决算、部门预决算和财政专项资金清单，建立预算执行和财政项目资金支出事前、事中、事后全过程动态监控机制。坚持重大项目建设、重要财政支出全程绩效评价管理制度，对财政支出的经济性、效率性和效益性进行客观公正评价，着力构建“花钱必问效，无效必问责”的财政资金管理机制。

强化金融保障。在做好政府债务风险评估的基础上，进一步创新融资模式，拓宽融资渠道，降低融资成本，完善信贷机制，围绕棚户区改造等重点项目，继续深化与国开行、农发行等金融机构的对接合作，全年筹融资5亿元以上。强化金融风险防控，持续加强对小额贷款公司、融资性担保公司、典当行和投资公司的监管整治，严密关注和跟进处置民间借贷纠纷，全力维护金融市场秩序和社会稳定。

(七)以民生改善为根本，统筹发展各项社会事业

推动教育均衡发展。按照“农村学校合理布点、老城区按需扩容、新城区高标准建设”的原则，加快

秦霸岭幼儿园、西峰职专综合实训楼等28个校舍建设项目进度,完成85所薄弱学校改造,不断缩小城乡教育教学硬件差距。依托“美丽园丁”工程,持续加强教师培训,深入开展区内教师对口帮扶、定向交流,不断提升教育整体水平。

健全医疗卫生体系。年内完成温泉卫生院改扩建工程,开工建设区疾控中心综合检测楼、陈户卫生分院改扩建项目。加强医疗人才队伍建设,完善医师多点执业管理制度,大力实施对口帮扶和基层医务人员轮训,培训医务骨干100名以上。扎实开展平安医院创建,加强区级医院重点科室建设,提升医疗服务水平。

繁荣公共文化事业。着眼文化旅游产业创新融合发展,加快实施民俗文化产业园北城墙、民俗博览馆、中心广场等工程,推进陇东冰雪健身基地漂流、温泉度假村等后续工程建设,以及黑老锅、北石窟寺、义渠戎国古镇等旅游景区开发力度,支持天富亿生态民俗村开发新景点,着力打造民俗文化游、绿色生态游和乡村休闲游新亮点。筹办好第十四届中国庆阳端午香包民俗文化节,积极开展“和谐西峰大舞台”等群众文化活动,完成“数字农家书屋”试点工作,在全省率先实现行政村全覆盖。

完善社会保障体系。持续提高城镇职工“五项保险”及城乡居民养老保险、低保和新农合覆盖面,不断加大社会救助力度。全面推进养老、助残等工作,新建城乡社区老年人日间照料中心14处,创建残疾人就业基地3个,提供就业岗位200个。加快失地农民安置小区建设,积极推进北师大庆阳附属学校、陇东学院岐伯医学院等项目区失地农民安置工作。全面落实就业扶持政策,新增城镇就业1万人。

倾力办好民生实事。在认真落实中央和省上惠民政策、完成省市为民办实事项目的基础上,区政府郑重承诺办好以下十件民生实事:一是启动实施城区公共便民自行车项目,年内投放自行车1000辆;二是新修通组水泥(砂石)路11条32.4公里;三是实施农村安全饮水工程,解决4个乡镇6个村519户2159人饮水安全问题;四是完成10个乡镇(街办)食药监所食品安全快检室建设,在城区52个商场超市配置食品安全信息溯源机,在乡镇农贸市场和商场超市建设15个标准化食用农产品快检室;五是完成弘化西路、朔州西路等5条人行道提质改造工程,对城区无照明设施巷道进行亮化改造,城区亮化率达到95%以上;六是扶持100名高校毕业生到非公经济组织就业;七是依托行政村小学,建办22所幼儿园(学前班),为43个村级幼儿园配置教学玩具;八是建设交通安全综合服务管理网络平台,实现车辆牌证、违章处理等服务便民化管理;九是新建城市公厕及垃圾中转站7座;十是为所有行政村新设标识牌。

强化生产安全和公共安全管理。严格落实安全生产责任制,在重点行业、重点领域、重点时段持续开展安全生产大检查、隐患大排查和打非治违行动,全力保障人民群众生命财产安全。突出抓好信访维稳、社会治安综合治理及食药品、校园、生态环境等安全监管工作,加快区级应急平台建设,扩大城区视频监控覆盖面,严厉打击抢劫、盗窃等违法犯罪行为,全力保障人民安居乐业、社会安定有序。

(八)以改革创新为保障,着力增强发展内生动力

深化经济体制改革。围绕去产能、去库存、去杠杆、降成本、补短板五大任务,加快推进供给侧改革。深化国库集中支付、公务卡强制结算、部门预决算公开公示、国地税集中办税等财税体制改革。不断拓展政府担保公司和民间资本服务中心业务,充分发挥财政资金撬动功能,带动更多社会资本参与投资,全面破解企业及各类经济组织融资难题。大力发展非公有制经济和混合所有制经济,加快构建全民创业支持体系。

深化行政审批制度改革。继续做好行政审批事项的“接、放、管”工作,大力推行政府一站式服务,区级部门非涉密事项、为民服务事项全部进驻政务服务中心集中办理,更加方便群众办事。稳妥推进事业单位分类改革、机关事业单位养老保险制度改

革，全面开展不动产登记工作。

深化农村综合改革。放活土地经营权，积极推进农村集体经营性建设用地入市工作，推动土地承包经营权向专业大户、农民专业合作社等新型经营主体流转。出台农村土地承包经营权抵押贷款试点管理办法，探索建立涉农信贷风险补偿基金，帮助“三农”及企业解决发展资金难题。完成农宅集中建设规划编制，开展农宅规范化建设试点工作。加大殡葬制度改革力度，提高土地利用水平。

深化公共服务改革。推进公立医院改革和中医药综合改革试点工作，积极探索医疗、医保、医药联动机制，方便群众就医；鼓励引导社会力量发展文化产业，培育地域文化产品和要素市场；深入推进城市执法体制改革，改进城市管理工作。持续推进公车改革。

三、加强政府自身建设

各位代表，“十三五” 期间西峰发展的新形势、新任务，对政府自身建设提出了新要求、新期待。肩负历史的重任、承载人民的厚望，我们将立足新目标、新起点，竭尽全力履行职责，努力建设人民满意政府。

着力建设法治政府。始终把法治要求贯穿到政府工作的方方面面，加快建设职能科学、权责法定、公开公正、廉洁高效的法治政府。健全政府依法决策机制，把公众参与、专家论证、风险评估、合法性审查、集体讨论决定作为政府重大决策的法定程序，确保决策程序正当、过程公开、责任明确。主动接受人大法律监督、工作监督和政协民主监督，认真办理人大代表、政协委员建议提案，坚持向人大报告工作，与政协协商工作，向老干部、民主党派、工商联和无党派代表人士通报工作制度。加强行政执法体系建设，全面落实行政执法责任制和过错追究制，提高执法效率和规范化水平。

着力建设效能政府。巩固“三严三实”专题教育成果，深入推进干部作风整治行动，持之以恒纠正政府系统“不严不实”问题，重拳打击“乱作为”、彻底根治“不作为”、坚决纠正“慢作为”。突出简政放权，精简行政审批事项，扩大三级政务服务平台服务范畴，简化办事程序。切实改进文风会风，狠抓工作落实，全面推行群众和服务对象监督评价工作制度。健全目标管理和督查督办机制，全面推行政府绩效管理，强化行政问责和效能监察，切实提升工作效能。

着力建设服务政府。把群众需求作为政府工作的努力方向，不断完善群众诉求快速处理机制，建立信访、调解、复议、诉讼、协调互动机制，畅通群众诉求表达和权益保障渠道，切实维护广大群众的切身利益。深化政务公开制度，拓展公开范围，加大与群众息息相关的办事程序、收费标准、补贴政策、规定依据等公开力度，积极推进公共资源配置、重大项目实施、社会公益事业建设等政府信息公开，保障人民群众知情权、参与权和监督权。

着力建设廉洁政府。进一步夯实政府系统党建和党风廉政建设主体责任，切实履行“一岗双责”，坚持用制度管权、管人、管事。加强行政监察、审计监督和财政监管，对公共资金、国有资产、国有资源和干部履行经济责任情况实行审计全覆盖，以实际行动赢得人民群众的信任和支持。

各位代表，蓝图绘就，正当扬帆破浪；重任在肩，仍须策马加鞭。让我们在区委的坚强领导下，锐意进取，务实苦干，开拓创新，为全面建成小康社会而努力奋斗！

《政府工作报告》名词注释

1.两个率先：在全市率先实现城乡一体化和全面小康。

2.三双战略：城镇化和工业化“双轮驱动”，现代农业和现代服务业“双翼支撑”，党的建设和社会管理“双向保障”。

3.“5341”工作标杆：五个率先全覆盖即在全市率先实现通组硬化道路、农村安全饮水、通村动力电、村级卫生室、村级幼儿园全覆盖；三个高于平均值即农民人均纯收入、贫困群众人均纯收入、一二类低保救助对象高于全市平均水平；四个精准到户即扶贫项目资金、专项扶贫贷款、劳动技能培训、特色产业培育到户；实现一个目标即确保2015年以首善之区应有标准在全市率先实现整区脱贫。

4.“九个助推、九个深度融合”新模式：即突出党建引领助推精准扶贫，实现能人带富与群众共富深度融合；突出搭建信息平台助推精准扶贫，实现精细管理与精准帮扶深度融合；突出双联行动助推精准扶贫，实现外力帮扶与激发内力深度融合；突出夯实基础设施助推精准扶贫，实现硬件改善与软件提升深度融合；突出培育富民产业助推精准扶贫，实现单一输血与多元造血深度融合；突出旅游资源开发助推精准扶贫，实现近期脱贫与长远小康深度融合；突出金融支持助推精准扶贫，实现贷款与用资深度融合；突出企地共建助推精准扶贫，实现企地关系深度融合；突出作风建设助推精准扶贫，实现群众脱贫与干部锻炼深度融合。

5.“四个全面”战略布局：全面建成小康社会、全面深化改革、全面依法治国、全面从严治党。

6.“五大发展”理念：创新发展、协调发展、绿色发展、开放发展、共享发展。

7.两区五中心：创建全市“三个生态”先行区、革命老区小康建设示范区，打造区域性总部经济中心、区域性新型工业中心、区域性农产品生产交易中心、区域性物流枢纽中心、区域性文化旅游中心。

8.三张清单一张网：政府部门行政权力和责任清单、财政专项资金管理清单、扶贫清单和政务服务网。

9.“125”产业布局：一个服务业中心（城市服务业发展中心）、两个工业园区（南部石化园区和北部工业集中区）、五个农业组团（优质苹果产业发展组团、现代生态高效种植养殖业发展组团、休闲观光和高效农业发展组团、现代物流服务业发展组团、生态旅游业发展组团）。

10.“三个不上”原则：不上国家产业政策规定的污染项目，不上短期项目，不上政绩项目。

11.“22310”商贸物流工程：两条商贸物流产业带，主要依托北京大道以东，庆化大道以西布局大型专业市场，逐步形成东西两个物流产业带；两个商贸物流集聚区，即北部空港物流集聚区和南部肖金生产资料商贸物流集聚区；三个商业圈，即小什字中心商圈，陇东学院西北部、体育馆东部次中心商圈；十大类专业市场，即服装鞋帽小商品市场、蔬菜瓜果批发市场、家具家饰市场、农业生产资料市场、文化传媒市场、农产品和粮食市场、金属市场、综合建材市场、汽车市场、放心食品城。

12.“三个生态”建设：风清气正的政治生态，活力迸发的经济生态，山清水秀的自然生态。

政协西峰区第七届委员会常务委员会工作报告

——在政协西峰区第七届委员会第五次会议上

西峰区政协常委会主席　罗亚林

2016 年 1 月 18 日

各位委员、同志们：

我受政协西峰区第七届委员会常务委员会的委托，向大会作工作报告，请予审议。

2015 年工作回顾

2015 年，区政协常委会在中共西峰区委的坚强领导下，在区人大、区政府的大力支持和社会各界的密切配合下，紧扣全区工作重心，积极顺应新常态，主动适应新常态，认真履行政协职能，团结带领全体政协委员和各界人士，为全面深化改革，促进社会和谐作出了不懈努力，圆满完成了各项工作任务。

一、服务中心，咨政建言，在增强参政力上履职尽责

（一）助推科学决策凝心聚力。进一步完善和规范政治协商机制，突出专题协商、对口协商、界别协商和提案办理协商，围绕全区经济发展、社会稳定、民生改善中的重大事项和群众普遍关心的热点难点问题，相关单位全力配合，先后对“一府两院”工作报告和易地扶贫搬迁、水源地保护、民俗文化产业发展等方面的问题，开展富有成效的协商活动 16 次，提出意见建议 90 多条，尽力为党政科学民主决策提供参考。

（二）助推全区发展献计出力。围绕党委政府重视、人民群众关注、政协有条件做好的课题，深入调查研究，积极建言献策。组织调研组对食品安全监管、苹果产业发展、脱贫攻坚、禁毒等工作开展调研视察；配合省、市政协完成陇东民俗文化发展、城市管理体制运行和管理情况等调研视察 7 次；组织委员开展“建言安全生产工作、助推平安西峰建设”“科技到田头、服务暖心头”“建言献策谋脱贫、助推产业大发展”等委员主题实践活动 16 次，先后提出意见建议 120 多条。《西峰区苹果产业发展调研报告》得到区委领导批示，并转发相关部门参阅。

（三）助推中心工作尽心竭力。紧紧围绕全区“三双”战略和“两个率先”目标，区政协领导班子成员坚持政协工作不缺位、中心工作不错位，积极主

动、尽职尽责地参与中心工作。按照区委统一部署，区政协领导经常深入联系村组、农户，督查指导工作，倾听呼声意见，解决群众困难，认真开展精准扶贫工作；积极参与全区文明城市创建工作，认真落实片区治理责任，组织机关干部职工参加城乡环境卫生集中整治，开展交通安全文明出行视察，为创建工作献计出力；协调动员、督促征拆，全力推动所联项目建设；在防汛抗旱、百名干部带案下访解民忧等工作中，既建言献策，又主动参与，较好完成了各项工作任务。

二、关注民生，集中民智，在增强监督力上提升成效

（一）民主监督关注热点。制定出台了《政协西峰区委员会关于进一步加强民主监督工作的意见》，坚持言之有据不道听途说、言之有理不主观臆断、言之有度不偏激过激，选准角度，把握重点，严格程序，开展有效监督。推荐 49 名委员担任公、检、法等部门特约监督员、检查员、行风评议员；选派 136 名委员参与全区政风行风评议、干部考核测评、党风廉政述职、价格听证等工作；组织 37 名委员，参与省委巡视组巡视西峰、万名公众评选全国道德模范、全区义务教育均衡发展迎接国家督导等工作评议。民主监督工作程序更加规范，成效更加明显。

（二）反映民意关注盲点。畅通反映社情民意的渠道，建立了覆盖全区的社情民意信息员队伍。召开社情民意信息工作会议，对信息员进行集中培训，对工作成绩突出的社情民意信息员进行表彰奖励。按照“为群众说话、为政府添力、为党委建言”的工作要求，全体委员及机关工作人员，深入基层、深入群众，真实反映群众的所思所想、所期所盼，更好的为区委、区政府及时掌握民情、了解民意、科学决策提供参考依据。一年来，共整理编发社情民意信息 84 期，得到各级采用或领导批示的 23 期，充分发挥了社情民意纾解民情、传达民意的积极作用。

（三）提案办理关注难点。区政协常委会以提高提案质量和办理质量为目标，定期不定期督促落实《关于进一步加强政协提案办理工作的实施意见》，不断完善提案办理制度，规范提案办理程序，增加办理协商密度，提案工作取得明显成效。区政协七届四次会议立案的 74 件提案，全部按要求办理完结，一批群众关注的热点问题得到了解决，许多建议被吸纳到党委政府相关决策和实际工作中，对促进全区经济社会发展发挥了积极作用。

（四）脱贫攻坚关注焦点。坚持双联行动和精准扶贫深度融合，向全体委员发出《用行动助推双联、聚合力扶贫攻坚》倡议书。政协委员及机关投入帮扶资金 530 多万元，为贫困村组和贫困户帮办实事 513 件，为群众提供致富信息 164 条，为帮联户协调小额担保贷款 49 万元；召开帮扶座谈会、开展政策宣讲、精准脱贫调研 227 次，举办培训班及农业技术推广 172 场次；帮助群众成立农民专业合作社 9 个，组织村民外出考察学习培训 450 人次。组织召开精准扶贫协调推进会 12 次，为帮联村、帮联户联系推荐筛选引进产业富民项目 36 个，硬化村级道路 27 公里，协调农网改造 340 户。区政协“双联”行动科技、文化、卫生服务团，开展送春联、送科技、送医送药进村进社区活动 7 次。连心桥帮扶协会出资 40 万元，扶持 20 户养羊户发展规模养殖；筹资 2 万元，对全区 16 户困难群众进行慰问；捐赠电脑 20 台，建成彭原镇五郎铺小学电教室；出资 140 万元，为显胜乡毛寺村修建吊桥一座，解决了 4 个村民小组 100 多户群众的出行难问题。同时，组织专业人员在贫困村开展“敞亮心路、拥抱希望”脱贫心理咨询辅导讲座，对贫困群众一对一释疑、面对面解惑，本着扶志重于物质扶持、扶智重于经济救助的态度，充分调动贫困户脱贫致富的主观能动性，收到了良好效果。

三、紧扣主题，促进和谐，在增强凝聚力上彰显特色

（一）团结各界凸现特点。坚持把凝聚人心、增强合力作为政协的重要工作，充分发挥大团结、大

联合的优势，积极开展联谊活动，为构建和谐西峰凝聚人心。与各民主党派、工商联和人民团体的合作共事更为紧密，通过举办“三八”妇女节联谊会、端午节民俗座谈会、中秋节各界人士茶话会、议政建言会等形式，为各民主党派、工商联、人民团体和无党派人士有序参与政协的各项活动创造条件、搭建平台，为全区改革发展汇集智慧和力量；与各宗教组织、少数民族群众的联系交流更为广泛，通过开展民族村发展调研、民族宗教节日慰问宗教界代表人士等形式，了解民族政策的落实、宗教活动的开展情况，尽心尽力帮助解决实际困难，为构建和谐民族宗教关系添动力、增合力；与老干部、老退伍军人及青少年群众的联系交流更为深入，通过开展“七一”建党节走访慰问老干部、老党员，“八一”建军节慰问驻军，纪念抗日战争暨世界反法西斯战争胜利70周年慰问老兵，“六一” 儿童节慰问贫困儿童，尽力解决弱势群体所忧所困，反映他们的愿望和呼声，引导各界群众始终与党委政府同心同德、同向同力。

（二）对外宣传呈现亮点。充分发挥新闻媒体、报刊杂志及政协自办刊物作用，并热情接待上级及外地政协来峰参观考察，积极宣传西峰、推介西峰、提升西峰形象。一年来，编发《西峰政协》68期，在各类报刊杂志上刊发新闻报道及理论文章138篇，《民主协商报》开设“西峰区政协工作系列报道”专版，进行系列报道9次；市、区电视台宣传报道59次，更新网站资料内容368条；接待省市政协及浙江省桐庐县、兰州市、徽县等外地政协来峰参观考察14次。

（三）文史编撰显现重点。坚持把文史工作作为政协工作的“窗口”和重要工作来抓，按照“亲历、亲见、亲闻”的要求，打破地方、行业、部门的界限，不拘一格，广纳人才，聘请40名专家、学者担任文史资料撰写员；成立了区政协文史资料审查委员会，与史志部门开展协作，深度挖掘西峰历史文化资源，形成了文史资料工作的整体合力。一年来共编发《西峰文史》12期，出版了文史专辑《足迹》《北地名医考索》，为挖掘、传承、繁荣地域文化出力尽责，较好地发挥了文史工作存史、资政、团结、育人的作用。

四、转变作风，塑造形象，在增强软实力上筑牢根基

（一）提升理论素养。常委会坚持把加强学习，努力增进服务全区发展的共识作为首要任务。通过建立健全学习制度，引导广大政协委员深入学习中共十八大和十八届三中、四中、五中全会精神、习近平总书记系列重要讲话，学习贯彻省市区委会议精神等，深刻领会和把握政协在助推深化改革和社会发展中肩负的使命，把全体委员的思想和行动统一到全区“三双战略”和“两个率先”目标上来，进一步增强服务发展的自觉性和坚定性。利用常委会、委员小组活动及每周例会，分层次对常委、委员及机关干部职工进行培训。列席省政协常委会，参加全省政协双联行动互看互学现场会、提案工作经验交流会、委员助推双联行动推进会及全市政协文史资料工作会议，交流履职经验。组织委员赴陕西旬邑县和秦安、徽县政协学习履职经验；组织机关干部参加省委党校举办的办公室人员综合能力提升培训，参观党风党纪教育巡回展览，提高工作水平，转变工作作风。举办政协工作研讨会，交流履职体会，探索履职思路。通过学习培训及研讨，委员及机关干部素质得到进一步提升，履职和服务的积极性、主动性进一步增强。

（二）提升制度约束。根据新形势、新任务需要，坚持继承与创新结合、实用与实效结合的原则，制定出台、修订完善了《西峰区政协委员管理办法》等制度13项；调整各专委会组成人员，建立主席、副主席联系常委、常委联系委员及委员活动小组制度。通过按行业、按界别、按专委会分组开展活动，创建了经常化的委员活动制度；通过开展集中普遍走访活动，对委员履职、服务社会情况统计核实，创立了档案化的委员考核方式。年内共走访委员680多人次。通过加强制度建设，狠抓制度落实，使各项工作逐步走上了制度化、规范化轨道。

（三）提升服务效能。积极开展“三严三实”专题教育活动，党组书记带头讲党课，精心组织专题研讨，认真学习相关篇目，深入剖析存在问题，着力解决“不严不实”问题，教育党员干部心中有党不忘恩、心中有民不忘本、心中有责不懈怠、心中有戒不妄为，守纪律讲规矩，顾大局识大体。落实党风廉政建设“两个责任”，建立链条式传导、倒逼式追责体系，规范权力清单。组织开展了“强素质、转作风、提效能”机关作风整顿活动。严格执行“八项规定”，进一步规范出差报销、公务用车、公务接待、机关经费管理，在机关形成了廉洁高效、勤俭节约的良好风气。并通过举办迎“五一”趣味运动会，组织参加义务植树及全区第一届运动会等活动，机关及委员的凝聚力得到进一步增强。委员立足一岗双责，在本职岗位上发挥专长、建功立业，在政协工作中认真履职、争做贡献，先后有99名委员分别获得国家、省、市、区及有关部门的表彰奖励。机关及委员队伍风正、心齐、气顺，为政协工作顺利开展提供了有力保障。

各位委员、同志们，2015年政协工作取得的每一点成绩，获得的每一次进步，都离不开区委、区政府的坚强领导和大力支持，离不开各部门和社会各界的密切配合、精诚合作，离不开全体委员和衷共济、履职奉献，离不开老领导、老同志的关心和厚爱。在此，我谨代表区政协常委会，向关心、支持政协工作的各级领导、各界朋友和全体委员表示衷心的感谢！

在总结工作成绩的同时，我们也清醒地看到工作中存在的问题和不足，一是建言献策的水平还有待进一步提高；二是民主监督的方法还有待进一步探索；三是如何把政协工作与党政中心工作有机结合起来，更好地助推西峰经济社会发展，还有待进一步探索和完善。对此，我们将在今后工作中采取有效措施加以改进。

2016年主要工作

各位委员、同志们，2016年是七届政协收官之年，也是做好本届工作的关键之年。为确保今年的各项工作再上新台阶、新水平，我们有必要回望四年来的工作，以资今年再加压力，再鼓干劲，完成点睛之笔，做到圆满收官。

过去四年，是全区全面实现“十二五”目标的决胜阶段，也是全面深化改革、全力开展精准脱贫、加快小康社会建设的聚力阶段。四年来，我们团结带领全体委员，以助力“三双战略”和“两个率先”目标为己任，立足新常态，在尽心履职中服务大局，在传承创新中增强活力，各项工作契合中心、反映民声、彰显特色，内容丰富、氛围和谐、成效显著。

——48次协商议政体现务实与创新。坚持以协商为平台、调研视察为载体、界别活动为纽带，发挥专委会基础作用，精心选择协商议题，拓宽协商议政领域。制定界别委员活动计划，坚持每月开展一次界别委员活动、一次专题协商议政会，寓履职于活动之中，提升了履职成效。同时，举行委员履职观摩，通过互看互学调动委员履职积极性，激发委员履职活力。48次协商议政活动使政协工作既求真求实，又常做常新。

——40次委员发言体现优势与特色。坚持把委员发言作为政协全委会议的“重头戏”，充分运用大会现场发言这一协商平台，邀请党政领导参加委员发言大会，积极为采纳和落实委员建议构建载体、搭建平台。坚持发言选题求准、内容求实、观点求新、文字求精。同时，改进文风，倡导既讲成绩又讲问题、讲实话不讲空话、讲要害不讲枝节。40次委员发言面对面提问题谈建议，心交心建良言献实策，使政协优势得到体现，作用得到发挥。

——36次调研视察体现责任与担当。坚持从党政决策中寻找工作思路，从群众呼声中寻找工作重点，立足于党政所需、群众所盼、政协所能，开展调研视察活动。36 次调研视察，形成了一批切口小、落脚实的调研成果。委员提出的扶持农民专业合作社发展、稳步推进教育布局调整、助力非公经济发展、关注留守老人生产生活、多措并举开展水土保持等 230 多条意见建议，为党委政府民主决策提供了参考，一些建议已转化为推进改革发展、增进群众福祉的实际举措。

——310 万无偿捐助体现团结与力量。凝聚委员和社会各界力量，我们创新成立连心桥帮扶协会和书画艺术研究会，共吸纳委员和社会各界人士 95 名。通过四年来的尝试，初步形成了政协牵头、协会组织和会员“一对一”资助的“立体捐助”运作模式。先后资助 300 名贫困大学生，救助 30 户困难群众，扶持 20 户贫困户，为贫困村修建吊桥一座。书画艺术研究会不仅为书画工作者和爱好者搭建了学习、创作、交流、联谊的平台，并且为开展书画义卖、“五进”送文化，参与扶贫济困和慰问各界群众等活动提供大力支持，彰显了委员心系群众、团结互助、乐善好施的优良传统。

——223 件社情民意体现真知与灼见。把及时反映社情民意作为开展经常性民主监督和参政议政的重要渠道，制定出台了《西峰区政协社情民意工作考评办法》，不断完善信息征集、报送、跟踪督办和反馈机制。同时，把反映社情民意列入委员履职考核的“五个一”活动，促进了政协社情民意工作的广泛开展。《关于完善监管制度预防村官腐败的建议》《加强贫困村组干部队伍建设为扶贫攻坚提供组织保障的建议》等 223 件社情民意信息，为党委政府掌握民意、研判形势、科学决策提供了参考。区政协连续三年被市政协评为社情民意信息工作先进单位。

——484 件委员提案体现民生与民愿。四年来，全体委员心系西峰发展，情牵人民福祉，充分发挥位置超脱、联系广泛的优势，深入基层，深入群众，访民情、听民声、达民意，提出提案 484 件。通过主席、副主席领衔督办重点提案、开展提案办理专题协商、办理成效“回头看”、开门办案等举措，提案办复率达 100%，使事关民本民生的住房、就医、入学、就业、交通、食品药品安全等方面的相关问题得到了有效解决。提案工作呈现出区委重视、政府支持、政协主动、部门配合、委员参与，各司其职、协调有序的新局面，发挥了提案在服务全区经济社会发展、助推民生改善、促进社会和谐中的积极作用。

——365 人次委员获奖体现风采与形象。重视加强委员学习培训，完善委员联络机制和进退机制，健全委员履职考核激励机制，促使委员提升素质、积极认真履职。全体委员不辱使命，把社会期望与自身责任紧密结合起来，争当“忠实履职、奉献西峰”的责任型、有为型委员。四年来，委员帮扶贫困户 253 户，解决群众就业 9304 人，举办各类培训讲座 600 多场次；委员在全区实施项目 79 个，完成投资 42 亿元；365 人次获得各级奖励，区政协连续两年被省政协评为“委员助推双联行动”先进政协组织，彰显了委员实打实促进发展、情系情关注民生、心贴心维护和谐的风采和形象。

各位委员、同志们，回望本届以来的主要工作，我们深切体会到，已取得的工作成效来自区委的坚强领导，来自工作的大胆创新，来自作风的求真务实。成绩来自砥砺奋进，进步源于协力同心。履职实践激励我们前行、不容懈怠，履职使命要求我们发挥优势、倾心尽责。新的一年，我们要紧扣新的工作任务，继承和发扬好传统、好做法，切实做到履职热情不减、责任不减、力度不减，各项工作不放松。

一、强化学习，深化认识，紧扣履职使命不放松

全体委员要深入学习中共十八大和十八届三中、四中、五中全会精神及习近平总书记系列重要讲话，深刻领会、准确把握精神实质，树立坚定不移地走中国特色社会主义发展道路的信念。深入学习贯彻省、市、区委全委会议精神，把思想和行动统一到党委的决策部署上来，牢牢扭住“四个全面”战略布局和“五大发展”新理念，深刻把握转型跨越时期

的主基调，锁定“三双”战略和“两个率先”目标，突出“两区五中心”发展定位，为助力“十三五”规划良好开局建功立业。准确把握新常态对政协工作的新要求，充分发挥政协在协商民主中的重要作用，推动政协工作在参政议政、服务发展上有新作为，在协商监督、发扬民主上有新特色，在凝心聚力、增进团结上有新贡献，在委员管理、机关建设上有新面貌，全面推进工作创新发展。

二、围绕中心，聚集智慧，践行协商民主不放松

紧扣改革建言。以创新发展的理念和思路，有针对性地协商建言、参政议政，以实际行动助推改革发展。充分发挥协商民主的重要渠道和专门协商机构作用，拓展协商内容、规范协商程序、增加协商密度，积极主动开展专题协商、对口协商、界别协商、提案办理协商；利用全委会、常委会、主席会等协商议政形式，开展“我为深化改革建言”活动，引导全体委员共议发展之道、共谋改革之计、共献创新之策。加强与区委、区政府及相关部门的联系，坚持重大问题向委员通报制度；邀请党政部门听取委员对事关改革发展稳定的热点、难点、焦点问题及事关人民群众切身利益等现实问题的意见和建议，使政治协商成为民意进入决策程序的重要渠道。紧扣民生尽责。围绕全区“十三五”规划的实施落实情况和党委政府的重大民生决策、民生实事，开展监督视察。积极探索富有政协特色和时代特点的民主监督载体，综合运用会议协商监督、专题视察监督、民主评议监督、委派监督员监督等形式多样的监督方法，有效开展对人民群众最关心、最直接、最现实的利益问题的民主监督，推动改革发展成果更多更公平地惠及广大人民群众。紧扣重点献策。紧紧围绕精准脱贫和全面推进小康建设，对全区农业产业化发展、贫困人口社会保障等工作进行调研，对全区电商发展、失地农民安置、小城镇卫生状况等工作进行视察，充分发挥调研视察在参政议政中的作用。引导全体委员，深入基层，面向群众，认真听取群众诉求，真实反映群众意愿，拓宽规范的“说话”场所、合法的“诉求”途径、有效的“民意”通道，多做释疑解惑、理顺情绪、化解矛盾的工作，促进社会和谐稳定。紧扣中心出力。要着眼全局，服务大局，按照区委、区政府的统一安排，积极主动参与项目建设、包村帮扶、信访维稳等中心工作，做到在参与中议政、在议政中服务、在服务中建言，努力使政协工作与党政中心工作同步同拍、同频共振。充分发挥人才荟萃、智力密集的优势，引导全体委员积极投身经济社会建设，进一步调动委员特别是专家、学者、优秀企业家以及专业技术人才的积极性、主动性，激发他们的创业热情和发展活力，努力在推动全区经济发展、保持社会和谐稳定的各个领域建功立业。

三、发扬民主，维护团结，坚持凝聚人心不放松

推进团结民主。按照习近平总书记提出的“坚持中国共产党的领导，坚持人民政协的性质定位，坚持大团结大联合，坚持发扬社会主义民主”的要求，加强与各民主党派、工商联、无党派人士的团结合作，促进政党关系、民族关系、宗教关系、阶层关系的和谐，多方营造众志成城、和衷共济、共谋发展的良好局面。进一步加强与新经济组织、新社会组织和新社会阶层人士的联系，组织开展茶话会、联谊会、座谈会、委员小组活动等，畅通参政议政、建言献策渠道，为全区改革发展凝聚正能量。加强联络联谊。充分发挥团结面大、联系面广的优势，广泛开展联络联谊，在更广的范围、更高的层次宣传西峰。继续坚持走访委员活动，关心委员进步，帮助解决实际困难。发挥书画艺术研究会专业人才优势，积极组织开展书画联谊、对外交流活动；继续做好文史和信息宣传工作，确保数量质量稳中有升。大力提高政协工作的社会开放度和社会参与度，创造条件让委员和群众更多地参与政协活动，做到知上情，明下情，悉内情，不断提高参政议政水平；建立市民提案线索征集、转化、办理和监督互动机制，探索开放式、社会化的政协工作新尝试。助力扶贫济困。积极引导全体委员进社区、进农村、进企业，参

加捐资助学、精准扶贫、爱心救助等社会公益活动，力所能及地为群众办实事、解难事，以实际行动为政协组织增光添彩；连心桥帮扶协会及“科技、文化、卫生”服务团要积极投身精准扶贫攻坚行动，着眼扶贫扶智、扶贫扶志，组织开展好“三下乡”等活动。同时，要认真谋划，精心组织书画交流、民俗文化参观、文史采风、各界人士联谊交流、委员才艺展示、提案办理面商、宗教慰问等10项委员活动。

四、内强素质，外树形象，狠抓能力建设不放松

要加强常委会建设，充分发扬人民政协自觉学习和自我教育的优良传统，加强学习，增强政治把握能力、协商议政能力、群众工作能力、合作共事能力和开拓创新能力；常委会组成人员要珍视界别群众的信任，珍重自身肩负的职责，培养政协情怀，热爱政协工作，奉献政协事业，争当勤学善谋的表率、履职尽责的表率、遵章守纪的表率，做懂政协、会协商、善议政的政协委员。要加强专委会建设，认真落实专委会工作要求，切实加强政协专门委员会思想建设、组织建设、作风建设和制度建设；通过专委会这个平台，把委员的深厚理论素养、丰富实践经验和专业特长聚集起来；要遵循政协工作原则和规律，切实发挥好服务委员、沟通各界、联系群众的功能，认认真真做交朋友、聚合力的工作。要加强机关效能建设，切实抓好机关干部的学习，增强政治意识、法律意识、责任意识、创新意识、服务意识，严格执行政治纪律、组织纪律、工作纪律、财经纪律和生活纪律，坚持讲落实、抓落实、重落实，坚持说实话、出实招、办实事；要不断完善各项规章制度，确保机关工作规范高效运转；要重视工作人员的教育和培养，为机关干部成长创造良好条件；要组织引导机关干部职工开展形式多样、积极向上的文体活动，丰富干部职工文化生活；要提高政治鉴别能力、文字撰写能力、组织协调能力、联谊交流能力、学习创新能力，努力造就一支政治坚定、作风优良、学识丰富、业务熟练的政协机关干部队伍。

2016年，七届政协委员会将完成工作使命，换届产生新一届政协。换届工作要在区委的统一领导下，严格遵守换届纪律，按程序进行，圆满完成换届工作任务。

各位委员、同志们，使命在向我们召唤，责任激励我们前行。让我们在中共西峰区委的坚强领导下，共筑中国梦，同心谱新篇，为促进西峰经济社会又好又快发展作出新的更大贡献！

（杨 辉）

庆阳市小什字东大街道路提质改造暨地下人防工程竣工仪式　　**摄影：王小宁**

大事记

一月

7日　东湖公园举行开园仪式。市、区领导栾克军、付振伟、贠建民、张文礼、李学宏、章志兼、闫晓峰等参加。

9日　庆阳市委常委、政法委书记董建镇到西峰区督查突出社会矛盾和信访突出问题集中排查化解工作运行情况。市、区领导章志兼、樊广森参加汇报会。

18日　甘肃省副省长王玺玉到天富亿进行调研现代化农业发展，市、区领导栾克军、章志兼等陪同。

22日　庆阳市委书记栾克军调研西峰区党风廉政建设工作，市、区领导李学宏、章志兼，市委常委、闫晓峰、解平、张恢等一同调研。

23日　兰州新区管委会考察团考察天富亿农业生态示范园项目，市、区领导朱国庆、冯岩陪同。

二月

13日　甘肃省人大常委、省人大环境资源委员会副主任委员、省人大常委会环境资源保护办主任、省委第十一督导组组长张力学深入东湖社区，就社区的群众路线教育实践活动进行了调研指导。市、区领导章志兼、李建新及街办主要领导陪同调研。

16日　庆阳市委书记栾克军赴董志敬老院看望慰问孤寡老人，市、区领导章志兼、闫晓峰、解平等一同慰问。

23日　庆阳市委副书记、市长贠建民督查西峰区春节期间安全生产工作，庆阳市市、区领导李银、贺建宏、解平等一同督查。

三月

2日　举办“春节第八届健身健美操比赛”“西峰城区春节趣味活动”。

4日　西峰区被甘肃省文化厅命名为“文化艺术刺绣、唢呐之乡”。

8日　甘肃省供电公司总经理李明、庆阳市市长贠建民一行前往西峰区供电公司彭原供电所调研。

△　甘肃省人大常委会副主任马青林带领省第三考核组及第三方评估组深入西峰区，对西峰区党政领导班子和党政正职2015年度经济社会发展实绩进行考核评估。市、区领导贠建民、章志兼、周普生、秦华等参加考核。

10日　内蒙古自治区乌海市党政考察团一行6人来西峰区考察民俗文化产业，参观锦绣坊民俗文化一条街。市、区领导李永洲、刘建莉、史建芳陪同。

11日　庆阳市委常委、宣传部长黄正军督查文明城市创建工作，区上领导解平、张鹏瑞等陪同。

△　甘肃省外国专家局局长缑维潘、省人社厅

就业促进处处长王泽兴一行到北街办事处康寿路社区对就业、增收和劳务输转工作进行调研，区上领导刘兴峰、徐君位等陪同。

13 日　甘肃省文化厅副厅长才智一行到西峰区调研民俗文化产业，视察锦绣坊民俗文化一条街。市、区领导李永洲、史建芳陪同。

19 日　甘肃省妇儿工委督查组督查西峰区2014 年妇女儿童发展规划落实情况，市、区领导雷沫里、周继军、史建芳、王桂芳陪同。

24 日　庆阳市委书记栾克军，市委副书记、市长贠建民在西峰区调研扶贫攻坚工作，市、区领导章志兼、闫晓峰、秦华、解平、张振忠、刘兴峰一同调研。

28 日　食品药品监督管理局启动零售药店便民电子查询工程，在 112 家零售药店安装“便民电子查询一体机”。

四　月

1 日　甘肃省委书记王三运、省委秘书长李建华带领省直相关部门负责人、省委督察组调研显胜乡毛寺村扶贫攻坚整村推进项目，市、区领导栾克军、贠建民、章志兼、秦华等陪同。

2 日　西峰区被文化部命名为中国民间文化艺术唢呐、陇绣之乡。

3 日　甘肃省委政法委副书记楚才元一行对西峰区院轻微刑事案件快速办理、案件质量评查、涉法涉诉信访改革等工作进行调研，市、区领导董建镇、张胤等陪同调研。

8 日至 9 日　庆阳市副市长周继军带领督查组对西峰区一季度经济工作进行专项督查，区上领导解平、王驰、刘兴峰陪同。

9 日　天水市秦城区政协一行，在锦绣坊民俗文化一条街调研西峰区文化产业。区上领导史建芳、张建国、王新宁陪同。

13 日　甘肃省广电局传媒处处长陈炜一行 3 人，调研检查西峰电视台、西峰区卫星地面接收设施管理工作。市、区领导李文长、孙万林、张鹏瑞、王新宁陪同。

△　庆阳市委副书记、市长贠建民调研庆阳民俗文化产业园建设，市、区领导章志兼、黄正军、解平、樊广森、孙立权陪同调研。

16 日　庆阳市委副书记、市长贠建民调研西峰区城市建设，市、区领导章志兼、黄继宗、解平、张振忠、樊广森、樊雁钧、张胤等一同调研。

17 日　甘肃省预防腐败局副局长方亮一行，调研指导育才路社区党风廉政建设“两个责任”落实情况。市、区领导李学宏、章志兼、张恢陪同。

20 日至 21 日　甘肃省民政厅党组成员、副厅长、省双拥办副主任崔进泰带领省双拥模范城（县）考核验收组深入西峰区帝珲赛鸽中心、庆阳鑫润农业有限公司、董志镇、彭原镇、庆阳第四中学、东湖社区检查指导双拥工作。

21 日　甘肃省军区政治部计生办主任谢宏胜、省双拥办副主任张小明等一行到北街办事处东湖社区检查指导双拥创建工作，区委副书记、区长解平等陪同。

22 日　国家统计局甘肃省调查队总队长刘克明调研西峰区城乡居民收入状况。

25 日　中国社会福利基金会雷锋基金管委会、中华雷锋文化促进会、甘肃省委宣传部、甘肃省延安精神研究会、甘肃省雷锋精神研究会在西峰区育才路社区举行甘肃省雷锋精神种子志愿服务站授牌仪式，冷宽将军等为西峰区育才路社区和北大街社区授牌。

28 日　在庆祝“五一”国际劳动节暨表彰全国劳动模范和先进工作者大会上，民盟西峰区盟员赵秋燕被授予“全国劳动模范”荣誉称号。

30 日　东大街提质改造工程竣工并投入使用。

五　月

5 日　浙商银行兰州分行行长申健一行调研

庆阳民俗文化产业园，市、区领导朱国庆、史建芳、孙立权陪同调研。

7日 甘肃省文化厅厅长孙伟、省旅游局局长何伟（女）、省委外宣办主任一行，考察调研西峰区“天富亿生态农业文化体验园”，市、区领导黄正军、李永洲、段克清、解平、张鹏瑞、史建芳、王新宁陪同。

19日 甘肃省委宣传部副部长、省新闻出版广电局党组书记、局长管钰年一行5人，在西峰区调研新闻出版广播影视工作，先后在三新书店、西峰广播电视台、横店影城、西峰区北门村文存科农家书屋、西峰区后官寨南佐村文化集市、庆阳市亨科彩印公司调研检查。市、区领导栾克军、黄正军、章志兼、李永洲、于永耀、张鹏瑞、王新宁陪同调研。

20日 甘肃省委宣传部副部长、省新闻出版广播电影电视局党组书记、局长管钰年调研西峰区新闻出版广播影视及农村公共文化体系建设工作，市、区领导栾克军、黄正军、章志兼、李永洲、张鹏瑞、王新宁等陪同调研。

24日 甘肃省经合局局长李书敏到庆阳民俗文化产业园调研，市、区领导黄正军、王驰、孙立权陪同调研。

26日 甘肃省招商引资陇东南片区现场会在庆阳民俗文化产业园召开，全省各地州市招商系统50余人参加。

28日 甘肃省委巡视组视察北部工业集中区雨润集团、标准化厂房及集中区道路建设工作。市、区领导左志刚、雷兼博陪同。

29日 西藏自治区党委组织部副部长李小宁一行4人调研西峰区什社乡李岭村、西街办东门村、温泉镇刘店村的基层党建工作，陪同调研的有省委组织部组织二处正处级组织员季菲，副处级组织员杨沁恩，市委常委、组织部长周普生，区委常委、组织部长李建新，区委组织部副部长夏成。

六月

1日 庆阳市副市长赵昌军在调研西峰区消防安全工作，区上领导王驰、樊广森陪同。

△ 企业营业执照、企业税务登记证、企业组织机构代码证实行“三证合一”，统一为企业营业执照，在西峰区工商行政管理局办理。

2日 甘肃省民政厅厅长卢琼华调研东平路社区老年人日间照料中心运作情况，市、区领导赵昌军、赵明、刘兴锋、马进宵陪同。

3日至4日 西峰区民政系统职工运动会分别在庆阳体育场西峰区体管中心和市电力局体育馆两个场馆举行。

11日 国家政协常委、提案委副主任、九三学社中央副主席赖明率九三学社中央机关干部及水利部、林业局、国家开发银行的相关专家赴庆阳围绕“黄土高原固沟保塬，建设黄土高原生态文明示范区”开展调研。调研组先后到西峰区清水沟、南小河沟对水土流失综合治理情况进行了调研。

15日 第十三届中国·庆阳端午香包民俗文化节西峰区开展仪式隆重举行，市上领导章志兼、梁建伟、段克清、路军虎、路永明、罗清宁及区上五大班子在家领导赵海东、王驰、罗亚林、刘建莉、毛进等出席开展仪式。区委常委、宣传部长张鹏瑞主持开展仪式。

△ 甘肃省副省长咸辉调研庆阳民俗文化产业园，市、区领导栾克军、负建民、章志兼、王驰、孙立权陪同调研。

21日至25日 中国科学院区域与城市规划设计研究中心方创琳主任（教授）带领专家组，对我区“十三五”规划纲要编制工作进行实地调研并召开专题座谈会。25日，区委副书记、代区长王驰主持召开西峰区“十三五”规划纲要编制专题座谈会。

19日 甘肃省地方税务局党组书记、局长吴仰东到西峰区地方税务局督查工作。

28日 庆阳市委常委、市纪委书记李学宏主持召开省纪委调研群众身边“四风”(形式主义、官撩主义、享乐主义、奢靡之风)和腐败问题审查工作西峰区座谈会议。甘肃省纪委王立泰厅长作重要讲话。

29日 庆阳市委书记栾克军、市人大常委会主任付振伟带领全市上半年重点工作观摩督查第一组在长庆北路社区督查指导工作，市委常委、区委书记章志兼等陪同。

30日 庆阳市委书记栾克军带领全市上半年重点工作观摩督查组在西峰区观摩督查,市上领导李银、章志兼、闫晓峰、王尧、白振海、朱国庆、赵昌军参加观摩督查,区上领导赵海东、罗亚林、樊广森、张鹏瑞、刘兴峰、张胤陪同观摩督查。

七月

2日 西峰区法律援助中心驻看守所法律援助工作站成立。

3日和17日 天水市民政局局长李晋东、天水市老龄办副主任王海峰、平凉市民政局局长李光祖一行18人分别到西峰区学习交流12349居家养老服务网络平台项目建设运营情况。庆阳市民政局、西峰区民政局、西峰区老龄办、庆阳电信分公司、西峰区居家养老服务中心等部门负责人参与座谈交流。

6日 庆阳市委常委、西峰区委书记章志兼，西峰区委副书记、区长王驰,带领由文化产业管理局、工业园区管委会、商务局、招商局、工信局等部门组成的代表团参加第21届兰洽会。

9日 庆阳市副市长黄继宗督查西峰区重大项目建设情况，区委副书记、代区长王驰陪同督查。

14日 庆阳市委副书记、市长贠建民“尔德节”节前慰问宗教活动场所,市、区领导章志兼、左自刚、王驰、刘建莉一同参加慰问。

△ 甘肃省质监局局长马平带领省编办副主任高建国、省质监局副局长王忠习等一行7人,观摩指导南街街道办事处党风廉政建设“两个责任”标准化体系建设工作,市、区领导王谦、卢化文、杨广玉、张恢、赵升俊、郭永会陪同。

15日 庆阳市委副书记、市长贠建民带队调研温什万亩果带示范点建设情况。

22日 甘肃省政协副主席张津梁带领全省重点项目观摩活动第四组到庆阳民俗文化产业园观摩,市、区领导栾克军、贠建民、章志兼、王驰、孙立权陪同。

26日 上午7时01分,中国石油庆阳石化分公司联合运行部常压装置的一台渣油换热器E117/C发生泄漏火灾事故,11时55分现场火势扑灭,事故造成3人死亡。

27日 甘肃省第三届大学生运动会在庆阳体育场开幕,副省长、省第三届大运会组委会主任郝远宣布开幕。8月2日闭幕。本届大运会由省教育厅和省体育局主办，陇东学院承办，共设篮球、排球、足球、乒乓球、健美操、武术、田径7个大项105个小项比赛。

31日 “庆阳市天富亿生态民俗村”景区被甘肃省旅游景区质量等级评定委员会评为国家4A级旅游景区。

八月

10日 最高人民检察院监所检察厅厅长袁其国一行赴西峰区司法局温泉司法所调研指导西峰区社区矫正工作。

△ 最高人民检察院刑事执行检察厅厅长袁其国一行,在省检察院副检察长徐维忠,省司法厅副厅长钟智录和市政府副市长赵昌军、市检察院检察长田金的陪同下,先后到市院机关和西峰、庆城、华池县,就刑事执行检察工作进行调研。鄂廷印检察长、张侠、张慧慧副检察长等陪同调研。

15日 甘肃省安监局党组书记、局长郭鹤立一行前往中国石油庆阳石化公司检查,查看“7·26”

换热器泄漏火灾事故现场。

17日　庆阳市副市长秦华调研西峰区精准扶贫工作,区委副书记贾志升一同参加调研。

△　西峰区第一家农村产业发展资金合作社——西峰区显胜乡毛寺村农村产业发展资金专业合作社成立。

18日　庆阳市委副书记、市长贠建民督查西峰区安全生产工作,市、区领导章志兼、白振海、左自刚、王驰一同参加督查。

△　庆阳市委副书记、市长贠建民督查西峰区安全生产工作,市、区领导章志兼、白振海、左自刚、王驰等陪同督查。

19日　甘肃省委常委、副省长李荣灿带领省环保厅、国土资源厅等部门调研显胜乡毛寺村精准扶贫工作,庆阳市委副书记、市长贠建明陪同。

22日　庆阳市委副书记、市长贠建民调研西峰区棚户区改造和固定资产投资完成情况,市、区领导章志兼、黄继宗、左自刚、王驰及市区相关部门负责人参加调研和汇报会。

△　王驰出席温泉乡湫沟村精准扶贫首批专项贷款集中投放暨农村产业发展资金专业合作社揭牌仪式。

△　庆阳市委副书记、市长贠建民带领市直有关部门和区委、区政府主要领导对张三巷片区汽修厂区块棚户区改造工作进行现场调研。

26日　西峰至合水二级公路建成通车。

28日　甘肃省妇联党组书记、主席苏君赴后官寨镇、肖金镇调研妇女儿童工作,市、区领导王谦、苏秀霞、史建芳陪同。

30日　庆阳市副市长赵昌军督查西峰区重点文化项目建设进展情况,区上领导张鹏瑞陪同督查。

九　月

1日　西峰区供电公司推出营业厅缴费、24小时自助缴费、城乡异地缴费、预存电费、POS机缴费等多种缴费方式。

6日　陕西省政协副主席、中国科学院院士、地球环境研究所所长周卫健、中国科学院院士安芷生带领的考察团一行,就西峰区黄土高原干旱、半干旱地区气候环境变化和水土流失以及科技合作进行考察,区上领导贾兴义陪同。

8日　举办“西峰区首届‘园丁杯’排球联赛”。

9日　庆阳市委常委、政法委书记董建镇、副市长秦华调研2015年中国(庆阳)农耕文化节筹备情况,区上领导王驰、刘兴峰一同调研。

10日　庆阳市“六五”普法检查验收组组长、市委常委、政法委书记董建镇带领检查组一行,对西峰区“六五”普法规划实施情况进行检查验收。

11日　甘肃省村级“文化集市”建设现场会在西峰区召开,董志镇文存科文化大院作为观摩点接受检查。

12日　平凉市崆峒区考察团一行51人由甘肃省旅游局副局长、中共平凉市崆峒区委副书记何效组、区旅游局局长王宗、区委办公室副主任吕国宁带队,实地考察学习西峰区天富亿现代生态农业文化体验园以及乡村旅游和“农家乐”开发投资、管理、经营的成功经验和先进做法。区上领导贾志升、张鹏瑞、王新宁、李广军陪同。

16日　庆阳市委常委、政法委书记董建镇检查西峰区迎接全省“六五”普法检查验收筹备情况,区上领导刘兴峰一同参加检查。

△　市委常委、组织部长周普生调研社区党建工作,市、区领导章志兼、王驰陪同调研。

17日　中央电视台《经济半小时》栏目组对李岭村天富果业专业合作社郑志宏进行现场采访。

△　甘肃省总工会党组书记、常务副主席刘为民深入甘肃北地红调味食品集团有限公司、甘肃华兴实业有限公司、西峰区东湖社区调研工会工作,看望慰问一线职工。

18日　甘肃省“六五”普法检查验收第十组组长、省人大常委会党组书记、副主任罗笑虎带领检查组一行，对西峰区“六五”普法规划实施情况进行检查验收。

△ 甘肃省委常委、省人大常委会党组书记、副主任罗笑虎带领检查组现场查看西峰区人大常委会机关建设情况，吴兰玮就西峰区人大工作和建设情况进行汇报，市、区领导栾克军、贠建民、付振伟、章志兼、赵昌军、刘兴峰、肖广军等出席。

21 日至 22 日 全国农村公路现场会在庆阳宾馆举行，交通运输部部长杨传堂出席会议并讲话。

23 日 甘肃省工信委副主任王海峰带领督查组督查西峰区中发 21 号文件和省委十二届十三次全委(扩大)会议精神贯彻落实情况。市、区领导黄继宗、王驰、马耀文及市、区相关部门负责人陪同督查。

25 日 西峰区第一届运动会在庆阳体育场开幕。庆阳市委书记栾克军宣布运动会开幕，市上领导付振伟、黄正军、闫晓峰、郭光能、白振海、朱国庆、贺建宏及陇东学院领导郭维俊、田雁青出席开幕式。市委常委、西峰区委书记章志兼致开幕辞。本届运动会共设 8 个大项、126 个小项，分成年组、高中组、初中组三个组别。28 日闭幕。

十　月

8 日 庆阳市南区雨洪集蓄保塬生态项目竣工暨桥梁通车仪式在“彩虹桥”举行，市委常委、区委书记章志兼主持通车仪式，区委副书记、区长王驰介绍项目建设情况。

△ 西峰区市政公用事业管理局接管雨洪集蓄保塬生态项目(彩虹桥)。

10 日 庆阳市委书记栾克军，市委副书记、市长贠建民检查 2015 年中国(庆阳)农耕文化节筹备工作，市、区领导董建镇、黄正军、章志兼、闫晓峰、秦华、左自刚一同检查。区上领导王驰、刘兴峰及市区各相关部门主要负责人参加检查活动。

11 日 国家老龄办副主任朱耀垠一行 4 人赴西峰区对养老服务业发展政策落实情况进行督促检查。

13 日 2015 年甘肃·庆阳苹果开园采摘活动启动，农业部原部长陈耀邦，全国政协委员、中国果品流通协会会长赵显人，省人大常委会副主任孙效东，省政协副主席刘立军，兰州大学草业学院教授、中国工程院院士南志标，庆阳市委书记栾克军，市委副书记、市长贠建民，市人大常委会主任付振伟，市政协主席张文礼等参加开园采摘活动启动仪式。

△ 中国(庆阳)农耕文化节招商引资项目洽谈会暨签约仪式在庆阳宾馆召开。

13 日至 16 日 2015 庆阳农耕文化节在温泉天富亿现代生态农业文化体验园举行。

15 日 2015 年甘肃·庆阳赛羊大会表彰会议在西峰区天富亿现代生态农业文化体验园举行，庆阳市委常委、政法委书记董建镇主持表彰大会。市委常委、西峰区委书记章志兼致辞。副市长秦华讲话。

18 日 国家卫计委副主任、国家中医药管理局局长王国强率国家卫计委调研组一行 8 人赴肖金镇张庄村卫生室、肖金中心卫生院进行调研，甘肃省政府副秘书长张正峰，省卫计委党组书记、主任刘维忠，庆阳市委副书记、市长贠建民，市委常委、西峰区委书记章志兼等领导陪同。

△ 庆阳市委副书记、市长贠建民对肖金镇张庄村美丽乡村建设、电子商务示范店建设、农村产业发展合作社建设、精准扶贫工作进行调研指导。

19 日 庆阳市委常委、组织部部长周普生慰问西峰区农村高龄困难群众。市、区领导章志兼、王驰、马耀文一同参加慰问。

21 日 15 位全国人大代表应最高人民检察院邀请，在庆阳市西峰区什社乡李岭村视察基层检察机关乡镇检察室、行政村检察联络室“保民生、促三农”专项行动开展情况。参加视察的 15 位全国人大代表分别是：赵立欣、薛志国、孙宪忠、李叶红、何健忠、郭军、周森、阎保平、孙晓梅、杨爱东、吴明兰、郜顺军、雷温芳、王辉、戴绍安。

21 日至 23 日 甘肃省检察院路志强检察长

在庆阳市调研“保民生、促三农”“两好两促”等专项行动开展情况。市、区领导栾克军、董建镇、章志兼、赵昌军、田金陪同调研。10月22日，路检一行深入西峰区检察院实地察看信访接待、基础设施建设、案件公开情况等情况，并看望慰问基层检察干警。

25日 甘肃省人口处副处长刘明辉调研检查西峰区1%人口抽样调查工作。

26日 甘肃省人大副主任孙效东到显胜乡毛寺村调研精准扶贫工作，市、区领导栾克军、章志兼、秦华等陪同调研。

27日 甘肃省人大常委会副主任、党组副书记孙效东对西峰区推进插花型贫困地区精准扶贫精准脱贫工作进行调研，区上领导赵海东、吴兰玮、肖广军等陪同调研。

△ 西峰区李依桐、李易轩荣获2015年“全国最美孝心少年”。

十一月

3日 举办“西峰区第十六届‘园丁杯’篮球邀请赛”及“第八届‘希望杯’篮球邀请赛”。

6日 西峰区在北京举办项目推介会暨签约仪式。

12日 甘肃省民政厅副厅长、老龄办主任徐亚荣带领督查组，对西峰区部分老年人日间照料中心的老年人优待服务工作进行督查指导。

16日 庆阳市副市长黄继宗督查西峰区重点项目建及棚户区改造项目情况，区上领导王驰、马耀文及市区相关部门负责人陪同调研。

△ 庆阳市副市长黄继宗对汽修厂棚户区改造项目工作开展情况进行实地督查，区上领导王驰、马耀文及市区相关部门负责人陪同调研。

18日至19日 甘肃省2015年第三季度全省文化产业调度会暨文化集市建设推进会期间，省委常委、宣传部长连辑，副省长夏红明，省委宣传部副部长、省新闻出版广电局局长管钰年等100多名领导和代表对后官寨南佐村（左焕茸）文化集市、肖金镇肖金村张仁民“义渠戎国”文化集市、庆阳天富亿生态民俗村进行观摩调研。区上领导王驰、张鹏瑞、王新宁陪同观摩调研。

△ 甘肃省委常委、宣传部部长连辑，省科协主席、副省长夏红民检查验收后官寨镇南佐村“文化集市”建设情况，市、区领导贠建民、黄正军、吕文亮陪同。

19日 甘肃省政法委副书记、省综治委副主任侯效岐带领考核组检查考核北街办社区综合治理工作。

22日 西峰区参加在斯里兰卡首都科伦坡举办的庆阳市经贸文化旅游合作项目暨投资优惠政策推介会。庆阳市委书记栾克军出席并主持推介会，甘肃省人民对外友好协会副会长刘晓林出席，市委常委、西峰区委书记章志兼致推介词并重点推介庆阳市经贸文化旅游合作项目。

30日 西峰区发改局编制完成《庆阳市西峰区国民经济和社会发展第十三个五年规划》初稿。

十二月

3日 甘肃省旅游局关于表彰我省中国乡村旅游模范村、中国乡村旅游模范户、金牌农家乐、中国乡村旅游致富带头人的通报，温泉镇黄官寨村荣获首批“中国乡村旅游模范村”称号，天湖农家苑、红杏山庄休闲餐厅、一品山庄3家农家乐荣获全省金牌农家乐称号。

5日 庆阳市委副书记、市长贠建民调研西峰区精准扶贫精准脱贫工作，市、区领导章志兼、田金、王驰、贾志升、李廷位一同调研。

14日 甘肃省人防办党组书记、主任周应军，省人防办人事秘书处处长朱平祥，省人防办工程计划处处长王沛君等一行检查育才路社区人防工作开展情况，市、区领导黄继宗、李永宁、王超等陪同。

17日 甘肃省公安厅副巡视员李慧静为组长

的省政府残工委考核组，对西峰区残疾人事业“十二五”发展规划执行情况及2015年度残疾人工作目标责任完成情况进行评估检查，市残联党组书记、理事长宇军，区上领导罗宁等陪同检查。

18日　甘肃省政协副主席黄选平赴后官寨镇孔塬村调研精准扶贫工作。

21日　庆阳市委常委、西峰区委书记章志兼主持召开西峰区委三届十一次全委会议，审议通过《中国西峰区委关于制定西峰区国民经济和社会发展第十三个五年规划的建议》。

22日　甘肃省文化厅副厅长周奉真，省文化厅艺术人才管理办主任张万儒，省文联组联处副处长张小丽督查西峰区彭原镇、南街街道综合文化站、彭原镇五郎铺村、肖金镇左咀村乡村舞台建设。市、区领导贺立峰、魏平凡、左宏、王驰、张鹏瑞、王新宁、范胜利陪同。

△　西峰区农村产业发展资金合作联社成立。

23日　银西铁路甘肃段开工仪式在后官寨镇嘉鑫国际建材城西南角举行。

31日　西峰区农村信用联社农村股份制商业银行改制完成，更名为庆阳农村商业银行股份有限公司。

区情概况

西峰区地处甘肃东部，泾河上游，位于董志塬腹地。自古为陕甘宁三省通衢之地，夏商属雍州，周归豳州，东汉始置县，建国后建市，2002 年撤市设区，现为庆阳市委、市政府所在地。全区辖 2 个乡 5 个镇，3 个街道办事处，100 个村，15 个城市社区；总面积 996 平方公里，其中耕地面积 59.3 万亩；总人口 37.73 万人，其中农村人口约 26.31 万人。西峰地势平坦，土壤肥沃，特别适宜耕作，气候温和宜人，四季分明，年日照 2400—2600 小时，年降水 400—600 毫米，年均气温 9.9℃，无霜期 175 天，空气质量优良。

史传华夏始祖轩辕黄帝曾带领族民在此开荒耕作，周祖后稷、不窋于此“陶穴”而居，公刘“复修后稷之业、务耕种、行地宜”。先辈们耕耘不辍、代以相继，在西峰大地上留下了丰富的文化遗产，西峰区后官寨乡南佐疙瘩渠仰韶文化遗址，距今已有 4000—5000 年历史，始凿于北魏永平二年的北石窟寺群，是与敦煌莫高窟并列的“甘肃四大石窟”之一，独居特色的香包、刺绣、剪纸向世人传递着古老的农耕民俗文化气息。西峰被中国民俗学会命名为“中国香包刺绣之乡”“民间剪纸之乡”“徒手秧歌之乡”“窑洞民居之乡”“周祖农耕文化之乡”“荷花舞之乡”“最具艺术气质的西部名城”。

区内以砂石、黏土、石英砂为代表的优质矿种分布广泛，极易开发。境内马莲河、蒲河两条大河流总径流量达 8.43 亿立方米，地下水储量达 43.4 亿立方米，天然矿泉水年开采量在 1000 吨以上。作为长庆油田的主产区，全区已探明天然气储量 243.6 亿立方米，煤炭三级储量达 86 亿吨，石油三级地质储量达 4 亿多吨，庆阳石化年炼化能力近 500 万吨，并正在筹划 600 万吨提质改造工程，依托中国石油、中国华能等大型国企以及众多下游产业，西峰正在向“西部能源新都”坚实迈进。

全区农业产业以发展果、菜、畜三大主导产业为主。苹果产业，主打“庆阳苹果”品牌，主推嘎啦系（富嘎、太平洋嘎啦）、红星系（红元帅、黄元帅、新红星）、富士系（长富 2 号、烟富 3 号、烟富 6 号、玉华早富）等品种，坚持整村、整乡、整区域推进，建成苹果专业乡 3 个、专业村 25 个、千亩连片示范园 52 个，果园面积达到 23.9 万亩，年生产苹果 9.5 万吨，实现产值 4.7 亿元。瓜菜产业，突出循环、绿色、高效这条主线，依托 5 个设施蔬菜示范点和 5 个露地瓜菜示范点，全区年种植各类瓜菜 16 万亩，其中设施瓜菜 2.3 万亩。草畜产业，依托中国 500 强企业雨润集团旗下福润肉类加工厂、沃得利种猪繁育基地，围绕 10 个循环农业示范区创建，累积留存以紫花苜蓿为主的多年生牧草 13.26 万亩，建成规模养殖小区（场）58 个，发展规模养殖户 3500 户，年畜牧业总产值 2.6 亿元。围绕果品、瓜菜、草畜三大支柱产业发展，全区共建成农业龙头企业 65 个，组建各类农民专业合作经济组织 276 个，农产品加工业年实现产值 4.4 亿元，农产品加工转化率达到

56%，年销售农产品4260万公斤，发展订单农业5万亩以上，年吸纳农村剩余劳动力1.5万人。整合各方资源，扩大流通渠道，建成各类市场30余处，年交易各类农产品15万吨，交易额达1.9亿元。2014年，全区批零贸易业销售总额达到28亿元。全区形成了以综合市场、专业市场、农村集贸市场为框架，以商场、超市、便利店为焦点的全覆盖、立体式农产品展销平台。目前，“庆阳”苹果、“红娘子”杏子、“北地红”牌清油火锅底料、“董志塬”牌无公害蔬菜、“丰禾日粒”牌小米、“黄土高坡”牌冻带皮黑山羊等优质农产品享誉国内外。

2015年，全区地区生产总值完成154.8亿元，同比增长3.8%；全社会固定资产投资完成266.4亿元，同比增长11.2%；地方规模以上工业增加值完成8.8亿元，同比增长1.6%；社会消费品零售总额达到63.5亿元，同比增长8%；公共财政收入完成13.04亿元，同比增长14.6%；地方财政收入完成7.72亿元，同比增长13.5%；城乡居民收入分别达到23847.2元和7878.2元，同比增长10.7%和11.6%。

2016年，我们将继续紧盯“两个率先”总目标，持续深化“三双战略”，突出“两区五中心”（创建全市“三个生态”先行区和革命老区小康建设示范区，打造区域性总部经济中心、新型工业中心、物流枢纽中心、农产品生产交易中心、文化旅游中心）发展定位，坚持以脱贫奔小康和项目建设为主抓手，加快产业结构调整，大力推进新型城镇化和生态安全屏障建设，着力改善民生、改革创新，全面加快依法治区进程，努力建设美丽文明幸福新西峰，力争2018年在全市率先实现全面小康。

雨洪集蓄保塬生态项目　（西峰区水务局提供）

党　政

中国共产党西峰区委员会

2015年，在市委、市政府的坚强领导下，我区坚持以习近平总书记系列重要讲话精神为指针，认真贯彻落实中央、省市各项决策部署，按照省委"工作落实年"的要求，紧盯创建全市"三个生态"先行区这一目标不动摇，深入实施"三双战略"，聚焦扶贫攻坚、城市建管、"三农"、工业、商贸、社会治理、党的建设七大主攻点，在团结中拼搏、在务实中苦干、在创新中突破，全面完成了市对区目标管理考核各项指标任务，全区呈现出经济稳健运行、社会和谐稳定、民生持续改善的良好发展局面，为"十二五"收官画上了圆满句号。全年地区生产总值完成154.8亿元，同比增长3.8%；规模以上工业增加值8.8亿元，同比增长1.6%；固定资产投资266.4亿元，同比增长11.2%；社会消费品零售总额63.5亿元，同比增长8%；财政大口径收入13.04亿元，小口径收入7.7亿元，同比增长14.6%和13.2%；城镇居民可支配收入23847.2元，同比增长10.7%；农民人均纯收入7878.2元，同比增长11.6%。单位GDP能耗、CPI、污染物排放量等约束性指标均控制在省列目标之内。

【精准扶贫】按照省委"1236"扶贫攻坚行动和"六个精准"要求，在226个帮联单位和上万名干部的精心帮扶下，全区15个贫困村3533户、1.39万名贫困人口中，3260户、1.29万人实现脱贫，贫困发生率由去年的7.39%下降到0.36%，在全市即将率先实现整区脱贫。一是把统筹指导定力在思路谋划上。立足区情实际，提出"两推一精"(在发展水平较好的村实行小康建设整村推进；在塬面深度插花型村实行基础设施建设、优势产业培育、公共服务配套整村推进；在塬边咀梢、沟壑梁峁区的15个重点贫困村，实行点对点、人对人精准扶贫）工作思路，推进双联与精准扶贫深度融合、统筹发力。着眼稳做全市经济社会发展排头兵，把精准扶贫锁定在全市率先、高标准、满分值、整区脱贫四个核心要素上，具体为"5341"工作标杆，依据省上"1+17"精准扶贫实施方案，量身制定了"1+20"精准扶贫实施意见，为纵深开展精准扶贫工作提供了科学指南。二是把责任传导发力在誓师立令上。牢固树立精准扶贫是最大政治任务、头号民生工程的理念，在全省

区委书记章志兼深入肖金镇贫困户严吉焕家中督查调研精准扶贫工作

第一家以军令状的方式、大会战的态势、大决战的形式，与联村县级领导、行业部门、乡镇、贫困村4个层面签订军令状54份，靠实了区、乡、村、双联单位四级工作责任。按照贫困程度进行倒排序，为15个贫困村各确定一名包抓县级领导，整合帮联单位、非公企业、乡村干部等8支攻坚力量，全面落实单位联村、干部驻户帮扶措施，形成了全区动员、全员参与、齐抓共管的工作格局。三是把攻坚重心主力在补齐短板上。立足区域立地条件差异，强化产业扶贫模式，锁定3353户1.39万贫困人口，在川区推行2座钢架大棚+1个外出劳务，在塬区推行2亩苹果+1个外出劳务，在塬边咀梢区推行10只羊+2亩全膜双垄沟播玉米的脱贫模式，因地因户精准施策，实现了产业发展、农业增效和农民增收互促共赢，实现了富民产业培育到户。整合各类项目资金4.48亿元，实施项目155个，新建小电井71个，完成农网改造844户，建成农村公路37条195公里，实施危房改造1423户，在全市率先达到村村通动力电、组组通硬化路、户户通安全饮水的目标，实现了基础设施覆盖到组。着眼促进城乡公共服务均等化，在贫困村改扩建公办幼儿园12所，建成标准化卫生室9所、乡村舞台9个、老年人日间照料中心8个。全区100个行政村公办幼儿园、标准化卫生室、老年人日间照料中心、卫生厕所均在全市率先实现了全覆盖，实现了公共服务配套到村。四是把督促落实施力在重奖严惩上。坚持把精准扶贫作为检验干部作风的试金石和锤炼工作能力的主战场，制定出台了《西峰区扶贫攻坚工作业绩考评办法》，在双联和扶贫一线看干部、论实绩。严格实行党政一把手扶贫工作责任制，建立了减贫摘帽、逢提必下等6项考评制度和18条精准扶贫督查考核措施，提出“两个硬淘汰”(对影响整区脱贫的，7个乡镇党委书记淘汰最后一名，17个职能部门一把手淘汰最后一名)，实行联村县级领导和乡镇、村组、帮联干部捆绑考核，把责任细化到人头、具体到环节，做到责任精准、考核精准、追究精准。

【项目建设】始终把项目作为推动经济社会发展的主引擎，对于市区确定的重点项目，严格实行“三个一”包抓责任制，按天排出作战时间表和推进路线图，跟踪督查，全程服务，一线抓促。以十大重点项目为龙头，全年带动实施500万元以上各类项目363个，完成投资290.2亿元，形成了以大项目带动大投资、推动大发展的局面。一是突出功能完善抓基础设施建设。紧盯打造甘肃东部重要门户城市的目标定位，高水平规划、高标准建设、高速度推进，不断提升城市综合承载能力。主要实施了“一路一街一湖一园一网”建设：“一路”，庆化大道中段建成通车，构建起城市交通大循环网络；“一街”，投资2.85亿元的东大街地下人防工程投入运营，成为我市第一个集商贸、人防、交通等功能于一体的人防通道和地下走廊；“一湖”，集固沟保塬、生态保护、农业灌溉、观光休闲、环湖经济等功能于一体的雨洪集蓄保塬生态工程全面竣工，在城区和石化工业园区之间构筑起一道天然的生态屏障；“一园”，东湖公园全面开放，是全市最大的开放式公园；“一网”，拉开了东区供热站、新区供热站扩容二期工程，织密了城区集中供热网。庆化公司600万吨炼油升级改造等13个市列重点项目全部按要求完成年度任务。二是突出品位提升抓旧城片区改造。抢抓棚户区改造的政策机遇，按照先急后缓、先易后难、先集后散的原则，修订完善了《关于加快棚户区改造工作实施意见》和《棚户区改造项目贷款资金管理办法》，启动实施了占地922亩、涉及2278户居民的7个棚户区改造项目，其中庆阳三中片区已开工建设。总投资45亿元的南盘旋片区西南角、东北角改造拔地而起，完成投资37.5亿元。全面建成后，西南角东方丽晶城市综合体将成为全省最大的单体建筑，西北角商端商务中心将成为全省最高的单体建筑，三角辉映，形成新的城市地标和经济增长极。三是突出形象改观抓城乡环境整治。按照建设山清水秀自然生态的战略部署，坚持城市管理与美丽乡村建设两手抓、两促进。在城区，划分37个责任片区，对每个片区确定一名县级干部牵头、一个组长单位组织、5个责任部门落实，集中治理城区“六乱”，形成了全员参与、多方发力的城市管理格局。立足抓环保就是抓民生的高站位，坚持集中治理与动态监控、严管重罚与宣传引导相结合，严格落实“六个百分之百、五个必须、四个禁止”等工作措施，空气质量持续达到了“良”级标准以上。在农村，采取县级领导联乡、科级干部联村、一般干部划片包干的形式，以“十二乱”为重点，组织各级干部全员出动，开展巡回式、无死角治脏除乱纠差。按照“每乡1辆垃圾收集车、一村一个垃圾填埋场、一组2-3个垃圾收集仓、一户一个垃圾箱”标准，新建垃圾回收仓212处，安装垃圾箱50个。全面推行“四个天天”的环境整治长效机制，不断巩固综合整治成效，推动城乡环境常态化管理，基本实现了“干净、整齐、畅通、美丽、文明、和谐”的目标。四是突出务实科学抓“十三五”规划编制。牢牢把握《中共庆阳市委关于制定国民经济和社会发展第十三个五年规划的建议》的丰富内涵，围绕国家政策导向和区域发展方向，立足区情实际，突出项目带动，完善思路举措，先后召开意见征求会议20多场次，征求到意见建议100多条，及时进行吸纳修改，并召开专题会议研究，最终形成《中共西峰区委关于制定国民经济和社会发展第十三个五年规划的建议（审议稿）》，在区委全委会上审议通过，为顺利编制全区“十三五”规划提供了思想指南。

【“三农”服务】着眼城乡统筹发展，以农村综合改革为抓手，将建新村与育产业结合，夯基础与提效益齐抓，分类指导，整体推进，促进农业增效、农村发展、农民增收。一是农业产业化进程加快。按照“东果、南菜、北畜”的产业布局，以土地流转为依托，大力发展城郊农业、高效农业、设施农业，加快农业现代化进程。共流转土地3.12万亩，新建农民专业合作组织23个、家庭农场5个，新栽果树6.8万亩，建成省级标准苹果示范园11处；种植瓜菜16.52万亩；新建养殖小区27个，发展规模养殖户816户。温什万亩苹果基地建成了“畜、沼、果”循环链有机苹果生产带，为全区发展生态高效农业树立了样板。天富亿生态民俗村招引社会资金1.8亿元，新建10个旅游观光区，被评为国家AAAA级旅游景区，年可实现产值1.2亿元，打造了全市首个现代化农村综合体，走出了农业产业与旅游、文化、民俗产业融合发展的新路子。二是新农村建设扎实推进。坚持新建与改造、散户集中与小村合并、中心村建设与社区建办的“三结合”原则，整合项目、聚力推动，着力打造“村容秀美、生态优美、生活富美、社会和美”的美丽乡村。协调各类资金2700多万元，启动美丽乡村示范村建设5个。董志镇周庄村将美丽乡村建设与失地农民安置相结合，按照“统筹用地、统一规划、统一设计、统一标准、分户建设”的原则，建成小康型安置小区2处，幼儿园、老年日间照料中心等各类公共服务配套到位，打造了我区第一个现代化农村社区。三是农民综合素质不断提升。以培养懂技术、会管理、善经营的新型农民为方向，以增强群众自我发展能力为目标，依托专业合作社、科技培训班、远程教育等多种平台，开展果业、养殖、种植、劳动技能等实用技术培训。全年举办各类培训班332期3万余人（次），培养农村技术骨干和致富带头人600多人，组织劳务输转6万余人，实现劳务收入11.39亿元，农民组织化程度和群众素质能力进一步提升。

【工业园区】紧盯南北两个工业园区，一手抓石化产业链延伸，一手抓地方工业培育，不断加快工业强区进程。一是抓园区建设，搭建发展平台。通过筑巢引资、股份合作、市场运作等多种方式，有序推进“四通一平”基础设施建设。南部石化园区A1、A3路，北部工业集中区B1、C17路4条道路进展顺利，南部“四纵三横”、北部“三纵三横”的道路框架基本形成。北部工业集中区18幢标准化厂房完成主体安装4幢，完成投资1.2亿元。二是抓入驻投产，扩大工业总量。全面落实“四最”（服务最优、环境最佳、速度最快、效率最高)机制，年内共招引企业 5 户，其中亿元以上企业 1 户，南北两大园区分别累计达到入园企业 18 户、15 户。庆阳永欣石化 9 万吨 / 年干气芳结构化生产装置项目建成投产，瑞华天然气综合利用及深加工项目正在进行主体工程建设和部分设备购置安装，益翔药业中药饮片项目开工建设。三是抓升级改造，延长产业链条。积极支持民营企业转型升级，提升企业市场竞争力，培育的 8 户出口业绩企业全年出口创汇 1345 万美元。中庆农产品有限公司投资 5800 万元，新上两条全自动化籽仁加工生产流水线，实现了从原品上料到成品包装入库的全自动化操作，全年出口创汇 2600 多万美元，辐射带动周边发展南瓜基地 5280 亩，成为全球领先、国内一流的白瓜籽加工出口企业。四是抓招商引资，增强发展后劲。把招商引资作为促进西峰发展的活水源头，由区委、区政府主要领导带队，赴北京、上海、青岛等地上门招商，成功签约单体投资大、区域带动能力强、发展潜力巨大的优质项目 4 个，签约总额 65.4 亿元。全年共招引省外项目 116 个，完成投资 186 亿元，超额完成市上下达 157 亿元的目标任务，借力发展的空间进一步扩大。

【市场体系】着眼完善城市功能布局，突出新建与改造相结合、规范管理和丰富业态相结合，吸引人流、物流、信息流、资金流合理聚集，全力打造区域商贸中心城市和物流配送节点城市。一是全力推进专业市场建设。围绕“22310”市场规划体系，全力推进十大专业市场建设。陇东汽车城一期完成投资 8.2 亿元，4 个 4S 店开始运营，是陇东地区第一个开放式、多元化、综合性汽车产业销售集聚区；民俗文化产业园北城墙、镇朔楼、东北及西北角楼基本建成；嘉鑫国际建材市场主体工程已经竣工，装修、供热、绿化等附属工程快速推进；东区放心食品城高层商务楼、多层商场及负一层冷鲜市场已完成工程总量的 80%。二是着力打造电子商务平台。把电子商务作为最具发展潜力的战略新兴产业，启动建设电子商务创业孵化基地，已吸引 123 家电商企业报名入驻。全面开展“陇货网上行”活动，创建电子商务村级示范店 31 个，温泉镇的陇东粮仓生态农业加工基地暨电子商务销售项目，集农产品种植、收购、仓储、加工、销售为一体，打开了特色农产品销售的网络市场。庆阳苹果、什社小米、香包刺绣等特色名优产品，实现了网上订单销售，营销网络体系进一步健全。三是倾力拓展现代服务业态。着眼推动商贸服务业规模化、品牌化发展，引进的国内 500 强企业红星美凯龙投资的万辉国际项目，已完成投资 19.64 亿元，建成后将成为全市最大的集家居、购物、办公、住宅于一体的现代高端综合体。鼓励支持企业开设网上商城、开展在线交易，带动现代服务业态不断向农产品加工、饮食保健、文化旅游等行业广泛拓展应用。中庆农产品公司利用网店、微店每月实现线上销售 110 万元以上，卓博广告公司运营抱团网、陇东阳光网和庆阳圈子订阅号，年营业收入额达 330 万元。

【社会治理】坚持在社会管理创新中改善民生，在改善民生中促进社会和谐，把财政资金更多地投向民生领域，切实解决了一批社会各界关注、人民群众关心的热点难点问题。一是教育事业均衡发展。以办人民满意的教育为目标，按照“旧城按需扩容、新区高标准建设、乡村优质覆盖”的思路，投资 8600 多万元，启动实施回民小学、北街实验学校等改扩建项目 8 个；启动薄弱学校改造工程 9 个，全力改善教学基础条件。强化“学风、校风、教风”建设，全区二本及以上进线率达到 43.85%，同比增长 15.6%，义务教育均衡发展顺利通过国家验收。二是医疗服务不断优化。深入推进医药卫生体制改革，顺利完成了卫生、计生机构改革，建成了全区人口数据交换中心，区、乡、村三级实现了计生人口数据资源共享。实施卫生基础设施建设项目 6 个，区急救中心建设项目全面建成投用。组织开展“百姓放心医院”创建和“医德、医风、医技”专项整治活动，加大对药品市场的监督巡查和跟踪管理力度，有效保障了群众“舌尖上的安全”。“五项保险”提标扩面，新农合参合率、社会保险参保率达到98%以上。三是文化生活丰富多彩。以创建全国文明城市为契机，大力实施文化惠民工程，建成乡村舞台34个，积极开展“和谐西峰大舞台”等大型文体活动300多场(次)，纵深推进“德行西峰大家庭”等各类精神文明创建活动，顺利通过了全国文明城市各项测评验收。以“文兴西峰大产业”为抓手，成功举办了第十三届中国•庆阳端午香包民俗文化节和2015’中国•庆阳农耕文化节，新建文化产业基地2处，生产香包刺绣等民俗文化产品500多万件，实现产值6500多万元。四是社会大局和谐稳定。围绕建设“平安西峰”，全面强化“五项安全一项维稳”，扎实开展了“安全生产百日攻坚”行动和安全生产专项整治，全区安全生产形势总体稳定。集中开展了“重大矛盾纠纷排查化解”和“领导干部带案下访解民忧”活动，调处化解各类信访案件427件，调处率达98%。始终保持高压态势，统筹抓好刑事案件查办、禁毒、网络安全、综治维稳等工作，社会治安防控水平持续提高，社会大局和谐稳定。

【从严治党】按照“聚精会神抓党建”的要求，以“三严三实”专题教育为契机，不断巩固扩大群众路线教育实践活动成果，为全区各项事业的发展提供了坚强的组织保障。一是以“三严三实”专题教育为抓手，强化思想政治建设。采取两月一专题、一月一研讨的方式，聚焦严守党的政治纪律和政治规矩等重点内容，扎实推进“三严三实”专题教育。以深入学习贯彻习近平总书记系列重要讲话、十八届五中全会、陕甘宁革命老区脱贫致富座谈会和全省精准扶贫现场推进会以及市委三届九次、十次、十一次全委扩大会议精神为重点，依托各级党委中心组、“智汇西峰大讲堂”，组织领导干部带头学、带头讲、带头干，在广泛凝聚共识中集聚了全区上下一心一意抓落实的强大正能量。二是以社区建设为抓手，强化基层组织建设。针对社区建设滞后、服务功能低下的问题，多方筹措整合资金2.6亿元，采取新建、划拨改造、原址改扩建、租赁购买四种方式，全区15个社区全部达到“521”标准化(500平方米以上办公场所、20人左右的专职工作队伍、1套服务群众的工作机制)建设要求，平均面积达到800平方米以上。创立了“社区＋企业”运营新模式，通过政府搭建平台，企业提供养老、家政等“零距离”服务，着力以新机制、新模式优化服务质量。深化固本强基工程，统筹推进各领域党建工作，党建基层基础不断夯实。三是以作风整顿为抓手，强化干部队伍建设。着眼打造能力过硬、作风优良的执政骨干队伍，把作风大整顿与扶贫攻坚和双联行动、民生改善、社会治理等重点工作相结合，有针对性地开展了乡镇机关作风整治提升、项目推进和招商引资环境治理等“四大行动”，明确“不上心就上课、不出力就被处理、不解决问题就被问题解决、不发光就曝光”的刚性要求，全区上下形成了一心一意抓落实、风清气正促发展的良好局面。四是以落实“两个责任”为抓手，强化党风廉政建设。把落实“两个责任”作为党风廉政建设的“牛鼻子”，创新“3468”主体责任落实措施，深入推进“两个责任”标准化体系建设，对落实不力的17名责任人进行了约谈诫勉。严格落实中央“八项规定”，以省委、市委常规巡视巡察为动力，紧盯巡视反馈的三大类18项具体问题，强化责任、细化任务，扎实推进问题整改落实。大力支持纪委“三转”，建立了查办案件联席会议、领导包案、全员办案、一案双查等制度，加大案件查办力度。年内全区共初核案件104起，立案28起，结案28起，给予党政纪处分29人，营造了良好的干事创业环境。

【重要文件】区委发〔2015〕7号：《关于全面深化农村改革加快推进农业现代化的意见》

区委发〔2015〕13号：关于印发《关于抓好“工作落实年”实施方案》的通知

区委发〔2015〕14号：《关于分类推进事业单位改革的实施意见》

区委发〔2015〕15号：《关于弘扬南梁精神，践行

“三严三实”在全区开展干部作风大整顿的实施意见》

区委发〔2015〕16号：关于印发《省委第五巡视组巡视西峰区反馈意见整改落实方案》的通知

区委发〔2015〕18号：《关于扎实推进精准扶贫工作的实施意见》

区委发〔2015〕19号关于印发《庆阳市西峰区控编减编工作方案》的通知

区委发〔2015〕22号：《关于全面推进依法治区建设法治西峰的实施意见》

区委发〔2015〕29号：《关于制定西峰区国民经济和社会发展第十三个五年规划的建议》

党务工作

【公文办理】按照公文处理工作制度化、规范化的要求，确定专人负责，做到了公文传递及时，勤催勤办，高效保密。2015年共收发办理中央、省、市委各类文件294件，下级和其他各类文件486件，及时收集整理档案，没有发生压误、丢失和泄密事件。起草校印文件材料，坚持求短、求实、求新，严把起草关、审核关、报送关，紧急材料加班加点，其他材料提早准备，分块负责，统筹调配，力争做到内容充实精炼，结构层次鲜明。共起草各类规范性文件220多份，领导讲话、汇报材料500多份。

【信息建设】发挥党委信息服务决策作用，通过组织全办干部多学深思，动态分析，把握区情，及时全面反映全区工作部署、进展情况和落实效果。共向省、市委编报党委信息1500多条，被采用281条（其中省上采用41条，市上采用240条），占任务的156%，信息报送量、采用率均列全市前茅。同时，把新闻报道作为信息工作的延伸，鼓励干部积极向网络、报刊、杂志投稿，大力宣传西峰经济社会发展的新变化，努力提升西峰的知名度，年内在市级以上媒体发表新闻稿件和理论文章200多篇。

【协调服务】沟通协调部门、乡镇，倾听、把握群众脉搏，为党委决策的实施和完善提供服务，有力推动了工作落实。按照“沟通在先、协调及时、服务全程”的要求，对领导公务活动和重要会议、重要接待，周密安排，精心组织，特别对各类专业会议合理统筹，整合精简，全年共承办区委一类会议30多场（次），协办组织、宣传、政法等专业会议26场（次），完成服务中央省市及兄弟县区到西峰视察调研、观摩学习及市区大型活动20多次，做到协调有力、服务高效。

【安全保密】牢牢把握“安全快捷”的工作要求，严格落实24小时值班制度，做到密不离室，室不离人，密件密码专人管理。及时接收处理中央、省市三级文件2178份，明密电报1258份，领导批示件270份。同时，依托区委舆情信息监控平台，搜集并送领导阅处网民留言、民情信息71条，及时疏导理顺了群众情绪；完成信息化建设机房、核心密码通信系统升级改造，投资3万元更新了密码通信设备，确保了密码通信安全畅通。保密工作。按照“三大管理”和“两识”教育要求，坚持以推动保密事业科学发展为主题，以提升技术防范能力为核心，先后组织举办“春节手机短信送上保密情”“五盏密灯庆元宵”“西峰梦·保密情”迎新春书画展三大活动，开展特种行业专项检查4次，在省、市、区三个层面进行涉密人员业务培训3期，对政法委、组织部等18家单位涉密计算机是否存在联网记录，随机督查6次以上。同时，进一步强化保密措施，抓好密级文件、内部资料、网络安全防范和保密管理，购置保密手机、计算机安全保密管理检查工具和信息存储介质消除工具，销毁各类涉密废旧文件3500多公斤，对2015年高考、中考进行全程保密监督，年内无失、泄密事故发生。西峰区保密工作荣获上年度庆阳市考核第一名。

【督查督办】紧扣区委重大决策部署，围绕十大重点项目建设、精准扶贫、环境卫生整治、矛盾纠纷大排查、“三严三实”专题教育等重点难点工作，积极协调，密切配合，及时跟进督查，确保重点工作不折不扣落实到位。同时,办公室专人督办上报省委第五巡视组对区委反馈意见的整改落实情况,确定1 名科级干部专门协调市委督查组,对全区重点工作实地督查,促进各项工作抓实见效。

【“双联”与精准扶贫】扎实开展双联行动和精准扶贫,组织干部职工深入董志镇罗杭村,围绕基础设施建设、富民产业培育、金融资金支撑、易地扶贫搬迁、公共服务保障、能力素质提升等六个方面,超额完成年度帮扶工作任务,有力改善了当地群众生产生活条件,提升了村民致富水平。

【信访维稳】班子成员带头, 全办干部牢固树立“群众利益无小事”的理念,对待每一件来信来访,都严格按工作程序处理督办;对来机关上访的群众,都积极面对,耐心接待。配合信访部门及相关责任单位,及时妥善处置各类上访事件 60 多起,较好地维护了机关正常办公秩序。每逢重要节假日及特殊敏感时期,办公室及时下发通知,落实各级各部门值班责任,协调政法机关、应急责任部门,全力做好维护社会稳定工作。

【后勤保障】围绕提供资金保障、强化后勤管理、改善机关环境,在财力非常紧张的情况下,积极创造条件, 确保机关各项服务保障工作正常运转。强力改变大灶管理方式,成立监督委员会,定期监督。升级改造机关视频监控系统,健全区委机关安全保卫制度,实行门卫 24 小时值班制,服务进出车辆和人员。按照“简洁、大方”的原则,认真落实机关全天候保洁制度, 为机关干部职工创造了一个安全、整洁、舒适的办公环境。

【党风廉政建设】坚持把党风廉政建设作为办公室提供优质服务、塑造崭新形象的关键,认真贯彻落实中央“八项规定”、省委“双十条规定”和市委“实施细则”,制定了“三图四表”、两个责任清单,把党风廉政建设、转变工作作风的要求细化到领导班子成员及分管领域, 引导办公室工作人员重实绩、说实话、办实事、求实效。大力弘扬“忠诚、敬业、奉献”的办公室精神,加强革命传统教育和廉政教育,组织观看警示教育专题片, 始终保持清正廉洁、务实高效的优良作风。领导班子成员以身作则、率先垂范,带头贯彻各项制度规定,按照省市要求,公车改革完善了基础工作,切实做到了在思想上筑牢防线、道德上守住底线、行为上不碰高压线,以实际行动落实“两个责任”。全年没有违反干部廉洁自律规定的各种情况。

【业务提升】把抓学习培训作为提升领导班子和干部队伍素质的关键,以全省“学干建走”工作落实年活动为主线,认真安排,细化任务,用理论武装头脑、指导实践、推动工作。全办干部坚持每天早到一小时,晚走半小时,集中学习习近平总书记系列重要讲话和中央、省市的最新理论政策,学习市、区重要会议精神,做到领会实质、把握精髓。办公室采取集体研讨、基层调研、撰写文章、外出培训等多种有效形式,先后组织文秘、机要、保密人员开展“集中大调研”活动 8 次、岗位练兵活动 40 多次,外出参加培训 11 人次, 整理形成高质量的调研报告 123 篇,人均学习笔记 5 万字。通过狠抓学习,使干部的知识结构、理论素养、能力水平得到全面提升。办公室共获得省、市、区奖励 19 项,全办干部队伍呈现出朝气蓬勃、充满活力的新气象。

(陈盼)

组织人事

【干部队伍建设】坚持以新《党政领导干部选拔任用工作条例》(以下简称《条例》)为基准,以“好干部”标准为导向,健全完善“1541”选拔任用机制。依据《条例》和四项监督制度,把干部选拔任用细化为干部调整动议、制定考察方案、确定考察对象等 18 个环节。动议提名时,采取乡镇街道、区直部门党组织提名与组织部门提名相结合的方式,充分同区委、人大、政府、政协有关领导沟通,坚决杜绝“带病干部”成为提名人选。考察考核时,从严审核“三龄两历一身份”党风廉政和计划生育情况,并将考察范围延伸到“生活圈”和“社交圈”，注重了解工作实绩、综合素质和德才表现。部务会研究时，将会议推荐、谈话推荐与平时考核、年度考核、一贯表现和人岗相适等情况综合考虑，对拟任人选进行双向辨证分析。任免公示时，发挥西峰党建网传播快、覆盖广的优势，及时向社会公示有关情况，接受群众监督。2015 年共收到公示期信访举报 3 期，暂缓提拔使用 1 人，延长试用期 1 人。记实记录时，严格实行一人一表，完整准确翔实地记录选拔选任具体过程，确保责任主体明确，追究责任有据可查。坚持优先消化超职数配备干部制度，对全区 73 名超职数配备干部，采取调整、交流、免职等措施，消化 19 名，对 22 名兼职干部消化 8 名。坚持推进领导干部“能上能下”制度，制定出台《西峰区推进领导干部能上能下实施办法(试行)》，畅通“下”的渠道，免职(退休)到龄干部 23 人，对 7 名不适宜担任现职的领导干部，改任非领导职务 2 人，免去现职 5 人。坚持干部“逢提必下”制度，对区直机关新提拔的干部(男 40 岁以下、女 35 岁以下)，一律安排到乡镇任职，今年有 13 名新提拔区直部门干部被安排到乡镇街道任职，选派 15 名缺乏基层工作经历的副科级干部到 15 个贫困村驻村锻炼。坚持重点岗位轮岗交流制度，制定出台《西峰区科级领导干部交流工作暂行办法》，通过培养性、结构性、互促性、整顿性、回避性、轮岗性交流等措施，调整交流干部 157 名，激发了干部活力和工作积极性。加快乡镇非领导职数使用，全区 7 个乡镇共核定非领导职数 29 名，目前已配备 7 名，配备的 7 名非领导职务干部中，平职转任 6 名，用于解决职级待遇 1 名。坚持分级分类、按需施教原则，以提高党员干部“四种能力”(服务能力、发展能力、创新能力、法治能力)、增强“四种意识”(大局意识、政治意识、责任意识、担当意识)为目标，依托一校一堂一基地一平台(区委党校、智慧西峰大讲堂、大学生村官实训基地、远程教育平台)，有计划、分批次大规模培训党员干部。一是加强集中培训。充分发挥区委党校和大学生村官实训基地的职能作用，采取集中培训、巡回宣讲、现场体验等方式，共举办新提拔科级干部岗前培训、村党组织书记培训、党务干部培训等主体班次 36 期 3000 多人(次)。大学生村官实训基地探索创立的课堂教学、观摩体验、拓展训练、讨论交流、实践锻炼、强身健体和情景模拟“七位一体”培训模式，得到了省委组织部的充分肯定，近期将在实训基地设立“甘肃乡村干部培训学院陇东教学点”。充分利用网络、报纸、电视、微信、短信等媒介平台，开展党性、警示、技能等教育培训，推动了干部、党员教育培训常态化。远程教育推行“四种模式”(“专业合作社＋终端站点”模式，为产业优化聚合力；“乡土人才＋终端站点”模式，为效益创收搭平台；“村级组织场所＋终端站点”模式，为素质提升铺路子；“党员示范户＋终端站点”模式，为典型引领做标杆)，用活远程教育终端站点，促进了学用成果转化。创办智汇讲堂。开设“智汇西峰大讲堂”专题讲座，邀请国内著名专家学者，围绕前沿理论和热点问题，开展深度辅导解读 6 场(次)，培训领导干部 900 余人(次)，使领导干部的决策水平和服务能力得到了提升。完成中央和省市干部调训 37 人，先后选派 500 多人到各地进行学习培训，提高了党员干部的综合素质和履职能力。精心制定了干部作风大整顿“1+4”行动方案，扎实开展乡镇机关作风整治提升、项目推进和招商引资环境治理、矛盾纠纷排查调处、纵深推进城乡环境卫生综合整治“四大行动”，大力整治“为官不为”、“庸懒散软”、政策执行不力不严等作风顽疾。组建四个督查组、三个暗访组和两个记者组，采取座谈交流、征求意见、随机抽查等方式，开展专项督查、明察暗访九轮，督促指导各单位围绕“四个反思、五项整顿、四大行动”，建立健全机关干部纪律作风规定 36 项，处理迟到早退、不作为等问题干部 227 人；查找整改班子及干部自身存在的突出问题 536 个；实施 500 万元以上项目 263 个，完成固定资产投资 286 亿元；化解矛盾纠纷 1005 件；开展环境集中整治 5 次，保证了城乡环境干净整洁。针对精准扶贫大数据平台建设滞后的问题，区委书记同7个乡镇党委书记和10个职能部门主要负责人进行了责任传导约谈，明确7个乡镇党委书记中淘汰最后一名，10个职能部门一把手中淘汰最后一名，有力促进了精准扶贫工作深入开展。落实“一把手”任前谈话4次18人，开展鼓励鞭策谈话1次13人。区委其他县级领导干部组织开展各类谈话18次141人，有力推动了干部作风转变和各项工作落实。修订完善《区管领导班子和科级干部考核评价办法》，突出“实绩”和“公论”权重，建立了以年度重点工作目标管理责任制考核为基础，单项考核和平时考核为补充的考核评价体系，对2014年度综合考核处于“末位”的7名班子主要负责人取消了评优资格。制定出台了《西峰区扶贫攻坚工作业绩考评办法》和《西峰区区管领导班子和科级干部经济社会发展实绩考核办法》，将扶贫攻坚作为干部考核的重要内容，对影响了全省17个插花型贫困县区考核第一和全市考核第一双重标准的，将实行硬淘汰。委托区审计局对27名“一把手”实施了任中和离任经济责任审计，组织对区上59名县处级干部、62名乡镇党政正职和区直部门主要负责人个人重大事项进行了申报，收回并集中保管区属国家工作人员出国（境）证件2106本。全面启动了干部档案专项审核工作，开展干部任前档案审核4次82人。调整补充了区管科级后备干部人才库，建立了85后优秀年轻副科级后备干部人才库，使一批党性观念强、综合素质高、专业知识精、群众基础好的优秀干部进入了后备干部队伍，为区管领导班子建设储备了力量。加强“三方面”干部培养，定期征求统战、人社、妇联、团委等部门负责同志意见，研究解决工作中遇到的新情况、新问题，全年共提拔交流35岁以下干部18名、女干部24名、少数名族干部1名、党外干部20名。选派到村任职第一书记、副书记100名。

【基层组织建设】筹资2.6亿元，对15个社区全面进行改造提升。建成社区1000平方米的4个，

市委书记栾克军在长庆北路社区督查指导社区党建工作

800平方米的6个，其余全部达到500平方米。建立大党工委制、“四位一体”社区管理、“三位一体”物业管理服务等新机制，推行“社区＋企业”模式，将养老、家政等服务引入社区。开展在职党员到社区报到活动，报到在职党员7981人，成立兴趣党小组和特色党小组40多个，开展“点亮微心愿”“一元钱银行”“四点半工程”等活动300多场（次）。推广“权有让式”支部，在30户规模以上企业全部建立党组织，推行以“党员领导＋责任区”“党员＋责任对象”为主要内容的“1+1”工作模式，设立“党员责任区”50个、“党员责任岗”106个。按照“两个优先”原则，在35岁以下青年农民和致富带头人中优先发展党员，年度新吸纳党员430名。开展基层党组织结对帮扶活动，区直229个单位党组织与100个村、3715名干部与8065户农户结成帮联对子，帮扶资金5535万元。健全完善财政列支、党费补贴、部门帮扶、项目支持、单位自筹、社会捐助“六位一体”经费投入机制，2015年区财政投入党建经费2809万元。毛寺村、李岭村、沟畎村、周庄村等成为党建综合示范点，毛寺村入选《甘肃省农村基层党建工作文件和典型案例》一书，李岭村荣获全省先锋引领行动“陇原先锋号”。实施“头羊”工程，对15个贫困村书记及成员进行分析排队，调整不称职书记2名、补充班子成员6名。为每个贫困村选派了1名“第一书记”，将16名大学生村官全部调整到贫困村工作。统筹各类攻坚力量，由15名县级领导

牵头，抽调459名干部组成100个驻村工作队。整顿软弱涣散基层党组织22个，建成扶贫示范带动型党组织26个，吸纳贫困户600多户。在城中村实行“筑巢引凤”、城郊村发展“新兴服务”、塬区村实施“规模经营”、偏远村突出“政策扶持”，使集体经济年收入10万元以上的村达到了29个。全面落实“四议两公开”，100个村建成便民服务大厅，成立了村民监督委员会。

【人才队伍建设】通过兼职、定期服务、项目引进、科技咨询、科研合作、技术开发、地企协作等多种形式，为甘肃东方百家商贸有限公司、庆阳凌云服饰集团有限公司、瑞信村镇银行、甘肃元方实业集团有限公司、西苑勘察设计有限公司等5家企业引进高管和专技人才14名，为大学生村官实训基地柔性引进副教授级授课人员9名，为全区经济社会发展提供智力服务。围绕果、菜、畜等特色产业，引进山东寿光设施蔬菜种植指导员2名、优质果树栽植管护专家组10人，充分发挥引进人才的骨干支撑和示范引领作用。结合城市道路、广场绿地、城乡水系、工业园区、学校医院等重大项目实施，为区医院精准引进13名全科医生，为民俗文化产业园区管理局搭桥引进技术顾问3人，指导园区规划建设和工程技术质量监督，不断提升西峰的城市品位。采取“人才+项目”“人才+基地”“人才+产业”等形式，投入500多万元，培训各类人才10800多人(次)。在区内建立了设施蔬菜种植产业人才开发、畜草产业人才开发、技能型人才培养培训和企业人才、党员人才、生态农业人才创新创业示范等6个人才基地。在陕西杨凌建立西峰区大学生村官实践基地，在陇南成县建立电子商务人才培养实训基地。采取下派、外挂等方式，多途径、多渠道统筹培养锻炼干部，将13名优秀年轻干部选派到兰石化、华亭煤业等12家市内外企业挂职锻炼，组织工业系统、商务系统干部和电商企业员工40人赴中国人民大学等知名高校培训，到海升集团、阿里等知名企业观摩学习，提高驾驭市场经济的能力，培养熟悉工业和电子商务的复合型人才。结合精准扶贫，广泛开展“人才支农”行动，采取“县级领导+行业部门+驻村工作队”“双联单位+帮联干部+村组干部”的模式，进行面对面、点对点帮扶，为每个行政村下派了1名科技特派员，培育了一批懂经营、会管理的新型农民。以大中专院校毕业生为重点，积极开发社会管理和公共服务岗位123个，256名高校毕业生到乡镇、村组、社区、企业参加志愿服务、见习锻炼、提升素质；对全区农村种植、养殖、加工能手、经营能人、合作社带头人和农村经纪人等有丰富实践经验的“土专家”“田秀才”进行了摸底筛选登记，使66名农村科技能人的“土办法”和“祖传方”得到传承和弘扬。

【自身建设】结合“三严三实”专题教育，全面落实“五个一”学习制度，采取“五学”方式，开展集体学习27场(次)，接受革命传统教育1场(次)，在省、市级媒体、刊物发表信息16条，先后组织干部赴中组部组干学院、省干训中心、辽宁、苏州、陇南等地开展考察、学习、培训13场26人(次)。组织干部职工深入乡镇、村(组)、社区、重点企业和社会组织调研276人(次)，与党员、干部、群众谈心谈话800多人(次)，解决突出问题27件，走访慰问困难党员群众1399名。健全完善《目标管理考核办法》《业务督办制度》和《责任过失追究制度》等规章制度21项。新建庄子洼小学校舍1处，拓宽整修村级道路4.2公里，完成居民点二期排水排污工程和垃圾填埋场项目建设工程；协助“新光农民果树专业合作社”申报为市级专业合作社，协调涉农部门投放农药、化肥80吨，筹措帮扶资金6万元，指导农户对2500亩果树进行精细化管理。组织村组干部、致富带头人76人赴静宁、庄浪、千阳学习先进的建园模式和种植管理经验，开展各类培训6期830人(次)，输转劳务400余人(次)，为贫困户统一配发了智能手机，庄子洼村被确定为全区双联行动样板村。

(脱安全)

宣传思想精神文明建设

【精神文明建设】邀请知名网络作家、评论人周小平，中国人民大学教授王向明，工业与信息化部国际经济技术合作中心主任龚晓峰等专家教授，围绕互联网对意识形态带来的冲击、践行“三严三实”做忠诚干净担当的好干部、“互联网＋”战略、国内外宏观经济形式及政策走向等主题，开展高端专题讲座8场，参与干部群众3000多人次。进一步拓展“九大全民修德行动”载体和实践领域，精心策划开展“爱护花草·勿乱穿行·文明游园”承诺签名、“遵守交规我践行、文明出行我承诺”主题实践及“美丽文明进校园”“千名师生上街清杂物捡垃圾”“传家训、亮家风”等覆盖社会重点行业和领域，涉及所有重点人群的12项主题教育实践活动，参与群众3.5万人。推进“文明餐桌”“文明祭祀”“文明旅游”“文明交通”“文明上网”和“孝老、敬老、长孝心”活动，创建“文明餐桌行动”示范店和示范一条街；推荐评选“孝老敬老”典型13个，命名表彰“最美家庭”20个。开展“我的中国梦”“做一个有道德的人”主题教育实践活动；开展“网上祭英烈”“爱劳动——践行中国梦”经典诵读等活动；开展省级“德育示范学校”创评和核心价值观优秀童谣征集传唱活动，培育推荐美德少年“庆阳好少年”等各类道德典型8个。落实2015年度中央专项彩票公益金支持彭原初中乡村学校少年宫项目建设，督促指导已建成的三所乡村学校少年宫规范完善了器材管理、辅导员培训等工作，推荐省级少年宫优秀辅导员1个，市级优秀乡村少年宫1个，市级优秀乡村少年宫优秀辅导员3个。深入开展社会文化环境净化工作，累计开展清查和整治活动30多次，查处各类违规经营行为23起。下发《创建全国文明城市工作推进意见》等文件，签订目标管理考核责任书。结合城乡环境综合整治和城市管理成果巩固年活动，组织机关单位、干部群众上街开展持续常态化环境整治310余次。在行业系统开展以优质服务、便民利民为主题的“传承文明、先锋引领”活动30多场次，培育国家级文明单位2个，省级文明单位5个，区级文明单位4个。培育省级文明乡镇1个，文明村1个，市级文明村1个，选树好公婆、当代孝子等各类典型20多个，评选命名五星级文明户50多户。组织城区15个社区按照“八个具备”的要求分别建立了社区志愿服务工作站，广泛动员注册登记志愿服务组织49个、注册志愿者近4万人。培育“全国雷锋精神种子志愿服务站”2个，命名表彰“雷锋学校”1所。围绕“三关爱”等内容，累计开展“邻里守望·情暖陇原”志愿服务活动120多场次，出动志愿者2000多人。

【城乡文化建设】围绕村镇（社区）文化、城区文化、校园文化、节庆（节会）文化、机关文化等主题，制定印发《关于开展2015年“和谐西峰大舞台”群众文化活动的意见》。以元旦、春节、“五四”、“六一”等重大节日，开展戏曲歌舞和优秀文艺节目巡演、元宵节社火汇演、灯谜灯展游园活动、元宵节焰火晚会、第六届梨园迎春戏迷票友擂台赛暨折子戏公演、庆“六一”百米长卷现场书写大赛等活动40多场次。什社乡农民歌手齐凤远获安徽卫视全国农民歌会30强，举办个人演唱会。组织开展“铭记历史·珍爱和平”干部职工书画展、“爱让梦想绽放”关注少年儿童公益文艺演出等大型活动20多场次，参与干部群众20万人次。根据省市“乡村舞台”建设要求，共建成乡村舞台38个，其中15个推广阶段增补村“乡村舞台”已通过验收，新申报的19个“乡村舞台”建设普及村已全部建成。在肖金镇张庄村、彭原镇五郎铺村、西街办联合村等地举行科技文化卫生“三下乡”活动6场次，开展“千台大戏送农村”主题活动126场次。编辑出版“中国梦、黄土情”全区优秀文艺作品汇编丛书，推荐参评全市“李梦阳”文艺奖作品42部，有11位作者作品获得全市重点文艺创作资助。

【文化产业建设】围绕华夏文明传承创新区建

设板块任务，按照“1653”工作思路(围绕一个目标：建设特色文化大区；突出六大重点：发展资源型、劳动密集型、复合型、非公有型、外向型、高科技型产业；力抓五项工作：文化产业项目、香包民俗产业、发展环境、教育培训、对外宣传；强化三项保障：加强组织领导、严格落实政策、完善统计制度)，制定印发了《关于开展“文兴西峰大产业”活动的意见》。庆阳民俗文化产业园北门及北城墙工程基本完工，大剧院、中心广场等项目开挖建设；陇东冰雪基地项目完成了一期所有建设任务，对外开放；天富亿生态民俗村完成了二期建设任务，三期正式启动，被评为全国AAAA级旅游景区。馨华园美术馆、鹏艺博物馆等私人博物馆完成建设。参加深圳文博会、兰洽会、省文博会等展会，招引了西峰区生态旅游温泉度假村、天富亿农耕食文化活态传承风情园、小河湾景区、米兰国际摄影会所、肖金宋塔保护文化园、庆阳银泰摄影基地、西峰区旭日东方生态城市示范区等13个项目，总签约额77.2亿元。培育5家个体户升级转型公司制企业，新增产业法人单位31个。以打造全市农村“文化集市”形象点为目标，对后官寨镇南佐村文化集市进行了全面提升，入驻民俗文化产业公司5家，印制培训教材1000多册。举办民俗文化产业培训班90多期，培训从业人员达到7000多人(次)，编辑出版《庆阳香包刺绣图样》一书，为香包刺绣制作提供了基础教材。岐黄文化发展公司等企业在美国、意大利、加拿大等国开展民俗文化产品展销推介活动，绣韵香包刺绣公司等企业在西安、兰州、广州、宁波等地设立了专营店和营销窗口，凌云服饰集团和淑方香包刺绣有限公司在阿联酋迪拜、白俄罗斯明斯克设立固定营销店。

【对外宣传】对西峰电视台、《今日西峰》报和西峰网进行改版提升，及时更新“西峰发布”腾讯微博、“西峰发布”头条号，开通西峰电视台微信公众平台等新媒介。聘请专业规划公司对西合沿线户外广告进行全面规划。制作各类大型跨桥宣传牌25面，大型立柱宣传牌130面，各类公益宣传牌3400余面，核心价值观三角立体宣传牌50个150面。编印《一周新闻宣传策划》，重新选聘100多名通讯员，挖掘报道了马平、袁秀科等典型人物，其中，李依桐和李易轩获得中央电视台“最美孝心少年”称号，马平获得甘肃省首届“最美人物”称号，马平、刘兰芳、李依桐和李易轩进入“2015年感动庆阳”候选人。在中央、省、市级各类媒体刊发播出稿件4500多篇(条)，在中央电视台《朝闻天下》等栏目推出《走基层〈李依桐李易轩：“一对孪生姐弟的愿望”〉》等报道；撰写的《乘势破“瓶颈”，聚力拔“穷根”——西峰区扶贫攻坚工作纪实》等稿件在《甘肃日报》刊发。接待中央电视台、人民日报、中央人民广播电台、新华社、央视网等中、省媒体的记者58批206人。中央电视台对我区脱贫攻坚“军令状”完成情况进行采访，中央人民广播电台对我区驻村工作队进行采访，中国新闻社甘肃分社记者采访我区脱贫攻坚、民俗文化产业等典型工作，在“中新网”连续刊发稿件6篇。利用“西峰发布”微博、“西峰发布”头条号等媒介。

【思想政治】围绕全市思想政治工作考核评估细则，对全区的思想政治工作进行了全面安排部署。区财政按时核拨了业务经费、活动经费和500万元文化产业专项资金。利用各类媒介，长期刊载核心价值观“24字”基本内容和“图说我们的价值观”等公益广告；组织编印市民文明宣传册页2万多份、精神文明建设墙报12000余份；设立“善行义举榜”“西峰好人榜”100多个，树立各类先进典型70多个，在城区和四门乡镇制作墙体公益广告9000多平方米，基本实现了全区核心价值观墙体公益广告高密度、广领域、全方位覆盖。组织开展社科理论研究，申报社科研究成果6项，其中《国学经典平民解读专辑》获全省社科项目评选二等奖。指导各学校严格落实高中、初中新生国防教育和军事化训练，开展党政领导干部“军事日”活动，组织了第15个全民国防教育日暨国防教育主题宣传周活动，开展中小学生“关心国家安全、维护海洋权益”

主题征文、“网上祭英烈”活动。开办宣传思想干部培训班，培训100多人。组织开展全区宣传思想文化工作调研，形成调研报告28篇，向省市申报创新工作8项。编发报送《宣传信息》108期，《舆情信息》86期。

（李小鹏）

统一战线

【民主政治建设】认真贯彻落实《中共西峰区委关于加强新形势下党外代表人士队伍建设的实施意见》，更新全区党外科级干部档案，重新摸底并建立新社会阶层人士数据库。2015年底，全区共有党外干部4228人，其中副科以上64人，党外代表人士99人，新社会阶层及新媒体代表人士50人。召开党外干部工作联席会议，向区委推荐党外干部17名，有6名党外科级干部被组织部提拔使用，1名提拔为副县级，52人进入股室负责人岗位。支持民主党派、工商联和无党派人士围绕经济社会发展的重点难点问题开展调查研究，形成了有见解、有分量、有价值的调研报告11篇，其中《西峰区发展非公经济的现状分析与对策思考》在《今日庆阳》杂志刊登，向省市区人大政协提交议案、提案20多件；主动组织各界代表人士参加全区经济分析会、“十三五”规划意见征询会及其他各类座谈会、征求意见会、党外人士情况通报会，通报全区经济运行及社会发展等情况，征求到基础设施建设、企业人才培养、城市规划等5个方面的意见建议29条，多数被区委、区政府采纳并付诸实施；民主党派人士和党外干部先后参与各类调研、协商等活动16次，提出意见建议60多条。

【民族宗教】认真贯彻落实《庆阳市人民政府关于继续实施“1+9”规划促进少数民族乡村加快发展的意见》，围绕少数民族村产业开发、基础设施建设、社会管理等方面开展调研，指导西街办联合村、后官寨镇赵咀村制定了2015年发展计划，论证发展项目5个，争取市列项目资金100万元，贴息资金60万元。西峰区登科养牛农民专业合作社肉牛养殖场补修扩建项目已全面完成；后官寨镇赵咀村矮化密植苹果园建设项目已流转土地103亩；清真寺供暖及院坪硬化项目已通过评审；少数民族文化艺术收藏馆项目在进行前期论证；组织40多名少数民族干部群众进行了为期5天的少数民族法规政策和实用技术培训；60万元贴息贷款经过村组摸底、群众评议、乡镇核查、会议审定，确定贴息贷款对象16人，已发放贴息资金。后官寨镇赵咀村是我区15个贫困村中唯一一个少数民族村，为加快该村脱贫致富步伐，区委统战部牵头帮联，坚持产业扶贫与智力扶贫并举，“输血”与“造血”齐抓，结合精准扶贫工作，组织后官寨镇赵咀村49户双联户和精准扶贫户赴庆阳林颖果讯科技公司参观考察核桃、樱桃、油桃等小杂果种植技术，引导贫困户转变观念，助推产业发展。同时，协调动员各相关部门力量，凝心聚力抓帮扶，建成乡村舞台、老年活动中心、村级标准化卫生室、幼儿园、电子商务中心、畜牧兽医室等一大批基础设施。注重民族政策法规宣传，强化教育。5月和9月，区委统战部联合民主党派和有关部门，赴西街办联合村和后官寨镇赵咀村，组织开展“第十二个民族团结进步宣传月活动”和“助推精准扶贫三下乡活动”，共发放宣传资料5000余份，义诊600多人次，赠送医疗用品价值6000余元，书写书画作品200余幅，受教育群众达4000多人次。配合市民宗局选派西街办1名少数民族青年参加了少数民族劳务技能特色培训“出彩工程”，赴银川鹏飞烹饪技术学校进行了为期3个月的集中学习。春节、尔德节、圣诞节”前夕，区委、区政府领导对全区30名统战成员、8处统战单位进行走访慰问，发放慰问金3.8万元。认真贯彻落实《甘肃省清真食品管理条例》和市政府《关于进一步加强清真食品管理工作的意见》，联合区食药监局在春节、“尔德节”等重大节日前夕，开展全区清真食品市场集中整治活动4次，清查门店58家，发出整改通知书6份，依法取缔2家；在百佳超市、家福乐等11家大型超市设立了清真食品专区。

充分发挥区宗教工作领导小组的综合协调作用，建立并落实了宗教工作协调、基层宗教干部联系宗教活动场所、联系宗教教职人员、民族宗教矛盾纠纷挂牌消号、信息报送、工作通报等各项制度。按照“属地管理、分级负责、上下联动、区域协作”的原则，制定并下发《关于认真排查民族宗教领域矛盾纠纷的通知》，妥善解决矛盾纠纷5起，把民族宗教纠纷化解在萌芽状态，做到小事不出村，大事不出乡。加强了乱建、滥建寺观教堂的监管，依法治理“两乱”和基督教私设聚会点问题。全力推进宗教活动场所“七证一户”办理工作，依法批准开放的6个宗教场所，均办理了场所登记证、组织机构代码证，开设了银行账户。对西峰天主教、董志贞五观两处宗教场所班子进行了调整充实，确保了宗教事务活动正常开展。在全区6个宗教活动场所，开展“宗教政策法规学习月”“六进”活动、以“教风”为主题的和谐寺观教堂创建活动，加强宗教教职人员、宗教活动场所和宗教活动规范化管理；在西峰清真寺、西峰天主教堂、西峰基督教堂开展了“同心同行”爱国主义教育宣传活动3次，培训教职人员及信教群众1500多人；在小崆峒佛光寺组织信教群众开展了为期3天的“弘扬民俗文化、促进宗教和谐”佛学禅修交流培训活动，有150多名信教群众参与，社会反响良好。加强宗教场所安全防范工作。先后4次深入各宗教场所对电线线路、易燃物品进行了排查，对摸排出的2处不安全隐患及时进行了整改。督促彭原宝塔寺对老化电线进行了更换；督促小崆峒安装了电子监控设备。对全区功德箱进行了清理整顿，取缔私设功德箱23个。7月份，接到天主教堂遭受汛情的报告后，民宗局、西街办及时组织人员对天主教堂院内积水进行了排放，确保了宗教场所的安全。落实了天主教堂用地征拆任务。同住建局、国土局、董志镇共同配合，多次深入一线进行协调，6月底在董志镇周岭村落实了天主教堂用地征拆、围墙扎设、场地平整、土地交付等工作。

【非公有制经济发展】开展非公经济人士理想信念教育实践活动，举办以“四信”(信念、信任、信心、信誉)为主要内容的培训会、座谈会2次，培训非公经济人士100多人。工商联、工商局联合举办了首届诚信企业评选活动，评选出庆阳岐黄文化传播有限公司、庆阳鑫泰商贸有限公司、庆阳市庆渝建材装饰有限公司等社会责任感强的优秀企业14户。春节前夕，联合企业家协会举办了全区优秀民营企业家联谊会，倾听青年企业家畅谈创业经历和发展经验，增进了政企沟通。破解企业发展难题。积极搭建银企对接平台，组织召开了西峰区社会各界支持非公经济发展座谈会，邀请十大商业银行负责人就小微企业融资政策与29户企业家进行了面对面交流，市委常委、区委章书记到会指导。区上四大班子分管领导牵头就企业发展面临的困难和问题进行专题调研5次，对困境中的企业家进行精神帮扶，形成了政府、企业联手共度难关的良好局面。充分发挥村镇银行、担保公司、小额贷款公司等民间金融机构融资作用，协调西峰瑞信村镇银行、庆阳市众信投资担保有限公司为庆阳市中庆农产品公司、庆阳中凯农产品公司等38户为小微企业发放(委放)贷款1.2亿元，协调政府为嘉鑫建材等项目融资10亿元，严厉打击非法融资活动3起。深入开展“民企陇上行”活动，紧紧抓住2015年“全国百强商会百强民企进甘肃”的契机，筛选论证出天虹优质驴养殖及深加工项目、西峰区天保九如商业大厦项目、中盛农牧投资建设项目等16个项目，开展招商活动2次，完成签约资金102亿元。持续推进光彩事业。引导非公经济人士参与光彩事业，继续开展“光彩行·感恩庆阳”活动，引导非公有制经济人士参与“村企共建”“感恩行动”“双联行动”、“五百五千”等帮扶活动。中庆农产品公司投资31万元在肖金镇王庄村、杨咀村、南李村和后官寨镇李庄村四个村组建立了640亩的南瓜种植基地，每亩为种植户增收1600多元；北地红调味食品有限公司采取“公司＋基地＋协会＋农户”模式，在显胜乡建立辣椒种植基地，辐射带动6000多农户参与蔬菜种植，并建立了长期销售渠道，2015年销售额达1000多万元；区工商联副主席、企业家协会会长刘百琳为彭原镇草滩小学200多名小学生捐助学习用品2万多元；西峰瑞信村镇银行开展“金秋助学、圆梦育人”捐资助学活动，向彭原镇顾咀小学全体学生捐赠校服114套。抓好工商联和基层商会建设。按照“五好”标准，全面加强工商联组织建设，探索建立工商联兼职副主席分工负责制，每名兼职副主席联系企业20户，切实增强工商联服务非公企业活力。按照“六有四化”标准抓好商会建设，指导组建了庆阳市西峰区肉类食品商会，吸纳会员52户。完成全区10个乡镇（街道）商会的筹建工作。

【对台事务】区委统战部同区教体局联合，在西峰区中小学生中开展“我爱中华大家庭”主题征文活动，收到来稿810篇，有20篇文稿获奖，7个学校获优秀组织奖。举办2次西峰区党外干部、党外代表人士及少数民族干部群众培训班的对台形势报告会。配合省、市台办开展2次“台湾多党联合拜祭伏羲甘肃行”庆阳参访活动和台湾陇东经贸交流考察团庆阳参访活动，协助市台办组织149名来访台湾同胞参观了西峰的香包、刺绣等民俗文化产

“台湾多党联合拜祭伏羲甘肃行”庆阳参访活动

业开发基地；选派1名干部参加庆阳市组织的对台民俗文化交流活动；联合区旅游局组织民间10个团队265人开展“魅力宝岛·台湾行”活动，积极为西台经贸及民众之间交流与合作搭建平台。建立困难台胞、台属资料库，主动联系沟通，帮助其解决生活工作中困难问题。

【基层统战】区委中心组集中学习《中国共产党统一战线工作条例（试行）》；区委常委、统战部长为全区党外干部及党外代表人士培训班的学员们作了《严字当头、修身为要，努力提高自身免疫力》的“三严三实”专题教育党课辅导报告；区委统战部和区委组织部联合，6月份、11月份在区委党校、区大学生村官实训基地举办了党外干部、党外代表人士及少数民族干部群众培训班，重点围绕多党合作制度、民族宗教、对台形势、十八届五中全会等内容做了专题辅导，举办培训班2期，为期10天，有105名党外代表人士接受了培训；4次选派4名统战干部赴省社会主义学院参加了统战、民族宗教、对台工作等业务培训；区委讲师团巡回各乡镇、街办及教育、卫生、农牧等各行业集中宣讲十八大及十八届五中全会精神，其中有2000余名党外干部接受了教育。10月12日至17日，区委统战部组织10个乡镇（街办）统战民族宗教工作分管领导、区直有关部门负责人，西街办联合村、后官寨镇赵咀村部分少数民族群众代表等28人，赴天水市麦积区、陇南市城关区、武都区学习借鉴兄弟市县区民族宗教工作经验。年内完成调研报告10篇，信息120条。

（王丽娜）

农村工作

2015年以来，在区委、区政府的正确领导及上级业务部门的精心指导下，认真贯彻落实中央、省、市一号文件和农业农村工作会议精神，围绕农村稳定、农业增效、农民增收这一目标，认真履行统筹协

调、督查指导、推动落实的工作职责，重点开展了农业农村经济、美丽乡村建设、“双联”行动、惠农政策落实等重点业务工作，取得了一定成效，促进了全区城乡经济社会全面快速发展。

【党风廉政建设】学习贯彻习近平总书记“四个全面”的思想和“三严三实”的要求，以创建“五型”机关为目标，结合开展的双联行动、机关作风整顿、群众路线后续问题整改以及“三严三实”专题教育等活动。建立机关《学习制度》和《年度学习计划》，开展集体学习30场次，做到工作、学习“两手抓、两不误”；组织全体干部职工学习习近平总书记系列重要讲话精神和南梁红色革命精神，观看电影《红作各项任务与党政领导所分管工作结合起来，由主要领导与分管领导、分管领导与具体业务人层层签订《党风廉政建设目标责任书》，细化目标任务，靠实工作责任；组织召开党风廉政建设专题会5次、干部职工廉洁自律集中学习会12次、党纪法规专题学习教育和知识培训各8场次，领导班子成员每人讲授1次廉政党课。根据中央“八项规定”、省委“双十条”规定及市区“实施细则”的规定，及时修订完善建立健全内部管理制度体系。出台《关于进一步加强“三农”信息报送工作的通知》，确定专人负责，及时向省、市报送信息，全面、准确的反映我区“三农”工作动态，总结“三农”工作中的典型经验。编发“三农”信息24篇，总结“三农”典型经验5份，被《陇东报》、印象庆阳网、《今日西峰》、西峰网等市区级媒体选登13篇。牵头组织农牧系统7个单位、100多人次参与西峰区第一届运动会。召开农林系统老区脱贫致富工作会议精神宣讲报告会。为巩固和深化党的群众路线教育实践活动成果，推动“三严三实”专题教育深入开展，推进党员干部作风持续好转，出台《关于开展干部作风大整顿的实施方案》《关于成立干部作风大整顿活动领导小组的决定》，召开工作部署会。

【“三农”工作】以全面贯彻落实中央、省、市“一号”文件及农业农村工作会议精神为契机，研究部署年度工作任务，细化分解各项经济指标，协调指导重点建设项目，开展督查调研，及时建言献策，推动“三农”工作有序开展。年初，及时组织召开全区农业农村工作会议，全面安排了年度农业农村各项工作，起草下发《2015年全区农业农村工作要点》，明确“三农”工作思路、目标和任务，分解下达重点工作任务和各项经济指标，强化各项保障措施，确保工作的有序开展。同时，结合阶段工作重点，起草《关于全面深化农村改革加快推进农业现代化的意见》《关于切实抓好当前农业农村工作的紧急通知》《关于分解下达2015年全区农业农村经济计划指标的通知》等指导性文件，有力地推动各项工作任务的落实。针对“三农”工作中存在的瓶颈问题和群众关心的热点、难点问题，我部及时组织农口各部门开展调查研究，为区委、区政府建言献策，解决实际问题。2015年共开展调研8次，形成《全面加快高效现代农业推进城乡融合发现》《美丽乡村建设工作长效管理机制建设情况》《以示范园区建设为突破口加快推进城郊型现代农业发展》等调研报告6篇。为准确掌握全区农业农村各项重点工作进展情况，协调区纪委监察局、督查考核局适时开展督查，推动各项任务的落实。同时，按季度及时对农业农村工作进展情况进行了通报。年底，开展各类督查11次，下发《西峰区农村环境综合整治行动督查通报》等各类通报8份。

【乡村和城乡一体化发展】按照全省“千村美丽、万村整洁、水路房全覆盖”的规划部署，我部今年启动实施了米堡、沟畎、毛寺、漳水、庄子洼美丽乡村示范村5个和显胜、杨咀、李庄等环境整洁示范村20个，同时，结合城乡融合发展和环境综合整治工作，全力打造显胜、齐楼等小康建设重点村10个，均取得了一定成效。科学编制发展规划。结合区情实际，我部通过多次调研讨论，由区住建局负责，聘请乙级资质设计单位编制完成了5个美丽乡村示范村建设规划，并已上报市规划部门进行复审。通过精心谋篇布局，做到定位准确，布局合理。实施美丽乡村项目建设。在整合危房改造、中央农村环境连片整治、一事一仪财政奖补等相关涉农项目的基础上，积极争取省、市、区级美丽乡村建设财政补助资金760万元，集中项目和资金，全力打造5个美丽乡村示范村。全区5个省、市级美丽乡村建设完成投资3586万元，占任务的101%，规划方面，通过部门整合，群众参与，区、乡、村三级联动，全面完成了5个省、市、区级美丽乡村示范村的年度项目建设任务。推进小康建设重点村建设。通过抓产业培育、基础设施建设、村容村貌整治等项目建设，齐楼、庄子洼等10个村小康建设重点村项目建设取得明显成效。10个示范村的道路硬化率、小康住宅率、绿化率分别达到了98%、79%和35%以上，为全区的美丽乡村建设奠定了良好的发展基础。完成环境整洁示范村建设任务。全区环境整洁村建设完成总投资920万元，占项目计划的101%。通过大力开展"三清四改五化"工程，在显胜、杨咀、李庄等20个行政村开展环境整洁示范村建设工程，新建公厕8座；新建农民文体广场2处，并完成广场绿化、硬化3085平方米；拆除危旧房12间，对村组主干道两侧进行平整硬化；清理"三堆"3880方。在村部及广场周围新建生活垃圾回收点10处，配套垃圾箱320个，配置人力垃圾清理车10辆；压埋排污管道3.5公里，污水排放治理率达到95%。设置宣传墙画90多处，安装节能路灯198盏，亮化率达到96%。新建苗林产业培育基地1处、千亩造林点1处；安装太阳能路灯200多盏；绿化道路30公里，种植松树、柏树、槐树等绿化苗木6000余株，更换及新栽风景树5000株，绿化覆盖率达到38%以上。

【全区"双联"行动】紧盯在全市率先实现全面小康的目标，围绕落实"六大任务"、打造"三大工程"，凝心聚力，扎实帮扶，取得了较为明显的阶段性成效。制定出台了"一个方案""八个配套意见"和"四个推进意见"，从富民产业、基础设施、基层党建等方面具体安排，分类指导。在工作推进过程中，适时召开领导小组会、工作推进会、现场观摩会等各种会议，及时研究解决工作中的困难和问题，部署阶段重点工作，确保了双联行动有序推进，逐步形成了市、区、乡、村四级联动的双联工作格局。采取制作专题片、编发简报、开辟专栏、印发资料、举办演讲比赛、文艺晚会等多种方式，全方位加大了双联行动的宣传，营造了较为浓厚的舆论氛围。共编发各类简报375期，省市区媒体报道我区双联信息1635条，印发各类宣传资料35000余份，举办双联演讲比赛1场，双联文艺晚会2次。5月，统筹安排由县级领导牵头，从市区帮联单位、乡镇抽调100名干部，组成7个乡镇工作队、15个核查小组，深入全区15个贫困村，重点围绕摸清底数、力量调整、产业培育、道路建设、安全饮水等18个重点问题，开展了为期20天的双联与扶贫工作集中核查评估，每村形成一篇有质量的核查评估报告，列出一份有针对性的项目需求清单，建立了一套详细的农民增收台账，努力做到了"五清六有"(底数清、问题清、对策清、责任清、任务清，有村情档案、有问题台账、有需求清单、有村级规划、有帮扶单位、有脱贫时限)。重实绩。把改善基础条件、培育主导优势产业作为双联行动的首要任务，共为联系村协调争取各类项目资金9864.25万元，实施基础设施项目355个，公共服务项目287个，产业发展项目373个，有力推动了农村各项事业的全面快速发展。同时，组织开展"五扶""七送"活动，为贫困村、户帮办实事5611件，帮扶地膜、化肥等农资800多吨、资金280万元，制约农村发展的瓶颈问题逐步得到解决。注重发挥各帮联单位行业优势和职能作用，提出了"四联村四联户"(联村联思路，找准方向；联村联产业，增强后劲；联村联基础，改善环境；联村联班子，激发活力。联户联思想，启发民智；联户联感情，深交民心；联户联技能，解除民困；联户联生产，帮助民富)及"三五"工作法("五心"法：真心送温暖，用心结穷亲，实心解民忧，倾心帮民富，一心谋小康，与帮联户实现"零"距离；"五必到"法：村里有重要的会议必到，重要节日必到，有突发事件必到，有重要活动必到，乡上安排工作必到；“五必访”法：帮联户婚丧嫁娶必访，思想有情绪必访，生活有困难必访，生病住院必访，与邻里发生矛盾纠纷必访，真心实意解民难），取得了一定实效。六是创特色。提出了“5341”精准扶贫工作措施，整合了市直帮联单位、区直部门、双联单位、乡镇书记、驻村工作队等8支攻坚力量，全区动员、全民参与、聚焦发力。对15个贫困村逐村列出精准管用的项目需求清单，制定了“1+20”实施意见及配套工作方案，努力做到富民产业培育到户、基础设施延伸到组、公共服务配套到村。在资金扶助方面，西峰区还协调区上积极借鉴开发式扶贫互助资金运行经验，创新精准扶贫贷款体系程式化、对象社员化、投放多样化、监管精细化的模式，确定的1亿元贷款资金，首批1800万已开始发放，有效解决了贫困户脱贫渠道窄的问题。

【惠农政策】全区惠农政策落实工作严格按照省、市的要求，继续深入贯彻落实全省惠农政策落实永靖现场会议精神，通过加强宣传，完善制度，健全机制，强化督查等行之有效的措施和办法，增强了工作透明度，提高了群众知晓率，强化了政策落实力，有力促进了全区经济快速稳定发展。西峰区共涉及各项强农惠农政策和资金36项，2015年应补助资金29480.95万元，实际兑付资金24941.52万元，兑付率84.60%。把制度建设作为强化服务管理，规范资金落实的有效途径。按照各项资金管理办法和拨付、兑付程序，建立健全了资金运行机制，落实了限时办结制度、专户管理制度和资金监管制度，规范了民主评议、低保申报、大病救助等几项惠农政策和资金落实的工作流程，杜绝了拖延、截留、挪用惠农资金的违法行为。2015年，共完善了《西峰区惠民政策落实工作督查制度》《西峰区惠农资金审计监督管理制度》等制度7项。为切实做到“宣传不漏一户、政策不漏一项”，达到让农户“四个知晓”的目的，通过综合应用入户宣传、平面宣传、媒体宣传、阵地宣传、组织培训、流动宣传等方式，发放《西峰区惠农政策宣传手册》等各类宣传资料8万余份，按照以会代训的形式，组织培训农户5万余人（次）。同时，借助“惠农通”信息服务平台、报纸、电视、网络等多种宣传资源，及时发布信息，扩大宣传覆盖面，提高了群众知晓率发放。为了确保党的各项惠农政策和资金不折不扣的落实到位，研究制定《关于加大惠农政策落实情况的检查力度的专项整改实施方案》，下发《关于进一步做好惠农政策落实的工作意见》《关于开展全区惠农政策落实专项检查的通知》等文件，定期开展专项检查，及时开展跟踪督查。同时，组织区纪检监察、审计、财政、民政等相关部门，采取日常检查与重点督查，定期检查与随机抽查，明察与暗访相结合的方式开展联合督查，规范了各项资金的运行和兑付。按照位置便捷化、服务人性化、项目综合化、程序规范化、效率最大化的要求，在全区8个乡镇（街办）组建了便民服务大厅，制作了LED显示屏，设置服务台，张贴工作制度，为群众提供直观、便捷的服务。同时，把民政、财政、人口、农牧、林业等相关部门的惠农政策申报、审批等业务进行统筹和整合，在全区范围内推行惠农政策便民服务，确保了机构、人员、设备、管理到位，实现各项惠农政策“一次性告知，一站式办理、一条龙服务”的服务模式。按照省市关于精准扶贫大数据平台建设工作的总体安排，我部先后三次组织协调涉及惠农政策的10个相关部门，对全区7个乡镇3533户精准扶贫户所享受的各项惠农政策进行了审核和录入。

【农村环境综合整治】围绕“长环线”西峰段、西长风高速、肖显公路等沿线，在全区8个乡镇（西街办）100个行政村全面实施农村环境综合整治工程，确保农民生产生活环境得到有效改善。区、乡两级共投资1500多万元，对乡镇、村组主干道沿线两侧垃圾、杂草及农民门前“三堆”等进行了集中清理，累计出动干部职工3400多人（次），出动清理车辆760台（次），共清理乡村主干道杂草180多公里，清理垃圾1.98万方，清理小广告2780多处，规范商业门店和经营摊点520多处。同时，加强配套设施建设，新建、维修公厕156座，安装垃圾箱200多个，新建简易垃圾回收仓300多处，对农村生产生活垃圾进行了集中处理，促使村庄环境卫生得到了有效改善。

【革命老区脱贫致富】按照市、区安排，农村工作部承担全区革命老区脱贫致富相关业务工作。为了切实抓好老区建设各项工作，区委成立工作协调领导小组(办公室设在农村工作部)，起草下发《贯彻落实市委市政府进一步支持革命老区脱贫致富奔小康的意见》的实施方案，对2015年全区39个责任单位的30项工作任务进行细化分解，按月对项目进展情况进行统计分析。

【"双联"及精准扶贫】农村工作部帮联显胜乡唐荀村，共帮扶双联户10户，精准扶贫户8户。2015年，结合唐荀村实际，为唐荀村落实帮扶资金2万元，对2处苹果示范园进行管护。筹资4200元，对7户预脱贫户厕所进行改造。完成水泥硬化道路7.3公里，砂石硬化2.5公里，农电网改造72户。组织农民科技培训7期500人(次)，劳务输转400多人。10月17日扶贫日活动中，为唐荀村发放各类惠农政策书籍1000余册，画册2500册。

(王于茜)

机构编制管理

【行政审批制度改革】压茬推进，彻底完成政府机构改革。完成卫计局、教体局(科技局、知识产权局)、文广局(旅游局)、发改局、信访局等5个涉改部门的"三定"规定的审核、修改完善、印发和组织实施工作。编委办牵头，会同组织、人社、纪检、财政、国资等相关部门召开了涉改单位的协调会5场次，统一了思想，明确了涉改部门后续需要落实的工作任务。相互配合完成了涉改部门的编制及领导职数核定及人员、内设机构、相关职责的优化整合。对撤并单位的人、财、物要求一次性合并到位。积极与组织部门衔接并汇报区委、区政府相关领导，完成撤并的原科技局、计生局的领导任命等相关工作。编办牵头，会同组织、人社、审计、财政、国资、采购中心、会计中心等单位鉴证签署了一式8份的政府机构改革部门整合交接书。对内设机构、职责、隶属关系等调整较多的纪检、政法等5个机关单位的"三定"规定进行了重新修订完善并印发实施。梳理规范，落实行政审批制度改革。制定出台《西峰区深入推进行政审批制度改革工作实施方案》，对全区机关事业单位行政审批、非行政审批事项进行台账式梳理，编制完善《西峰区区级政务公开和政务服务事项基本目录》和《西峰区区级政府部门拟保留取消调整行政审批项目明细表》，清理行政审批事项135项，调整承接行政审批项目127项，取消行政审批事项9项。区本级共保留行政许可项目144项，政府内部管理事项28项，备案事项43项。按照"统一要求，分类处理，分步实施"的原则，以《中华人民共和国行政许可法》和部门"三定"规定为依据，要求各部门(单位)对非行政许可事项进行重新梳理归类，并报区编委办、区法制办和政务中心集中审核。对于法律依据充分、符合行政许可法规定的审批事项，按规定调整为行政许可事项；对于不能作为行政许可但仍需保留的非行政许可事项，按照省市要求暂归类为政府内部审批事项；对于可作为备案管理或管理服务的事项，归类到备案制管理项目或管理服务类项目，及时剔除出行政审批事项目录。完成权责清单建设任务。根据省市"三张清单一张网"建设工作推进会议要求和区政府办公室"三张清单一张网"工作方案，严格遵照"法无授权不可为"和"法定职责必须为"的原则，对全区依法承担行政职能200多家部门单位权责事项和公共服务事项进行集中审核，找准法律依据，核准事项数目，按照行政许可、行政处罚、行政强制等10项类别重新归类，共审核出政府工作部门权责清单中存在的各类问题23300多项，及时反馈给相关部门修改完善。共梳理涉及区政府25个工作部门(含监察局)的权责清单4大类39116项。其中:权力事项2301项，责任事项16732项，追责事项19514项,公共服务事项569项。强化管理,分步实施事业单位分类改革。区机构编制委员会对247个事业单位的分类结果进行了发文批复,予以确认。其中,公益一类事业单位174个;公益二类事业单位21个;暂不分类的事业单位52个。

【机构编制管理】通过机构整合减少机构1个,对区住建局等单位超职数配备的领导干部消化21名,退休、系统内调整等消化超编单位13个45人。对16个单位符合编制要求的116人按程序办理空编进人手续，对不符合要求的坚决予以清退。对4个单位的28名编制进行了余缺调剂，并对涉及体制改革的卫计、文广、教体等6个机构的职责进行了清理规范,及时剔除取消的职责,确保改革不乱,事有人干。推行使用机构编制管理证,实现机构编制实名制动态管理。

【事业单位登记管理】在西峰网开设专栏对249个法人事业单位的年度报告进行了公示,对已失去法人资质的16个事业单位法人证书进行废止,办理94个单位有关变更登记事项139项,换发249个单位的法人证书,全面落实了事业单位开办资金确认登记制度;强化机关事业单位印鉴管理。继续实行双联函制度,共审核和刻制印章91枚,启用机关事业单位印章77枚，因撤乡建镇及政府机构改革等原因收缴封存印章77枚；完成清理规范各类事业单位347个。

【电子政务中心建设】机构编制内网与外网双向结合:运行好机构编制实名制专网,推进机构编制“人员增减”“用人计划”“信息维护”等日常业务的网上办理。外网完善,办好西峰机构编制网,充实丰富“工作动态”“政策法规”“监督检查”等模块内容。抓中文域名注册管理。已注册党政机关、事业单位300家,注册域名304个。同时,对已注册的中文域名进行清理规范,审核认证挂标,实现了全区党政机关、事业单位中文域名注册和网站认证挂标全覆盖。

【“双联”及精准扶贫】2015年度建成孔塬村精准扶贫大数据采集，落实精准扶贫贷款发放,完成孔塬村公立幼儿园组建、互联网进村入户、人饮安全工程、3.5公里道路硬化、农电网改造、孔塬小学改扩建、文化广场、标准化村卫生所建设等基础设施建设项目,继续引导抓好玫瑰园、设施养殖、百亩黄花菜种植等致富产业。组织劳务输出50人(次),帮扶新增养殖户10户,药材种植户12户,增加农民人均纯收入800元以上。迎接省政协黄选平主席、省扶贫办调研,精准扶贫工作得到了市区两级肯定和好评。

(郭新源)

区直机关党建

西峰区直机关工委共辖30个党(总)支部,其中，党总支11个，直属党支部19个，共有党员1331名。

【基层党组织建设】改选、增补党总支、支部成员34人,转正党员18名,接收发展党员19名。4月在区委党校举办党支部书记培训班,培训党支部书记75名，6月举办党务干部培训班，培训党务干部80名,就《党支部的重要性及其发挥作用的途径》《学习型党组织与支部书记的素质与能力的提升》等内容进行辅导;7月,举办入党积极分子培训班,培训入党积极分子31名。全年缴纳党费14万元。按照《区直机关创建标准化党员活动室的意见》精神,完成了区财政局、爱卫办、党校、烟草公司4个党支部标准化活动室的创建配备工作。

【党风廉政建设】组织干部职工认真学习《党风廉政建设责任制》《西峰区机关作风暨效能建设责任追究暂行办法(试行)》等重要会议文件精神,教育引导干部职工增强宗旨观念,纪律意识、锤炼道德品质,强化责任意识。制定了机关党建制度汇编严格执行各项机关管理制度，特别是请销制度，做到有事必须请假，不得无故旷工，工作期间不得出现空岗脱岗现象。加强考勤管理，实行上下班签到工作制度，整改工作中“懒、庸、散”现象，努力形成团结干事的良好精神状态，职工精神面貌和工作作风大为改观，全体干部职工爱岗敬业责任感和工作积极性明显增强。中共十八大以来，作风建设提到了空前重要的位置。工委按照区委的安排部署，坚持从领导干部做起，持之以恒、毫不动摇地贯彻下去，不折不扣的执行到位，对区直部门、单位贯彻落实情况进行了监督检查，以党风政风的持续转变带动社会风气的不断优化。为了进一步加强全区廉政风险防控机制建设工作，在巩固扩大以往工作成果的基础上，采取专题学习、重点辅导、警示教育等各种方式进行宣传教育，牢固树立廉政风险防范意识，对现有岗位和单位的工作程序、业务流程、管理方式进行缜密的分析研究，重点解决权力运行缺乏制约、公开透明度不强，自由裁量权过大、行政效率低下等问题。对合理的业务流程予以保留，对有所缺失的业务流程进行完善，对不够科学、容易诱发腐败问题的业务流程要进行流程安排。全年共公开党务 17 次，公开财务 4 次。

【文化活动】为隆重纪念中国共产党成立 94 周年，工委于 7 月开展了“双优一先”表彰活动，表彰了先进基层党组织 10 个，发放奖金 2 万元，表彰优秀共产党员 20 名，优秀党务工作者 8 名。为切实体现党组织对党员的关心和爱护，工委于“七一”前

机关工委羽毛球队员代表队

慰问生活困难党员 15 名，共为他们送去慰问金 7500 元。为深入贯彻中共十八届五中全会精神，进一步引导各级领导干部带头尊法学法守法用法，厉行法治，依法办事，根据《中共中央关于全面推进依法治国若干重大问题的决定》和中共甘肃省委贯彻落实〈中共中央关于全面推进依法治国若干重大问题的的决定〉的意见》精神，工委在区直机关开展了“学好法、用好权、促公正、促清廉”专项行动知识测试，组织区直机关全体党员进行答题，上交试卷 1214 份。组织参加了庆阳市直机关工委举办的贯彻落实中共十八届四中全会知识竞赛，上交试卷 4286 份。为了进一步提高党员干部思想政治素质，继承和弘扬南梁精神，深刻认识南梁精神的丰富内涵，切实深化南梁精神与党的群众路线的血肉联系，充分发挥新时期党员的先锋引领作用。机关工委在区直机关党员干部中开展了“继承南梁精神，发挥党员先锋引领作用”征文活动，共上交征文 52 篇，获奖征文 10 篇。为充实广大党员干部业余文化生活，进一步推进党员八小时外教育工程，通过下发最新理论方针政策书籍，组织观看廉政影片等，增强党员干部的纪律观念和廉政意识，净化党员干部生活圈，利用节庆、假日，组织党员干部参加“机关工委杯”篮球赛，“机关工委杯”羽毛球赛，丰富了党员业余文化生活，规范了党员的生活圈，社交圈和娱乐圈，党员干部参加有益文化活动的氛围初步形成，党员参与中心工作的活力也进一步增强。

【扶贫攻坚及联村联户】为 6 户精准扶贫户和 6 户双联户制定帮扶计划，全年共宣讲 5 场（次）；出资 9286 元对米王村的 80 多名党员慰问；指导成立以党员干部为主的宝全专业种植农民合作社，吸纳农户 20 户，流转土地 100 多亩，栽植风景苗木 5 万多株，吸收村民入股；为 3 户精准扶贫户贷款 15 万元；为 6 户双联户送去化肥 6 袋，地膜 60 公斤；为 12 户双联户及精准扶贫户送去手推车 12 辆，价值 7000 元。为 6 户精准扶贫户每户栽种 1 亩杂果，价值 4000 元；协调争取市环保专项资金 10 万元；

出资1万元购买了除草机、垃圾车等设备用于米王村环境卫生整治。年底，拨付资金2万元，对米王村办公楼进行了维修。推进米王村水、电、路、网“四位一体”建设，全年完成道路柏油罩面3.8公里、新修水泥村道2.5公里，新修柏油路1.6公里，补油路3.2公里。农网改造10公里。实现了“组组通油路、户户自来水、家家照明电”的目标。

（刘璐）

老干部工作

【老干部社会福利】为离退休干部党支部和老干部订阅报刊杂志10多份，定期组织老党员积极开展理论学习、座谈交流、建言献策等活动，增强党性观念和宗旨意识，丰富精神文化生活。3月，组织全区各离退休干部党支部书记等19人参加“全市离退休干部党支部书记暨网络宣传员培训班”，并组织全市100多名参会人员参观考察北湖、陇东汽车城和南区雨洪集蓄保塬生态工程等项目。老干部服务工作中坚持落实重大节日慰问、生病住院看望、家庭困难救助“三必访”制度和老干部阅文读报、重大事项征求老干部意见、重要会议请老干部参加等制度。春节，对全区31名离休干部、118名县级退休干部和70名离休干部遗属进行了逐户走访慰问，发放慰问金及慰问品15万元；“七一”建党节，重点慰问12名老党员；10月，组织市、区离退休干部代表30人参加庆阳市重点建设项目“彩虹桥”竣工通车仪式。

【老干部生活待遇】离退休干部离休费保障机制、医药费保障机制和财政支持机制有效运转。按照中央、省、市文件精神，及时调整离休干部无固定收入遗属生活困难补助费标准和企事业单位离休干部病故一次性抚恤金，平衡企事业单位和机关单位离休干部待遇水平。鉴于多名老干部反映离休干部医药费报销周期过长，给个人生活带来诸多不便的问题，积极主动与医保中心协调联系，将离休干部医药费报销周期从原来的每年报销一次调整为每半年报销一次，妥善解决离休干部实际困难。9月，根据老干部“双高期”实际，为老干部精心挑选了生化全项、心脏及全腹部彩超、磁共振等18个体检项目，集中安排15天时间对全区147名离休干部和县级退休干部进行了全面体检。同时，为每个老干部建立了健康档案，及时提供治疗保健方案及预防措施。建立健全困难帮扶救助机制，进一步加大对生活困难和医药费自付部分较多离退休干部及遗属的帮扶救助力度。2015年，共计帮扶救助家庭困难离休干部4名、离休干部遗属2名，帮扶金额6000多元；对生活困难的6名退休干部进行了慰问，使离退休干部特殊困难救助逐步形成制度。

【关心下一代】3月举行“爱学习、爱劳动、爱祖国——践行中国梦”主题教育宣讲暨演讲比赛活动，全区19所校园记者站辅导老师和小记者及学生代表200多人参加了活动；5月，邀请关工委“五老”宣讲团成员岳翔在肖金学区举办了“爱学习、爱劳动、爱祖国——践行中国梦”主题教育巡回宣讲活动，参与学生1000多人(次)。“六一”前夕，西峰区关工委联合区教体局、青少年活动中心、老年书画协会在东湖公园西门广场举办了西峰区“践行核心价值观，老少共筑中国梦”——“庆六一，老少联谊”百米长卷现场书画大赛。西峰区老年书画协会40名老同志和城区7所小学160余名书画爱好者共同携手，运用书法和绘画的表现形式，以“践行核心价值观，老少共筑中国梦”为主题，围绕“祖国富强”“民族复兴”“美丽西峰”等内容，经过两个多小时的创作，完成了五彩斑斓的百米长卷，积极营造了全社会关心帮助青少年儿童，全民参与关心下一代事业的良好氛围。2月，结合双联行动，区关工委救助慰问董志镇庄子洼村贫困留守儿童15名，救助金额7500元；5月，区关工委为温泉乡身患白血病的贫困学生李婷捐助救助金2000元；7月，区关工委分别为温泉乡、董志镇、东湖社区的3名家庭困难大学新生捐助助学金7000元；11月，区关工委特别走访慰问了获得“2015 全国最美孝心少年”的我西峰区团结小学学生李依桐、李易轩姐弟，为他们捐助慰问品和助学金 2000 多元。

【“双联”及精准扶贫】组织干部职工进村入户 30 多次，走访民情、调查民意、采集数据、宣传政策，认真建立和完善精准扶贫大数据平台建设工作，深入推动精准扶贫取得实效。2015 年，结合双联和扶贫攻坚行动，为庄子洼村捐助精准扶贫帮扶资金 1 万元，帮助联系村发展产业经济；走访慰问庄子洼村 15 名贫困留守儿童，捐赠慰问助学金 7500 元，帮助关爱留守儿童；为精准扶贫户协调落实精准扶贫贷款、互联网手机及卫生厕所改建等富民政策，并捐赠大米、洗衣粉等生活用品 10 多份。

（金妍）

党史研究

【党史研究】完成《中国共产党西峰历史》(第二卷)和《西峰区创先争优活动资料汇编》的出版发行工作；对 2014 年度党史大事记征集整理，形成草稿；完成《中国共产党庆阳市组织史续编(2007.5—2012.5)》西峰上报本；参与全区开展“创建三个生态，建设幸福美好庆阳”征文活动，报送论文 4 篇；完成红军走进陕甘边根据地、抗战胜利 70 周年纪念活动论文 8 篇；向各级媒体报送信息 36 条，省、市各类媒体采用 15 条。

【党史资料征集】到老党员、老干部家中，实地采访，座谈交流，整理文字资料 8 万余字，音频资料 40 多小时。通过面向全区印发《关于公开征集抢救党史资料和文物的通告》，并通过多媒体渠道向社会扩大宣传范围，全体干部组成宣传队，深入全区乡镇村组，在人流汇聚的地方集中宣传，悬挂横幅，发放宣传单，先后征集文字性资料 80 余本，实物资料 10 余件。

【党史宣传教育】深入基层，开展党史“六进”活动。组织干部撰写党史知识讲义，制作电子课件，到乡镇待办、区直部门、社区、学校巡回宣讲，开展讲座 25 场，《陇东报》、《今日西峰》、西峰电视台作了跟进报道，受教育党员干部达 7000 多人。筹备开展纪念抗战胜利 70 周年全区干部职工书画展活动，共征集邀约作品 400 余幅，经过遴选评比，共有 220 余幅作品参加展览，对所有入展作品收录制作了书画集 600 册，市区内各大媒体对活动进行了全面报道，展出期间，约有 3000 多人观看了展出，使全区广大干部职工接受了一次爱国主义的教育。在全区组织开展党员党史理论知识考试，印发试卷 4000 多份，通过阅卷、评分、评比，进一步促进了广大党员干部对党的建立、发展壮大等地方党史知识的了解。

【“双联”及精准扶贫】全体干部积极跟进，每人到帮扶户平均蹲点 30 天以上，入户 60 多次，根据市场调整帮扶计划，提供帮扶物资一万余元。

（张苗）

党　校

【党风廉政建设】认真落实廉洁自律的各项制度，健全完善民主集中制、三会一课制度、组织生活会制度，重大事项采取集体研究和个人分工负责制。建立了上下班签到薄，区委党校离岗告示登记薄、机关作风整顿个人承诺书、机关作风整顿个人对照检查表等。重新修订完善了《党校管理制度汇编》、《教职工年度考核及奖惩实施办法》，打印成册，下发到每个干部职工手中。新建了首问负责制、主体责任制、一岗双责制、服务承诺制、限时办结制、AB 岗位制等制度。每个干部职工根据干部作风大整顿要求，结合自己岗位实际从理想信念、工作责任心、工作效率质量、组织纪律等 7 个方面进行了对照检查，进行了自我剖析并公开承诺。召开了区委党校党员民主生活会。设立了党务政务公开栏，坚持党务政务公开，对评优选先、职称评定和干部推荐等程序都实行透明化，公开接受职工群众的监督，增强办事透明度。在门厅，院内、楼道、室内制作宣传牌20面，认真贯彻“坚持标准、保证质量、改善结构、慎重发展”的方针，积极稳妥地抓好党员发展工作，推动机关效能建设走上制度化、规范化的轨道。

【宣讲辅导】举办区直机关党支部书记培训班、全区宣传思想干部培训班、全区卫计系统党务干部培训班、全区新提副科级干部培训班、全区教育系统党务及入党积极分子培训班、全区入党积极分子培训班、全区妇女干部培训班、全区文秘干部培训班、2015年第一期保密业务培训班、全区党外干部及党外人士代表培训班、全区城管干部培训班、全区青年团干培训班共12期，培训党员干部1200多人。采取“请进来、走出去”的办法，邀请庆阳市委党校副教授贺丽丽、姬颐峰，知名讲师徐正伟为培训班学员做了题为“当代中国的多党合作制度”“公文写作”“基层党建”等专题讲座，邀请市统战部副部长、市台办主任郑晓宁，区委常委、统战部长刘建莉，区妇联副主席朱玉婵，区农经局局长杨春峰，区商务局市场监管股股长徐则峰分别做了题为“对台形势”“三严三实党课”“基层妇联组织如何开展工作”“农村土地确权领证相关政策”“淘宝网开店流程”等业务知识讲座。组建流动党校入乡镇、街办、区直各部门开展送教下乡活动4次62场次，受训人数达7000多人次。4月中旬，为进一步宣传习近平系列讲话精神、“中央一号”文件精神、农业农村工作的总体要求和主要任务，区委党校抽调两名专职教师分赴董志镇、肖金镇、彭原镇、后官寨镇、显胜乡、北街办、西街办7个乡镇街办进行宣讲，1000多名乡镇妇女干部及村民受训，有效提升了基层妇女工作者的理论素养及工作能力。6月，深入学习宣传贯彻省委在庆阳市召开的老区脱贫致富工作会议精神，根据市区委的总体部署，我们组建流动党校，抽调政治素质强、理论政策水平高的教师重点围绕全省老区脱贫致富工作会议召开的背景、重要意义及精神实质、扶贫攻坚的重大战略部署、指导思想、总体目标、基本原则、以及关于扶贫攻坚的一系列新观点、新任务、新举措分赴区直各部门、十个乡镇街办、村组社区宣讲辅导19场次，受训1900多人次。

【科研成果】共发表理论文章8篇，其中，王晓璟老师的《农业强，农民富，农村美》，缪文静老师的《协调推进“四个全面”的紧迫性》两篇文章发表在《社会视点》杂志2015年第32期上，万月红的《作风建设重在正心修身》《聚焦“三农”建设美丽乡村》《用“三严”祛歪风，以“三实”聚正气》《让法治为社会公正护航》，郑斌老师的《以双联行动拓宽解决“三农”问题的渠道》，范瑞娟老师的《新时代治国理政要弘扬优秀传统文化》六篇文章在陇东报上发表。举办“增强全民法制观念，努力推动依法强区”“弘扬南梁精神”主题征文活动两次，共计征文77篇，15篇优秀论文获奖。

【“双联”及精准扶贫】干部职工50多次自带慰问品深入联系点对接，开展送教下乡活动4次，春耕时节筹资15000元为36户困难户购买农用小推车36辆，出资2万元督促米王村维修扩建了村部，协调交通财政等部门水泥硬化村间道路7.2公里，柏油罩面道路1.8公里，为16户精准扶贫户协调无息贷款48万。9月16日，深入学习宣传和贯彻落实省、市、区关于精准扶贫实施方案精神，最大限度地整合好、运用好各方面的资源和力量，进一步提升各级帮联干部运用政策解决问题的能力，推动全区“双联”行动与扶贫攻坚行动深度融合，打赢精准扶贫攻坚战、精准脱贫大决战，根据区委要求，我们结合秋季送教下乡活动，组建了由6名区委党校专职教师组成的宣讲团，赴各乡镇、街办、区直各部门（单位）开展精准扶贫、精准脱贫政策宣讲辅导活动。6名宣讲组成员先后十多天，宣讲辅导17场次，受训1600多人次。

【自身建设】依托党的群众路线教育实践活动

和干部作风大整顿，把理论学习当成一种政治责任、一种工作需要来抓。坚持自学与集中学习相结合，原著通读与撰写心得体会相结合，理论学习与联系实际解决思想、纪律、作风等方面存在的突出问题相结合的“三结合”原则，制定学习计划安排表，建立单位、个人学习笔记、考勤薄册，确定理论辅导员，保证人员、时间、效果的“三落实”。组织教员学习国家、省、市、区重要文件精神，领导讲话，重点学习讨论中共十八届三中四中五中全会精神和习近平系列重要讲话精神，同时针对教学实际，组织开展党章、党史、社会主义核心价值观、老区脱贫致富工作会议精神、精准扶贫政策等专题调研和宣讲辅导。严格落实党支部每周一次的集中学习制、干部职工每周一早上集中政治理论学习例会制、个人学习笔记调阅制、学习心得体会交流制，征订各种报刊杂志 20 多种，购买图书，组织 8 名教员参加市委党校组织的教师继续教育培训，一名教员参加省委党校为期 25 天的教育培训，提升教学人员的理论素养。每次办班前，组织教师通过开展“听课、说课、评课”等活动，加强教学人员之间的交流互动，丰富教员的知识，提高教员的政策理论水平和实际教学能力，连续三年在全省党校系统和行政学院系统教学大赛中我校教师均获一等奖，在全市党校系统教学比赛中，取得四个一等奖中的两个桂冠，且名列前一二。

（许红华）

信 访

【信访案件】共受理各类来信来访 433 件次，已办结 389 件，办结率 90%。其中：来信 216 件，集体访 64 批 843 人次，个体访 153 批 209 人次。

【信访办理】3 月份，区委与 35 个信访责任单位签定目标管理责任书。为了进一步推动突出社会矛盾和信访问题集中排查活动的有效开展，区委、区政府又将“矛盾纠纷排查化解”作为全区弘扬南梁精神，践行“三严三实”，开展干部作风大整顿“四大行动”之一，对上级交办和区上梳理出的 97 件信访件集中交办，对其中 26 件重点疑难信访案件交由 23 名区级领导包案督办，办结 63 件。

西峰区践行群众路线集中开展“百名干部带案下访解民忧”活动工作会

【领导接访】将区级领导接访日安排在《陇东报》上进行公示，每月与市上同步开展“区委书记、区长信访接待日”活动。同步开展法院院长、检察院检察长、公安局局长大接访活动。各乡镇、街办也开展了“党政一把手”大接访和带案下访活动，每个工作日保证一名科级干部坐班接访，做到有访必接，随来随接，敞开了群众信访渠道。截至目前，共开展“区委书记、区长信访接待日”活动 11 场次，受理信访案件 169 件，接待群众 325 人(次)。

【积案化解】坚持以问题为导向，将农民工工资支付、征地拆迁、涉法涉诉、非法集资、交通安全、环境保护、企业改制、社会保障、医患矛盾和取暖供热等 10 个方面及长期缠访、闹访、越级上访、赴省进京非正常上访案件作为深入开展“突出社会矛盾和信访问题集中排查化解”活动的重点，减“存量”、控“增量”。针对我区信访工作实际，在坚持开展好每月 10 日的区级领导接访活动同时，从 2015 年 3 月 20 日起，在全区开展为期三个月的区级领导干部“周接访”活动(每周星期五)，由区委常委、政府副区长召集相关部门、单位，每周安排半天时间集中接待信访群众，现场办公，现场解决问题。“区委书记、政府区长周接访"活动共开展8场次，接待来访群众38批76人次，受理信访案件32件。

【业务建设】5月上旬，举办西峰区网上信访信息系统业务培训班，邀请庆阳市信访局办信、办访科室负责人，对进一步做好接信办访及网上办信办访工作进行专题培训。印制发放《信访知识口袋书》1万册，依法逐级走访宣传纸杯5万个，通过图文并茂、浅显易懂的编排、宣传，广大干部群众对《信访条例》等信访工作法规政策的认知度进一步加深。改善办公基础设施条件。在局机关三个接访办公室安装视频监控，对接访全过程进行录音录像，增加工作的透明度，方便了对违法上访行为及时固定证据。

（何麟飞）

督查考核

庆阳市西峰区督查考核局2015年7月29日加挂中共庆阳市西峰区委员会全面深化改革领导小组办公室牌子。

局　长　　张　楠（2015年1月任职）
　　　　　刘军锋（2015年1月离任）
副局长　　祁龙瑞（2015年12月任职）
　　　　　折国都（2015年12月离任）
副局长　　邵海南（2015年10月任职）
副科级督查员
　　　　　胡小红（女，2006年6月任职）
改革办专职副主任
　　　　　马建春（2015年10月任职）

【督查调研】对省上"3341"项目、市上"三个一"包抓项目、区上十大重点项目及全区"两违监管"、农业生产、城乡环境卫生整治、安全生产、农耕文化节筹备、城区大气污染整治等中心工作、会议精神贯彻落实等全区常规性工作开展督查40多次。每月对西峰区重点工作和重大项目进行一次全面督查，共督查30余次，形成督查报告50余篇。按照市区人大、政协要求，办理市区人大建议、政协提案131件，组织人大、政协现场督办2场（次）。采取电话催办、现场督促检查等方式全力催办省市列29件实事完成目标任务。制定《西峰区精准扶贫工作督查考核办法》，对照村级农民人均纯收入危房改造、安全饮水、村组道路建设、产业扶贫等17项减贫指标进行2次预验收工作。撰写《督查通报》15期，区级《督查专报》19期，向省市督查考核室（局）报送《督查专报》19期。组织干部撰写《2015脱贫村户进行自查评估督查工作报告》《董志镇周岭村扶贫攻坚调研报告》等调研文章5篇。

【绩效考评】通过自下而上和自上而下多次修

《西峰区2015年重点工作资料汇编》

订完善，确定88个单位2015年目标管理工作任务，十大重点项目目标管理任务分解下达市对区目标管理工作任务，制定2015年单项工作、综合目标管理、十大重点项目、项目用地征拆工作等5个考核文件，编印《西峰区2015年重点工作资料汇编》。年中，开展全区2015年重点工作及重大项目观摩活动，同时组织人大代表、政协委员及省市领导对本年度的建议、提案、工作进行视察。年末，组织20个部门对乡镇（街道）24个单项工作任务完成情况进行全面考核，并对全区88个单位进行"三位一体"综合考核。

【深化改革】制定《中共西峰区委关于全面深化改革的实施意见》《中共西峰区2014—2020年重要改革举措实施规划》《2015年全面深化改革工作要点》等各类相关改革文件20余份，明确经济体制和生态文明体制、民主法制领域、文化体制、社会体

庆阳市委深化改革督查组督查深化改革工作

制、党的建设制度及纪律检查体制改革6个领域，经济、生态文明、民主法治、文化、社会、党的建设及纪律检查7个方面、281项改革任务。全年，完成改革事项256项，区委改革办共组织召开各类会议15次，开展专项督查6次，撰写各类汇报11篇，各领域专项小组，报送信息50多条，上报简报信息29期，其中，市委改革办采用7条，1条刊发在《今日庆阳》改革专刊。

【“双联”及精准扶贫】落实各项帮扶措施，制定村、组、户年度帮扶工作计划，落实驻村工作制度。争取新修砂石道路3条5公里；协助村组新建居民安置点5处370户；协调市、区加快周岭村家饰装饰市场开工建设；开展各类培训6场(次)500多人(次)。

(文丽娜)

干部培训

【培训工作】举办各类主体班次19期，培训学员1000余人，其中全市大学生村官培训班1期、全市农村党员干部培训班4期、全市非公企业党务干部培训班1期，全区大学生村官培训班1期、全区农村党员干部培训班5期，全区党务干部培训班1期，全区部门职能培训班6期，其中电子商务专题培训班1期，少数民族干部及群众代表培训班1期。

通过社会各界推荐、工作人员多方打听考察，新增引进陇东学院专家教授、市县区相关部门领导、实用技术人才、优秀乡镇领导和优秀大学生村官等五类共8名师资人员，尤其是在全市2015年新选聘大学生村官岗前培训班中，邀请了甘肃青年“五四”奖章获得者、陇南成县大学生村官张璇为学员分享陇南大学生村官电子商务创业经验。

针对性地选增宁县春荣乡王台村美丽乡村建设示范点、宁县盘克镇杏洼村苹果产业示范点、宁县盘克镇前渠村优质苗木培育基地等三个具有针对性和代表性的示范点，通过观摩交流，对各位村党组织书记发展本村经济起到了一定的借鉴作用，切实开阔了学员的视野，增强了学习培训的针对性和实效性。

在全区村党组织书记能力提升示范培训班中，围绕全国优秀村党组织书记先进事迹案例设计了讨论题目，并组织学员利用晚上时间结合案例事迹和本职工作进行分组讨论，然后由各组代表就各组讨论的结果进行交流发言，最后由市委党校专家教授作了点评和总结，这一教学模式受到了学员的一致好评，学员纷纷表示很受启发，切实达到了预期效果。

学员书画交流室建成后，利用这一平台，在2014年的基础上，积极筹备第二届全省“村官”书画、摄影展评，通过报刊、网络、杂志、手机短信等平台面向全省大学生村官和农村党员干部征集书画、摄影等作品，对特别优秀的作品整理出册；为了让书画交流室的作用得到充分发挥，多次组织开展书画交流活动，在全市范围内邀请知名书画家参加活

第二届全省“村官”书画、摄影展评

动，增强了基地的文化氛围和气息。

在大学生村官示范培训班中，坚持现场教学与实践锻炼相结合的方式组织学员深入农户，吃农家饭，说农家话，与群众零距离沟通交流，了解群众所思所想所盼，使学员真正融入百姓，掌握民情，为进一步做好农村工作提供了实践基础。在致富带头人和科技能人培训班中，邀请陇东学院农林科技学院的果树专家在果园里和田间地头为学员进行现场授课、示范操作，既讲理论，又讲实践，使学员在学到系统的果树栽植理论知识的同时，又学会了果树修剪、除虫、农药喷洒等操作技能，切实做到理论联系实际。同时，在实训基地拓展训练基地旁边，组织职工利用闲暇时间复垦开荒土地1亩，整合规划为试验田，作为学员实践锻炼场所。

6月，联合西峰区商务局，组织西峰区大学生村官暨相关部门业务人员赴陇南成县电子商务学院进行为期一周的电子商务专题培训，学习“陇南模式”和电子商务基本从业流程、电子商务的发展现状及其展望、网店营销经验分享等相关知识，参观“特色中国”陇南馆、阿里巴巴“千县万村”农村淘宝、梁楼村电商扶贫工作等的实地考察，让学员开拓视野，增长见识。

【管理服务】完善硬件基础设施为切入点，根据培训需求，对原职工餐厅、书画交流室、学员活动室等进行了整合改建，将学员餐厅燃煤大灶改建为更加环保清洁的甲醇灶，节省了资源，提高了效率；协调教体局在基地院内安放了大型户外健身器械，极大地方便了学员和职工进行体育锻炼；对学员公寓进行了重新刮白、粉刷，对机关院内的所有花卉苗木进行了补植修建，实现了机关的绿化美化，为学员提供了良好的学习生活环境；对基地地下排水系统安排相关专业人员进行了全面检修和疏通；完成多媒体教室教学设备线路整合改进，保证课堂教学的正常运行。

在培训期间实行工作人员跟班听课制度，在每期培训班中，至少安排一名工作人员随同参训学员听课学习，既加强了个人修养，又利于及时发现解决授课过程中出现的各种问题；安排工作人员每天用餐前对学员餐厅食物安全隐患进行排查，确保学员吃得放心；学员就餐时实行定桌定餐制度，既确保了用餐秩序，又避免了浪费；同时为学员医疗室增加了常用药品种类和数量，确保培训期间学员身体健康。

在学员管理上，通过在车站设立学员接站点，确定专人负责学员接送，确保了学员按时、安全报到；通过在培训期间组建临时党支部和班委会，由临时党支部和班委会成员配合基地工作人员做好培训期间的各项工作，方便了学员管理；通过聘请专业酒店工作人员按照“科学、合理、营养”的原则，适时为学员提供不同的膳食搭配，并针对个别少数民族学员饮食习惯不同的问题，根据学员意愿，采取伙食补助或安排专人将学员接送到城区民族餐厅用餐的方式，确保了每位学员培训期间都能吃得舒心；通过聘请专业医护人员在培训期间随时为学员提供健康咨询和医疗服务，确保学员健康；根据学员的个性特点和生活习惯搭配安排学员住宿，促进了学员学习交流。同时，严格实行每节课点名制度，确保课堂秩序，对需请假的学员严格履行请销假制度，规范培训纪律，确保培训效果。

【“双联”和精准扶贫】深入农户，摸底调查，了解贫困户最新情况，帮助贫困户理清发展思路，制定修改帮扶计划，积极为他们找路子、定项目、送技术、帮资金，从各方面强化帮扶措施，助力其脱贫致富奔小康。2015年共集体入户20余次。组织举办了两期村党组织书记扶贫培训班，全区100名村党组织书记参加了培训，邀请市、区扶贫办相关领导，优秀乡镇党委书记等为学员授课，围绕精准扶贫最新会议精神和政策知识、如何进一步做好新形势下精准扶贫工作等内容为学员作了专题讲解，通过培训学习，使各村党组织书记进一步明确了任务、靠实了责任、增强了信心，使他们在扶贫工作中充分发挥村党组织“引、聚、带”作用。为了确保贫困村户信息、纸质档案、电子数据库“三统一”，实训基地密切配合董志镇驻村工作队和庄子洼村抢抓时间，加班加点，一张表、一个户地审核每一个数据，确保了每一项内容，每一个数据准确真实，经得起推敲、经得起检验。目前实训基地涉及到的曹小龙等四个扶贫户的相关数据信息已采集上报。

（魏转平）

中国共产党西峰区纪律检查委员会

【党风廉政】安排部署。由区委书记亲自动员部署，年初、年中专题召开全区廉政工作，做到了周密部署、经常过问，推动各项工作高效落实。靠实责任。区委书记与区人大、政府、政协、法院、检察院五大党组书记签订《党风廉政建设和反腐败工作主体责任书》，区委与各部门领导班子签订《党风廉政建设和反腐败工作目标管理责任书》，区纪委监察局与各基层纪检监察组织签订《纪检监察工作目标管理责任书》，确保了责任传导横向到边、纵向到底。追究问责。严格落实“一案双查三追究”制度，既追究当事人的直接责任，又追究相关领导的主体责任，同时追究监督责任。2015 年，共约谈党员干部 9 人，问责党政领导干部 8 人，追究主体责任和监督责任 11 人，诫勉谈话 19 人。“两个责任”。全区 683 各党组织和 193 个机关事业单位量化分解了党委的主体责任和纪委的监督责任；区委与人大、政府、政协、检察院、法院 5 各党组，与 10 各乡镇（街办）和 68 个部门（单位）领导班子签订了《党风廉政建设和反腐败工作目标管理主体责任书》；区委主要负责人对区委班子成员、5 个党组主要负责人，乡镇、区直其他部门主要负责人落实主体责任约谈，其它各党组织按程序对相关人员进行了“两个责任”约谈。落实了“图表式分责、链条式传导、网格式覆盖、倒逼式追责”的四式管理模式。先后两次开展“三述”工作，全区 20 名乡镇、部门一把手向区委全会、区纪委全会进行了述纪述廉述作风。

【宣传教育】组织全区各级党员干部赴南梁开展革命传统教育，深切缅怀革命先辈的光辉业绩。举办了以反腐倡廉、弘扬正气为主题的“清风廉韵”书画作品展等系列活动，对 82 名新提拔科级干部进行了廉政谈话及廉政法规知识测试。同时，组织全区 4000 多名党员干部参观了《全市党风党纪巡回展览》，在东湖公园建设了占地 40 亩的红色廉政文化区，在朔州西路打造了廉政文化宣传墙，为全区廉政教育工作营造了浓厚氛围。利用手机信息平台，固定在每周一和重要时间节点，向全区所有副科级及以上干部，行政事业单位财务报账人员和 100 个行政村支书、村主任共 1147 名，发送以名言警句、廉政故事、重要观点等为内容的廉政短信，今年已发送 3 万余条，组织乡镇部门主要负责人参加全市警示教育 2 次。

【案件查办】一是严查信访举报。完善信访举报件管理及案件线索处理办法，建立了信访举报件分类登记台账、督办工作台账、销号登记台账和电子管理台账，做到了信访举报“件件有落实、事事有回音”。全年共接待来电来访 1779 人次，受理信访举报 284 件，同比增长 5%，办结 273 件，办结率 96.13%。初核案件 188 件，函询 8 件，立案 47 起，结案 47 起，追究党政纪责任 49 人，其中给予党政纪处分 47 人，免于党纪处分 1 人，撤销预备党员资格 1 人。二是严查各类违纪违法问题。制定了《纪检监察案件查办工作目标考核办法》，出台了《西峰区纪委监察局办案人才库管理规定》，从检察院、财政局、审计局等部门挑选专业人员建立了办案人才库。三是查处群众身边“四风”问题 16 起 27 人，均进行了通报曝光。

【八项规定】创新推行“3+1”约谈机制。对重点岗位、要害部门、易发案单位中的相关人员、新上任的领导或具体责任人进行预防性约谈，对信访举报、监督检查中发现的作风建设、廉洁自律、党风廉政责任制落实等方面存在问题的党员干部进行一对一警示性约谈，对有轻微违规行为的人员和单位进行整改性约谈，对受到党纪政纪处分后仍在机关、事业单位任职的领导干部和其他工作人员进行回访性约谈。改进文风会风。严查会风会纪问题，重点对干部到岗情况、会议会风情况进行明察暗访及督查5次，发现各类问题10多起，处理人员21人。强化制度监管。全面推行党员干部办理婚丧喜庆事宜、外出考察学习（培训）、公务接待三项"备案"和作风纪律有关情况统计月报制度，全区全年共审查备案公务接待活动501宗50989人，各类外出考察学习培训545次2825人、婚丧喜庆事宜93人次。协调有关部门抓源头控支出，全区各核算单位公务"三公经费"共支出854.5万元，比上年同期减少58.9%。注重查处通报。制定下发了《关于严肃查处违反"八项规定"精神典型问题的通知》，梳理出了8类25种典型违纪违规情形，并进行重点监督和通报。全年各级纪检监察组织共查处纪律作风问题74起，处理204人，其中查处通报"八项规定"精神案例7起、11人。

【"三转"工作】结合"三严三实"和"作风大整顿"专题教育活动，制定《西峰区纪检监察干部行为规范》《西峰区纪检监察干部职业道德规范》，采取以会代训、以案代训、协作办案等方式，不断提高执纪办案人员的业务能力和综合素质。

【权力清单】在全区各单位集资开展了梳理权力清单行动，明晰职权范围，制定班子权力清单和个人权力清单，从而加强对重点事项及重点领域的监督检查。通过梳理权力清单、排查风险点，找准容易发生问题的岗位和环节，指导相关单位完善各类规章制度56项，有效规范了权力运行。

（李瑾）

西峰区人民代表大会常务委员会

2015年，在区委的正确领导和上级人大的精心指导下，区人大常委会坚持以中共十八大和十八届三中、四中、五中全会精神为指导，以"三严三实"专项教育为契机，紧紧围绕全区工作大局，坚持与时俱进，强化使命担当，积极依法履职，全年共听取和审议"一府两院"专项工作报告6个，组织执法检查和调研视察14次，开展跟踪监督3项，作出重大事项决定决议2项，审查备案规范性文件28件，办理代表建议45件，依法任免国家机关工作人员30人次，完成区七届人大四次会议确定的各项目标任务，为全区经济社会发展和民主法治建设做出了积极努力。

【人大监督】将新《中华人民民共和国预算法》的贯彻落实纳入人大监督范围，积极探索"政府全口径预算决算"监督方式，听取和审议上年度财政预算调整和财政决算、本年度财政预算及执行情况的有关报告5项，提出审议意见22条，审查、审议通过2014年财政决算、2015年公共财政收支预算、政府性基金收支预算和社会保险基金收支预算及调整方案、2015年政府债务限额分配计划方案，以及将用于归还历年工程欠款的两亿元贷款本息列入区财政预算的报告。重视和支持审计监督，听取了关于审计工作情况的报告，督促区政府及有关部门认真落实审计意见，保证了审计监督的严肃性。审查通过了2015年国民经济和社会发展计划调整方案，并听取和审议了2015年上半年计划执行情况的报告，建议区政府从全局出发，科学谋划，统筹兼顾，积极应对当前存在的困难和问题，破解资金短缺难题，努力保持经济社会平稳发展。

【执法检查】从法制宣传教育入手，综合运用执法检查、听取和审议专项工作报告、跟踪检查等监督方式，在提高广大干部群众法治意识的基础上，促进"一府两院"依法行政、公正司法。集中开展以"大力弘扬宪法精神、全面推进依法治区"为主题的"12•4"国家宪法日学习宣传教育活动，"一府两院"及其部门负责人、乡镇街办负责人、区人大代表等300多人参加了宪法知识百题问答活动，有效普及了宪法知识。以短信平台、问卷调查和专题报告的形式，跟踪检查了"六五"普法工作审议意见的整改落实情况。先后组织市、区人大代表80多人次，深入部分工程施工现场、危化品生产单位、工矿企业、运输企业、学校、人员密集场所以及基层安监站，对全区贯彻落实《中华人民民共和国安全生产法》情况进行了全面检查；深入区公安分局禁毒大队、西峰区拘留所、看守所等部门，对全区禁毒、监所管理及公安队伍建设等工作开展情况进行了专项检查；配合省人大专题调研了法检两院推进司法公开工作情况，配合市人大开展了《中华人民民共和国消防法》《中华人民民共和国安全生产法》《中华人民民共和国水土保持法》《中华人民民共和国矿产资源法》等法律法规贯彻落实情况检查；跟踪检查了2014年区人大常委会对区政府教育体育、住建工作审议意见的整改落实情况。

【视察调研】结合近年来群众最关心、反映最强烈的民生问题，常委会组织委员和代表开展了对文化广播影视、环境保护等工作的调研，听取社会各界的意见建议，向区人民政府下发审议意见书5份，提出审议意见21条。深入重点文化单位、基层乡镇综合文化站、农民文化广场，以及干部群众中，调研我区文化广播影视工作情况，建议区政府进一步改善文化基础设施，充实专业人才队伍，加强文化市场综合执法。配合市人大组织对创建活力迸发经济生态、清真食品管理等工作进行专项调研，配合陇原环保世纪行庆阳组委会开展了"节能减排"主题采访活动。

【人事任免】严格人事任免程序，落实向宪法宣誓就职制度，全年共任免人大常委会及"一府两院"工作人员30人(其中：任职19人，免职11人)。同时，强调任后监督工作，进一步增强了被任命人员的民本意识和法治观念。

西峰区人大常委会主任赵海东为西峰区第七届人民代表大会第五次会议选举的西峰区人民政府区长王驰颁发任命书

经2015年1月27日区七届人大常委会第二十五次会议通过，决定任命：

刘军锋为区交通局局长；

郑志华为区水务局局长，免去区人口和计划生育局局长职务。

免去：

肖广军区交通局局长职务；

贾兴义区水务局局长职务；

缪燕北区科技局局长职务。

经2015年6月12日庆阳市西峰区第七届人民代表大会常务委员会第二十六次会议通过，决定免去：

解平庆阳市西峰区人民政府区长职务。

经2015年6月12日庆阳市西峰区第七届人民代表大会常务委员会第二十六次会议通过，决定：

王驰为庆阳市西峰区人民政府代理区长。

经2015年7月29日区七届人大常委会第二十七次会议通过，决定任命：

马耀文为区人民政府副区长。

经2015年7月29日区七届人大常委会第二十七次会议通过，决定任命：

吴简栋为区卫生和计划生育局局长；

朱照华为区教育体育局(科技局)局长；

王新宁为区文化广播影视局(旅游局)局长。

免去：

李冰晖区卫生局局长职务；

朱照华区教育体育局局长职务；

王新宁区文化广播影视局局长职务；

冯榕区旅游局局长职务。

经 2015 年 7 月 29 日区七届人大常委会第二十七次会议通过，决定任命：

薛存福为区人民检察院检察委员会委员；

任生霖为区人民检察院检察委员会委员；

路建峰为区人民检察院检察委员会委员；

李红星为区人民检察院检察委员会委员；

李朝霞为区人民检察院检察委员会委员；

何毅龙为区人民检察院检察委员会委员；

郭芝汝为区人民检察院检察员。

经 2015 年 9 月 23 日区七届人大常委会第二十八次会议通过，决定任命：

王　超为区人民政府副区长；

雷建博为区人民政府副区长。

免去：

刘兴峰区人民政府副区长职务；

樊雁钧区人民政府副区长职务；

张　胤区人民政府副区长职务。

经 2015 年 9 月 23 日区七届人大常委会第二十八次会议通过，决定任命：

刘晓龙为区财政局局长。

免去：

雷建博区财政局局长职务。

【人大代表之家】常委会坚持通过“人大代表之家”建设和拓展双联“人大代表在行动”活动，不断加强代表工作制度建设，做好联系代表、服务代表的各项工作，充分发挥代表主体作用。定期检查、看阵地、听汇报、座谈了解等方式，指导、督促各乡(镇)人大、街办人大联络组以“人大代表之家”为平台，开展学习交流、代表述职、代表联系接待选民、视察调研等活动，着力把代表活动之家打造成为人大代表的“培训基地”“活动阵地”和“服务窗口”。年内，组织 70 多名代表向选民述职测评，开展代表集中学习活动 500 多人次，代表参与视察、调研、行风评议等活动 120 多人(次)。继续坚持“双联系”和“主任接待日”制度，常委会组成人员集中联系走访代表 66 人次，接待代表和群众来信来访 38 人次，收集和处理代表意见建议 96 条。

【“双联”与精准扶贫】常委会按照省、市、区委关于开展双联行动和精准扶贫的统一部署，动员干部职工投入扶贫攻坚一线，帮助村组改善基础设施条件，为群众广开增收致富渠道。常委会领导包联一个乡镇和 5 个贫困村，机关干部对口帮联 1 个贫困村、27 个双联户、13 个精准扶贫户，协调争取资金 1260 多万元，实施村组道路硬化、农电网改造、村部建设等基础设施项目 8 个，发挥人大代表在各条战线上的模范带头、典型引领作用。协调落实贫困村组水、电、路、卫生所、幼儿园等基础设施建设项目 28 个，发展规模养殖户 166 户，荒山造林 1400 多亩，栽植果树 1100 多亩，栽植核桃树 200 多亩，种植特色瓜菜 900 多亩、药材 1200 多亩，推广双垄沟播小麦、地膜玉米 7000 多亩，带动群众自筹和社会资金投入 2000 多万元。区人大常委会和温泉等 3 个乡镇人大被评为全市双联“人大代表在行动”活动先进集体，6 名人大代表获评先进个人。

【代表建议】西峰区七届人大四次会议代表提出的涉及社会管理、城市建设、道路交通等 12 个方面的 45 件建议和 30 件意见向区政府进行了集中交办，并确定区政府 31 个部门为具体承办单位和协办单位，常委会领导牵头亲自督办重点建议。7 月、11 月分两次对代表建议办理工作进行了督查。已办结 41 件，正在办理 4 件。30 条意见答复 19 条。

【代表活动】组织开展代表专题培训 2 次，有 6 名市、区人大代表赴全国人大深圳培训基地参加培训，并邀请市委党校两名教授在区七届人大五次会议期间分别举办了“弘扬南梁精神、践行‘三严三实'"和"深入贯彻《代表法》争当模范人大代表"两个专题培训。对2015年度基层人大工作进行了考核，评选出4个先进集体和13名先进基层人大工作者，评选出代表建议承办先进单位6个，优秀人大代表16名，受到区委的表彰奖励。组织力量拍摄录制10名优秀人大代表风采专题片。

【党风廉政建设】学习党的《廉洁自律准则》和《纪律处分条例》，按照中央和省、市、区委相关规定，修订完善会议、财务等管理制度，制定出台常委会组成人员联系人大代表、人大代表联系选民等多项工作制度。进一步转变机关文风、会风和作风，从日常工作抓起，从常委会会议、主任会议改起，严格执行会议考勤和请假报批制度，机关各种报告、文件、会议都提倡讲真话、讲实话、讲短话。严控"三公"经费支出，倡导勤俭办事，机关没有违规行为的发生。

【宣传报道】《人民之声报》等省级以上报刊杂志发表作品20多篇，在西峰人大网发布各类新闻信息80多条，编发《西峰人大专讯》52期。《西峰区人大志》编纂工作稳步推进，预计2015年3月完成出版工作。中国人大杂志社"百县百乡行"采访报道组对我区人大代表工作进行了专题采访，并在《中国人大》杂志、甘肃电视台进行了报道。嘉峪关市雄关区、张掖市临泽县人大到西峰区考察学习。

【文案处理】组织有关工委对全区规范性文件进行了备案审查，全年共向市人大常委会报备规范性文件13件，审查区政府及乡镇人大报备的规范性文件28件，废止规范性文件7件。

【业务建设】以"三严三实"专项教育为契机，深入落实中央"八项规定"，持之以恒纠正"四风"，努力营造崇廉尚俭、风清气正的人大机关环境。常委会领导带头上党课，围绕三个专题，进行6次专题研讨。机关党员干部深入村组，面对面认真听取群众意见建议200多条。以"三个清单"为主线，党组及班子成员聚焦"不严不实"，坚持把自己摆进去，通过分析对照检查、召开专题民主生活会，共查摆各类问题40个，制定整改措施102条，并全部整改到位。开展乡镇(街办)人大专干轮训活动，17名基层人大专干到人大机关各委室进行了跟班培训。组织机关13名干部先后参加了全国、省、市人大举办的业务培训班、全市年轻优秀干部培训班、全区业务工作培训班。创新机关大讲堂活动，各委室负责人分别就习近平总书记文艺工作座谈会讲话精神、中央一号文件、"四个全面"战略布局、公安机制体制改革、宪法、选举法等专题进行辅导讲座，开展集中学习35场(次)。

(赵凌燕)

西峰区人民政府

区委副书记、区长　　解　平(5月离职)
区委副书记、代区长　王　驰(5月任职)
区委副书记、区长　　王　驰(8月任职)
区委常委、常务副区长　王　驰(5月离职)
区委常委、常务副区长　马耀文(6月任职)
区委常委、副区长　　郑久瑞(3月离职)
区委常委、副区长　　罗　宁
副区长　史建芳(女)
副区长　刘兴峰(8月离职)
副区长　樊雁钧(8月离职)
副区长　张　胤(8月离职)
副区长　王　超(8月任职)
副区长　雷兼博(8月任职)

2015年，是西峰区决战决胜"十二五"、谋划绘就"十三五"的承前启后之年。一年来，在市委、市政府的坚强领导下，全区上下聚力实干，攻坚克难，创新奋进，全面完成了全年各项目标任务，经济社会保持了稳中有升、持续向好的发展态势。预计至12月底，全区地区生产总值完成170亿元；固定资产投资完成270亿元，同比增长13%；地方规模以上工业增加值完成7.9亿元，同比增长8%；社会消费品零售总额完成63.2亿元，同比增长7.5%；大口径财政收入预计完成12.5亿元，同比增长9.9%，小口径财政收入预计完成7.5亿元，同比增长10.2%；城镇居民人均可支配收入、农民人均纯收入分别完成23171元、7648元，同比增长12.2%和12.5%。人口自然增长率、城镇登记失业率、单位生产总值能耗、主要污染物排放总量均控制在市上下达任务之内。

2015年区政府从四方面开展工作，一是致力抓经济，全面提升发展能力。面对宏观经济发展的新常态，始终坚持把优化发展思路，加快转变发展方式作为推动经济社会转型跨越发展的重要前提。二是致力抓民生，全面提升服务能力。始终把解决好群众最关心、最直接、最现实的利益问题摆在首位，不断加大"三农"、民生事业投入力度。三是致力抓管理，全面提升保障能力。始终坚持把维护社会大局稳定放在首要位置，抓责任、强措施、保稳定，全面强化服务保障能力。四是致力抓自身，全面提升行政能力。扎实开展"三严三实"专题教育活动，深入查摆问题，对"不严不实"认真进行整改，班子执行力得到进一步提升。

【推进精准扶贫】扎实推进脱贫攻坚和"双联"行动，整合各类资金1.8亿元，实施基础建设、产业培育、公共服务等扶贫项目68个，培训农民9500人(次)，同步推进"水、电、路、田、房"五大建设，新修改造农村道路195公里，改造农村危旧房1243户，实施了69个村5886户的农电线路改造，解决了农村下剩3.1万人的饮水安全问题，新建高标准村卫生室23所，率先在全市实现了通组硬化道路、农村安全饮水、通村动力电、标准化卫生室、公立幼儿园全覆盖。大力推行金融扶贫，区财政列支1150万元，支持全区100个村级产业发展资金合作社全部建成运营，兰州银行1.76亿元专项贷款资金发放到位。全区3291户1.31万贫困人口实现基本脱贫，贫困发生率由5.39%下降到0.32%。

【推进项目建设】突出民生改善、城市建设、社会事业等重点领域，全力在项目论证精度、包装高度、争跑力度上下功夫，全年共175个项目进入国家及省、市投资规划，争取资金7.15亿元。实施500万元以上项目283个，完成投资251亿元，项目投资继续保持了较快增速。狠抓手续报批、用地保障、落地建设等环节，落实各类项目用地3000多亩，确保了庆阳大剧院等34个重大项目建设。拆除各类违法建筑近13.6万平方米，项目建设环境不断优化。与山东东阿阿胶集团、香港环球嘉年华等85个国内知名企业深度合作，新引进亿元以上重大项目58个，到位资金188亿元。区级十大重点项目全面收效，东湖公园改扩建工程建成开放，新城南区雨洪集蓄保塬生态工程投入使用，陇东汽车城一期基本建成，庆阳民俗文化产业园、南盘旋片区开发等项目进入大规模建设期。

【推进城市建设】立足于全省东部门户城市核心区域定位，全年实施城建项目66个。城北二路等11条道路建设快速推进，环县西路等6条市政道路建成通车，东大街地下人防工程投入运营，整治巷道25条，着力打通丁字路、断头路，构建城市"大交通"和完善"微循环"。新区供热站扩容、东区供热站新建工程进展顺利，新增集中供热面积35万平方米；污水处理厂扩容改造、垃圾渗滤液处理站项目建成投用，城市保障能力不断提升。用足用活国家棚户区改造政策，争取国开行到位资金13.5亿元，启动实施棚改项目17个，其中四中片区等4个区级主导项目拆迁过半，区委片区紫峰大厦等13个市场运作项目稳步推进，累计支付征拆安置资金5.25亿元。董志街区综合提升改造工程快速推进，温泉、后官寨、彭原3个乡完成撤乡改镇，显胜、什社小城镇建设整体推进，城乡面貌焕然一新。

【推进工业强区战略】认真贯彻中央、省市"稳增长、调结构"各项政策措施，全年共实施工业项目42个，完成投资31.4亿元，工业总产值实现8.2亿元，全区工业经济稳步提升。坚持以南北两大工业园区建设为突破口，搭建平台抓工业。城南石化工业园实施了A1北路建设；永欣石化、瑞华天然气项目顺利推进。城北工业集中区实施了 A3、B1、C17 路和 12 栋标准化厂房建设；庆宁粮油、益翔药业等 6 户企业入园项目进展顺利，以清洁循环为主的工业集聚区初步形成。认真落实推动非公经济发展的各项政策措施，扶持壮大小微企业，推荐76 户企业进入全市助保贷企业池，争取助贷资金1440 万元。

【推进商贸繁荣】围绕“城中大商场、城郊大市场、城中专业街、城郊大物流”发展思路，着力打造两条商贸物流产业带、两个商贸物流集聚区和十大专业市场。陇东汽车城一期建成 4S 店主体 3 个，综合建材市场、东区食品城加快建设，瓜果蔬菜、家饰装饰 4 个市场建设进展顺利。健全流通网络，加快商贸流通，便民蔬菜销售店 7 处。批发零售、餐饮住宿、交通运输等传统服务业不断发展，科技信息、电子商务、家政理财等新型服务业快速兴起，金融消费、外贸出口保持了较高水平，城乡居民消费日益活跃。

【加快产业开发】坚持增量与提质并重、结构优化与区域布局并重、产业发展带动和农民增收并重的思路，优化调整产业内部结构，加大特色产业扶持引导和推进落实力度。全区粮食生产实现“十二连增”，总产量达到 12.84 万吨。积极探索城郊多元化产业融合发展新路子，天富亿现代生态民俗文化村被国家旅游局评为 AAAA 级旅游点。全年新栽果树 1.2 万亩，苹果产量突破 13 万吨；种植瓜菜 16 万亩，反季节蔬菜生产销量占市场一半；新建养殖小区 27 个，新增规模养殖户 816 户；完成苗林培育 6 万亩，果、菜、畜、苗林四大主导产业规模和效益同步提升。

【发展社会事业】教育方面，实施新建、续建校舍工程 27 个，庆化实验学校、中街幼儿园等 10 个项目建成投用，齐楼、顾咀、陈户 3 所区域中心学校全面建成。中小学教学设备配备全部达到省级标准，城乡教育条件不断改善，顺利通过国家义务教育均衡发展评估验收。初中及小学成绩监测合格率逐步攀升，高考二本上线率达到 43.85%，位列全市第二，实现历史性突破，职业教育、艺术教育、学前教育、民办教育全面发展，教育质量进一步提高。公共文化方面，南佐遗址保护开发等 3 个重点文化工程进展顺利，新建“乡村舞台”38 个、“文化集市”1 个、村级文化站 8 个；第十三届中国庆阳端午香包民俗文化节、全区第一届运动会和中国庆阳农耕民俗文化节等重大活动顺利举行，开展群众文体活动 200 多场，丰富了城乡居民文化生活。卫生计生方面，区急救中心业务用房项目全面建成投用。各乡镇卫生院与省级医疗机构实现远程会诊，基本药物及药品零差率销售年让利群众 500 万元，完成了基层医务人员轮训，医疗服务能力不断提高。

【加强民生保障】城乡居民养老保险参保率分别达到 98.8%和 99.3%。城镇职工基本养老、医疗、失业、工伤、生育保险实现应保尽保；城乡低保标准年分别达到 4272 元和 3300 元；发放各类社会保险、城乡低保、五保供养等各类救助资金 1.4 亿元，困难群众生活得到有效保障。福景家园、汇景家园保障性住房工程稳步推进，温泉地庄南队等 15 处失地农民安置小区基本建成，新建城乡老年人日间照料中心及互助幸福院 24 处，城乡住房保障扎实推进。深入实施全民创业促进就业行动，新增城镇就业 1.2 万人，扶持 200 名高校毕业生到非公企业就业，劳务输转 6.1 万人(次)。省列 20 件、市列 9 件为民办实事得到较好落实，省、市、区“两会”建议提案全部办理结束。

【加强城市管理】深入推进“城市管理成果巩固年”活动，采取县级干部包区域、部门单位包路段、干部职工包门店，组织上万名干部职工参与，9 大职能部门联合执法，城市环境专项整治行动卓有成效；绿化道路 11 条，新建停车场 10 处，更换安装垃圾箱 200 个，城区公厕实行免费开放，城区停车难、如厕难、垃圾倾倒难等问题得到有效破解，广大市民反响良好。深入推进城区大气污染防治行动，突出扬尘、工业废气、餐饮油烟、燃煤污染、机动车尾气五大专项整治，城区空气质量持续达到“良”级标准以上。

【重视安全生产】强化"安全红线"意识，认真落实"党政同责、一岗双责"和"一票否决"制，坚持每季度召开一次专题会议，定期不定期深入建设生产一线、重点领域督查防范措施落实，真正做到不放过一点漏洞、不留下一处隐患。扎实开展安全生产"百日"专项整治，组织县级干部按照分管区域逐一进行督查检查，排查生产经营单位 1000 多家，发现整改安全隐患 2800 多个，全区安全生产形势总体平稳。安全生产四项控制指标总体呈下降趋势。乡镇、街办食品药品监管体系逐步健全，查处食品药品违法案件 205 起，全区食品用药安全得到有效保障。

【维护社会稳定】严格落实维稳工作责任制，集中开展"领导干部带案下访解民忧"和"重大矛盾纠纷排查化解"活动，调处化解各类信访案件 427 件，排查社会矛盾纠纷 1400 多起，调处率达 98%，群众关切的利益问题得到有效解决。统筹抓好刑事案件查办、禁毒、网络安全、综治维稳等工作，社会治安防控水平持续提高，社会大局和谐稳定。

【深化作风建设】严格遵守各项政治纪律和规矩，深入贯彻执行中央"八项规定"、省委"双十条"规定，严格落实会议、接待、请销假等工作制度。深入转变工作作风，围绕重点工作和重点项目建设，带头深入一线，靠前协调，统筹解决。严格落实区长信访接待日活动，接待群众 433 人(次)，答复处理群众关注的焦点问题 389 件。狠抓正风肃纪，大力整治群众关心关注的公车私用、婚丧嫁娶大操大办、借机敛财等不正之风，严肃查处违法违纪案件28 件，给予纪律处分 29 人，干部纪律作风明显改进。

【创新体制改革】深化行政审批制度改革，全面推进"三张清单一张网"，清理审批事项 135 项，政府权责清单上网发布。"三证合一"登记制度全面实行，市场主体数量持续增加，新登记注册企业 1677 户，增长 53%。深入推进事业单位分类改革，深入推进行政效能建设，加强政府绩效管理，公开各类政务信息 9600 多条。加快建设服务型政府，坚决治理"吃拿卡要"和"庸懒散浮拖"等问题，着力提升行政效能。纵深推进农村综合改革，农村土地承包经营权确权登记颁证完成 96%，新建专业合作社 124 个。不断深化财税金融体制改革，小额贷款保证保险试点和政策性担保公司、民间借贷登记服务中心设立工作取得突破性进展，财政预算、国库集中支付等改革有序推进。

【推进廉政建设】认真落实党风廉政建设主体责任制，扎实推进惩治和预防腐败体系建设，进一步强化权力运行制约监督，积极推进反腐倡廉制度创新；严格执行廉洁从政各项规定，加大纠风和专项治理力度。强化重点领域、关键环节的责任审计和风险防控；坚持勤俭节约，杜绝铺张浪费，严控"三公"经费支出；严肃查处违纪违法案件，切实解决损害群众利益的突出问题，以廉政建设和反腐败斗争的实际成效，保障发展、取信于民。

【重要会议】1 月 9 日，区长解平主持召开区政府七届第 33 次常务会议，听取区国土分局关于庆阳民富安养殖专业合作社等 3 宗设施农用地项目、西峰花门综合机械租赁站建设项目用地的审查意见，区招商局关于旭日东方—生态城市示范区项目开发框架性协议书补充协议签订事宜的汇报，区教体局关于西峰区民办幼儿园管理办法的汇报，区编委办关于区发改局等 6 个政府工作部门主要职责、机构设置和人员编制规定审核情况的汇报，区发改局关于提请调整西峰区 2014 年国民经济和社会发展部分主要指标计划及新区安化东路(北京大道至傅玄路段)道路建设、后官寨乡政府办公楼维修等 2 个项目审查意见的汇报，区公安分局关于公安交警管理体制改革实施方案的汇报，区人社局关于人事任免意见的汇报。

2 月 13 日，区长解平主持召开区政府七届第 34 次常务会议，听取市土地收储中心关于拟供 20932B 二期 -2 号国有建设用地出让方案的汇报。

4 月 7 日，区长解平主持召开区政府七届第 35

次常务会议，听取区政府办关于全市政府办公室工作会议精神及制定区政府办公室督办落实工作制度的汇报，区果业局关于重新组建农民果业技术服务队伍的意见，市土地收储中心关于庆阳市城市规划区征收集体土地地面附属物补偿标准的意见，区国土分局关于西峰区2015年国有建设用地供地计划及温泉镇齐楼村居民点等4宗集体建设项目供地意见、庆阳市供电公司新建110千伏西庄送变电站工程等建设项目用地审查意见、肖金镇芮岭村居民点等建设项目用地初审意见，区发改局关于董志镇八年小学校舍改扩建等6个项目审查意见及西峰区2014年项目前期工作和争取国省投资金考核情况、2015年国民经济和社会发展主要指标计划、2015年全社会固定资产投资计划、2015年争取国省投项目资金计划任务分解的汇报，区环卫局关于城区公厕实行免费开放管理的意见，区编委办关于深入推进行政审批制度改革的意见，区审计局关于2015年审计工作计划的汇报，区人社局关于人事任免意见和给予郭宏庆等87名连续三年考核优秀公务员(参照管理人员)记三等功意见的汇报，新闻网络中心关于申请解决部分专项经费的汇报，区残联关于西峰区集中和分散安置残疾人就业基地建设办法的汇报，区体育服务中心关于举办西峰区第一届运动会有关事项的请示，区监察局关于按期解除王海东、左显辉行政处分的意见，区烟草公司关于西峰区卷烟零售点合理布局规划(2014—2019)的汇报，区教体局关于西峰区义务教育均衡发展评估认定工作、庆阳四中改扩建及2015年重点教育建设项目实施中急需解决问题的汇报。

7月1日，区长王驰主持召开区政府七届第36次常务会议，听取市土地收储中心关于雨洪集蓄保塬生态项目国有土地收购补偿有关问题的请示及00101号等12宗国有建设用地的供地方案、2015年度庆阳市城市规划区内土地储备计划的汇报，彭原镇关于庆化大道北段建设项目建设涉及征用瑞茂森果林有限公司鄢旗坳村苗圃相关问题的请示，董志镇关于申请划拨董志农机站国有土地的意见，区国土分局关于庆阳供电公司新建330千伏西峰变电站扩建工程等建设项目用地报批的审查意见，区住建局关于村镇规划项目选址审查意见的汇报，区住建局、西街办、南街办、北街办关于棚户区改造工作的汇报，区市政局关于2015年市政公用设施维修维护项目计划的汇报，区供热办关于建议实施新区集中供热站煤场、一级供热管网提质改造和2台40吨锅炉脱硫除尘改造项目的汇报，区编委办关于公布区政府第十批取消调整和下放行政审批项目等事项意见、西峰区行政审批制度改革专家评审组工作办法的汇报，区法制办关于表彰奖励2014年度依法行政先进单位和先进工作者的意见，区安监局关于表彰奖励2014年度安全生产工作先进企业和先进个人的意见，区人社局关于人事任免意见的汇报，区监察局关于诫勉意见及行政处分意见的汇报，区财政局关于西峰区2015年度公共财政收支预算草案、政府性基金收支预算草案和社会保险基金收支预算草案的汇报。

7月31日，代区长王驰主持召开区政府七届第37次常务会议，听取区交警大队关于规范建设道路交通安全管理设施的汇报，区环卫局关于申请购置大气污染治理环卫设备的请示，区环保局关于西峰城区2015年燃煤锅炉污染整治实施方案的汇报，区市政局关于李妙同志工伤死亡赔偿相关事宜的汇报，区金融办关于成立西峰区融资担保有限公司实施方案、成立西峰区民间借贷与金融服务中心实施意见、西峰区农村产业发展资金合作社工作实施方案(试行)、西峰区小额贷款保证保险试点工作实施细则、西峰区金融突发事件应急处置预案等意见的汇报，区物价局关于调整污水处理费收费标准意见的汇报，区政府办关于西峰区政府信息公开工作汇报，区人社局关于人事任免意见的汇报，区信访局关于申请减免庆阳市金邦房地产开发有限公司锦嵘嘉苑住宅小区土地出让金的请示，区发改局关于西峰区肖金镇宋塔保护文化园一期工程等3

个项目审批、西峰区投资项目前期工作函管理(暂行)办法的汇报，南街办关于原市工商局(紫峰大厦)棚户区改造项目内国有土地上房屋征收公告发布事宜的汇报，区审计局关于2014年度财政预算执行及其他财政财务收支审计结果的汇报，区民政局关于进一步深化殡葬改革加强殡葬管理的实施意见及拟成立工作领导小组、加快推进养老服务业发展的实施意见及拟成立工作领导小组、乱建乱葬乱销售坟墓专项整治工作实施方案及拟成立工作领导小组、西峰区居家养老服务网络平台建设试点实施方案、对参战参试人员落实有关政策、申请拨付因公牺牲军人刘雨青和朱昭向遗属一次性抚恤金、申请拨付病故军人郝康遗属一次性抚恤金等意见的汇报。

9月17日，区长王驰主持召开区政府七届第38次常务会议，听取区政府办关于区政府领导工作分工意见的汇报，区国土分局关于后官寨镇后官寨村南庄组农民安置小区等3个建设项目供地审查意见、西街办老城村老城组失地农民安置小区等3个建设项目用地审查报批意见、毛家寺至巴家咀修筑道路采挖砂石问题意见、西合二级公路改扩建项目土地征收公告的汇报，区发改局关于西峰区南街街道办事处九龙南路社区新建变更为维修改造项目、彭原镇刘岭村东岭组等5个失地农民安置项目、将区就业和社会保障服务中心与政务服务中心两个建设项目整合实施、将区档案馆中央预算内专项及省级预算内基建资金调整到新建小学一期工程的汇报，南街办关于四中南侧片区棚户区改造项目涉及西峰职中和教育建司征拆有关情况的汇报，区公安分局关于区看守所智能化系统建设的请示，区文广局关于制定出台《关于推进文化创意和设计服务与相关产业融合发展的实施意见》《关于加快发展对外文化贸易的实施意见》的汇报，区编委办关于公布区政府第十一批取消调整和下放行政审批项目等事项的汇报，区工信局关于制定出台《关于进一步优化中小微企业发展环境的实施细则》的汇报，区卫计局关于董志卫生院陈户分院搬迁用地调拨意见的汇报，区体管中心关于西峰区第一届运动会开幕式实施方案、第一届运动会所需经费预算、表彰奖励西峰区体育工作先进单位和先进个人意见、第一届运动会先进集体和先进个人评选表彰办法的汇报，区教体局关于申请解决庆阳二中等3所学校教师集资款的汇报，区园林局关于东湖公园扩建项目土地证办理及工程决算等问题的汇报，区安监局关于落实全区安监员岗位津贴及增加乡镇街道安监站经费的请示，区工业园区管委会关于申请批准庆阳市庆宁粮油储备有限公司粮食加工及2.5万吨粮食仓库异地建设项目一期方案设计的汇报，区住建局关于审查村镇建设项目的汇报，区人武部关于申请解决人武部“三室两库”及基层武装部、民兵(连)战备工作规范建设经费的汇报。

9月28日，区长王驰主持召开区政府七届第39次常务会议，听取市土地收储中心关于21123A-3号等6宗国有建设用地出让方案、董志镇周岭村八里窑组部分集体土地征收公告的汇报。

10月29日，区长王驰主持召开区政府七届第40次常务会议，听取市土地收储中心关于发布地面加油站异地改造等8个项目用地征收公告、北师大庆阳附属学校项目用地通告及00054、00079号国有建设用地供地意见的汇报，区住建局关于启动实施秦霸岭东路工程的汇报，区编委办关于区政府工作部门权责清单建设情况的汇报，区人社局关于人事任免意见和张青等4人离职进修意见的汇报，区市政局关于申请解决南湖管理所需费用的汇报，区供热总公司关于组建城区供热集团公司意见的汇报，区环卫局关于将庆化大道垃圾中转站公厕资产移交庆阳职业技术学院管理的请示，区卫计局关于温泉、后官寨等5所乡镇卫生院建设项目变更建设内容的汇报，区交警大队关于在城区庆化大道与朔州西路等18处路口安装电子警察设备的汇报，区审计局关于制定《西峰区惠农资金审计监督管理制度》的汇报，区商务局关于庆阳市电子商务创业孵化建设所需经费的汇报，区法制办关于制定《西峰区人民政府法制政府建设制度》《西峰区行政执法与刑事司法衔接制度》《西峰区深入推进依法行政加快法治政府建设规划（2015—2020年）》及调整西峰区依法行政工作领导小组成员的汇报。

12月5日，区长王驰主持召开区政府七届第41次常务会议，听取市土地收储中心关于21101B等4宗国有建设用地预出让方案的汇报，区国土分局关于庆阳润翔液化石油气有限公司拟建彭原液化石油气储配站等建设项目用地审查报批意见、拟供2076B-1宗地供地方案的汇报，董志镇关于北师大庆阳附属学校项目用地拆迁及群众安置工作方案的汇报，区住建局关于签订融资建设西峰区庆化大道10千伏及以下配网新建工程协议书的汇报，区物价局关于西峰城区居民用水、用气阶梯价格制度及污水处理费收费标准调整意见的汇报，区发改局关于城市管理设施及物料存放库房建设项目、庆阳惠栋机动车修理及机动车检测站项目情况的汇报，区食药监局关于制定《西峰区食品安全事故应急预案》的汇报，区编委办关于公布区政府第十二批新增、调整和取消行政审批项目等事项的汇报，区人社局关于人事任免意见、发放2014年科学发展业绩考核奖和2015年冬季取暖费安排意见、董志镇等四个乡镇级就业和社会保障服务中心项目建设情况的汇报，区审计局关于制定《西峰区审计局聘请社会中介机构参与政府投资建设项目审计管理暂行办法》《西峰区审计局外聘人员参与审计工作管理办法》的汇报，区市政局关于申请解决东湖公园移交管理所需费用的汇报，区教体局关于董志初中综合教学楼等6个建设项目出具资金承诺函、对北街实验学校综合楼及艺术楼进行基础增量和制定《庆阳市西峰区科技计划项目和资金管理办法》的汇报，区法制办关于2015年西峰区依法行政工作汇报，区财政局关于恢复各乡镇街办、区直各预算单位会议核算职能的汇报，区国资局关于对区人武部东侧、西侧土地使用权处置意见的汇报，北街办关于汽修厂区块棚户区改造项目相关问题的请示。

12月29日，区长王驰主持召开区政府七届第42次常务会议，听取区国土分局关于彭原镇草滩村失地农民安置点等6个项目用地审查报批意见的汇报，市土地收储中心关于申请追加2015年土地储备计划、发布庆阳民俗文化博览馆等2个项目用地征收公告的汇报，区水务局关于新城南区雨洪集蓄保塬生态项目续建工程（水质控制工程）相关问题的汇报，区人社局关于成立西峰区就业和社会保障服务中心及西峰区政务服务中心建设项目领导小组、出具项目配套资金承诺函的汇报，区统计局关于全区第三次全国经济普查结果、开展全区第三次全国农业普查工作意见的汇报，区发改局关于中央储备粮庆阳直属库区3万吨仓容扩建项目的汇报，区财政局关于申请银行贷款支付历年工程欠款分配意见、西峰区2015年政府债务限额分配计划、2015年财政决算情况、2015年公共财政预算调整方案（草案）、2015年政府性基金预算调整方案（草案）、2015年社保基金预算调整方案的汇报，区市政局关于南区城市照明系统实施智能化管理的汇报，区环卫局关于实施环卫专用停车场改造项目的汇报，区住建局关于变更西峰城区东区供热站项目有关事宜意见的汇报，区国资局关于划拨新区6个供热站资产的汇报，西峰城区热力集团有限公司关于机构设置意见、东区供热站新建项目融资方案的汇报。

【重要文件】区政府发〔2015〕31号：《关于印发庆阳市西峰区民办幼儿园管理办法的通知》

区政府发〔2015〕40号：《关于印发西峰区深入推进行政审批制度改革工作实施方案的通知》

区政府发〔2015〕47号：《关于印发西峰区公立医院综合改革试点实施方案的通知》

区政府发〔2015〕54号：《关于印发西峰区2015年度依法行政工作要点的通知》

区政府发〔2015〕56号：《关于分解落实2015年

全区电子商务产业发展主要任务的通知》

区政府发〔2015〕61 号:《关于印发西峰区集中和分散安置残疾人就业基地建设办法的通知》

区政府发〔2015〕72 号:《关于举办西峰区第一届运动会的通知》

区政府发〔2015〕85 号:《关于印发西峰城区重点区域环境空气污染综合整治工作实施方案的通知》

区政府发〔2015〕150 号:《关于金融突发事件应急处置预案的通知》

区政府发〔2015〕152 号:《关于命名 2015 年区级示范合作社的通知》

区政府发〔2015〕155 号:《关于印发西峰区 2015 年燃煤锅炉污染整治实施方案的通知》

区政府发〔2015〕174 号:《关于成立西峰工业园区污水处理及再生利用项目推进工作领导小组的通知》

区政府发〔2015〕239 号:《关于调整充实西峰工业集中区项目建设指挥部的通知》

区政府发〔2015〕291 号:《关于做好第三次全国农业普查工作的通知》

区政府发〔2015〕293 号:《关于成立西峰区就业和社会保障服务中心及西峰区政务中心建设项目领导小组的通知》

(赵超)

政务工作

【政务服务】全年起草领导讲话、工作汇报、典型发言近 300 多篇,各类文件 600 多份。严格公文处理流程,接收处理省、市明传电报 400 多份,各级来文 1100 多件。认真执行保密制度,加强印章信函、文件档案管理,年内未发生遗失和泄密事件。重点围绕项目建设、扶贫开发、民生实事等热点焦点问题进行调研,撰写调研报告和理论文章 20 余篇,及时反映工作措施和进展情况,为领导科学决策提供了参考依据。组织筹办经济工作会、精准扶贫誓师大会、政府常务会等各类会议,以及西峰区第一届运动会、中国庆阳农耕文化节等重大活动 400 多场(次)。坚持把信息报送作为上级领导和社会各界了解西峰区经济社会发展动态的有力抓手,及时对各项工作中出现的新做法、新亮点、新成效,以及群众关注的热点焦点难点问题等进行分析总结,全年编写政务信息 800 多条,省、市采用 69 条,各类报刊发表 19 条,位居全市前列。3 项工作荣获市、区级奖励。

【综合协调服务】积极做好四大班子领导、区直各部门、各乡镇(街办)之间的衔接沟通,加强与市委、市政府办公室的联系,联通上下,互通左右,积极稳妥地协调好各项事务,确保了区政府各项工作高效有序运行。制定出台了《关于全面推进依法治区建设法治西峰的实施意见》,完善依法行政工作制度 10 项。深入推进行政审批制度改革,清理 150 项、调整承接 106 项、公布取消 44 项。加强规范性文件和行政执法监督检查,受理行政复议案件 7 件、行政应诉案件 6 起。坚持政府常务会议法治学习常态化,开展法律知识培训 73 场次,编写报送法制信息 383 篇。坚持自查与抽查、报告与实地、经常与定期相结合的办法,突出重点项目建设、省市为民实事、"两违"工程监管拆除、人大建议政协提案办理、市区目标责任书考核以及领导批示等重点督查事项,确保区委、区政府重大决策部署和重点工作任务落到实处。年内组织专项督查 28 次,编发督查通报 19 份,跟踪督办领导批示 56 件,41 件人大代表建议议案、68 件政协委员提案已全部高质量按时办结。全年接待各级检查督导、考察调研团组 60 多次。结合"城市管理巩固提升年"和"城乡环境卫生整治",组织对机关环境及街道负责区域进行无缝隙、全覆盖、不间断保洁。严格落实财务支出会审会签制度,合理调度安排车辆,完善机关食堂运营机制,全面加强机关安全管理,年内未发生不安全事故。对上访信件逐件登记、转呈批阅,将领导批阅的信件，及时转送有关部门或负责同志，督促其尽快解决或跟踪办理，力争使群众满意。年内共接待信访群众650多人(次)，处理信访事项100余件，425条网络留言均得到合理答复和妥善处理。

【队伍建设】始终把提高班子凝聚力作为班子建设的重点，坚持“集体领导、民主集中、个别酝酿、会议决定”原则，班子成员互相支持、彼此补台、分工协作，整体战斗力进一步提升。认真贯彻落实民主集中制原则，每季度召开一次办公室工作会，听取大家对办公室工作及领导班子的意见。经常性开展谈心谈话活动，广泛沟通、充分信任、求同存异、消除隔阂，营造了团结和谐的融洽气氛。注重干部的培养和选拔，调整充实班子成员1名，推荐提拔科级干部2名，考录到市直单位工作3名。坚持并完善了周学习制度，深入学习中共十八届四中、五中全会精神和习近平总书记系列重要讲话，认真组织研读党章、廉政建设“两个责任”、《中国共产党廉洁自律准则》和《中国共产党纪律处分条例》等，做到熟背于心、警醒于行。同时，还根据区委、区政府阶段性工作重点，及时调整补充学习内容，有效增强学习的针对性和实用性。全年组织集体学习35次，举办专题讲座4次，开展交流研讨8次、廉政建设专题警示教育9次、红色革命教育2次，观看警示教育片4部，班子成员人均记学习笔记3万字以上、撰写心得体会2篇以上，开展专题调研活动10多次。

【党的建设】按照“一把手全面抓、班子成员联点抓”的思路，建立了“五联”(思想联谋、责任联动、实事联做、活动联办、群团联创)机制，选举补充党委委员4人、副书记1人，对所有党员信息进行二次摸排统计，强化了党组织的日常化、精细化管理。严格落实“三会一课”制度，将所有党员纳入党小组管理，并建立支部书记例会制度、支部书记和党小组长工作档案制度，编发《党建知识手册》420份，全年组织召开党委会议8次，接收入党积极分子备案6名，审核接收预备党员2名，转正党员20名。组织集中观看《筑梦中国》等历史文献记录片36场(次)，参加知识竞赛610人(次)。举行了“庆七一•树典型”表彰奖励活动和“重温入党誓词、缅怀革命先烈、践行三严三实”主题实践活动。

【作风建设】严格执行中央“八项规定”、省委“双十条”、市区实施细则和厉行节约反对浪费等规定，深入开展机关作风大整顿活动，加大工作纪律执行和督查力度，全面落实“提前上班、延迟下班”、24小时值班、全天候通讯畅通、第一时间报送舆情等规定要求，工作效率明显提高。对全区2015年“效能风暴”行动我办牵头负责的5项重点工作进行责任划分，明确责任，限时落实。修订完善管理制度24项，全面执行干部职工婚丧嫁娶备案、重大事项报告等规定，认真落实政府系统会议审批、财政资金预决算制度，全年精简各类会议20多场，“三公”经费开支较往年下降10%以上。

【廉政建设】围绕省委“3783”主体责任体系、市委“1+2+5”工作模式及区委“3468”工作思路，建成了政府党组和办公室2个标准化工作阵地，制作了廉政建设主体责任、监督责任两个分解表，链条式传导、倒逼式追责图，核心权力清单和七项流程图”等，收集廉政建设相关资料9类35项，编报纪检信息28条。对照全年《党风廉政建设目标管理责任书》，列出了18项重点工作清单，建立了“一把手”第一责任、5名班子成员和8名科级干部直接责任的主体责任体系，签订了《党风廉政建设“一岗双责”责任书》，做到分工负责、逐人传导。全年召开廉政建设工作会议4次，主要负责人讲授廉政党课2次，与班子成员开展谈心谈话、工作约谈12次，纪检组长开展约谈3次，开展明察暗访活动8次，对发现的3起违反工作纪律问题进行了批评教育、限期整改。

【政务中心】区政府对行政审批事项进行了第九批、第十批、第十一批和第十二批公布取消、调整和下放。区本级共保留行政许可事项148项、政府内部管理事项34项、备案事项44项。简化了公安局、残联、老龄办、食药监局、医保中心、公积金中心、工商局、城管局、环保局等20个部门的59项服务事项，累计压减办事环节83个，压缩办理时限209个工作日，精简各类多重证明性材料、相似性证明材料35个。汇编了《西峰区第十批区本级政务服务事项基本目录》对全区71个部门(包括二级部门)392项行政审批及公共管理服务事项严格实施目录化管理。区政务大厅进驻18个部门，进驻率为40.1%,集中办理各类政务服务事项62项，其中行政许可事项13项、内部管理事项4项、管理服务事项26个、备案及其他事项各2项。公积金中心、食药监局、医保中心、社保中心成立行政审批股(室)并整建制进驻政务大厅。增设了工商窗口、市政管理局窗口。全面推进各级政务(便民)服务中心规范化管理，实现了区、乡、村三级电子政务平台对接，全区115个村(社区)全部建成了便民服务中心，建成率达到100%,全区110个村(社区)接通了互联网，通网率达到96%。全年累计受理各类办件146993件，办结145913件，办结率达到99.3%。在省政务服务网站上发布了全区24个政府部门权责清单39027条，57个区直部门财政专项资金管理清单128条，扶贫清单27条，便民服务事项1955条。

【信息网络】建成了全区网络舆情信息监控系统，实现了全天候网络舆情监测和新闻专题追踪，共搜集涉及西峰区的网络信息10705条，形成舆情周报13期。及时更换卫星广播视频系统专用数据广播接收机，确保了视频会议的正常运行。通过积极衔接争取，全区所有乡镇(街办)成功接入全省政务网络高清视频直播平台。

【应急保障】修订完成49个专项、54个部门、10个乡镇街办应急预案，编制《西峰区突发公共事件应急预案汇编》。连续第6年组织区应急委相关成员单位集中开展“5·12”防灾减灾日大型宣传活动，组织开展30多个单位广泛参与的全区防震减灾知识竞赛活动。组织开展特种设备、食品药品等事故应急演练活动200多场(次)，参与处置了庆化公司火灾事故等突发公共事件，全年处理上报各类应急信息91条。

【地志修编】抢抓二轮修志机遇，全方位搜集境内能发掘的一切资料，确保入志资料的全面性、系统性。基本完成了《西峰区志》的初评工作，《西峰年鉴(2015)》已进入招标印刷阶段。

【侨务管理】严格因公出国(境)管理，实行年初报备制度。扎实开展侨情普查活动，新普查出侨眷7人，审批发放归侨侨眷证8本，组织开展了贫困归侨侨眷免费义诊活动，为6名贫困归侨侨眷发放生活补助1.4万元。通过积极争取，在贺塬村新建了300多亩榛子基地。

【会务服务】年度接待大中型会议10场(次)、中型培训会5场(次)，完成大型婚寿宴40多场(次)，共计接待宾客2万余人次，6月份完成省委巡视组的接待任务。

【机关后勤管理】完善西峰区政府机关后勤管理制度，包括餐厅绩效管理制度，门卫绩效考核制度，保洁员绩效管理制度，保安绩效管理制度，驾驶员及公务车辆管理办法，财务管理制度，公务接待管理办法，物资采购管理制度。加强对临时工的管理，和临时聘用人员通过劳务派遣公司签订聘用合同，并为所有临时聘用人员购买养老、失业，医疗保险。协调民政、社保等部门，争取资金2.8万元，救济低保户2户、大病救助2户，依托“金秋助学”活动资助学生2人。协调办公室自筹5万余元为55户“双联”户和22户“精准扶贫”户共77分别购置节能火炉一套、大块煤500公斤。

【精准扶贫】成立驻村工作队和督查组，先后组织进村入户100多次，实地核查，反复校对，确保建档立卡和大数据信息准确无误。紧密结合齐楼村实际，扶持新栽矮化密植示范园200亩、大樱桃园100亩、核桃园107亩，新修通组水泥路6.2公里，完成村部周围硬化4250平方米，栽植绿化苗木300棵，安装太阳能路灯60盏，新建篮球场1个、村级文化广场1处，完成了农网改造和网络覆盖。

为15户危房改造户新建住房1125平方米，发放补助18.7万元；为70岁以上老人每人送去300元慰问金；为18户群众每户协调发放金融贷款1万元和一部智能手机；自筹资金5万多元，为贫困户送去化肥、火炉、煤炭等生产生活物资；举办培训班1期，29人取得技能培训证书，输转劳动力12人，年内可实现17户稳定脱贫。

（何铖）

中国人民政治协商会议西峰区委员会

【政治协商】进一步完善和规范政治协商机制，突出专题协商、对口协商、界别协商和提案办理协商，围绕全区经济发展、社会稳定、民生改善中的重大事项和群众普遍关心的热点难点问题，相关单位全力配合，先后对“一府两院”工作报告和易地扶贫搬迁、水源地保护、民俗文化产业发展等方面的问题，开展富有成效的协商活动16次，提出意见建议90多条，尽力为党政科学民主决策提供参考。

【民主监督】制定出台了《政协西峰区委员会关于进一步加强民主监督工作的意见》，坚持言之有据不道听途说、言之有理不主观臆断、言之有度不偏激过激，选准角度，把握重点，严格程序，开展有效监督。推荐49名委员担任公、检、法等部门特约监督员、检查员、行风评议员；选派136名委员参与全区政风行风评议、干部考核测评、党风廉政述职、价格听证等工作；组织37名委员，参与省委巡视组巡视西峰、万名公众评选全国道德模范、全区义务教育均衡发展迎接国家督导等工作评议。民主监督工作程序更加规范，成效更加明显。

【参政议政】紧紧围绕全区“三双”战略和“两个率先”目标，区政协领导班子成员坚持政协工作不缺位、中心工作不错位，积极主动、尽职尽责地参与中心工作。按照区委统一部署，区政协领导经常深入联系村组、农户，督查指导工作，倾听呼声意见，解决群众困难，认真开展精准扶贫工作；积极参与全区文明城市创建工作，认真落实片区治理责任，组织机关干部职工参加城乡环境卫生集中整治，开展交通安全文明出行视察，为创建工作献计出力；协调动员、督促征拆，全力推动所联项目建设；在防汛抗旱、百名干部带案下访解民忧等工作中，既建言献策，又主动参与，较好完成了各项工作任务。

【视察调研】围绕党委政府重视、人民群众关注、政协有条件做好的课题，深入调查研究，积极建言献策。组织调研组对食品安全监管、苹果产业发展、脱贫攻坚、禁毒等工作开展调研视察；配合省、市政协完成陇东民俗文化发展、城市管理体制运行和管理情况等调研视察7次；组织委员开展“建言安全生产工作、助推平安西峰建设”“科技到田头、服务暖心头”“建言献策谋脱贫、助推产业大发展”等委员主题实践活动16次，先后提出意见建议120多条。《西峰区苹果产业发展调研报告》得到区委领导批示，并转发相关部门参阅。

【社情民意】畅通反映社情民意的渠道，建立了覆盖全区的社情民意信息员队伍。召开社情民意信息工作会议，对信息员进行集中培训，对工作成绩突出的社情民意信息员进行表彰奖励。按照“为群众说话、为政府添力、为党委建言”的工作要求，全体委员及机关工作人员，深入基层、深入群众，真实反映群众的所思所想、所期所盼，更好的为区委、区政府及时掌握民情、了解民意、科学决策提供参考依据。一年来，共整理编发社情民意信息84期，得到各级采用或领导批示的23期，充分发挥了社情民意纾解民情、传达民意的积极作用。

【委员活动】根据新形势、新任务需要，坚持继承与创新结合、实用与实效结合的原则，制定出台、修订完善了《西峰区政协委员管理办法》等制度13项；调整各专委会组成人员，建立主席、副主席联系常委、常委联系委员及委员活动小组制度。通过按行业、按界别、按专委会分组开展活动，创建了经常化的委员活动制度；通过开展集中普遍走访活动，对委员履职、服务社会情况统计核实，创立了档案化的委员考核方式。年内共走访委员680多人次。通过加强制度建设，狠抓制度落实，使各项工作逐步走上了制度化、规范化轨道。

【提案办理】区政协常委会以提高提案质量和办理质量为目标，定期不定期督促落实《关于进一步加强政协提案办理工作的实施意见》，不断完善提案办理制度，规范提案办理程序，增加办理协商密度，提案工作取得明显成效。区政协七届四次会议立案的74件提案，全部按要求办理完结，一批群众关注的热点问题得到了解决，许多建议被吸纳到党委政府相关决策和实际工作中，对促进全区经济社会发展发挥了积极作用。

【党风廉政建设】积极开展"三严三实"专题教育活动，党组书记带头讲党课，精心组织专题研讨，认真学习相关篇目，深入剖析存在问题，着力解决"不严不实"问题，教育党员干部心中有党不忘恩、心中有民不忘本、心中有责不懈怠、心中有戒不妄为，守纪律讲规矩，顾大局识大体。落实党风廉政建设"两个责任"，建立链条式传导、倒逼式追责体系，规范权力清单。组织开展了"强素质、转作风、提效能"机关作风整顿活动。严格执行"八项规定"，进一步规范出差报销、公务用车、公务接待、机关经费管理，在机关形成了廉洁高效、勤俭节约的良好风气。并通过举办迎"五一"趣味运动会，组织参加义务植树及全区第一届运动会等活动，机关及委员的凝聚力得到进一步增强。委员立足一岗双责，在本职岗位上发挥专长、建功立业，在政协工作中认真履职、争做贡献，先后有99名委员分别获得国家、省、市、区及有关部门的表彰奖励。机关及委员队伍风正、心齐、气顺，为政协工作顺利开展提供了有力保障。

【联谊活动】坚持把凝聚人心、增强合力作为政协的重要工作，充分发挥大团结、大联合的优势，

西峰区政协主席罗亚林"六一"儿童节为五郎铺小学生送祝福

积极开展联谊活动，为构建和谐西峰凝聚人心。与各民主党派、工商联和人民团体的合作共事更为紧密，通过举办"三八"妇女节联谊会、端午节民俗座谈会、中秋节各界人士茶话会、议政建言会等形式，为各民主党派、工商联、人民团体和无党派人士有序参与政协的各项活动创造条件、搭建平台，为全区改革发展汇集智慧和力量；与各宗教组织、少数民族群众的联系交流更为广泛，通过开展民族村发展调研、民族宗教节日慰问宗教界代表人士等形式，了解民族政策的落实、宗教活动的开展情况，尽心尽力帮助解决实际困难，为构建和谐民族宗教关系添动力、增合力；与老干部、老退伍军人及青少年群众的联系交流更为深入，通过开展"七一"建党节走访慰问老干部、老党员，"八一"建军节慰问驻军，纪念抗日战争暨世界反法西斯战争胜利70周年慰问老兵，"六一"儿童节慰问贫困儿童，尽力解决弱势群体所忧所困，反映他们的愿望和呼声，引导各界群众始终与党委政府同心同德、同向同力。

【文史编撰】坚持把文史工作作为政协工作的"窗口"和重要工作来抓，按照"亲历、亲见、亲闻"的要求，打破地方、行业、部门的界限，不拘一格，广纳人才，聘请40名专家、学者担任文史资料撰写员；成立了区政协文史资料审查委员会，与史志部门开展协作，深度挖掘西峰历史文化资源，形成了文史资料工作的整体合力。一年来共编发《西峰文史》12期，出版了文史专辑《足迹》《北地名医考索》，为挖掘、传承、繁荣地域文化出力尽责，较好地发挥了文

史工作存史、资政、团结、育人的作用。

【宣传报道】充分发挥新闻媒体、报刊杂志及政协自办刊物作用，并热情接待上级及外地政协到西峰参观考察，积极宣传西峰、推介西峰、提升西峰形象。2015年，编发《西峰政协》68期，在各类报刊杂志上刊发新闻报道及理论文章138篇，《民主协商报》开设“西峰区政协工作系列报道”专版，进行系列报道9次；市、区电视台宣传报道59次，更新网站资料内容368条；接待省市政协及浙江省桐庐县、兰州市、徽县等外地政协到西峰参观考察14次。

【业务建设】通过建立健全学习制度，引导广大政协委员深入学习中共十八大和十八届三中、四中、五中全会精神及习近平总书记系列重要讲话，学习贯彻省市区委会议精神等，深刻领会和把握政协在助推深化改革和社会发展中肩负的使命，把全体委员的思想和行动统一到全区“三双战略”和“两个率先”目标上来，进一步增强服务发展的自觉性和坚定性。利用常委会、委员小组活动及每周例会，分层次对常委、委员及机关干部职工进行培训。列席省政协常委会，参加全省政协双联行动互看互学现场会、提案工作经验交流会、委员助推双联行动推进会及全市政协文史资料工作会议，交流履职经验。组织委员赴陕西旬邑县和秦安、徽县政协学习履职经验；组织机关干部参加省委党校举办的办公室人员综合能力提升培训，参观党风党纪教育巡回展览，提高工作水平，转变工作作风。举办政协工作研讨会，交流履职体会，探索履职思路。通过学习培训及研讨，委员及机关干部素质得到进一步提升，履职和服务的积极性、主动性进一步增强。

【“双联”和扶贫攻坚】坚持双联行动和精准扶贫深度融合，向全体委员发出《用行动助推双联、聚合力扶贫攻坚》倡议书。政协委员及机关投入帮扶资金530多万元，为贫困村组和贫困户帮办实事513件，为群众提供致富信息164条，为帮联户协调小额担保贷款49万元；召开帮扶座谈会、开展政策宣讲、精准脱贫调研227次，举办培训班及农业技术推广172场次；帮助群众成立农民专业合作社9个，组织村民外出考察学习培训450人次。组织召开精准扶贫协调推进会12次，为帮联村、帮联户联系推荐筛选引进产业富民项目36个，硬化村级道路27公里，协调农网改造340户。区政协“双联”行动科技、文化、卫生服务团，开展送春联、送科技、送医送药进村进社区活动7次。连心桥帮扶协会出资40万元，扶持20户养羊户发展规模养殖；筹资2万元，对全区16户困难群众进行慰问；捐赠电脑20台，建成彭原镇五郎铺小学电教室；出资140万元，为显胜乡毛寺村修建吊桥一座，解决了4个村民小组100多户群众的出行难问题。同时，组织专业人员在贫困村开展“敞亮心路、拥抱希望”脱贫心理咨询辅导讲座，对贫困群众一对一释疑、面对面解惑，本着扶志重于物质扶持、扶智重于经济救助的态度，充分调动贫困户脱贫致富的主观能动性，收到了良好效果。

（岳会霞）

西峰区第一届运动会开幕式　　摄影：王小平

民主党派和社会团体

中国民主同盟西峰区委员会

【学习培训】盟区委坚持把思想建设作为民主党派自身建设的核心，坚持正确的政治方向，通过学习培训，凝聚盟员力量。组织盟员参加区委统战部组织的“学习贯彻习近平总书记在陕甘宁革命老区脱贫致富座谈会上的重要讲话精神”座谈会；联合盟市委就参政议政工作，对70多名盟员进行培训；盟区委机关干部参加为期3天的“西峰区党外干部及党外人士培训班”；积极推荐4名热心盟务、业务精湛的盟员参加由民盟甘肃省委和甘肃省社会主义学院联合举办的“民盟基层组织骨干盟员培训班”；盟区委班子成员及机关干部参加省委统战部召开的全省各民主党派和无党派人士坚持和发展中国特色社会主义学习实践活动工作推进视频会。

【参政议政】2015年，盟区委以科学发展为主题，加快转变经济发展方式为主线，积极发挥参政议政、民主监督作用，全年共参加各种民主协商会、情况通报会、座谈会和各种视察、调研等活动400多人（次）。配合民盟平凉市委对我区城市规划、城市管理、城市基础设施建设和城市改造等工作进行了调研；完成我区民盟基层组织发展的调研。向省、市、区政协会议提交提案25件。盟区委被评为“优秀提案单位”，有2名盟员被评为优秀政协委员。向省、市、区各级民盟组织和政协及统战部门报送宣传报道、社情民意信息140条，撰写理论调研文章5篇。

【社会服务】积极开展“三下乡”活动。在西峰区委统战部举办的第十二个民族团结进步宣传月暨科技、文化、卫生“三下乡”活动中，组织“送书画服务队”，共向当地群众赠送书画作品80幅。在后官寨镇赵咀村开展助推精准扶贫“三下乡”活动，联系盟员、中书协会员韦国栋为赵咀村委会、赵咀小学、赵咀幼儿园赠送已装裱书法作品3幅。当天，医疗专家共接诊病人128例，散发各种惠农宣传资料200多份，书画专家共向群众赠送书画作品近70幅。组织卫生界盟员赴镇原三岔、正宁五倾原乡开展义诊活动，受到了基层广大群众的热烈欢迎和肯定。

组织民盟庆阳六中支部3名盟员赴宁县三中开展“同课异构”教学交流活动，并得到宁县三中师生的充分肯定。盟员梁平带队，组织6名专家赴陇东中学、镇原二中等六所高中开展普通高中新课程“英语学科改革研究与实验基地”实验学校课堂教学调研指导活动；盟员苟书社、安文峰、张可锋等赴孟坝中学组织开展“送教到校及同课异构”交流研讨活动。盟员张武庚组织并参与2015年庆阳市首届“适学课堂”观摩研讨会、第二届“适学课堂”观摩研讨会。盟员徐彩梅在正宁县山河初中支教9个月，期间为乡村骨干教师做专题培训，举行“陇原名师”徐彩梅初中语文工作室启动仪式，庆阳市电视台在今日要闻“名师风采”栏目专题报道其个人事迹。盟员王小萍向北街实验学校初中部全体女生讲授青春期生理保健知识，受到学校师生的一致好评；在第五届“印象庆阳”十二人油画写生精品展中，盟员杨恒的作品“孩儿态”入选精品展。在民盟市委举办的“翰墨乡愁”书画展中，盟区委9名盟员作品入选。在区党史办举办的“抗战胜利70周年”书画展中，2名盟员作品获奖。

【精准扶贫】盟区委干部多次深入精准扶贫户，为帮联户各发放化肥3袋、地膜1卷；“六一”前夕，向精准扶贫户赠送家用医疗保健箱，联系区工会为赵生权孙女送去救助金300元。立冬之际，为每户送煤1吨。

【组织建设】按照组织建设方针、原则和程序，审查批准18名优秀中青年人士加入盟组织。盟区委对10名80岁以上及困难盟员进行春节慰问；元旦期间，举办“迎新春羽毛球健身联谊赛”共有80多名盟员参与。

（王婧婧）

工商联

2015年，在区委、区政府的正确领导下，在市工商联、区委统战部的精心指导下，区工商联工作积极围绕全区发展大局，紧扣“两个健康”目标，以创新工作方法、探索工作亮点、突破工作难题为抓手，进一步解放思想、开拓创新，以服务谋发展、以服务促成效，充分发挥桥梁纽带作用，通过组织学习培训、开展招商引资、加强商会建设、提升信息调研和巩固自身发展等重点工作，进一步提高了工作水平，提升了服务质量，为全区非公经济主动适应新常态，成功转型促发展做出了积极贡献。

【理论学习】2015年，以区工商联六届二次执委会为契机，向全区60多名工商联执常委和非公有制经济代表人士传达中共十八届四中、五中全会精神和市区经济工作会议精神，引导企业家要增强法律意识、学习法律知识、注重法律维权、自觉遵守市场法规和行业准则。通过教育培训、树立典型、开展光彩事业的方式，进一步增强非公经济人士的“四信”理念，促进非公经济人士健康成长。6月，邀请中信证券金融分析师，在阳光天湖会展中心为全区20多名企业家开展股市知识培训。帮助企业家学习新知识、适应新发展，抵御新风险。同区工商局在全区范围开展“诚信企业”创建评选活动，经西峰区基层工商所、各商会协会推荐，从全区私营企业中评选出庆阳嘉鑫建材有限公司、庆阳市西峰瑞信村镇银行等14户诚信企业。通过开展“三进”（商会进农村、会员进农户、农民进企业）活动。庆阳众信担保公司、西峰瑞信村镇银行等非公企业以“双联”行动和精准扶贫工作为抓手，积极开展“百企千村万户支农助微”“金秋助学、圆梦育人”等活动。

【管理服务】通过全国工商联数据库系统，完成西峰区工商联执常委数据库、商会数据库、上规模民营企业数据库、光彩数据库、会员组织报表数据库等5个数据库的建立。搭建融资服务平台，为中小微企业缓解压力。9月，协调市银监局，组织全区各大银行驻峰机构负责同志和30多名企业代表，召开全区各界支持非公经济发展座谈会。年内，协调西峰瑞信村镇银行等金融机构，为全区66户中小企业发放贷款1.6亿元，为小微企业解决融资难题起到了积极作用。11月，组织18名企业家赴上海交通大学，参加由市联举办的“庆阳市新常态下民营企业转型升级高级研修班”。通过6天的交流学习，参观上海通用汽车总装生产线，洋山深水港自贸区，以及上海浦东开发区等地，极大地开阔了视野、开拓了思路、提振了信心。发挥工商联职能作用，积极与人社、工会等部门开展企业维权活动，建立劳动关系协调机制，协助企业解决矛盾纠纷，构建和谐劳动关系。

【参政议政】为认真贯彻落实市区关于进一步加强工商联信息调研工作的要求，针对非公有制经济发展的现状和工商联工作实际，围绕西峰区企业发展现状、非公经济人士思想政治状况、中小企业融资难等热点难点问题。通过深入调查、梳理汇总、研究分析，完成《关于我区目前企业存在的困难和问题及对策建议》《关于我区非公有制经济人士思想政治工作的调研报告》《中小微企业融资难问题研究》等调研报告3篇，整理上报工作信息24条，其中，在西峰网发布2条、庆阳印象网发布2条、庆阳文明网发布1条。截止目前，工商联组织和会员中省人大代表1名，区人大代表3名，区政协委员45名、副主席5名、常委7名。省工商联执委2名，区工商联中有非公有制经济代表人士副主席7名。为充分发挥工商联组织中的人大代表、政协委员、行业行风评议小组成员和行业监督员的作用，及时反映非公经济发展中存在的问题，积极组织非公经济界人大代表、政协委员进行走访，听取意见，反映基层呼声，通过非公经济人大代表、政协委员提出提案8件，对非公有制经济健康发展起到了一定的推动作用，发挥了工商联桥梁纽带作用，使工商联会员参政议政能力得到进一步提升。

【招商引资】2015年“全国百强商会百强民企进甘肃”，工商联联系民营企业，结合全区资源优势和产业基础，坚持“走出去、请进来”战略，与全国各地企业开展交流与合作。4月，天水市麦积区统战部长师雷现一行应邀到西峰区考察学习。7月，迎接21届“兰洽会”，与招商局共同完成天虹优质驴养殖及深加工项目、龙溪洞乡村体育运动与休闲度假产业集聚区建设项目、2万吨清真牛羊肉无菌加工生产线暨5000顿冷藏建设项目等15个项目的论证筛选和统计上报，在“兰洽会”上完成签约资金101亿元。

【自身建设】以“三严三实”活动为契机，努力建设学习型的领导班子，全面提高班子综合素质。按照“六有四化”标准，新建商会1户（庆阳市西峰区肉类食品商会），重新组建商会10户（乡镇街道商会），发展企业会员28户，吸纳个体会员62户，截止12月，西峰区工商联有会员1296户，其中团体会员22户、企业会员248户、个体会员1026户。经工商联主席会议研究，制定出西峰区工商联兼职副主席工作制度。工商联商会大厦建设。按照《中共庆阳市委、庆阳市人民政府关于加强和改进新形势下工商联工作的实施意见》和省工商联关于印发《甘肃省“五好”县级工商联建设示范点考评办法》的通知，要求各县（区）要尽快启动建设商会总部经济中心，保证服务非公企业发展需要，各级工商联近两年都把商会大厦建设作为工作的重点。区工商联于2014年与庆阳市嘉兴建材公司初步达成代建设协议，由区工商联出资、嘉兴建材公司在嘉兴国际建材城项目中代建部分办公用房，建设西峰区商会大厦和非公经济总部。

（朱枭）

总工会

【基层工会建设】西峰区现有基层工会组织579个，单位1179个（非公企业：433个，其中：国有企业3个，集体企业11个，股份合作企业2个，国有独资公司1个，其他有限责任公司11，其他股份有限公司5个，私营企业400个。事业单位88个，机关35个，其他工会组织形式22个，外商投资企业1个），工会会员数：43900人（工会会员比上年增4141人；企业工会会员30329人，企业农民工会员15637人）。经审组织574个，女职工组织：576个，建立女职工委员会269个，女职工小组307个。国有企业、集体企业建立职代会15个；私营企业建立职代会390个；事业单位建立职代会87个；15个国有企业、集体企业实行了厂务公开；377个私营企业实行了厂务公开；82个事业单位实行厂务公开。

新增基层工会组织10个，新发展会员5430人。职工50人以上企业建会率、企业“双亮”覆盖面分别达到了100%和95%。建立地税代收工会经费联席会议制度，集中研究解决工会经费收缴中的困难和问题。积极开展经费审计，对 11 家工会组织进行了经费审计回访，确保了基层工会经费用途正确、合法合规。选派 30 多名机关、乡镇（街道）、企业工会干部参加了省、市总工会各类培训班 12 期。配合园林局举办了“庆五一”第四届园林劳动技能竞赛；组织卫生系统举办了护理技能大赛；与交通局联合开展“农村公路突破年”竞赛活动，推荐 3 个参评单元和 4 名先进个人参与市上的竞赛和评奖。电力、供水、教育等行业和各大企业也分别举办了切合各自实际的劳动技能竞赛活动；指导基层工会开展群众性技术创新活动，带领广大职工为促进企业改革发展、推动实施“三双”战略建功立业。2015 年，向省总工会上报职工优秀技术创新成果 6 项，技术研发项目《短柄五加延年益寿酒》入围全省优秀职工技术奖。组织全区 350 多户企业开展了“安康杯”竞赛活动。西峰区总工会全年撰写各类调研报告 9 篇。编报信息 56 条，省级刊物《五月花》刊登 1 条，《甘肃工人报》发表刊登 1 条。

【困难职工帮扶】发挥工会优势、集中财力物力，千方百计地为困难下岗职工排忧解难。年内，累积发放各类慰问、救助金 111.94 万元。春节前，慰问困难下岗职工、劳模、贫困“双联户”762 人，共发放慰问金 60.82 万元。“五一”前夕，筹资 5000 元，慰问环卫工人、困难劳模及下岗职工 10 名；“六一”期间，走访慰问单亲困难女职工子女、留守儿童 10 名；筹资 4.7 万元，开展“夏送清凉”活动，为庆阳嘉鑫国际建材城建筑工地等农民工送去茶叶、冰糖等防暑用品。扎实开展“金秋助学”活动，为 130 名困难下岗职工、农民工子女发放救助金 26 万元，全面超额完成市列“为民办实事”任务。筹资 1 万元，对 50 名下岗女职工和女农民工进行了“两癌”检查。

【劳动模范】区总工会开展“劳模带动”行动。为省级、市级困难劳模争取生活补助金 4.54 万元；以省级劳模评选活动为契机，层层筛选、多方审查，推荐选送了优秀环卫工人邓金梅、一线农民工刘自君 2 名省级劳模，4 月底参加全省劳动模范和先进工作者表彰大会。11 月初，筹资 1 万元，为 11 名劳模做了健康检查。11 月底，按照省、市总工会要求，组织 7 名市级劳模赴海南三亚进行了为期一周的疗休养，受到劳模好评。

【维护职工权益】巩固规范已建会企业集体合同、女职工权益保护专项合同的签订工作。积极协调人社、工信等部门，聘用专职集体协商指导员 5 人。年内，督促新签订企业专项合同 16 份，累计签订 429 份。开展“双亮”“四权”主题实践活动，建立健全厂务公开、职工代表大会等制度。新建示范点 5 个，已建会的国有企业、事业单位职代会、厂务公开建制率达到 97.1%，已建会 25 人以上非公企业职代会、厂务公开单独建制率动态保持在 85%以上。全面贯彻落实中央群团工作会议上习近平总书记的讲话精神，立足“党政所急、职工所需、工会所能”，构建项目制、扁平化的农民工服务格局。积极指导村组（社区）建会，把乡镇企业、农民专业合作社的农民工吸纳到工会组织中来，年内，新增农民工会员 3194 人，超额完成市总下达的农民工入会任务。在此基础上，新建庆阳岐黄文化传播公司等 2 个农民工培训基地，培训农民工 1578 人。联合人大、劳动、安监、公安等部门深入企业和重点行业，开展用工不规范和安全生产监督检查 3 次，清理整顿拖欠农民工工资行为 2 次，参与处理工伤事故 2 起。督促全区 70%以上的工会为会员建立了健康档案。

【“双联”及精准扶贫】区总工会的“双联”联系村和精准扶贫帮联点分别是彭原镇彭原村和后官寨镇赵咀村。在彭原镇彭原村，帮助完成了彭原村部至当庄组 1.5 公里道路铺油罩面硬化工程；协调争取交通局将彭原村部至北庄共 6.5 公里的村级道路列入农村道路建设计划，已完成附属物征拆及招标工作；春节期间，为 4 户帮联户送去大米、清油等慰问品；春耕备耕期间，为“双联户”送去价值 3000 元的化肥、玉米籽种等农资；协调为彭原村农

西峰区区委常委、统战部长、区总工会主席刘建莉在赵咀小学慰问6名特困留守儿童

民文化广场配套文化体育设施10件；在全市城乡环境卫生综合整治期间，组织全体干部职工到彭原村开展环境卫生集中整治，铲除村部门前2公里道路沿线杂草杂物，清理生活垃圾1.5吨；“六一”前夕，为4名留守儿童各送去500元慰问金及学习用品。在“金秋助学”活动中，筹资3万元救助15名农民工子女；筹资4500元为彭原村便民服务大厅配备电脑1台，接通网线和打印机，方便了工作。区总工会帮联精准扶贫户李进发，一年来，为李进发争取危房改造补助资金12500元，协调金融扶贫贷款5万元，帮助该户建起了204平方米的新居，现已简单装修入住。动员李进发的儿子李东峰参加电焊工中级培训并获得就业证书，现在陕北打工；介绍其女儿李妮静外出务工，增加家庭收入。据测算，2015年底，该户人均纯收入可达7500元以上，可以实现稳定脱贫。在后官寨镇赵咀村，筹资1.05万元，为赵咀小学教师捐赠办公桌椅15套，改善了教职工的办公条件；为赵咀小学购置价值价3000多元的体育器材10套，丰富了师生的课余文体活动，并慰问了6名特困留守儿童；在“金秋助学”活动中，为该村11名困难农民工子女送去救助金2.2万元；协调新建了赵咀村幼儿园；为赵咀村农民文化广场争取配套健身路径12件（套）。同时，驻村干部按要求住在村上，宣讲精准扶贫惠农政策及法律法规，协调流转土地103亩建成樱桃园1处，排查调处矛盾纠纷12起，截至12月底，全面完成“军令状”既定的各项目标任务。

【自身建设】组建职工志愿者服务队24个，发展各类志愿者1763人，开展职工志愿服务活动20多场（次）。“五一”节，组织“主动适应新常态 工会要有新作为”专题座谈会，区直各大系统工会主席、部分劳模及企业代表共30多人参加座谈会，8名代表在会上作了交流发言，区委常委、统战部长、区总工会主席刘建莉出席座谈会并做重要讲话，统一了思想，提高了共识。组织2个队20名选手参加全市庆“五一”职工羽毛球比赛，西峰区代表队在全市38个代表队中取得第4名，获表彰奖励。职工书屋建设，新建职工书屋6个。筹资10万元，邀请北京专业制作公司拍摄以全省“五一劳动奖章”获得者——彭原卫生院院长齐海刚为原型的“中国梦、劳动美、工会情”主题微电影《难拍的全家福》，并推荐到省、市总工会参赛展播。组织编排情景剧《退休职工的幸福生活》等3个优秀节目参与全市职工文艺节目展演，获2个二等奖，1个三等奖的好成绩。结合全市城乡环境集中整治行动，在和谐广场举办“爱护城市环境·建设美丽西峰”主题演讲比赛，教育系统工会廉秀芳等15名选手胜出。5月底，联合北街办事处、区委宣传部等单位举办“爱让梦想绽放”—西峰区关注少年儿童公益慰问演出，在演出时组织区内外各大企业募捐善款，现场救助品学兼优的贫困少年儿童100名，为每个孩子发放善款1000元。

（杨学坤）

共青团西峰区委员会

2015年，西峰团区委紧紧围绕区委区政府工作会议精神，继续保持党的群众路线教育实践活动中的经验和做法，立足共青团工作实际，主动发挥助手作用，服务党政中心工作、服务经济社会发展、服务青少年成长成才。

【团的基层组织建设】按照基层团干部配备要求对基层团委班子进行更新和优化，新选任乡镇团委书记3名。始终坚持以党带团、党团联动的建设模式，形成基层团组织建设、活动阵地、经费保障、人员配备"四位一体"的工作建团标准，努力做到"青年在哪里，团组织就建在哪里；社会使青年怎样聚集，就用怎样的方式建立团组织"，全面推进区域化团建工作，实现街道区域内组织共建、资源共享、阵地共用、工作联动。在岐黄文化传播有限公司、蓓蕾艺术培训学校等两新组织新建基层团组织5个，吸纳流动团员32名。

【青少年社会活动】清明节，组织全区青少年团员开展文明祭英烈活动，动员广大团员在网上发表寄语，寄托哀思。如显胜实验学在校团委、少先大队委，组织23名师生聚集在西峰区肖金镇南李烈士陵园，开展了"缅怀革命英烈，珍惜幸福生活"清明节扫墓活动；什社中学团委组织广大学生志愿者前往宁县烈士陵园举行"缅怀革命烈士、学习爱国精神"扫墓活动。3月，组织区直各团委青年团员在西峰区肖金镇双桐村开展了"保护母亲河 美丽中国梦"青少年义务植树活动，栽植油松2000余株。4月，组织乡镇街办团委、学校团委开展了"核心价值观引领青春中国梦"主题演讲比赛，获得第一名的选手张妍，在8月代表西峰区参加了全市的比赛，荣获二等奖。"六一"期间，联合北街办、教体局、工会、妇联在庆阳政府礼堂举办了"爱让梦想绽放"西峰区关注少年儿童公益文艺演出。今年以来，我委充分发挥共青团职能优势，积极组织开展青少年校外文体活动，得到了上级部门的充分肯定，共争取到2015年中央专项彩票公益金支持未成年人校外活动保障经费30万元。

推荐市级优秀团干部1名，团员4名，少先中队1个，少先大队1个，优秀少先队辅导员和优秀少先队员各1名，评选出区级青年文明号单位3个，区级青年岗位能手5名。

组织团员青少年为身患白血病的退休教师李惠荣募捐138583元，为身患白血病的温泉初中2013级五班李婷募捐7617.1元，为西藏定日县、定西市临洮县地震灾区捐款3955元，为身患运动神经元病的李兴义老师募捐3万余元，充分体现了当代团员青少年团结、友爱、互助的良好精神风貌。

【团的自身建设】为提高团干部的业务水平和整体素质，使团的干部真正成为"党组织的得力助手、团员青年的贴心人。11月4日至6日，团区委联合区委组织部、区委党校，举办了西峰区团干部培训班，重点学习习近平总书记系列重要讲话精神、党的群团工作会议精神等，培训期间，根据团中央下沉基层工作要求，安排了分组讨论——"团干部如何健康成长"大讨论活动，集中听取基层专兼职团干部和少先队辅导员等关于共青团改革创新的意见建议。组织团区委全体干部深入肖金镇张庄村开展了科技文化医疗卫生"三下乡"活动，为当地群众送去了春联、门画、剪纸、台历等春节文化慰问口1200余份。组织基层志愿服务队在董志敬老院开展"学习雷锋好榜样 敬老助老度元宵"、在肖金敬老院开展"情系端午节 温暖敬老院"等志愿服务活动；在汽车南站、汽车西站开展以"文明出行、从我做起"为主题的交通劝导志愿服务活动；在东湖公园广场前举行"无烟生活"志愿服务活动。全年共组织志愿服务活动18场次，参与志愿者2000余人；在团中央"志愿云"服务系统中实名注册"青年网络文明志愿者"737人。8月，联合区文明办、区总工会、区妇联在和谐广场举办了"爱护城市环境·建设美丽西峰"主题演讲比赛，为形成人人爱护城市

庆阳二中举行"关爱农民工"图书捐赠活动

环境、推动全民道德素养和创建“三个生态”先行区做出积极的努力。团区委联合检察院、教体局、司法局，邀请未成年刑事检查科工作人员，结合未成年人犯罪案例，深入董志初中、机电工程学校、向阳小学等5所中小学校开展西峰区青少年法制教育报告会，受教育学生3300余人。

【“双联”及精准扶贫】为后官寨村45名0—3岁幼儿送去营养包135盒；在后官寨小学举办安全进校园“安全回家—儿童安全”安全体验大行动，向后官寨小学捐赠急救包200个；根据帮联户实际情况，为8户双联帮扶户送去了化肥、米、面等生产生活物资。在精准扶贫工作中，主动与各个农户联系，深入到农户家中、工地上为他们讲解惠农政策。为4户农户补助核桃园苗木费3168元，免费发放智能手机4部，帮助符合条件的精准扶贫户办理贷款20万元，每户5万元，3年内全额贴息。按照“一村一电”工作要求，在什社乡建立村级淘宝实体店2个，在线上销售小米、苹果、黄花菜等地方特产。

团区委根据各乡镇、街办主导产业和青年创业需求，聘请科技人员或乡土人才、青年种养殖能手、香包刺绣能手、创业致富带头人，深入村组、田间地头开展培训工作。主要采取集中课堂讲座、现场交流指导、远程教育、网上视频培训等形式，直接为城乡青年提供生产技能培训。2015年，共开展技能培训7场(次)，培训城乡青年750人(次)；向西峰区青年就业创业见习基地推荐了30名失业青年进行岗前见习培训，现已全部推荐就业。主动与企业联系，在天富亿建立青年创业园，拟定创业门面60间，为符合资金扶持政策的新入住的创业者提供3万—5万贴息贷款，不符合贴息政策的由创业园进行贴息。

2015年，团区委共申请资助贫困学生22名。其中：根据庆市团发〔2015〕51号文件《关于做好2015年度“国酒茅台·国之栋梁”资助工作的通知》要求，在全区范围内进行摸底和筛选，确定了符合条件的贫困学生7名，每人救助5000元，共计3.5万元(救助金已全部发至学生手中)；为15名小学生申请了壹基金温暖包项目，为他们送去了学习用品、羽绒服等物品。12月，通过建立微信公众平台，开展“微心愿”工作。收到小学生心愿349个，爱心人士认领113个，完成61个，收到爱心图书6500余本，篮球50个，足球3个，书包、画架、笛子等物资，共计约16.2万元。

(王锡湖)

妇联

【基层组织建设】建成标准化“妇女之家”示范点10处，为每个“妇女之家”配备了的电脑、音响和舞蹈服。依托“妇女之家”开展大型活动90多场次。完成彭原村、李岭村、沟畎村、育才路社区、九龙北路社区家庭教育指导示范服务点的阵地建设，并指导开展宣传家庭教育的正确理念和科学方法。完成岐黄文化传播有限公司和凌云服饰集团有限公司2个省级手工编织示范基地后续建设工作，新建鸿泰香包刺绣、淑芳香包刺绣手工编织示范基地2处，编制编织教材10000册，依托基地培训技术骨干400多人。配备10个乡镇街办妇联主席、100个行政村妇代会主任。新成立非公企业妇代会2个，区直部门妇委会、妇女小组2个，妇联组织的覆盖面进一步扩大。联合区委组织部举办了全区妇联干部培训班，受训175人。推荐组织全区24名妇女干部参加电子商务、全省劳务输转工作、统战、综治等各类知识培训班。

【科技培训】举办各类实用技术培训班40多期，培训妇女12000余人次。政策培训。邀请市区委党校讲师巡回各乡镇、街办和部分村组，围绕党的十八届四中全会精神、习近平总书记系列重要讲话精神，习总书记在陕甘宁革命老区脱贫致富座谈会上的讲话精神、“中央一号”文件精神开展培训，参训妇女3500人(次)，发放各种宣传资料8000多份。法律法规培训。围绕法制建设年活动，邀请北斗律师事务所律师，采取以案说法的形式，巡回各乡镇、街办举办法律法规知识培训班10期，现场受训2800多人。“陇原巧手”培训。以全区精准扶贫和妇女创业就业为抓手，在全区10个乡镇(街办)和15个精准扶贫村实施“陇原巧手”项目，培训妇女3861人，其中：贫困妇女占到78%。“陇原月嫂”培训。对全区90名城镇下岗女职工、贫困妇女开展了“陇原月嫂”技能培训，并发放从业资格证书。“两癌”妇女培训。组织全区12名“两癌”患病妇女参加甘肃省两癌培训，56人参加庆阳市两癌培训，使受训妇女掌握了康复知识及缝纫技能。

【主题实践活动】“巾帼志愿者服务”系列活动。以和谐社会建设为切入点，组织巾帼志愿者共开展法律咨询、环境卫生整治、“邻里守望、姐妹互助”等各类志愿服务活动100多(场)次，参加9000余人(次)。集中在南苑路社区、九龙北路社区开展了“创建干净整洁美好家园，巾帼在行动”活动2次。结合全区环境卫生整治活动，在和谐广场举办了西峰区“爱护城市环境·建设美丽西峰”主题演讲比赛，进一步激发广大市民爱护环境，积极参与城市管理的意识。开展“三八”命名表彰及先进事迹报告会。“三八”期间，在全区开展了“巾帼建功标兵”“创业致富女能手”评选命名表彰暨优秀妇女先进事迹报告会，命名表彰了全区“巾帼建功标兵”10名、“创业致富女能手”10名。庆阳岐黄文化传播有限公司总经理刘兰芳等四名优秀妇女做了先进事迹报告，大力宣传展示西峰区优秀女性在经济社会发展中做出的突出贡献。做好“婴幼儿消除贫血行动项目”。积极争取省妇联“婴幼儿消除贫血行动项目”，为全区0—3岁的3546名婴幼儿捐赠“爱心营养包”10639包，并指导督促家长及时正确服用。开展妇女健身活动。与区教体局、总工会、团区委、农村工作部、文广局、体育事业管理服务中心共同承办西峰区第一届职工运动会，涉及田径、篮球、排球、足球、乒乓球、羽毛球、中国象棋，趣味运动等项目，积极动员全区广大妇女参与运动会，不断提高全民健身意识。开展寻找“最美家庭”活动。按照“亮

西峰区妇联开展"三八"维权周宣传活动

家风、征家训、讲故事、树典型、促和谐”工作思路，充分利用报刊、媒体、宣传栏、召开会议等方式，大力宣传寻找“最美家庭”活动的意义，采取群众推荐和个人自荐相结合及自下而上的方式进行。围绕“三个一百”和“六个一”活动，依托“妇女之家”、各家长学校等举办家庭教育巡讲100多场次；开展了美德大讨论、家庭事迹报告，家训家规征集等活动100多场次，共征集家风家规120多条，最美家庭故事100多篇，对事迹典型的20户“最美家庭”进行了表彰奖励，并在《今日西峰》报开设弘扬社会主义核心价值观专栏进行宣传报道。结对帮扶活动。积极组织广泛宣传动员社会各界爱心人士与全区966个留守儿童结成帮扶对子，制作了“爱心爸爸”、“爱心妈妈”联心卡，发放到每一名留守儿童手中。“爱心爸爸”“爱心妈妈”经常进家入户了解和掌握留守儿童的生活、学习情况，并尽全力对留守儿童进行帮扶。“六一”期间，开展了爱心帮扶募捐活动，10家省内外爱心企业捐助善款19万，对区内100名品学兼优、家庭贫困的学生进行资助，全年共慰问贫困、留守、孤残儿童1000多人，慰问资金达到20多万元。开展“下基层、访妇情、办实事”。全区各级妇联组织，通过走访、发放问卷、召开座谈会等方式，重点调研了“全区妇女就业现状”，形成调研报告11篇。及时与区劳动就业部门和企业联系，为186名妇女联系到就业岗位，同时，做好妇女就业创业信息咨询服务工作，组织输转全区175名

妇女参加了北京富平学校家政服务培训，为妇女创造了更多的就业机会。开展妇女病普查和“两癌”救助。为20334名妇女进行了免费检查，春节，“三八”期间，为7名“两癌”贫困患病妇女救助资金7万元。

【“双联”及精准扶贫】联村工作。在彭原村举办了“中央一号”文件解读及习近平总书记系列重要讲话精神、习近平总书记在陕甘宁革命老区脱贫致富座谈会上的讲话精神、香包刺绣、手工编织、女性维权知识、法律法规等培训班4期，受训群众800多人(次)；配合村上实施“一事一议”财政奖补项目，完成彭原村村部路口至新庄组1.5公里道路柏油硬化工程；落实了1100亩双垄沟地膜玉米种植任务；“六一”前夕，为在彭原小学20名贫困女童每人送去200元的慰问金及价值200元的书籍；为31名贫困儿童捐赠了价值20100元的奶粉；组织13名妇女外出务工；开展关爱留守妇女谈心活动，组织46名妇女召开座谈会，疏导情绪；联户工作。春节前夕，为6户帮联户每户送去了价值500元的慰问品；春耕期间，组织干部职工积极捐款，为每户帮联户送去价值1800元的农资及1000元的果树苗木，为精准扶贫户何海军、任小兵、刘军申请扶贫贷款资金各5万元，为何海军争取到危房改造项目，对原有的住房、围墙、大门进行了维修，消除了安全隐患，3户精准扶贫户人均纯收入达到7400元以上，每户至少有1人掌握了一门技术，生活状况得到明显改善，实现了预期脱贫的目标。

(刘文慧)

文学艺术家联合会

【文化活动】春节期间，组织文艺家深入后官寨镇帅堡村、显胜乡、北街办、西街办、西峰电视台、区环卫局及双联户、离退休老干部家中开展了“三送一慰问”活动；组织书画、剪纸艺术工作者40多人(次)，为农民群众、城市居民、干部职工书送字画、送春联、送剪纸作品2000多幅；为离退休老干部送去了慰问品和新春祝福；8月8日，组织部分文艺工作者在肖金文化商贸交流会“书画及民俗艺术展”活动中进行了书画艺术交流；在“八一”建军节前夕，与西峰区青少年活动中心联合开展了“文艺进军营”慰问演出活动；组织书协、美协、舞协艺术家深入市消防支队，为消防官兵书赠书画作品30多件，演出文艺节目10多个。5月23日，与西峰区教体局联合举办了“弘扬南梁精神，践行社会主义核心价值观”西峰区纪念毛泽东《在延安文艺座谈会上的讲话》发表73周年暨千名师生经典诵读•汉字书写大赛活动，组织20多名艺术家现场进行了书画展演；7月7日，与区纪委、监察局、北街办联合举办了“清风廉韵”为主题的全区书画作品展，展出作品近200幅；7月14日，组织文艺工作者参加了纪念抗日战争胜利70周年“印象庆阳—乡土情怀与都市情结”李伟油画写生作品展；8月28日，与区委党史办、区委机关党委联合举办了纪念抗日战争暨世界反法西斯战争胜利70周年“铭记历史?珍爱和平”西峰区干部职工书画展，展出作品200多幅，并进行了评奖；9月8日，组织文艺工作者参加了首都博物馆画院甘肃分院挂牌暨庆阳鹏艺博物馆开馆仪式书画收藏展；11月5日，组织区民协、作协、书协、美协等艺术工作者共同参与在肖金镇肖金村举办了2015年金秋赏菊联谊会暨国家级

配合市文联在董志镇南庙村农民文化广场举行庆阳市文联系统“乡村舞台”建设系列活动启动仪式

非物质文化遗产生产性保护示范基地揭牌仪式，开展了赏菊吟诗、书画交流、民俗展演活动；11 月 20 日，组织区文联职工及书协、美协艺术家参加了“中国当代名家——毛庐”中国山水画庆阳巡回展。5 月 30 日，组织区作协、书协、美协会员赴合水县太白镇与合水县文联举行了“红色庆阳艺术创作基地”开业揭牌仪式，并进行了书画交流和学习采风活动；8 月 26 日至 27 日，组织区部分作家参加了华池县文艺工作座谈会暨“范仲淹文学奖”颁奖典礼大会，组织作家到南梁革命纪念馆、军民大生产纪念馆开展了“弘扬南梁精神，纪念抗战胜利 70 周年”学习教育采风交流活；10 月 20 日至 22 日，组织区上 9 个协会 20 多名文艺工作者赴延安开展了学习教育采风活动。区书协、美协、音协、民协等协会通过举办集体培训班和个体培训班的形式，共培训学员 400 多名。为了圆满“乡村舞台”建设各项工作任务，5 月 20 日配合市文联在董志镇南庙村农民文化广场举行了庆阳市文联系统“乡村舞台”建设系列活动启动仪式，组织书画家为农民群众赠送书画作品，为南庙村赠送了文艺图书，为农民群众演出文艺节目 10 多个。此后，由区音协牵头组织相关文艺家协会及民间演出团体，深入 15 个贫困村巡演 25 场次，组织部分艺术家为农民群众书赠书画作品 80 多幅。

【文艺创作】全年共编辑出版文学刊物《董志塬》4 期 4600 多册、《陇东书画》4 期 4800 册。在去年征集、设计、策划、审稿的基础上，完成《中国梦、黄土情·西峰区文艺作品荟萃》丛书 6 卷(包括：文学卷、书法卷、美术卷、民俗卷、摄影卷、音舞卷)的书号申请、编撰、审查等工作。于 2015 年 10 月完成印刷，11 月出版发行。西峰区文艺家在国家、省、市三级创作、出版、发表、展演、播出作品均取得新突破。文学创作。作家杨永康、王天宁、侯永刚 3 人的文学作品均在国家级刊物上发表；张金彤、李致博、汪忖芝、谷凌云、刘香琳、杨潇等出版并发表各类文学作品共计 5 部 30 余篇(首)。同时，与市作协和《陇东报》联合，在“当代庆阳文艺方阵”栏目中，推介宣传西峰区近年创作成绩丰硕的部分作家。全区共有 11 部文艺作品获得全市重点文艺项目资助。影视创作。新成立的影视家协会发挥职能，重视加强对外宣传，与中央电视台联合拍摄了西峰区团结小学学生李依桐、李易轩孪生姐弟的感人故事，使李依桐、李易轩荣获 2015 年度“最美孝心少年”称号。理事王勇的黑格尔影视中心拍摄了数十部大型专题记录片。舞蹈展演。新成立的舞蹈家协会重视队伍建设，组建舞蹈艺术团 3 个，发展会员 30 名。舞协主席杨景惠策划组织开展各类文艺汇演、书画大赛、青少年才艺展演活动 10 多场次；协调中国舞考级组委会为西峰区 300 多名少年儿童进行了舞蹈考级；推荐《春之畅想》《巾帼风采》等少儿节目参加了中央 CCTV—3《幸福账单为你买单》走进庆阳海选晋级到北京演出；编排的少儿节目《兵娃娃》《过大年》等节目参加庆阳市“我也上春晚”初赛、复赛被选入晋级。据统计，舞蹈家协会共组织编排舞蹈节目 100 多个，参加国家、省、市、区各类展演、比赛中获得团体、个人各类奖项 20 多项；参加各类运动会、文化节日、乡村舞台、文艺进军营、文艺下基层等展演活动 60 多场次。音乐创作。西峰区音协主席范胜利策划、组织、导演西峰区首届全民运动会开幕式等大型文艺演出活动 3 场次。柴慧霞等 4 名音乐艺术家创作的歌曲在国家、省、市报刊上发表 20 多首，参加国家、省、市、区各类比赛和展演活动中获奖 30 多项。区音协副主席郭崇勇在艺术创作中成绩突出，在国家级刊物发表词曲作品 6 首，在省级刊物发表作品 19 首，在国家、省、市音乐作品评选中 7 次获奖。歌曲《中国梦》由中央电视台拍摄 MV，近期在央视播出；他创作的歌曲《激情飞扬》被定为西峰区第一届运动会会歌。戏剧创作。新组建的戏剧家协会，组织编排了戏曲、舞蹈、歌曲、小品、器乐等一些群众喜闻乐见的艺术作品，并在西峰区各个乡镇、街道、村(社区)演出 100 余场次。新创大型现代眉户剧《月儿圆》在全市禁毒宣传活动中巡回演出。摄影创作。在组织参加全市“美丽庆阳•幸福家园”四季摄影大赛中，王洪、李军锋等10多人作品参赛，获得一、二、三等奖及优秀奖、入选奖20多项。在国家、省、市举办的各类摄影比赛和摄影展览中获奖30多项；孙杰的专题作品《手工草帽》《老有所依》《祖国河山一片红》分别获国际、国内大奖4次。书画艺术创作。在书画艺术创作中，组织会员创作书画作品500多件，协助编印出版作品集1部，举办书画培训班20多期，培训书画学员300多人，发展各级各类会员20多人，在国家、省、市书画作品展中20多件作品获奖。

【党风廉政建设】按照区上统一部署，把弘扬南梁精神、践行“三严三实”开展干部作风大整顿作为文联作风建设的主抓手。成立了领导小组，制定了实施方案，认真对照存在问题，深入开展“四个反思”；突出抓好“五项整顿”，着力解决突出问题；围绕区上开展的“四大行动”，力促文联干部作风转变。针对文联的工作实际，坚持主要负责人带头作表率，严守“三项纪律”，认真落实“两项基本制度”，加强机关管理，建立完善了《机关管理制度》，严格了请消假制度，重视思想政治工作，理情绪、解矛盾、保稳定，全体党员干部严格要求自己，进一步转作风、正学风、改文风，认真贯彻落实中央“八项规定”、省委“双十条”规定和市区“实施细则”，廉洁勤政，风清气正，全年无违纪违规行为发生。

【“双联”和精准扶贫】按照区上要求，协会努力抓好本部门联系后官寨镇帅堡村及其13个双联户、3个精准扶贫户的帮扶工作。坚持在帮政策、帮技术、帮产业、办实事上下功夫、抓落实。深入村组和帮联户进行了调查研究，与村、户搞好对接，制定了帮联(扶)计划和下乡驻村蹲点帮扶日程安排，组织干部职工集中驻村入户开展帮扶活动50多天(次)。为双联户及精准扶贫户送去化肥2吨、捐赠家庭用品20多件、捐赠书籍资料及书画作品400多幅（本）、为贫困户杨志祥捐献及争取医疗资金2400多元，为精准扶贫户每户购买核桃树苗1亩。3个贫困户实现脱贫，11月为3个精准扶贫户办理了互联网接入工作。帮助帅堡村硬化道路2.1公里，建成马城组农民文化广场1处，罗旗组水塔1座，修建农民文化广场捐助1万元，双联工作取得了显著成效。

（王英妍）

科学技术协会

【科普培训及“三下乡”活动】1月20日，由区委组织部，区直涉科部门共120余人到李岭村文化广场开展2015年科技、文化、卫生“三下乡”示范活动，通过农业科技宣传、法律知识宣传咨询、健康知识宣传和大型义诊等形式服务农村发展；紧扣农民需要，先后于3月20日，5月10日分别组织肖金惠民果业协会、肖金千亩中药材示范基地举办科普培训讲座2次，为农户现场讲解了果树春季修剪、拉枝、肥水管理、疏花疏果技术、就中药材栽培技术、中药材发展前景等一一做了阐述；6月8日，邀请区果业局2名技术人员配合区政协深入黄官寨村就果园栽培管理技术开展现场培训，通过现场解答、现场示范等形式，使300多农民受益匪浅，在活动中我们为农户共发放科普图书1200余册，深受当地农民群众的欢迎。8月，先后三次配合省科协在什社武家川开展科技致富带头人精准扶贫培训工作，按照“五个精准”的要求，在武家川对50个畜牧养殖户经行了重点培训，为村部配置起精准扶贫制度牌5副，电脑、投影仪各一台，科普图书1000册。12月4日，配合市科协在四中举办了由原中国人民解放军航天员大队第一任大队长申行运主讲的“中国梦—航天梦”科普报告会，区属学校科技辅导员代表400多人参加了报告会。

【基层农技协会】根据甘科协发（2015）56号《关于支持农村专业技术协会发展农技社会化服务的意见》和庆阳市科协（2015）20号文件精神，在全区现有的各类学协会、合作社、科普示范基地、乡镇农技站成立农村专业技术协会，通过下乡调查摸底，在成熟一个发展一个的基础上，2015年在肖金镇农技站、西峰区恒丰源果业合作社分别新成立了肖金农技农村专业技术协会和西峰区恒丰源果业协会，12月相继又成立了西峰区肖金现代农业技术产业协会、西峰区金皓蔬菜瓜果种植协会、西峰区肖金中药材种植协会3个、西峰区绿源种植基地一处，并按照省科协“六个一”科普工程要求，将《甘肃科技报》的征订工作落实到基层各个学协会中，做好科技报的发行和通联工作。全区现有各类学协会18个，科普示范基地9处，科普示范村20个，科普会员1080人，分布全区7个乡镇，56个行政村。二是老科协在成立三年来，已有15个专业分会和1个中心，现有会员532人。2015年新成立的西峰区老科协心怡咨询调解服务中心，由市政协(第三届)常委、省特级教师、原庆阳三中校长徐惠民担任秘书长，下设心怡心理咨询师俱乐部、心怡人民调解员俱乐部等专家团队，旨在针对学校管理、家庭教育、心理健康、创业设计、企业发展、矛盾纠纷等各类影响社会和谐稳定的问题进行有效的调解疏导。在健全完善内部运行机制的基础上，区科协共召开会长办公会2场次，召开农技协会员代表大会1次，按照“四有一落实”(有牌子、有机构、有场地、有人员、落实科普经费)的标准建立科协基层组织，覆盖率100%；按照“站、栏、员”标准完善15个农村专业技术协会组织，使农技协的工作层层有人抓，事事有人管，协会组织建设工作达到规范化、制度化、常态化。

【科普示范】紧紧围绕产业结构调整，狠抓科普示范乡镇、示范村、示范基地和示范户的创建和命名，打造了一批品位高、辐射强的科普典型。我协与区老科协共同帮扶示范点6个，通过充分发挥老科协人脉资源，多方协调为庆阳市腾盛祥牧业有限公司争取省农牧厅专项资金31万元、帮助他们从山东购进良种种羊25只，改善羊舍10间；为西峰区董志镇北门村杨存科养牛基地争取专项资金15万元，用于新牛场的搬迁建设，联系协调畜牧部门为其搞好场址规划；在区水务局的大力支持下，为肖金大唐果蔬农民专业合作社260亩新栽果园、庆阳市高原三耳大樱桃种植示范基地布设了滴灌系统；协调电力部门为彭原周寨包维军138亩果园安装了三项变压器，为下一步安装滴灌系统做好了前提准备；区农牧局、瓜菜办为什社文南村任正鹏设施蔬菜基地15座日光温室争取扶持资金30万元，帮助他们进行基础建设、道路硬化、引进瓜菜新品种、购置卷帘机、开展技术改造，提高机械化作业水平。8月，在区委南二楼召开区老科协一届四次理事会，会上对上年工作做了总结，并研究部署了2015年的工作安排，并对2014年工作突出，成绩优异的老科协分会进行了表彰奖励。已创建科普示范乡镇5个、科普示范村57个、科普示范户453户，建成科技含量高、辐射带动作用强，集试验、示范、推广、培训于一体的乡镇级科普示范基地10个，区级科普示范基地5个。全区共引进瓜菜、畜牧、杂果、果树、谷类等各类新技术16项，新品种21个。通过最大限度发挥科普科技示范推广工作，全区各行各业学科技、用科技、向科技要效益的科普之风蔚然形成。

【科普项目】根据市科协4月和11月两次电话通知，积极组织西峰区肖金镇千亩中药材种植示范基地、西峰区西汇蜜蜂养殖协会、庆阳陇一伟业农业综合开发科普示范基地、西峰区什社谷子生产技术协会、农村科普带头人窦晓利认真申报材料，按通知要求，在西峰区电视台及所在乡镇街办经行了为期7天的公示，积极联系财政局、统计局出具“科普惠农兴村计划”推荐函和当地农民上年人均纯收入证明，完成庆阳天富亿市民农园农民示范基地及西峰区富源林果协会的项目入库工作，已有7个协会、2个社区、2个科普示范基地、2个个人获得“科普惠农兴村(益民)计划”项目奖补资金。按照甘科协发〔2015〕16号文件关于申报省级农村科普示范培训基地(协会)和省级科普教育基地申报的通知要求，对庆阳市西峰区惠民果业协会、西峰区设施蔬菜基地管理办公室、庆阳市天富亿市民农园农民示范基地通过严格审核评选后上报省科协参加评选。向市科协推荐上报2016年农技协科普服务站建设项目12户农技协、示范基地名单。

【科普活动】按照市区《全民科学素质行动计划纲要》文件精神和大发展、大科普的工作思路，积极开展科普活动。与区老科协、区直等有关部门及所涉乡镇农技协密切合作，聘请陇东学院、市农科院专家教授及市区涉科部门技术员15人，先后在显胜乡、什社乡、肖金镇、彭原乡、南苑路社区、南街小学、庆阳三中、四中组织开展科普宣传活动。一是以“科普之春”“科普下乡”“科普日”“科技周”和“百家农技协科普惠万户”等活动为载体，深入农村、社区和学校，开展宣传贯彻科普法规、低碳生活方式、安全生产知识、遇险自救技能和青少年科技创新大赛成果巡展等主题活动20余场(次)。二是根据不同人群，依托基层科普服务站、农技协、科普示范基地，每年开展能源化工产业、农村实用技术等科技培训10余期。三是先后组织21家农村合作组织开展“百家农技协科普惠万户”行动，开展科普推广活动32场次，参与群众2100多人(次)。四是中国流动科技馆全国巡展在西峰区与12月3日顺利开幕，共有1000余人参加了当天的开幕仪式，整个巡展活动将于元月28日结束，截至目前，已接待参观群众师生15000余人，使参观者切身感受了声光体验、电磁探秘、运动旋律、生命奥秘和数学魅力5个分主题展区的科普展品，通过风力发电、静电演示、播放球幕电影和机器人表演等活动与市科协近年来全市部分获奖青少年创新作品的展出，使得整个活动内容丰富、精彩纷呈，全面激发了大家的科学兴趣。

【考察学习】10月19日至29日，由区科协牵头、瓜菜办、小崆峒良种场及部分蔬菜种植户一行7人组成的考察组，前往河北、山东、河南等地就农作物物秸秆综合利用技术和韭菜方的栽培技术进行了考察学习，考察组一行到访了河北天太生物质能源开发有限公司、郑州茂祥机械有限公司、山东寿光韭菜生产基地和寿光蔬菜批发市场、蔬菜种子市场。重点查看了以秸秆、锯末为原料的生物质燃料生产流程、生物质成型设备的生产加工、韭菜方生产技术流程、日光温室卷帘机、保温被生产流程等。通过情况介绍、座谈交流、实地查看、现场咨询等形式，对农作物秸秆综合利用及韭菜方生产、销售、效益情况，有了进一步的了解，结合沿途所见所闻，考察组一行收获颇多，受益匪浅，并形成有分析、有见地、有具体建议的调研报告。

(徐瑛)

残疾人联合会

【党风廉政建设】学习中共十八大和十八届五中全会精神，开展“三严三实”专题教育活动和干部作风大整顿活动。印发相关实施方案，修订单位规章制度，组织专题学习会议12次，讲党课6次，观看相关电影7部、警示教育片3部，举办业务学习培训班5次，培训残疾人工作者150名。每人撰写心得体会3篇，摘抄笔记两万多字。

【康复服务】以专业康复机构和医疗单位为骨干、社区康复为基础、村卫生室为依托、家庭康复为补充的区、乡(镇、街办)、村(社区)三级服务网络基

西峰区残联理事长孙晓霞督查温泉镇残疾人就业基地建设情况

本建成。争取省市资金为什社乡、董志镇康复分站更新康复器材 30 件／套，建成标准化残疾人康复分站。年内，提供康复服务 1.8 万人／次；免费发放各类辅助器具 1050 件／个；转介省、市进行康复训练和治疗 42 人；实施白内障复明手术、假肢装配、助听(视)器适配等 370 例／名，以“服药＋住院”的形式，实施精神残疾人专项康复救助 213 名，落实救助资金 17.22 万元。

【扶贫攻坚】全区 1346 名(农村 940 人，城镇 406 人)残疾人纳入低保范围，符合条件的残疾人家庭做到应保尽保，并按规定予以提标；为一、二级重度残疾人代缴 100 元的养老保险金，解决 2278 名残疾人的养老后顾之忧；将 7335 名残疾人纳入医保范围；落实重度残疾人护理补贴 1468 名、176.16 万元，落实特困残疾人生活补贴 1100 名、132 万元，落实机动轮椅车燃油补贴 450 名、11.7 万元。积极协调将居住危房的 72 名残疾人家庭纳入 2015 年农村危房改造范围，8 名残疾人家庭优先配租公租房或发放租赁补贴。临时救助残疾人 1.1 万人／次，发放救助金 400 余万元。将 796 名残疾人纳入精准扶贫范围，并全部建档立卡。2015 年脱贫 726 名，脱贫率 91.21%。

【特殊教育】对学前残疾儿童、接受中学教育残疾学生或残疾人家庭子女、考入高等院校的残疾学生和残疾人家庭子女开展“雨露”“成才”“圆梦”行动，发放助学金、进行心理疏导等。通过“三大”行动，使 73 名残疾儿童在普通学校随班就读，9 名儿童在北街幼儿园特教班接受学前教育，24 名儿童在市特教学校接受特殊教育，全区适龄残疾儿童入园率达到 95%，残疾学生入学率达到 98%；为 160 名贫困残疾学生，450 名贫困残疾人子女，发放助学金 32 万元，为 16 名考取高等院校的残疾学生和残疾人子女办理生源地贷款或每人发放助学金 3000 元。

【就业培训】新建残疾人公厕看护就业基地，优先安置残疾人 25 名，并纳入政府公益性岗位管理，享受 1400 元以上岗位津贴。新建温泉镇巨塬村和董志镇南庙村整村推进残疾人养殖基地，为 77 户、84 名残疾人统一建设标准羊舍 90 平方米，投放种养 10 只，户均补助 1.3 万元，使残疾人就近就业。设置美容美发、香包刺绣、家电维修、手机修配、网上营销、创业培训、养殖种殖等 12 个培训科目，区乡举办残疾人专项培训班 9 期，培训残疾人 685 人／次。通过培训，60%的残疾人已稳定就业。7 月，西峰区选手在第五届全国残疾人职业大赛中，荣获文本处理第四名。

【文体维权】开展基层残疾人群众性文体活动 21 场／次。建立残疾人文化艺术和体育特长人才库，收录残疾人 210 名；设区级盲人阅览专柜 2 个，配备盲文图书、有声读物和阅听设备 120 本／套；市公交集团将残疾人确定为公交 IC 卡免费发放对象，残疾人凭残疾人证即可办理“爱心公交卡”，可免费、无限次乘坐市内 5 条公交运营路线，已有 500 多名残疾人持有“爱心公交卡”。成立区级残疾人法律援助站 1 个，聘请爱心律师 3 名，成立乡级残疾人法律援助分站 10 个，各聘请爱心律师 2 名，通过区乡联动，受理残疾人来信来访、法律救助 35 人(次)，通过协调、转介等方式，挽回残疾人经济损失 36 万元。

【“精准扶贫”及服务群众】职工自筹资金为“双联”及“精准扶贫”户发放化肥 10 袋、农药 50 盒／瓶、土豆良种 260 公斤、地膜 10 卷；引导、资助精准扶贫户栽植核桃苗 10 亩，为庄头村部建设投入资

为肖金镇老山村帮联户发放土豆良种、地膜等物资

金3.5万元，深入村部、农户为帮联户讲授科学种植、养殖知识6次；为农户及时解决耕种、病虫害预防等难题10多个，挽回经济损失3万余元；争取扶贫贷款35 万元，新建、改建卫生厕所8个，发放互联网手机8部，转介输出劳动力12名，使帮联家庭增收15万元。

(杨永宁)

红十字会

西峰区红十字会为区政府直属科级事业单位，成立于2009年5月，工作人员7名，其中科级干部2名，一般干部5人。

会　长　　高惠玲(女)

副会长　　贺东虎

【基础组织建设】制定《西峰区人民政府关于进一步加强红十字会团体会员登记管理工作的实施意见》《西峰区红十字志愿服务管理办法》《关于进一步规范红十字志愿服务活动管理工作的通知》等规范性文件。成立西峰区红十字社会监督委员会，对志愿服务站(队)所募捐的资金进行全方位监督，使募捐资金专款专用，发放程序公开透明。

【救助】2月，在12个行政村及3个街道办事处开展红十字博爱送万家活动，送去价值6.8万元的棉被、大米、食用油等慰问物资300份，惠及特困群众1200多人。3月初，恒泰房地产开发公司为红十字团体会员单位后官寨初中捐赠价值4.16万元办公桌椅80套。建立了淘宝公益网店，为贫困学生救助搭建新平台，提升红十字的救助实力。通过公益淘宝店的形式开展爱心募捐对贫困学生实施救助，共收到爱心捐款5.5万元。7月，对各乡镇(街办)上报贫困学生进行摸排，最终确定43名救助对象，上传网站。组织职工走机关、进企业、入学校，发放向西藏、临洮地震灾区募捐的倡议书，调动社会各界爱心人士积极捐款，共收到地震捐款8.27587万元。为白血病患儿张阳募集善款1.9万元，并为显胜乡癌症患者李招弟募捐1000元。

为贫困户发放慰问品

【博爱家园项目】根据《西峰区博爱家园项目生计基金管理办法》相关规定，为3户生计基金户发放借款8万元，生计基金庆阳润泽大地农民专业合作社种植的新品种清香核桃2015年已个别挂果；温泉乡八里庙村上卡村民齐尚友扩大养猪规模给予2万元扶持借款，由原来养殖的100多头猪，现在已形成规模增加到200多头；庆阳市足丰养殖合作社给予4万元扩大养羊养殖，由起初的100多只现在已增加到200多只。

【宣传】年内，在国家、省、市、区级报刊杂志、新闻媒体上投送稿件58篇；市、区电台报道红十字会工作5次；红十字公众微信平台发布和转载信息107篇，网站点击量达2万多人次。开展以“人道传播?生命救护”为主题的“红十字博爱周”系列纪念活动。市、区两级红十字会、民盟庆阳市委员会及庆阳市爱心医院在东湖公园联合举办“纪念5.8世界红十字日”主题宣传活动，发放宣传资料2000余份(册)，制作宣传展板8面。为居民群众免费进行血压测量、提供便民义诊服务，并提供健康咨询。

【救护培训】开展初级救护员培训和救护普及活动。为了加大救护知识培训和普及力度，提高市民的自救互救能力，先后在区妇幼站、陇东学院岐医学院举办4期红十字初级救护员培训班，通过理论讲授和实践操作，316名学员成为合格的红十字初级救护员。在东湖社区、庆阳二中、陇东学院岐伯医学院分别开展了救护知识普及培训活动，培训人数788人。5月12日，在彭原初中、后官寨初中开展防震应急疏散演练，1249名师生参加了演练活动。当天，其他乡镇（街办）红十字会也开展了形式多样的应急演练活动。通过应急疏散演练，增强了师生的安全意识，提高了同学们在紧急情况下的快速反应能力和自救互救能力。

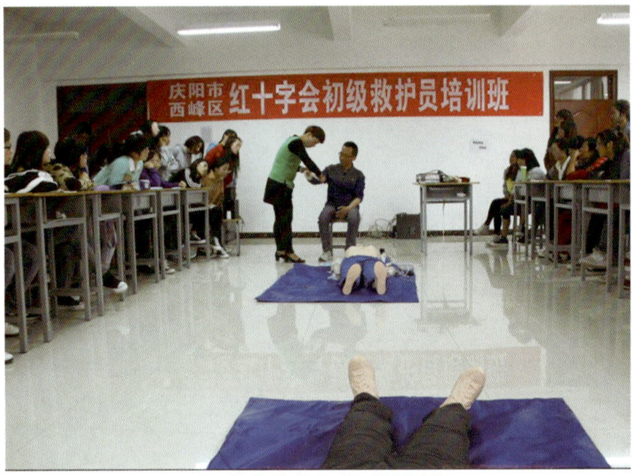

红十字会初级救护培训

【志愿服务活动】招募志愿者50名，发展注册志愿者10名，吸纳红十字青少年会员200名。成立红十字驴行天下志愿服务队、红十字园丁志愿服务队、陇东学院岐伯医学院红十字志愿服务队及红十字爱心联盟志愿服务队、红十字蒲公英志愿服务队等5个直属红十字志愿服务队。各乡镇（街办）都成立了红十字志愿服务队。开展志愿服务活动57场（次），发放慰问救助物资300余份，惠及贫困人口及孤残人口2000多人。

【"双联"及精准扶贫】确定一名分管领导专抓双联及精准扶贫工作。落实干部驻村制度，制定帮联干部轮流驻村安排表，选派3名干部作为驻村工作队队员长期驻村抓落实。帮扶贫困户12户，其中双联户8户，精准扶贫户4户。春耕生产期间，为8户双联户每户送去化肥一袋、地膜1卷。4名帮联干部利用驻村工作时间，帮助2户果园种植大户进行疏花疏果；结合红十字"暖冬行动"为12户帮联户送去棉衣、棉被、羊毛衫等救助物资12件（套），在红十字"博爱送万家"活动中，为帮联户送去米、面、油等救助物资8份。为精准扶贫户包有国女儿包佳丽开展贫困学生募捐；为精准扶贫户包红霞女儿徐燕燕争取贫困学生救助金1000元。为2户精准扶贫户落实贷款各5万元，发放手机2部，送话费2户各200元，修建卫生厕所4户，建成验收后每户补助500元，为4户精准扶贫户进行种养殖等农村实用技能培训，并颁发职业技能培训证书。向西峰网、区委双联办共报送信息24期，典型材料、民情日记、调研报告等6篇。

（肖峰）

西长凤高速彭原段　　　　摄影：刘小智

法 治

政法综治

【社会治安防控体系建设】制定出台《关于加强平安西峰建设的工作意见》《西峰区“大巡防”体系建设工作实施方案》和《西峰区社会治安防控体系建设三年规划》等规范性文件，形成了以区综治委统揽全局、相关部门协作联动、群众广泛参与的社会治安防控管理体系。乡镇二级分控中心与城区实现了视频监控信息资源共享、联网运行。辖区事业单位、娱乐服务场所和商业门店共安装视频监控探头6000多个，智能报警装置2500多个。在新农村集中居住区安装了视频监控设施，在水电、牲畜饲养等重点场所安装了防盗和断电报警装置。强势推进保安配备，45家机关企事业单位共配备保安1700余名。24所学校、幼儿园安装标清摄像头480个，视频信号接入监管中心，与公安、交警、城管联网运行，信息资源共享。新建小区安装视频监控设施，可视智能门禁系统。

【综治信息平台建设】制定下发《西峰区网格化管理实施意见》《全区社会综治信息平台建设实施方案》，对全区7个乡镇所辖的100个村、3个街办所辖的15个社区划分成了291个网格，按照网格数目确定了339个综治信息员和146个综治管理员。明确网格单元的社会管理对象、工作职责、办事流程和时效。同时，借助现代信息技术积极搭建社会综治信息平台，为每位网格员配备信息手机一部，实现了排查全覆盖，管理无缝隙，服务全方位，有问题及时发现，有矛盾及时化解，有需求及时服务。本辖区内实有人口、特殊人群、重点青少年、两新组织服务管理、治安管理整治、矛盾纠纷排查调处、机构队伍建设、社会稳定风险评估、群众安全感调查九大模块的基础信息已经录入综治信息平台，建成了大数据库。

【重点整治】按照“一个问题、一名领导、一套班子、一套方案、一抓到底”的总要求逐项整治。对市区挂牌督办的“城市环境脏乱差”“陇东学院及周边”、问题“城区街道侵财案件高发”“市人民医院及周边治安混乱”4项社会治安突出问题进行分解，逐一确定牵头单位、责任单位和责任领导，通过集中整治取得了明显成效。教体部门组织对全区184所中小学幼儿园进行了拉网式排查，共查出各类隐患112条，现场整改39条，限期整改73条，对全区18所幼儿园的26辆校车进行了全面检查，查处非营运车辆6辆；食药监部门检查食品生产经营企业1020户，药品生产经营单位48户，销毁不合格食品84386袋/瓶/盒/桶，行政处罚3.1万元。严厉打击黑恶势力犯罪、严重暴力犯罪、毒品犯罪以及“两抢一盗”等多发性侵财犯罪的破案活动。年受理各类刑事案件3895起，破获1105起，其中破获当年现案725起，依法起诉各类犯罪嫌疑人762人。受理查结治安案件2631起，打击处理违法行为人 3455 人。

【油区治安管控】全区确定 7 个责任乡镇、6 个责任部门和 130 名管护责任人员，健全完善基层巡防队伍建设。推行有偿举报制度，实现专业管护与群防群治有机结合。区综治办组织油区治安专项整治工作，针对打孔盗油等案件频发的村(组)、路段，采取分片包干的办法昼夜巡查，全力围堵，先后出动工作人员 580 人(次)、车辆 195 台(次)，查扣涉案车辆 7 台，收缴原油 33.61 吨，清理占压输油管道的违法建筑 3 处，有效遏制了部分乡镇涉油案件高发的势头。截至 12 月底，全区共发生涉油刑事案件 11 件，同比减少 20 件，其中打孔盗油案件 5 件，同比减少 7 件。区公安分局成立了专门的涉油侦查中队，共办理各类涉油刑事案件 6 起，打击处理犯罪嫌疑人 7 人，查处涉油行政案件 9 起，行政处罚违法行为人 9 名。油区治安秩序得到根本好转。

【社会矛盾化解】以“带案下访”、“信访法治建设年”活动为契机，继续组织开展突出社会矛盾和信访问题集中排查化解活动，2015 年，全区共排查调处各类矛盾纠纷 1602 件，调处成功 1506 件。扎实开展“群众利益无小事，矛盾纠纷大排查”专项活动，西峰区共排查各类矛盾纠纷 377 件，调处成功 348 件，其中，信访积案省管领导包案 6 件，市管领导包案 29 件，区管领导包案 62 件，已化解 15 件。继续推行“五诊法”(超前防范开展“预诊”，深入基层主动“出诊”，突发问题优先“急诊”，复杂疑难问题联合“会诊”，处理过的问题定期“复诊”)，做到了问题隐患底数清、情况明、早发现、早预警、早化解、早处置。

【社会稳定风险评估】按照社会稳定风险评估机制“两个全覆盖”和“应评尽评”工作要求，在各乡镇、街办按照有组织机构、有工作人员、有信息管理平台和制度机制规范、评估程序规范、决策审批规范、台账资料规范的“三有四规范”标准，开展示范创建活动，实现了稳评工作全覆盖、规范化。在范围上，拓展评估领域，全面开展“五个重大”决策事项的评估，特别要注重做好各类涉众型重大活动和公共安全各领域的社会稳定风险评估工作，深入排查各方面风险点，制定防控预案，及时消除和防控风险隐患，严防发生重大公共安全事故和群死群伤事件。在程序上，要严格按照“五步工作法”，全面落实社会稳定风险评估“六项制度”。年内，西峰区共组织评估了 23 个重大建设项目和 8 项重大活动，制定了相应的风险化解预案，有力地维护了社会稳定。

【防范和处理邪教】对重要节会和各重要节点，专门组织召开防范专题会议，对各个时期反邪教重点工作进行安排部署。2015 年，共查处邪教案件 4 起，行政拘留 4 人。各乡镇各单位充分利用反邪教警示教育阵地，以固定宣传墙面、张贴宣传挂图、书写板报、发放反邪教宣传资料、集中播放科普宣传片、签订“家庭拒绝邪教承诺书”等形式，广泛进行反邪教警示教育活动；结合“联村联户”“六五普法”等活动，乡镇有关部门、各村(组)组织党员、干部组成反邪教宣传队伍，走村串户，积极开展面对面的宣传教育，做到家喻户晓，人人皆知；各乡镇(街办)、各部门、企事业单位、村(社区)通过召开会议，学习反邪防邪知识，学校在全体师生中开展反邪防邪警示教育活动。2015 年，印制专门的反邪教宣传图册 5000 份、彩页 1 0000 份、横幅 123 条分发各乡(镇)、街办进行集中宣传教育。定了印有平安宣传和反邪教宣传口号的纸杯 50000 个，圆珠笔(印有防教宣传口号的小彩条缠绕笔身)40000 支，利用市区各种大型活动、会议、社区文化活动等集中发放宣传。新建东门村、中心村、王岭初中反邪教警示教育基地 3 处，在城市街区、广场等公众场所建成宣传长廊 18 处，营造了反邪教警示教育的浓厚氛围。为深入推进“十县百乡千村”无邪教创建活动，今年区上又投资 5 万多元，由区防教办统一制作了各类反邪教宣传牌 168 面分发各村组，实现了反邪教警示教育阵地在基层全履盖。78 个村(社区)达到“无邪教创建”标准，显胜乡已先达到“无邪教乡”创建标准。

【禁毒】强化公安技侦、网侦、缉毒联合作战模式和全警参战机制，利用“大情报”平台和DIAS（禁毒情报信息研判系统），严厉打击毒品违法犯罪活动。禁毒委以“破大案、打团伙、挖毒枭、查网络”为指针开展“百城禁毒会战”“禁毒百日攻坚”行动，共破获毒品案件85起（其中重特大案件9起、合成毒品案件4起）；抓获毒品犯罪嫌疑人100名；缴获毒品海洛因1740.4克；缴获冰毒139.11克。

【执法质量建设】制定下发《关于做好2015年案件评查工作的通知》，要求全区政法各部门一定要高度重视案件评查工作，统一研究部署，精心组织实施，要切实负起案件评查的主体责任，及时成立案件评查领导小组和案件评查小组，抽调业务能力强，工作认真负责的同志负责案件评查工作，通过评查，发现问题，提高办案效率质量。全年公安机关自评案件2656件、检察机关自评130件、法院自评2038件、司法局自评105件，评查率100%，优质率、合格率均达到98%以上，区委政法委组织的案件抽查中，重点评查了公安局40件、检察院25件、法院25件，司法局10件，区交警大队10件，评查合格率均达到98%以上，未查出错案和超审限案件。个人执法档案运转正常，均能按照相关规定及时归档。我区被确定为轻微刑事案件快速办理工作试点区后，成立了西峰区快速办理轻微刑事案件工作领导小组，结合我区政法工作实际，按照快速、简化、专业、高效的总体思路，以“五快”即快侦、快诉、快援、快审、快矫为核心，“四集中”即集中侦查办理、集中审查起诉、集中开庭庭审、集中援助矫正为支撑，全面推进轻微刑事案件快速办理创新试点，有效提高了办案效率，提升了司法服务水平。试点工作开展以来，全区共办理轻微刑事案件275件，最短用时2天，最长用时9天，平均用时7天，其中危险驾驶案件占40%，盗窃案件占30%，其他案件占30%，效果良好，积累了实践经验。

【队伍建设】深化政法干警核心价值观教育实践活动，大力加强政法队伍思想、作风、能力建设，通过正反两方面的典型，教育和鞭策政法干警增强公仆意识和群众观念，对群众的司法需求要主动伸手相助，案件面前敢于负责，危难时刻挺身而出。把从严治警与从优待警结合起来，切实改善基层干警的工作生活条件，增强政法队伍打攻坚战、持久战、常规战的战斗力和保障力。5月，政法部门开展了以政治理论、党性修养、法治理念、业务能力、实战技能为主要内容的专项教育培训工作，以公安为主，分别抽调武警、特警、刑警、巡警、民警、消防、卫生等组成若干应急处突队，开展实战演练5次；7月中旬由政法委组织300名政法综治维稳干部在大学生村官实训基地联合举办了全区政法综治维稳干部培训班；8月，组织召开西峰区“百名法学家百场报告会”，区上各单位、部门党政负责人、政法各部门班子成员及科室负责人，共计231人参加了这场报告会；8月14日，组织区公、检、法、司干警200人召开了社会主义核心价值观宣讲报告会；10月23日至24日，组织485名综治信息员举办了综治信息平台运营管理培训会。通过教育培训，切实提高了政法综治队伍的综合素质，为政法综治工作的开展夯实了基础。

【精准扶贫】发放各类宣传资料300余份，主题讲座2场（次），座谈会6场（次）；累计进村入户68人次，征求群众意见36条，制定帮扶计划25户，干部驻村人均达8天。春节购买慰问品及春联3000余副，慰问了老党员、老干部困难群众；春耕时节，单位全体帮扶干部自筹资金8000余元，为25户联系户每户送去化肥3袋；单位筹资5000余元，相继在村上开展技术培训，劳务信息输送等活动，共组织技术培训2次，集体政策宣讲6次，观摩学习1次，受益群众达400余人；全面推行干部驻村服务群众制度，机关共分为3组，轮流驻村全面推广便民服务机制，共化解矛盾纠纷5起，解决群众诉求6起。

（安洁）

法制政府建设

【宣传培训】组织区政府常务会议集体学法6次，邀请专家教授举行综合法律知识、专业法律知识培训74期，派专人参加省法制办在清华大学举办的《甘肃省2015年度法治政府建设业务能力高级培训班》和《全省行政复议应诉文件备案管理和合法性审查工作业务培训》。印发各类法制宣传资料6000多份，分发各乡镇、街办和各执法单位，12月4日宪法宣传日向广大市民发放。

西峰区行政执法人员在市政府礼堂进行综合法律知识培训

【规范性文件】审查通过规范性文件2件，《庆阳市西峰区残疾人就业基地建设管理办法》《庆阳市西峰区民办幼儿园管理办法》。办理规范性文件备案审查42件，出具法律意见书51件，其中土地征收法律文书35份，行政合同8份，其他涉法文件8份；审查率、报备率均达到100%。

【依法行政】年初，调整依法行政工作领导小组成员，印发《西峰区2015年依法行政工作目标管理责任书》《2015年西峰区依法行政工作要点》。7月，邀请市人大代表、市区政协委员分2组，对全区45个行政执法单位进行中期督查。11月，出台《关于调整西峰区依法行政工作领导小组成员的通知》《关于印发〈西峰区行政执法与刑事司法衔接工作制度〉通知》《关于印发〈西峰区深入推进依法行政加快法治政府建设规划(2015—2020年)〉的通知》。区政府七届40次常务会议讨论通过《西峰区行政执法主体资格管理制度》《西峰区行政执法人员资格及证件管理制度》《西峰区行政执法案卷评查办法》《西峰区行政执法责任制规定》等14项制度。制定印发《西峰区人民政府关于开展依法行政示范单位创建活动的实施方案》。对全区47个行政执法主体单位的行政执法人员，按照申办"甘肃省行政执法证件"人员进行人事、编制、法制"三关"的严格审查，保证身份合法。12月，从城管局、食药监局、质监局、安监局、市政公用管理局等单位抽调工作人员，分4组对全区45个行政执法单位开展为期5天的年终考核。并对2014年依法行政工作中表现较好的12个先进单位和20名先进个人予以表彰奖励。

【行政复议应诉】探索化解行政争议新机制，运用简易程序、听证、调解、和解、协调、现场勘查等多种手段来化解矛盾，对存在明显错误的具体行政行为建议原行政决定机关尽量自行撤销，对一些事实清楚，案情简单的案件，采用简易的方式审理复议案件，提高办案效率。依法受理行政复议案件7宗；行政应诉案件6宗，其中：3宗已经办结，维持原判。

【"双联"精准扶贫】衔接区交通局，为肖金镇脱坳村中坳组硬化水泥路0.6公里，对其中的23户精准贫困户送了智能手机。联系兰州银行为每户办理政府贴息贷款5万元。配合肖金镇政府及脱坳村，招商引资三户，分别建成百亩苗林产业合作社、百亩苹果种植示范园、祥鹏专业合作社。流转土地200多亩，每户在合作社入股2万元，每年分红1200元。脱坳村新建卫生所70平方米。实现23户102人脱贫。

(刘宝玲)

人民公安

【维护政治稳定】上报国保信息36条、反邪教要情25条、反恐怖信息27条，编报《西峰公安信息快报》172期。上报互联网舆情监控信息406条，其中涉警涉稳类信息 108 条，开展国内外重特大舆情事件引导 119 次。定期摸排 90 家投资类企业、121 家房地产开发公司、18 家汽贸公司。对 10 名国保重点人员、28 名邪教重点人员实行分级管理、动态控制。对 16 个国保重要阵地、39 家涉恐重点单位及时掌握动态信息。列管国保、邪教、反恐重点人 38 人，列控网络重点人 300 人。办结邪教案件 4 起，行政拘留违法行为人 4 人。依法妥善处置各类群体性事件 139 起，其中讨薪类群体性事件 84 起，讨债类群体性事件 20 起，冬季供热问题引发的群

特行场所检查

体性事件 10 起。接待来信来访群众 220 人次，当场化解信访事项 100 余起，办理信访案件 27 起，办结 23 起，息诉 4 起。

【打击刑事犯罪】受理各类刑事案件 4297 起，破获 1228 起，其中破获当年现案 927 起，公诉各类犯罪嫌疑人 754 人，抓获上网逃犯 287 人。打掉黑社会性质组织 1 个、恶势力犯罪团伙 2 个，破获刑事案件 26 起，移送起诉犯罪嫌疑人 25 人；另外判决恶势力团伙 2 个，判决恶势力成员 10 人。年内共发命案 6 起，破获 6 起。破获盗窃案件 456 起，抢劫、抢夺案件 90 起，诈骗案件 146 起，公诉犯罪嫌疑人 154 人。共受理经济案件 47 起，审查立案 43 起，破获 26 起，批捕犯罪嫌疑人 9 人，公诉犯罪嫌疑人 14 人。共破获毒品案件 89 起，缴获毒品海洛因 1741.48 克，合成毒品 139.11 克，抓获作案成员 95 人，强制隔离戒毒 192 人，责令社区戒毒 42 人。

【社会治安管理】受理治安行政案件 5354 起，其中受理治安案件 5097 起，查结 2679 起，查处违

节前安全检查

法人员 2698 人次。共收缴土枪 36 支、气枪 8 支、弩 1 支、管制刀具 72 把、子弹 10 发、射钉弹 100 发；破获涉枪案件 7 起，缴获枪支 8 支，打击处理犯罪嫌疑人 8 人；共查处涉黄案件 41 起，其中刑事案件 7 起，打击处理涉黄违法犯罪嫌疑人 50 人；共查结网络行政案件 5 起，正在办理网络刑事案件 1 起，治安处罚违法行为人 5 人；破获涉油刑事案件 3 起，抓获犯罪嫌疑人 8 人，查处涉油治安案件 3 起，打击处理 7 人；新登记录入流动暂住人口 17078 人，房屋出租户 1239 户，列管重点人口 2167 人。对辖区的 2 家涉爆企业、15 家加油站、6 家液化气供应站、31 家学校化学实验室、107 家物流寄递企业、14 家涉枪单位实施了每月一次安全大检查，督促落实了散装汽油实名登记管理制度；督促全区 332 家旅店业、59 家网吧全部安装了信息系统和身份证读卡器，督促全区 19 家娱乐场所全部安装了报警电话、消防设施、自动感烟报警系统。

【交通安全管理】开展专项整治行动 26 次，查处各类交通违法行为 139960 起，其中超员 323 起、超速 3217 起、超载 910 起、酒后驾驶 445 起、涉牌涉证 11775 起、疲劳驾驶 1595 起、违停 47543 起、其他违法行为 74152 起；查扣电瓶车 389 辆次。优化城区信号灯配时 77 处，恢复小什字、公园前门 2 处信号灯设置，重新施划城区标识标线 4.8 万平方

春运安全检查

米，安装东大街中心物理隔离设施 700 米，安装小什字、东湖公园隔离护栏 1047 米，安装高级 LED 车道导向标牌 10 面，普通车道导向标牌 57 面，安装违停球型智能抓拍系统 20 处，对东仓巷、老西环路北段实行单向通行，并安装防逆行抓拍电子监控系统。年内办理机动车业务 32482 辆、机动车驾驶人业务 36563 人；办理农用三轮车摩托车牌证 23812 辆，考证 14839 人。

【消防安全监管】开展冬、春火灾专项治理、劳动密集型企业专项整治、夏季消防检查工作等专项行动，检查单位 1551 家，发现火灾隐患 2419 条，督促整改火灾隐患 2354 处，下发责令改正通知 1042 份，临时查封 18 家，三停 7 家，行政处罚 35 家，行政拘留 2 人。发送消防提示短信 10000 余条；对 116 家重点单位现场培训培训 18 次，参与群众 4000 余人。年内发生火灾 52 起，直接财产损失 17.17 万元，无人员伤亡。

【队伍建设】坚持政治建警，开展“三严三实”专题教育活动，召开专题教育党课 6 次，集中学习 20 余次，落实周一视频例会学习制度。加强纪检监督，每个支部设立 1 名专（兼）职纪检委员。加强风险防控，梳理出权力 10 类 112 项，查找出廉政风险点 167 个，制定防范措施 192 条。加强审计监督，开展领导干部经济责任审计、看守所在押人员财物管理审计、全局行政事业性收费审计、房屋产权专项审计等工作。强化民警教育训练，培训 267 名新警并分配至派出所。扩大公安宣传，在区级以上媒体刊登、刊播稿件 800 余篇，在西峰公安微博发布信息 4000 余条。严格问责督察，开展各类现场督察 500 余次、专项督察 15 项，共计督察追究部门 18 个，追究民警 119 人 253 次，督察记分 1173 分，警诫 5 人 7 次，停止执行职务 3 人，扣发各类津贴 19680 元年内队伍未出现违法违纪问题。25 个集体，70 余名个人分别荣获省、市、区表彰奖励，其中 2 个部门荣立集体三等功，1 人荣立个人二等功，7 人荣立个人三等功。

【“双联”及精准扶贫】按照组织领导到位、目标责任到位、检查指导到位，切实加强对扶贫攻坚工作的领导。局领导身先士卒，全体民警积极参与，完成 7 个乡镇 8 个行政村 426 户贫困户的入户调研和建档立卡工作。局机关为后官寨路堡村协调硬化道路 14.6 公里，建成 110 亩果园一处，栽植三年

贫困户帮扶活动

生果树苗 6050 株，争取危房改造项目完成土坯房改造 14 户。

（师敏）

人民检察院

【检察业务】自侦工作：受理案件线索 23 件 27 人，立案侦查 16 件 20 人，其中大案 14 件 15 人，要案 4 件 4 人，移送审查起诉 9 件 10 人。侦监

工作：受理案件 299 件 418 人，批捕 239 件 327 人，不捕 54 件 85 人(含未成年人不捕 18 人)。公诉工作：受理案件 613 件 850 人，起诉 529 件 714 人，报送市院审查起诉 13 件 29 人，不起诉 37 件 48 人(含未成年人不诉 11 件 16 人)，依法提起抗诉 4 件，提出量刑建议 268 件，法院采纳 263 件。预防工作：开展行贿档案查询 2267 宗、预防咨询、调查 96 件，发检察建议 3 份，开展廉政警示教育活动 38 场次，形成年度综合报告 2 份。控申工作：受理群众来信 22 件，来访 41 人次，全部依法作了妥善处理。民行工作：受理不服法院生效的民事行政判决裁定申诉 1 件，办理执行监督 4 件，针对法院审判和行政执法存在的问题发检察建议 4 份。监所工作：开展针对社区服刑人员脱管漏管、罪犯交付执行与留所服刑等检查 8 次，监督纠正法院应收缴而未缴纳的罚金刑、财产刑 10 件，开展羁押必要性审查 1 件 1 人，对刑罚执行和监管活动中的违法情形提出纠正意见 30 件次。

【检察改革】 坚持“以公开促公正，以透明保廉洁”的工作原则，打造集检察门户网站、微博、微信、新闻客户端于一体的新媒体公开平台，推行“一站式”服务，共向社会公开程序性案件信息 1231 件，发布法律文书 542 份、政务信息 13 篇，推进了检务公开制度。建立涉法涉诉信访导入、纠错、终结机制，引导当事人合理表达诉求、维护权益。全年接待群众信访 70 件，其中涉检涉诉信访 26 件，均按规定及时进行了分流、办理和答复，落实了涉法涉诉信访工作。查摆出司法办案不严格、不规范、不文明问题 7 类 32 条，建立健全防范和追责机制 12 项，确保了司法行为的规范性。

【“保民生、促三农”专项行动】 即“保障民生民利，促进农业发展、农村繁荣、农民增收”。在全区 7 个乡镇、3 个街办，16 个涉农部门和 103 个行政村挂牌建立检察室和检察联络室，选聘检察联络员 139 名，将检察触角伸至基层、服务网络覆盖全区。在显胜乡唐荀村等 60 余村组开展法制培训和涉农

甘肃省检察院检察长路志强(左三)调研“保民生、促三农”“两好、两促”等专项行动

知识讲座 60 余场次，向群众宣传惠农政策 20 余项，组织镇村干部观看警示教育片 30 余次，利用“三室”、远程视频接访、“两微一端”平台受理群众来信来访 30 件次发放预防涉农职务犯罪宣传资料 8000 余册，化解农村矛盾纠纷 19 件。

【“两好、两促”专项行动】 组织西峰区法律综合知识和预防职务犯罪知识测试、行政机关工作人员“学好法、用好权”大学习、大讨论活动。督促各单位在机关网站开设预防职务犯罪警示教育专栏，通过短信平台每月向各单位机关工作人员发送预防职务犯罪手机报 3 期；分系统、分行业、有步骤地开展预防职务犯罪警示教育讲座 10 余场次。在当地电视台黄金时段循环播出高检院《保持纯洁、幸福相随》《让一切在阳光下运行》等 10 余部获奖优秀廉政短片和微电影。向各单位印发《预防职务犯罪教育读本》《甘肃省预防职务犯罪工作条例》等资料 1000 余册，增强国家工作人员依法履职、廉洁用权的廉政意识，营造为民务实、依法办事的勤政氛围。

【党风廉政建设】 签订《党风廉政建设责任书》《办案安全责任书》和《党风廉政建设保证书》，强化党风廉政建设主体责任。加强对新修订《中国共产党廉洁自律准则》和《中国共产党纪律处分条例》的组织学习，为干警执法执纪标清了“底线”、画出了“红线”、警示了“雷区”。严格执行廉洁从检承诺及“一岗双责”“一案双查”等廉政制度，建立司法人员过问案件记录和责任追究制度，开展检务督察 8

次，共发现问题7个，提出督察建议8条，落实“两个责任”，时时处处讲规矩守纪律，促进了干警清正、队伍清廉、司法清明。

【队伍建设】按照“五个过硬”队伍建设要求，开展交叉办案、业务竞赛等岗位练兵活动，组织干警参加高层次、专业化培训90多人次，在省、市级刊物上发表调研文章和宣传报道30余篇。检察院先后被评为全国先进基层检察院、全国检察机关科技强检示范院候选单位、全国文明接待室、全省检察机关科技强检示范院，有22人分别获得省、市、区级奖励。

【“双联”及精准扶贫】向什社乡永丰村捐赠化肥10吨、地膜3吨、农药13箱。协助流转土地100亩，硬化通村公路10.9公里，建成苹果产业专业合作社1处、矮化密植果业示范园2处及存放量达1000吨的气调果库1座。依托“北地红”公司，积极培育和发展订单农业，全年栽种辣椒500亩，实现产值150余万元。帮助永丰村完成27户贫困户危旧房改造、11户异地搬迁、53户贫困户互联网接入，为65户贫困户提供每户5万元的贴息小额贷款，有效解决了群众发展种植、养殖业基础薄弱、信息不畅、资金短缺的问题。检察院被评为“西峰区双联行动先进单位”，2人获市、区双联工作先进个人称号。

（张宇星）

人民法院

【案件审理】全年受理各类审、执案件5763件，结案4501件，结案绝对数位居全市法院第一。受理刑事案件690件，审结579件。受理民商事案件4236件，审结3272件。调解612件，撤诉938件。受理行政案件2件，审结2件。审查非诉行政案件4件，执行4件。妥善审理国家赔偿案件2件。

【案件执行】受理执行案件804件，执结634件。其中受理当年案件784件，执结616件，执结标

快速执结农民工劳务合同纠纷案，当事人赠送锦旗

的额9830.6余万元；受理历年案件20件，执结18件，执结标的额251.6余万元。司法拘留101案101人，移送公安机关立案侦查67案67人、协助拘留4案4人；公布失信被执行个人210案219人、企业7案7人。

【审判管理】运用法官工作平台、数字化法院业务系统，建成上联上级法院、下至派出法庭的专线通信、数据交换的法院专网，案件节点全程网络转批，实现全流程网上办案。通过建立网上办案系统与司法公开平台的有效对接机制。实现当事人凭立案时获取的验证码在院服务大厅触摸屏系统查询案件进度等案件进度信息。把电子卷宗制作、裁判文书上网工作纳入绩效考评，利用中国裁判文书网络平台，对符合公开条件的3945份生效裁判文书上网公布，主动接受当事人和社会公众的监督，确保司法权在阳光下运行。按照落实司法公开三大平台建设要求，实现庭审同步录音录像、同步记录、同步显示“三同

开庭审理辖区刑事犯罪案件

步”。依托官方网站全面公开法院基本情况、工作流程、办案程序、案件审判等司法信息，满足不同群体对司法公开的需求。利用法院门户网站、官方微博、微信载体适时发布法院重大审判信息100余条，并有针对性的选择重大、典型案件直播庭审或执行过程，便于人民群众了解法院。人民陪审员增至92名，按期完成人民陪审员“倍增计划”。

【法律服务】在立案大厅墙上张贴立案登记流程图、案件受理流程图。依法为3名符合法律援助条件的刑事被告人指派辩护律师，为21件案件当事人缓、减、免交诉讼费，减免金额11余万元。因案施策、因访施治，成功化解了庆阳市鹏派公司拖欠37名农民工工资等有社会影响、多年难以解决的信访案件。年内，收到各级相关部门转、交办信访案件共28件，已办结或书面上报结果27件，息诉化解27件，接待群众来访、咨询1100人(次)，其中院长（含主管院长）亲自到信访大厅接待来访群众350人(次)，并先后3次和省高院、最高院通过远程视频接访系统“点对点”接访7人。参与民俗文化产业园、西合公路等项目的拆迁、征地工作，为重点项目提供优质司法服务。驻派3名工作人员在城管执法局办公，及时为城市管理工作做好法律服务保障。开展法律服务“直通车“活动，选派5名基层法庭庭长在什社庆丰、温泉刘家店、显胜毛家寺等5个村组开展法律咨询、纠纷排查等服务。

【队伍建设】开展“三严三实”专题教育活动，贯彻学习中共十八大，十八届三中、四中、五中全会和习近平总书记系列重要讲话精神，明确法院工作的方向，抓好思想政治建设，强化干警理想信念教育，信仰法治，坚守法治，坚决维护宪法法律权威，做到对党忠诚、个人干净、敢于担当。确定每周一早晨为业务学习时间，加强干警的学习教育。组织、参加各类业务培训13期，培训干警54人次，提高法官干警熟练掌握法律、准确理解法律、正确适用法律、依法公正裁判的能力。制定、完善《机关工作人员考勤办法》《错案责任追究办法》《关于建立干警违法

司法警察大队岗位大练兵

违纪情况报告制度的规定》等制度，加强作风建设。开展“机关作风大整顿”和“工作落实年”活动，从严整顿院风院纪，建立明查暗访长效机制，对庭审活动、工作纪律、司法礼仪等进行专项检查8次，及时督促整改存在的问题21个，约束干警不越雷池、不踩红线，保持对各种违纪违法问题“零容忍”态度，真正做到工作有规范、行为有要求、违纪有追究。

【“双联”及精准扶贫】落实驻村帮扶工作制度，全院92名联户干警多次深入农户家中，了解他们家庭生产、收入等情况，共同寻找发展出路。先后两次支助村上8万元用以道路维修、环境整治等基础设施建设等工作，并在生产季节为183户帮联户送去农资、农药，进一步增进了感情，加深了联系。

(芮慧)

司法行政

【法治宣传】召开西峰区法治宣传教育领导小组成员会议，动员部署“六五”普法终期考核工作。开展“百所千场”送法活动。开展大型送法活动16场次，巡回宣讲12场次，集中宣传10场次，受教育群众11500人次，悬挂标语横幅12条幅，更新普法长廊版面8面，印刷发放各类宣传资料10000份(本)。推进乡村两级法治文化阵地建设，覆盖面85%以上，累计建立普法长廊76个。投入资金34.2万元，编写《律师说法》和《小额信贷与非法集资》普法宣传读本，各印制2万本；编写《普法春雨

甘肃省司法厅基层处处长景国成(中)视察司法工作

润百姓》普法快板并录制节目视频,制作光盘 2000 多盘。深化依法治区、民主法治示范村(社区)等创建活动,创建率 90%以上。

【人民调解】对区、乡、村、组四级调解组织进行了整顿调整,在区、乡两级分别成立了人民调解工作指导委员会,在各乡镇(街办)和村(社区)成立了人民调解委员会,组(住宅小区)成立了调解小组。年底,西峰区有各级调委会 273 个,其中村级调委会 108 个,乡级调委会 10 个,社区调委会 15 个,企事业调委会 79 个,物业管理调委会 55 个,其它调委会 6 个,调解小组 1020 个,调解人员 5339 名。开展带案下访化解矛盾纠纷专项活动,排查调处各类重大矛盾纠纷 812 件,调处成功 797 件,调处率和调处成功率分别为 100%和 98.2%。年内排查各类矛盾纠纷 2929 起,调处成功 2900 起,调处率和调处成功率分别为 100%和 99%。

【基层建设】投入 10 万元加强什社司法所规范化建设,西峰区 10 个司法所全部达到规范化的要求。按照"5+1"工作模式,新建 17 个规范化的司法行政工作室。依托全省"智慧司法"平台,组织司法行政工作人员参加业务技能培训,掌握操作流程,实现同步网络办公。开展社区矫正、刑释解教等信息管理及系统管理软件操作实务培训和管理应用,提升基层司法行政工作者的业务能力和水平。

【特殊人群管理】开展刑满释放人员"大回访"活动,加强对重点对象走访帮助解决实际困难。11 月底,累计释放 352 人,刑释人员帮教率达到了 100%以上。继续推行"四个一两评定"工作模式。年底,在册社区服刑人员 474 人,建档率 100%,矫正率 100%。《今日西峰》报专版对社区矫正工作典型事迹进行了报道。

【法律服务】律师通过担任政府法律顾问、协助化解矛盾、提供法治保障。律师事务所担任法律顾问 42 家,办理各类案件 402 件。公证处共办理公证案件 5355 件。法律援助中心共争取中央、省、区财政补贴金额 74 万元,提升了办案的速度和质量。新建武装部军人军属法律援助工作站和看守所法律援助工作站,努力做到"应援尽援"。继续巩固"一卡通"服务制度,拓展新的服务领域。办理法律援助案件 496 件,接待咨询 1800 人(次)。开展"法律服务直通车"活动。整合法律服务资源,集参与律师行业、法院行业、检察院行业之力,有 32 名对接人员已经与结对村实现了对接服务,在村组悬挂西峰区"法律服务直通车"公示牌 32 面,组织开展大型宣传活动 4 场(次),发放宣传资料 2 万余份,解答法律方面各类咨询 253 件。西峰区电视台分别与 4 月 13 日和 27 日专题报道了西峰区"法律服务直通车"活动。

【作风建设】健全完善司法行政机关和窗口服务单位的限时办结、质量监督、承诺服务、效能考评、行政过错责任追究等制度,修订完善《岗位目标责任制度》和相关的细化考评表等绩效考评规定,实行目标管理、量化跟踪,并把股室岗位职责分解落实到个人,实行定人、定岗、定任务,实现制度管人的目标。落实"一岗双责",建立了廉政风险防范管理工作领导责任制,增强了党员干部的风险意识和廉政意识。

【"双联"及精准扶贫】整合法律服务资源,集参与律师行业、法院行业、检察院行业之力,重心下移,延伸服务。给 32 个双联村均指定 1 名法律服务直通车活动联络员,依托当地司法所协调完成各双联村与结对人员的服务对接，律师事务所通过发放“维权联系卡”方便村民开展预约式服务，通过开展团队式服务轮流组织律师进村入户开展面对面的服务，结对人员通过建立双联村QQ联系群、微信联系群和微信平台开展信息化对接，开展法制宣传、开展法律咨询、开展矛盾化解、法律援助等法律服务，确保村民能够及时获取律师帮助和服务。已有32名对接人员已经与结对村实现了对接服务，在村组悬挂西峰区“法律服务直通车”公示牌32面，组织开展大型宣传活动四场(次)，发放宣传资料两万余份，解答法律方面各类咨询共计253件。

（罗社宏）

职工演讲赛

天富亿生态民俗村　　摄影：刘小智

武 装

人民武装

【思想政治建设】紧紧围绕形势和任务要求，以学习习近平主席系列重要讲话为主线，大力加强思想政治建设。高标准完成了年度政治理论学习任务和各项专题教育活动，有效地解决了理想信念、精神状态、能力素质和工作作风等方面的问题，增强了履行职能使命的责任感和紧迫感。扎实开展“三严三实”专题教育整顿活动，彻底纠改问题，人武部机关的服务意识得到增强，干部队伍的作风明显改变。

【战备训练】依据《战备工作规定》，先后修定完善各类行动预(方)案 13 种，购置补充战备物资器材 595 件(套)，对战备库室进行彻底整治，狠抓民兵应急分队和现役干部军事训练，应急应战能力在历次检查考核中得到提升。11 月，接了省军区全面考核，取得了较好成绩。顺利完成 154 名男兵征集任务。

【改善基础薄弱问题】重点对温泉镇民兵营(连)部规范化建设，为全区确立了样板，先后迎接了兄弟单位和全市专武干部集训班的参观见学。认真抓了国家和省上《专武干部工作规定》的贯彻落实，对照规定查找存在的矛盾和问题，研究制定了改进意见，在区委区政府的大力支持下，一些问题和矛盾已得到初步解决。

【战备和生活保障】按照上级战备建设要求，为适应民兵逐行任务需要，先后购置配备了作训服、被囊、铁锹、以及能够保障训练和执行任务必备的餐具等装备器材。按照各级厉行节约的指示要求，树立过紧日子的思想，纠治公款接待、铺张浪费等问题。在区上的大力支持下，对办公、生活等甚础设施进行了整治和维修，进一步规范了办公、管理和生活秩序。

【部队管理】开展“条令法规学习月”活动以及“学条令、训队列、整秩序”、安全隐患排查整治、“百日四无”等专项活动，强化干部、职工的法规意识和条令意识。突出防范人、车、库、网、密等安全管理重点，着力规范“四个秩序”。

【“双联”和扶贫攻坚】组织干部职工开展“双联”行动、植树造林和城区环境卫生整治。结合征兵宣传，深入陇东学院进行国防教育，举办双拥暨征兵宣传专题文艺晚会，营造了浓厚的双拥共建氛围。

(巩辉斌)

消 防

2015 年 1 月 1 日至 12 月 30 日，西峰区共发生火灾 52 起，无人员伤亡，直接财产损失 17.17 万元。

【政府消防安全责任制】区委、区政府不断落实消防工作政府主体责任制，实行常态化火灾隐患排查整治机制和每季度联席会议制度，定期研判评估辖区消防安全形势，开展消防安全联合检查。先后召开全区消防工作会议、夏季消防安全检查推进会，签订消防安全责任书(状)、承诺书141份，区政府召开常务会议专题研究消防工作2次。区委、区政府主要领导、分管领导先后专题听取消防工作汇报4次，带队联合检查单位20余家。各乡镇、街办党委政府也成立了消防安全委员会，确定专人负责消防管理工作。区安监、质检、住建、工信、工商等12个部门按照各自职责安排部署了本行业系统内的消防工作，并对列管单位进行监督检查。

【消防安全专项行动】按照各级部署开展消防安全专项行动要求，汇报区委、区政府落实消防工作政府责任制，结合辖区实际，汲取全国发生的重特大火灾事故教训，发文部署各项消防安全专项行动要求，开展了今冬明春火灾专项治理、劳动密集型企业专项整治、夏季消防检查工作等专项行动，坚持把人员密集场所、高层地下建筑、劳动密集型企业、易燃易爆单位、公共娱乐场所、文物古建筑、消防产品专项整治作为消防安全监管工作的重点，对发现的火灾隐患和违法行为，加大监督执法力度，并要求单位落实整改措施，切实做到底数清、执法严、宣传深。截至12月30日，共检查单位1493家，发现火灾隐患2407条，督促整改火灾隐患2353处，下发《责令限期改正通知书》1036份，临时查封28家，三停7家，拘留2人。有效地防止了重特大火灾事故的发生。

【消防安全“网格化”管理】西峰区以乡镇、街办为基本单位，将7个乡镇3个街办划分为10个“大网格”，“大网格”由乡镇及街办党政主要领导牵头负责；以社区和行政村为基本单元，将142个“中网格”划分为1050个小网格。“中网格”主要由村(居)两委负责、社区书记(主任)牵头负责；以责任片区、村民小组、楼群院落、住宅小区为基本单元，将其划分为责任片区的“小网格”。同时，建立网格工作室对“小网格”进行管理，由网格工作室在“小网格”内参与开展消防巡查、检查、宣传，及时消除火隐患。消防网格化管理工作取得初步成效，为全区人民创造了良好的消防安全环境。

【消防宣传】针对辖区火灾防范特点，协调市电视台每天晚上插播消防公益宣传片和消防安全提示语；组织辖区150余人员密集场所消防安全责任人开展消防安全培训；与移动公司联手建立消防安全手机短信提示平台，向政府机关领导，各乡街主要领导，企事业单位的消防安全责任人、管理人、消防控制室操作人员，消防民警，广大居民发送消防提示短信10000余条，并分岗位、分时段提醒相关人员认真履行消防工作职责；组织全区KTV、洗浴、网吧等公共娱乐场所消防安全负责人、管理人召开消防安全培训会议；“3·15”消费者权益保护日，联合工商、质监部门开展以普及消防产品常识为主要内容的宣传活动；以消防安全“四个能力”深入社会单位开展消防安全培训，对116家重点单位现场培训和熟悉演练活动。同时，大队还借助户外视频、LED广告屏、报纸媒体、广播电视，大力宣传消防安全常识，全面提升全民消防安全意识知晓率，创造一个良好的消防安全环境。

【消防基础设施建设】政府加大专项经费投入，使消防基础设施与经济发展同安排、同部署、同落实，努力使消火栓建设100%建成，100%完整好用，同时，进一步明确市政消火栓建设维护保养以及使用管理规定，使城区消火栓建设管理使用纳入法制化、规范化轨道，确保一旦发生火灾扑救有水源有保障，最大限度保护最广大人民的根本利益。

(李帅)

经济管理与监督

发展和改革

【经济运行】西峰区地区生产总值完成154.8亿元，比上年增长3.8%；固定资产投资完成266.4亿元，比上年增长11.2%；地方规模以上工业增加值完成8.8亿元，比上年增长1.6%；社会消费品零售总额完成63.5亿元，比上年增长8.0%；城镇居民人均可支配收入完成23847.2元，比上年增长10.7%；农村居民人均可支配收入预计完成7878.2元，比上年增长11.6%。

【项目监管】制定出台《西峰区投资项目前期工作函管理办法》，规范项目审批程序，提高项目工作效率和透明度。2015年审批(核准、备案)项目90个，出具项目前期工作函119个。组织召开项目工作现场会和固定资产调度分析会8次，专题研究解决了重大项目建设中存在的困难和问题，促进了项目建设顺利推进。组织定期专项项目督查3次，对督查过程中发现的9个项目手续不全等问题，及时下发整改通知书，限期整改，规范项目建设程序。

9月23日，甘肃省工信委副主任王海峰(左三)带领督察组督查中发21号文件和省委十二届十三次全委（扩大）会议精神贯彻落实情况(图为座谈会现场)

【项目建设】实施50万元以上各类建设项目418个，完成投资285亿元，同比增长7.4%。实施市列重点建设项目27个，完成投资40.8亿元。论证储备各类新项目130个（其中亿元以上项目38个)，估算总投资253.58亿元。制定出台《西峰区贯彻落实基础设施和公用事业特许经营管理办法的实施意见》，汇总梳理PPP项目14个，总投资27.1亿元。进一步加强中央预算内投资项目的督促落实，对2个资金沉淀的项目进行资金调整，对2个项目的建设性质和4个项目的建设内容分别进行调整变更，对于19个未开工建设的项目，逐个进行督促协调，限期开工建设。

【资金争取】争取到位国省投资金项目314个，总投资12.7亿元，占计划10.75亿元的118%；其中发改局争取到位国省投资金项目23个，总投资1.59亿元。争取省、市无偿资金80万元，超额完成计划任务。申报2016年中央预算内投资计划项目79个，总投资192.6亿元。先后四批申报专项建设债券项目127个，总投资609.7亿元。储备政府投资项目160个，总投资397.7亿元，计划申请投资124.5亿元。编制三年滚动投资计划项目116

个，总投资388.4亿元，计划申请投资121.2亿元。

【失地农民安置】按照《西峰区失地农民安置住房实施意见》要求，成立西峰区失地农民安置建设办公室，确定分管领导和业务主办，联合住建、国土等部门开展专项督查2次，建立失地农民安置台账，使西峰区失地农民安置工作趋于规范，做到有章可循。后官寨村北庄组、黄官寨村西队二期等9个新建项目已开工建设，地庄村南队、东坳等17个续建项目顺利推进，年底竣工15个。司官寨村柳树坳组、郝岭组2个安置小区已完成项目前期，即将开工建设。周岭村老庄组、八里窑组、地庄村郭坳组二期、后官寨村西庄组、寨子村火巷村等28个项目开展前期工作。

【"十三五"规划及年度计划编制】根据省、市"十三五"规划编制安排步骤，先后多次对西峰区"十三五"前期课题研究及专项规划编制情况进行衔接指导和进展督查，督促编制完成19个前期课题研究、38个专项规划。组织协调规划编制调研专家组多次对西峰区规划纲要编制工作进行实地调研和专题座谈，广泛征求各方意见和建议，编制完成《西峰区国民经济和社会发展第十三个五年规划纲要》和《西峰区"十三五"重点建设项目库》，汇总梳理全区"十三五"重点建设项目624个，总投资2264.83亿元，其中申请投资472.80亿元，自筹1792.03亿元。编制下达2015年全区国民经济和社会发展计划(草案)，分解下达全社会固定资产暨建设项目投资计划、农村经济发展计划、工业发展计划、基本建设项目计划等工作任务。起草完成西峰区2015年上半年国民经济和社会发展计划执行情况的报告和关于调整2015年西峰区国民经济和社会发展部分主要指标计划的报告，报告区七届人大常委会第二十八次会议审议通过。编制完成《西峰区2016年主要经济指标建议计划(草案)》和《西峰区2015年国民经济和社会发展计划执行情况及2016年计划(草案)的报告》。

【招商引资】签约招商引资项目6个，总投资14.1亿元，已到位资金10.95亿元，占年度计划10亿元的109%，其中：鑫远汽贸项目到位资金1.85亿元，亨星锦绣城三期建设项目到位资金4.1亿元，宏钰大厦建设项目到位资金0.65亿元，麒麟皇冠大酒店到位资金4.35亿元。

【经济动员】开展平战潜力调查，为经济动员数据库奠定基础。完成给养应急保障动员企业复查及拟新增企业调查，汇总上报《军民融合储备项目及三年滚动投资计划》项目23个。完成《西峰区经济动员综合保障应急预案》的修订和国民经济动员潜力数据信息库的数据更新。

【经济体制改革及公车改革】编制完成《经济体制和生态文明体制改革专项小组重要改革举措实施规划(2014—2020)》，印发《经济体制和生态文明体制改革贯彻落实〈中共西峰区委关于全面深化改革的实施意见〉重要举措分工方案》，完成西峰区经济体制和生态文明体制改革2015年工作要点及台账。完成16项经济体制和生态文明体制改革，持续推进55项。成立西峰区公务用车制度改革领导小组，领导小组办公室设在区发改局，正研究制定公车改革实施方案。

【稳增长促改革调结构惠民生防风险政策措施落实跟踪审计】确定专人做好平凉审计组织协调和后勤保障工作。起草印发《庆阳市西峰区人民政府办公室关于做好2015年度稳增长促改革调结构惠民生防风险政策措施落实和跟踪审计准备工作的通知》，重点跟踪审计农业、扶贫、基础设施、社会保障、就业创业、简政放权、重大项目建设等22项政策措施的落实情况，涉及30多个部门，审计发现107个具体问题，及时制定整改计划，限期进行整改。

【"三张清单一张网"和机关党建】对权力清单和责任清单进行梳理，梳理出权力事项50项，目前已经通过审改办、编委办审核，并在甘肃政务服务网上公布。组织党员干部参加集体学习10余次，研读读本3本以上，人均撰写心得体会2篇以上，人均记学习笔记2万字以上，发放学习资料42份，编发各类信息简报70期，开展专题辅导3场（次）。组织干部职工进行“弘扬南梁精神，践行三严三实，干部作风大整顿”知识竞赛3次，使全局党员干部拒腐防变、廉政勤政的责任意识明显提高。

【扶贫攻坚及精准扶贫】编制完成《西峰区贯彻落实省委省政府〈关于进一步支持革命老区脱贫致富奔小康的意见〉的实施方案》和西峰区“1+20”

8月19日，区政府副区长史建芳赴小河湾组指导小河湾旅游接待中心建设

方案中的《关于精准扶贫贫困村动力电覆盖支持计划的实施方案》《关于精准扶贫易地搬迁支持计划的实施方案》2个实施方案，并由区委、区政府文件下发执行。制定庄头村、草滩村两村的《2015年帮联计划》，继续选派专职干部担任庄头村党支部第一书记，常驻村组，协助庄头村衔接争取和监督实施财政、国土、交通、扶贫、农发等项目13类22个，概算总投资2002.5万元，平整土地3100亩，新修砂石路5公里、柏油路和水泥路6.4公里，新打机井2眼，新建水塔2座，架设高压线10档，更换自来水管1600米。协助草滩村争取农发项目资金13.9万元，为草滩村南庄组铺设砂石道路2.2公里，栽植行道树2.2公里。筹资4.3万元，组织庄头村村组干部和村民参加技能培训和外出参观学习6场次260多人（次），扶持17户贫困户栽植核桃树17亩。组织开展“相约小河湾”“乡村非遗大课堂”等大型宣传活动4次，积极对接将小河湾旅游风景区建设纳入全市2016—2018年补助资金项目盘子。积极衔接争取瑞信村镇银行在庄头村开展百企千村万户资农助微活动，为16户村民办理瑞信惠农宝贷款112万元。牵头组织联村单位为草滩村北庄组白血病儿童患者张阳捐款1.15万元，倡议社会各界爱心人士捐款10万多元。

（马云霞）

国土资源管理

【用地保障】审查核发集体建设项目用地预审意见书13宗77.73亩，配合市国土局上报审批城市批次建设项目用地8批次76.33公顷，上报城镇批次用地4批3.12公顷，单独选址6宗49.57公顷，审批石油井场道路临时用地5宗34.4亩；对全区2006年以来征地补偿安置费兑付情况进行了全面清理；庆阳市西峰区城乡建设用地增减挂钩试点项目（拆旧区复垦），建设规模174.4公顷，总投资430万元。已对原批准的项目做了调整方案，上报省政府待批；西合二级公路西峰段的征拆工作全部结束，供地方案已拟定。小盘河水库、北师大附属学校的用地征拆工作全面展开。其它他省、市区重大项目的土地征收工作均按时限要求完成。

【土地市场建设】合理制定2015年度国有土地使用权供应计划和保障性住房用地计划；依法依规做好国有建设用地使用权供应工作。全年共供应各类建设用地11宗385.91亩，其中出让供地5宗271.84亩，出让总价款11106.56万元；以划拨方式供地6宗114.07亩，划拨总价款504.9837万元。全面实现了土地出让网上交易，不断规范出让行为。

【耕地保护】继续落实最严格的耕地和基本农田保护制度，进一步完善耕地保护考核办法，落实耕地保护共同责任机制。完善“区、乡、村、组”四级管护网络，层层签订耕地保护责任书，确保年末全区耕地保有量40.5万亩，基本农田33.7万亩的保护目标和年度耕地动态平衡。

【土地整理项目】加大土地综合整治项目争取和实施力度。续建西峰区湫沟土地整理项目、庆阳市西峰区肖金镇、董志镇杨咀村等5个村土地整治项目、西峰区董志镇六年村土地整治项目，总投资3522.63万元，建设规模1.95万亩，全部竣工并经市局验收。总投资295万元，建设规模146.63公顷的西峰区肖金镇芮岭村土地整理复垦项目于11月中旬开工。市国土局下达的5000亩高标准基本农田建设和5000亩梯田建设任务全面完成。

【土地执法监察】强化执法监察，全面落实执法巡查责任制。累计巡查150余次，发现各类土地违法行为85起，现场制止违法占地85起，其中：立案调查20起；扎实开展了2014年度土地矿产卫片执法检查工作，对下发的1257个建设用地图斑，逐一实地核查，核定违法用地面积818.4亩，其中拆除复耕148宗，立案查处15宗；配合"两违"指挥部对全区范围内的各类违法占地和违法工程进行全面清理，共拆除"两违"工程215宗74483平方米；进一步规范信访案件办理程序，坚持重心下移，关口前移，全力做好信访积案化解和初信初访专项治理活动。2015年，共接到省、市、区转办、交办的国土资源信访案件27件，办结27件。

【日常业务工作】全面完成2014年土地变更调查与遥感监测工作，共变更图斑2631个307.81公顷；西峰区农村集体土地所有权登记发证工作通过省市验收。集体建设用地(含宅基地)使用权确权登记发证工作抓紧进行，至年底共完成48356宗集体建设用地及宅基地使用权权属调查及地籍测量工作，正在开展内业资料审核入库。认真调处土地权属纠纷，共受理并调处土地权属纠纷3起，调处率达到100%；耕地质量等级更新和耕地后备资源调查评价工作于5月底全面完成，正在等待省级验收；土地利用总体规划布局调整、西峰城区周边基本农田划定通过招标已确定实施单位，工作方案已下发至各乡镇及有关单位，45万元工作经费已落实；拓展资源共享领域，提升业务档案管理水平，充分发挥档案服务经济社会作用，注重土地利用现状二次调查成果、年度土地变更调查成果的运用，及时为区内各项工作提供基础数据支撑；加大电子政务建设，落实经费10万元，购置硬件设备，实现市区文件网上传输；加大国土资源法律法规宣传力度，积极开展节约集约模范区复核工作。

【矿产资源管理】为5家采矿许可证到期的矿山企业办理采矿延续登记发证、2家采矿权转让变更登记发证；完成3处重大建设项目压覆矿产资源审查工作，完成西峰区巴家咀水源地前期论证工作，征收矿产资源补偿费13万元；加大对区内黏土矿的整合力度，对规模小、资源枯竭的3家黏土矿企业进行整顿关停。区内共有矿山企业39家，其中砂矿2家，黏土砖瓦企业37家；开展安全隐患大排查大整治百日攻坚行动；西峰区第三轮矿产资源总体规划编制工作全面开展。

【地质灾害防治】制定下发西峰区2015年度地质灾害防治方案和突发性应急预案，与各乡镇签订地质灾害防治责任书。严格落实应急值守、巡查预警、灾情速报等制度扎实开展汛前检查。投资5万多元对排查出的地质灾害隐患点、危险区及时树立警示牌27面，向周边群众发放地质灾害避险明白卡70份和工作明白卡30份。火巷沟滑坡、不稳定斜坡地灾项目设计招标已完成，项目资金已到位1600万元，施工设计方案已初评。

【审计整改落实】积极开展了国家审计署土地出让收支和耕地保护情况审计存在问题的整改落实、并配合开展省审计厅存量资金盘活审计、雷西高速公路项目专项审计和全省稳增长、促改革、调结构、惠民生、防风险政策措施落实情况跟踪审计，以及省厅对市局主要领导的离任审计。对发现的问题均按照要求进行了扎实整改。通过整改工作，制定完善工作流程2个，纠正土地领域违法违规行为16起，规范财政资金使用6起，区纪委约谈责任单位主要负责人5个，全区通报责任单位1个。

【两个责任落实】认真编制落实两个责任标准化建设《工作手册》，编印2个资料文件法规《汇编》，绘制“5张图”，将落实“两个责任”与项目建设、执法监察、征地拆迁等业务工作全面融合。按层级进行廉政谈话，签订廉政承诺书。有关资金分配、项目立项实施、政府采购等事项都通过局务会议集体研究决定。认真落实执纪问责职能，全年开展纪律作风督查26次，开展党员干部婚丧嫁娶备案和登记事宜1次。

(张莉)

食品药品监管

【机构改革】根据市、区完善食品药品监管体制、整合监管职能、理顺部门职责的要求，已形成以食品稽查局、药品稽查局为专业办案单位，城区3个街办管理所、乡镇7个区域管理所为模式的网格监管体制。并成立区食药监局党总支以及3个党支部，形成以助、帮、带为模式的基层管理框架。以食品药品监督管理局管理为主，各乡镇(街道)管理所对辖区生产、流通、消费环节食品和药品的安全性和有效性实施统一管理。人员由原来的113人增至138人。

【监管情况】辖区现有监管对象5892户，其中食品生产经营单位5558户，药品医械生产、经营及使用单位196户，化妆品经营单位138户。共出动执法人员2.3万余人/次，检查食品生产经营单位1.8万余户/次，药品医械生产经营单位2700余户/次，立案214起(其中食品175起，药品36起，医疗器械3起)，移送司法机关案件2起，没收不合格食品11262袋(瓶)，药品医械361件，罚没款80.64万元，受理消费者申诉举报327起，调处315起。完成食品监督抽检185批次，药品监督抽检79批次，医疗器械抽检1批次，化妆品抽检6批次，及时上报医疗机构监测药品不良反应131例，医疗器械不良事件21例。

“3·31”食品药品安全宣传日假冒伪劣食品药品销毁

【食品安全】西峰区有各类食品从业单位5558户，其中生产加工单位280户(含小作坊82户)，流通环节食品经营户3001户，餐饮单位2277户(含学校食堂124户、小饭桌43户)。年内出动执法人员20316人次，检查食品经营户2.63万户次；受理和处理消费者投诉举报205起；依法行政立案133起，罚款49.8万元；对38户食品生产经营企业的60个品种557个批次进行监督抽检。建立并完善辖区386户食品生产企业和小作坊监管档案，建档率达90%。创建省级餐饮示范店9户，市级示范店19户。年底，辖区内已有1452家餐饮服务单位和96家食堂纳入到食品安全外置化及量化分级管理体系。

【药械监督】辖区有药品生产企业2家，一家面临药品GMP证书重新认证，现已停产，药械批发企业39户，其中药品批发企业12家，医疗器械批发企业27家，药械经营企业156家，化妆品经营企业138户。年内出动执法人员1489人次。检查药械单位663户次，查办案件37起(其中医疗器械案件2起)，罚款14.629万元。配合省市局完成药品评价性抽检19批次，完成基本药物抽检17批次，药品抽检79批次，医疗器械抽检1批次，化妆品抽检6批次。监测药品不良反应131例，医疗器械不良事件21例。

【依法行政】继续推行行政审批职能“两集中、两到位”，将审批职能向行政审批股集中，行政审批股向区政府政务中心集中，审批项目集中到区政府政务中心窗口的工作落实到位，局长对窗口负责人的审批授权落实到位。实行岗位AB岗制，“一门受理、集中办理、限时办结”的审批服务，并根据有关政策取消从业人员培训费、餐饮行业审查费等费用，实现“0元”办证。年内受理各类行政审批事项1581件，行政备案事项31件，管理服务事项5832件，发放《办理告知单》2100多份，接待来访、来电咨询3500多人次。

【队伍建设】邀请区委党校讲师以“十八届五中全会精神”“如何提高执行能力”以及新食品安全法和社会公德、职业道德等为主题进行教育培训；前后6次抽调专业技术骨干，分层分类，从日常监管、现场勘查、行政执法、法律法规等方面对一线执法人员进行实地培训；组织机关各股室、10个基层管理所、两个稽查局按照事权和职能有针对性的调研十五个课题。12月，分配高校毕业生13名，并从其他单位改派工作人员4名；任命区药品稽查局副局长1名，任命北街管理所副所长1名。

【重大项目建设】争取到为各乡镇(街办)食药

甘肃省食药监局副局长王庆邦(左三)调研天富亿古街

监管所和辖区人口居住较为集中的乡镇农贸市场和商场超市，建设标准化食品快速检测室和15个标准化食用农产品快速检测室，并配备8.4万元相关检测设备。在西峰城区52个商场超市各设置0.6万元的食品安全信息溯源机；在城区34家药品经营单位安装第二批便民药品电子查询设备。

【宣传教育】利用“3•15”消费者权益日、“3•31”食品药品安全宣传日、“6•26”国际禁毒日、“12•4”国家宪法日等通过展示假冒伪劣产品、张贴标语、发放宣传资料、现场解答，开展食药安全宣传活动。在庆阳一中、团结小学等学校开展“拒绝垃圾食品、健康从我做起”万名学生签名活动，发放宣传资料并解答师生关心的疑难问题。举办5期食品药品安全培训班，培训从业人员1100余名。设立宣传专栏，定期在《西峰新闻》、西峰网、《今日西峰》、微信公众平台、区食药局官网进行食品药品安全知识宣传，增强群众食药安全常识。全天候开通“12331”投诉举报电话，规范投诉举报制度。受理各类投诉327起，调处315起，立案查处23起。

【“双联”及精准扶贫】西峰区食药监局43名干部对巨塬村36户贫困户进行帮扶。完成老庄至南坳、莫咀至熊家庙、北庄至赤城3条5.4公里道路的柏油硬化工作。对饮水困难的南湾组7户实施分散供水，新建水窖3眼，维修水窖3眼、小电井1眼，在南坳组实施沟水上塬工程1处。建成可容纳30-50名幼儿的公立幼儿园1所。新建102平方米的标准化村级卫生所1处，同步配齐基本医疗设备。改建老年人日间照料中心7间105平方米。在种植方面，完成全膜双垄沟播旱作农业0.26万亩，果树栽植项目近期将确定到户进行栽植。以昶辉种养殖专业农民合作社为平台，带动周边发展养羊户20户。24户精准扶贫对象中，完成养羊6户24只，养猪1户4头。筹资5万元，建成垃圾填埋场2处，建造垃圾集中收集仓4处，刷写墙体标语5条。组织巨塬村剩余劳动力，举办“陇原巧手”“陇原月嫂”等培训班3次，参训人数210余人次，完成劳务输转152人。成立巨塬村农村产业发展资金专业合作社，并与金融办衔接，依托兰州银行为9户贫困家庭提供小额无息贷款21万元(其中6户3万元，3户1万元)，另13户13万元贷款手续已办理结束。

(罗雅文)

工商行政管理

【市场主体注册登记】实施企业注册“独任登记制”改革，将“一审一核”制改为“审核合一”制。与质监、国税、地税等部门，于6月1日颁发首张“三证合一”营业执照，10月1日实施“一照一码”登记，实现“一表申请、一窗受理、并联审批、核发一照”的登记流程。2015年，新登记内资企业2250户，农民专业合作社273户，个体工商户4986户。累计登记内资企业6434户，农民专业合作社801户，个体工商户22442户。

西峰区首张“三证合一”营业执照颁发

【市场监管】从构建市场监管长效机制入手，以流通领域商品质量安全监管为重点，查办各类经济违法案件321起（其中万元以上案件25起），罚没款137万元。

超市例行检查

实行市场主体抽查制。按照市场主体3%的抽查比例在网上进行现场摇号，对抽查到的市场主体执法人员依法依规进行检查。严格审查广告主体经营资格，对医疗、药品、医疗器械、食品、保健品“五类”广告进行重点监管，查处庆阳红十字爱心医院、庆阳欧亚泌尿科医院等6户医疗机构。完善企业信用分类监管、个体工商户分层分类监管和商品交易市场信用分类监管机制，推进“守合同重信用”企业评定联动机制和先进企业的表彰奖励。2015年，推荐公示省级“守重”企业11户，市级“守重”企业11户，区级“守重”企业32户。

【非公企业党建】规范党组织建设。提出《权有让式党支部创建标准》，促进非公企业党组织提质扩面、深化先锋引领行动、开展“三岗联创”活动。“先锋引领”行动不断深化。积极推进在小微企业、专业市场、个体工商户中开展亮身份、亮职责、亮承诺“三亮”活动，探索推行“1+1”工作模式（“党员领导+责任区”“党员+责任对象”）和“四个一”工作法（即：党员责任区的责任人每月一记实、每季度一汇报；党支部对党员履行责任的情况实行每季度一督查、每半年一次考核）。党建示范点建设有了新的突破。确定甘肃福升实业公司、中庆农产品公司等3户企业党组织作为企业党建示范点，根据其实际情况提出具体创建措施，在阵地建设中引入“中国梦”、社会主义核心价值观、“四个全面”战略布局等内容。

【消费维权】2015年，受理消费者咨询67件、消费者投诉609件，办结609起，为消费者挽回经济损失296.62万元。

利用办公媒介，将每月、每季度消费投诉分析形成文字，以“消费警示”的形式在媒体上发布，提示消费者理性消费、文明消费。推行消费维权警示约谈制度。召开“西峰区汽车经销企业消费维权座谈会”，探讨汽车投诉争议解决问题，引导企业经营者合法经营、诚信自律。

"3·15"国际消费者权益日宣传活动

【联村联户】帮扶陈户村完成1.6公里乡村道路硬化，新建村级卫生所1处；帮扶八年村新建文化广场1处，完成八年村幼儿园扩建项目。配合电信局为30户精准户接入互联网设施。协调陈户、八年村委会为18户精准户申报小额贷款54万元。联合企业在陈户小学建成"玫好书屋"，捐助图书887册。

(景升)

统 计

【统计服务】建立指标动态监测台账，区政府召开部门统计联席会议两次，固定资产投资及"三产"增加值部门数据核算支撑问题的专题会议五次，提出意见建议60多条。围绕统计方法制度改革、统计执法现状、两项收入存在的问题及行业发展状况撰写调研报告7篇。完成《西峰区"十三五"期间经济发展形势展望》分析报告和《西峰区贫困户农民人均可支配收入情况监测报告》。编发《统计呈阅件》9期，编印《经济运行快报》11期、《区情视窗》4期，刊登发展报告文章52篇，调查研究文章6篇，监测报告5篇。发布《西峰区2014年经济社会发展情况统计公报》《2014年西峰发展年鉴》和《西峰区第三次全国经济普查主要数据公报》。上报统计信息500余条，其中被市局采用275条，被省局采用46条。

【基层统计】对10个乡镇街办统计站组织机构建设情况、阵地建设、统计业务、数据资料管理、制度建设五个方面进行督导检查。6月、7月，组织专人从基础资料完善、统计台账续建、报表审核签署、资料装订归档四个方面对基层调查单位进行检查规范。指导全区调查单位建立统计阵地，设立办公室，确定专兼职统计员，制作统一的统计法律法规和制度喷绘，与各调查单位签订如实上报企业统计数据承诺书。设计、印制统一的专业统计历史台账和进度台账，规范专业台账20个。对单位的固定资产进行统一核销，新购置电脑8台，对过期设备进行更换。对全区条件成熟的50个村及南北两办15个社区统计室组织机构及工作职责进行明确，统一制作门牌和制度牌65面，按照"四有"标准落实"实体型"统计站。制定出台乡镇和村级统计人员管理办法，确保全区10个乡镇(街办)统计站至少配备4名以上专职统计员，212户"四上"企业至少配备1名专职统计员。利用编制空额，招考补充省级统计编制人员2名，聘用实习期满就业援助人员6名。

【统计数据】完善统计联席会议、业务衔接会商、部门数据共享、责任分解落实和部门联合督导机制，将统计工作纳入10个乡镇、街办和26个部门年度目标管理考核。采取电话咨询、上门提取的方式，取得税务、工商、民政、编制、质检等部门的数据资料，及时对名录库信息进行补充、完善。纳入西峰区基本单位名录库管理系统的法人单位3294

甘肃省人口处副处长刘明辉(左三)检查西峰区1%人口抽样调查工作

个，产业活动单位1183个。新增调查单位15户，其中建筑业3户，房地产业4户，服务业3户，工业2户，批零业2户，餐饮业1户。完成西峰区1%人口抽样调查工作。组织专人开展城市环境满意度调查、创建文明城市群众满意度调查、烟草调查、香包节调查和公民科学素质抽样调查等。

【依法治统】成立统计执法检查队，由一名副局长兼任队长，确定专职人员承办业务。投资两万元为执法队购置"执法记录仪"、照像机、录音笔等执法设备。向各乡镇（街办）、辖区调查单位发放《中华人民共和国统计法》和《统计违法违纪行为处分规定》等书籍200余本，落实全区"六五"普法和"12·4"法制宣传等活动，制作宣传横幅，发放《中华人民共和国统计法》和《普查条例》1500多份。对10个乡镇（街办）基础建设，辖区工业、建筑业、房地产业、商贸及重点服务业等调查单位以及42个固定资产投资项目开展专项整治活动，检查结果通报以正式文件向调查单位下发，督促其整改存在问题。8月至11月，由局各专业领导牵头组织，采取自查与交叉抽查相结合的方式，对全区212户调查单位开展执法检查，发现违法行为13起，对4户迟报单位发出统计催报通知书，对1户违反统计制度的企业发出责令整改通知书，对2户虚报、瞒报统计数据的企业立案查处。

【统计综合】各专业结合年报会议开展"三农"及工业、房地产、建筑业、商贸、文化产业、固定资产投资及住户调查、物价、劳动工资、科技等业务培训会议22场次。组织各乡镇街办统计站专职统计人员40人，开展农村与农业统计基础知识专题培训。组织三批20多名干部职工，赴成都、杭州、厦门、北京等地参加甘肃省统计局基层统计干部能力提升培训班。组织动员68人参加统计从业资格培训，确保四上调查单位和10乡镇街办统计人员持证率达到90%以上。2人参加中级调查分析师培训，3名年轻干部为中共甘肃省委党校经济系研究生教育函授学员。在机关内组织开展"统计讲堂"活动7期。

【干部作风】签订《党风廉政建设和反腐败工作目标管理责任书》。明确纪检组长在班子成员中的排位，制作墙面宣传阵地。召开领导班子民主生活会、组织生活会、支部会，组织开展"三严三实"党性教育，"两个主体责任"与"一岗双责"专题辅导，领导干部带头开展"先锋引领"活动，践行"三严三实"专题教育活动，推进机关作风大整顿活动，落实"为官不为"专项整治活动。先后两次进村入户为双联户送去农药、化肥、农膜及生产工具，协调拨付彭原乡义门村帮扶资金2万元。成立驻村工作队，对所帮扶的18户精准扶贫户实行点对点帮扶。组织干部职工分组对城市环境综合治理活动的责任区包片管理和整治，重点对区域的垃圾广告、占道经营、乱停乱放、环境卫生逐门逐店进行清理、整治。

（张鹏龙）

审计监督

【预算执行审计】集中对区本级2014年度财政预算执行和其他财政财务收支情况进行审计，重点对区财政局、地税局、卫生局、彭原乡、司法局、住建局、林业局、石油办、电灌局、庆阳三中等10个预算执行部门进行抽审，查出违规和管理不规范资金45.39万元，做出罚没处理4.50万元，责令收缴区财政资金0.24万元，责令纠正非金额问题7个。7月31日，向区政府提交2014年度财政预算执行审计结果报告；受区政府委托，9月15日向区七届人大常委会第二十八次会议做2014年度财政预算执行审计工作报告。

【经济责任审计】完成北街办、彭原镇、显胜乡、区工会、区卫计局、区交通局、区医院、区疾控中心等8个部门（单位）原任领导干部任期经济责任审计，北街办、显胜乡等2个部门现任领导干部任中经济责任审计，查出违规和管理不规范资金706.02万元，做出罚没处理2.98万元，责令收缴区财政资金67.08万元，并对涉及领导干部的工作业绩进行客观评价，对其违规问题应承担的责任进行认定。

【政府投资审计】对园林局实施的2013年西峰城区绿化工程、2013年西峰城区道路绿地养护工程，区人大办实施的人大政协统办楼维修工作，交通局实施的地庄至公刘庙通村公路工程、什社商场硬化及鸭口砂路通村公路工程、2010年西峰区农村公路建设项目(董志至陈户等5条公路)、2014年西峰区农村公路安保工程等44个政府投资项目进行审计，累计审计投资总额90132.67万元，查出违规和管理不规范资金1823.43万元，核减工程投资574.31万元，做出罚没处理并上缴区财政5万元，减少财政拨款或补贴资金574.31万元。

【民生保障专项资金审计】对全区2013年度城乡居民社会养老保险基金、国家农机具购置补贴、城乡居民最低生活保障资金，2014年度社会抚养费、新型农村合作医疗基金、城乡居民社会养老保险基金、企业职工养老保险基金、城镇职工医疗保险基金、城乡居民最低生活保障资金、中等职业学校农村家庭经济困难学生和涉农专业学生资助资金、肖金镇2014年度粮食直补资金和农资综合补贴资金、宁县2014年度财政扶贫资金(全市交叉审计)等12项民生专项资金(基金)进行审计，累计审计专项资金总量90431.25万元，查出违规和管理不规范资金1739.22万元，作出罚没处理0.06万元，责令收缴区财政资金182.55万元，归还原资金渠道11.11万元，责令整改非金额问题12个，移送纪检监察机关案件线索2条，1人受到党内警告处分。

【财务收支】对区电灌局资产负债情况、董志镇杨咀村等5个村土地整治子项目财务收支及绩效情况、清水沟小流域水土保持综合治理工程绩效情况、2014年度农业综合开发土地治理项目资金使用效益情况、2013年至2015年西峰区马铃薯脱毒种薯全覆盖工程项目资金使用效益情况、2013年巩固退耕还林成果口粮田建设工程、庆阳市公安局西峰分局交通警察大队2013年至2014年财务收支情况以及西峰区董志、后官寨、肖金3个卫生院2014年医疗收费及绩效情况进行审计，累计审计资金16737.44万元，查出违规资金14.62万元，作出罚没处理1.45万元，责令纠正非金额问题3个。

【计算机审计和绩效审计】累计实施绩效审计项目20个（其中9个项目使用计算机审计技术），利用绩效审计方法参与分析审计项目66个；运用审计现场实施系统(AO系统)实施审计项目24个，编写完成AO应用实例21篇，计算机审计方法8篇，利用AO系统管理审计项目18个，利用广联达工程审核软件实施审计项目44个；基本实现绩效审计和计算机审计两个“全覆盖”。

【经济责任联审】针对个别部门领导干部变动频繁，审计力量不足未能及时开展的离任领导干部经济责任审计的现状，积极探索将原任领导干部离任经济责任审计和现任领导干部任中经济责任审计一并实施的新模式。先后组织实施了显胜乡和北街办2个单位的经济责任联审项目，为进一步创新经济责任审计方式做出尝试。

【内部审计】协助内审机构完成内部审计项目11个。

【信息宣传】向各级新闻媒体报送审计信息77篇，被市级以上媒体采用74篇(其中：新华网采用1篇，中国审计网采用59篇，每日甘肃网站采用3篇，甘肃省法制信息网采用1篇，市级网站采用10篇)，被区电视台新闻报道1次。

【党风廉政建设】成立以局长为组长，支部书记、副局长、纪检组长为副组长，各股(室)负责人为成员的党风廉政建设领导小组，设立党风廉政建设办公室，指定了工作人员办理日常业务。制定印发《西峰区审计局党支部实施党风廉政建设主体责任和监督责任标准化建设工作手册》，开展“两个责任”三级约谈18人次。编制《西峰区审计局核心权力清单》，绘制《西峰区审计局核心权力运行流程图》，制定印发《审计组廉政管理办法》。主要领导与分管领导、分管领导与股(室)负责人层层签订《党风廉政建设"一岗双责"目标责任书》。

组织班子成员和干部职工学习中共十八届四中、五中全会、省、市、区纪委全会等重要会议精神，《中国共产党廉洁自律准则》《中国共产党纪律处分条例》《中华人民共和国审计法》《中华人民共和国审计法实施条例》《国家审计准则》等法律法规，干部职工人均撰写学习笔记2万字以上，心得体会及调研文章27篇。

起草并以区政府办文件印发《关于进一步加强审计整改工作的通知》《西峰区惠农资金审计监督管理制度》《西峰区审计局聘请社会中介机构参与政府投资建设项目审计管理暂行办法》《西峰区审计局外聘人员参与审计工作管理办法》。局纪检组紧盯时间节点，开展审计现场巡查20次、提醒告诫9次，集体约谈11次，工作约谈6次。

【干部作风大整顿】 根据区委、区政府开展弘扬南梁精神践行"三严三实"干部作风大整顿活动的总体要求，及时召开专题会议研究部署干部作风整顿相关工作，成立由局长吕建军任组长，局领导班子成员任副组长，各股室负责人为成员的领导小组，设立干部作风大整顿领导小组办公室，办公室主任由分管领导兼任，指定工作人员；制定印发《西峰区审计局关于弘扬南梁精神践行"三严三实"开展干部作风大整顿的实施方案》。7月20日，召开活动启动动员大会，局主要领导以专题党课的形式，深入阐述"三严三实"的重要意义、丰富内涵和践行的方法途径。

由纪检组长牵头，局办公室和法制股参与，组成作风整顿专项督导组，按照周督查、月通报、季评比的要求，及时发现机关干部作风方面存在的突出问题。活动期间，开展诫勉谈话1次，警示教育约谈5次，纪律作风督查5次，编发督查通报1期。

深入开展"为官不为"问题专项整治，查摆出"为官不为"问题共7个，及时建立专项整治台账，逐条研究整改措施，明确整改责任领导和整改期限。经过认真整改，整改到位问题4个，对需要长期坚持整改的3个问题，进一步修订完善工作职责、岗位职责、自由裁量权、限时办结制、责任追究制等制度，重新编制制度汇编。

【"双联"和精准扶贫】 实行干部轮流驻村制

审计局干部赴周岭村扶贫户开展春节慰问活动

度，在联系村设立驻村工作站，将双联干部分成10个驻村小分队，由分管领导带队，驻村开展帮扶工作。组织开展帮联干部进村入户210人次，帮助帮联村(周岭村)落实土路修整、砂石罩面3条5公里，协助完成村部办公楼建设项目，六年组农民文化广场建设项目，上庄组、沟畔组、六年组农村电网改造项目，落实新建杂果园50余亩，开展十八届五中全会精神宣讲1次，春节慰问和春耕送农资活动各1次，向双联户发放食用油30壶、大米30袋、化肥30袋、地膜30卷，向精准扶贫对象发放农资0.65吨。慰问因病返贫群众1次，协调残联发放残疾人专用轮椅1辆。开展"关爱空巢老人、关心留守儿童"活动，完成排查摸底和建档立册工作。发放0—3岁儿童营养包240盒。邀请市委党校的高级讲师徐振伟和庆阳市农民适用技术职业培训学校教授李广杰，举办"双联"和"精准扶贫"行动自主创业暨劳务知识培训班1期。

(李东卓)

物价管理

【价格管理】对粮食、食用油、肉禽蛋奶等重要食品价格和化肥、农药、种子等生产资料价格实时采集、监测、分析和上报，上报采价报表260份，价格监测分析材料30篇，准确率、及时率均为100%。在元旦、春节、“五一”、中秋、国庆等节假日期间，开展春运票价、旅游门票价格、商品明码标价市场巡查。检查农副产品直销店、超市、集贸市场、客运企业、药品零售企业经营的生活必需品特别是蔬菜、肉类重要农副产品价格、客运服务价格、景区门票价格及商品明码标价执行情况。配合资源性价格改革，开展污水处理、城市供热、二中国际部教育等成本监审工作，出具价格成本监审报告3个。维持供热价格不变，燃煤锅炉供热价格为：居民住宅每平方米20元，居民承担18元，政府补贴2元；商业、办公每平方米27元；燃气锅炉供热价格为居民25元，非居民39元，结合国家天然气门站价格的调整，两次（1升1降）调整非居民用天然气销售价格，实施非居民用增量气与存量气价格并轨。

取消国土资源部门的征地管理费，人社部门的保存人事关系及档案费，暂停国土资源部门征收的矿产资源勘查登记费、采矿登记费，工商行政管理部门的企业注册登记费、个体工商户注册登记费；对小微企业免征国土资源部门的土地登记费，住建部门的房屋登记费、住房交易手续费，农业部门的国内植物检疫费、动物及动物产品检疫费、拖拉机号牌费、拖拉机行驶证费、拖拉机登记证费、拖拉机驾驶证费、拖拉机驾驶许可考试费，质检部门的组织机构代码证书收费，环保部门的环境监测服务费，林业部门森林植物检疫费、林权勘测费、林权证工本费；取消了涉及城市管理、高考辅导、食药监等部门收费项目。保留了48个单位的116个收费项目。拟定《西峰区行政事业性收费项目标准目录清单》。

蔬菜直销店价格检查

【价格监督检查】开展涉农价费专项检查、教育收费专项检查、药品和医疗服务价格专项检查、涉企收费专项检查、汽车销售与维修行业价格行为专项检查以及节假日市场价格巡查。对群众反映强烈的东墅一品小区违规收取热计量表费案、御景城小区超标准收取取暖费案、庆阳四中违规收取住宿费案、粤顿房地产公司价外加收水表、电表、热计量表费案进行查处。查处价格违法案件37起，查出违价金额58.83万元，经济制裁42.26万元，其中罚没收缴入库4.46万元，退还用户36.71万元。

【价格调节基金】与地税等部门协助配合，征收价格调节基金387.81万元，其中：省级入库77.56万元，市级115.12万元，区本级115.12万元。运用价格调节基金扶持“菜篮子”工程建设。争取市级价格调节基金100万元，扶持什社乡文安村兴源种养殖专业合作社建设标准化全钢架蔬菜大棚10座和什社乡鹏凌果蔬商贸公司建设蔬菜配送企业。

新建蔬菜直销店5个，蔬菜直销店总数19个。做好平价蔬菜市场价格采集、直销价格确定、日常运营考核和巡查监管，每月检查考核平价店1次，落实各项稳价惠民措施。1—11月销售平价蔬菜208万公斤，价格低于同类市场平均价格的15%以上。发放直销店建设补贴17.5万元，运营补贴资金18.98万元。

【收费管理】6月1日起停止收费许可证年度审验及核发工作，注销行政事业性收费单位收费许

居民生活用水用气阶梯价格听证会

可证80个。取消收费许可证制度后，加强对各收费单位收费项目标准的事中事后管理，落实收费单位情况和收支状况统计报告制度、收费目录清单和收费公示制度。

设计水价、气价改革方案，对居民阶梯分档水量、气量设置、阶梯价格水平等进行方案比对，召开征求意见会、座谈会，按照程序召开价格听证会，征求了社会各方面的意见，对水价、气价改革实施方案和污水处理费调整方案进行修改完善。

【价格认证】受理价格鉴定285件，鉴定标总额2096.21万元。

【精准扶贫】在董志镇崔沟村的精准扶贫中，按照识别贫困农户的方法和步骤，完成30户143人贫困户识别的建档立卡工作。协助贫困户每户争取小额贴息贷款3万—5万元。对手机不能上网的的2户贫困户发放2部4G手机，其余20户发放了话费补助4000元。

（王积德）

质量技术监督

【质量发展】起草《西峰区2015年质量发展工作计划》和《西峰区人民政府质量发展工作目标责任书》。开展“质量服务在企业年”和“质量兴企”活动，政策法规宣传2次，对西峰辖区7户企业实行一对一帮扶。12月3日，邀请消费者、质量监督员和协管员等10名代表参加“质监邀您看企业，质量提升大家行”活动。申报甘肃名牌4个（庆阳市陇清瓜果农民专业合作社“陇清”苹果，庆阳市中真管业有限责任公司“中真管业”PVC给水管，庆阳市天露油脂有限公司“天露”植物油，庆阳华瑞工贸有限公司“亨达利葆”防静电服），5个名牌通过复审；复审质量信用等级AA级企业1户、申报A级企业4户；创建标准化良好行为企业2户；创建中小学质量教育社会实践基地1户。

【质量监督管理】落实生产企业质量安全责任，开展日常监督检查2次，证后检查1次，对获证企业的生产许可证年检。对辖区内销售的农资和建材进行监督检查抽样，抽样47组产品，其中农资17组，合格率88.2%，建材30组，合格率93.3%。对65户工业企业实行分类监管，更新完善电子档案35户。

【计量监管】加强“民用四表”和能源计量器具使用监管力度，签订《诚信计量承诺书》15份、《集贸市场管理协议书》6份。开展车载计价器、快递企业计量器具、超市在用电子秤等专项监督检查，检查企业78户、出租车720辆、电子秤506台，抽查定量包装商品50批次。督促11336台新装“民用四表”落实首检和周期检定制度，处理2起水表计量不准群众投诉。

【标准化管理】以“标准提升服务年”活动为契机，指导2户企业制定企业标准，完成《庆阳市西峰区什社无公害谷子种植技术规范》和《庆阳市西峰区什社小米产品标准》的起草工作。新注册条码3条，到期续展条码18户413组，信息变更3条；对辖区25户企业执行的49条标准进行网上登记；落实组织机构代码证相关政策，免征小微企业代码证工本费6万元。6月1日，实行公司新办组织机构代码证“三证合一”登记制度。7月1日，实行合作社和个体户“三证合一”登记制度。10月落实“一证一码”。11月1日，取消代码证书收费。2015年，新办代码证 1350 户，换证 455 户，变更 303 户，迁入 50 户，注销 57 户。

【特种设备安全监管】 签订《特种设备安全生产责任书》186 份，建立健全特种设备安全监管“一岗双责”长效监管工作机制。开展特种设备安全隐患大排查大整治百日攻坚行动、油气等危险化学品罐区特种设备专项安全大检查、车用气瓶安全专项整治、安全生产大检查和“六打六治”专项行动“回头看”活动。出动执法人员 1200 人(次)，执法车辆 400 辆(次)，检查特种设备相关单位 218 户，特种设备 5632 台(条)，督促 131 户特种设备使用单位完成 324 条安全隐患的整改工作，对 3 户整改不到位企业进行了行政处罚。

组织辖区 23 户电梯相关单位负责人，召开动员会议 2 次，制作发放“电梯安全责任公示牌”和“乘客须知”各 1000 份，检查电梯使用单位 82 户，电梯 690 台，督促存在安全隐患的 56 户单位全部整改到位，对商场、酒店、宾馆等人员密集场所开展 1 次电梯专项检查，指导各电梯使用单位在每部电梯上加贴应急按钮指示标志。

在元旦、春节、劳动节、国庆节以及香包民俗文化节和农耕民俗文化节期间，开展以游乐设施和人员密集场所特种设备为重点的特种设备安全检查，对香包节和农耕民俗文化节期间群众举报的私自安装的大型游乐设施和使用未经定期检验的液化气瓶等违法行为进行查处，对游乐设施营运商下达《安全监察指令书》责令停用，对液化气瓶使用商户现场宣传教育，督促商户现场更换符合安全技术的的液化气瓶。

受理特种设备投诉 23 起，涉及特种设备 26 台(部)，其中电梯 17 部，大型游乐设施 8 台，锅炉 1 台，瓶装液化气销售点 1 户，液化气瓶 10 个，投诉处置率 100%。11 月 18 日下午，联合庆阳市质监局、市特检所和庆阳市万世天然气 CNG 加气站开展特种设备应急救援演练活动。本次活动以万世加气站 1 号缓冲罐进气管线球阀失效，发生泄漏事故为科目，分 9 个步骤进行，整个演练历时 15 分钟。

【稽查打假】 开展农资、建材、危险化学品包装物和容器生产企业、农村和城乡结合部地区假冒伪劣产品等专项整治活动，监督检查销售点 86 家，企业 135 户，下达整改通知书 37 份。推进政务公开和“阳光”执法，梳理汇总权责清单 239 项。结合“3·15”消费者权益日和“世界计量日”“安全生产月”等重要时间节点、乡镇集市日，组织工作人员以展板、张贴挂图、发放宣传手册、提供咨询服务等形式开展普法活动，制作宣传展板 10 个，发放宣传资料 2000 份，接受咨询约 100 人次。

【“双联”和精准扶贫】 成立 4 个由班子成员带队的驻村工作队，召开座谈会宣讲扶贫攻坚利好政策 12 场次，入户宣讲 25 次，组织干部职工走访了解民情 12 次，入户对接 12 次，驻村 200 天。制定联村项目计划、2015 年单位帮扶计划和个人帮扶计划，完成 16 户精准扶贫户建档立卡工作。为村部筹集道路建设费用 1.5 万元。出资 1 万元，带领村组干部和贫困户代表 47 人前往陕西礼泉袁家村和兴平马嵬驿民俗文化产业园参观学习。在春耕秋播时节为双联户送去 3 吨多化肥，帮助每户精准扶贫户栽植核桃树苗 1 亩，为两户存在住房危险的精准扶贫对象分别送去 1 万块普通烧结砖。

（姚宏）

安全生产监督管理

【安全生产责任制】 提请西峰区委办、政府办联合印发《西峰区党政领导班子和领导干部安全生产目标责任考核办法》和《关于落实安全生产“党政同责、一岗双责”的实施意见》，明确安全生产目标任务、工作措施和奖惩要求。每季度提请区委、区政府召开一次安全生产工作会议，传达上级精神，分析总结形势，部署工作。与各乡镇、街道和 22 个重点成员单位签订年度安全生产目标管理责任书，细化目标任务，靠实目标管理责任。2015 年，西峰区发生生产安全事故 99 起，死亡 22 人，受伤 83 人，直接经济损失 19.65 万元。

【安全宣传教育】6 月安全生产宣传月期间，开展营运大客车司机“五不两确保”安全宣誓、“安全生产宣传咨询日”等宣传教育培训活动，在城区 7 处户外及 187 块户内 LED 显示屏每天分时段播放安全宣传口号和安全生产知识。宣传咨询日当天，组织 80 家单位，出动 379 名宣传人员，摆放宣传展板 154 块，悬挂宣传条幅 30 余条，散发各类宣传品 22 万余份。开通安全生产短信平台，发送安全生产信息 14532 条；在九龙南路制作 200 米长的安全文化宣传长廊，在肖金左咀制作 100 米安全文化宣传长廊。在全区各行政村、社区统一制作悬挂安全生产举报告知牌。2015 年受理举报案件 14 起，调处事故纠纷 4 起。10 月，对城区临街门店进行摸底统计，印制安全生产告知书，由各社区(村)安监人员对城区 8000 多户门店进行逐个检查。每月编印一期西峰安全生产信息，反映各乡镇街道、各行业部门安全监管动态，印发 12 期、430 份，刊发信息 150 条。

安全生产宣传咨询日活动现场

【基层基础建设】西峰区政府及区委组织部于 9 月发文确定 10 名兼职安监站长，区编办、安监局、人社局、财政局四部门联合发文确定 36 名乡镇(街道)专职安监员，各乡镇(街道)发文确定行政村(社区)专(兼)职安监员 122 名。经区政府常务会议决定，由人社局、财政局发文落实 168 名安监人员每月 220 元的安监津贴。3 月，组织区、乡两级 39 名安监干部分期分批参加甘肃省安监局举办的安全监管业务培训班；9 月，举办乡、村(社区)安监员业务培训班，对全区乡镇(街道)、村(社区)168 名专(兼)职安监员进行业务培训；12 月，组织全区 10 个乡镇(街道)安监站长参加庆阳市安监站长业务培训班。

【综合协调】元旦、春节、“五一”和国庆等重大节庆，提请西峰区委、区政府主要领导和分管领导带队开展节前安全检查。每季度联合重点成员单位对乡镇街道安全生产工作开展督查。2015 年组织专项督查 5 次，下发督办函 111 份，督促整改隐患 619 条。联合交警、教体、运管、质监、住建、供热部门开展联合执法检查，对校车、校园安全、道路交通运输、建筑施工、“两客一危”、供热站等行业领域进行检查。

【专项整治】5—8 月，开展西峰区安全隐患大排查大整治百日攻坚行动，检查各行业生产经营单位 614 家，查出隐患 2853 条，现场整改 2517 条，限期整改 336 条，行政处罚 16.17 万元；8—11 月，部署在道路交通、危险化学品、非煤矿山、建筑施工、人员密集场所消防等 27 个重点行业领域开展“六打六治”专项行动，检查各行业领域企业 2197 家，查出隐患 2724 条，现场整改 1651 条，限期整改 1073 条；12 月，在各重点行业领域部署开展安全生产大检查活动。

【执法检查】召开危险化学品安全生产攻坚和 2 次直管企业安全监管工作会议，与重点企业签订年度安全生产目标管理责任书，对新安全生产法集中宣贯，对直管企业安全监管重点工作进行全面部署，结合安全生产大检查、“百日攻坚”、“六打六治”等专项整治行动，持续开展安全生产执法检查，严厉打击各类违法违规行为。2015 年，检查非煤矿山企业 62 家，查处隐患 772 条，罚款 2.8 万元；检查危险化学品经营使用企业 72 家，查处隐患 374 条，罚款 2.36 万元；检查烟花爆竹企业 68 家，检查隐

烟花爆竹企业安全隐患检查

患 132 条，罚款 0.2 万元；检查工贸企业 52 家，查处隐患 751 条，罚款 2.7 万元。

【事故调查处理】 组织成立事故调查组，对庆阳公路管理局西峰公路管理段 S318 线“4•25”车辆伤害事故进行调查，查清事故发生的经过、原因、人员伤亡情况，认定事故性质和事故责任，提出对有关责任单位和人员的处理建议。经庆阳市安委会审核，西峰区政府批复，对事故责任单位和相关责任人进行处理，事故按期结案。

【安全生产源头管理】 2015 年办理非煤矿山企业安全生产许可证 59 户，烟花爆竹经营（零售）许可证 23 户，危险化学品经营许可证 17 户。整理上报权责事项 171 项，其中行政许可 2 项，行政处罚 146 项，行政强制 6 项，其他行政权力 17 项，责任事项 1300 种，追责情形 2232 种，于 10 月在网上公布。10 家工贸行业企业安全标准化建设申报达标。开展职业病危害申报、监测和作业场所职业病危害专项治理，对 35 家企业的检测报告进行了备案；按照《职业病危害项目申报办法》要求，摸排存在职业病危害的用人单位 218 家，全部申报备案。督促企业及时缴存安全生产风险抵押金。2015 年存储安全生产风险抵押金 647.2 万元。

【扶贫攻坚】 3 月，走访各帮联户，为 58 户帮扶对象每户送去化肥 1 袋。4 月，出资 1.5 万元，对贺咀村大杏树进行嫁接改造，嫁接“红娘子”杏树 535 棵，接穗 1252 个。7 月，为贺咀村争取“一事一议”项目，实施贺咀—南坳—毛咀道路 2.1 公里柏油路项目，该工程于 8 月竣工。

（先晓丽）

肖金纸坊大棚甜瓜　　摄影：刘小智

农村经济

农 业

【农业综合效益】全区粮食总产12.81万吨，油料总产1.61万吨，瓜菜总产量27万吨，肉蛋奶总产量1.52万吨，水产品产量99吨。实现农业增加值12.2亿元，农民人均纯收入7878.2元。

【项目建设】申报、储备农牧业项目80个，总投资1.8亿元，审批下达实施农作物良种补贴、高效农田节水技术推广、旱作农业、能源沼气、新型农民培育、退耕还林后续建设等农业项目40个，下达农业项目资金4010万元。

【特色产业开发】草畜产业，全年更新种植紫花苜蓿1.25万亩，占任务1万亩的125%；完成青贮氨化饲草15.18吨，秸秆利用率提高4.2个百分点。启动新建养殖小区(场)27个；配套完善显胜肥源祥奶山羊场、肖金米旺正旺养鸡场、董志北门耀辉养牛场、后官寨鑫润养鸡、温泉湫沟盛牧源养羊场、什社什丰东晟养猪场、彭原赵沟畎养羊场等千头(只)养殖场(小区)7个；发展各类规模养殖户816户；完成黄牛冻配改良1.03万头。瓜菜产业，以“合作社或村组统一流转土地+规模种植户带动”为发展模式，建成肖金设施基地、三川、彭原鄢旗坳、什社文安(新建)等设施蔬菜生产示范点8个，显胜三泉刘、什社永丰、董志罗杭、肖金老山等露地瓜菜示范点4个，建成集约化育苗点11个，年育苗3500万株。肖金设施蔬菜基地累计生产各类蔬菜852.4万公斤，销售收入共计3397.3万元，10月以来共定植蔬菜684座，180座温室蔬菜已陆续上市；向庆阳宝乐农业发展有限公司移交温室200座，配合建成了净菜加工厂；新建的54座日光温室已全部建成，三座10000平方米智能温室基础及后期处理已完成。三川共搭建钢架大棚1732座(武川367座、蒲河392座、纸坊605座、毛寺368座)、水泥骨架大棚71座(种植西甜瓜1626棚)，建成育苗日光温室4座(蒲河2座、毛寺2座)。什社文安建成山东第七代日光温室30亩。彭原鄢旗坳循环农业示范区在养殖隔离区新建高架钢结构大棚50座。露地菜，什社永丰、董志罗杭、显胜三泉刘、肖金老山、张庄4个基地分别种植露地辣椒、西瓜、马铃薯1124亩、512亩、1330亩、260亩。

甘肃省农牧厅副厅长安建福(左一)在肖金设施蔬菜基地督查调研

【农业科技创新与示范推广】引进示范农牧业新品种33个、新技术10项，培育瓜菜、粮油、畜牧科技示范户400户。建设农业科技示范点27处，建成粮油、设施瓜菜、养殖等绿色食品标准化示范区(点)10 个;申报无公害农产品认证 1 个,绿色产品认证 5 个。共建成龙头企业 60 家,其中达到省级 8 家,市级 12 家,年内新建 2 家,改建 1 家;在彭原镇彭原村规划建设万只肉羊繁育场,水电路基础设施已开工;引进国电远鹏集团农光互补项目,目前正在规划论证。

【农民科技培训】围绕现代农业发展,按照"便捷、易懂、实用"的原则,充分了解农民种植意愿,采取专题培训和现场示范等有效形式开展农民科技培训,着眼培训新型职业农民。全年完成

吴健君教授(右二)在新型农民培育工程跟踪服务培训中为学员讲解幼树的修剪、病虫害防治及施肥技术

农民教育培训 312 期 3.02 万人(次),科技"三下乡"18 次,发放科技资料 30000 多份,发放培训书籍 5000 多册。共举办新型职业农民培训班 4 期(温泉米堡村园艺培训班 1 期 50 人、刘店村苹果生产经营培训班 1 期 50 人、肖金蔬菜基地蔬菜生产培训班 1 期 50 人、什社新庄村苹果生产经营培训班 1 期 50 人)200 人,发放培训书籍 1800 本,实践工具 210 个。

【农村经济管理】新建农民专业合作社 23 个,占任务的 115%;完成省级示范合作社建设 5 个,区级示范社 15 个;建办土地股份合作社 5 家、土地信用合作社 3 家;建设家庭新农场 5 个;建成休闲观光体验园 2 处。与庆阳邮储银行、兰州银行庆阳分行衔接先后为 31 个合作社成功贷款 3200 多万元。

西峰区区委副书记贾志升检查指导土地确权工作

完成全区土地确权颁证登记权属调查工作。全年完成土地流转面积 3.12 万亩,建成土地流转示范点 13 处,处理农村土地承包纠纷 25 起,立案查处 25 起,结案率 100%。被农业部成功认定为第二批全国农村集体"三资"管理示范县(区);完成了 39 个村、9 个组的村组级财务审计工作,审计资金 4.15 亿元;办理财务信访案件 5 起,涉及资金 390 多万元。办理全区征地补偿费兑付,全区共涉及 44 村 202 组,项目资金 18.32 亿元,乡镇账面滞留资金 2.35 亿元,整改阶段共兑付 2.03 亿元。对各乡镇财政惠农补助资金落实、涉农收费及各项惠农政策落实情况进行全面的督查,切实维护农民合法权益。积极开展农村公益事业"一事一议"财政奖补项目申报、验收,共完成 7 个乡镇 76 个村级公益事业建设"一事一议"财政奖补项目审批手续,工程概算资金 6998.59 万元,其中:村民筹资 282.14 万元,筹劳折资 2741.45 万元,申请财政奖补资金 3977.5 万元。

【农业执法监管】结合春秋两季农资市场专项整治活动,共出动执法人员 340 人(次),整顿市场 30 次,检查农药、化肥和种子门店 320 家(次),查获违法种子 2003.4 公斤,肥料 32610 公斤,农药 196.9 公斤,受理办结案件 27 起,罚款 4.18 万元,向司法机关移送案件 1 起,发放责令整改通知书 16 份;检疫肉品 7800 吨,检出不合格肉品 12.8 吨,并按要求进行了无害化处理,实现动物产品检

疫到位率、上市动物产品合格率、不合格动物产品无害化处理率、屠宰企业“瘦肉精”自检率均达100%。积极开展省级农产品质量安全县创建，每月对西郊蔬菜批发市场、天禾农贸市场和百佳超市、肖金基地等蔬菜开展农药残留量检测43次，检测样品946样(次)，合格率100%；配合省、市农产品质量安全例行监测和监督抽检5次，抽样120个样(次)，合格率100%；为全区7个乡镇农产品监管服务中心配置12通道的农药残留速测仪各1台，开展例行检测24次，共抽检1386个样(次)，合格率100%。全区以高致病性禽流感等四类强制免疫动物疫病的集中免疫及小反刍兽疫疫苗的补免为工作重点，口蹄疫、高致病性猪蓝耳病、猪瘟、口蹄疫O—I型、高致病性禽流感应免、实免密度均达到95以上，全面完成了省、市下达的春秋防工作任务。全区羊布病共血检易感家畜15011头(只)，检出阳性

农业执法大队联合公安部门在农资商城开展专项整治

羊37户182只，对阳性羊按布病技术规范予以扑杀和无害化处理，兑付扑杀补偿经费8.1万元，并开展流行病学调查及羊肉临检工作。

【一乡三村现代农业综合示范工程创建】按照全市“一县一乡三村”现代农业综合示范工程创建总体要求，以温泉乡、彭原乡鄢旗坳村、什社乡李岭村、肖金镇张庄村为重点，通过“五化”联动，推进各项工作开展，完成年度建设任务。

【农村能源工程建设】在后官寨镇孔塬村和显胜乡冉李村建成沼气池100座(各50座)；在董志绿照养殖场和凯玥种猪繁育有限公司建成80立方米小型沼气工程2处；在彭原镇杨坳村建强果业合作社、庆阳旺畜养殖专业合作社、庆阳智宏蛋鸡养殖专业合作社、庆阳市富顺猪养殖专业合作社建成100立方米小型沼气工程4处；依托巩固退耕还林成果后续项目在全区5个乡镇8个项目村安装太阳能热水器536台(显胜乡蒲河村102台、毛寺村102台、夏刘村60台、冉李村50台，肖金镇大户王村60台，温泉镇米堡村76台，什社乡什丰村50台，彭原镇五郎铺村36台)。

【农作物病虫害预测预报】在温泉镇何坳村、什社乡庆丰村、彭原镇周寨村建立千亩以上苹果病虫专业化统防统治与绿色防控融合示范点3个，建设统防统治组织6个，安装太阳能杀虫灯30个，悬挂诱捕器115个，防治小麦条锈病、白粉病17.8万亩。农作物重大病虫害平均防控效果达到80%以上，病虫损失率控制在5%以下，主要粮食作物专业化防治覆盖率提高到25%以上，中短期预报准确率达到95%以上。

【人工影响天气】聘请陕西枪械研究所业务人员对彭原、什社两门37高炮维护检修2次，开展人工增雪和人工防雹7次(人工增雪3次、人工防雹4次)，共发射炮弹88枚(增雪作业WR—98型火箭弹24枚，防雹作业碘化银炮弹64枚)，增加有效降水10毫米以上，有效防止了异常天气；对全区13座气象观测站检查维护4次以上，使各监测站良好运行，确保了气象数据资料的正确传输，并为肖金设施蔬菜基地新修“六要素”小气候气象观测站1个。

【水产养殖】全区宜渔水资源初具规模，宜渔塘坝水面面积达到1123亩，池塘面积达到219亩(含垂钓池塘)；为董志、什社、后官寨等鱼塘投放规格为5—8cm的鲤鱼、鲫鱼、鲢鱼和草鱼鱼苗40万尾；建立肖金镇景宏鑫养殖场、显胜乡毛寺村养殖场、温泉乡秀湖养殖场水产品健康测报点3家。

【农业信息服务】依托西峰农业信息网和30个村级信息服务点，发布草畜养殖、瓜菜种植、农技推广、病虫情报、能源建设、农产品质量安全等农业实用技术信息430条，全年编印农业信息导报24期1.2万份。

【“双联”及精准扶贫】全面完成2015年整区脱贫军令状任务，瓜菜产业，在显胜乡蒲河村新建钢架大棚392座，毛寺村新建钢架大棚368座，分别占任务300座的131%、123%，实现销售收入122.6万元，在董志镇罗杭村种植加工型辣椒312亩，亩收入达到2000元以上；草畜产业，在毛寺、蒲河、杨咀等15个贫困村共发展规模养殖户260户，种植紫花苜蓿1175亩；合作社创建方面，积极协调村组在董志镇庄头村、廖坳村建设专业合作社4个。做好全区3533户贫困户精准扶贫大数据平台富民产业信息审核录入工作，大数据分析结果显示全区富民产业总收入达到6466.85万元，人均收入4652.41元。双联工作，为30名贫困户送去春耕物资化肥1480公斤、地膜400公斤；出资1万元，修建蓄水池1处；为蒲河村委会捐赠计算机1台、打印机1台。

（麻晓辉）

林 业

【项目建设】2015年人工造林60000亩，其中林苗结合产业培育50000亩、造林补贴项目人工造林3000亩、乡镇千亩荒山造林7000亩；退耕还林成果专项规划补植补造11084亩、栽植以苹果为主的经济林5739.6亩、营造薪炭林1417亩、新建育苗基地408亩；完成国家级公益林补植1500亩；新栽通村、通组道路行道树120公里，栽植国槐、油松、侧柏、塔柏等绿化苗木6万余株；建成绿化达标乡镇2个，结合新农村建设完成显胜乡毛寺村等农村住宅区绿化4处，栽植油松、侧柏、红叶李等绿化树木1.2万余株；组驻峰机关单位在肖金镇双桐村完成义务植树500亩，植树6.8万株。完成全区25.14万亩国家级重点公益林和33.8万亩天保工程区公益林的管护，对国家级公益林进行现地认定，发放公益林补偿资金1600万元。

2015年西峰区退耕还林工程

【林下经济】西峰区在完成集体林地确权登记后，充分挖掘林地资源优势和林荫空间优势，建立以林为主，林下种植、林下养殖、森林景观利用和林下产品加工相结合的立体经营模式，实现兴林富民。2015年，全区林下经济总产值5785.6万元。

【林政执法】突出森林公安派出所、水保预防中队和乡镇林业站在森林保护中的主体地位，因地制宜组织开展严打专项斗争，重拳出击，严厉打击乱砍滥伐林木、乱垦滥占林地、乱捕滥猎野生动植物资源等违法犯罪行为。2015年，共出动人力200人次，车辆80车次，查处违规放牧事件20多起，处理违规人员26人次，清理在林区违规放牧羊只100余只；落实天保工程森林管护面积38.6万亩，落实公益林管护面积25.74万亩，有效地促进了全区林业工作又好又快发展。

【护林防火】采取标语、专题会议等多种形式对《中华人民共和国森林法》、《森林防火条例》等林业法律法规进行广泛深入地宣传，书写防火宣传标语500余条、悬挂护林防火宣传横幅8幅，制作安装护林防火宣传牌200面，召开区、乡、村林防火专题会议20余场次，共购置回风力灭火机60台，二号工具1150把，扑火服装2500套。组建10—15人的护林防火队伍102支，聘请专兼职护林员162

西峰区森林防火、苗木产业培育及农业工作会议

人。确保了护林防火工作的顺利开展。

【森林检疫】现有林面积 73.26 万亩（含未成林造林面积和经济林）。全区发生林业有害生物面积 4.8017 万亩，其中轻度面积 4.7521 万亩，中度面积 0.0496 万亩，主要为野兔危害 0.9845 万亩、松针小卷蛾 0.221 万亩、松落针病 0.7450 万亩、杨树腐烂病 0.0912 万亩、刺槐尺蠖 1.462 万亩、苹果腐烂病 0.745 万亩、梨小食心虫 0.263 万亩、苹果绵蚜 0.671 万亩，防治面积 4.8017 万亩，无公害防治 4.2425 万亩，人工防治 0.5592 万亩。对辖区内 7 个乡镇逐地块进行检疫，共出圃苗木 1250 万株，其中一年生刺槐 96 万株，一年生国槐 126 万株，国槐大苗 36 万株，油松大苗 17 万株，三年生油松 945 万株，白蜡 14 万株，红叶李 9 万株，红花槐 6 万株，雪松 0.4 万株，云杉 0.5 万株。森防站人员实施产地检疫 1250 万株，填写"产地检疫记录"，签发"产地检疫合格证"。

【精准扶贫】2015 年，完成苗林结合培育扶贫攻坚任 52800 亩，其中显胜乡 5000 亩、肖金镇 5000 亩、董志镇 8000 亩，温泉镇 9000 亩、后官寨镇 10000 亩、彭原镇 7200 亩、什社乡 6800 亩，配套种苗繁育基地 550 亩，建成 5000 亩以上苗林结合培育扶贫攻坚集中连片示范点 2 处；对全区 15 个精准扶贫村的 300 户贫困户进行林（果）业生产实用技术及苗林结合产业培育知识培训，举办培训班 3 期，培训人员 650 人（次）；结合国家级公益林管护开展以苗林结合、退耕还林后续产业工程等林业重点生态项目的实施，落实并兑现农户 37.34 万亩的公益林补偿资金 1597.43 万元，无偿为贫困户提供苗木 65 万株、发放化肥等农资 1.12 吨，价值 25.5 万元，配合区农牧局落实草原禁牧 5 万亩，种植人工饲草 10000 亩，发展舍饲棚圈养殖 40 户。年内所帮扶的董志镇周庄村 29 户、显胜乡毛寺村 9 户贫困户全部实现脱贫。

（刘鹤）

农业机械化

2015 年，西峰区农机总动力 31.2 万千瓦，拖拉机拥有量 6320 台，机耕 89 万亩，机播 80 万亩，机收 52 万亩，农机经营总收入 3.1 亿元，无重大、较大农机安全事故。

【农机农田作业】年初，召开全区农机化工作会议，安排部署春耕生产。春耕生产中，抽调 13 名专业技术人员，投入机械 1660 台，完成农机农田作业 68 万标准亩。夏收开始前，向各乡镇印发《关于做好 2015 年全区"三夏"农机跨区作业工作的通知》，成立跨区机收领导小组，巡回检查指导，设立跨区机收指挥中心，发布作业信息，印发"告联合收割机手书"3000 份，引导外省区跨区作业机械有序、合理流动。在各乡镇设立跨区机收接待站 9 处，机具维修点 11 处，油料供应点 6 处，引进跨区联合收割机 860 台，完成小麦、油菜联合收割 26.8 万亩。"三夏"生产及"三秋"生产开始后，14 名工作人员分成7组，每 2 名人负责一个乡镇，和乡镇村组干部组成实施小组，调配机具资源，协调外地机车跨区作业，以流转土地为重点，推行大型机械连片作业和跨区作业，落实作业面积、开展技术服务工作。2015 年，完成深耕深松整地作业 11 万亩，其中在董志镇寺里田、胡同赵、八年村建立万亩深松整地示范点 1 处，在显胜、后官寨、彭原三乡镇建立千亩示范点 3 个，兑付深松整地作业补贴资金 90 万元。

【新技术推广】引进新机具186台，召开现场会15次，市区媒体对农机推广工作宣传报道9次，培训农机人员1980人次，建立农机科技示范点12个，农机新技术、新机具科技示范面积15.3万亩。保护性耕作技术及机械深松整地技术。引进、推广玉米免耕播种机、深松机、秸秆还田机、联合整地机等机具9台。在全区7个乡镇召开机械深松现场会7次，完成深松11万亩。建立保护性耕作核心示范点2处，辐射带动推广保护性耕作技术示范种植各类农作物3.1万亩。全膜双垄沟播机械化技术。引进双垄沟玉米覆膜机9台、气吸式玉米铺膜播种机3台、旋耕灭茬起垄施肥铺膜机5台、电动精量穴播机2台，在董志镇、肖金镇、彭原镇建立玉米机械化生产示范点3处，全区玉米机械覆膜3.5万亩。4月10日，在肖金镇双桐村举办玉米机械化覆膜(播种)现场演示会。现场演示起垄施肥全覆膜机、旋耕灭茬起垄施肥铺膜机、气吸式玉米铺膜播种机、电动精量穴播机四种类型的玉米覆膜、播种机械，取得了良好的示范带动作用。4月11日《今日西峰》、4月13日《西峰新闻》进行了报道。设施农业配套机械化技术。积极围绕肖金镇米王村设施蔬菜基地和彭原乡设施农业建设，开展卷帘机、微耕机等机械化技术的配套，补贴投放微耕机26台，喷雾器4台，建立示范点2处，示范面积1.3万亩。果园管理机械化技术。围绕温泉、什社优质苹果示范区建设，示范推广果园机械化耕作、修剪、植保技术，补贴投放田园管理机13台，微耕机45台，果树施肥机6台，机动喷雾器8台，建立果园机械化管理示范点2个，示范面积3万亩。与市农机推广站、区果业局共同在温泉镇刘店村、什社乡三姓村召开果园机械化现场会2次。草畜产业机械化技术。将彭原设施养殖示范区作为草畜产业机械化推广的主阵地，以饲草加工机械化技术和设施养殖机械化技术为重点，大力推广饲草铡切粉碎、揉丝、青贮、饲料搅拌等关键技术，着力推进规模养殖，示范带动现代畜牧业发展。引进推广中小型揉丝机13台，饲料粉碎机7台，割草机3台，铡草机15台，饲料搅拌机1台，完成秸秆综合利用13万吨。在彭原镇鄢旗坳循环农业示范区、董志镇陇东毛驴基地、显胜乡天虹驴业合作社建立养殖机械化示范点3处。在彭原镇鄢旗坳村召开秸秆加工、青贮现场会1次。油菜机械化收获技术。引进江苏沃得DC50C型油菜联合收割机2台，完成油菜机械化收获1132亩。6月15日，在董志镇周庄村召开油菜机械化收割现场演示会。玉米机械化收获技术。引进适宜西峰区农艺条件的玉米联合收割机15台，全区玉米联合收割机拥有量达到89台，完成玉米机械化收获4.3万亩。9月8日、9月27日、10月15日，分别在肖金镇小寨村、温泉镇新桥村、彭原镇彭原村召开玉米机械化收获现场演示会3次，农业部农机化司李伟国司长、市委副书记董建镇、周边群众400多人参加了现场演示会。庆阳电视台、陇东报、西峰电视台、今日西峰等媒体分别对此项工作做了新闻报道，西峰电视台《希望的田野》栏目进行了专题报道。

全膜双垄沟播玉米种植

【国家补贴农机具】2015年争取国家农机补贴资金460万元、省级累加补贴资金38万元，市级累加补贴资金68万元，按照省农牧厅、财政厅印发的《甘肃省2015年农业机械购置补贴资金使用方案》要求，制订下发《西峰区2015年农机购置补贴实施方案》，实行“自主购机、定额补贴、区级结算、直补到卡”的方式在全区范围内实施，补贴资金由省财政直接下达到区级财政设立的“强农惠农专项

为肥料经销大户配备触摸屏和混配机

资金特设专户”,以“一册明、一折统”的方式直接兑付到户,补贴资金兑付方式由按季申报变为按月申报,缩短资金兑付周期。全年完成农机具购置补贴资金530.44万元,补贴农机具912台,补贴受益农户609户,机械深松整地6万亩,带动农民自筹1073万元。

【农机安全监理】深入各乡镇村组积极开展农业机械免费管理工作,实行入户挂牌,培训、考试,年度检验和换证、补换牌证“四免费”。2015年,全区在册农业机械3986台(其中:拖拉机3840台、联合收割机146台),新入户农业机械425台(其中:拖拉机394台,联合收割机31台);年检农业机械3561台(其中拖拉机3135台,联合收割机106台);2015年新增驾驶人员355人(其中:拖拉机驾驶人员336人,联合收割机驾驶人员19人);换审驾驶员187人。全年出动农机安全宣传车185台次、宣传人员920人次,悬挂横幅114条,发放安全宣传资料手册6类142720份,电视报刊广播等新闻媒体宣传报道28次,开展现场宣传活动19场次。日常路查与农忙时节重点检查相结合,出动农机监理执法人员920人次,共检查农业机械2470台次,纠正违章作业649台次,全年零事故,零死亡。

【农业机械调查】从5月初开始至8月初,农机局工作人员和乡镇专干配合,抽样调查5个乡镇5个样本村共2998户,调查样本总量1973台(次)。

【农资市场监管】4月3日开始,在辖区范围内开展为期30天的农机市场整顿与打假专项整治行动,重点打击未经法定农机鉴定机构检验,擅自在产品上粘贴“农业机械推广许可证”的行为,盗用其它企业“农业机械推广许可证”、合格证、以及标示混乱、不符合要求的违法违规的行为,无厂名、无合格证、无铭牌的“三无”产品。行动期间,出动人员105人次,车辆28车次,检查、整顿城区及6乡镇经营销售、维修场所63处,查处农机及零配件275起,发现整改问题70起,有力地维护了农机市场秩序,为全区农机化发展提供了良性的竞争环境。

【“双联”及精准扶贫】春耕生产,送出化肥74袋,地膜56卷;为适龄儿童送去营养包100袋;帮助贫困户栽植杂果40亩;为精准扶贫户办理无息贷款81万元;送出智能手机25部;为丰富农家书屋的知识内容,单位职工为农民捐资农业科技、无公害蔬菜化生产技术、果树栽培技术等等方面读本500多本;与交警大队携手在扶贫村进行“一对一面对面”的知识宣传并发放宣传手册1200多本;组织40名干部职工参加城乡环境卫生综合整治活动。

(郭茜)

果业

2015年,西峰区苹果栽植11818亩(矮化6018亩,乔化5800亩),苹果育苗140亩,嫁接苗木90万株:调拨苹果苗木50万株,新引进烟富8号、烟富10号新品种苗木5万余株;核桃、樱桃等其它经济林栽植9281亩,育苗50亩;新增百亩以上大户流转土地栽植地块16处,流转面积4600亩(其中苹果12处,3500亩);完成苹果郁闭低效园提质改造6500亩;幼园提质改造12000亩。实施省市苹果标准园建设项目8处,利用省级财政林果产业发展资金新建苹果标准化示范基地1060亩。流转土地新栽矮化苹果面积较多的村有新庄村、庆丰村、永丰村、齐楼村、铁楼村、冉李村、显胜村、王庄村、脱坳村、张庄村、罗杭村、庄头村、田畔村、吴庄村、顾咀村、司官寨村、帅堡村、沟畎村等；流转土地新栽杂果较多的村有王庄村、显胜村、齐楼村、李庄村等，各乡镇在精准扶贫村动员贫困户完成了苹果产业培育任务；争取国省投项目资金586万元（农业部苹果标准园30万元，省级苹果标准园60万元，省级核桃标准园60万元，国投退耕还林后续产业136万元，苹果组装式冷藏库建设300万元），市级财政苹果产业专项188万元，区级财政安排果业生产（立架设施）资金400万元，为实施项目和幼园提质改造提供了资金保障。区果业局与农培中心配合各双联部门组织果农培训会52场次，5600人次。规划的温泉齐楼—什社贺原万亩苹果示范带完成了补植补栽、施肥覆膜与抚育管护，搭建立架设施系统1500亩。

【林果标准化示范园提质创建】利用国省投项目，重点抓好温泉齐楼—什社贺原万亩苹果示范带建设，什社乡永丰村、新庄村、温泉镇齐楼村、彭原镇顾咀村4处省级苹果标准园建设（新建2处，提质2处），显胜乡冉李村、彭原乡周寨村、什社乡李岭村、温泉乡何坳村4处市级苹果标准园建设，肖金张庄、左咀、什社任岭3处省级核桃示范园建设；汇报上级林业部门支持，借助亚行贷款项目中期调整之机，规范完善了各乡镇规模连片苹果园提质改造。

【低产老果园提质改造】全区完成苹果老果园改造6500亩，其中温泉何坳、刘店核心示范区200亩，什社李岭（天富公司）200亩、什丰（广兴泰合作社）100亩。

【优质苗木繁育】支持有育苗资质的专业合作社规范育苗，规划什社乡贺塬村（三姓合作社）、温泉镇齐楼村（和润合作社）和肖金镇脱坳村（林颖合作社）、温泉镇齐楼村（三耳合作社）分别作为矮化密植苹果和时令杂果的专业育苗基地，预计出圃苹果苗木85万株，核桃、樱桃、油桃等杂果苗木20万株。

【组装式冷藏库项目】争取国家农产品初加工惠农工程项目资金300万元，重点动员流转土地规模经营100亩以上的大户进行苹果组装式冷藏库建设，新建储量100吨苹果组装式冷藏库31座，新增储藏量1万吨。庆阳市恒丰源果业合作社、三姓果业合作社、杨龙果业合作社等初步实现了苹果挂牌分级收购。

【流通运营】新增果品专业合作社10个，累计达到55个；积极适应现代电子物流新模式，动员更多的青年人投身到“庆阳苹果”的销售队伍，建成庆阳苹果西峰形象店1处，福州销售网点1处，区商务局扶持建成“村淘网”示范店50处，构建了林果产品推介直销网络。

【品牌创建】庆阳市陇清瓜果专业合作社申报的“陇清”牌果品商标获得甘肃省著名商标；庆阳市恒丰源苹果农民专业合作社生产的“陇宝苹果”，入选《2015年度全国名特优新农产品目录》。

【中国庆阳农耕文化节苹果赛果暨开园采摘活动】中国·庆阳2015年农耕文化节于10月13日至19日在西峰区举办，作为节会主办地和节会主题活动之一，举办了庆阳苹果开园采摘仪式及赛果大会。一是苹果开园采摘仪式，在温泉乡刘店村上庄组“华夏苹果第一树保护园区”举办苹果产业奖励大会、招商引资签约暨开园采摘仪式。二是举办赛果大会，在温泉镇天富亿生态民俗村举办，西峰区获得优秀组织奖第一名，西峰展厅的“陇清”牌单枚千元苹果销售2枚，引起网上热议，为宣传推介西峰苹果起到了促进作用。

【扶贫攻坚】围绕精准扶贫精准脱贫目标，把林果产业作为扶贫攻坚产业培育的主要任务，项目向贫困村倾斜，技术人员向贫困村集中，全力督促完成年度产业培育任务。区果业局干部职工联系的3个乡镇的3个村（显胜、文安、湫沟）154户，其中精准扶贫户达100户，按照科员每人联系3—4户、科级干部每人联系5—7户，局班子成员带领全体干部职工克服各种困难，确保完成了精准扶贫精准脱贫任务。

（窦利锋）

水 务

局长　　郑志华(1 月任职)

【项目建设】2015 年,新建、续建各类水利项目 7 个,其中,中央投资水利项目 4 个,市区两级自建项目 3 个。雨洪集蓄保塬生态项目 完成投资 9000 万元,完成占地 400 亩,水面面积 330 亩,容积 88 万立方米的雨洪集蓄人工湖工程 1 处。中央统筹资金用于农田水利设施日常维护支出项目 完成投资 400 万元,完成什社果园蓄水池工程,彭原乡义门村抗旱水源工程维修,彭原乡鄢旗坳雨水集蓄利用工程水源工程,天富亿晨卓农业示范园滴管工程,肖显抗旱机井工程,维修彭原镇鄢旗坳村北庄组新打机井工程,什社乡任岭村庙东组机井维修工程,什社庆丰富林果业合作社滴灌改造及防霜微喷工程,肖金芮岭大唐果业合作社滴灌工程,肖金三不同机井工程,董志水厂维修及自动化控制工程。"1236"精准扶贫农村饮水安全项目 完成集中式管道引水工程 76 处,铺设管网 35 公里,新建集雨水窖 45 眼、小电井 84 眼,维修小电井 43 眼,新建水罐供水 21 套,解决了 15 个贫困村和 85 个非贫困村 686 户精准扶贫户 3079 人的饮水不安全问题。北湖环湖道路及景观续建项目 完成投资 450 万元,新建供水管理房一处,完成北湖环湖行车道路建设,安装苗坪围栏 5.6 千米。山洪灾害防治县级非工程措施补充和完善项目 完成投资 314.2 万元,完成 9 个自动雨量站、2 个视频监控站、10 个简易雨量站建设工作,全区 841.02 平方公里的危险区的调查评估工作和山洪灾害防治预警平台升级的建设任务。巴家咀 1—2 泵站应急排险项目完成投资 900 万元,完成应急备用管线、渠系和机电设备改造工作。巴家咀水库移民后期扶持项目下达资金 276.84 万元,其中直补资金 66.96 万元(区级配套资金 32.88 万元),项目资金 209.88 万元。直补资金已全部拨付乡镇兑付到位,项目资金全部用于村组基础设施建设。主要完成的项目有后官寨镇帅堡村文化广场硬化工程,后官寨镇王岭村通村砂石道路工程,后官寨镇赵咀村胡同居民点道路砂石硬化,彭原镇义门村柏油路硬化工程,彭原镇义门村集中埋葬点砂石硬化工程,彭原镇赵沟畎村便民服务大厅及村级卫生所,彭原镇顾咀组沥青道路工程。

北湖鸟瞰图

【抗旱防汛】全年完成灌溉面积 10.2 万亩,其中春灌 5 万亩,夏灌 3 万亩,秋灌 2 万亩,冬灌 0.2 万亩;完善防汛工作机制,储备充足的防汛抢险物资,对防汛抗洪预案、修编年度地质灾害防治预案,严格贯彻落实领导带班和 24 小时值班制度,确保山洪灾害监测预警系统正常运行,积极协调相关单位和部门第一时间抢险救灾,及时维修水毁设施,确保了安全度汛,未出现重大灾情。

【水政水资源管理】实行最严格的水资源管理制度,积极开展水资源治理专项行动,建立定期巡查制度,严肃查处各类水事违法案件。全年共审核发放取水许可证 12 套,征收水资源费 61.8 万元,查处水事违法案件 1 起,收缴罚款 2.4 万元,开展河道专项巡查 49 次,踏勘石油开发项目 5 次,对影响水源工程的井场予以否决,制止零星采砂和油探井钻井作业,保障用水安全,有力维护了全区水事秩序良好运行。

【农村供水工程运行管理】农村供水站对全区破损的 450 处人饮管道进行了维护维修,共维修机井 16 眼,更换机泵 16 台(套),为 6 个农村果业、畜牧合作社铺设供水管道4千米。增设西峰、温泉、肖金三个售水点，在董志水厂建成水质检测化验中心。全年共供水42万方，收缴水费105万元，保障了11万农村居民生产生活用水。

【精准扶贫】把扶贫攻坚作为全年工作重点，切实加强领导，层层靠实责任，集中精力，强化措施，经过一年的努力，全面完成精准扶贫安全饮水工作及精准扶贫大数据平台录入工作。2015年，通过新建集中式管道、集雨水窖、小电井、水泵、水罐等方式，解决了塬边咀梢、山丘川道居民的饮水不安全问题。年底，全区农村饮水安全率达到100%，自来水入户率达到98%以上。

(刘鹏甲)

水土保持

【流域治理及梯田建设】2015年水土流失综合治理10平方公里，新修梯田0.71万亩。

【项目建设】一是完成了清水沟小流域水土保持综合治理工程2014年度建设任务，治理水土流失面积2.86平方公里。2015年8月顺利通过省局组织的年度竣工验收。二是完成巩固退耕还林基本口粮田建设项目2014年度建设任务，新修梯田0.21万亩。

清水沟小流域造林现场

【淤地坝管理及防汛】在主汛期来临前，对存在安全隐患的淤地坝，及时制定抢险维修加固应急方案，核定工程量和投资。从区政府争取维修资金80万元，对清水沟3号淤地坝及时进行维修加固。先后2次抽调工作人员，对全区39座淤地坝安全运行情况进行全面排查。防汛值班期间，强化值班领导，值班人员轮流24小时值守，确保信息畅通、汛情传递迅速。

【水保监督执法】一是加强水保执法体系建设。年初制定《关于开展水土保持行政执法年活动实施方案》，成立依法行政工作领导小组，确定4名专职工作人员，持证上岗，并配备执法记录仪和照相机一台。二是加大水保方案催报力度。全面加强生产建设项目水土保持方案编报、审批的管理工作。累计开展方案催报76次，下发《限期编报通知书》11份，现场踏勘井位6次，向石油办报送踏勘意见单6份，区政府会议审批石油井场9个，水保部门审批水保方案20个(其中，市批报告书3个，区批报告书4个、报告表13个)。三是强化水土保持规费收缴。依据新颁布实施的《甘肃省发展和改革委员会、甘肃省财政厅、甘肃省水利厅关于制定水土保持补偿费收费标准的通知》文件精神，对历年审批的生产建设项目进行清查，并对石油井场建设与运行情况进行重点普查。对西峰区2001年—2014年底的所有石油井场生产运行进行核查和确认，核定水土保持补偿费缴费额，下发缴费通知单。2015年，共征收水土保持补偿费243.53万元。

【水保宣传】深入西峰区党校、西峰区南苑路社区开展水土保持国策宣传教育活动。利用网络媒体，大力宣传水土保持工作的重要意义，增强广大干部群众防治水土流失的责任感、使命感、紧迫感，营造良好的气氛。2015年，共报送信息30条。其中市级以上网站刊登10条。

(张斌)

工信交通

工业和信息化

【工业经济指标】2015 年规模以上地方工业增加值 8.8 亿元，非公经济增加值 88.5 亿元，新增规模以上企业 2 户，新增小微企业 1639 户。万元工业增加值能耗下降 3.2%，万元工业增加值用水量下降 7.6%。开发区级以上工业新产品 8 项。新增非公经济组织 7509 户，新增从业人员 37286 人。

【工业项目建设】实施工业项目 39 个，其中：新建 21 个，续建 18 个，工业固定资产投资完成 31.4 亿元。

编印《西峰区工业和信息化招商引资项目册》，与发达地区工信部门和部分甘肃驻外商会、协会建立合作发展关系，定期互通项目和产业发展信息，努力招引企业入驻。2015 年招引项目 9 个，意向性计划投资 18.44 亿元，到位资金 15.23 亿元。

远离非法集资宣传

摸排筛选 16 个发展前景好、带动效应强的项目上报国家、省、市工信部门，争取到国家、省、市项目扶持资金 214 万元。

【中小企业服务】出台《庆阳市西峰区人民政府关于进一步优化中小微型企业发展环境的实施细则》(区政府发〔2015〕204 号)。组织辖区内中小微企业申报助保贷，推荐企业 87 户，为企业争取到助保贷资金 3410 万元。

【工业标准化厂房建设】完成标准化厂房 4 栋钢结构主体，6 栋基础打桩、底梁浇筑、钢构螺栓埋设，2 栋基础开挖和灰土挤密桩，完成投资 1.2 亿元，签约引入企业 12 户。

【工业节能降耗】万元工业增加值能耗下降 3.2%，万元工业增加值用水量下降 7.6%。成立西峰区燃煤质量管控工作领导机构，出台《西峰城区燃煤质量监督管理实施方案》，协调四门乡镇设立燃煤质量检查站 5 个，对入城燃煤质量经行有效管控，杜绝不合格燃煤流入城区。

【信息化建设】推进广播电视、电信与互联网“三网合一”，扩大数字光纤网络覆盖范围，实现 3G 网络全覆盖和“村村通”。协调配合电信、移动、联通等运营商新建和改造网络 4G 基站 2000 个，预计 2017 年将覆盖西峰区所有乡镇和行政村。实施“百兆光纤工程”和“百县宽带乡村工程”，100 个行政村全部实现宽带接入。

【工业安全生产】成立工业企业安全生产检查领导机构，定期深入辖区企业开展安全生产专项检查。2015年开展各类检查25次，查出安全隐患35处，现场处理23处，限期整改12处。对油气管道占压情况进行集中排查，摸排出各类占压45处，对西安输油气分公司庆阳输油站7处石油管线占压进行了清理。

【"十三五"规划编制】成立西峰区工信局工业和信息化规划编制工作小组，研究制定规划编制方案和大纲。按期完成《西峰区"十三五"工业和信息化发展规划》《西峰区"十三五"循环经济发展规划》《西峰区"十三五"信息化发展规划》三个专项规划和循环经济发展问题研究、高技术产业和战略性新兴产业发展研究、能源化工基地建设与多元化产业统筹并举重大战略研究及信息化发展趋势和业态研究等四个课题研究工作。

【"双联"及精准扶贫】协调配合扶贫、农发、金融等部门为孔塬村争取扶贫专项、农业专项和一事一议项目。完成村级道路建设1.4公里、铺设公路排洪管道3公里、新修排水渠道9公里、建设乡村舞台1处和100平方米的标准化村级卫生所1处、改造建成村级幼儿园1所。邀请司法、妇联等部门专业人员对孔塬村贫困户进行法律知识、农业种植技术、妇女香包刺绣培训，培训人员123人次。制定《西峰区精准扶贫贫困户互联网接入工作实施方案》，依据区扶贫办核准的贫困户名单为94个行政村2652户贫困户实现互联网接入。为2355户贫困户配发4G智能手机2355部，网费补助215户4.3万元，接通有线网4户。

（郭阳）

附：企业简介

甘肃省西峰制药有限责任公司

前身为甘肃医药集团西峰制药厂，始建于1970年9月，归甘肃医药集团公司管理，位于西峰镇老

甘肃省西峰制药有限责任公司

城巷7号。2003年，移交庆阳市管理，在西峰区古象路西段筹建新厂，占地2.67公顷，建筑面积5986平方米。绿化面积8573平方米，2004年建成投产。产品有中成药8个剂型144个品种。2005年12月企业破产。2007年12月企业改制，组建甘肃省西峰制药有限责任公司，企业性质转为非公经济。2009年8月，由陕西丽彩集团控股经营，组建甘肃省西峰制药有限责任公司，注册资本3510万元。设有综合管理部、财务部、物料供应部、药研室、质量管理部、生产技术部、销售部等13个部门。

企业拥有自主知识产权的国家三类新药"妇可靖胶囊""复方伤痛胶囊"及独家品种"补肺丸"和国家中药保护品种氨咖黄敏胶囊、复方羊角颗粒、重感灵片、六味地黄丸、感冒清胶囊、诺氟沙星胶囊、咽炎片等主导产品。公司与兰州大学药学院、甘肃轻工研究院、陇东学院（化工学院、生命科学院产学研基地及校外实践教学基地）、西北工业大学（制药工程专业本科生及硕士研究生校外实践基地、化工学院产学研基地）等院校及甘肃省药品检验研究院达成合作意向和战略合作关系。公司荣获"甘肃省2013年度科学技术进步奖""庆阳市岐黄文化传承研发基地"等荣誉称号，取得科技部"高新技术企业"及"省级企业技术中心"认定。"乐天"牌商标被评为甘肃省著名商标。

2015年，公司员工270名，专业技术人员105名，其中高级工程师3名、执业药师5名、中药鉴定师6名。生产片剂、胶囊剂、颗粒剂、丸剂、糖浆剂等

8 个剂型 151 个品种，实现工业总产值 1.6 亿元，销售收入 1.49 亿元，实现利税 886 万元。

凌云服饰集团有限公司

创建于 1997 年 8 月，注册资金 3000 万元，公司集服饰和香包研发、设计、生产、销售为一体，是庆阳市服装行业龙头企业，庆阳市文化产业骨干企业，也是甘肃省民营文化 100 名骨干企业之一。公司于 2004 年通过 ISO9001:2008 国际质量管理体系认证，获得全国工业产品生产许可证和国家质量监督总局颁发的特种劳动防护用品安全标志证书，质量技术等级评价为“甘肃省 AA 级企业”。集团有两个子公司，庆阳轩辕香包艺术有限公司创建于 2008 年 3 月，注册资金 1000 万元，香包公司下设“香包工程技术研究中心”，建有两个香包绣制加工技术培训基地，管理模式采取公司 + 基地 + 农户松散联合式管理办法。庆阳凌云服饰集团迪拜分公司注册资金 221.4 万元。集团公司总注册资金 4221.4 万元，总从业人数 3000 余人，固定员工 260 人。甘肃省委宣传部、文化厅联合为公司颁发了“甘肃省文化产业示范基地”荣誉奖牌，甘肃省人力资源和社会保障厅、甘肃省工信委联合授予公司“省级创业就业孵化示范基地(园区)”称号。

公司研究中心与中国美术学院设计艺术学院合作开展庆阳香包民俗文化产业保护性开发工作

凌云服饰集团有限公司服装生产线

课题研究，研究成果载入 2012 年中国美术成果展目录。与庆阳市文化馆、兰州西北师大联合成立庆阳香包刺绣文化产业非遗保护性开发研究课题组，公司被命名为“西北师范大学艺术教育中心民俗艺术教学实习基地”，被全国妇联命名为“女大学生创业实习基地”。甘肃省委省政府授予公司“甘肃省乡镇企业科技进步示范单位”“全省质量工作先进单位”称号。公司研发的技术创新成果在第六届中国北京国际科技产业博览会、第七届中国自主创新评选活动中荣获“中国民族产业开拓创新奖”，并在第八届北京国际文化创意产业博览会上荣获“中国影响力企业品牌文化之星”。

庆阳鸿业墙材建设工程有限责任公司

始建于 2000 年 5 月，位于庆阳市西峰区北环路西口，占地面积 23000 平方米，总投资 8120 万元。职工 368 人，其中高级工程师 6 人，中级工程师 14 人，专业技术人员 26 人。公司与国内知名墙材企业联合，同兰州大学、陇东学院、国家建材研究院及甘肃省建材研究院等科研单位合作建立“联合实验室”。公司现辖平凉市隆鑫节能有限责任公司、庆阳智健节能服务有限公司、合资创建西安雅士特环保科技有限公司，是集研发、生产、施工和销售为一体的高科技企业。

公司主要生产各种规格的内外墙隔墙板(陶粒水泥板、玻镁防火装饰板、钢丝网架板，水泥发泡隔墙板)；各种规格、各种材质的保温板及保温砂浆；腻子粉系列、真石漆系列、彩色地坪漆系列；钢构轻钢龙骨节能房系列。

企业连续六年被庆阳市住建局评为先进墙材企业，被庆阳市工商局评为“重合同守信用企业”，被甘肃省墙改办评为全省墙材示范企业。董事长段金虎被中国民营企业家高峰论坛组委会评为“企业家领军人物”，被庆阳市企业家协会、陇东报社、庆阳市人民广播电视台评选为“传递正能量”2013 年

庆阳鸿业墙材建设工程有限责任公司

度庆阳市经济领军人物。

2015 年公司生产墙板 13 万平方米，保温材料 19 万立方米，实现销售收入 3600 万元，安排到非公企业就业大学生 22 名，农村剩余劳动力就业 600 人次。

庆阳市腾祥混凝土有限责任公司

建于 2006 年 3 月。位于庆阳市西环路南段，总投资 7800 万元，占地 2.33 公顷。经营预拌混凝土、砂浆的生产销售(凭资质经营)，机械设备租赁，以及房产开发。公司设物资部、质保部、财务部、生产部、经营部和综合办公室五部一室。

公司拥有德国 Putzmeister (普茨迈斯特)原装 37 米、46 米和中联重科原装 49 米混凝土泵车三台，中联重科拖式泵两台，两台 120 砼生产线。配有一种粉状外加剂和两种液体外加剂和计量装置，引进意大利 SIMEN MS03000 型混凝土搅拌主机，有混凝土运输车 22 辆。拥有粉仓 8 个(4 个 200 吨，4 个 100 吨)储料仓 3 个，总储量 30000 立方米以上。

庆阳市腾祥混凝土有限责任公司

庆阳市兴庆混凝土有限公司

筹建于 2008 年 12 月，2009 年 4 月投入生产。总公司位于庆阳市西峰区巴家咀路口向西 400 米处，占地面积 70000 平方米，总投资 5700 万元。公司旗下产业有宁县兴庆砂厂、宁县惠众商品混凝土有限公司、华池县源泰商品混凝土有限公司三家公司。拥有员工 260 名，其中高级管理人员 20 名，高级工程师 5 名。

公司混凝土生产设备为 120 每小时立方米搅

庆阳市兴庆混凝土有限公司

拌机组三台、180 每小时立方米搅拌机组两台，并配有 300 千瓦发电机组，年生产能力 140 万立方米以上。有混凝土泵车 7 台，车载式、拖式混凝土输送泵 12 台，徐州利勃海尔和中联重科、北汽福田 10 立方混凝土输送车 35 台，三一重工 12 立方混凝土输送车 5 台。

公司 2010 年获得全国商品混凝土首批政府放心、质量安全管理双保障企业，中国建材市场协会质量、服务、信誉 AAA 示范企业。通过 ISO9001：2008 质量管理体系认证和 GB/T28001—2011 职业健康安全管理体系认证。2013 年，被评为中国非公企业联合会庆阳分会常务副会长单位、甘肃省数字化企业示范单位。2015年被评为甘肃省工业企业环境保护标准化B及企业。

庆阳西庆涂料有限公司

前身为庆阳市大千涂料公司，成立于1996年4月，是国有企业西峰火柴厂改制的民营企业，位于西峰区董志镇岐黄大道东侧，注册资本1000万元，员工46人。专业经营内外墙乳胶漆、真石漆、水性多彩漆、防水涂料等涂装新材料。公司持有的“西庆”商标被认定为中国驰名商标和甘肃著名商标；“西庆”牌系列产品被评为“华涂奖”外墙优秀品牌、甘肃省名牌产品、甘肃省消费者最喜爱的家装建材品牌；公司被评为甘肃省劳动关系和谐企业 、甘肃省中小企业技术创新先进企业、甘肃省诚信单位、甘肃省守合同重信用企业。

公司2015年生产各类建筑涂料3200吨，销售2400万元，开发高弹耐候真石漆、水性仿花岗岩多彩涂料、JS防水涂料等新产品，其中水性仿花岗岩多彩涂料被评为市级优秀新产品。2015年4月第三次通过ISO9001:2008质量管理体认证。

甘肃省庆阳市庆渝建材装饰有限责任公司

成立于2007年9月，生产总部位于庆阳市西峰区肖金镇政府街3号。公司注册资本1000万元，设销售部、生产部、工程部、财务部、客服部、广告部、人事行政部，综合办等部门，拥有员工200名。经营装饰材料销售；内外墙腻子粉、干粉墙漆、干混砂浆、涂料生产、销售；内外墙粉刷、装饰工程施工。

2008年12月，公司注册“奥群”商标，研发生产“奥群”干粉墙漆、腻子等系列产品；2009年5月，乳胶漆生产线投产。公司“奥群”牌腻子粉、干粉内外墙漆、乳胶漆、防水材料、瓷砖胶、填缝剂等30余种墙面系列产品均达GBI8582绿色环保国家标准要求，奥群系列产品通过GB/TI9001—2008国家质量体系和GB/T24001—2004环境管理体系的双重认证。2012年10月引进德国先进的零甲醛、超低VOC的环保型乳胶漆生产技术，与甘肃工大、西北工大、西北大学、兰州大学成立科研项目，与西安诚意化工集团、美国ACME工业集团联手，引进国际先进配方和生产技术，研制适合北方气候条件的墙面产品。

庆阳市北地红调味食品有限公司

2002年9月成立，注册资本3218万元，位于西峰区旱地农业综合示范园区，占地面积3.93公顷。有生产线5条，自动化包装线六条，蔬菜基地5000多亩。产品有：辣椒酱、红油豆瓣酱、特色风味豆豉、鸡精调味料、清油系列火锅底料、辣椒制品等6大系列40多个品种。产品销往陕、甘、宁、蒙、青、京、豫、粤等10多个省、市。

公司拥有两项外观包装设计专利和“刘巧儿”“北地红”“先刘”“周祖”4个注册商标，2012年，“刘巧儿”商标认定为中国驰名商标。2010年，红油豆瓣酱产品被北京市教委和北京高校联采中心确定为特需供应产品，授予公司“优秀供货商”称号。2011—2012年，酱制品系列产品和火锅底料系列产品评为“甘肃名牌产品”。

庆阳市北地红调味食品有限公司

庆阳木林森炭业有限公司

成立于2004年9月，系庆阳市招商局招商引资项目，位于庆阳市西峰区肖金镇工贸园区内，公司占地0.93公顷，建筑面积2000平方米，有员工50人。公司实行总经理管理负责制，下设财务部，供销部，生产部、科研室、行政部，质检部、机修、生产班组等。

公司使用国内先进的回转炉设备，有4台外热式回转炉和二台内热式回转炉，经营活性炭生产、销售及活性炭生产设备销售等。

西峰区六年养殖专业合作社

2012年12月26日经工商部门正式登记注册成立，注册资金1057万元。位于西峰区董志镇六年村，法人代表郭中揆，入社社员61人。场区占地3公顷，建成集庆阳驴养殖、繁育、疫病防治、科技服务为一体的标准化庆阳驴养殖基地。功能建设分毛驴养殖区，繁育区，公共管理服务区，饲草晾晒、贮存、工区。有标准化驴棚4000平方米，规划存栏毛驴1000头，现存栏500头，拥有饲草加工车间及库房1000平方米，公共服务区2500平方米，配套安装饲草加工、配送、地磅等生产机械。雇佣长期固定工人7名，季节性用工20余人。2015年，完成销售收入268万元，实现净利润12万元。

庆阳峰阳种植专业合作社

2014年6月20日经工商部门正式登记注册成立，注册资金300万元。位于董志镇陈户村，法人代表陈玉荣，入社社员22人。主营业务以绿化苗木栽植销售为主，兼营特种养殖。建成绿化苗木基地150亩，主要品种有油松、白蜡、云杉、国槐等。2015年，销售收入60万元，盈利10万元。

庆阳兴源种养殖农民专业合作社

成立于2014年10月15日，位于西峰区什社乡文安村，注册资金1800万元，吸纳合作社成员123人。集中流转土地610亩，栽植苹果、樱桃、梨、桃、核桃、葡萄面积23亩，培育雪松、银杏、塔柏、红叶李等经济苗木23亩。2015年投资120万元，建成蔬菜大棚12座，并投入运营。实现销售收入55万元，盈利8万元。

石油开发管理

主　任　　吴简栋（7月离职）
副主任　　文　浩　　田　丽（女）

【地企合作】 考察论证《西峰区后官寨乡帅堡村道路共建项目》《西峰区什社乡永丰村道路共建项目》《西峰区后官寨镇及董志镇83—64井组等油区道路维修项目》《西峰区温泉镇八里庙村老庄组村道路共建项目》《西峰区肖金镇杨咀村东路共建项目》。油田单位支持地方基础设施建设资金1000多万元。

【油田产能建设】 修改完善《西峰区联席会议制度》《石油开发建设项目审批和进场服务工作程序》和《石油开发中的一次性二维地震物探作业服务工作程序》细化办事规程，强化地企之间的沟通融合。年初，与6个涉油乡镇签订年度石油开发目标管理责任书，各乡镇与各涉油村签订责任书。每季度协调油田单位召开1次联席会议，涉油乡镇协调村组、作业区、井站负责人每月召开1次联席会议，实行上报一级制度。年底，已经交付陇东生活基地二期日欣园小区项目用地13.73公顷，现20幢住宅楼已封顶；陇东生活基地三期月华轩小区项目148亩用地正在协调中。

【“一站式”管理】 改会议审批为会签审批，即区委、区政府分管领导及区政府主要领导签字同意后即可批复，缩短审批时间。年度审批井场4个，单井4口。

【"和谐模范油区"创建】接待长庆油田公司、川庆钻探公司、庆阳炼化公司及其下属油田单位领导20余次，联系区委、区政府和油田企业互访10余次，收集印制《西峰区涉油单位常用电话号码簿》，加强地企之间合作。

配合区委政法委、公安、司法等部门开展油区治安专项整治活动3次，查处涉油违法案件2起，其中打眼1起、偷油1起；查处违法收炼油点1处；查没非法车辆7台，打击处理20余人；配合区安监、工信等部门开展安全大检查18次，下发整改通知4条，建立台账，限期整改；协调解决区农发办在董志镇实施修路过程中不慎挖断输油管线，致使三户群众家中果树、玉米地被污染，组织董志镇政府、采油二区、农发办及受损群众进行协调，现场达成协议；在全区安全隐患巡查过程中，发现西峰工业园区内西195井没有办理投产或退(征)耕地手续，裸露在野外，无人管理，时有偷油现象发生，向油田企业反馈意见，并责成做好该井的退耕工作；接群众举报，获知彭原镇李家寺村任咀组建设的西164井被群众非法占用、改建和进行原油生产销售等活动，调查取证属实后，将相关资料交由有关部门依法进行处理；协调西峰区防汛指挥部及采油二厂外协科等有关单位，对存在重大隐患的西二联蓄水池(位于董志镇野岭村)进行排水，确保群众生命财产安全。

在各乡镇重要路段设立并制作大型宣传牌6面、横幅30余条，制作《石油勘探开发宣传手册》10000份，发放石油法规宣传单8万余份，出动流动宣传车3辆80车次。

【"双联"帮扶】完成温泉镇温泉村北畔至韩滩组2.8公里的拓宽及铺沙硬化，投资2万元支持村级基础设施建设；东头组14户群众的农电网升级改造；对西头组的机井和水塔内的基础设施进行改造配制，使闲置8年的机井恢复使用；温泉镇温泉村"老年人日间照料中心"外围场地的硬化和绿化。为22户双联帮扶户送去玉米种植专用化肥、小麦精粉各22袋，并邀请区就业局和农林系统专家采取课堂讲解、现场指导方式对精准扶贫户、双联户进行科学技术培训，就果树栽植、家畜养殖和就业培训等进行现场指导和课堂讲解。组织培训4次，培训农民300多人次，发放科普培训资料300余份。与工信局、电信局协调，为9户贫困户接入互联网，发放智能手机。动员9户修建卫生厕，并给每户补助500元。帮扶干部多次入户为贫困户填写贷款资料，兰州银行为每户办理政府贴息贷款5万元。

为扶贫户送去米、油及洗涤用品

与区法院配合，完成董志镇廖坳村群众自来水管线铺设12.6公里；2个组200户农电网改造；水泥柏油罩面村组道路8条9.4公里；建成村两委会活动场所、农民文化中心、老年日间照料中心、活动室、科技培训室、金融网点等村公益性服务场所。组织开展农民实用技术培训会4次。为廖坳村基础设施建设筹备资金7万元。针对赵来智在危房改造中无大型机械平庄整院，联系油田单位，为帮扶户免费平整旧庄宅。为7户贫困户每户投放肉羊5只。为7户贫困户发放互联网手机各一部，督促每户建达标厕所，督促帮扶群众全部缴纳养老保险和合作医疗。

(刘永洋)

电力供应

【安全生产】建立“党政同责、一岗双责、齐抓共管”的安全责任体系。固化执行周协调、月分析例会制度，制定西峰公司安全生产例会管理实施细则，对会议召开形式和内容进行固化、规范。召开安委会、安全生产例会12次，解决安全生产问题3项。修订完善《应急预案》26种，编制《现场应急处置预案》15种，组织开展消防、防汛及电网设备事故异常反事故联合演习。

开展“8•22”安全日、安全大检查和缺陷隐患整治，消除安全隐患104起，发放《甘肃省电网建设与保护条例》等宣传资料1500份，向大型车辆驾驶员、施工单位发送温馨提醒短信175次，粘贴防撞警示贴37份。完成5座35千伏变电站、37条输配电线路和1119台配变春（秋）季检修和试验，消除设备缺陷51处。开展树障清理、防撞警示标志检查补充、交跨距离核查、保护定值复核综合治理，清理树障836棵、调整线路弧垂4处，补充完善安全隐患档案16份。修订变电站运行规程5则、更新整理设备基础资料40种、规范标识1385面，2条35千伏输电线路、3座35千伏变电站、5条10千伏配电线路达到星级化创建标准。完成建材市场、永安花园等11台配变改接工作，向城网转移负荷3637千瓦，实施影响春节可靠供电项目，改造配电台区6台，架设10千伏线路5.76千米，阶梯更换配变51台。完成PMS2.0系统全网设备的GIS系统采集、建模、图纸绘制和数据核查。

低压电检修

【营销管理】开展“早供一度电光荣，晚供一度电可耻”的市场开拓提速报装活动，优化报装接电流程和低压客户“一证办理”业务管控，新装高压增容客户90户容量16785千伏安，增售电量392.5万千瓦时，高压客户平均接电时间同比缩短28天。以“量、价、费”管理为核心，清理零度户1945户，完成5163户非居民客户分时峰谷电价推广执行；拓宽缴费方式，新装自助缴费终端9台，新增手持POS终端18台，完成100家金穗惠农服务点走访和电费代收相关事宜协商，实现村村都有缴费点。推进“零投诉、创纪录”活动，落实营销业务“三基”管理。印发服务标准口袋书150套，班子成员临柜服务67人次，开展营业厅服务专项治理，强化营业窗口、现场服务人员思想意识、业务素养、服务规范行为。受理西峰公司投诉业务78件。不定期对计量表计电压、电流等数据进行召测分析，常态化开展高负损台区接线核查工作，纠正计量异常错误8处，补收电费34788元，现场核查处置计量箱表计异常50处。完成646台公变关口计量、2411户动力表计及98户专变客户电能量采集建设任务，开展计量全寿命周期管理数据及计量精益化数据整改和用电采集建设“回头看”工作，处理整改不规范数据3462条。2015年，采集系统实现集抄表计68040块，贯通低压用户7194户、高压用户762户、专线用户3户。

【农网工程建设】成立2015年农网改造升级工程项目部，层级签订施工目标责任书，对工程建设目标、安全责任、施工质量、工程进度进行明确、细化。固化执行农网建设推进协调会议，召开会议11次，分析解决工程建设中存在困难和问题37项。深入村组召开会议，发放《关于农网改造致广大农民朋友的公开信》，与村民签订《廉洁承诺书》，成立暗访小组对95个分项工程施工现场进行检查。

参加西峰区"十三五"规划交流、培训，掌握地方经济布局和政策方向，完成18个村组三相动力电覆盖建设时序调整和220个村组电网规划勘察设计。农网工程项目新建10千伏线路16.98千米、0.4千伏线路126.74千米，安装配变92台9050千伏安。完成15个贫困村三相动力电覆盖。

【一体化管理】开展"三大标准"梳理和宣贯，清理废止规章制度324项，优化调整业务流程11项。以国网公司视频教育为依托，分专业举办学习培训班4批，培训327人次。对142项常规工作和36项重点工作任务逐月逐项督办，下发督办通知单156份。对照"一流三化"办公室创建工作标准，开展自查工作，召开专题会议6次、举办培训班2期，对协同办公8大模块18个子模块系统应用进行培训。公司连续6个月综合运行指标排名位列甘肃省三级单位前20名（此项指标从5月开始排

庆阳供电公司调研指导工作

名），签报、督办连续7个月位列甘肃省前10名，工作效率连续11个月位列第一梯队。

【党风建设】制定《西峰区供电公司2015年"五个西电"建设10项特色活动计划》，开展"践行核心价值观，争做最美国网人"、党组织生活达标、企业文化建设示范点和"党员之家"主阵地建设等活动。开展可控成本项目建设、农网工程建设、供电服务等问题排查，查改问题4项。协助庆阳公司工会举办"我身边的最美女工"演讲比赛，组织开展"五赛一争"春检劳动竞赛、寻找"最美春检女工"、"最美西电人"、"圣地情、国网心"党员主题实践教育活动。开展"三严三实"学习教育、专题党课、专题民主生活会和问题整改落实，征集6条"三严三实"意见建议，制定11条整改措施。

（张汶汐）

交通管理

交通运输局

局　长　　肖广军（1月27日离职）
　　　　　刘军锋（1月27日任职）
党总支书记　秦彦越
纪检组长　第忠合
副局长　张彦涛　苏祥云
　　　　李相宏　蒋永宏

公路局

局　长　张彦涛
副局长　王跃林　郑　涛　贾维忠

路政大队

队　长　蒋永宏
副队长　赵建华　张文科

汽车北站

站　长　贾维忠
副站长　刘兴堂

【通村公路建设】建设通村公路33条176公里，投资1.37亿元，6月底建成通车。其中：省市列计划项目15条71公里，投资5223万元，建成水泥路12条56公里，沥青路3条15公里。政府自筹项目18条105公里，投资8477万元，建成水泥路7条38.7公里，沥青路8条60.4公里，砂石路2条5.4公里，漫水桥500米。

【交通项目建设】实施市政道路、园区道路等重点项目建设工程6条46.29公里，投资2.96亿元。其中，新建项目2条3.37公里，西环路南延伸段道路工程、工业园区冯堡排水下沟工程完成招投

毛家寺至巴家咀环川三级公路铺油罩面

标并开工建设。续建项目4条42.921公里，西合公路征迁协调工作，10月完成用地征迁及油路罩面工程，全线通车。毛家寺至巴家咀环川三级公路毛家寺至纸坊段建设工程8月建成通车，工业园区A1、A3道路和工业集中区B1、C17道路正在建设中。

【公路养护】投资1450万元对农村公路进行养护维修，养护率达到100%，县、乡道油路路况良好、路容路貌整洁，路面综合指数分别达到87、82。签订农村公路养护目标责任书，形成了区、乡、村、组四级联动的养护模式。对刘杨路、显蒲路、芮岭至老山等辖区内的农村公路进行集中养护，挖补油路坑槽62583平方米，培整路肩260公里，整修边沟及清运垃圾72600立方米。对蒲河大桥等10座桥梁进行日常养护维修，对西孔路、显蒲路、东环川等农村公路补设完善了防撞墩、防护柱、警示牌等防护设施。补植通村油路行道树5000棵，修剪行道树101公里。

【路政管理】在重要路段、农村集市、人员居住密集区域等地方悬挂横幅113条，发放传单5000余份，录制CD光盘5张，上路巡查时播放，宣传相关交通法律法规。投资496.22万元对4条50公里县乡道（西合路、董北路2条县道，肖显路、董陈路2条乡道）的安保设施进行维修、补设。治理隐患点127处，安装禁令标志牌253个，减速带160米，防护墩910个2730延米，防护柱1100个2200延米。查办路政案件6起，其中：许可案件5起，罚没1起，收缴公路补偿款6.029万元，罚没600元；治理公路“脏、乱、差”现象，清理打场晒粮426处，排除非公路标志18块，取缔马路市场7处，拆除违章建筑55平方米；安排两个中队分片区、分时段巡查，每个中队每天巡查6小时；对学校周边环境进行专项治理，联合交警大队、教体局对辖区内幼儿园校车停靠站点及新增线路进行摸底排查，集中整治。对春播、夏收等农忙时节，公路侵占易发时段进行专项督查，确保通行安全。

路政人员修剪行道树

【安全生产】督查汽车站、公路施工现场、施工企业安全措施落实及道路安全状况，监督检查10次，发现并排除安全隐患5处。参与安全隐患大排查大整治百日攻坚专项行动，对农村公路进行摸排，排查出交通安全隐患18处、道路隐患49处、交警方面隐患6处、农机方面隐患14处，针对彭原镇农用车载客现象频繁，增设彭原镇周家寨村道路交通安全劝导站。

【“双联”及精准扶贫】投资38万元，硬化张庄村农民文化广场及周边道路2600平方米，为村部配置打印机1台。投资21万元，修建显胜乡蒲河村夏刘至贠河下山段油路3.5公里，维修养护蒲河村道坑槽2200平方米。投资36万元，硬化芦子渠村村部广场、小学操场等2450平方米。投资142万元，修建芦子渠村道2.2公里，维修、养护芦子渠村道640平方米。悬挂扶贫横幅6条，张贴宣传标语40条，制发宣传单180余数份，制作宣传栏2期。

（毛润德）

道路运输管理

【客运站管理】为了更加科学、规范、有效管理客运车辆，解决客运车辆站外揽客、沿街上下旅客等问题，庆阳市运管局自行研发《汽车客运站管理系统》。该系统通过建立统一的客运车辆、从业人员信息库，整合了客运行业所有业务，对客运车辆安检、报班、出站、复验进行全方位、立体式的信息化管理。该系统通过对车辆、驾驶员电子档案(车辆基本信息、二级维护、行驶证、驾驶证、从业资格证)的建立，方便管理部门进行统计查询，实现汽车客运

客运站管理系统运行检查

站、客运企业、运管部门的三级联网和数据互联互通。该系统详细记录客运车辆营运时的安检情况，手续检查情况以及报班驾驶员资料，报班时间、出站时间、出站人数、复验时间和复验人数等信息，为客运行业的决策提供科学依据。该系统采用车辆IC卡管理、驾驶员指纹验证、车辆证件的自动感应识别，随车电子标签感应，打印路单及背胶路单贴的先进技术，提高了工作效率，避免了人为操作的因素，通过合理控制复验时间，杜绝了客运车辆绕城载客的现象，最终达到了“车归点，人进站”的目的，确保了城区客运市场秩序良好。

【安全生产整治】落实行业主管部门的监管责任，道路运输企业的主体责任，营运驾驶员的直接

安全生产知识宣传

责任。开展“道路运输平安年”活动、“安全生产月”和“安全生产陇原行”活动、安全隐患大排查、大整治百日攻坚专项行动、汽车客运站安全生产百日专项行动、大客车司机向乘客承诺宣誓活动、安全质量大检查和六打六治”专项行动。参加西峰区文明办举办的“遵守交通我践行、文明出行我承诺”宣传活动，现场发放《道路运输安全生产小常识》等宣传资料1000份。配合西峰区安委会对7个乡镇3个街办的道路运输现状进行调查。

【市场管理】出租市场：要求企业和驾驶员认真执行《出租汽车经营服务规范》《出租汽车驾驶员从业资格规定》《庆阳市公共汽车运营服务规范》，贯彻落实《庆阳市城市公交管理规定》和《庆阳市出租汽车客运管理办法》。为1079辆出租车安装新的服务监督卡，实行车辆动态监管、从业人员岗位管控、杜绝资格不合法人员从事出租车经营活动。受理投诉568起，处理561起。开展创建全国文明城市西峰城区“文明星级出租车”创建评选工作。高考期间，北方公司37辆出租车组织“爱心送考”活动，免费接送考生1400人次。利用出租车顶端的LED显示屏，发布公益性广告22次330条。

客运市场：重点解决站内叫客、车站周边环境混乱、安检不到位、检票不规范、管理人员职责不清、岗位不明、货运通道安检不规范等问题。开展整顿和规范道路客运市场秩序，打击客运市场“黑车”专项整治行动。对什社、肖金、显胜方向的“黑车”采

取联合执法、重点打击。

货运市场：重点对不按期审验的车辆进行清理，对 GPS 监控平台的建立和运行、应急救援演练情况进行排查。对车辆设施不全、非法改装、无证运行的车辆加大源头监管力度。配合城管局对拉运渣土、砂石、垃圾车辆未采取保护措施造成脱落、扬撒的情况进行查处。要求 12 吨以上的营运货车必须安装 GPS 卫星监控系统，车辆所属企业必须安装监控平台，安装监控系统的商家必须是省上规定的企业。配合相关部门在西峰设立五个煤炭检查点，对拉煤入城的车辆煤炭质量进行检查，防止高硫份、高灰份燃煤进入西峰市场，影响空气质量。引导 29 户货运企业向现代物流业转型升级。

维修市场：重点对超范围经营、价格欺诈、二级维护作业减项漏项、倒卖竣工出厂合格证、使用伪劣配件承修车辆、签发虚假维修合格证等行为进行整治。处罚 11 户违规操作、只收费不维护、出具二级维护虚假合格证企业，处理 3 户超范围作业维修企业。规范 8 户二级维护检测站的信息化监管工作，实现检测系统视频监管。对西峰区 29 户一、二类有二级维护经营项目的维修企业进行检查，确定二级维护工位，根据工位数再确定和备案从业人员。前期软件开发和设备的调试工作已全面完成。

客运车辆安全检查

【三基三化】交通运输部将西峰区运管局定为全国“三基三化”建设试点单位，按照“基层执法队伍职业化、基层执法单位标准化、基础管理制度规范化”的要求，坚持以素质形象建设为重点，深入开展基层执法队伍的职业化建设、基层执法站所的标准化建设、基础管理制度的规范化建设，为甘肃省交通运输系统“三基三化”建设创造了经验。按照甘肃省交通厅方案要求，庆阳市运管局制定下发了实施方案，明确任务，细化职责，对西峰区运管局执法队伍进行职业化培训，对单位基础设施进行标准化建设，对各项制度进行规范化管理。

【“政企通”无纸化办公】按照交通部发布的“三基三化”建设要求，自行研发政务系统办公管理系统，简称“政企通”。运政与企业的实时业务往来以及完善的电子档案管理、完整的权限分配。通过“政企通”，企业不仅能随时随地掌握政策变化，更能实现与运政实时互动，能有效提高政企协作效率、降低沟通成本。以客户端提醒用户注意及时查阅，让用户随时随地都可了解到政策或公告信息，实现信息及时传递。同时，通过“政企通”接受企业咨询、意见建议，了解企业需求和发展状况。政企通用户通过客户端提交业务表格及安全管理报告，进行电子档案保管，利用完整的权限管理方便用户及时的进行审核及查阅。

【“双联”及精准扶贫】西峰区运管局帮扶后官寨镇帅堡行政村“双联”户 12 户，帮扶精准扶贫贫困户 11 户。5 月，与西峰区交通局衔接，争取财政奖补项目，在帅堡村新修柏油硬化公路 2.1 公里。帮助帅堡村村委会向农机局争取地膜 6 吨，种植地膜玉米 900 亩。为帮扶的 11 户精准扶贫户、12 户“双联”户每户送去两袋化肥农资。6 月，为 11 户精准扶贫户送去了连心卡。7 月，开展精准扶贫大数据信息采集填报工作。8 月，在村委会院落悬挂 13 面墙体宣传牌。同时，赠送办公桌两张、沙发两套、电脑一台、悬挂公示栏和宣传牌 4 面。9 月，帮助精准扶贫户落实兰州银行为精准扶贫户贷款事宜，为 9 户扶贫户每户落实 5 万元的三年无息贷款。

（严克江）

通 信

移动

【业务工作】完成出账收入 2.52 亿元，净增客户数负 1247 户，净增 4G 客户数 6.14 万，4G 渗透率提升 19.57%，4G 套餐适配率 46.48%，销售 4G 终端 6.88 万台，手机上网 DOU 完成 350MB，数据业务收入完成 10482 万元，流量收入增幅 55.42%。

（焦杰 、嘎日迪）

联通

【业务工作】2015 年，市区营销中心实现出账收入 4030.08 万元，较上年同期相比收入增长 -807.38 万元，平均月增长 -67.25 万元，增长率为 -16.697%。净增出账用户：2015 年，全业务净增出账用户 8352 户；出账率为 85.02%，较上年同期增长 4.92%。发展用户：2015 年，全业务发展 40128 户，其中 3G 发展 3424 户，4G 发展 9623 户，2G 发展 6127 户，固网发展 2348 户。

（李晓娟）

电信

中国电信股份有限公司庆阳分公司下辖 7 个县 1 个区 8 个电信企业，固定资产达到 8 亿多元，拥有电话用户 55 万户，互联网宽带用户 17 万余户，手机用户 43 万户，网络覆盖率达到 98%，电话普及率达到 8%，年收入突破 3.4 亿元。

中国电信庆阳分公司建成覆盖范围广、技术层次高、服务手段先进的基础通信网和综合信息网，可提供天翼互联网手机、宽带、固定电话、综合信息等多种通信服务。以“送培训下基层”、学习“典型服务案例”“日通报”等形式，使庆阳电信的服务能力和服务管理水平得到进一步提高。组织开展“百人下乡建店”和渠道攻坚，着力提升渠道销售能力和支撑能力。重点针对外包厅、合作厅、独立店（开放渠道）开展提能工作。深入推进机制体制创新，全面开展划小承包。对城乡支局、政企商客、后端运维进行经营承包。坚持两个文明建设协调同步发展，从而提高中国电信良好的服务品牌和庆阳电信良好的企业形象。

（张亚鹏）

东大街地下商业街　　**摄影**：刘小智

陈户正觉寺　　　　摄影：刘小智

城建环保

住房和城乡建设

【项目实施】组织实施城乡建设项目62个(不含房地产开发项目),投资13.2亿元。其中,城市基础设施建设项目投资12.87亿元,村镇建设项目投资3375万元。

【城市道路】组织实施城市道路17条,里程15.5公里,其中雨洪集蓄保塬生态彩虹桥、庆化大道北段、环县西路西段、北地西路西段、育才西路(260米)、傅玄路南段(180米)6条道路建成投用,庆化大道中段、古象路东段2条道路完成底层沥青罩面,城北二路、城北三路、南梁大道3条道路地下工程完成。横一路完成前期手续办理,仁杰路、介子路等5条道路进行前期手续办理。

【园林绿化】实施东湖公园扩建二期等园林绿

东湖公园改造扩建开园仪式

化项目5类,其中东湖公园改扩建二期完成全园监控、夜景亮化工程、新建园区乔灌木栽植及草坪种植工作。人防救灾广场工程完成前期手续办理及部分筏板基础,纳入棚改项目。治理城区裸地、补植栽植绿化土地3.2万平方米,新装道路防护栏1.1万米。

【城区集供热】实施广场路供热站扩建、新区供热站改扩建二期工程两个集中供热项目,其中东区集中供热站建设项目开工建设,广场路供热站改扩建二期工程完成设备招标采购,进行锅炉房施工图审查及供热管网施工图设计工作。城区有换热站85座,集中供热站5座,总吨位432吨,总装机容量322兆瓦,敷设一级供热管网45公里。

【棚户区改造】主导实施棚户区改造项目8个,涉及征迁2488户。协助国开行完成实地调查摸底,进行项目对接,争取银行贷款3.7亿元。修订《关于加快棚户区改造工作实施意见》《庆阳市西峰区棚户区改造项目贷款资金管理办法》。周岭村片区完成用地征迁及前期手续办理;三中片区市房管局公房区块启动实施,完成拆迁协议签订156户;张三巷片区汽修厂区块,签订征迁协议213户;四中南侧片区,签订协议92户;家乐福超市片区完成7家企业、2户居民的地面建筑物、附着物征签协议签订;老市委片区发布拆迁公告,办理前期手续。

【保障性住房建设】完成福景家园2#、3#、4#廉租房楼群室内地砖铺设、给排水、电梯安装等装修工程,小区地下车库完成工程总量的95%;汇景家园主体工程竣工，附属工程完成工程总量的90%。确定廉租住房租赁补贴保障对象2707户，发放住房补贴500万元。在司法公证、纪检监察、人大代表、政协委员、申购户代表监督下，依据《西峰区保障性住房分配方案》规定，举行保障性住房楼层楼号摇号分配仪式，分配经济适用房227套、廉租住房950套。

【村镇规划建设】完成温泉镇米堡村、沟畎村，肖金镇漳水村、庄子洼村及显胜乡毛寺村5个美丽村庄、“十三五”小城镇建设规划、什社乡控制性详细规划编制工作。完成董志董祥路改造、肖金街区人行道提质改造、后官寨异地扶贫搬迁安置点基础设施建设、什社街区改造、显胜农贸市场改造等项目。争取小城镇建设资金150万元，对乡镇建设项目进行补助。按照“户报、村评、乡审、区定”的程序，完成省、市下达的1423户（其中精准扶贫户536户）农村危旧房改造任务，通过检查验收。优化服务流程，简化办事程序，取消测绘费用收取项目，完成北区雨水排放工程、什社乡总体规划修编等52个项目6100亩地形图测绘工作。按照甘价服务〔2006〕332号文件规定，核定建设项目8个，核交城市基础设施配套费1615万元。

【建筑市场管理】按照建设行业“四法两条例”规定，审核办理工程报建手续70件，发放建设工程施工许可证20份，审核工程竣工验收备案28份。对50万元以上的各类房屋建筑工程和市政基础设施项目进入市公共资源交易中心进行招投标，监督50万元以下工程招投标38项。协助指导3户建筑企业和1户房地产企业进入统计部门的“三上企业”名录库。在建筑工地推广应用多孔砖、空心砖等新型墙体节能材料，督促完成陇原小区等633户7.1万平方米分户计量改造及节能工作。

【安全质量管理】对新建续建的168项（续建150项，新建18项）建筑工程、22项市政工程纳入工程安全质量管理，对施工现场、重点部位的安全质量进行10次专项大检查，分别办理安全、质量监督备案手续20份，塔机、施工电梯等特种设备备案121份，发放安全隐患整改通知单104份、质量整改通知书60份、建筑施工停工通知单9份、机械停止使用通知单18份，工程安全质量监督率达到100%，未发生重大安全生产事故。

（邢义博）

市政公用事业管理

【资金争取】2015年争取省财政厅无偿资金30万元；争取国省市投项目资金260万元。

【市政道路管理维护】对育才东路、马莲河大道等48条城区主次干道及国税局巷、育才电脑城巷等42条巷道破损、龟裂、沉陷路面进行维修维护，坑补约30000平方米，罩面约50000平方米。对民族路片区、南苑小区片区人行道进行更新改造，硬化面积6220平方米，安装路缘石2068米；对岐黄大道、北京大道、仁杰路等10余条塌陷道路、破损、残缺人行道及路缘石进行维修，维修人行道5300平方米，更换路缘石1900米。完成育才东路紫玉润园北侧、皮革厂巷、城北二路、丽景家园北侧道路及向阳小学门前等多处城区塌陷道路应急抢险。对科教新村南侧、疾控中心北侧等30条入城土质路硬化改造，硬化面积9600平方米，安装路缘石4500米。对新建巷、董志镇周岭村八里窑居民小区及北部商城等处提质改造。结合“数字城管”及群众

北京大道塌陷道路应急抢险

来信来访反映问题，每天对城区主次干道及巷道轮流巡查，发现有路面塌陷损坏及井盖井篦子缺失、下水道等排水、污水管道设施破损、堵塞、满溢等严重影响行人行车安全和市容市貌的现象立即围栏防护，并第一时间派专业人员赶赴现场抢修维护，年内共疏通检查井、雨水井及管道476处，提升维修雨水、污水检查井及更换检查井盖、雨水篦子623处；选定九龙路作为试点，在下水井盖下安装防坠网；东大街道路提质改造工程全面完工，社会效益显著。雨洪集蓄保塬生态项目（彩虹桥）自10月8日接管以来，管理高效有序，市民参观游玩络绎不绝。

【游园广场管理维护】对4个公园广场及11处小游园的绿篱带及乔木喷洒农药施肥共80余吨，修剪草坪、绿篱带累计74.2万平方米，在绿化带内安装花草提示牌59面。全面清理东湖公园、周祖广场、和谐广场及城区11处小游园内的流动摊贩。加强各游园广场卫生保洁，坚持24小时值班和交接班验收签字制度。清洗城区路名牌、导视牌累计3400面，清洗休闲座椅累计1800个，自行车存放架累计780套。

【市政照明管理维护】将城区路灯分为新区、东区、北区、老城区及巷道五大块，每天分白、夜两班轮流巡查。对兰州东路、马莲河大道等8条电缆损坏路段及九龙路、兰州路等25条路段路灯线路现场勘察并分路段制订维修计划，年内共查找故障

庆西公路路灯安装

点480多处、修复故障电缆6000米，更换电缆2515米。对合水巷、箭道巷等18条巷道实施亮化。

【综合管沟管理维护】将城区划分为东区、南区、北区三大块，制定详细的日常巡查计划。按照《庆阳市西峰城区综合管沟经营使用管理办法》规定，积极与联通公司、市二院等管线使用单位协商签订合同、收取综合管沟维护管理费用。对南北大街、仁杰路、育才路、安化路、长庆路、石油路、北京大道与董陈路交汇处、二中什字等9条路段综合管沟内的淤泥、垃圾、积水清理抽排，共清理淤泥垃圾200余方，抽排积水11000立方米。配合环保局现场摸排南区污水私自接入城市雨水管网的问题，督促相关单位及个人整改。

【燃气安全管理】完善安全生产责任制，建立燃气泄露应急机制，摸底排查城区使用天然气、石油液化气企业及餐饮场所安全。年内对金桥、中石油、万世、树升、民生、陇东、永盛、川庆钻宇等城区天然气、液化气供应企业摸底建档。对城区158家餐饮场所、商场、学校、宾馆等用气场所的安全员教育培训，建立燃气安全台帐，对排查出的32处安全隐患进行跟踪问效。对城区燃气管道进行安全排查，排查整治燃气管网占压问题13处。对城区31家燃气锅炉用户安全检查，下发燃气锅炉安全整改通知9份。结合“安全生产月”及“百日攻坚行动”，在城区21个居民小区安全宣讲，发放宣传资料8000余份，现场解答群众问题约450余条。进户检测燃气管线、设施600余处，对查出的120处燃气安全隐患逐项整改。

【大气污染治理及城乡环境卫生整治】着力打好“环保牌”，在市政维修维护项目建设中注重环境卫生整治和大气污染防治。在建所有市政项目施工现场采取有效措施防止扬尘污染，施工现场硬化处理并采取洒水、遮盖、围挡等抑尘措施，施工垃圾及时回收清运。对运输散装物料的车辆采取密闭措施，防止运送过程中发生遗撒泄漏。严格控制烟尘、恶臭污染源。工程施工场地范围内一律禁止焚烧沥

青、油毡、以及其他产生有毒有害烟尘和恶臭气体的物质，禁止露天喷漆。物料堆放场四周设置有效的防尘隔离围挡。游园广场内绿化补植、清扫保洁、公用设施维修工程中，加强围挡降尘及洒水滞尘措施，对维修维护及清扫保洁过程中产生的垃圾，做到日产日清，坚决杜绝垃圾堆放，减少环境污染及大气污染。

【“两集中两到位”改革】按照全区“三张清单一张网”的工作要求，对全局 8 项行政审批及管理服务等事项进行梳理。为简化审批流程，积极与政务大厅联系设立窗口一处，安排 2 名工作人员驻政务大厅办理业务。

【“双联”及精准扶贫】年内为帮联村彭原周寨、董志庄头筹措、协调、争取各类项目、配备各类设施折合资金近 800 万元，有效改善了联系贫困户的生产生活条件，精准扶贫及双联工作纵深推进，反响良好。

（张小虎）

城市管理

局　长　胡长富（6 月离职）
　　　　李廷位（8 月任职）

【市容市貌管理】以创建全国文明城市和迎接省级卫生城市复审为契机，扎实开展“城市管理成果巩固年”活动，把治理“六乱”，整治马路市场、店外经营作为工作重点，明确工作责任，强化工作措施，加大整治力度，确保任务落实。一是严格落实门前“三包六禁”责任制。按照“疏堵结合”的思路，加大执法力度，对天禾早市东口、广场路便民市场、北直干道铁艺加工等重点区域加大整治力度，解决长期以来占道经营和乱摆乱放问题。充分发挥城区设置的便民果蔬棚亭作用，严禁流动摊贩沿街流串叫卖。各科队按照划分的责任片区，累计与沿街门店、责任单位签订门前“三包六禁”责任书 30000 份，做到不漏户、不漏店；先后教育规范流动摊贩 5000 人

西峰区区委常委、城管执法局局长李廷位调研夜市烧烤摊点

（次），清理零散摊点 4000 处，劝导入市、入棚（亭）经营 700 人。同时，与公安、交警、国土、乡镇（街办）等部门配合，整治城区废品收购站和露天煤场 23 处，对长庆路（皇朝酒店对面）、顺化路口、安化路西口、兰州路御景城什字、阳光名都、锦绣坊东门等 6 处废品收购站和露天煤场进行了围挡，累计设置宣传牌 41 面，2500 平方米。依法查处长期占道经营汽车销售和汽车维修门店 10 家，处罚 2 万元，暂扣车辆 2 台。二是加强街区小广告综合整治力度。开展“三百城管上大街清理街区小广告”活动，不断强化源头治理和部门联合打击力度，指定专人管理违章电话号码处置工作，明确追呼解除权限，对置若罔闻、顶风作案的乱张贴小广告行为依法依规严肃查处。依法查处并移交公安机关处理 62 人，其中刑事拘留 1 人，治安处罚 5 人，启用“追呼机”处理违规手机号码 600 个。对一家房地产公司及华山、欧亚、友好三家医院违规张贴小广告的违法行为作出了 30000 元的行政处罚决定，并责令改正，写出书面保证。通过多管齐下，“三措”并举式治理，城区小广告的整治取得了初步成效。三是加强夜市摊点规范化管理。在城区划定夜市摊点经营区域、规定经营时间，实行政府监管、摊主自管、市民监督相结合的管理模式，对不按规定乱摆乱放和造成污染的露天夜市摊点严管重罚、及时取缔，实现夜市管理规范化。四是重拳出击防治大气污染。推行全天候执勤工作机制，全面落实大气污染防治“6 个百分之

百”措施，联合交警部门上路开展联合执法。同时，为了有效防治城区大气污染，带头实施单位(小区)冬季供暖锅炉和职工大灶煤改气工程，减少污染源，确保城区环境质量良好。五是集中整治校园周边环境。按照“预防为主、打防结合、综合治理、确保安全”的要求，与工商、食药监、教育部门联合行动，采取站段管理、延时管理、巡查管理等多种手段，强化执法监察力度，彻底清理城区 14 所中小学、幼儿园周边的流动摊点和占道经营、店外经营等影响市容环境和校园周边管理秩序的乱象，使其进店规范经营。六是彻底清除市区上空弱电线路“蜘蛛网”。组织协调中国电信庆阳分公司、中国联通庆阳分公司、庆阳市广播网络中心、中国移动庆阳分公司 4 家单位清除了长庆北路空中纵横交错的 7 万余米光缆钢线“蜘蛛网”和道路边已废弃的 340 根“拦路黑电杆”。七是刷新围挡美化城区配电接线箱。由区城管执法局牵头，各电力、通讯企业具体落实，对城区 1077 个配电接线箱进行全面美化围挡。

【建筑工地及渣土拉运车辆管理】先后多次组织人员外出考察学习渣土拉运由专业公司负责的市场化运行新模式，从源头上规范拉运车辆和拉运行为。对建筑工地及渣土拉运整治工作白天(8:30 至 21:00)由三个直属中队管理，夜间(21:00 至次日 8:30)由抽调的 3 个科级干部带队，46 名执法队员、4 辆车，分成两个整治组进行管理。采取工地值守、设岗检查、机动巡查的方式，对建筑工地出入路口不硬化，不配备清洗设施，渣土拉运车辆不覆盖或覆盖不严密，乱运乱撒的违规行为进行严管重罚。累计查处违章建筑工地 17 家，违规拉运车辆 700 余辆/次，罚款 16 万余元。同时，在城北广场、陇东学院、东环路路口、南高速入口处安装四处洗车台，并购置安装相应的配套设施，抽调 12 名工作人员，对入城带土、带泥车辆进行免费冲洗，减少私家车、过往车辆带泥、带土进城引起扬尘问题，在西环路施工区段 5 个进城路口安排了 15 名城管执法队员，由一名科级干部带队配合交警部门开展路口检查，从源头上遏制车辆带泥行驶污染城市环境。

【门头招牌广告管理】按照“一街一景、一楼一线、一店一牌”的要求，加大城区已改造的门头招牌和户外广告的巡查监管力度，取缔改造不规范、不符合要求的门头招牌及户外广告牌匾 238 面；逐店清理规范城区设置不规范、陈旧破损和有碍市容的各类广告牌(包括银行 24 小时营业的牌子)480 多面；清理橱窗广告 1620 余张、霓虹灯箱 270 余个，拆除门头小广告、小条幅、落地灯箱广告牌 530 余个；全面完成 338 基路灯灯杆广告提质改造。同时，抽掉 2 名科级干部，5 名执法队员对城区所有的大型户外广告牌匾进行摸排登记，对审批已过期、破损、违规设置或存在安全隐患的分别下发通知，限期自拆，逾期强拆；严格控制开业庆典和产品宣传，坚决取缔城市中心区域内各类宣传活动。

城管执法人员拆除户外广告牌

【数字城管平台】依托 8212319 城管投诉热线及时处理市民关心的热点、难点问题。做到对城区公共区域内的事部件及时、高效发现和处理，对市容环境、道路交通、公用设施、园林绿化等方面进行全时段监控。累计受理城区噪音污染、乱摆摊点、夜间施工等各类城市管理事部件类案件 856 件(监督员上报 367 件，受理电话投诉 489 件)，有效派遣 848 件，派遣率 99.1%，结案 817 件，结案率 95.4%，城市管理运行效率和质量明显提升。

【双联行动】在春耕生产之际，帮联干部认真履行“宣传员”和“监督员”的职责，投资 8.9 万元对有预留秋地的 109 户村民每户送去 43 棵核桃树苗，平均每户栽植1亩核桃树。在村部建成之后，针对村部办公设施紧缺的现状，先后给两个村部安装了电脑、打印机，并给漳水村购置了30个垃圾桶和30套办公桌椅，4套休闲器材，同时实现了路灯照明和人行道彩砖等环境美化，随后将给漳水村安装27副窗帘。同时把“双联”行动与城管执法工作结合起来，做到“双联”与城管执法工作“两不误”“两促进”。

（祈鸿飞）

住房公积金管理

西峰区有209个单位缴存住房公积金，涉及职工12526人，个人缴存比例为工资总额的10%，归集住房公积金11179.47万元，住房公积金余额39047.07万元；办理支取业务1761笔，支取金额5523.17万元；为546户干部职工发放公积金贷款16977万元，收回贷款2470.83万元，贷款余额27870.73万元，增值收益798.83万元。

【精准扶贫及联村联户】与什社乡贺塬村党支部结对共建，做了以下工作：一是争取区扶贫办投资48万元，建成吴川到齐川2.5公里沙石路，建成桥9座，解决川区群众出行难问题；二是帮助规划实施贺塬村卫生所、村部建设项目，协调项目资金145万元；三是协调争取投资15万元，实施易地扶贫搬安置点排水项目；四是协调水务部门在川区建成20立方米减压池一个，更换输水管线2.5公里，解决水压大导致川区输水管破裂影响群众饮水安全问题；五是与电力部门衔接，完成两个村组动力电改造；六是向便民服务中心捐赠价值0.7万元办公桌椅5套20件，争取到价值6.4万元（原值）电脑、打印机、办公座椅等捐赠村上；七是争取扶贫办产业扶持资金24万元，管理部出资1.3万元购买榛子苗木，与贺塬村其他帮联单位共同推广榛子种植，建成320亩榛子种植基地；八是在春节期间开展送温暖活动，为十户帮联户每户送去一袋米、一桶油；九是在春耕生产期间，捐款筹集资金3600元，为十户帮联户每户送益生菌化肥两袋，帮助帮联户发展经济作物种植。

（王凯）

工业园区管委会

副　主　任　　雷建博（7月任职）

办公室主任　　陈永军（10月任职）

【项目资金】2015年，争取资金3380万元。其中市园区建设专项资金3000万元，市级专项资金380万元。园区实现工业增加值65.89亿元，工业总产值128.72亿元，税收54.63亿元，固定资产投资90.39亿元。

【基础设施建设】道路工程建设。2015年，园区共建设道路4条9.1公里。工业园区。A1路全长2894米，2015年完成北段862米完成铺油罩面；A3路全长2258米，今年完成管道865米回填，700米综合管沟安装，500米人行道铺设，工业集中区。B1路全长2035米，完成地下工程1430米；C17路全长2408米，完成地下工程1580米；C6、C11、C13路已办理规划选址手续，资金证明，正在办理土地预审手续；配合庆阳市供排水公司完成西峰工业园区污水处理及再生利用项目的选址意见书办理、项目备案、用地预审、用地勘察定界、用地指标报批。标准化厂房建设。完成4幢厂房钢结构主体工程，开挖6幢厂房基础打桩、底梁浇筑、钢构螺栓埋设，1幢完成基础开挖，1幢服务楼完成基础开挖。

【项目建设】2015年，园区建成企业2户，在建2户，办理前期手续11户。建成庆阳福润30万吨饲料厂、庆阳永欣石化干气芳构化项目，准备试产；益翔药业中药饮片项目开工建设，瑞南天然气深加工项目消防水池、球罐基础，中控室主体完成，办公楼及宿舍楼继续进行室内装修，安装部分设备；庆阳立达重催装置项目完成环评，西峰制药厂办理医药行业专项手续，搬迁1户全迁户；彭阳春

庆阳市天然气综合利用及调峰项目

酒厂督促土地挂牌；协调庆阳双庆油气管道内防腐项目、庆阳科瑞特储罐密封及钢塑桶项目、庆阳橡树橡胶制品项目完成选址意见函、项目备案、用地预审等手续，工程放线；鸿泰石油整体搬迁项目、威尔斯管道连接修补器项目发征迁公告；协调庆阳陇运石化基地物流基地项目，庆阳烃辰甲醇母站及加注站项目完成选址意见函、项目备案、用地预审等手续；庆宁粮油加工项目完成厂区围界。

【搬迁安置】 李家寺失地农民安置点一期已建成入住 32 户，二期的 16 户主体工程即将竣工；草滩失地农民安置点开工建设 30 户，其中 3 户已建成即将入住；义门安置点设计建设 127 套安置房，一期 20 户有序施工建设。同时，区政府还专门安排资金，解决农民安置点给水排污供电及出行道路等配套设施问题。

【招商引资】 招商引资项目完成投资 6.73 亿元，其中永欣干气芳构化项目完成投资 2.3 亿元，瑞南天然气项目完成投资 4.43 亿元。

【“双联”和精准扶贫】 召开精准扶贫专题会议，学习省市区“1+17”“1+20”等相关文件精神，成立工作机构。年初对董志镇郭堡村 27 户和彭原镇五郎铺村 12 户贫困户开展大走访、大调研，了解农户情况、谋划帮扶措施。年内对驻村工作人员和其他干部与贫困户座谈、讲解政策、制定计划，详细了解做到“户有卡、村有薄、乡有册、区有档”。走访慰问确保每月 15 次以上，深入田间地头丈量土地面积，为富民产业建设提供准确依据，确保合理分配扶贫物资。2015 年，协助郭堡村完成 4 条通村油路建设 2.8 公里，改造农网线路，涉及农户 135 户，为堡子组完成提灌上水工程，走访慰问帮扶户 120 人次，宣讲政策 12 次，化解矛盾纠纷 14 件，实施农民素质培训 2 次，在帮扶工作上突出培育产业拓宽发展路子，解决郭堡村发展长远问题。

（张黎敏）

环境保护

【资金争取】 2015 年争取到国、省、市投项目资金 1990 万元。其中：省大气污染防治专项资金 1440 万元，市大气污染防治专项资金 500 万元；省级污染减排项目专项资金 10 万元（庆阳玉玲养殖农民专业合作社）；农村环境综合整治专项资金 20 万元（西峰区彭原乡机场周围环境卫生综合整治项目）；生活垃圾综合治理示范项目专项资金 20 万元（董志镇庄子洼村、显胜乡毛寺村）。

【环保模范城市创建】 申报国家级生态乡镇 2 个（彭原镇、肖金镇），省级生态街办 1 个（北街办）。开展“绿色社会细胞”创建，创建并上报省级绿色学校 5 所（后官寨初中、南街小学、温泉初中、显胜实验学校、什社中学），市级绿色学校 2 所（老山小学、任岭小学）；省级绿色社区 3 个（九龙南路社区、三里庙花园小区、南门社区），市级绿色社区 2 个（三里庙花园小区、南门社区）。

【核与辐射安全监管】 对辖区单位进行清查摸底，现场检查 38 家（次），填写现场检查记录 38 份，核技术利用单位、广电通信类设施监督检查率达到 100%。对 2015 年度电磁辐射设备（设施）新增和变更的汽车南站、汽车西站、市妇幼保健院三家单位完成申报。开展辖区内医用 X 射线装置，安保用 X 射线装置和广电系统电磁设备的申报登记，完成 20 家医疗卫生单位和 3 个车站辐射安全申报系统信息填报。组织辖区未取得辐射安全与防护培训合格证的监管人员和工作人员25人，参加辐射安全与防护培训班。

【污染减排】实施减排项目四类13项，其中：工程减排项目1个、阶段性减排项目1个、管理减排项目4个、畜禽养殖减排项目7个。削减化学需氧量140.08吨，削减氨氮量5.5吨。四项主要污染物减排指标均控制在庆阳市指标以内。西峰区污水处理厂污水处理设施持续、稳定、达标运行，在线监控系统运行正常，主要污染物处理符合国家要求，日处理污水量22000吨以上。督促西峰区隆世源养殖农民专业合作社等7户合作社完成畜禽粪便污染治理项目。

【环保宣传】利用“4•22”地球日、“5•12”防灾减灾日、“6•5”世界环境日、“安全生产月”等活动，开展以《中华人民共和国环境保护法》及四个配套办法及大气污染防治为主要内容的宣传教育活动。设立咨询宣传点27个，发放环保宣传资料10000余份，展出展板63个，悬挂横幅30余条，现场解答群众咨询160余人(次)。

【环境执法】对商砼车占道施工抛撒、物料拉运车辆无覆盖或覆盖不严上路抛撒等问题进行严管重罚，查处违章建筑工地13家，不覆盖或覆盖不严密渣土拉运车辆2219余辆(次)，处罚755余辆(次)。开展南湖水系污染专项整治，利用管道机器检测对长庆大道、岐黄大道、陇东大道及所属辅路进行排查，排查监测管道9000米，发现利用城市雨水管网进行偷排污水接口47处，对33处偷排接口进行封堵。开展油田开发钻井泥浆无害化处置，踏勘井场7次、12处。对井位周围环境影响进行评估，督促油田建设单位提前办理环评、备案，油田产建区块和单井环评。督促西峰城区6家加油站安装油气回收装置。对辖区内建筑施工单位噪声扰民进行整治。制定《施工噪声污染整治工作方案》，查处夜间施工单位7家，对其下发了责令整改，并予以处罚。

【大气污染治理】成立西峰城区大气污染综合整治指挥部，下设防治、督查、宣传等7个工作组，抽调100多人采取24小时工作制不间断巡逻、督办，推进整治。制定《西峰城区2015年环境重点区域大气污染综合整治实施方案》。

扬尘污染治理方面，督促城区内71家施工工地落实扬尘管控六项措施，设置洗车台26处，覆盖防尘网4.6万平方米。处罚未覆盖的渣土拉运车辆520辆，违规工地13处。完成绿化面积3.02万平方米，栽植七叶树等各类乔木333株，高山黄杨、金叶女贞等7.5万株，高山黄杨6.55万株。10台洒水车、5台多功能抑尘车按照既定时间、路线对全城区开展洒水降尘，出动车次68545次，洒水量103.613万立方。

机动车尾气防治方面，完成辖区黄标车、老旧车辆强制报废700辆。在禁行区驶入口设置禁令告知牌10面，在城区9处路口设立限行禁令牌、限行告知牌36面。在住院部十字北口、二中十字南口等路口安装21面禁令标志牌。查处违反限行规定交通违法394起，机动车未按期进行年检268起，查扣高污染摩托车283辆。

燃煤污染检查

燃煤污染治理方面，开展燃煤锅炉整治工作。拆除、停运立式常压锅炉17台，10月19日至23日对未按限期拆除通知书要求进行拆除的30台立式常压锅炉进行查封。新区供热站2台40吨锅炉布袋除尘和湿法脱硫除尘完成安装并投入运行。开展燃煤质量管控工作。制定下发《西峰城区燃煤质量监督管理实施方案》，在进城路口设置煤炭检查站，建成温泉镇、董志镇两个检查站。

餐饮油烟污染治理方面，城区重点区域内现有餐饮门店 196 家，113 家安装油烟净化设施。查处违规夜市经营摊点 32 处，教育违法行为人 310 余人(次)，扣押液化气罐 37 个，煤炉 22 个、帐篷 1 个。取缔夜市小吃摊点 68 家，暂扣小吃车 3 辆。违规占道经营烧烤摊点 182 处，清理流动零散摊点 93 处。

工业企业污染治理方面，中石油庆阳石化公 160 万吨 / 年催化烟气脱硝项目于 2015 年 9 月开工建设。庆阳福润肉类加工有限公司于 2015 年 5 月安装锅炉麻石水浴除尘设施，6 月通过验收，投入运行。对 41 家砖瓦炉窑废气污染实施限期整治，淘汰不符合产业政策的落后产能，要求所有砖瓦企业窑炉实施整治后废气排放必须达到国家排放标准，并将不予以治理的砖瓦企业移交工信部门并申请政府关停，关停、停产砖瓦企业 8 家。

【联村联户】帮助毛寺村扶贫户搭建钢架大棚(17)座。为每户扶贫户送核桃树苗及化肥一袋。为 36 户(胡同村 32 户、毛寺村 4 户)0—3 岁儿童送去营养包。在“六•一”儿童节当日，救助肖金镇胡同村 3 名贫困学生，每人救助现金 300 元；为 4 名留守儿童发放学习用具。

(陈忠平)

环境卫生

【争取资金投入】2015 年，争取无偿资金 80 万元；争取省市大气污染环卫设备购置项目投资 540 万元，购置洗扫车、多功能喷雾车、洒水车等设备15 台(件)，为城乡环境卫生综合整治和大气污染治理提供了设备保障。

【清扫保洁】一是上午 7:30 前和下午 2:00 前两次普扫，早 8:00—晚 9:30 全天候动态保洁，要求地面垃圾停留时间不得超过五分钟；二是果皮箱清掏与清扫保洁作业同步进行，划分到组，责任到人；三是扩大机械化作业面。增加清扫设备，主要路段覆盖到位，同时对主次干道每周进行一次洗扫作业，对道沿石跟及扬尘污染严重的路段及时进行集中冲洗；四是每周对交通隔离栏、下水井口、垃圾箱、果皮箱进行集中擦洗，保持常新常亮；五是作业

清洗护栏车清洗九龙路护栏

公司按照网格化管理要求，“一天一个集中治理点”进行拉网式连续整治，特别是对城中村内堆积垃圾进行摸底，由作业公司与垃圾清运所配合清理，消除城区范围内的污染点和卫生死角。

【垃圾清运】垃圾清运实行划片包干责任制，定车辆、定人员、定经费、包清运任务。实行早 7:00 前和晚 7:00 后定时定点清运和全天候巡回收集，确保垃圾不落地、不过夜、不堆积，车走场地净，密闭化运输。对进场垃圾进行全覆埋、无裸露填埋，减少二次污染，生活垃圾无害化处理率达到 90%。渗滤液处理中心确保垃圾渗滤液在第一时间得到有效处理，处理率、达标率达到 100%。16 辆小型垃圾收集车、140 辆电瓶式保洁车实行垃圾巡回收集制度。6 台专用收集车每天对餐饮业集中的区域进行早 9:00—12:00，中午 2:00—4:00，晚 7:00—11:00 定时、定线、定点三次上门收集，遏制乱泼乱倒、堵塞下水井口污染环境的问题。

【扬尘治理】实行全天候不间断巡回洒水，开展降尘降温作业，治理扬尘污染，净化城区环境。每天出动 10 台洒水车、5 台多功能抑尘车、7 台洗扫车，每车每天洒水 9—13 次不等，平均 30—50 分钟

一次，机械化清扫率达到25%。对长庆路全段、西环路五个出口路段等扬尘污染严重的区域开展冲洗作业，同时，对一些被污染的下水井口、沿街道沿石、护栏、果皮箱、垃圾箱桶进行巡回冲洗。启动冬季道路洒水抑尘作业，每天中午温度升高时在城区主干道全面实施洒水抑尘，在早晨和下午气温下降时采取雾化抑尘。

【环境卫生集中整治】5月中旬开始，按照城乡环境综合整治会议精神要求，开展为期一个月的环境卫生集中整治活动。作业公司按照各自管理区域，在做好正常清扫保洁的同时，每天抽调工作人员集中整治一个问题点。成立三个“城乡环境卫生整治应急小分队”，配备清运车辆和工作人员，随时待命，配合驻峰各责任单位的整治工作。在和谐广场、东湖公园广场、城北广场等人流密集区开展“西峰是我家，卫生靠大家”为主题的宣传活动12场(次)，发放环境保护倡仪书等各类宣传资料10000份，清理巷道小广告620处，出动车辆150车次，清理背街小巷卫生死角垃圾90处580吨，铲除杂草垃圾40吨，清理乱倒基建垃圾340吨。

【公厕中转站管理】完成42座公厕后续接水接电工作，按照《西峰区环卫局公厕免费开放管理办法》，对环卫局管理的61座公厕实行免费开放。做到早6:00—晚12:00全天开放，定人定点跟踪督查，确保管理到位，服务到位。

按照省级卫生城市复审工作要求，对所有公厕、中转站进行统一检修。对61座公厕导向牌重新进行规范设置，做到符号、设施标志和禁烟标志齐全；对35座老旧公厕、中转站室内外墙皮脱落、陈旧破损的进行全面粉刷；对内部设备损坏的进行统一维修更换；对25辆漆皮脱落的作业车辆进行喷漆翻新；对300个垃圾箱、果皮箱、垃圾桶进行维修、喷漆；对下庄生活垃圾场进行维修，租用重型机械向下游清理垃圾堆体，对已撕裂的500平方米土工膜进行更换、修补。

新安装的移动公厕免费开放

【城乡环卫一体化】印发《西峰区环卫局2015年城乡环卫一体化实施方案》，在温泉乡黄官寨村、彭原乡下庄村、什社乡李岭村、肖金镇张庄村开展城乡环卫一体化试点。一是投放小型垃圾清运车2辆，环保公厕4座，电瓶保洁车2辆，垃圾箱15个，果皮箱260个，扫帚、铁锹等80余把。二是帮助和指导试点村开展环境卫生综合整治，分区域、分路段，对柴草堆、粪堆、土堆、积存垃圾堆等农村环境脏乱差现象进行集中整治。

【项目建设】2014年，西峰区政府与福建圣元环保股份有限公司、银川保绿特生物技术有限公司分别签订了庆阳市生活垃圾焚烧发电项目特许经营协议书和西峰区餐厨废弃物处置特许经营协议书。2015年，餐厨垃圾处理项目拟进驻工业园区，待政府审批；垃圾焚烧发电项目已筹备具体合同签订，厂区选址会同相关部门确定宜选地三处，即：肖金镇胡同村新建砖厂、彭原乡下庄村、董志镇庄子洼村郭塬取土场。各项工作待政府审定后实施。

【构建平安环卫】将热心参与社会管理的154环卫工人纳入到平安志愿者队伍，明确志愿者的日常工作职责及权利义务，在力所能及范围内向公安机关举报和提供线索，创造良好的社会治安环境。组织各类宣传活动5场次，平安志愿者提供各类信息50条，其中有效信息20条，清除各类有害宣传信息300余处。建立矛盾纠纷排查调处机制。办理领导交批件及群众来信来访9件，办理人大代表建议、政协委员提案8件。

【精准扶贫】开展“双节送温暖”慰问主题活动，为文安村30个特困户每户送去200元的慰问品(面粉25公斤、大米10公斤、食用油5公斤)；在文安村街道两旁设置果皮箱20个，垃圾箱2个，配备电动保洁车1辆；春耕期间，为30户特困户每户送去化肥一袋，帮助开展春耕生产；为精准扶贫户每户种植樱桃、葡萄、果松、李子、桃、枣等果树1—2亩；帮联干部进村入户，加班加点，整理完善扶贫工作大数据资料，完成贫困户建档立卡工作，计划为贫困户种植席箕，发展扫帚制造产业。

（黄凌云）

爱国卫生运动

区爱卫办与新闻网络中心签订《健康公益广告播放协议》，8月1日起在庆阳二套(西峰区六小时自办节目中）循环播出健康教育系列节目•养生堂共计70张光盘，每周播出2期，每次45分钟。

聘请庆阳市疾控中心中医防病科科长曹慧洁、庆阳市地方病、慢性病防治所副所长王芸等庆阳市健康教育巡讲专家以珍爱生命、远离烟草，健康生活新概念等为主题，在南街办事处、西街办事处、什社乡人民政府、后官寨人民政府、北街卫生服务中心、西街卫生服务中心和新建小学举办健康教育巡讲报告会7场，活动覆盖人数1000多人。

4月13日上午，组织爱卫成员单位在东湖公园门前开展以“全民参与爱国卫生、共建共享健康中国”为主题的第27个爱国卫生月宣传咨询活动，发放宣传资料80余种，2万多份，接待群众咨询5000多人。给肖金镇投资10000元用于购置微型垃圾车两台，给显胜乡唐沟村投资5000元用于村部及文化墙建设，给温泉镇齐家楼村投资7000元用于新村部建设和窗帘购置。为显胜乡政府以及唐苟村、冉李村，肖金镇米王村、左咀村，温泉镇，后官寨镇，西峰区人大，什社乡新庄村，董志镇庄头村等乡镇、单位和村组配备垃圾桶272个，价值3万多元。

5月29日，在东湖公园门前开展世界无烟日主题宣传活动

筹措9万多元用于病媒生物防治相关药品器械的购置，并于4月16日上午在西峰区爱卫办会议室举办2015年病媒生物防制工作培训班，城区三个街办及15个社区分管病媒生物防制工作的相关负责同志及业务主办共计30多人参加培训。会议安排部署2015年病媒生物防制工作，帮帮害虫防治公司的专业技术人员为参会人员讲解鼠、蚊、蝇、蟑螂的生态习性，孳生繁殖特点，以及对人体健康的危害等内容，详细介绍环境治理、化学防治、生物防制及常用的防治方法并现场给街办及社区发放鼠夹及粘鼠板1600个，灭蚊蝇药物4种600瓶(盒)，灭蟑螂药物200袋。

区乡各医疗卫生机构健全控烟领导小组和监督工作小组、设立禁烟标识、室内外公共场所完全禁烟，每个医疗卫生机构均确定控烟监督员和巡查员，开展世界无烟日主题宣传活动。5月29日，联合西峰区南、北、西三个街道办事处以及行政执法局、工商局、市政管理局、环保局、环卫局等13个单位的工作人员在东湖公园门前开展以“制止烟草制品非法贸易”为主题的第二十八个世界无烟日主题宣传活动，讲解吸烟的危害及公共场所控烟相关知识，发放控烟宣传画、控烟知识手册、控烟宣传折页、健康知识手册等宣传品1万多份，受益群众达4000多人。

6月30日至7月2日，组织参加全省健康工具包业务知识培训。以省卫生厅发布的健康文化墙图集为主，新增民间单验方、健康知识、中医适宜技术、常见病治疗药方、慢性病食疗技术和卫生惠民政策以及结核病、艾滋病和合理用药等内容，累计刷写健康文化墙50余处，2000多平方米。以合理用药、正确治疗、提早预防和健康保健交流为主，以村卫生所和社区卫生服务中心为主开展健康沙龙活动182次，参与群众4132人。

按照甘肃省单位（社区、行政村）卫生检查考核标准和甘肃省卫生村、社区、单位考核命名及监督管理办法的要求，经过检查评比，推荐庆阳市地税局等8个单位为省级卫生单位；西峰区南街办事处东平路社区、西峰区北街办事处解放路社区2个社区为省级卫生社区，温泉镇米堡村、什社乡塔头村2个行政村为省级卫生村。推荐庆阳四中等5个单位为市级卫生单位，什社乡人民政府为市级卫生乡镇，肖金镇左咀村等3个行政村为市级卫生村。

【扶贫攻坚】成立驻村帮扶工作队，积极宣传和落实党的各项惠农政策，严格执行“一折统、一册明”，“新农保”“新农合”的参保、参合工作，2015年齐楼村的参保、参合率达到98%以上。结合春节、“六一”、“七一”、中秋等节日，组织帮扶干部对扶贫对象、村上老党员进行走访慰问，并送去米、面、油等慰问品。在春耕时节，为扶贫户送去价值2万元的化肥、地膜和玉米籽种。帮助完成村级文化室的硬件配套建设并积极鼓励齐楼村开展村级文化活动。

（毛少伟）

显胜冉李城堡城墙　　摄影：刘小智

商贸流通

商 务

【经济指标】2015年，西峰区社会消费品零售总额63.46亿元，外贸出口创汇2394万美元。争取无偿资金14.39万元，争取国省市投项目资金597.6万元，招商引资18.11亿元。

【项目建设】十大专业市场建设：北区放心食品城、小商品市场、肖金物流园3个项目签订开发框架协议。蔬菜瓜果市场、家饰装饰市场完成手续办理。东区放心食品城项目即将竣工，力争2016年底建成并投入使用。嘉鑫国际建材城一期主体竣工，项目招商运营工作于2015年8月正式开盘。

民生项目工程建设：配合肖金、温泉、显胜、什社新建改造便民蔬菜销售店7处，争取市级以奖代补资金21万元。对2014年建成的51处便民蔬菜店不定期进行巡回检查，针对存在无故停业、私自转让、卫生环境差等诸多问题的3户便民蔬菜店摘牌并取消经营资格。

【内贸】完成《全区"十三五"现代服务业发展与扩大消费需求对策研究》两个课题，编制《全区服务业及现代物流业"十三五"发展规划》，谋划21个商贸项目，预计投资215亿元。

市场监管：借助开展"诚信兴商宣传月"、"3·15"消费者权益日、"依法打击非法集资"等大型宣传活动，开展行政普法宣传教育和咨询宣传活动27次，发放宣传资料4.3万份。在商务预报平台、生活必需品供应平台、甘肃省厅市场运行科发布信息105条。开展安全生产大排查12次，参与执法人员48人(次)，千旺百货、丽晶百货等商贸流通企业安全隐患整改到位。二手车流通、再生资源回收等企业的安全隐患排查，制订《西峰区再生资源回收体系建设规划(草案)》。联合工商、质监、公安、农牧等部门开展打假联合行动19次，参与执法人数2462人次，检查生产企业180家、销售单位1023家，查处售假单位41家，查办案件17宗，移送公安机关案件1宗，公安机关立案4宗。查处酒类违法案件6起，受理举报投诉案件5起，检查经营门店740户，备案登记45户，受理初审酒类批发许可证17户，签订《酒类质量安全承诺责任书》96户，发放警示牌600户，查没假冒过期酒品323瓶。

商贸节会：招引欧尚中国投资有限公司开发

打击假冒酒品宣传

建设专业市场。

“四上”企业入库：庆阳安顺汽车服务有限公司、庆阳聚福饭庄餐饮文化有限公司、庆阳陇原万嘉商贸有限责任公司3户商贸企业入库。

商贸促销：牵头举办“百城万店讲诚信”暨金秋促消费活动，参会大型商贸企业11家。

【外贸】组织庆发、凌云、中庆、岐黄等20余户外贸企参加全市“一带一路”培训班和“西洽会”，增强外卖企业出口能力。

引进甘肃元方、甘肃环游、庆阳豆更香等6户企业落户，出口创汇企业增加到18家，外贸出口创汇2394万美元。

【电子商务】制定《西峰区人民政府关于加快电子商务发展的实施意见》。组织开展电商人才专题培训15期，培训学员2300余人次。建成庆阳市电子商务创业孵化园，吸引123家电商企业报名入驻。申报省级示范乡镇2个、示范村6个、示范企业2户、智慧物流配送企业1户。建成村级电商示范店50个。

【精准扶贫】帮助9户精准户在兰州银行申请贴息贷款45万元。为1户精准户争取危房改造资金1.25万元。新建改造卫生厕所9处，争取爱卫办补助资金4500元。筹资2万元在项目引领、工作举措上聚焦精力、集中攻坚，实现脱贫7户，脱贫率78%。

(冯华瑞)

供销合作

党组书记、主任　周小平(10月任职)

全行业全年商品销售额78500万元，农产品购进额51200万元，实现利润总额365万元。

【网络建设和基层合作组织建设】建成村级综合服务社84个，农家店、便民店180个。领办建成西峰区六年养殖农民专业合作社、西峰峰阳种植农民专业合作社和庆阳兴源种养殖农民专业合作社。六年养殖农民专业合作社是一个集毛驴养殖、繁育、疫病防治、科技服务为一体的标准化养殖基地。现有标准化驴舍4000平方米，规划存栏1000头，现存栏120余头。西峰峰阳种植农民专业社主要以特色养殖、果树栽植为主，基地占地100亩，实现养殖栽植立体化，年规划出栏七彩野鸡、乌鸡等20000羽，年内出栏5000羽。区社扶持六年养殖农民专业合作社2万元、峰阳农民专业合作社1万元，分别用于驴棚保暖设施、办公设施购置和建设。庆阳兴源种养殖农民专业社流转土地200亩，栽植苹果、樱桃、葡萄、核桃等。与什社乡政府联建设施蔬菜基地100亩，日光温室30个。由肖金农盛农资专业社发起，原供销社职工9人共同出资，在原农盛农资专业社基础上，注册成立金盛泽供销合作社有限公司。

【项目进展】一是积极扶持庆阳天富亿市民农园农民专业合作社发展观光、旅游、休闲、餐饮等为一体的新型现代农业。派驻专人协助天富亿修订完善项目申报资料，使“庆阳天富亿红色农耕食文化活态传承风情园”项目顺利进入省供销社项目库，项目前期已完成民俗古街建筑投资900万元。争取省供销社特色农产品示范基地建设补助资金30万元。二是扶持庆阳荣冕供销合作社有限公司发展种养植、餐饮，区社出资5万元作为建设资金，自投70万元，购买荒山40亩，开通土路基800米，建成鱼塘2处，建成石亭3座，建成餐饮、休闲娱乐场所200平方米，完成小寨沟休息中心项目前期基础工程，已具备小规模接待能力。

(张树泰)

粮食管理

【目标管理】年初与庆阳耘新粮油购销有限责任公司签订财务支出、安全生产、企业规范化管理、党建、党风廉政建设等责任书。建立各项费用登记检查台账，实行财务费用开支报告制度，严格执行财务审批制度。以市场为导向，探索建立长期稳定的粮食产销合作关系，发挥国有粮食企业主渠道作用。

【粮油购销】收购各类粮食38773.2吨，其中：国有粮食收购3908.2吨，非国有粮食收购34865吨。销售各类粮食44134.3吨，其中：国有粮食销售5447.3吨，非国有粮食销售38687吨。供应军粮35吨，全区粮价平稳，粮食市场稳定。

【仓储管理】坚持定期查粮，普查粮食10597吨，其中：省级储备粮4000吨，区级储备粮5000吨，周转粮1374吨。普查仓容14607吨，新建仓房5幢，新增仓容2500万公斤。2015年3次对西峰辖区7个乡镇及城区内34户粮食经营户进行市场检查，初步形成管理规范、流通有序、供求稳定、卫生安全的粮食流通秩序，坚持粮情定期和不定期检查。定期进行应急演练，以应急突发事件。

【粮食执法】启动粮食应急保障体系建设工作。建成和完善粮源保障网点、粮食应急加工配送网点和粮油应急供应零售网点，开展定期检查，有效管理。建立并完善粮食流通监督检查工作制度。开展粮食收购市场等专项监督检查活动4次，维护全区粮食市场秩序。

【放心粮店创建】创建庆阳金穗面粉公司放心面粉配送中心，庆阳陇泰商贸有限公司、庆阳鹏锦商贸有限公司、秀峰粮店三个放心粮油示范店、20户放心粮店，打造“放心粮油”品牌，为消费者提供卫生、安全、便利、放心的粮油和服务。

【军粮供应】一是按照国家军粮质量政策要求，明确加工原粮采购质量、加工品质和质量标准、抽样检验、产品交接等进行具体要求和规定；二是金穗面粉厂确定为定点军粮面粉加工企业，完善出入库检验制度，从原粮采购、调运、入库做到手续齐全，对加工的成品粮做到检验合格后方可出厂供应，大米由省军粮中心统一配送，并建立质量档案；三是指定专人负责，实行军粮专库保管，建立军粮保管、供应、出入库登记专用账卡，完善产品交接手续，建立原粮来源和供应粮食质量档案；四是定期开展军粮质量检查，查看加工点和供应点执行国家军粮质量政策情况，是否建立质量档案，发现问题，及时整改。定期走访部队了解军供粮质量和服务满意度情况及需求情况，有质量问题均无条件退换。五是严格执行军供政策，拓展服务，不断提升管理水平和服务水平。

军粮配送

【“扶贫攻坚”行动】年初，对所联系的帮联村温泉乡温泉村进行实地调研，制定2015年帮联计划。全体干部赴温泉乡温泉村了解群众的生活情况，为每户购买尿素化肥1袋、面粉1袋。借助土地复垦的机会，鼓励群众流转土地，对新品种核桃进行规模化种植。与农牧局衔接，利用农闲开展农技培训活动。对11户贫困户进行摸底调查，制定初步帮扶方案。

（张婷婷）

烟草专卖

【烟草销售】2015年销售卷烟17677.24箱，与上年同期17283.96箱相比增加393.28箱；销售收入5.36亿元，较上年同期4.89亿元增加4708万元；贡献毛利1.25亿元。

【零售终端】2015年建成现代终端117户。建成运行的现代终端474户，其中城镇终端客户325

户，农网149户，大户111户、中户320户、小户43户；食杂店170户；便利店162户；烟酒店108户。终端客户销售卷烟4765.87箱，销售额1.78亿元，毛利2826.38万元。

【市场监管】查获违法经营卷烟案件42起，查获违法经营卷烟1285.4条，案值195741.50元；其中：非法流入卷烟案件27起；涉案卷烟907.5；案值156899.87元；无证经营案件11起；涉案卷烟320.5条；案值35755.70元。假冒卷烟案件4起，涉案卷烟57.4条标值3086.00元，上缴罚没款38617.87元。办理烟草专卖零售许可证190份，取缔不符合烟草专卖零售许可证办证条件的无证经营户22户。

【"双联"与精准扶贫】2015年落实帮扶资金5万元，用于基础设施建设、种养殖业发展等。

(黄小虎)

盐务管理

年内购进各种盐产品总量2227.4吨。其中：小袋盐1465.6吨，完成年计划1640吨的89.4%；日晒盐、肠衣盐、散精盐、畜牧盐645.2吨，完成年计划610吨的105.8%。工业盐114吨，完成年计划70吨的162.8%。全年食盐销售2169.8吨，完成年计划2250吨的96.4%。其中：小袋盐1547.8吨，完成年计划1640吨的94.4%；320g海藻盐1354.5吨，完成年计划1360吨的99.6%，日晒盐、肠衣盐、散精盐、畜牧盐622.05吨，完成年计划610吨的102%；工业盐115.7吨，完成年计划70吨的165.3%。

开展盐业宣教活动

【财务指标】年内实现营业收入822.69万元(主营业务收入796.51万元，其他业务收入26.18万元)，完成年预算848.2万元97%，较上年同期820.5万元增加2.19万元增长0.27%。毛利率(毛利额248.38万元)30.19%，费用率为22.95%，比上年同期21.4%上升1.55个百分点；实现利润59.84万元(报表数)加上政策性补交2012年至今年房产税、土地使用税等税9.5万元，实际完成69.34万元，完成年预算59.7万元的116.1%，较上年同期53.12万元增加16.22万元增长30.5个百分点。上缴各种税金43.3万元，应提应摊折旧、无形资产、养老金、失业金、医疗保险金、住房公积金等费用100%提足，货款100%归还。

【盐业管理】加强盐业宣传教育，通过坚持"三进四入"，深入到辖区7个乡镇973个自然村，6000多户村民宣贯盐业法规及新盐品上市的好处，进一步提高群众自我防范，自觉抵制私盐。利用"5•15"碘缺乏危害宣传日，借助新闻媒体、会同卫生、教育、地病办等部门，在乡镇村社开展盐业宣教活动。与公安、检察、食药局联合下发整顿盐业市场文件，坚持每月对辖区重点市场，重点人群、重点路段，进行排查式管理，排查了7个乡镇973个自然村和城区的餐饮、商店、食品加工户及锅炉用盐1291户，查处私盐违法案件5起，查获违法盐产品0.843吨，罚款800元。对8户工业用盐户，4户食品加工5户肠衣盐用户建证立账登记定期抽查，回访跟踪检查等措施，确保专盐专用。

(张素芳)

财政税务

财政

【财政收支】2015年，西峰区大口径财政收入13.04亿元，增收1.66亿元，超收5365万元；地方财政收入7.72亿元，增收9191万元，超收2244万元。公共财政预算支出26.17亿元，政府性基金收支分别完成5.09亿元。职工工资、津贴补贴，科学发展绩效奖、机关正常运转、扶贫、社保、教育、社区建设、卫生、环保等民生支出保障到位，省、市专项拨付及时。争取各类国省投、转移支付、政府置换债券、银行信贷资金36.7亿元。

【财政改革】落实"营改增"结构性减税和税费优惠政策，为企业减税让利2497万元。对55项行政事业性收费、政府性基金、涉企收费的收费目录和收费标准公开公示。建立政府性债务动态监管台账，将27户42.1亿元的存量债务纳入预算管理。推行财政预决算公开公示制度。对143项财政专项资金进行公开公示。131个预算单位公开部门预决算。采取查看资料、审阅账簿、实地查验，走访群众等方式，对一事一议项目、财政扶持林果产业发展项目进行绩效评价。开展涉农资金专项整治工作，抽查单位13个，查纠违纪资金304万元。清理结余结转资金1.29亿元，安排原渠道使用1.08亿元，财政统筹使用2100万元。推行公务卡强制结算制度。对人员工资、政府采购资金和5万元以上的项目资金，实行直接支付，直接支付5978笔9.4亿元，支付率达60%，173个预算单位办理公务卡1181张，公务卡结算资金81万元。完成公务用车改革调查摸底、经费测算、公车统计、数据分析等工作。推进农村公共服务运行维护机制建设试点，争取省市试点资金165万元，对2009—2012年实施一事一议财政奖补油路项目进行维修养护，试点工作通过省市考核验收。对文广局等15个单位的各类津补贴、加班补助发放、差旅费、会议费、培训费报销等财政资金支出情况开展监督检查。

【项目保障】筹集十大重点项目建设资金9.8亿元，其中：雨洪集蓄生态保塬项目1.08万元，文化产业园建设项目500万元，工业园区建设6646万元，汽车城项目1000万元，土地收储征拆2.92亿元，西合公路征拆和农村道路建设2960万元，城市建设与城市管理2.19亿元，扶贫攻坚2250万元，农业产业化扶持资金2346万元，保障性住房建设资金7728万元，教育卫生体育项目资金1.3亿元。按期归还国开行、农发行贷款本息3.99亿元，支付工程欠款2.16亿元。

【农业综合开发】土地治理项目工程4项：存量资金肖金镇高标准农田建设项目涉及肖金镇脱坳和大户王2个行政村，受益农户1289户，4801人。项目投资600万元，建设高标准农田4300亩。第二批中央财政肖金镇增量资金高标准农田建设项目位于肖金镇张庄村，受益农户486户，1948人。

项目投资300万元，建设高标准农田3500亩。省级财政显胜乡高标准农田建设项目位于显胜乡蒲河村，受益农户329户，1433人。项目投资200万元，建设高标准农田1400亩。省级财政资金后官寨镇高标准农田建设项目位于后官寨镇孔塬村，受益农户202户，750人。项目投资125万元，建设高标准农田900亩。

实施西峰区5000吨冷藏果库改扩建项目1项，落实财政补助资金140万元，企业投资427.98万元，年存储能力5000吨。

【“一事一议”项目】实施项目53个，其中：特惠项目4个，普惠项目49个。项目计划投资5036万元，其中：村民筹资筹劳折资1988万元(群众筹资168万元、筹劳折资1820万元)，财政奖补3048万元。完成村组道路修建及维护项目41个，新修油路31条64.68公里，砂石路10条57.5公里；村容村貌整治及环境卫生整治项目5个，栽植绿化树4628棵，安装太阳能路灯171盏，新建垃圾仓和安装垃圾箱89个，新建公共厕所16座，铺设人畜饮水和排水管线12.5千米、农民健身文化广场5个，铺渗水砖和水泥硬化24175平方米，绿化35680平

“一事一议”项目新修砂石路面

方米，篮球场5个，乡村舞台5个，文化活动室7间，凉亭3个。受益群众53个村，590个村小组21680户9.4万人。

【社会保障资金管理】2015年，社保基金收入27581.28万元，支出28744.85万元。参合农民238532人，合作医疗基金收入11315.45万元，农村合作医疗统筹基金支出13478.67万元；有3676人参加基本养老保险缴费，养老保险缴费5839.04万元，基本养老金支出5974.57万元；有16262名参加西峰区医疗保险，基本医疗医疗保险基金收入3684.06万元，支出4241.28万元；有13097名参加西峰区生育保险，生育保险基金收入87.01万元，支出62.99万元；城乡居民参加养老保险167015人，其中缴费人数112078人，享受待遇人数37402人，城乡居民养老保险基金收入6655.72万元，支出4987.34万元。

四项社会保障资金收入9740.57万元，支出9236.15万元。城市低保资金收入4372.25万元，为5379户13598人发放低保资金4676.89万元，农村低保资金收入2231.83万元，为3973户12769人发放低保资金2324万元；再就业资金收入1172.84万元(其中甘肃省财政补助收入344万元)，支出869.15万元，用于职业介绍补贴，职业培训补贴、公益性岗位补贴、劳务品牌家政服务员培训、技能签定补贴社会保障等方面；城乡医疗救助收入1432.11万元，为28475人发放医疗金834.57万元；临时救助收入531.54万元，支出531.54万元。

【政府采购】2015年，政府采购业务131次，政府采购资金10635万元。印制政府采购法规汇编，编制《西峰区政府采购中心业务操作规范》。从采购组织、信息公告、保证金缴纳及退付、专家抽取与管理、招标会议组织与会议流程、协议供货(定点采购)业务操作、项目验收、质疑答复等8个方面对政府采购各个环节进行详细规范。

【非税收入】非税收入56869万元。其中：政府性基金38182万元，行政事业性收入完成5894万元，专项收入7896万元，罚没收入1970万元，国有资源(资产)有偿使用收入602万元，教育、卫生等预算外收入4240万元。

【会计管理】2015年，接待“两证”考试报名学

员 2124 人/次，新办及调转会计从业资格证书 625 份，1100 人完成会计继续教育培训。

【国有资产管理】督促行政事业单位登记新增固定资产 42662 台(件)、4279.86 万元；新增房屋 13210.4 平方米、3566.74 万元。对 302 户行政事业单位的资产进行清查，对资产存量进行确认，对无值资产进行评估，对不规范的管理行为进行纠正。统筹调剂资产，将农经局 93 台(件)一般设备分别调拨给温泉、什社、后官寨、董志乡政府使用；将齐家楼初中 27 台(件)一般设备分别调拨给李岭小学和齐家楼小学使用；将农机推广中心 98 台(件)专用设备分别调拨给温泉、董志、彭原乡等七家单位使用；将畜牧局土地、温泉乡政府旧址、董志镇剧场、区教体局土地、董志镇陈户乡政府旧址分别调拨给人社局、温泉卫生院、董志初中、秦霸岭幼儿园和董志镇卫生院陈户分院使用。对文广局、科技局、旅游局、计生局等机构整合单位以及肖金、董志、彭原、后官寨、温泉五家土管所固定资产经行资产移交前清查和审核。审核四中、南街小学、统计局、公安局等报废资产 17807 台(件)，核销金额 708.43 万元，收回报废残值收入 2.35 万元。

【乡镇财务管理】2015 年度严格控制乡镇预算，监督乡镇落实财政预决算公开公示制度，乡镇全部将预决算在政府门户网站进行公开公示，接受社会各界监督，保证乡镇资金的安全、有效使用。拨付乡镇补助资金 18978.9 万元，其中：省市专项 171 万元；区级专项 2828.07 万元；基金支出 2282.89 万元，人员及公用经费 13696.93 万元。

(寇长靖)

国家税务

【税务指标】2015 年，市级税收收入 479420 万元，区级税收收入 23028 万元。

【税法宣传】利用第 24 个税收宣传月、“12·4”法制宣传日，开展“税收惠民生 环保进万家”、税收法律知识“六进”(进机关、进乡村、进社区、进学校、进企业、进单位)等群众喜闻乐见的活动宣传税收。同时，编写信息通讯稿件 177 篇(期)，被市级以上新闻媒体采用 113 篇，庆阳电视台、西峰区电视台分别做了报道。

法制宣传日税法宣传活动

【税收政策】对 87 户享受增值税税收优惠政策的企业减免增值税 2434 万元，对 3576 户享受小微企业增值税税收优惠政策的企业减免增值税 1315 万元，减免各类企业所得税 5563.67 万元，出口退税 532 万元，办理免抵税额 59 万元，为 7344 户不达起征点个体户减免增值税 2382 万元。

上报政务公开和政务服务事项目录、信息表及流程图。涉及行政许可事项 2 项、审批事项 9 项、行政征收事项 3 项，其他类 2 项。

认定增值税一般纳税人 213 户，取消一般纳税人资格 25 户。

稽查和督促纳税人自查 40 户，查补入库税款 396.23 万元；查处违法发票 87 份，罚款 30.60 万元。对 7 户黄金大案进行专项稽查，涉及 57 份增值税专用发票，查补入库税款 57.21 万元。

【税收征管】制定《征管档案资料目录》《征管档案管理办法》等规章制度；建立专门征管资料室，对各分局、3 个办税服务厅(室)、职能业务科室近 10 年的征管资料进行分检归档，整理 12000 户纳税人征管资料 5 个大类、22 个小类 2218 册。

组建工作团队，两次完成金税三期26000多条数据清洗和核心征管系统的初始化工作，委托劳务派遣公司面向社会公开招聘10名工作人员，扩建办税服务厅，增设办税窗口，完成小范围双轨测试、预生产环境中同步录入、预约办税等业务，10月8日金税三期系统单轨上线运行。

对交通运输、汽车销售、二手车经销、商砼、砖瓦等行业的46户企业进行纳税评估，评估入库税款417.72万元。

通过政府单位及国有企业发票报销信息采集，查处纳税人发票违法行为10起，罚款9.8万元，对2户丢失发票的纳税人，罚款1100元，调整定额户79户。

对132户纳税人，根据风险等级分类应对，查补入库税款及滞纳金378.01万元，弥补亏损金额184.69万元。对137户企业所得税风险核查对象，核查纳税人56户，调增应纳税所得额235.5万元，调减亏损240.4万元，补征企业所得税47.16万元，加收滞纳金4.33万元，罚款1700元。

在西峰区内8个邮政网点推行邮政“双代”业务，代开发票3519笔，代征税款293.15万元。

【纳税服务】与建行、工行等9家银行开展“税银合作”业务，为符合条件的35企业发放信用贷款10960万元。

利用综合征管软件查询系统，对每户纳税人的违法违章行为进行查询，按时完成纳税信用数据采集和等级评定。评定A级纳税人13户，B级656户，C级24户。

在办税服务厅开通“便民办税二维码”服务，利用信息技术打造纳税服务“直通车”，将税收政策、服务指南方便快捷地呈现给纳税人，节省了纳税人时间，降低了征纳成本。

按程序办理受理、确认、录入、税种鉴定等业务，进行资料传递，受理“一证一码”登记113户。

修订《西峰区国地税联席会议制度》，举行国地税联合办税服务服务厅揭牌仪式，成立联合办税服务厅。代征地方税费14248笔512万元。办税服务厅被甘肃省税务局授予“五星级”办税服务厅荣誉称号。

【队伍建设】制订《西峰区国税局明察暗访工作实施方案》，成立领导小组，不定期对机关和各分局出勤、装着、遵守工作纪律等情况进行检查。开展督察17次，发布督察通报44期。制订《2015年干部教育培训计划》，举办培训班16期，培训干部职工562人次；开展“拓展视野增见识、启迪智慧强素质”国税大讲堂活动，组织举办国税大讲堂活动14期。实行“亲情”管理，调动干部职工工作的积极性，建立“减压室”，配置健身器材；对困难职工、患病职工和退休老职工在重大节日进行慰问；开展“放松心情、亲近自然、健康徒步”春游，举办“庆元旦•迎新春”和“迎五一”乒乓球团体比赛等系列趣味活动。

【党风建设】开展“学廉、思廉、讲廉、守廉、倡廉”的“五廉”活动和“拒腐防变每月一课”和“述纪述廉述作风”活动，让中层领导干部带头上台讲廉政，算好政治账、经济账、家庭账、名誉账，实现廉政关口前移，消除少数干部职工思想认识上存在的盲目自信、手中无权与己无关等错误认识。

在机关和董志分局分别建成“一室八有两栏”的标准化党员活动室，开辟学习园地，购买了各种党建和政治理论、法制教育方面的书籍，购置了部分体育器材，使党员活动有场所、有阵地。

甘肃省国税局党组书记、局长韩月朝(左三)检查党建活动室

建成西峰区国税局党建外网，加强同地方党委的沟通协调，及时推介西峰国税党建活动的精品亮点，提升区局党建工作的站位和知名度。

【联村联户】帮助双联村贫困户发送“爱心营养包”2 次 294 包；组织党员干部为肖金纸坊村捐送《甜瓜保护地栽培》《核桃栽培与种植》等书籍 450 多本，邀请市农机推广站高级农艺师举办现场授课培训，为帮扶户解决实际困难。

(巩麦善)

地方税务

党组书记、局长	王维华(3 月离职)
	张永琦(3 月任职)
党组副书记、纪检组长	李兴武(3 月离职)
	李志龙(6 月任职)
党组成员、副局长	谷东风
	甘　颖(女，7 月离职)
	巩春妮(女，7 月离职)
	刘文杰(8 月任职)
	王星玲(女，8 月任职)

【地税收入】2015 年，西峰区地方各项税收 101121 万元。其中：地方税费收入 90725 万元，各项基金类收入 10396 万元。

【税收征管】以推广电子档案管理系统和“金三”上线为契机，锁定 8 个征管环节进行全面体检。检查二手房交易 2042 户、外管证 163 户次、外来报验登记项目 759 项、汇算企业 113 户、营改增纳税人 555 户，补缴税款 3.3 万元。推行网络发票用户 426 户，发售网络发票 293688 份。查处发票违法举报案件 21 户，罚款 4150 元。其中，举报案件 2 户，罚款 600 元，12366 投诉 19 起，罚款 3300 元。兑付刮奖发票 56305 份，兑付奖金 223541 元。举办“纳税人学堂”培训班 6 期，培训企业财务人员 600 人次。开启国税地税“互设窗口、互派人员”办税新模式，实现“进一家门、办两家事”。与工行、农行、交行、农村信用社等 5 家银行签署“征信互认 银税互动”合作协议，推出“税易贷、POS 贷、善融贷、创业贷、结算透、成长之路”等 9 个信用贷款产品，贷款金额 1310 万元。上线金税三期工程，推行“三证合一”“一照一码”登记制度。

【依法治税】制定《西峰区地方税务局法治税务示范基地建设实施方案》和《西峰区地方税务局法治税务示范基地建设评价标准》，分解细化 10 个方面、35 大项、44 小项创建内容及指标，建成“法治税务示范展室”。3240 户月营业额 3 万元以下的营业税纳税人，享受免税优惠政策，免征营业税额 2703.72 万元。3021 户纳税人享受小微企业营业税优惠政策，减免营业税 1241 万元。批准各类减免税 20 户，减免地方各税 2497.16 万元。企业所得税汇算清缴 113 户，实际应纳所得税额 7357.06 万元，预缴税款 2091.76 万元，清算应补税款 5354.08 万元，应退税款 88.78 万元。存量房交易评估系统评估分析二手交易房 998 套，其中调增价格偏低户数 809 套，调增应纳税所得额 1.01 亿元，评估后增加税收 3132 万元。利用税务审计软件对中国联合通信股份有限公司庆阳分公司、中国人寿财产保险公司庆阳中心支公司 2 户企业进行审计，通过案头审计查补入库税款 566,402.71 万元。

【党风廉政建设】组织学习 2015 年新修订的《中国共产党纪律处分条例》和《中国共产党廉洁自律准则》，召开西峰区地税系统党风廉政建设工作会议，对党风廉政建设工作安排部署，分层次开展廉政约谈 3 轮，约谈 344 人次。制作“一册”(西峰区地方税务局党风廉政建设主体责任和监督责任落实标准化建设实用手册)“两图”(主体责任链条式传导、倒逼式追责图，纪检组监督责任网络式覆盖、倒逼式追责图)四单(党组责任清单、局长责任清单、分管领导责任清单、纪检组监督责任清单)，“一汇编”(党纪条规汇编)，制定权责清单。制定《西峰区地方税务局兼职监察员管理办法》，将兼职监察员纳入纪检监察工作序列，加强对基层各单位的监督。

【税收队伍建设】 组织开展干部轮岗、交流。对19名分局、科(室)负责人进行交流调整,对23名一般干部进行轮岗调动。开展“传帮带”、“岗位大练兵、业务大比武”、“业务能手”考试、税务执法资格考试等活动。补充完善监督考核、机关卫生、业务接待、公务用车、请销假、责任追究等14项制度,制定《考勤签到制度》《会务议事制度》《诫勉谈话制度》等8项制度。参加“感知文明中国”学习社会主义核心价值观系列活动,上报国学作品10篇。开展“体验军旅生活,提升地税形象”军民“一家亲”慰问教育活动、“缅怀革命先烈,重温入党誓词”暨践行社会主义核心价值观教育活动、精准扶贫文化兴税西峰地税在行动等活动。编发税收信息107期,《甘肃地税周刊》采用28篇,《庆阳地方税务》采用26篇,陇东报采用7篇,庆阳市纪委采用2篇,西峰区委采用1篇。

【“双联”及精准扶贫】 开展“精准扶贫文化兴税西峰地税在行动”,在肖金镇左咀村现场为村民赠送书法绘画作品30幅。与左咀村委会及贫困户代表共同研究制定帮扶计划。成立由西峰区地税局、肖金镇政府、扶贫办、金融办、村委会组成的精准扶贫驻村工作队,长驻左咀村,结对帮扶49户贫困家庭。投资10万元,为左咀村贫困家庭送去化肥、地膜,资助村上购买割罐机、召开村民运动会,修建标准化卫生所等。协调资金新建左咀村综合服务中心和文化广场,改造危房11户,硬化道路11.9公里,修建大口窖60口,铺设农业滴水灌溉管道10公里,建成垃圾箱10个,铺设排污管道350米,自来水入户1家,建立果树示范基地300亩,中药材种植基地200亩,全膜双垄沟播玉米3000亩,发展规模养殖15户,养羊200只,种植紫花苜蓿80亩。成立左咀村农村产业发展资金专业合作社,为49户精准扶贫家庭每户提供贴息贷款5万元。

(李永红)

军民“一家亲”慰问活动现场

金融保险

金融

【金融扶贫】制定《西峰区关于推进精准扶贫小额信贷工作方案》《西峰区精准扶贫专项贷款工作实施方案》《西峰区农村产业发展资金合作社工作实施方案（试行）》《西峰区小额贷款保证保险试点工作实施细则》《西峰区利用兰州银行精准扶贫专项贷款资金管理细则》《西峰区农村产业发展资金合作社财务管理制度》《“金桥工程”贷款发放暂行管理办法》。

在西峰区100个行政村成立农村产业发展资金专业合作社，区、乡(镇)分别成立联社和分社。争取财政出资1150万元，为15个精准扶贫村合作社各注入资金20万元，其余85个村各注入资金10万元。动员社员入股10688户，入股资金811.6万元，社会各界捐赠资金260万元，合作社自有资金发放贷款626万元，利用合作社发放精准扶贫专项贷款1.7665亿元。由合作社运作的“金桥工程”贷款正式启动，上报贷款需求3.6亿元。

甘肃省下达精准扶贫专项贷款1.7665亿元任务全部发放到位，受益贫困户3533户，受益率100%，其中龙头企业、产业合作社贷款18户，1352万元，帮扶、带动农户417户，实现三个“确保”：确保所有贫困户贷款受益，确保每一个贫困户贷款达到5万元，确保三年任务一年完成。同时，完成精准扶贫大数据平台西峰区精准扶贫专项贷款数据录入和纠错工作。

【项目融资】重点项目申报审批融资授信额度13.94亿元，发放到位融资资金9.42亿元，支付8.8亿元。棚户区改造二期审批授信贷款10.08亿元(其中汽修厂片区2.29亿元，四中片区3.22亿元，家乐福片区4.57亿元)，发放到位3.4亿元。污泥处理、东区供热、地下综合管廊、棚户区改造等审批国开基金1.86亿元，发放到位0.44亿元。世纪大道延伸段等65个项目建设工程欠款审批贷款2亿元，全部发放到位。棚户区改造一期项目发放2.63亿元，土地收储项目发放0.3亿元，雨洪积蓄生态保塬工程项目发放0.65亿元。

归还项目融资债务资金7.584亿元，年末重点项目融资债务余额为23.4亿元。

【金融改革创新】成立西峰区融资担保有限公司和西峰区民间资本服务中心。融资担保有限公司注册资本5000万元，由财政全额出资。完成注册登记及资质认定手续办理，部分银行合作准入已核准，机构正常运营；民间资本服务中心由政府联合民营企业合作设立，完成工商注册登记，同步开展场地装修、人员招聘培训、网站设计等工作。开展小额信贷保证保险试点工作，与人保财险公司、瑞信村镇银行、信用联社签订“政银保”三方合作协议，一期确定2000万元的信贷计划。筛选上报11户企业的贷款申请，银行与保险公司在进行贷前调查和评审工作。建设银行推出“助保贷”新产品，推荐企业76户，促成4户企业获得“助保贷”资金1440万元。庆阳峥嵘文化公司登陆新三板，成为庆阳市首家上市企业。

加快中国银行“直属惠农点”和农行“四融”(融通、融智、融资、融商)网点建设，村级金融服务网点覆盖率100%。涉农贷款余额119.35亿元，增量76亿元。瑞信村镇银行百企千村万户项目发放贷款1.22亿元，受益农户1517户。金融机构增设服务网点26处、ATM终端服务设备100台。西峰区农村信用联社推进农村股份制商业银行改制，改制后的庆阳市农村商业银行挂牌运营，乡镇营业网点和村级便民服务终端覆盖率分别达到100%和42%。瑞信村镇银行发行银行借记卡，成为西北地区首家发行银联卡的村镇银行。2015年，金融机构人民币存款余额304.4亿元，贷款余额286.7亿元。

组织银企对接会议3次，通过摸底、论证、筛选，向兰州银行、甘肃银行等7家银行业金融机构推介企业300余户，为富山园林绿地、高原圣果沙棘、中庆等32户企业争取银行贷款2.94亿元。帮助北地红食品调味公司、华兴土特产公司等4户企业完成1.34亿元的到期贷款资金转贷，并追加贷款1000万元。2015年，金融机构中小微企业贷款余额44.47亿元。

【金融风险防控】完善部门联动工作机制，加大非法集资监测和防范处置力度，印发《西峰区金融风险事件应急处置预案》。配合政法委处置由肖金新丰泰农贸公司吸收社会资金事件引发的群众集体追讨事件，协助公安机关对相关责任人进行立案调查，对涉案企业的200多个账户进行了核查取证，对公司财务重新审计，对1000多名债权人进行债务核实。配合公安机关对汇丰典当行非法集资案件调查取证。

通过网络、报刊、电视、手机短信、微信等多种渠道就非法集资的操作模式、法律定性以及危害程度等进行广泛宣传。在城区各路段悬挂宣传横幅80余条，电视新闻报道12次，电视专题报道2期，电视滚动播放宣传标语及提示信息90条，报刊报道11篇，发布警示公告2期，发送手机短信12万条。利用和谐广场LED显示屏在人流高峰时段连续滚动播放宣传标语，并在乡镇街道、城区人流密集区多次设点宣传。通过西峰电视台对8家准金融机构进行了正面宣传报道。

采取报表监测和定期不定期现场检查相结合的方式，加大对小额贷款公司的监管力度，杜绝小贷公司的违规经营活动。聘请专业团队对25家小贷公司进行年审，对6家公司下发停业整顿通知，12家公司下发了限期整改通知，并对整改情况进行复查，对整改不力的2家小贷公司注销申报。协调争取4家小贷公司接入人行征信系统。

【项目建设】陇东汽车城项目：办理建设工程规划许可证、建筑工程设计方案核定通知书。建成项目一期园区内道路、绿化工程、汽车文化广场。东风日产、一汽丰田、东风标致、雪铁龙、福特、长城、柳州五宝、一汽大众、宝马9个4S店投入运营，广州本田、东风本田2个店主体全部建成，现代起亚店基础工程全部完成。车立方主体及供热、供电设施等地下工程全部完成。

陇东汽车城项目宝马4S店建设现场

福景家园项目：除外墙粉刷外，主体工程全部完成，地下车库完成工程量85%。委托财政评审中心完成室外配套设施及幼儿园预算编制。

(郭文财)

世行贷款甘肃庆阳城市基础设施建设项目

【项目采购】世行贷款甘肃庆阳城市基础设施建设项目采购合同包 21 个。其中：土建包 13 个，咨询服务包 5 个，设备包 3 个。

2015 年，完成招标采购 7 个。土建类项目 4 个。慢行交通综合整治项目建成；庆化大道中段改造项目两个标段完成综合管沟、雨污水管道，水稳层及首层油面铺筑，主车道已通车；古象路东延伸段开挖并浇筑综合管沟 662 米，雨水管线 946 米，敷设污水截留干管、首层油面 580 米，改建段临时通车。咨询服务类项目 3 个。分别为项目实施阶段咨询管理、交通管理调查研究及水资源管理调查研究，其中：交通管理调查研究报告取得世行不反对意见，水资源管理调查研究提交研究报告 4 个。设备包 1 个，办公设备采购配置到位。

进行招标采购 2 个。庆化大道南延伸段、北京大道北延伸段施工图设计、招标文件得到世行不反对意见，于 11 月发布招标公告，12 月 18 日开标，执行单位正在组织评标，其中庆化大道南延伸段评标报告上报世行审查。

【项目进展】2015 年，安定西路延伸段施工图得到世行有条件的不反对意见，正在履行国内审批和编制招标文件；东区污水处理厂项目编制完成施工图设计并报世行审查。庆化大道中段改造工程（分两个标段）完成综合管沟、雨污水管道，水稳层及首层油面铺筑，主车道已通车；古象路东延伸段开挖并浇筑综合管沟 662 米，雨水管线 946 米，敷设污水截留干管、首层油面 580 米，改建段已临时通车；慢行交通街巷综合整治项目已竣工。

古象路东延伸段临时通车

【资金管理】2015 年，完成提款报账 12 次，申请报账金额 5711.26 万元，财政厅回补资金 4599.98 万元。与甘肃省财政厅衔接沟通，通过转换支付方式，对工程类和非工程的支付款，先向省财政申请，再用回补资金进行支付，缓解内配资金的压力。配合甘肃省审计厅于 5 月 15 日至 26 日对世行贷款项目 2014 年度项目执行和财务收支情况进行审计，对审计中反馈的问题进行整改。配合财政部驻甘肃省财政监察专员办完成对庆阳世行项目执行情况和财务收支情况专项检查。配合平凉审计组对世行贷款项目进行稳增长、促改革、调结构、惠民生、防风险政策措施落实情况跟踪审计，对审计发现问题进行整改。

【培训学习】组织咨询公司相关专家分别就项目实施、财务管理、提款报账等方面对项目办和执行单位等方面对工作人员进行系统培训。组织咨询公司监理专家陈鸿达先生、合同与采购管理专家郑敏先生、征地拆迁移民专家高强教授，对世行项目区域范围内进行现场踏勘及资料查阅，对执行单位、监理公司、施工企业、各乡镇（街办）进行了专题培训，对慢行巷道工程、庆化大道中段工程、古象路工程对涉及到的项目变更提出建议。11 月，组织项目实施相关单位就城市公用设施运行维护能力、项目采购管理、政府部门机构强化等方面进行考察培训。

【综合协调】庆化大道中段、庆化大道南延伸段、北京大道北延伸段完成地面附属及房屋拆迁工作，东区污水处理厂签订协议 25 户、搬迁坟墓 13 穴，签订土地征用协议。安定西路西延伸项目启动征拆工作，进行丈量登记工作。拨付项目征拆费

世行代表团第五次项目督导检查启动会议会场

12191.7万元,(其中:西街办2430万元,后官寨乡630万元,彭原乡900万元,董志镇6431.7万元,温泉乡1800万元)。地面附属物及房屋拆迁补偿款兑现到农户。

完成移民安置、环境外监现场跟踪入户调查问卷,全程跟踪调查和督促落实施工环境管理计划,参加公众咨询会议,听取移民的意见与要求,解决拆迁安置过程中遇到的困难和问题,分别于3月、9月向世行提交移民、环境外部监测半年报。

【“双联”及精准扶贫】协助后官寨镇在孔塬村建立精准扶贫四位一体信息数据平台,对孔塬村35户贫困户发放扶贫专项贷款175万元,完成孔塬村宽带入户相关补助及设备发放、孔塬村幼儿园建设等重点帮扶项目的协调推进工作。自筹5万元,扶持孔塬村贫困户发展富民产业。与电力局衔接,完成刘岭村沟畎组农电网改造工程,拉设专线750米,受益农户147户。帮助刘岭村在刘岭组、中岭组、东岭组、西岭组、北岭组、南岭组新修5条、总长4千米砂石路。对刘岭村20户贫困户发放扶贫专项贷款100万元。11月,组织帮联干部入户开展互联网宽带入户调查,联合电信局向23户贫困户发放网费补助及手机。组织农民实用技术培训2次,培训相关人员240人(次)。

(金伟)

中国农业发展银行庆阳市西峰区支行

【银行资产】2015年银行总资产12.9亿元,总负债12.7亿元,所有者权益0.2亿元,各项存款余额6.6亿元,各项贷款余额12.9亿元,实现各项营业收入0.8亿元,利润0.2亿元。

【业务数据】2015年实现收入0.8万元,调查审批发放贷款32笔115504万元,收回贷款57笔71488万元,产生不良贷款1笔。国际结算业务137笔3152万美元;办理贸易融资1笔33万美元;办理结售汇业务130笔2953万美元。实现外汇收入15.9万元,其中:汇兑收入35.6万元,结算手续费收入1.69万元,国际贸易融资利息收入30万元。

【联村联户】支行帮联村为董志村,2015年,我行继续加大投入,捐赠办公桌两套、沙发两套、办公椅20把,购买科技书籍105本。每户购买化肥1袋,并购买农药1.05万元。资助养殖户每户300元兔笼款,落实每户1亩核桃2亩苹果树的栽植。

(李亚妮)

中国农业银行庆阳市西峰区支行

【银行资产】2015年底,总资产31.04亿元,总负债30.53亿元,所有者权益0.52亿元。各项存款余额30.07亿元,各项贷款余额23.07亿元,其中涉农贷款增加0.06亿元,余额0.09亿元,小微企业贷款余额17007万元;实现各项营业收入23495亿元,利润7241万元。净利润5171万元。

【业务数据】2015年,实现收入23495万元。绝对值303万元。储蓄存款余额净增211634万元。当年放款231笔,绝对值75530.5万元,其中涉农户贷款128笔732.5万元。小微企业贷款15笔,17290万元。不良贷款77笔,余额2259.8万元。

【联村联户】西峰支行对西峰区后官寨乡中心

村购置电脑一台，维修住房一户；精准扶贫户共10户捐助地膜、化肥等。

（魏立健）

庆阳农村商业银行股份有限公司

庆阳农村商业银行股份有限公司成立于2015年12月31日，是经中国银行业监督管理委员会批准成立的具有独立企业法人资格的地方性金融机构，是在原庆阳市西峰区农村信用合作联社的基础上组建的符合现代企业制度要求的股份制商业银行。

党委书记、董事长　　孙晓英
党委副书记、行长　　陈怀宁
党委委员、纪委书记、监事长　　王　琨
党委委员、副行长　　张虎林
党委委员、副行长　　刘志刚
党委委员、副行长　　米晓军
党委委员、工会主席　　乔通洲

【银行资产】2015年底，总资产594086万元，总负债515259万元，所有者权益78827万元，计提拨备8475万元。各项存款余额461337万元，各项贷款余额368648万元，其中涉农贷款增加53179万元，余额326722万元，小微企业贷款余额25125万元；实现各项营业收入41379万元，利润4941万元。

【业务概况】2015年，存款净增85977万元。当年放款10829笔266422万元，其中涉农户贷款9746笔227420万元。不良贷款余额12900万元。

【精准扶贫】筹资8万元修建了帮扶村广场围栏；筹资12万元对帮扶户李凤辉新建住房3间、伙房及杂物间2间共计面积120平方米；春节、“六一”儿童节期间对贫困户和帮扶村儿童进行了节日慰问。

（米晓军）

瑞信村镇银行

【银行简介】2015年底，总资产17.36亿元，总负债15.55亿元，所有者权益1.81亿元，各项存款余额9.79亿元，各项贷款余额11.71亿元，其中涉农贷款增加2.11亿元，余额9.62亿元，小微企业贷款余额1.85亿元。实现各项营业收入1.53亿元，利润总额3984.36万元，净利润3324.05万元。

【业务数据】2015年，实现收入1.53亿元，同比增加0.29亿元，各项存款余额9.79亿元。全年累放贷款12.43亿元，支持了78户小微企业、3520个农户。其中，涉农贷款增加2.11亿元，余额达到9.62亿元；小微企业贷款余额1.85亿元；不良贷款余额2486.52万元。实现利润总额3984.36万元，净利润3324.05万元。

【联村联户】2015年，以“百企千村万户”支农助微活动为抓手，以评级授信为基础，调整贷款投向，优化信贷结构，创新支农模式，业务转型发展取得了显著成效。完成了28个村组、22户企业、1611户农户的评级授信工作，授信额度达到1.4亿元，发放惠农宝贷款1.1亿元，初步实现了支农责任增强、信贷结构优化的成效，得到了农户普遍认同、村组干部密切配合和党政部门高度重视，赢得了社会各界的一致好评。

（齐宗斐）

人寿保险

2015年，中国人寿保险股份有限公司庆阳市西峰区支公司总保费收入10289.98万元，占庆阳分公司总保费收入的26.89%。其中，首年期交保费收入1636.6万元，10年期及以上保费收入1058.4万元，长期险首年标准保费收入949.48万元，续期保费8466.79万元；短期险总保费收入186.59万元，其中意外险保费收入 69.95 万元，健康险保费收入 116.64 万元。死、伤、医、赔给付累计 675.93 万元；满期给付 123 万元；年金给付 28.56 万元；退保金 5.32 万元。

(李芳)

财产保险

2015 年，营业部坚持实施“突出一条主线，坚守两个阵地，狠抓四个渠道”的“124”工程，主抓团队建设，以团队的发展壮大、业务的快速增长，推动总体业务持续、快速、健康发展。公司月平均增幅达到 23.49%，全年共实现保费收入 7443.94 万元，完成计划任务 9107.93 万元的 80.6%，全年业务累计增长 -10.72%，应收保费清零，简单赔付率 55.64%，同比减少 12.68 个百分点，实现利润 2622.75 万元，完成利润计划的 139.19%，利润增长率 184.76%。

认真践行群众路线教育实践活动，组织全体员工赴华池南梁，以“弘扬南梁精神，践行群众路线教育”为主题，开展了“红色革命教育”学习实践活动，通过重走红军路、重扬革命魂、重温入党誓词，接受了革命传统再教育，把全员思想统一到加强管理、合规经营、提高工作效率上来。在费用的管控上量入为出，尽可能减少费用开支，把有限的财务资源用足用活。每月对团队费用发文通知，使各团队对自己的费用做到心中有数。团队今年减少租赁办公用房近 1000 平方米，节省 100 万元。

(王君芳)

古道遗址　　摄影：刘小智

社会管理

人力资源和社会保障

【就业创业】围绕“实现就业，稳定就业”的主题，开展就业援助月、“春风行动2015”大型招聘会等活动。创建新的创业孵化基地，开展农村劳动力技能培训和创业培训。完成城镇新增就业14108人，就业技能培训2460人，创业培训467人，职业技能鉴定人数4031人，岗位技能提升培训150人，劳务输转6.03万人，创劳务收入11.39亿元，安置2015省民生实事就业项目123人；举办大型人力资源招聘会16(场)次，共有534家企业提供就业岗位8000多个，15000余人(次)进场求职，达成就业意向4000余人，并完成2015年非公对接200名高校毕业生就业任务。建成创业园区4处，西峰区生态农业创业园、西峰区设施蔬菜基地创业园、西峰区电子商务创业园、西峰区民俗文化产业创业园，待建1处(天富亿创业园)。为外出务工人员免费发放《农民工维权手册》《劳动保障知识读本》8000余本，提供就业信息4000多条，接受咨询8000多人次。

【社会保障】实施全民参保登记计划试点，机关事业单位养老保险并轨工作，推进建筑业等高风险行业参加工伤保险，制定印发《西峰区全民参保登记试点工作实施方案》《西峰区城乡居民基本养老保险工作实施方案》和《西峰区建筑业参加工伤保险专项扩面行动方案》。为2047名企业退休人员按照标准完成基本养老金的调整，人均月增加216.85元，养老金标准由调整前的人均每月1918.46元增加到2135.32元；为77名“五七工、家属工”完成2015年养老金调整，由调整前人均月养老金821.81元增加到941.22元，人均月增加114.42元。稽核市内异地参保对象住院费用，全年异地协查780例，市内稽核768例(其中：外伤调查230例，床头稽核538例)，查处虚假违规票据4份，涉嫌金额近19.6万元。

【人事人才】推进公务员分类管理制度改革、公务员职务与职级并行等工作，为缺编的部分公务员单位面向社会公开招录公务员，完成全市公安派出所公开选拔人民警察工作。对卫生、教育、农牧系统等50余家单位符合条件的388名专业技术人员进行认等、备案；调整教育、卫生、文广系统50个单位岗位结构比例。落实各项人才配置计划，按期完成领军人才期满考核和管理服务工作。

【劳动保障监察】开展“春暖行动”“整顿人力资源市场专项行动”“劳动合同签订情况”等专项检查活动10余次，检查用人单位210余户，涉及劳动者15000余人，补签订劳动合同6000余份。受理拖欠农民工欠资投诉举报案件290余起，涉及农民工2500余人，帮助索回农民工工资3600余万元。收到劳动争议案件43件，立案处理的劳动争议43件，涉及劳动者88人，涉案金额364万余元。

【党风廉政建设】在人社系统窗口业务办理实行“五公开”(服务内容公开、办事程序公开、申报材料公开、承诺时限公开、办理情况公开,)、服务保障做到“五方便”(业务办理方便、信息查询方便、业务对接方便、休息等候方便、举报投诉方便。),严格执行“首问责任制”“一次性告知制”“限期办结制”“离岗告示制”,积极推行“四个一”服务法(一张笑脸相迎、一把椅子让座、一杯清茶暖心、一腔热情办事),促进行政服务优质高效,展现人社局窗口工作人员良好的精神面貌和优质服务。

庆阳市人力资源和社会保障局领导检查人社服务窗口

【“双联”及精准扶贫】贯彻省市区脱贫致富会议精神,制定出台《西峰区精准扶贫劳动力培训输转工作方案》,按期完成精准培训建档立卡、培训实名制台账和大数据平台劳动力培训板块建设,在贫困村制定“时间表”和“作战图”,实施“挂图作业”,全年完成精准扶贫劳动力培训全覆盖4306人。多次深入帮扶村彭原镇顾咀村、后官寨镇赵咀村对帮扶内容开展征求意见,制定帮扶计划和措施。投资3.65万元维修村部。完成农机深松整地2983亩,新栽植连片果园120亩,新建200吨果树气调库1座,硬化黄庄、顾咀、西庄3公里村道,表油0.9公里,完成36户农户异地扶贫搬迁。完成精准扶贫贷款27户135万元。完成危房改造16户,为23户贫困户发放智能手机,让贫困家庭了解和掌握更多的技术和致富信息。

(朱彦虎)

民政工作

【城乡社会救助】城乡低保。开展城市低保集中核查和农村低保清查整治活动,修订《西峰区城市居民最低生活保障工作实施细则》等制度9项,落实“八集中”(集中申请、集中核对、集中调查、集中评议、集中公示、集中审批、集中发放和集中回访)工作程序,核查回访5194户,核停104户235人。完成城乡低保提标为民办实事任务,城市低保标准由月324元提高到356元,农村低保经过两次提标,保障标准由年2434元提高到3300元。批准城市低保对象5379户13527人,放保障资金4288万元;批准农村低保对象3973户12769人,发放保障资金2330万元。专项救助。按照城市低保对象每人20元、农村低保一类保障对象每人120元、二类保障对象每人36元、三类和四类保障对象每人18元、五保供养对象每人120元的标准,为2.7万名救助对象代缴参保参合资金83.4万元,资助参保参合率达到100%。为868名城乡医疗救助对象发放救助资金458.4万元,为180名重特大疾病患者发放救助资金100万元。发放临时救助资金180.8万元,救助困难群众2445人次。为1012户城乡特困家庭发放临时生活实物救助42.87万元。五保供养。开展敬老院等级评定和法人登记工作,集中供养标准由年3310元提高到4314元,分散供养标准由年3110元提高到4114元。批准农村五保供养对象742户760人,其中集中供养129户122人,分散供养633户638人,发放供养资金319.6万元。为全区460名农村特困供养对象每人发放价值300元的过冬棉衣一套、棉鞋一双,共计13.8万元。

【防灾减灾救灾】遭受风雹、洪涝、干旱等灾害侵袭,全区累计9882户50712人不同程度受灾,农作物受灾面积达16497.7公顷,其中成灾面积15613.5公顷,绝收面积884.2公顷,倒塌房屋5

间、损坏房屋 194 间，造成直接经济损失 9440.65 万元，其中农业经济损失 9063.95，基础设施损失 211 万，家庭财产损失 165.7 万元。多次深入湫沟、米堡、文安等村及时走访调查受灾情况，制定救助安置方案，紧急调拨帐篷 20 顶，转移安置 106 人。修订完善区、乡、村三级自然灾害救助应急预案 126 个，组织培训村级灾害信息员 125 名。建成西峰区救灾物资储备库，制定《西峰区救灾物资储备管理办法》，购置救灾物资 9 类 1015 件(套)，并焊制救灾物资专用搬运架；采用合同定、点方式储备足量的食品、饮水、砂石、木料等应急物资，满足防汛需求。下拨春荒冬令资金 280 万元，保障受灾群众基本的生产生活。

【双拥优抚安置】发放《致退役士兵的一封信》1000 多份，制作大型宣传牌 4 面、双拥工作专题片一部，在岐黄大道军民共建一条街，悬挂宣传牌 700 面，并在南李烈士陵园开展烈士纪念活动。在董志镇、温泉镇、什社乡、东湖社区和育才路社区建立"拥军工作站"，在董志敬老院、彭原敬老院和东方职业技术学校建立军民共建点。春节期间，慰问驻峰部队 5 个、优抚对象 34 名，发放慰问金 8.2 万元。为全区 1860 名优抚对象及时发放抚恤补助资金 777.1 万元，为 2014 年退伍的 150 名自主就业退役士兵发放兵役优待补助金 555.6 万元。研究制定参战参试人员补助政策，拟为全区 435 名参战参试退役人员每人每年发放门诊药费 600 元，并为 388 名农村籍参战参试退役人员每人每年代缴新型农村合作医疗费 130 元，为 60 周岁以下农村籍参战参试退役人员每人每年代缴农村社会养老保险 100 元。完成 9 名待安置城镇退役士兵的档案审核移交工作，在事业单位安置上年度符合条件退伍及转业士官 62 人，并对 109 名自主就业退役士兵开展职业教育和技能培训。考察上报"扶创"对象 72 户，完成全区 110 名新增 60 周岁以上农村籍退伍军人的资料扫描、录入及 4 名伤残人民警察的换证工作，接收退役义务兵 78 人。

西峰区民政局局长马进霄建军节慰问退伍军人张义忠

【基层政权建设】修订村民自治章程、村务公开目录和村规民约 300 多份，完善村(居)监委会制度 115 条。坚持推行"四议两公开"工作法，探索建立民主议事、民情恳谈、社区听证、社区评议等对话机制，开展社区民主活动 50 余场次。编制《西峰区街道设置暨社区规划》，明确社区建设指导思想、目标任务、措施要求。积极配合组织部和南、北街办，通过新建、改扩建等方式对原有的 15 个社区进行全面升级改造。探索建立"四位一体"(社区党组织抓党建、社区居委会抓自治、社区事务服务中心抓服务、居民监督委员会抓监督)管理模式，深入推行社区事项"五件式"(办件、限时件、承诺件、补办件、建议件)办理方式，开展"三维数字社会管理服务平台"建设，实现社区管理的科学化、信息化和社区服务的零距离、全覆盖。

【社会事务管理】养老服务。制定《关于加快推进养老服务业发展的实施意见》，开展居家养老服务网络平台建设试点，纳入老年服务对象 3488 名，建成居家养老服务试点社区示范店 6 个，确定加盟企业 24 家，提供免费服务 13 项。殡葬管理。制定《关于进一步深化殡葬改革加强殡葬管理的实施意见》，印发《西峰区乱建乱埋乱销售坟墓专项整治工作实施方案》，安排专人对全区 25 处公墓、89 处安葬区开展执法检查，并邀请市土地资源勘测局对区内所有公墓进行重新勘测定界，规划确定公墓及安葬区 301 处。婚姻登记。创建全国 AAA 级婚姻登记

地名普查什社乡宣传现场

机关，7万多份婚姻资料实现纸质和电子双套管理。办理结婚登记3382对，离婚登记835对。孤残儿童保障。为163名孤儿发放生活费103.38万元，组织56名先心病患儿集中进行免费检查。年内慰问孤残儿童50人、资助贫困优秀大学生47人、救助流浪乞讨人员12人，累计发放救助资金15.2万元。社会组织管理。出台《关于进一步培育发展和规范管理我区社会组织实施意见》，培育城乡基层社会组织98个，开展全区社会组织评估工作，评出AAAA级社会组织1家，AAA级社会组织2家。开展2014年年度检查，年度参检率达到95%。新建社会组织党组织12个，社会组织党的工作覆盖面达到100%。全国地名普查。修订工作制度五项，印发规程资料150多册，召开专题会议3次，举办专业培训4次，组织专家授课2次，全区受训人员达到300多人次，指导培训覆盖面达到100%。精简前期地名调查目录6700多条，确定有价值的地名调查目录4210条，实地踏勘地名700多条。

【作风能力建设】队伍建设。定期组织民政工作检查和调研，扎实开展"干部作风大整顿"及"效能风暴"活动，制定实施方案，召开部署会议。在区、乡民政系统开展业务知识培训、业务知识竞赛、干部职工运动会等活动，强化民政宣传和信访工作，全年报送各类民政信息50余期，接处信访案件26件，接待来访群众560多人次。廉政建设。强化"两个责任"，绘制"三图三表"（党风廉政建设主体责任链条式传导倒逼式追责图、监督责任网格式覆盖倒逼式追责图、权力运行流程图、主体责任分解表、监督责任分解表、权力清单），明确主体责任9项12条，落实监督责任5项15条，厘清行政权力3类24条。以深入开展"三严三实"教育活动为契机，全面建章整制，新建制度3类19项，修订制度4类46项。加强对低保、救灾、优抚等民政资金的监管，建立民政统计台帐，完成专项资金的内审。精准扶贫。协调为老山、湫沟两村整修村道5.5公里，改造农电网26公里。组织两村群众代表26人赴杨凌、泾阳学习设施蔬菜、规模养殖的先进经验。落实精准扶贫"1+20"实施方案及军令状确定的各项任务，对接贫困对象88户，落实增收项目156项。建成贫困村老年人日间照料中心15处，救助贫困村因病、因学、因灾困难群众52人，发放救助资金4.2万元。

（王立军）

老龄工作

2015年，西峰区60岁以上老年人口4.19万人，其中城市老人1.03万人，农村老人3.12万人，失能老人1281人，空巢老人15894人。

【老龄宣传】"敬老宣传月"对西峰区41名生活困难老人发放救助金20500元；协调处理老人赡养、财产、再婚等方面矛盾纠纷13起。帮助彭原镇

"重阳节"开展"孝亲敬老"宣讲活动

芦渠村一位双腿残疾，生活不能自理的老人打扫卫生，整理内务，并给老人买了米面油、挂面和馒头，以及内衣内裤、棉衣棉裤和鞋袜被褥，解决了老人衣食问题，并与民政局、彭原镇敬老院衔接，为老人办理了入住彭原镇敬老院的相关手续。组织全国孝亲敬老模范文存科、老有所为先进个人司林枫，巡回乡村作“孝亲敬老”报告会，老人节期间老山村、文安村、彰水村等17个村委会举办“孝亲敬老”表彰奖励活动。

【老年人保障】 制定出台《西峰区进一步提高老年优待工作的意见》《关于下发西峰区老龄委成员单位工作职责的通知》《西峰区开展“敬老文明号”创建活动的实施方案》。落实65岁以上老年人免费乘坐公交车的政策，并为老年人办理免费乘坐公交IC卡，65岁以上老年人实行公厕免费。老年群体组织的各类文体活动所用场地费实行减半收取，体育馆、公园、博物馆、图书馆一律免费为老年人开放。市、区医院设立老年优待窗口，持《老年优待证》的老年人优先救诊、取药、住院，门诊挂号免费，70岁、80岁、90岁以上的老年人住院费报销比例分别提高10%、20%、30%的报销比例。6月，组织65岁以上老年人进行免费体检，建立健康档案。推行养老保险制度，凡60岁以上的老人每月可以领到60元的养老金，并把真正生活困难的3720名老年人纳入最低生活保障范围，发放保障金786万元。

【老龄信访】 制定《西峰区老龄办信访接待工作制度》，接待老年人来信来访23人（次），处理涉老矛盾纠纷案件19期，申请法律援助4件。

【看望慰问】 春节期间，看望慰问困难高龄老人33户，发放慰问金1.8万元。“老人节”期间，看望慰问特困老人40户，发放慰问金2万元。12月，元旦前期，看望慰问特困老人72户，发放慰问金3.6万元。12月，慰问“双联”户及精准扶贫户11户，发放慰问金5500元。

【新型养老服务体系】 建成城乡社区老人日间照料中心16处。居家养老便民服务中心设文化活动室、图书阅览室、心理咨询室、日间休息室。拟定《西峰区开展居家养老服务网络平台建设的试点方案》，按照社会救助与适度普惠的原则，根据老年人的年龄、体力状况、收入情况，将居家养老服务对象划分为特惠类(A)、补贴类(B)、普惠类(C)三种类型，不同类型分等级享受政府购买服务，并给予不同标准的服务补贴，其中A类对象为“三无老人”，每人每年享受政府补贴标准为700元，并实行“三定一包”责任制，即定护理人员、定护理时间、定护理内容，一人承包一个老人的服务；B类对象为低保老人和重点优抚对象，每人每年享受政府补贴的标准为500元，确保生活困难老人得到临时救助，生活有保障；开通“12349”作为服务热线，为老人配发居家养老服务专用手机，组织普惠类老人走出家门，到社区居家养老综合服务点，开展体育健身、文化娱乐、医疗保健等活动。

“居家养老服务中心”家庭护理员上门为老年人讲解“居家养老专用机”的使用

【丰富老年人的文化生活】 在街道社区、乡镇村组、敬老院举办5次老年趣味运动会、3次老年歌舞比赛、1次老年书画展，丰富老年人的精神文化生活。第十二届庆阳端午香包民俗文化节上，组织老年书法、绘画、摄影、剪纸、手工制作等艺术作品参加展出，西峰区中老年健身艺术团、红叶艺术团、俏夕阳艺术团等6个艺术团参加公益演出活动。老人节举办老年文化周活动，组织红太阳艺术团、巧儿艺术团、红叶艺术团、夕阳红艺术团在庆阳市政府礼堂举行庆“重阳”红歌晚会。

【“双联”及精准扶贫】制订年度帮扶计划及长期驻村蹲点责任制，每周保证一名干部进驻肖金镇老山村，宣传政策、调查研究、反映民意、疏导情绪、促进发展。干部职工撰写关于怎样做好群众工作、如何搞好扶贫工作、农村留守老人的生活状况等调研报告6篇，并根据农时季节，发动职工捐款1500元，购买化肥、地膜等农用物资，为贫困户解决春耕生产资金短缺的问题。

开展政策法规宣传10余期，举办实用技术培训班3期，输出劳务10余人次，平均每户劳务增收8000元；动员各贫困户发展种养殖业，协调调配良种，帮助每户申请扶贫补助9130元扶持产业起步；为5户贫困户申报扶贫贷款共计14万元。帮助邵正儒规划设计羊舍、猪舍和草料房，建成标准化羊舍1栋、猪舍1栋、草料房2间，养羊20只、养猪60头。6贫困户现已有4户达到预脱贫收入标准，年收入平均增长10%左右。

对肖金镇老山村李四军等6户贫困户的惠农资金发放、危房改造、农村饮水、教育以及富民产业发展等情况进行详细调查，完成建档立卡贫困户信息采集工作。协调为贫困户李四军、邵正儒家，分别争取民政临时救助金1000元、2000元。

（周鼎）

扶贫开发

西峰区是全省17个插花型贫困县(区)之一。全区辖7个乡镇3个街办，100个行政村，总人口37.25万人，其中农业人口25.9万人。2013年底，全区有贫困村15个、贫困户4619户、贫困人口1.8328万人，贫困发生率为7.13%；2014年，减少贫困人口4400人，贫困发生率为5.39%；2015年，3259户、1.29万人实现脱贫，贫困发生率下降到0.38%。精准扶贫工作开展以来，西峰区坚持把精准扶贫作为最大政治任务和头号民生工程，锁定整区脱贫与小康建设同步走的工作定位，创新“5341”工作标杆，高点定位谋划，精准施策发力，以全市首善之区应有之态，高标准、满分值完成了整区脱贫摘帽任务。

【精准识别】把建档立卡作为精准扶贫最基础工作，组织市区乡村四级8支工作力量，对7个乡镇、100个行政村、5.7万农户，采取一算、二看、三查、四问、五听“五步走”层层过筛、细致摸排。采用熟人社会、因素比较、典型特征、收入测算等方法，通过“三对面、三签字、两评议、两公示、一公告”的程序，实行四级签字审核制，最终认定贫困人口3533户1.39万人，完成贫困人口建档立卡工作。统计、组织等14个行业部门，对照村级17项指标进行加权求值综合排序，通过纵向倒排法科学筛选出15个贫困村，确保评选公开公平公正。在全市创立村级“九有”(有扶贫规划、脱贫计划、扶贫工作台账、县级领导联系、驻村扶贫工作队帮扶、龙头企业或合作社带动、科技人员指导、金融网点覆盖、精准扶贫“作战图”)、户级“六有”(有帮扶计划、脱贫措施、增收项目、扶持资金、帮扶干部、基础台账)基础资料规范，成功筹备召开全市精准扶贫现场会，印发精准扶贫资料汇编，在兄弟县区得到推广应用。组织7个乡镇、十大行业部门四个业务骨干，抓大数据平台建设，围绕惠农政策等11个方面，通过采取专题培训，统一口径、规范流程，乡级采集推行五级审核等措施圆满完成信息采集任务，实现了“六个一批”、对象调整、户措施质量等7个方面以满分的成绩位居全省、全市第一。按照全省脱贫攻坚“853”挂图作业要求，对建档立卡工作全面“回头看”，进一步规范完善档案资料，做到了纸质档案、电子档案与实际情况“三统一”。

【精准帮扶】全省精准扶贫动员大会之后，西峰区及时学习传达，精心研究部署，以超常规的力度、超常规的举措，高起点谋划、高标准推进、高效率落实。专项扶贫。一是完成财政专项扶贫项目资金争取。年内共争取到省市财政专项扶贫资金2004万元，占计划800万元的304%，其中省一批财政1046万元、省二批财政129万元、市级财政373万元、易地扶贫搬迁项目资金456万元。二是完成以整村推进为主的财政专项扶贫项目。年内实施整村推进项目3个，完成投资450万元；非整村推进村基础设施建设项目完成投资544.4万元、增收致富产业培育项目完成投资675.6万元、科技扶贫项目完成投资102.9万元、两后生培训完成投资90万元、旅游扶贫项目完成投资200万元、贫困户卫生厕所建设完成投资40万元、贫困户互联网建设完成投资9万元，同时落实互助资金110万元、贷款贴息101万元。三是易地扶贫搬迁项目建设有效推进。抓好2014年易地扶贫搬迁续建项目建设，协调流转建 设用地151亩，建成住宅工程78户。抓好2015年项目启动实施，在什社乡新庄村、什丰村、永丰村3个安置点按期开工建成住宅46户。四是金融支持精准扶贫成效明显。一方面继续抓好以"一体系四保障"为模式的国开行1000万元扶贫贷款管理工作，推广参与式扶贫理念，落实"143"技术到户及"两议一监督"民主管理新机制，帮助贫困群众培育增收致富产业，按期向国开行清还了贷款本息。配合区金融办等部门开展小额信贷扶贫工作，

西峰区整区脱贫誓师大会

完成5个乡2个镇全部贷款户资格审查，争取落实精准扶贫贷款资金共1.76亿元。以15个贫困村为重点，争取落实互助资金260万元，其中省级资金110万元，区级配套资金150万元，累计组建村扶贫互助协会35个，实现互助资金贫困村全覆盖。加强管理技术培训，与乡村签订互助资金目标管理责任书。行业扶贫。筹备召开全区扶贫攻坚大会、全区整区脱贫誓师大会，签订联村县级领导、行业部门、乡镇、贫困村4个层面军令状54份，协助编制"1+20"实施方案，靠实区、乡、村、双联单位四级工作责任。严格落实行业扶贫工作月报通报制度。着眼打通服务群众"最后一公里"，按照帮扶需求清单，由联村县级领导逐村主持召开现场办公会，发改、财政等职能部门当面会商，以小康的标准定计划、拿方案、提意见，全力以赴确保快速度、高质量完成各项基础设施建设和公共服务配套任务，整体上比省市验收标准高出一个台阶。具体工作中，积极整合各类资金3.4亿元，实行以交通大会战为牵引，水、电、路、田、房"五位一体"推进，科、教、文、卫、体"五指齐抓"，全区所有村都达到了安全饮水、动力电通组、安全住房、硬化道路通组、高标准农田、公立幼儿园、标准化卫生室、文化广场、宽带入户、卫生厕所、便民服务和老年人日间照料中心"十二个全覆盖"。社会扶贫。创新扶贫开发社会参与机制，广泛动员社会各界力量积极参与精准扶贫工作。一是企业援助。积极牵线搭桥，使每个村都有一个或几个企业挂钩帮扶。长庆油田、中庆公司等区内5个大型知名企业累计投入1600多万元，在董志镇廖坳等4个村建成"标准化企业示范基地"3处；区工商联、企业家协会结对帮扶贫困户200多户，形成了企业反哺农业、企业职工联系贫困户、社会各界力量共同参与的扶贫工作新格局。二是代表委员帮带。在全区各级人大代表和政协委员中，深入开展"1+1"献爱心活动(1名人大代表或政协委

员与1个帮扶对象实行一对一长期帮扶），重点为贫困学生、特困家庭、失独家庭等各类特困群众，在学习和生产生活上给予帮助。西峰区政协连心桥帮扶协会45名政协委员，共同出资150万元，在蒲河中游建成跨河吊桥1座，解决了沿河近千名群众出行难题。三是爱心资助。市、区两级30多名人大代表积极筹资举办社会救助文艺晚会，现场捐资100多万元，全部用于精准扶贫。回乡创业大学生毛国强积极与上海虹桥爱心志愿者协会联姻，主动帮联显胜铁楼等5个村的32个贫困户，在这一协会的带动下，全区发展“爱心大嫂”“爱心小红帽”等各类社会性公益组织16个，为精准扶贫注入新活力。

【精准管理】通过不断建立完善贫困户、贫困村两个动态化信息管理系统和扶贫信息管理平台，使每户建立收支台账、每村建立攻坚台账，以此对村、户帮扶措施、帮扶效果进行检测评估，加强互联互通、信息共享，扶贫对象及攻坚重点进一步精准。把建立村级扶贫项目库作为落实精准扶贫措施的关键环节来抓，制定落实方案。坚持项目库的严肃性，凡实施项目必须在库中筛选，否则不予立项。同时，以大数据平台信息建设为总纲，创新建立了精准扶贫网格化管理、微信公众服务、二维码精准识别、手机信息推送“四大平台”，为贫困户发放智能手机2562部，实现了扶持对象查询追踪“可视化”，帮扶措施和帮扶成效考评“明细化”。

【精准考核】把精准考评作为检验工作成效的度量衡，制定出台了《扶贫攻坚工作业绩考评办法》和整区脱贫责任落实督查考核18条标准，将精准扶贫纳入目标管理综合考核之列，所占分值50%。坚持精准扶贫周调度、旬汇报、月通报制。定期组织开展精准扶贫工作“回头看”，全面查缺补漏，及时建立台账，逐条逐项整改。针对一些工作滞后的问题，区委召开约谈会3次，先后约谈乡镇部门一把手28人(次)，并严格实行“两个硬淘汰”，对影响精准扶贫工作的7个乡镇党委书记中淘汰最后一名，25个职能部门一把手中淘汰最后一名，通过严格的问责倒逼精准扶贫各项任务抓落实、干到位。

甘肃省贫困县党政领导班子和党政正职2015年度经济社会发展实绩考核西峰区汇报会

【宣传培训】在全市率先编印扶贫开发工作培训资料、习近平总书记关于扶贫开发工作系列讲话以及扶贫领域违规典型案例汇编。组织对各乡镇分管领导、扶贫专干、100个行政村支书、帮扶部门分管领导和驻村工作人员开展培训6场(次)，培训人员2000人。印制宣传画册、简明读本20000册、精准扶贫120问5000本、悬挂横幅20余条、发放宣传单5000张和农业技能培训资料1000册，开展“扶贫日”宣传活动，确保每个贫困户、每个帮联干部都能及时了解掌握中央、省市区扶贫政策。积极向各类新闻媒体报送工作信息252条，其中省级以上媒体采用73条、市级媒体采用95条、区级媒体采用84条，全年接受省、市区媒体采访10次，精准扶贫好做法、好经验得到广泛宣传。

（肖鉴-真）

社会事业

教育

2015年，西峰区有各级各类学校197所，其中幼儿园69所，小学104所，独立初中11所，九年一贯制学校3所，完全中学2所，独立高中3所，中等职业学校5所。在校学生69176人，其中幼儿园18758人，小学28144人，初中10583人，普通高中7006人，中等职业学校4685人。教职工5879人，其中专任教师5601人，专任教师中幼儿园1307人，小学2022人，初中1143人，普通高中755人，中等职业学校374人。

【学前教育】学前教育三年入园率达到86.55%，两年入园率达到95.42%，一年入园率达到98.1%。

【义务教育】小学适龄儿童入学率100%，小学毕业生升学率100%，初中三年巩固率97.24%。初中毕业生升入高中阶段升学率93.5%。

【普通高中教育】普通高中招生2331人，高中阶段毛入学率（含升入普通高中、中等职业学校）93.5%。普通高中高考报名总人数为4070人，其中文史类1136人、理工类1352人、体育类70人、艺术文932人、艺术理48人、三校生532人。二本及以上进线率38.48%。总进线率95.12%，较上年升高7.94%。二本及以上录取率41.98%，较上年升高8.08%。

西峰区高考备考工作推进会

【职成教育】职业学校招生1453人，毕业生1744人，毕业生就业率46.9%。毕业生升学参加考试人数532人，录取218人。社会人员参加自学考试186人，完成农村劳动力转移培训约1.1万多人，其中“两后生”培训1500人。引导性培训1700人，技能性培训4300人，转移后培训3600人，就业人数7400人，就业率40.3%。2015年，共组织300多名贫困家庭“两后生”接受了免费职业教育。积极开展科技入户工程，编印发放《农民种（养）植实用技术选编》9000册。聘请10名专家和15名优秀科技特派员赴7个乡镇15个精准扶贫村开展农业技能培训。

【民办教育】共有民办学校123所，其中幼儿园59所，培训班59所，职业学校3所，民办高中2所；在校学生19537人，其中幼儿园10976人，培训班4100人，职业学校2817人，民办高中1644人；教职工826人，其中幼儿园436人，培训班164人，职业学校112人，民办高中114人。

【队伍建设】为城区缺员学校补充教师46名，为西峰职专选招2名艺术设计专业教师，完成了44名农村幼儿园教师的录取工作，并安置上岗。小学专任教师学历合格率100%，大专以上学历占80.6%；初中专任教师学历合格率100%，本科以上学历占74.5%；普通高中专任教师学历合格率88.9%；中等职业学校专任教师学历合格率为92.3%，有87名双师型教师。生师比小学12.6∶1，初中8.9∶1，普通高中16.7∶1，中等职业学校17.3∶1。委托陇东学院，以敬业爱岗为主题对新入职的100名乡村幼儿园教师进行了专业提升培训；委托西北师范大学网络中心，对全区4332名中小学校长、专任教师进行了信息技术能力提升工程培训。通过国培、省培、市培、区培，专任教师受训面超过了90%。组织城区小学与8个乡镇学区结成帮扶对子，开展交流活动12期，参与教师24人。

西峰区区委书记张志兼一行慰问贫困教师

【艺术教育】2015年，举办全区第三届中小学生运动会，庆"六一"表彰奖励暨"童心追梦"文艺演出，"弘扬南梁精神，践行核心价值观，纪念毛泽东《在延安文艺座谈会上的讲话》发表73周年暨千名师生经典诵读汉字书写大会"活动，参加了全省第五届中小学艺术展演。庆阳三中、黄官寨实验学校、肖金小学荣获全省快乐校园示范校称号。团结小学、温泉齐楼初中荣获全国体育示范学校称号。彭原初中被确定为全省乡村学校少年宫。庆阳四中被确定为全国校园足球示范学校。庆阳二中、庆阳三中被评定为省级语言文字示范校。

【办学条件】2015年，全区基本建设投资12658.5万元，新建校舍49723万平方米。校舍总建筑面积477599万平方米，生均建筑面积小学6.99平方米，初中18.7平方米，普通高中15.1平方米，中等职业学校42.2平方米。以"全面改薄"和"教育精准扶贫"工作为契机，共争取到国省市投专项资金10085万元，实施教育基建项目36个，总投资5.27亿元，总面积23.4万平方米。按照国家义务教育均衡发展评估验收要求，投资2000多万元，为32所学校配备心理保健室；为农村中小学购置办公桌椅1300套，教师公寓床1500张；为新建的14所农村公办幼儿园铺设草坪、安装监控、配备音乐教学设施；为建办的齐家楼、顾咀区域中心校和中街幼儿园大什字分园配备了办公、教学、餐饮设施和玩教具；为中小学配备"班班通"100套。

【教学改革】在全区中小学、幼儿园各学科教师中遴选、聘请了部分优秀教师担任区级兼职教研员。表彰奖励了11个名师工作室和19名首届"名师讲师团"优秀成员，讲师团成员开展各类培训活动60多场次。开展"一师一优课，一课一名师"活动，3882名教师参与了晒课。组织开展了学前教育论坛、"黄土大塬"读书沙龙、"做卓越校长，创现代学校"中小学校长读书心得分享活动。20名教师参加了庆阳市第二届"适学课堂"观摩研讨会暨全市名师工作室经验交流会。

国家县域义务教育均衡发展评估认定西峰区汇报会

【教育管理】坚持“三会一课”制度，实行“四式”管理，完善“四签”制度，细化“三表”明责，形成一级抓一级、层层抓落实，横向到边、纵向到底的工作格局。对涉及人、财、物的重点岗位和专项资金进行了专项监查审计，完成审计38项，提高了履行主体责任和监督责任的系统性和实效性。开展了“五项专项整治”干部作风大整顿活动。修订完善了《西峰区中小学招生工作方案》，严格执行“划片招生、免试直升、就近入学”的规定，实行阳光招生。开展大型防震应急疏散、火灾逃生、食品安全事故应急等各种演练活动10场次。召开各类安全常识家长会、隐患排查整改推进会、安全知识培训讲座等大型会议34场次。

【科学技术】全年申报专利238件，授权102件，其中发明18件，实用新型56件，外观设计28

2015年度区列科技计划项目结题验收

件。年内选派55名科技特派员分别进驻9户企业、5个基地、13个专业合作社和25个村组开展技术指导与技术服务工作，创建了林颖种植专业合作社等一批具有示范带动作用、经济效益好、科技含量较高的科技特派员示范点。培育经济利益共同体7个，组建了果产业、瓜菜产业2个服务团队。科技特派员累计举办科技培训班50多场(次)，培训群众3000多人(次)，发放宣传资料1万余份。在每个贫困村培育科技示范户1—2个，每个科技示范户有1个科技明白人，至少掌握1项以上致富新技术。组织开展大型科技宣传活动2次，印制了苹果、梨、杏、枣、核桃、桃、花椒种植实用技术和猪、羊养殖实用技术小册子1万多份，开展各类实用技术培训28场次，参训1946人。

【“双联”及精准扶贫】成立4个帮联组，由班子成员任组长，科级干部担任副组长，带领帮联干部进村入户，排查摸底，制定帮扶措施，对照精准扶贫帮联措施逐项帮扶落实。将教育项目向贫困村倾斜，确保整合资金落实到精准扶贫村学校和精准扶贫户学生。概算投资856万元，对五郎铺、赵沟畎等15个村的小学闲置校舍进行维修改造，建办公办幼儿园(幼儿班)。组织300多名贫困家庭“两后生”接受了免费职业教育，毕业生就业率达到90%以上，1000多名青壮年劳动力接受了职业技能培训。开展科技入户工程，编印发放《农民种(养)植实用技术选编》9000册；聘请了10名专家和15名优秀科技特派员赴7个乡镇15个精准扶贫村开展农业技能培训，并为农户谋划脱贫致富良策。

(毛兴龙)

附：学校简介

庆阳第三中学

1962年始建于西峰城区东郊、东环城公路中段。1966年东郊小学改为工农七年制学校。1968年撤销初中部，更名“西峰工农小学”。1971年扩展为

庆阳三中

西峰九年制学校。1974年撤销小学部，更名“庆阳县西峰中学”。1984年收归庆阳地区公署教育处管辖，同年成立“庆阳地区职业中学”，与该校一起开办(初中部为普通班，高中部为职业班)，一套人马，两套牌子。1986年，移交西峰市政府管辖。1988年，和职中分设，改称西峰市第三中学。2005年，创办音体美特色高中。同年更名庆阳第三中学。

2015年，有教学班55个(其中高中部25个，初中部30个)，在校学生3358人(其中高中部1568人，初中部1790人)。进城务工随迁子女344人，留守儿童7人。教职工279人。其中专任教师192人，本科以上学历232人，专科学历44人，研究生7人，留英教师3人；有高级教师35名，一级教师108名，二级教师126名；全国优秀教师1人，省级师德标兵1人，省“园丁奖”获得者4人，省级骨干教师4人，省级青年教学能手8人，市级优秀教师20人，区级优秀教师48人。岗位培训合格率100%。体育、美术、音乐、微机、心理健康教育、礼仪教育等每个学科都由专职教师任课。占地面积20504.7平方米，建筑面积23928.07平方米，建有2幢综合教学楼、2幢学生公寓楼，1个学生食堂。理化生实验室12个，准备室12个。配备有交互式电子白板的多媒体教室64个，教师笔记本电脑人手一台，计算机教室5个，美术画室18个，书法教室1个，音乐教室 6个，传媒教室1个，心理咨询室1个，教师活动室1个，舞蹈教室1个，合唱教室1个。校园安装了较为先进的校园广播和语音听力系统。拥有36个摄像头的校园安全监控设施，学校拥有图书99856册，师生阅览室2个，各类报刊杂志共204种6000多册。

学校坚持“以人为本，和谐发展，依法治校，民主决策，构建学生健全人格，奠定学生发展基础”的办学理念，把“办优质初中，特色高中，突出术科教育，办人民满意教育”作为学校的办学目标。突出艺术教育特色，高中音乐、美术、书法、传媒、舞蹈、体育等课程采取走班制上课。在校专业生近800人，已经形成规模。每年参加高考专业人数达300人，升学率达80%以上，其中2015年高考专业本科以上录取213人(含三本)，录取率达70%以上。

近年来，庆阳三中教育教学质量逐年稳步提升，初中部连年获西峰区“中考质量优胜奖”，其中2015年初中教育教学质量检测居全市第九名，西峰区第二名；高中部荣获西峰区“高考质量进步奖”。学校先后获得“全国中小学心理健康教育示范校”、甘肃省“语言规范化示范学校”“省级快乐校园示范校”以及庆阳市“教育系统先进集体”“市级文明单位”，西峰区“校园信息化建设先进集体”“平安示范单位”“先进基层党组织”等荣誉称号。2013年，学校被市委市政府命名为“市级示范高中”。

(张广倩)

南街小学

1898年，村民赵正基出资，在自家地坑院创办私塾一所。1901年搬迁到本村三神庙，取名“三里庙学堂”，后更名为“三里庙小学”。1973年搬迁到秦霸岭大队院内改名为南街小学。2008年汶川大地震时受到波及，教室多处出现裂纹和地基松动。2010年，迁入西峰职业中专学校(育才东路12号)。学校东至北京大道以西，西至长庆大道以东，南至兰州东路以北，北至永坪路以南。2015年，学校占地面积17759.76平方米，校舍面积9697平方米，绿化面积2100平方米。运动区操场建筑面积5200平方米，建有200米标准化环型跑道。建有教学楼2幢，办公楼1幢，教室48个，教师办公室38个，实验室、微机室、电子备课室等功能室30个，计算机291台。学校有48个教学班(全部配备班班通设备)，学生3260名(其中进城务工随迁子女1192人)，平均班额68人。教职工176名，专任教师176人，师生比1∶18，其中男教师25人，女教师152人。本科学历90人，大专学历81人，中专学历6人。初级职称134人，中级职称40人，高级职称3

南街小学

人。获省“园丁奖”2 人，省特级教师 1 人、骨干教师 5 人、市级领军人才 1 人。

学校秉承“为学生的终身发展奠基”的办学宗旨，坚持“一体两翼”的办学理念（一体指养成教育，两翼指课堂教学、艺术教育），遵循“特色兴校，课改强校”的办学思路，紧抓教师的专业成长、学生的全面发展这块基石不放松，助推师生共读共写共成长，实现过一种“幸福完整的教育生活”的美好愿景。近年来，先后有八项实验课题通过省级鉴定，三项课题获庆阳市科研成果二等奖。2015 年省级课题立项两个、市级课题立项两个、市级课题评审获奖两个。教师在国家、省、市、区级教育刊物发表论文 40 多篇。2009 年，获西峰城区小学课改评比第一名、西峰城区小学歌咏比赛第一名；2011 年，西峰区五年级抽考中，语数双科和英语分别名列第一名；2013 年，获庆阳市青少年维权岗、庆阳市课改示范校、甘肃省依法治校先进集体、西峰区教育系统先进集体、西峰城区师生书画大赛优秀组织奖、西峰城区第二届中小学生现场作文大赛优秀组织奖；2014 年，六年级质量检测中，语文、英语合格率分别获西峰区第一，三科合格率获西峰区第一。2014—2015 学年度，获全国新教育实验优秀实验学校称号、甘肃省德育示范学校、甘肃省优秀少先大队称号，校报《五彩乐园》在中国校园媒体示范学校推选暨中国校园优秀校报校刊评选中获一等奖。

（毛会仁）

后官寨镇中心小学

学校始建于 1961 年，位于后官寨镇中心村。1992 年在各级政府的支持和村民的集资下，建成一幢砖混结构半框架式两层单面教学楼。2015 年，学校占地面积 6666 平方米；建筑面积 1636 平方米，其中教学及辅助用房面积 1034 平方米；绿化面积 1100 平方米；运动场面积 1400 平方米；图书 2600 册，生均 32 册；计算机 20 台，生机比 4∶1。现有学生 88 名，设 6 个教学班，专任教师 17 名，学历达标率 100%，大专及以上学历 14 人；高级教师 10 人。学校有图书室、阅览室、实验室、音乐美术室、电脑室、体育器材室、留守儿童室等各种功能室，基本满足了学校的教学需求。

后官寨镇中心小学

学校工作目标是：变“知识为本”为“以人为本”，变“分数为本”为“发展为本”。实现“三大转变”：学习向更加会学转变；管理向更加自我管理转变；发展向更加全面发展转变。教师队伍建设注重专业素质提高，让优秀的教师进得来、留得住、提得高。做到规范管理与培养管理并举，在管理中发现人、鼓励人、培养人；有目标、有层次、有措施的培养爱教、乐教、善教的教师，不断提高学校办学质量、提升办学效益、增强办学实力。学校依照《小学生日常行为规范》，建立和完善学校内部《治安管理制度》，强化学校内部安全保卫和安全防范工作，严防各类安全责任事故的发生，使学生在安全、健康、舒适的环境中快乐成长。根据学生发展特点，制定了6年做好84种行为习惯。各级学生每学期达到7种行为习惯。学校先后被评为区级“先进单位”“绿色学校”，多次被镇授予“先进单位”“模范集体”等称号，并参加镇上组织的多种活动取得了可喜的成绩。

(张鹏)

体 育

西峰区体育事业管理服务中心（西峰区重点业余体校）共有干部职工23人（其中科级干部4人），大专以上文化程度22人，高级职称1人，中级职称1人。下设5个职能股室；体育总会1个；单项体育协会23个。

西峰区教育体育（科技）局副局长、体育事业管理服务中心主任、重点业余体校校长　刘　勇

副主任　王录军

重点业余体校副校长　张志阳

纪检组长　马　莹（女）

【体育产业】年底，西峰区有105个体育彩票销售网点，体育彩票累计销售8千多万元。

【基础设施建设】投资200多万元，在东湖公园建成16个乒乓球、4个羽毛球、2个篮球场地，安装健身器材150多件套，并安装铺设了塑胶围网灯光座椅等。投资2500多万元，建成51处乡镇（街办）、村组（社区）全民健身场地，于12月1日在庆阳体育场举行体育器材集中发放仪式。

“为民办实事”体育器材集中发放仪式

【群众体育】元月1日，举办“庆阳市迎元旦西峰城区纽崔莱健康跑暨‘安利杯’干部职工运动会”；3月2日，举办“春节第八届健身健美操比赛”“西峰城区春节趣味活动”；6月19日，举办“全国百城千村健身气功交流展示系列活动庆阳市启动仪式暨西峰区交流展示活动”；“全民健身日”举办“庆祝第七个全民健身日西峰区全民健身展示活动”。培训国家三级社会体育指导员66名，二级社会体育指导员23名，一级社会体育指导员5名，国家级社会指导员1人；组织农民、机关单位干部职工2000多人进行体质检测。5月23日，接受了新华社、中央电视台、人民日报等17家中央、省、市主流新闻媒体采访。各媒体记者实地查看了体育基础设施建设、全民健身活动开展情况，并在现场进行了采访，在全国各大媒体全面报道了我区群众体育发展状况、先进经验及典型做法。

【训练竞赛】布设庆阳三中、四中和黄官寨实验学校3个业余训练网点；举办西峰区第一届运动会，5月开始进行乒乓球、羽毛球、象棋、排球等单项比赛，9月举行盛大的开幕式，并举行田径及篮球等比赛。本届运动会设8个大项、126个小项，分成年组、高中组、初中组三个组别。西峰区各乡镇（街办）、区直机关、企事业单位、学校共39个代表团5000多名运动员参加了比赛；9月8日，启动“西峰区首届‘园丁杯’排球联赛”；11月，举办“西峰区第十六届‘园丁杯’篮球邀请赛”及“第八届‘希

西峰区第一届运动会

望杯'篮球邀请赛"。

【"双联"及精准扶贫】 为赵沟畎村争取投放地膜10.5吨,并赠送价值5万元的电视机、电脑、打印机、办公桌椅及沙发等办公用品,向村小学赠送了价值3万元的乒乓球台、足球等体育器材,教体局配备电教设备。建成赵沟畎新庄至南田、北田3公里乡村道路旁栽植了侧柏行道树,并完成赵咀、李庄、沟畎4公里油松行道树种植。完成赵咀、侯庄、沟畎组的电网改造项目。新建赵沟畎村幼儿园,建成教学用房5间。投资46万元建成500平方米20间的便民服务大厅、卫生所、农家书屋及占地3500平方米的农民文体广场。争取"一事一议"项目资金完成了北田组2.5公里柏油路罩面,侯庄、新庄1公里砂石路面铺设,新庄至雷坪组8公里油路建设及李庄、赵咀砂石路面拓宽工程。投资3.6万元为6个贫困户打水窖6眼;为49户精准扶贫贷款户发放贷款131万元。改造危房42户,新建改建卫生厕所23户。

(周柄全)

卫生和计划生育

西峰区卫计局由原西峰区卫生局、西峰区人口和计划生育局于2015年1月按照省市相关要求合并组建而成,内设办公室、医政股(中医股、行政审批股)、规划信息股、预防保健股、药品采购配送管理办公室、体制改革与卫生应急股(挂区深化医药卫生体制改革工作领导小组办公室牌子)、宣教法规股(维护患者权益股)、计划生育家庭发展股、财务审计股(基层医疗卫生机构财务核算中心)9个股室,行政编制15名,机关自定事业编2名。下辖疾病预防控制中心、妇幼保健计划生育服务中心、地方病防治办公室、新型农村合作医疗管理局、区人民医院5个区直医疗卫生单位,肖金、什社2个中心卫生院,彭原、董志、后官寨、温泉、显胜5个一般卫生院及董志卫生院陈户分院,北街、南街、西街3个社区卫生服务中心,113个村卫生室,干部职工1257人。

西峰区卫计局

局　长　　吴简栋(8月任职)
　　　　　李冰晖(7月离职)
纪委书记　杨国栋
副局长　　刘麦平(8月离职)
　　　　　杨　勇(原计生局副局长)
　　　　　许亚平(原计生局副局长)
　　　　　黄军锋(原妇幼站党支部书记)
　　　　　祁彧祥(原计生局纪检组长)
　　　　　孙　皓(原卫生局副局长)

西峰区疾控中心

主　任　　刘麦平(8月任职)
　　　　　陈　勇(8月离职)
副主任　　刘　骄　张登銮

西峰区妇幼保健计划生育服务中心

站　长　　曹武锋
副站长　　杨秀娟(女)

西峰区地病办

主　任　　陈　勇(8月任职)
党支部书记　高　翔
副主任　　孙菲娜(女)

西峰区合管局

局　长　　刘军宏
副局长　　石永华　李承熹

西峰区人民医院

院　长　　张世玮
党支部书记　胡治峰
副院长　　胡治峰　王志平
　　　　　王军峰　李阿丽(女)

西峰区现有基层医疗卫生机构共有1187人,其中:区级单位555人,乡镇卫生院562人,社区卫生服务中心70人。正式在编干部职工980人、临聘人员207人。共开放病床500张,年接待门诊患者约20万人次,收治住院病人约2万人次。

国家卫计委副主任王国强(前排右二)调研肖金中心卫生院

【医药卫生体制改革】加快推进公立医院改革，贯彻落实市政府关于公立医院改革的实施方案,建立分级诊疗制度和推进区乡一体化改革。统一安排和管理区、乡各医疗卫生机构,启动实施市中医院托管后官寨卫生院工作,各乡镇卫生院落实对辖区村卫生室的建设、村医、医疗卫生服务、新农合服务和日常运行的统一管理。贯彻执行国家基本药物制度,严格落实药品零差率销售,年度让利群众500余万元。落实医师多点执业工作,78名医师定期到基层医疗卫生单位开展执业活动。

【人口和计划生育】整合社会资源，巩固和完善人口计生利益导向政策,年内落实各种优先优惠政策4.40万人次,落实资金418.93万元。启动建成10处“陇家福·幸福寓所”，评选幸福家庭192户。新家庭计划省级试点的西街办东门社区和市级试点的后官寨镇司官寨村创建工作全面完成。扎实推进流动人口公共服务均等化，为辖区内4738名流动人口建立健康档案,为5324名0—6岁儿童建立预防接种档案,为356名流动孕产妇建立保健管理档案。突出违规生育问题治理,开展打击“两非”活动,确保低生育水平持续稳定。年内西峰区总人口40.46万人,出生率8.15‰,农村符合政策生育率90.73%,出生性别比106.34,各项指标均达到和符合目标管理要求。

计划生育工作推进会

【新型农村合作医疗】2015年参合农民人均筹资470元，其中各级政府人均补助380元，参合238532人,参合率98.1%。全年共计补偿480948人次9814.06万元,基金使用率93%。严格控制越级诊疗，制定转诊转院审批制度，区外住院率下降3%,基层首诊、分级诊疗、双向转诊的就医新格局逐步形成。

【公共卫生】卫生应急与疾病防控。组织开展突发重大事故、突发传染病疫情应急演练、免疫规划规范管理年活动,单苗接种率以乡镇为单位保持在98%以上,年内未发生重大疫情暴发。建成全市首家居民健康小屋及2处数字化预防接种门诊,规划免疫预防接种数字化工作走在全市前列,并在我区召开了现场会。落实地方病防治规划,开展医务人员布病防治知识培训,严格督导落实各项防控措施,有效防控了布鲁氏菌病暴发流行。妇幼保健。加大妇幼保健工作力度,按照《国家公共卫生服务规范(2011版)》开展孕产妇及儿童保健管理,婚检6692人，孕产妇系统管理率97.1%，住院分娩率99.6%,全区7岁以下儿童管理率98%。完成农村妇女两癌检查20081人。健康教育。组织开展了两轮基本公共卫生服务集中纠错整改活动,切实提高重点人群服务管理水平。居民健康档案规范化建档率、老年人健康管理率、高血压、糖尿病、重性精神病患者管理率等重点指标均达到97%以上。扎实组织开展“村级三件事”,健康工具包发放、健康文化墙建设以行政村、社区为单位实现全覆盖,组织健康沙龙活动1240次,群众健康保健意识明显增强。

突发公共卫生事件应急演练

【医疗服务质量管理】深入开展“三好一满意”“医疗质量万里行”“医疗服务质量提升年”等活动，强化临床路径管理，进一步规范了医疗质量管理工作。推行“五、八排队”制度，严控门诊次均费用和平均住院费用，将过度医疗行为查处到具体的病历和责任医务人员，对查出问题的医疗机构和医务人员进行了严格处理，年内平均门诊费用区医院96元，乡镇卫生院43元，住院费区医院控制在3100元，乡镇卫生院控制在1082元以内。组织开展“抗菌药物临床应用专项治理”“医疗秩序集中整顿”等活动，加强医疗安全监督检查，重点加强了新生儿科、外科、妇产科等医院感染重点部门的监控管理力度，开展警示教育，督导落实医院感染防控措施，保障医疗安全。组织开展了全区护理技能竞赛，锻炼提高护理队伍业务能力，提高护理管理水平。参加了全市护理技能操作及护患沟通服务创新，护理技能创新大赛，获团体二等奖，参赛人员分获技术能手、技术标兵等荣誉称号。参加了全省村医急救知识与技能大赛，获优秀组织奖。

【人才队伍建设】加大送外培训力度，全区年度送省、市级进修培训123人，其中省级以上45人。安排86名基层新参加工作医务人员到区直进行半年以上轮训学习。从区直医疗卫生单位选派78名中高级医师到乡镇卫生院开展多点执业。加强医务人员“三基、三严”训练，组织开展了临床路径学习和应用活动，各单位将适宜开展的临床路径编印成册，加大学习培训力度，提高临床应用率。年内举办了全区医院感染管理培训、第三轮中医适宜技术师资培训、健康素养培训、妇幼保健新技术培训、免疫规划信息化培训和乡村医生全员急诊急救培训等培训班，主办了妇产科临床诊疗新进展暨全市第三届妇产科年会，通过强化培训，提高医务人员的业务技能。

【中医药】充分发挥中医药简、便、廉、验的优势，规范开展中医药服务，对重点人群采取中医药措施干预，取得了较好效果。组织实施了2所卫生院中医药服务能力提升项目。彭原卫生院被命名为全省乡村医生中医药适宜技术培训基地。扎实组织开展第三轮中医适宜技术培训工作，使乡、村两级医务人员普遍掌握15种以上中医适宜技术和6项食疗保健技术，命名了全区中医药适宜技术师资培训基地和5所基层培训基地。开展第二批全省五级中医药师承教育工作，确定带教人员2名，学员6名。

【“双联”及扶贫攻坚工作】成立了由主要负责人任组长的卫生计生系统精准扶贫领导小组，组织干部职工进村入户，与帮扶群众沟通交流，结合实际，制定了2015年脱贫帮扶计划，为帮扶户送去必要的生产、生活物资40余份。全区15个精准扶贫村标准化村卫生室全面建成，除配备乡村医生外，从乡镇卫生院抽调15名执业（助理）医师分别到贫困村执业。为肖金镇左咀村等5个贫困村村卫生室配备了健康一体机。按照卫生计生精准扶贫工作实

“联村联户”“精准扶贫”宣传义诊赠送活动

施方案要求，完成了2015年度精准扶贫目标任务和7个乡镇、94个行政村、857名贫困户的精准扶贫大数据核对及录入工作，将贫困人口新农合报销比例提高5%，共增加报销金额22.3万元。对农村五保户、低保户等六种特殊人群，参加新农合的个人缴费部分给予补贴，新农合住院补偿实行零起付线，补偿比例再提高10个百分点。

（张彦龙）

附：医院、卫生院简介

西峰区妇幼保健计划生育服务中心

1986年，成立西峰市妇幼保健站。租用南城壕36号私房，专业技术人员8名，属科级事业单位，隶属西峰市卫生局。同年4月，迁至原庆阳地区公路段招待所办公。1990年1月，搬至卫生局统办楼。2002年，更名为西峰区妇幼保健站。2010年，被评为全省妇幼保健先进单位。2015年8月，整合区妇幼站、区计生服务站组建西峰区妇幼保健计划生育服务中心。中心集预防、保健、健教、医疗、计划生育服务于一体，是西峰区妇幼保健、计划生育业务技术指导和服务中心，同时承担着儿科产科门诊住院临床诊疗、西峰区婚前健康检查、基层妇幼卫生工作培训及督导等工作。中心按照业务范围设行政、保健、临床、计生四大部分，设儿保、妇保、婚检、妇科、儿科、计生服务等业务科室，开设生化临检、艾滋病筛查、彩超、心电图、蓝光治疗、儿童听力筛查、儿童游泳抚触、孕妇营养检测等妇幼特色科目。正式聘用员工90名，其中专业技术人员占90%以上，高级职称6人，中级职称9人。开放产科儿科病床30张，业务用房面积2800平方米。2015年，门诊4.2万人次，出院病人771人，婚检6692人，健康检查每年近2万人次，临床保健业务总收入720万元。

妇幼保健计划生育服务中心

近年来，妇幼站积极争取降消、贫困孕产妇住院分娩补助、出生缺陷防治、预防艾滋病、乙肝、梅毒母婴传播、新生儿疾病筛查、新生儿听力筛查、宫颈癌检查、妇女病普查、婚前医学检查等9个有关妇幼卫生的民生项目，争取到资金1200多万元，受益妇女儿童15万人。规范系统管理，印制并发放孕产妇系统管理手册、儿童系统管理手册等资料。儿童系统管理率、孕产妇系统管理率和住院分娩率逐年提高，婴儿和5岁以下儿童死亡率等指标连年不断下降。不定期地通过邀请上级产科、妇保和儿保专家分别举办培训班的方式，对全区乡村两级妇幼人员的业务培训和技术指导，提高了服务质量和技术水平，形成了横到边、纵到底、全覆盖的西峰区三级妇幼保健体系。计划怀孕夫妇免费检查2015年完成2090对，高危风险评估率100%、跟踪随访率100%。妇幼卫生工作连续十年名列全市前茅、综合卫生工作目标管理年度考核连续多年获西峰区一等奖。

（任敏）

彭原卫生院

1959年，在鄢旗坳北队张廷瑞旧宅成立集体所有制公社卫生所，归庆阳县管辖，职工4名，房屋3间，资金700元。1967年，迁建鄢旗坳供销社南侧。1978年，迁回北队张廷瑞旧宅，转为全民所有制公社卫生所。1981年，改称彭原人民公社卫生院。1984 年 5 月，迁建于李寺村乡政府所在地，更名彭原乡卫生院。1986 年 3 月，更名西峰市彭原卫生院。2000 年，建门诊楼一幢，总面积 596 平方米，成立心脑血管专科医院。2002 年，更名为西峰区彭原卫生院。2006 年，设新型农村合作医疗管理办公室。2010 年升格为一级甲等卫生院，2015 年卫生院占地面积 6432 平方米，建成 1 栋 1800 平方米 3 层双面综合业务楼，新建灶房餐厅、煎药房、锅炉房、水房、车库、厕所 345 平方米，安装 1 吨卧式常压锅炉 1 台。职工 83 名，其中专业技术人员 77 名，副高级职称 1 名，中级职称 5 名。设有临床医技科室 13 个，200mAX 光机、BC-3000 全自动血球计数仪、脑电地形图仪、黑白 B 超、半自动生化分析仪、尿十项仪、牙科综合治疗仪、心电图机、心电监护仪、新生儿抢救台等大中型医疗设备。开放病床 50 张，其中心脑血管病专科病床 30 张。年门诊患者 1.5 万人次，收治住院病人 1000 人次，业务收入350 万元。承担彭原乡 3.8 万人口的基本医疗、公共卫生、新农合、计划生育、地方病防治任务。

开展公共卫生均等化服务，实施 13 项公共卫生服务项目；严格落实国家基本药物制度，实行基本药物零差率销售；加强新型农村合作医疗补偿机制，推行金穗惠农新农合联名卡“一卡通”和民政大病医疗救助“一站式”报销。实行“两项排队”，开展三个创建，落实人防、物防、技防三防措施。落实“四化建设”，建立“五项制度”，切实解决群众看病难、

彭原卫生院

看病贵的问题。

彭原卫生院以“加强基础设施建设，提高医疗服务水平”为基础，以创建中医特色乡镇卫生院为抓手，深化基层医疗卫生体制改革，打造“平安医院、百姓放心医院、诚信医院”。先后被中共中央组织部评为“全国农村‘三个代表’重要思想学习教育活动先进集体”，庆阳市委评为“全市道德建设先进集体”“诚信示范单位”，多次被西峰区委、区政府评为评为“全区卫生工作先进集体”“先进基层党组织”“专科专病建设先进单位”。2011 年迎接全省农村卫生工作现场会的召开及全市“平安医院”现场观摩会，卫生部党组书记张茅的视察。2013 年被庆阳市卫生局授予“市级中医心脑血管病重点专科”卫生院。2015 年，彭原卫生院经市卫计委组织专家评审、推荐，被省卫计委评审为“甘肃省乡村医生中医进修基地”。

（赵丽萍）

文化广播影视

【主要指标】争取无偿资金 88.6 万元，占任务 20 万元的 443%；争取国、省、市投资项目资金 917.2 万元，占任务 800 万元的 114.7%；招商引资 8.078 亿元，占任务 8 亿元的 100.9%。接待国内外游客 225.8 万人次，较上年度增长 28.78%；旅游综合收入 10.56 亿元，较上年度增加 29%，旅游收入占全区 GDP 比重的 2.1%，较上年度提高 0.75 个百分点；连续 8 年安全事故和旅游重大投诉均实现了“0”目标。

【项目规划】新建北石窟寺外围广场、星级旅游厕所；《南佐遗址保护规划》并通过省文物局评审，并按程序申报国家文物局待审批；完成《小崆峒旅游景区改造提升规划》《显胜乡蒲河川“美丽乡村”旅游开发规划》编制，并分别于 2015 年 3 月 21 日、10 月 21 日通过评审；陇东民俗博物馆展览提升后续完善工作、彭原镇五郎铺村农民文化广场建

设完成并面向公众开放。

【为民办实事】策划指导8个乡镇、街道改造完成综合文化站建设。建成“乡村舞台”41个。“乡村舞台”建设工作获全市一等奖第一名。10个贫困村自办文化社团被评为优秀民间自办文化社团。打造后官寨镇南佐村文化集市为全市农村“文化集市”形象点，被确定为2015年第三季度全省文化产业调度会暨“文化集市”建设推进会观摩点并进行观摩交流。

【公共文化服务】“三馆一站”(文化馆、图书馆、博物馆、乡镇街办综合文化站)坚持免费开放，每周免费开放56小时以上。博物馆全年总计开馆342天，接待观众25万余人次。图书馆接待读者2.4万人次，借阅图书4.5万册(次)。文化馆开展书画进校园、进企业、进乡镇等展览活动7次，现场书写赠送书画作品70余幅。进社区及下乡开展香包等民俗产品作者培训、书画培训、非遗保护辅导、文艺辅导20次；举办徒手秧歌及广场舞培训班20

文化、科技、卫生“三下乡”

期。农村电影放映1200场(次)。

【文化旅游产业】新建香包民俗文化产业基地4处，培训基地2处，研发新产品28种，举办民俗文化产业培训班121期、培训作者8496人(次)，生产香包451.8万件，实现产值6029.9万元，销售351万件，收入3878万元。举办第十三届中国·庆阳香包民俗文化节、积极配合筹办2015中国(庆阳)农耕文化节，销售香包、刺绣、剪纸、皮影类民俗文化产品137.25万件，销售收入1091.5万元。首次在阿联酋迪拜、白俄罗斯首都明斯克设立香包民俗文化产品销售窗口，销售产品141万件，销售额1944万元。研制开发“立体十二生肖”、清袋香包、精品毛驴旅游工艺品3种。组织香包公司、辖区旅游企业参加西交会、兰洽会、敦煌丝绸之路国际旅

甘肃省委常委、宣传部长连辑(左二)，副省长夏红民(左三)观摩后官寨镇左焕芹香包展厅

游节、陕甘边红色旅游联盟城市年会等大型推介会、促销会17次。

【电视网络宣传】开通西峰广播电视网(域名为:www.gsxfTv.cn)，西峰电视微信公众平台(微信公众号为:TVxifeng)。西峰电视台制作播出《西峰新闻》等4档新闻类节目855期；《倾听》等4档专题类节目384期；《欢乐谷》等3档文艺类节目241期；《财经风景线》1档经济服务类节目321期。制作各类公益广告宣传片10余部，标语字幕200余条。完成《高原平湖》《蓬勃发展的西峰体育事业》等大型电视专题片12部。在中央电视台播出稿件6条，甘肃省电视台播出稿件32条，庆阳市电视台播出稿件222条，庆阳市广播电台播出稿件112条；在全市广播电视优秀节目评选中，有21件作品获奖，有2件作品获全市优秀通联作品。电视纪录片《塬颂》被评为庆阳市第七届李梦阳文艺奖影视作品类三等奖。在走基层寻找最美孝心少年活动中，与中央电视台共同采编的《走基层〈李依桐、李易轩:“一对孪生姐弟的愿望”〉》分别在《朝闻天下》《新闻直播间》等栏目中播出，并荣获中央电视台

第十三届中国·庆阳端午香包民俗节开展仪式

“优秀组织奖”奖励。“西峰网”完成域名升级及改版工作。发布各类图片新闻、文字新闻、视频新闻6881条，在中国农业网、新华网甘肃频道刊播稿件2条；在每日甘肃、甘肃网等刊播稿件13条，在“中国庆阳网”刊播稿件310条。浏览量突破305万人(次)，日均访问超过1222人次。

【文艺创作】创作报告文学集《呈现陇东》1部，民俗卷《中国梦·黄土情西峰区文艺作品荟萃》1部，报告文学《陶人徐鸿伟》《离骚的诞生》等3篇，中篇小说《人与狗》1部，创作书法作品5件，参加岐黄书画院赴兰州书画展、民盟庆阳市书画展，入编作品集。北地情演艺公司新排传统历史剧、戏曲、小品等6种，创作大型现代眉户剧《月儿圆》1部，赴10个乡镇(街办)开展公益性演出180场(次)，政府采购公益性演出服务34场(次)，赴全市开展巡演活动88场次，开展综合性演出268场次，经济收入32.65万元。

【群众文化活动】牵头组织2015年元宵节社火会演，元宵节灯谜灯展游园、灯谜竞猜等5项春节文化活动，参与组织部门57个，参演人员2万多人。组织开展“梨园迎春戏迷票友擂台赛”“乡村舞台”建设民间自办文化社团集中展演、第十三届中国·庆阳香包民俗文化节精品文艺节目、优秀戏曲节目展演、2015中国庆阳农耕文化节优秀戏曲节目展演、庆阳唢呐表演及“和谐西峰大舞台”等系列群众文化活动123场(次)。组织开展“优秀节目进社区”巡演暨展演、“西峰区‘乡村舞台’文化社团”全区巡回演出及“千台大戏送农村”“三下乡”“四进社区”等系列群众文化活动153场(次)。

城区元宵节社火会演

【文化旅游市场管理】开展扫黄打非，辖区内文化市场、校园周边环境及安全生产综合整治8次，市区联合整治1次，警告存在安全隐患经营单位4家，受理群众举报1期；联合区公安、工商、工信、商务、综治等部门单位，开展境外电视网络接收设备综合治理暨非法卫星地面接收设施专项整治10多次，出动执法人员200多人(次)，没收非法锅面18个，接收机24个，高频头60个；举办辖区旅游企业法人、导游讲解员、农家乐从业人员培训班3期，开展旅游企业、A级景区工作人员消防应急演练1次，卷地毯式开展旅游企业安全大检查和常规工作督查4轮次，申报雄越大酒店、熙和金村大酒店、庆阳宾馆四星级旅游酒店3家；申报阳光天湖大酒店、皇朝大酒店、新兴宾馆三星级旅游酒店3家；创建毛寺村、李岭村乡村旅游示范点2处，评定二星级农家乐3户，并纳入行业管理。查处旅游“黑社”2家，下发限期整改通知书2份，取缔1家、整改1家、处罚1家。

【文化遗产传承保护】开展文物安全隐患排查整治行动，在世界“文化遗产日”、“5·18”国际博物馆日、节假日、农村集市以及第十三届香包节期间开展文化遗产保护宣传，完成文化旅游资源普查成果书籍编印和全国第一次可移动文物普查1091件馆藏可移动文物文物的登录工作，并通过了市级的审核。馆藏文物做到了绝对安全，野外文物做到了基本安全。举办非物质文化遗产保护传承工作培训暨西峰陶塑技艺研讨交流会，开展民俗文化进校园活动，非遗项目代表性传承人外出宣传展演活动，完成了全区12位国家级、省级非遗代表性传承人的考核填报和第四批省级非物质文化遗产项目代表性传承人推荐工作。出版《庆阳香包刺绣传统图样》《庆阳唢呐艺术入门》专著2本。

【“双联”及精准扶贫】成立文广（旅游）系统“双联”和精准扶贫工作领导小组，制定区文广（旅游）局《扶贫攻坚工作组人员名单、具体任务及职责的通知》，开展五个轮次调研，建立全系统108户“双联”户和86户贫困户台账，完善贫困村“9有”和贫困户“6有”基础资料。完成全区精准扶贫8个乡镇综合文化站、15个“乡村舞台”文化场所建设信息大数据录入工作。自筹和争取项目扶持资金285.2万元。年底，五郎铺村60户贫困户227人、李城村16户贫困户66人、毛寺村10户贫困户38人实现脱贫；全区15个贫困村的精准扶贫文化场所建设全部按“乡村舞台”建设标准完成；“庆阳天富亿生态民俗村”4A级国家旅游景区和《蒲河川美

“双联”、精准扶贫送文化下乡演出

丽乡村旅游开发规划》，均得到审批和评审通过；建成毛寺村的寨子沟、下湾两个村民小组20户新居民点。

（袁颖龙）

民俗文化产业

庆阳民俗文化产业园是贯彻《陕甘宁老区振兴规划》和《甘肃华夏文明传承创新区》规划的重点文化产业建设项目，是省列重点项目之一，也是市委、市政府确定的重大工程之一。园区选址在西峰区董志镇北门村，规划总占地1313亩，概算总投资20多亿元。项目依托庆阳市“黄土民俗文化”“周祖农耕文化”“岐黄医药文化”资源禀赋，规划建设“民俗文化核心区、岐黄文化体验区、周祖文化体验区、民俗文化接待区、民俗产业配套区、游乐场区”六大功能区，全力打造国家级民俗文化产业园、国家AAAAA级风景旅游区和西部最大的文化产业及影视基地。

【项目建设】用地保障。项目区内涉及的北门村6个村民小组、164个征迁户，已签订征拆补偿协议152户，完成搬迁85户；签订土地征收协议443亩，清表600亩；迁移各类杆线17条、161根；工程建设。园区内的第一个标志性工程——镇朔楼及北城墙工程于2014年5月开工，至2015年底，北城墙2-19段二层主体全部封顶，镇朔楼已完成五层主体结构，东北角楼完成三层主体结构，西北角楼已完成地基工程，累计开挖土方6.7万立方米，完成灰土挤密桩3.5万根，完成投资1.2亿元；前期手续办理。民俗博览馆项目完成所有前期手续，于11月初开工建设。园区道路项目完成了兴业大道A段、毓秀路A段和文昌路的立项、施工图审查、用地申报等前期手续；三元路、荟萃路、平定路进行施工图审查。完成了民俗文化产业园整体规划环评及北门北城墙、民俗博览馆、中心广场、等5个项目的水土保持方案的编制及评审工作。中心广场项目和民俗街项目完成了招标前的所有前期手续办理工作。

【招商引资】完成《庆阳民俗文化产业园招商引资优惠政策》和《小崆峒风景旅游区招商政策》的

甘肃省副省长咸辉（前排左二）调研庆阳民俗文化产业园

编制以及小崆峒风景旅游区规划修编工作；利用网络、报刊、电视等各类载体和平台，对民俗文化产业园进行全方位、多角度、动态化的宣传推介，向每日甘肃、市委网、《陇东报》、西峰网、《今日西峰》报等媒体报送信息100多条，被省、市、区各级媒体采用60多条；先后为副省长咸辉调研、全省经济观摩、全省招商引资陇东南片区现场会、全省文化产业调度会、省市区重大项目观摩等活动提供调研观摩点30余次；接待来自北京、福建、四川、浙江等地的客商10余次。争取到市级文化产业专项资金2000万元、市环保局环评经费20万元，为园区建设提供了资金保障。与西安唐人文化投资公司签订了6.5亿元的投资协议、与陕西金奥文化艺术品投资收藏公司签订了3.5亿元的投资协议。

【机关建设】修订完善《庆阳西峰民俗文化产业园区管理局工作制度》《庆阳西峰民俗文化产业园区管理局2015年目标管理责任制考核办法》等制度，将重点工作分解至科室、责任到人，采取平时抽查、月督查、季评比、半年考评、年终综合考核的方式，推动各项工作任务高效落实；大力推进学习型机关建设，由局领导带头学、带头讲、带头记、带头开展调研，引导干部职工深刻领会讲话精神实质、认真贯彻会议部署要求，营造浓厚的学习氛围。组织举办管理局“强素质、转作风、提效能主题演讲暨讲解员技能展示”“首届职工运动会”等活动，增强团队凝聚力，调动干部职工干事创业的热情。

【党的建设】成立民俗文化产业园区管理局党支部。健全完善了“三会一课”、民主生活会、党务公开、发展党员等各项制度。建立党建阵地，公示支部基本情况、党建目标任务以及各项制度，生动直观地展示支部党建工作动态和成效。在“七一”前夕，组织党员干部开展红色党课教育、红色经典诵读、观看作风建设影片、党员进社区等主题教育实践活动，进一步激发党建工作活力，促进党支部建设更好地融入园区建设、服务园区建设，推动园区建设。

【“双联”及精准扶贫】一是加大基础设施建设。帮助湫沟村实施水、电、路等基础设施改造工程，铺设供水管道700米，建成集中式管道饮水工程1处，全村10个组的自来水铺设率达到了100%；完成西坡、东坡、湫沟三个组共计13公里的农电网改造；新修柏油路3条6.2公里。二是不断完善公共事业。协助湫沟村及相关职能部门，投资200多万元，完成村部改造，综合服务区、“乡村舞台”、村级标准化卫生所、老人日间照料中心、公立幼儿园、电商示范店等公共服务项目建设。三是扩大结对帮扶成效。春耕时节开展送农资活动，全局22名帮联干部为温泉镇湫沟村44户帮联户和彭原镇赵沟畎村5户精准扶贫户送去地膜50卷、菜籽200袋；为遭受冰雹灾害的帮联户送去慰问金共计1000元。四是强化劳动力技能培训。结合双联“六送”内容，组织开展种植、养殖、劳务等各类技能培训6场（次），培训群众500余人（次），输转劳务23人，培养致富能手13人。五是培育特色富民产业。引导村上大力发展苹果、养殖、劳务等富民产业，协助村镇两级新建盛牧源养殖基地1处，建成标准化羊舍15幢5000平方米，辐射带动规模养羊户15户；帮助11户帮扶户栽植苹果树32亩，19户贫困户栽植杂果20亩；指导农户合理流转土地500亩，新建中药材基地1处；建成南庄生态观光体验园1处。协助成立了湫沟村农村产业发展资金专业合作社，采取联户担保及合作社＋贫困户的方式为95户群众发放扶贫贷款445万元。发起组织“温泉镇湫沟村双联暨精准扶贫捐助活动”，联络邀请30个社会热心企业及个人参与捐助，共为湫沟村资金合作社募集资金15.825万元，壮大了合作社资金规模，为湫沟村发展公益事业、富民产业提供了保障。六是扎实推进精准帮扶。督促帮扶干部完善了贫困户“六有”资料，完成了精准扶贫大数据录入工作；为农户出谋划策制定并实施脱贫致富计划；配合彭原镇政府以及相关职能部门完成危房改造4户，新建卫生厕所4个，为贫困户发放贴息贷款25万元，发动社会热心人士及干部职工为贫困户汪琪捐助资金3000元。

（李振越）

档案管理

【档案整理】3月25日，举办“全区档案行政执法暨业务知识培训班”，138个立档单位分管领导及档案员共200多人参加了培训，接收进馆档案4203卷（件），其中：区审计局2008年至2010年的审计档案163卷，区政府办2006年至2006年的文书档案1938件，区档案局2009年至2014年的文书档案638件，区农办2001年至2009年的文书档案271件，区卫生局1996年至2000年的文书档案137卷，区科技局1996年至2014年的文书档案14卷1042件。

【档案查借阅和保护】接待档案查阅利用者3000多人（次）。同时，与区委党史办合作完成《西峰区创先争优活动资料汇编》，完成档案全文扫描15万幅，文件级目录输入1万多条，裱糊、修复破损档案2000多卷（件）。

【机关档案室晋等升级】9月，陇东建材市场有限责任公司、温泉镇黄官寨村、西街办东门村3

董志镇档案馆晋升为“省特级”档案馆

家单位的档案室通过了市档案局验收，晋升为档案工作规范化管理“省一级”档案室；平安保险公司晋升为档案工作规范化管理“省二级”档案室；食品药品监督管理局晋升为档案工作规范化管理“省三级”档案室，12月，董志镇档案馆通过省档案局评定验收，晋升为档案工作规范化“省特级”档案馆。

【档案宣传】“6•9”世界档案日当天，市、区档案局联合行动在东湖公园门前，采取播放音像制品、散发传单的形式进行了全方位、多视角的宣传。

【“双联”及精准扶贫】为肖金镇王庄村村委会捐赠价值2000元的办公设施，建立文化活动中心，3个贫困户均养羊30只以上，6个贫困户均养羊10只以上，建成王庄村示范档案室，投资7000元购买12组垃圾箱，安放在乡村道路两旁，西峰区卓林公司在该村周转土地240亩用于果树种植。

（左倩）

联村联户及精准扶贫

2015 年西峰区联村联户为民富民行动

2015 年，西峰区双联行动坚持以党的十八大和十八届四中全会精神为指导，按照省、市、区委的决策部署，紧扣“重在联、贵在为、深在制”的要领，以全面贯彻落实省委双联行动“六大任务”“八个全覆盖”和“五件实事”为主线，把双联行动与精准扶贫紧密结合，着力拓展双联行动的内涵和层次，着力在拓展深度和广度两个方面下功夫、在激活内力和借助外力两个层面做文章，整合帮联资源，完善帮扶机制，创新行动载体，狠抓任务落实，有力推动了全区双联行动向纵深开展，逐步形成大规模、全覆盖、综合性、常态化的工作局面，取得较为明显的阶段性成效。

一、加强组织领导，统筹安排抓谋划

2015 年，西峰区严格按照省、市委决策部署，把双联行动列入重要议事日程，放在全年重点工作首位，超前谋划、统筹部署，以上率下、四级联动，确保全区双联行动进展顺利、有序推进。一是周密安排部署。及时召开西峰区双联行动扶贫攻坚推进大会，制定并下发《关于开展学习宣传全省革命老区脱贫致富工作会议精神的通知》《关于深入推进全区双联行动的意见》《关于推动双联行动与扶贫攻坚深度融合的实施意见》等文件，把双联行动“六大任务”与扶贫攻坚“六个突破”有机结合，精心谋划，聚焦发力，着力推进两项行动深度融合发展。同时，结合阶段性重点工作，采取召开会议、下发文件等方式，全力推动各项工作的落实。2015 年区委常委会专题研究双联工作 2 次，召开领导小组会 3 次，工作推进会 2 次，工作部署会 4 次，下发各类文件 35 份。二是强化舆论宣传。充分发挥“一屏一报一栏一网”的优势，采取制作专题片、编发简报、开辟专栏、印发资料、举办文艺晚会等方式，全方位、多角度、深层次加大宣传力度，为全区双联行动的顺利开展营造了浓厚的舆论氛围。2015 年，全区共编发各类简报 112 期，省市区媒体报道西峰区双联信息 335 条，印发双联宣传画册 10000 份，民情联心卡 1000 张，开展双联演讲比赛 1 次，全方位、多角度、深层次加大了双联行动的宣传，营造了较为浓厚的舆论氛围。三是整合帮扶力量。根据双联行动三年成效评估和 2014 年贫困村动态监测结果，对联系村已脱贫的 16 名县级领导和 29 个区直联村单位，调整新增联系贫困村 15 个，对联系户已脱贫的，按照“脱贫几户，新增几户”的原则，为区直单位联户干部新增联系贫困户 477 户，将帮扶力量向贫困村及精准扶贫户全面集中，进一步优化了帮联力量，确保贫困村能够按期稳定脱贫。四是理清帮联思路。紧盯 2015 年整体脱贫、2018 年在全市率先实现全面小康的目标，由区委双联办牵头，区扶贫办、区统计局配合，组织各级双联单位和干部进村

入户开展了村级小康实现程度监测，找准每个贫困村全面小康建设的短板和弱项。各帮联单位以小康监测结果为依据，分年度确定目标任务和推进计划，修订完善贫困村小康建设规划15份，联系户脱贫计划3533份，进一步明确每个贫困村脱贫“时间表”和全面小康建设“路线图”，衔接有序地推进扶贫开发与全面小康建设，确保按期实现阶段性脱贫目标。

二、突出统筹协调，整合项目夯基础

坚持“分类指导、梯次推进”的原则，加大项目整合力度，统筹扶贫攻坚、产业开发、基础设施、社会事业、技能培训五个重点，帮助联系村实施了一批基础性、公共性、民生性项目，有力促进了“三农”工作健康快速发展。一是聚力扶贫攻坚。依托“两推一精”帮扶措施(在30个发展较好村推行全面小康建设、在15个贫困村推行整体脱贫、在26个插花村采取精准扶贫)，由县级领导牵头，从市区帮联单位、乡镇抽调100名干部，组成7个乡镇工作队、15个核查小组，深入全区15个贫困村，重点围绕摸清底数、力量调整、产业培育、交通建设、安全饮水、危房改造、移民搬迁、技能培训等18个重点问题，开展为期20天的双联与扶贫工作集中核查评估，每村形成一篇有质量的核查评估报告，列出一份有针对性的项目需求清单，建立一套详细的农民增收台账，努力做到了“五清六有”(底数清、问题清、对策清、责任清、任务清，有村情档案、有问题台账、有需求清单、有村级规划、有帮扶单位、有脱贫时限)。二是兴办惠民实事。以实现“八个全覆盖”、兴办“五件实事”和实施“六大工程”为契机，各级帮联单位在分解落实年度脱贫目标和工作任务的基础上，坚持因地制宜、因户施策，逐村逐户分析原因、精准帮联、对症下药，帮助联系村集中推进基础设施建设，狠抓产业培育，提升公共服务水平，全力加快贫困乡村发展。2015年，共为联系村协调争取各类项目资金9864.25万元，实施基础设施项目355个，公共服务项目287个，产业发展项目373个，为贫困村、户帮办实事5611件，帮扶地膜、化肥等农资800多吨、资金280万元，有力推动了农村各项事业的全面快速发展。三是开展技能培训。大力推广“143”技术到户培训机制，整合各类培训资源，统筹实施培训项目，立足实际，全面实施农村劳动力技能人才和实用人才培训工程，开展多层次、高密度、广覆盖的农民技能培训活动，年内每个联村单位筹资1万元以上帮助联系村开展培训。培训农民技术明白人1.4万人、村干部350人(次)、输转贫困劳动力6300人(次)，预计实现劳务收入2.2亿元以上。

三、深化抓点示范，培树典型扩效应

坚持把培树典型作为推动双联行动的重要抓手，按照“可学可跟、辐射面宽、带动力强”的要求，及时总结推广工作经验和特色做法，营造了比学赶超的浓厚氛围。一是领导带头抓建典型。各级帮联单位领导干部坚持从自身做起，多次进村入户，与基层干部群众交心谈心，分析贫困原因，梳理发展思路，寻找致富门路，帮助联系村、联系户开发产业、解决难题、兴办实事，培育形成了一批不同层次、不同类型的先进典型，真正把联系点抓成了示范点，为各级干部做出了表率、树立了榜样。二是整合资源培树典型。在原有的4个试点乡镇、14个重点村的基础上，又将彭原镇五郎铺村、什社乡文安村等9个(彭原镇五郎铺村、赵沟畎村，什社乡文安村，温泉镇湫沟村，后官寨镇孔塬村，显胜乡毛寺村，肖金镇杨咀村，董志镇罗杭村、吴庄村廖坳支部)任务落实好、工作机制新、发展变化大、群众认可度高的贫困村建设成为全区双联行动样板村，重点培养，进一步提升西峰区双联工作的层次和水平，典型引导和示范效应明显增强。三是舆论引导推广典型。采取新闻报道、开办专栏等方式对双联行动中涌现的典型人物和典型做法进行了广泛宣传，使广大干部群众学有榜样、做有标尺、干有方向，有效助推双联行动纵深开展。

四、创新工作机制，强化措施求实效

坚持把制度和机制建设作为开展好双联行动

的关键，制定下发了联村联户为民富民行动成效评估、意见征求办理、群众评价、干部驻村、逢提必下、干部述职、法治宣传教育工作等六项工作制度，创新了工作方式方法，拓展了双联行动内涵层次。进一步强化乡村扶贫工作力量，在乡镇设立了5-7人组成的扶贫与双联合一的工作站，各级帮联单位严格落实驻村工作制度，分期分批、定期轮换驻村开展双联和扶贫工作，深入了解村情民意，集中办理群众意见建议，主动参与扶贫项目实施，有力推动了贫困村的发展步伐。

五、扎实驻村帮扶，规范管理提水平

根据省市安排，西峰区于2015年7月初，抽调干部124名（其中双联干部60名，挂职村干部15名，大学生村官15名，包村干部34名），为15个建档立卡贫困村成立了驻村帮扶工作队长期驻村帮扶开展工作。各驻村帮扶工作队及工作队员严格按照省市区要求，自觉服从双联精准扶贫工作大局，驻得下、沉得住，帮助所驻村理思路、谋发展、上项目、办实事，扎实开展帮扶工作，取得了一定实效。一是思想认识明确。各乡镇、驻村帮扶工作队及其派出单位对开展贫困村驻村帮扶工作高度重视、认识明确，从物资上、时间上、工作上对驻村帮扶工作队员提供支持，为驻村帮扶工作开展提供了有力的保障，确保了各项工作的顺利开展。二是驻村管理规范。按照乡镇党委负责对工作队队长考勤，队长负责对队员考勤的要求，各贫困村驻村帮扶工作队对成员请假、培训、出差等情况进行了详细地记载，确保驻村干部真蹲实驻、扎实工作，切实完成好各项工作任务。三是工作台账完善。各驻村帮扶工作队坚持把帮助所驻村完善基础档案作为驻村帮扶工作的基础，帮助所驻村建台帐、定规划、开展精准扶贫大数据平台建设，制定了"任务书、时间表、施工图"，为贫困村精准扶贫工作的顺利开展奠定了基础。四是工作重点突出。各驻村帮扶工作队主动作为，全程参与落实所驻村扶持项目建设，帮助提升村"两委"服务能力，配合开展矛盾纠纷调处，征求并办理群众意见建议，工作成效明显。截止目前，共帮助所驻村协调落实各类发展资金9231.14万元，实施基础设施建设项目75件，产业发展项目57件，社会事业发展项目32件，化解矛盾纠纷149件，解决急事难事142件。五是轮流驻村扎实。各乡镇及市、区各级帮联单位把双联干部轮流驻村作为开展双联精准扶贫工作的重中之重，组织干部分批次轮流蹲点驻村开展工作，全力帮助联系村开展大数据平台建设信息采集、资料完善工作，全面落实各项帮扶措施，较好的完成了阶段性工作任务。

2015年西峰区精准扶贫精准脱贫行动

西峰区是甘肃省17个"插花型"贫困县区之一，有15个贫困村、3533户、1.39万贫困人口，2013年至2014年累计减少贫困人口1.74万人，贫困发生率为7.39%。2015年，在庆阳市委、市政府的坚强领导下，西峰区认真贯彻落实陕甘宁革命老区脱贫致富座谈会和六盘山片区扶贫攻坚座谈会精神，聚焦省委"六个精准"要求和市委"五个一"扶贫模式，统筹谋划，务实苦干，较好地完成了精准扶贫各项目标任务，全年脱贫3260户、12946人，贫困发生率下降到0.38%，实现了整区脱贫。

一、高度重视，周密安排部署

牢固树立精准扶贫是最大政治任务、头号民生工程的理念，用最新的思路、最严的契约、最强的力量，推动精准扶贫扎实有序开展。一是高标准定位，创新工作思路。着眼稳做全市经济社会发展排头兵，把精准扶贫锁定在全市率先、高标准、满分值、整区脱贫四个核心要素上，创新提出"5341"（五个率先全覆盖：在全市率先实现通组硬化道路、农村安全饮水、通村动力电、村级卫生室、村级幼儿园全覆盖；三个高于平均值：农民人均纯收入、贫困群众人均纯收入、一二类低保救助对象高于全市平均水平；四个精准到户：扶贫项目资金、专项扶贫贷款、

劳动技能培训、特色产业培育到户；实现一个目标：确保2015年以首善之区应有标准在全市率先实现整区脱贫）工作标杆；以省上“1+17”精准扶贫实施方案为蓝本，立足实际，组织相关部门反复修改制定了“1+20”精准扶贫实施意见及工作方案，为纵深开展精准扶贫工作提供了科学指南。二是军令状明责，层级传导压力。对照建档立卡贫困村13项、贫困户7项指标要求和项目需求清单，为15个联村县级领导、20个行业部门、7个乡镇、15个贫困村量身定制了“军令状”，在全省第一家召开整区脱贫誓师大会，区委书记现场向联村县级领导、行业部门、乡镇、贫困村4个层面的责任人颁发军令状54份，做到了安排部署、责任主体、工作重点、时限要求四明确，形成了上下衔接、条块结合、各负其责的扶贫攻坚责任体系。三是大格局抓促，聚力攻坚拔寨。组建成立了由区委副书记任主任、区政府分管副区长任副主任，抽调相关职能部门28名业务骨干为成员的大扶贫办公室，实行分兵把守、分口把关负责制，最大化发挥部门职能作用，高标准、高效率推进任务落实。整合市、区、乡、村8支攻坚力量，有226个帮联单位和上万名干部，一对一进村驻扎、点对点结对施策，全面落实单位联村、干部驻户帮扶措施，形成了全区动员、全员参与、齐抓共管的工作格局。

二、严把关口，精准建档立卡

坚持把建档立卡工作作为精准扶贫最重要、最具体、最基础的工作，紧扣贫困村识别“九步法”、贫困户识别“十步法”要求，科学安排，有序推进，高质量、高标准、有创新地完成建档立卡工作。一是开展排查摸底。组织万名干部进村入户，按照“算、看、查、问、听”五步结合的办法，对全区7个乡镇、100个行政村、5.7万农户集中开展了“地毯式”排查，依据入户调查摸底情况，按照农民人均可支配收入由低到高的顺序，对初步掌握的贫困村户进行倒排序，为精准识别建档立卡村户因户、因村施策帮扶提供了全面、准确、可靠的基础资料。二是公开进行评选。按照年人均纯收入2800元的扶贫标准和省上确定的“12345”贫困户识别程序，在村组和农户申请的基础上，积极探索出“因素比较法”“熟人了解法”“收入测算法”“典型特征法”四种横向识别比较法，初步筛选确定贫困户。通过五次会议（即两次村两委扩大会，一次村民小组群众会，一次村民小组群众代表评议会，一次村民代表大会）、两次评议（村两委审议、村民代表决议）、两次公示（村乡两级公示）、一次公告（区级公告），对有异议的进行及时调整，最终精准确定贫困户。三是实行层级审核。按照“谁调查、谁审核，谁审核、谁负责”的原则，实行基础信息四级审核签字制，确保识别对象不错位、不缺位。通过审核将112户不符合政策条件的贫困户及时进行清退，实现了符合政策的一户不漏、不符合政策的一户不进。四是规范档案资料。结合调查摸底情况，指导帮联单位为每个贫困村建立了“九有”（有扶贫规划、脱贫计划、扶贫工作台账、县级领导联系、驻村扶贫工作队帮扶、龙头企业或合作社带动、科技人员指导、金融网点覆盖、精准扶贫“作战图”）资料和三簿（贫困人口、返贫人口、脱贫人口登记簿）一册（扶贫工作手册）一表（贫困村登记表）；帮联干部为每个贫困户建立了“六有”（有帮扶计划、脱贫措施、增收项目、扶持资金、帮扶干部、基础台账）资料和一张明白卡。五是动态管理帮扶。始终把大数据平台建设作为建档立卡工作实现常态、动态管理的有效途径，围绕惠农政策等10项内容，集中开展了4轮专题培训，统一政策口径，使每名入户采集人员对业务知识、操作流程烂熟于心。严格落实“帮联干部初审、驻村工作队长再审、乡镇主要领导复审、区级信息审核组联审、行业部门终审”五级审核责任，采取“四统一”（统一安排、筛查、上报、修改）工作法，每季度对乡镇采集数据每月进行审核，确保了数据信息完整准确。在所有贫困村建立了网格化管理、微信公众服务、二维码精准识别、手机信息推送“四大平台”，对贫困户信息实行联网查询、实物反映，不仅实现了扶持对象查询追踪“可视化”，而且实现了帮扶措施和帮扶成效考评“明确化”。认真贯彻落实全省脱贫攻坚“853”挂图作业工作要求，对建档立卡工作进行全面“回头看”，进一步规范完善档案资料、实现扶贫台账的报表化运作、清单化管理、规范化运转。

三、紧盯任务，创新帮扶措施

着眼帮扶责任分解到人、产业培育精准到户、基础设施覆盖到组、公共服务配套到村，采取“八个助推、八个深度融合”措施，着力打好精准扶贫“组合拳”，推动各项扶贫措施精准到位。一是突出党建助推精准扶贫，实现能人带富与群众共富深度融合。以农村党支部为核心，大力实施能人强村战略，把方方面面的能人选进村“两委”班子，增设党小组，推行“支部+企业能人+贫困户”、“支部+种养能人+贫困户”、“支部+劳务能人+贫困户”三种模式，充分发挥能人的传帮带作用，将经营理念、致富思路、实用技术传授给贫困户，帮助贫困户制定脱贫措施，让能人与贫困户联手闯市场、创家业。中庆农产品有限公司、津林果蔬等20名龙头企业负责人、500多名种养能人、900多名劳务能人与1500户贫困户结成帮扶对子，示范引领贫困户发展订单农业1万亩，户均增收1万元。二是突出双联行动助推精准扶贫，实现外力帮扶与激发内力深度融合。广泛动员社会力量参与双联行动和精准扶贫。统筹整合省市区双联干部、挂职村干部等5个层面1600名干部，组建了15个贫困村驻村工作队和85个非贫困村帮联工作组，实现了驻村帮扶全覆盖。帮扶贫困群众从自身实际出发，紧盯薄弱环节，主动发展壮大种养、劳务等致富增收产业，自己动手改变生产生活条件，摘穷帽、挪穷窝、拔穷根的信心不断增强。通过帮联单位衔接争取，广州乔氏生物玫瑰有限公司等11家知名企业落户帮联村，建成种养殖、农产品生产销售基地15处，吸纳贫困劳动力7600多人；1720名贫困户自主栽植果树3400亩，种植设施蔬菜1980亩，新建规模养殖场5处，发展养殖户260户。三是突出基础建设助推精准扶贫，实现硬件改善与软件提升深度融合。坚持从贫困村现状出发，实行定领导、定部门、定人员、定工期“四定”责任制，推动基础设施、优势产业和公共服务向贫困村延伸。基础设施建设工程着眼破解贫困村基础设施瓶颈，在所有贫困村同步推进水、电、路、田、房“五位一体”建设，投资1.76亿元，开工建设基础设施项目13个，村容村貌和群众生产生活条件持续改善。安全饮水工程新建维修水窖19眼、小电井71个，自来水入户率达到98%，解决了3万多人的用水难问题；电网改造工程紧盯塬边咀梢、沟壑梁峁区配变标准低、施工难度大的短板，科学设计线路配输方案，新建10千伏线路4.7公里、0.4千伏线路35公里，完成农网改造844户，年内可为所有贫困村通上动力电，解决1.15万人的用电难问题；道路通畅工程以“三路一危”（断头路、瓶颈路、年久失修路、危桥）改造为重点，纵深推进以交通为牵引的农村基础设施大会战，投资1.41亿元，建成农村公路37条195公里，其中15个贫困村12条60公里，解决了5万名群众的行路难问题，实现了乡村通油路、村组通水泥（砂石）路；住房保障工程统筹农村人居环境改善、新型城镇化试点等项目，用足用好各级补助资金，共实施危房改造1423户，其中建档立卡精准扶贫户571户，现在完成343户，预计12月底全面完成任务；农田改造工程针对塬边咀梢土地撂荒撂荒、农田水利设施滞后等问题，在严守耕地红线的前提下，加快土地复垦整治和水利设施建设，新增有效灌溉面积2000亩，2012年至2015年建设高标准基本农田2万亩；公共服务配套工程坚持把公共服务配套作为扶贫开发的重中之重，加大农村社会事业投入，大力实施村级幼儿园、卫生所、综合文化站、农家书屋、老年人日间照料中心等惠民工程，促进城乡公共服务均等化。目前，改扩建公办幼儿园12所；建成标准化卫生室9所，各贫困村均配备了1名执业医师；建成“乡村舞台”9个、老年人日间照料中心8个，全区15个贫困村公办幼儿园、标准化卫生室、老年人日间照料中心、乡村舞台、卫生厕所均在全市率先实现了全覆盖；社会保障提升工程，不折不扣落实新型农民合作医疗、养老保险等各项惠农政策，全区贫困户新型合作医疗参保率达100%，城乡居民基本养老保险参保率达99%，社会救助保障标准高于全市平均水平。四突出培育富民产业助推精准扶贫，实现单一输血与多元造血深度融合。按照“远郊生态旅游，近郊休闲观光，川区设施蔬菜，塬面绿色林果，北片种草养畜，南部商贸物流，城中现代服务，全区做城文章”的思路，探索形成了“一中心五组团”产业助推精准扶贫布局。“一中心”：就是城市服务业发展中心。在城区中心地带，加快红星麦凯龙等城市商贸综合体建设，积极发展以商务休闲、日用百货为主的三产服务业，为贫困群众创造更多就业机会。进一步深化户籍制度改革，打破城乡二元结构，吸引农村劳动力进城务工，促进城乡共同富裕。以“两后生”、外出务工劳动力和留守妇女为重点，把就业专项资金的15%用于劳动力职业技能培训补贴支出，开展“菜单式”、“定向式”、“品牌式”职业技能培训。目前，贫困户工资性收入占到家庭人均可支配收入的1/3以上。“五组团”：一是东部优质苹果和特色高效农业发展组团。以温什万亩绿色果带、什社乡万亩优质小米示范片带为平台，通过建立苹果产业研发基地和什社小米原品质原产地保护和提升基地，经营苹果的农民占50%，农民一半收入来自苹果，土地面积的一半栽植苹果。小米以什社海子坳种质基地为核心，辐射带动周边贫困群众种植1.1万亩，户均增收300元以上。二是北部现代生态高效种植养殖业发展组团。把北部清洁工业园作为发展现代畜牧业的孵化基地，通过不断加大政策、资金支持力度，雨润集团日屠宰加工能力突破5000头，绿色肉羊全产业链孵化基地水、电、路基础设施全部开工。积极引进推广先进技术，扶持壮大旱地草食畜牧业，建成牧草基地12个1.25万亩，养殖专业合作社120个，带动7000多名贫困群众发展草畜产业。三是城郊休闲观光和高效农业发展组团。依托城郊地域优势，以天富亿生态民俗村、鄢旗坳循环观光现代农业为中心，重点发展周末假日经济，建成绿色果蔬、采摘观光、餐饮休闲为一体的现代生态高效农业基地15处，实行联户经营、入股分红，把单纯依靠种养收入变为租金、薪金、股金三种渠道增收，带动周边500名贫困群众脱贫致富。按照“一乡（镇）一品、一村一业”的模式，扎实开展农村土地确权登记，向专业合作社、能人大户等新型经营主体流转土地3.5万亩，建成农业龙头企业65家、各类农民专业合作社653个，贫困户入社3200人，人均年增收2900元以上。四是近郊现代物流服务业发展组团。在董志、肖金、后官寨等近郊重点卫星城镇，发展大型商贸物流、电子商务，扶持社会资本发展仓贮、物流、运输龙头企业，引导50户企业380名贫困群众参与现代服务业，人均增收987元。五是蒲河流域生态旅游和绿色高效农业发展组团。围绕蒲河川区串珠状分布的人文、自然生态景观，加快乡村旅游项目和景区设施配套建设，发展以服务旅游为主的专业合作社8个，带动1500人参与旅游产业开发，户均增收900元。在蒲河上游巴家咀水库水资源涵养区发展生态苗林产业，中下游发展生态旅游和设施蔬菜等高效农业，建成集约化育苗点11个、钢架大棚1365座，5000多名贫困群众从中受益。五突出旅游资源开发助推精准扶贫，实现近期脱贫与长远小康深度融合。以丝路驿站文化为引领，进一步发挥毛寺村生态旅游度假村的龙头作用，整区域开发，不断提高贫困群众旅游业收入，为率先实现全面小康奠定基础。一是以招商引资为突破口，招引宁夏汇达置业集团有限公司投资5.2亿元在毛寺村建设陇东滑雪场，安置200多名贫困群众就近务工。借助得天独厚的自然资源，建成窑洞宾馆59处、生态农家乐15家，为贫困群众稳定脱贫提供了产业支撑。二是在城郊四门乡镇，重点发展休闲观光旅游等特色项目，天富亿生态民俗村成功获批国家AAAA级景区，成为贫困户就业创业的孵化基地。同时，按照“互联网下乡，土特产上线”的思路在全区12个贫困村创办了电子商务网店，通过利用电商平台销售土特产品，有效降低了中间流转成本，实现贫困户户均增收800元以上，加快了贫困户致富步伐。三是以南小河沟—巴家咀水库—北石窟寺—小河湾水电站—黑老锅冰窟景区为节点，建成国家、省、市级旅游景区项目8个，年接待游客突破5万人(次)，带动152户贫困户发展餐饮、住宿等服务业，600多名贫困群众通过旅游业实现脱贫。六是突出金融支持助推精准扶贫，实现融资与用资深度融合。一方面，强化互助资金运行管理，为15个贫困村落实资金210万元，主要用于果、菜、畜等增收产业培育，解决了810户贫困户发展产业资金短缺难题。另一方面，在全市率先成立了村级产业发展资金合作社，群众以每股不低于500元的标准加入合作社，区财政为每个合作社列支20万元，每村撬动贷款200万元；通过林权证、宅基地证、3户5户联保等方式，向2889户贫困户发放专项贷款1.76亿元，形成了多股资金乡村统筹、群众受惠的金融扶贫格局。采取“农户贷款、带资入社、按股分红”的形式，吸纳31户贫困户、155万元扶贫贷款入社，贫困户每年获得财政贴息和务工收入9000元。在向贫困户直接发放贷款的同时，各帮联单位和驻村工作队共同帮助贫困户规划主导产业，确保把每一笔钱用到“刀刃”上。七是突出企地共建助推精准扶贫，实现企地关系深度融合。按照政府兜底、社会担责的原则，由政府统一规划，农户流转土地，企业免费提供苗木农资，双方签订协议，约定分红及收益方式，深化合作共赢的企地关系。长庆油田、中庆公司等5个大型企业累计投入600万元，在董志镇吴庄等4个村流转土地900亩，建成标准化苹果示范基地3处，已帮助142户贫困户实现稳定脱贫。抢抓城市建设快速推进和重大项目落地的有利机遇，积极招引知名企业落户城郊村，采取商家代建、村企联建等形式，开工建设嘉鑫国际综合建材市场、东区放心食品城，预计增加村级集体经济收入400多万元，可解决500余名贫困群众的就业问题。八是突出作风建设助推精准扶贫，实现群众脱贫与干部锻炼深度融合。坚持把精准扶贫作为检验干部作风的试金石和锤炼工作能力的主战场，在扶贫一线看干部、论实绩。制定出台了《干部挂职制度》、《大学生村官评优激励机制》等6项制度，为每个贫困村选派了1名30岁以下的优秀干部担任第一书记，从区直机关提拔9名优秀年轻干部进入乡镇党政班子，在全区范围内开展了优秀大学生村官表彰奖励活动，进一步调动广大帮联干部扎根农村、服务群众的积极性，在全区上下形成工作以扶贫攻坚为要务、干部以扶贫攻坚为重任的良好态势。

四、强化督查，确保落实见效

坚持把督查考核、激励约束的重心向扶贫攻坚倾斜，区委书记逢会必讲精准扶贫工作，针对一些工作滞后、措施不力的问题，先后37次召开专题会议和工作约谈会，提出“两个硬淘汰”(对影响整区脱贫的，7个乡镇党委书记淘汰最后一名，17个职能部门一把手淘汰最后一名)，实行联村县级领导和乡镇、村组、帮联干部捆绑考核，把责任细化到人头、具体到环节，做到责任精准、考核精准、追究精准。发挥“工作落实年”督查组、干部作风整顿纠察组、扶贫办、纪委四支督查力量，采取随机抽查、明察暗访、现场推进等方式，进行周督查、旬考核、月评估，逐项精准考核评价扶贫工作成效。由联村县级领导带队，抽调16名得力的科级干部，组成7个验收组，依据贫困户退出7项指标、贫困村退出13项指标，按照村组自验、乡镇初验、区级验收的程序，对西峰区贫困人口和贫困村开展3次预验收考核，推动各项扶贫目标任务落实到位。

显胜毛寺下湾"土箭" **摄影：**刘小智

乡镇街办

董志镇

党委书记　祁崇东(9月任职)

镇　长　黄彦斌(9月任职)

【项目实施】2015年实施重大项目29个，其中续建项目22个，新建项目7个，共签订全迁户协议134户、半迁户协议394户，签订用地协议852.41亩。2个区级十大重点项目中，雨洪集蓄生态保塬项目已经全面建成投入使用，周边景观带建设正在签订搬迁户协议；民俗文化产业园项目完成所有搬迁户和部分用地协议签订工作。9个能源基地项目中，庆化600万吨提质改造、北京立诚、兰州永欣完成了遗留问题处理；油田生活基地二期完成下剩57.24亩用地协议签订，清表围界结束，施工正常；石油公司加油站项目已经围界；烃尘新能源项目已经完成丈量登记工作；庆阳橡树橡胶、双庆油气技术服务、科瑞工程服务在做前期工作。10个基础设施建设项目中，利用世行贷款建设农村经济综合示范镇项目董祥路已建成通车，正宁路、经四路完成管沟铺设，即将铺设水温层；西环路南延伸段项目已完成附属物拆迁和清表；宁县路完成附属物协议签订；冯堡沟头排水工程签订用地协议23.7亩，流转土地60亩，工程进展顺利；南部石化工业园区A1路、A3路、庆州路、环县路、董志源大道6个项目签订附属物协议；马庄组整组储备项目已完成43户农户附属物协议签订。8个商业及社会事业项目中，上海红星美凯龙项目签订用地协议163亩，施工正常；传媒大厦项目完成用地征拆任务，正常施工；庆化实验学校下剩6个全迁户附属物协议加紧签订；长庆中学项目签订用地协议136亩，已完成清表；黄委会规整地、天主教堂以完成围界，交付项目实施单位；庆阳思源学校、陇运快客签订附属物协议。

文化产业园建设现场

【城乡整治】按照“主要领导抓全盘，联村领导具体抓，干部包路段，群众包地块”的机制，全镇干部齐上手，逐村逐区域进行全面整治；在重点区域由镇城管所负责，组织环卫工人全天候对董志、陈户街道进行保洁；在点上各村组干部群众齐动手，因村制宜，实行各具特色的环境卫生整治活动。全年19个村共完成村内道路周边“三清”工作任务，新建围墙1200多米，建宣传墙1800平方米，清理路段达 100 多公里，清运杂草、垃圾 48 吨，清理沿线柴堆 326 处、粪堆 204 处、晾晒场 42 处，清除沿路横幅 96 条，疏通沿路两侧排水沟渠 36 公里。同时，为了确保整治效果，镇上投资在各村修建垃圾处理场 5 处、垃圾收集仓 41 座，发放果皮箱、垃圾桶 60 余个。切实加强“两违”建筑监管，共依法拆除“两违”建筑 42 宗，面积 18000 多平方米，“两违”工程蔓延得到有效遏制。

【信访调处】扎实开展“大排查、大调处、大接访”活动，变“上访”为“下访”，关口前移，超前排查，归口办理，限时解决，确保上访人合理诉求得到妥善解决。全年化解各类信访积案 64 件，其中 52 件做到了案结事了。围绕矛盾纠纷大排查、大调处，建立长效工作机制，制作了“矛盾纠纷排查调处手册”，实行季度检查评阅制度，确保群众的诉求得到及时处理。共排查受理各类矛盾纠纷 198 起，调处成功 188 起，调处成功率为 95%。

【精准扶贫】2015 年，全镇 583 户 2263 人实现了稳定脱贫目标，贫困发生率降至 0.17%。一是突出产业培育。成立种植合作社 5 个，种植果树 6050 亩（苹果树 2990 亩，核桃 3060 亩），其中庄头、罗杭、廖坳 3 个省列贫困村新栽苹果树 1220 亩，核桃树 3000 亩；发展养殖合作社 2 个，建成规模养殖小区 4 个，为 126 户精准扶贫户投放羊、牛、猪等牲畜 366 只。同时成立农村产业发展资金专业合作社 21 个，发展入股社员 1000 多

乡村舞台巡回演出

人，为 608 户贫困户发放贷款 3040 万元。二是突出基础设施。积极争取各方项目支持，解决贫困村水电路房田等群众最关心、反映最突出的问题。在庄头、罗杭 2 个村实施土地整理 11500 亩，增加耕地近千亩；通过实施“一事一议”、通村油路、专项扶贫、土地整理等项目，硬化道路 15 条 35 公里；新打机井 5 眼，建水塔 4 座，大口窖 159 眼，新增有效灌溉面积 1500 亩，发展节水灌溉面积 128 亩，新建闸阀井 10 处，延伸人饮管线 12.6 公里；架设高低压输电线路 17.5 公里，更换变压器 10 台，户表改造 912 户；依托易地扶贫搬迁项目，新建居民点 2 处，目前已建成 52 户，完成危房危窑改造 204 户（贫困户 93 户）。三是突出社会事业。针对贫困村不同情况，本着缺什么补什么的原则，建成罗杭、庄头等村级文化广场 6 个，老年日间照料中心 5 个，完成 6 个村级卫生所、2 个文化室和 8 个乡村舞台建设任务。维修改造庄子洼、周岭小学 2 处，改扩建罗杭、庄头、廖坳幼儿园 3 个。

（麻博）

温泉镇

根据甘民复［2014］148 号文件和区政府发［2014］314 号文件，温泉乡更名为温泉镇。

【经济指标】全镇规模以下工业增加值完成 817.353 万元；农业增加值完成 1.69 亿元；固定资产投资完成 39.1 亿元；招商引资完成 26.2 亿元；粮食总产量达到 1.33 万吨；农民人均纯收入达到 7843 元。

【项目建设】全年实施 50 万元以上项目 85 个，完成 61 个，正在建设 9 个，办理前期手续 10 个，用地征拆 5 个，共签订项目用地协议 275 亩。西合二级公路：温泉段长 10.35 千米，项目总占地 305.135 亩，途径温泉镇八里庙、新桥、温泉、米堡、齐楼 5 个村 16 个组，涉及征迁户 529 户，其中全迁

新西合二级公路改扩建

户 82 户、半迁户 447 户、庙 1 座、坟 95 穴。全年完成 5 个村 305.13 亩土地征用工作，签订附属物协议 529 户，82 户全迁户、447 户半迁户已全部拆除；拆除农业设施 85 处，搬迁坟墓 95 穴，庙 1 座。已建成涵洞 3 个、蒸发池 6 个。9 月初，完成柏油罩面并全线通车。天富亿生态民俗村：2015 年，投资 1.8 亿元，建成名优花卉鉴赏区、名优果品采摘区、都市博览区、农耕食文化活态传承区、农产品展销区等 7 个功能区块。承办第十三届庆阳香包民俗文化节、2015 中国(庆阳)农耕文化节等大型节会。

甘肃省委常委、副省长李荣灿(左五)调研天富亿生态民俗村

【农业产业】新栽果树 1550 亩、杂果 780 亩，完成苹果育苗 184 亩，杂果育苗 103 亩；齐楼标准化矮化密植苹果示范带搭设立架 683 亩，“华夏苹果第一树”保护园区安装防雹网 25 亩，全镇果园面积达到 5.1 万亩(挂果面积 2.9 万亩，果品年产量达 2.57 万吨，年产值约 11166 万元)；建成了盛牧源种养殖基地，发展规模养殖户 120 户，新增肉羊 1600 只，建成残疾人就业基地 9 处；完成苗林结合培育 13000 亩，建成千亩以上苗林基地 2 个；完成土地流转 4500 亩。

【城乡建设】以新农村建设为突破口，齐楼村投资 210 万元，建成村部办公楼 1 幢，文化广场 1 处；投资 701 万元，建成独院式小康家园 25 户。以改善人居环境为目的，米堡村投资 2248 万元，建成农家乐一条街商业门店 80 间 3200 平方米；投资 40 万元，建成米堡村史馆 1 处。以城乡环境综合整治行动为契机，全镇建成垃圾收集仓 46 个，集中填埋场 28 个。农村“三权”改革稳步推进，11 个村基本完成了土地承包经营权确权实地勘界工作。

【社会事业】新建齐楼、湫沟、巨塬幼儿园 3 所，改建教师周转宿舍楼 12 间。建成乡镇综合文化站 1 处、村级文体广场 2 处、乡村舞台 3 个、成功举办了温泉镇全民健身舞动金秋农民艺术节乡村舞台文化社团展演大赛。新建湫沟、巨塬标准化村级卫生所 2 个。救助贫困对象 296 户，发放各类救助金 19.94 万元、养老金 386.7 万元，发放各类涉农资金 22 项 1485.92 万元。西峰区救灾物资储备库、温泉敬老院全面启动运营，建成齐楼、巨塬等老年人日间照料中心 2 个。

【精准扶贫】硬化村组道路 18 条 41.9 公里；建成集中式管道饮水工程 1 处，沟水上塬工程 1 处，新打、维修机井 3 眼，改建饮水管线 7866 米；升级改造 6 个村 13 个组农电线路 38 千米；完成危房改造 111 户；建办农村产业发展资金专业合作社 8 个，发放惠农贷款 1900 万元；湫沟村新建村部 1 处、标准化村级卫生所 1 处、幼儿园 1 所；巨塬村建成标准化村级卫生所 1 处，改建老年人日间照料中心 1 处、村级幼儿园 1 所。18 个帮扶单位 338 名干部对口帮联 2 个贫困村、6 个非贫困村 380 户 1497 名贫困人口，336 户 1357 人实现稳定脱贫，贫困户人均可支配收入由 2690 元增加到 6550 元。

(刘雅丽)

彭原镇

根据甘民复［2014］148号文件和区政府发［2014］314号文件，彭原乡正式更名彭原镇。

【项目建设】 牢固树立“抓项目就是抓发展”的理念，全年启动实施重点项目28个（其中：亿元以上项目7个，500万元以上项目8个），征用土地356亩，流转土地4097亩，签订附属物协议全迁户24户、企业1户、半迁户102户；拆迁结束122户，搬迁坟墓103穴。一是经济指标圆满完成。2015年，招商引资完成27.2亿元；固定资产投资完成46.3亿元；规模以下工业增加值完成2510万元；农业增加值完成1.86亿元；粮食总产量达到2.04万吨；农民人均纯收入达到7610元。二是农民安置快速推进。规划失地农民安置点6处，占地42.53公顷。李家寺安置点已建成51户、在建5户，草滩安置点已建成30户，义门安置点建成20户、在建18户，安置点基础设施建设同步推进。刘岭、鄢旗坳、东岭3处安置小区方案已通过，正在理顺体制机制，办理前期手续。三是重大项目提质提效。陇东汽车城项目一期建成投用汽车4S店10座，开工建设4座，其余7座正在招商，车立方主体工程建成；二期土地协议已全部签订，相关前期手续已报待批；三期由村组自主开发，用于解决失地农民生计问题，目前流转土地140亩，土地协议已签订。周边城北二路、城北三路、南梁大道南段已全线贯通，正在表油硬化。西峰北部工业集中区项目签订全迁户协议14户、半迁户协议65户、过渡费协议22户，拆迁结束79户；搬迁坟墓48穴，解决遗留问题54起；A3路建成通车，B1路、C17路进展顺利；标准化厂房一期完成地下管沟和地下梁工程建设，二期完成厂房和1号服务楼维护工作；庆宁粮油和益翔药业开工建设。银西高铁完成地勘，庆化大道北延伸段及西峰城区垃圾场专用通道建成通车，机场航站楼全面建成，庆阳市养老基地完成投资7000万元，北湖景观工程、彭原初中改扩建等项目取得了新进展。四是基础设施逐步完善。整合资金1750万元，新修村组道路38条76.8公里（其中：水泥路6条10.2公里，柏油路15条28.2公里，砂石路17条38.4公里），完成8个村民小组农电网改造，解决了540户群众人畜饮水困难。

【产业开发】 养殖产业新增规模养殖大户138户，新建标准化养殖小区1处。庆丰牧业良种羊养殖及繁育基地开工建设。新栽果树1809亩，新建百亩矮化密植示范园2处，完成幼园补植及管护2100亩；启动实施鄢旗坳循环农业示范区二期（陇峯有机蔬菜基地）建设项目，流转土地260亩，新建采摘示范大棚50座。完成李家寺、义门、草滩3个村区级新农村试点建设任务。认真抓好粮食生产，种植全膜双垄沟播玉米12830亩。组建农民专业合作社12个，入社会员621人，经营收入1100余万元。依托合作社，流转土地4097亩，建成示范基地3处。建成千亩造林示范点1处，造林2287.5亩；新建顾咀村苗林结合产业培育基地1处，育苗1978亩；完成退耕还林补植补造873亩；对6个村21.8公里村组道路进行绿化。

【民生改善】 完成顾咀农村区域中心学校建设，建设赵沟畎、五郎铺村级幼儿园各1处。新建标准化村级卫生室2所，为辖区群众建立健康档案，充实全镇18个村级卫生所的医疗设备。高标准建成了彭原镇综合文化站，16个农家书屋规范运行。建成村级文化广场2处，乡村舞台2处，文化集市

彭原镇综合文化站

1处；全力配合第十三届·中国庆阳端午香包民俗文化节，展出香包32万件，销售24万件，增加香包生产户210户。发放惠农资金17项1425万元，建设老年人日间照料中心2处。劳务输出8900人，创收1.7亿元；完成农村实用技术培训4513人(次)；修订了镇、村两级突发性自然灾害应急预案和救助预案，组建抢险应急分队3支，开展防汛应急抢险演练2次，出动防汛救灾20余次，挽救人民财产损失50余万元。建立拥军工作站，迎接省市区的检查验收。将全镇划分为21个责任片区。多次联合区直管理部门召开商业门店管理会，严格落实"三包六禁"责任制。建设200立方米的雨污水收集池及燃煤质量检测站各1座。筹集专项经费100多万元，开展大型整治40余次。建设垃圾集中收集点56处、维修垃圾箱47个。

【社会事业】计划生育工作：启动实施"单独两孩"生育政策，成立了"彭原镇健康教育所"，三项约束性指标全面完成(人口出生率6.7‰，计划生育率91.78%，自然增长率3.67‰)。两违监管工作：共发现"两违"工程83宗3.93万平方米，制止停工51宗1.5万平方米，动员自拆8宗0.33万平方米，强拆24宗2.1万平方米。信访维稳工作。全年共排查各类矛盾纠纷127起，受理信访案件30起，95%以上得到有效解决。

【基层党建】强化党建资金保障力度，整合专项资金20万元，用于村级阵地建设、党员教育培训。新调整村干部7人，下派联村科级干部担任软弱涣散村党组织书记。新建党小组2个，纳新党员31名。深入开展"弘扬南梁精神、践行'三严三实'"干部作风大整顿行动，围绕区委提出的"四个反思"，整治"六个方面"的突出问题，加强对干部8小时之外的约束监管，对全镇干部作风建设情况进行事前、事中、事后监督检查。对16名违纪干部给予了通报批评、全体干部大会检查等处罚，形成作风建设的高压态势。落实"三转"工作要求，主动约谈班子成员、各部门负责人、村支部书记63人(次)。支持纪委查办案件，全年共查办各类案件7起，给予党政纪处分7人，作出组织处理3人，收缴违规资金1.8万元。

【"双联"与精准扶贫】捐赠价值10.7万元的

依托精准扶贫建成的五郎铺村级活动场所

春耕物资和价值3.7万元的生活物资，协调帮扶资金31.4万元，实施帮扶项目35个，受惠群众1万余人。以两个重点贫困村(五郎铺村、赵沟畎村)为主战场，认真落实"1236"扶贫计划，围绕区委"1+20"精准扶贫方案，实现精准扶贫和"双联"行动深度融合。突出解决好"三大问题"。解决好"扶持谁"的问题，通过民主评选、入户核实、公示公告和逐级审核等方式逐户识别，确定了540户2084人贫困人口。建立精准扶贫大数据库，实行实名制动态管理，村级"九有"和户内"六有"资料完善到位。解决好"谁来扶"的问题，9名联村县级领导第一时间进村入户，主持召开相关会议，协调解决工作中存在的问题。39个帮联部门531名干部与540户贫困户结成帮扶对子，15个驻村工作队扎根一线、倾力扶贫。解决好"怎么扶"的问题，实施"五个一批"工程，协调争取扶贫资金745万元，同步实施基础建设、产业培育、公共服务等项目19项110多个。水、电、路等建设项目全面完成，五郎铺和赵沟畎村级活动场所建成投用，危房改造建成280户(精准扶贫户127户)；完成490户互联网入户、卫生厕所建设任务；发放精准扶贫专项贷款2700万元，预计年底可实现490户1902人稳定脱贫，贫困发生率降为0.46%。

(吕明霞)

后官寨镇

根据甘民复［2014］148号文件和区政府发［2014］314号文件，后官寨乡更名为后官寨镇。

党委副书记、政府镇长　　李勇(7月任职)

【项目工作】全年完成项目3个：综合建材市场一期项目、庆化大道中段改造项目、新城南区雨洪集蓄保塬生态项目。取得实质进展的项目8个：1.庆阳市妇女儿童医院：签订全迁户协议13户，半迁户19户，拆除全迁户13户，半迁户19户，清表79亩，开工奠基仪式已举行，现正在施工。2.综合建材市场二期：签订2户全迁户及1户半迁户协议，所签户已完成征拆、清表、围界工作。3.庆阳市工商联大厦：签订8穴坟墓协议，已全部搬迁。4.区公安技术业务大楼：签订2户半迁户协议，组织开展了保护性施工，完成了清表围界。5.广盛农机与民爆公司置换地：完成清表、围界工作，下剩2户全迁户协议按照法定程序正在进行。6.空港基地：已签订半迁户协议6户，处理遗留问题7起。7.银西高铁正式开工奠基。8.气象局片区改造：签订用地协议4.97亩。

甘肃省政协副主席黄选平(右一)调研嘉鑫国际建材城项目

【产业开发】2015年新注册成立农民专业合作社3个，流转土地4553.25亩；发展壮大沟畎村春满园、春兴园、春泰园3个专业合作社养殖基地；种植全膜覆盖玉米5023.5亩。果产业：坚持以苹果为主、多果并举的思路，全年新栽果树2668亩(苹果树1528亩、杂果园1140亩)，建成百亩连片苹果示范园3处(路堡180亩、司官寨200亩、沟畎130亩)及李庄300亩樱桃园示范点1处。菜产业：坚持抓点带面，突出东坪、南佐、司官寨等蔬菜产业带动作用，全年栽植高原夏菜2.17万亩，新建钢竹架大棚391座，其中钢架大棚243座，种植设施蔬菜300亩，建成规模设施蔬菜基地2处。畜产业：新改建天兆万头育肥猪场1处，恢复生产春兴园3万只肉鸡养殖小区1处。新建标准化村级兽医室11个。发展养殖大户150户。坚持集中免疫与月补免相结合，全方位对辖区畜禽进行免疫，辖区内畜禽强制性免疫密度、标识率、免疫证发放率、免疫档案建档填写率、畜禽疫苗注射率均达100%。种植多年生牧草1648.7亩，其中在南佐村杜咀建成400亩紫花苜蓿种植基地1处。林产业：完成苗林培育13752亩，其中完成南佐村高北组荒山造林1020亩示范点1处，建成沟畎村郭咀组560亩苗林繁育基地1处；补植补造退耕还林1375亩，完成新一轮退耕还林的前期准备及基础资料上报工作；建成李庄崖瑶组1处林下经济示范点建设，饲养罗曼鸡2000只，营造孔塬村农田防护林50亩。

【城乡建设与管理】1.突出治理，着力改善人居环境。着力解决作风大整顿中提出的环境卫生"脏、乱、差"问题，坚持集中整治与常态监管相结合，全镇上下联动、全员参与、划片包干、网格管理，集中力量对西环路、兰州路、西镇、西孔公路、南五环等路段、集贸市场及镇机关周边的环境卫生及"牛皮癣"组织开展集中整治活动70余次，出动工作人员5000余人(次)、机械车辆130余辆，清理路面900余公里，设立垃圾集中填埋点20处、回收仓(箱)33处，修筑遮挡掩体4.1公里，组织群众对辖区各村组干道沿线垃圾及堆放物清理20次。2.强化监管，营造良好建设氛围。全年共摸排出两违工程45宗，拆除两违工程30宗，拆除面积13568平方米，其中自拆6宗，强拆24宗。3.力抓示范，加快城镇一体化进程。推动沟畎村“美丽乡村”示范点建设，建成标准化多功能村部办公楼及砖混六层居民住宅楼，配备标准化卫生所、便民超市、农村社区、村级文化室、文化广场等设施。完成村组道路两旁水沟建设和行道树栽植，实现了村组道路全线绿化，建成卫生厕所2处，在集水池及人行桥建设古城墙护栏2000米，建成景观门2处。

【为民办实事】1.加强科技培训力度。以十八届四中、五中全会精神及政策、法律、文化、技能教育培训为重点，组织种养殖、法律、家政服务、手工编织等培训班20场次，参训人员4200人次，21人次参加省、市、区级培训4期，全面提升了群众的文化素质及科技水平。2.加强基础设施建设。全年新修柏油罩面道路28.16公里，水泥硬化道路8公里，砂石硬化道路20.2公里，拓宽路基4条5.6公里；一事一议项目计划全部按期完成，2016年一事一议项目申报完成；完成农电网线路改造582户；完成赵咀集中式饮水工程胡洞、艳咀、上庄3个村民小组28户自来水管线压设及孔塬9公里排水渠道及3公里排水管道压设。赵咀村刘兰峁、胡洞组易地搬迁安置点排水、亮化、道路建设等项目按期完成；着力解决立地条件差群众的居住难题，完成危房危窑改造112户。3.加强社会事业发展。坚持“对象有进有出、标准有升有降”的原则，认真组织评定、核查，完成473户低保对象及54名五保供养对象的申报，并将所有资金通过“一卡通”全部发放到位；核停农村低保对象26户60人，新增低保对象16户45人。建成赵咀、沟畎、孔塬3处老年人日间照料中心及互助老人幸福院，生活困难老人和孤寡老人的生活条件进一步得到改善。新建成孔塬村、沟畎村农民文化广场2处。完成兵役登记、征兵工作及民兵整组年度任务；镇政务服务大厅及村级便民服务中心运行规范，扎实推行“一站式”服务，进一步方便了群众办事。4.加强扶贫攻坚及双联工作。把扶贫攻坚行动作为改进工作作风密切联系群众的重要载体，按照“完善设施夯基础、培育产业促增收、强化培训增后劲”的工作思路，紧紧围绕“1236”引导党员干部在一线转作风、树形象，联户干部为群众办实事400多件。完成全镇405户贫困家庭的建档立卡，积极开展扶贫互助资金项目，争取兰州银行精准扶贫贷款2025万元，解决了贫困户发展产业缺资金的难题；以两个重点贫困村为主攻点，围绕“军令状”任务清单，锁定重点扶贫对象，精准施策，挂图作战，推行网格化精细管理模式，完成了贫困户的建档立卡、信息采集和帮扶计划制定，先后争取市级财政专项扶贫资金63.1832万元，扶持实施405户贫困户种植核桃树、苹果树、药材共计700.5亩。实施财政、农发、少数民族等扶贫项目20个，使108户510人实现了稳定脱贫，380户贫困户实现了“户有致富产业”和“人有致富技能”，为整体脱贫奠定了坚实基础。组织500余名贫困群众参加技能培训，培养出一批懂技术、会管理的农民，使全镇产业发展缺技术的问题得到进一步解决；完成30名“两后生”的摸底上报。

甘肃省委督查精准扶贫政策落实

【党风廉政建设】开展集中约谈和个别约谈160人次，督查通报镇村干部作风问题23起37人（次），对群众来信、来访及上级转办的信访件进行逐一核查处理，年内办结省委巡视组督办信访件5件，办结5件，接区纪委转办件6件，初核6件，立案2件，办结4件。由镇纪委牵头，农财中心、财政所配合，对全镇13个村财务进行审计，进一步规范了村级财务。

【社会治安综合治理】以“六五”普法为契机，

扎实开展“百所千场”送法等活动，进行法制宣传活动32场次、印发普法宣传材料26000余份、举办法制培训班13期。利用重大节日，对毒品知识及危害进行了多批次、全方位宣传，全镇广大干部群众拒毒防毒意识明显增强；按期对辖区112名戒毒（康复）人员进行了家访、尿检、思想谈话，对吸毒人员进行全方位监控，使吸毒人员尽早戒毒。与企业联建安置帮教基地1处，对新回归的16名帮教人员进行就业安置，全镇在册65名刑释解教人员全部得到安置帮教，无一起重新违法犯罪现象发生。坚持家访、帮教谈话、教育引导，全镇60名邪教习练人员已全部转化。加强油区管护力度，全年共出动宣传车辆38车次，巡逻车辆260余车次，对重点涉油村南佐、马集、东坪等区域进行重点巡逻管控，确保不出现涉油刑事案件，全力保障油田企业健康生产。加强矛盾纠纷调解力度，全年共调处矛盾纠纷245起，调处成功243起，调处成功率达到99.1%，建立调解卷宗和调解协议173卷，建卷率达到70.6%。扎实落实人防、物防、技防措施，对辖区内布设的74处监控摄像头进行检修和实时查看，确保正常运行。坚持主要领导接访制，联村领导负责，分管领导协同，每周一至周五为接访日，受理来访并及时分派处理，扎实开展“群众利益无小事、矛盾纠纷大排查”活动，对41起信访积案进行深入化解，37起已办结，剩余4起正在积极化解中。

【社会管理】人口与计划生育：为2960名育龄妇女开展“两癌”筛查工作和妇女病普查工作；动员328对新婚夫妇到进行了免费孕前优生健康检查。文化工作：建成南佐村文化集市，现已入驻5家民俗文化企业；完成赵咀村、孔塬村、沟畎村、东坪村、后官寨村、路堡村6处乡村舞台建设。成功举办了镇干部职工运动会、积极组织参加了西峰区第一届运动会并荣获了优秀组织奖。全年共计生产香包50余万件，销售45.7万件，销售额达691.32万元。卫生工作：65岁以上老人健康体检率达到了95%以上。教育工作：完成马集小学的整体搬迁工作和马集幼儿园的改扩建工程并全面开园招生，后官寨小学、王岭中学的改扩建项目基本完工，孔塬小学、赵咀小学的学前班改扩建项目已经全面完成。“六一”前夕，区总工会给赵咀小学捐赠办公桌椅，中国建设银行总行为孔塬小学捐赠了价值5000元的学生活动器材和学习用具。南佐村坚持每年欢送资助大学生入学和关心支持教育工作获得西峰区全区尊师重教先进集体。环保工作：完成了国家级生态镇创建工作的申报；对全镇25家生产企业、8家规模养殖场进行了全面检查，对6家豆腐小作坊进行了全面检查，并发放限期整改书督促整改到位。根据新环保法规定，拟对巴家咀一级水源保护区内居住的群众进行整体搬迁，上报了《关于巴家咀一级水源保护区农户拟搬迁安置方案的报告》，加强对城乡接合部的卫生整治力度和在建工地的监管力度，纠正搅拌站内不规范现象7次，清扫易造成扬尘污染的硬化道路接口35次。

【安全生产】对人群密集场所、易燃易爆场所、地质隐患场所、非煤矿山等重点区域排查120次，下发责令整改通知单13份，消除安全隐患12处。消防安全：召开消防安全相关会议5起，组织消防演练1次；道路交通安全：对辖区车辆、农用机械驾驶员证照、车辆牌照进行摸排、登记，完成2774辆车辆挂牌，建立完善了机动车及驾驶员台账；对现有农村道路交通事故多发和危险路段进行排查整治，完善了16处交通标志、标线和安全防护措施。向区交通局上报水毁道路2处，桥涵1处，配合补修道路22条。汛期安全：坚持落实镇村24小时值班制度；疏通道路排水管渠53处；食品药品安全：对各学校食堂长期坚持勤抽查，对经营手续不全的豆腐作坊等食品加工作坊进行集中整治，对排查出的4家食品作坊进行限期整改，确保了无重大食品药品安全事故发生。

（杨波）

肖金镇

党委书记　　　　　　杨　啸（9月任职）

党委副书记、镇长　　冯　榕（女，9月任职）

【经济指标】固定资产投资完成10亿元；规模以下工业增加值完成2600万元；农业增加值完成1.68亿元；招商引资完成4.5亿元；农民人均纯收入完成7340元；粮食总产量完成1.39万吨。

【项目建设】全镇共启动实施500万元以上各类建设项目25个。开工建设的17个（新建11个，续建6个），开展前期工作的8个。完成项目用地征拆35.01亩，完成项目用地流转821亩，拆迁各类附属物2.4万平方米。西长凤高速公路肖金养护工区、金鑫源果业公司改扩建、保障性住房一期附属工程、肖金工商所办公用房、芮岭幼儿园等12个项目已全面建成。

庆阳市委常委、西峰区委书记章志兼督查重点项目

【特色产业】年内新建百亩以上果业示范园5处，其中：苹果园3处，杂果园2处。全镇苹果种植面积达到7230亩，杂果种植面积达到6282亩，建成百亩以上果业示范园21处，其中苹果示范园11处，杂果示范园10处。一川一塬两处设施瓜菜基地稳定形成，总面积达到1.34万亩。果、菜两大产业种植总面积占到全镇总耕地面积的30.4%。

【基础设施】新修村组道路61.8公里，其中：水泥路21公里，柏油路9.17公里，砂石路73公里，维修机井13眼，新建提灌工程2处，大口窖90座，铺设农田灌溉管道21.2公里，完成农电网改造255户。开工建设村部3处（米王、胡同、左咀），文化广场2处（三不同、左咀），居民点1处（芮岭），村卫生所11处。

【环境整治】完成行道树栽植3.4万株、行道树涂白58.8公里，建成垃圾仓点132个，砌筑遮挡围墙13处386米，在南李、王庄两村建设户外花园26个，市区环境综合整治活动开展以来，组织500人以上的集中清扫活动10多次，倾力打造出“一村一路”（张庄村、北环路）样板点各1处。在城区，实施了中一街绿化带补植、街心十字信号灯安装和隔离栏安装、人员密集区域公厕建设等基础设施配套工程。对城区5条3.1公里巷道进行集中整治，粉刷北城壕巷街区门面房外墙2200多平方米，渗水砖硬化人行道2700多平方米，混凝土衬砌道路两侧边沟3.3公里，增配城管巡逻车、洒水车各1辆。

【文化商贸】举办2015肖金文化商贸交流会，组队参加西峰区第一届运动会、全区健身健美操比赛和第十三届庆阳香包民俗文化节。启动实施老洞仙山、“义渠戎国”非物质文化遗产传承保护基地、湾廉沟冰瀑群等旅游资源开发申报认证。完成了肖金影剧院维修改造，创建申报“乡村舞台”7个。

肖金文化商贸交流会

【精准扶贫】全镇贫困发生率由上年的7.3%下降到0.32%，农民人均纯收入由上年的7187元增长到7340元。2015年，减少农村贫困人口651

户2594人，剩余贫困人口40户142人。贫困人口人均纯收入达到4897元。水利建设：全镇完成机井维修工程6处，新增有效灌溉面积200亩。左咀村完成村部门前排水工程建设，杨咀村新建小电井10眼，维修小电井33眼，两个贫困村所有群众均实现安全饮水。电力建设：全镇完成1740户电表改造，架设10千伏线路0.26公里，0.4千伏线路4.83公里，配变压器3台300千伏安。左咀、杨咀两个贫困村均实现动力电到村到组。道路建设：全镇完成村组道路硬化61.8公里，其中：左咀村5.9公里，杨咀村5公里。住房建设：全镇年内危房改造完成219户。其中贫困户完成危房改造71户，左咀、杨咀两村贫困农户安全稳固住房比重达到100%。产业培育：全镇年内完成种植瓜菜3.54万亩，苗林培育4000亩，果树栽植3648亩，畜禽养殖18.49万只。民生保障：全镇新建乡村舞台11个，其中左咀村、杨咀村各建一处。新建标准化卫生室11所，其中：左咀、杨咀村各建成一所，两个村均配有执业资格医师。金融扶贫：全镇20个行政村均成立农村产业发展资金专业合作社，为所有贫困户提供扶贫贴息贷款1万—5万元，目前申请贷款贫困户632户，贷款金额1961万元。精准管理方面：按照精准扶贫工作要求，为了对建档立卡贫困户实现更加精准的管理，全镇2个贫困村和18个非贫困村均制作了村级电子信息管理平台，为每位贫困户建立了电子档案。

（李有洲）

什社乡

【经济建设】2015年，完成固定资产投资1.13亿元，招商引资1.5亿元，农业增加值1.16亿元，农民人均可支配收入达7642元。

【产业开发】按照"办农场、建园区、明主体、兴大户"的经营理念，推动果、米、菜、畜四大主导产业和优势产业规模、效益同步提升。苹果产业：以土地流转形式建成庆丰村网架苹果示范园2处510亩，齐贺万亩果带核心区基本形成。代表区上接受了全市县区观摩评比；以大户带动形式建成永丰村矮化密植示范园1处180亩，并合理间作西瓜，实现了土地流转、农民务工双丰收；以农民土地入股形式在新庄村新建矮化密植示范基地1处781亩。全部套种优质谷子，实现了支柱产业与特色产业的有机结合。全年新栽果树1942亩，占任务1500亩的129%，苹果支柱产业优势进一步凸显。小米产业：通过扩大规模，提高品质，建成新庄黄毛谷生产核心示范区8处826亩，辐射带动周边群众种植2326亩，什社贡米的知名度进一步提升。瓜菜产业：巩固扩大武川西甜瓜种植基地，种植大棚甜瓜357座，骨架大棚71座，户均收入超过2万元。通过投放辣苗、地膜，与北地红公司签订保底订单等扶持措施，在永丰村建成辣椒种植基地1处100亩，辐射种植610亩。草蓄产业：对东昇养殖场进行提质升级，现有猪存栏2700头，年出栏5200头。新建任岭千只规模养羊场1处，配套建成垂钓中心。全年种植地膜玉米3000亩，荒山造林5000亩，建成苗林产业栽植点4处2200亩。

【项目建设】西合公路什社段征迁项目，通过两年努力，涉及全线5个村14个组的征迁任务全面完成、全线贯通，共征用土地247亩，完成清表10.13公里，拆除全迁户47户、半迁户492户、企事业单位14户，服务区、收费站建成投入使用。9月，全国农村道路现场会进行了观摩。什社敬老院建设项目，完成前期手续办理，土地征用等工作。塔头幼儿园建设项目：已全面完成主体工程，配齐了办公和幼儿桌椅等教学器材，开春后可投用招生。庆阳桃峪生态园建设项目，通过招商引资建成集观光、休闲、餐饮为一体的生态园一期工程。

【环境卫生整治】认真落实市区城乡环境综合整治工作要求，以"治、管、促"（聚焦环境顽疾抓"治"，强化服务功能抓"管"，提升文明素质抓

“促”)为重点,以街区市场、村组道路、庄前屋后为主战场,先后投入1000多人(次),集中开展了全方位、拉网式的环境卫生综合整治。累计建成垃圾填埋场1处,收集点12处,购置垃圾清运车7台。严格落实街区商业门店门前“三包六禁”责任制,成立了环卫公司,实行专业化运营,做到了环境卫生清扫保洁常态化。充分发挥乡城管所职能作用,教育引导流动摊贩和过往车辆依规经营,按章出行,规范了街区管理,逐步形成了“乡村两级主导、社会力量协同、干部群众参与”的环境卫生综合整治长效机制。先后建成李岭、塔头2个环境卫生综合整治示范村;西合路、庆贺路、什永路、李武路等4个环境卫生综合整治样板路。按照把易地扶贫搬迁、村镇开发建设、美丽乡村建设到那里,排水管线铺设到那里的要求,先后在贺塬、庆丰、李岭、什丰、新庄、文安等6个村实施地下排水工程,累计铺设排水(污)管线6.8公里。同时,坚持把“两违”监管纳入城乡环境综合整治之中,疏堵结合,标本兼治,劝停违建工程17个,劝拆违章建筑11处,清理违法占地2起。

【“三农”工作】破解“土地流转、农民安置、小城镇融资”三大难题,“三农”工作稳步推进。创新土地流转模式。积极探索推行“土地入股、合作经营、农民获益”的产业发展模式,在新庄村动员农户以土地入股的形式新建矮化密植苹果示范基地1处,破解了连片规模流转难、流转费用高的问题。创新农民安置模式。针对散户庄基批复削减和农民所需

老城居民安置小区

庄基的现实,本着“节约耕地、占补平衡、集中安置”的理念,在什丰村开发废弃地21.2亩,建成综合安置小区1处,安置西合公路征迁户、易地扶贫搬迁户、什丰老城组失地农户172户。创新小城镇融资模式。坚持“政府服务、社会参与、多方融资、市场运作”发展理念,抓住西合公路改扩建的机遇,通过多方衔接争取,新开通小城镇主干道—广严路0.89公里,配套实施排水工程。按照“量力而行,稳步推进”的原则,表油街区非机动车道1500米,并积极挖掘民间资金,新建商业门店5000多平方米,提高了小城镇整体形象和综合承载能力。

【精准扶贫】在文安、贺塬两个重点贫困村实现了“一路二水三配四点”(“一路”:产业路、富民路;“二水”供排水;“三配”:村级幼儿园、标准化卫

召开重点贫困村精准扶贫推进会

生所和便民服务室;“四点”:产业到户扶贫点、产业致富脱贫点、电商扶贫增收点和异地搬迁安置点)。在西峰区率先创新联户干部帮户、乡村干部盯户的工作方法,尤其是科级干部、村支书每人盯10户,一般干部盯7到8户,搭建了贫困户与联户干部的帮扶桥梁。整合各类资源,同步推进水、电、路、房“四大建设”,全年共硬化道路8条24.3公里(其中水泥硬化3条16.8公里,柏油罩面5条7.5公里),农电网改造3149户4.46公里,新建机井5座,维修6座,实施危房改造218户,在全乡基本实现了农村安全饮水、村村通动力电、通组道路硬化、安全住房、卫生厕所、资金互助协会、便民服务中

心、互联网入户全覆盖。

(李文斌)

显胜乡

党委副书记、乡长　　贺勇龙(7月任职)

【主要指标】固定资产投资完成1.74亿元;招商引资完成5.4亿元;规模以下工业增加值完成679.4万元。

【项目建设】引进庆阳市大洲商贸有限公司,按照三级加油站建设标准,投资1500万元,建成占地7053平方米的庆阳虹桥加油站一座,新建钢筋混凝土框架结构站房282平方米、钢制网架罩棚612平方米,实埋油罐4具120立方米,安装双枪双油税控加油机4台,经营93#、97#汽油和0#、-10#柴油四种常用油品。完成100万吨润源丰果蔬贮藏保鲜库项目的用地征拆、附属物赔偿清理工作,收储土地23亩。引进林颖果业合作社,在显胜村投资120万元,建成150吨果品贮藏气调保鲜库1处。投资63万元,在毛寺村无止桥北侧,新建成漫水桥1座。积极争取教育项目资金500万元,实施了显胜实验学校教师公寓楼工程,目前已建成2幢2000平方米公寓楼。将《蒲河川区美丽乡村旅游开发工作》列入全区重点工作,由区文广(旅游)局牵头,聘请西北师范大学旅游规划设计院编制了《显胜乡蒲河川区美丽乡村旅游开发规划》,其中黑老锅冰窟景区栈道、景观标志、停车场、游客服务中心及公厕等项目已完成规划设计。

【城镇建设】吸纳社会资金890万元,在西大街北侧建成占地4588平方米的商住楼2栋,总建筑面积7650平方米。投资30万元,完成显胜农贸市场提质改造工程,水泥硬化院坪3150平方米,新建870平方米蔬菜交易大棚1座,安装LED电子显示屏1台。新建公厕2处,购置垃圾清运车辆2台,建设垃圾填埋场1处,扩充街区保洁力量,新增街区保洁员2名,做到街区保洁常态化。同时动员全乡干部职工集中开展环境卫生综合整治行动,通过悬挂横幅、树立广告牌、发放倡议书等方式,动员全乡党员干部群众积极参与,对各道路沿线、村部广场周围、居民点周边进行集中整治,配备垃圾箱70多个,新建垃圾仓17个。建立了毛寺村环境卫生整治示范村,新建公厕和垃圾填埋场各1处。

【富民产业】全年成立农民专业合作社8个,完成土地流转3560亩。着力推进全乡果产业向"大规模、精管护、高质量"方向发展。完成春季苹果栽植1755.5亩,建成铁楼村532亩、冉李村346亩、夏刘村207.5亩苹果示范园3处,全部应用"黑膜覆盖"、果树支架系统等精细化管理技术。栽植杂果907亩,建成显胜村110亩樱桃示范园1处。利用扶贫资金,帮助蒲河、铁楼、夏刘、岳岭、唐苟、冉李、显胜7个村的贫困户栽植核桃797亩。在毛寺、蒲河两村共搭建钢架大棚760座,其中毛寺村368座,蒲河村392座,棚均实现收入3000元以上。种植露天瓜菜530亩,新建高架大棚2座,育苗日光温室2座,注册成立瓜菜农民种植专业合作社2个(毛寺、蒲河各1个)。争取财政扶贫资金为毛寺、蒲河两个村的贫困户援建牛棚110座,投放基础母牛137头。种植紫花苜蓿100亩。协调天虹优质驴全产业化发展有限公司,实施天虹优质驴养殖小区二期工程,延伸产业链,配套开建窑洞宾馆,新建窑洞17孔。同时,昌永农民种植专业合作社流转塬边咀稍土地和荒山荒坡种植优质饲草紫花苜蓿3180亩。四是壮大苗林产业。在毛寺、铁楼、冉李3个村完成荒山造林8200亩,对毛寺居民点、村主干道两侧及黑老锅景区沿线进行了绿化,打造1100亩荒山连片造林示范点1处。在毛寺、冉李发展林下经济示范点2处。帮助毛寺村67户贫困户种植芦苇134亩,户均2亩。

【民生落实】全乡落实为民办实事15件。完成毛寺至文洼、蒲河上山路、唐苟村苟家组等9条18.5公里村组道路的拓宽和砂石硬化。完成毛寺居民点的硬化、美化、亮化,新修水泥道路1.2公里，铺设渗水砖3000平方米，安装太阳能庭院灯51盏，在庄前屋后栽植油松、紫穗槐等树种，配套建成小游园1处。对毛寺村河西蔬菜生产基地4.3公里生产道路进行了水泥硬化，安装太阳能路灯71盏。新建了龙泉广场、水景墙等小景点，安装亭子3座，回廊2处。对显胜、唐苟、冉李、铁楼4个村15.8公里村组道路进行了水泥硬化，对蒲河、显胜、岳岭3个村17.8公里道路进行了柏油罩面，使全乡所有村民小组“硬化道路”实现了全覆盖。同时，由政协连心桥协会捐资150万元，在毛寺村在建吊桥1座。在蒲河村南庄组新建提灌工程1处，维修刘城、贠河、光荣、沟口4处提灌工程，新建大口窖43座，解决了蒲河川区瓜菜生产的灌溉问题。并在毛寺塔山洼新建背山上水工程1处，在冉李、铁楼两村新打机井2眼，新建水塔2座。在毛寺村投资90万元，埋设供水主管道8公里，建成集中供水点5处。在蒲河村，铺设供水管道19公里，新建检查井4个，实现了自来水全入户。在原北坪小学的基础上，新建成集村级活动场所、卫生所、幼儿园、文化广场等于一体的蒲河村级综合服务区。配套建成便民服务大厅、产业发展资金合作社办公室、农家书屋、日间照料中心、老年活动中心、培训室等功能室和农行、信用社两个便民金融网点，进一步方便了川区群众。衔接协调区供电公司，完成夏刘、唐苟、毛寺、蒲河4个村460户群众的农村电网改造，更换变压器6台，架设线路11.2公里。建成毛寺、蒲河、夏刘3个村级日间照料中心，同时利用毛寺生态希望小学的基础上，新建毛寺村卫生室、农民培训学校、文体活动室各1处。完成危房改造279户。同时，采取就近建设居民点的方式，在毛寺村河西、河东新建集中安置点6处，建成“青瓦白墙”具有徽派特色的小康农宅102户。开展农村实用技能培训，举办“陇原巧手”等技能培训班17期，累计培训2300人次。新建显胜乡综合文化站1处、“乡村舞台”3个(夏刘、毛寺、冉李村)。建成电子商务支持村实体店9家。新建便民服务大厅1处。

【美丽乡村建设】依托蒲河川美丽的田园风光和得天独厚的自然景观，借助黑老锅冰窟知名度显著提升的有利时机，大力推进美丽乡村建设和乡村休闲旅游开发。在毛寺村投资5.2亿元建设陇东冰雪健身基地项目。占地8公顷的滑雪场已经建成投

甘肃省委书记、省人大常委会主任王三运(左二)调研毛寺村乡村建设

用。漂流项目也已经完成河道挖掘和游客接待大厅的主体建设。从2016年开始，将逐年分步配套建设马术俱乐部、温泉度假村、垂钓及体育综合中心等8个功能区，进一步打造综合性乡村旅游休闲度假产业区。对蒲河村百年老窑、百年柿子园进行保护性开发。百年柿子园已完成台地整理50亩，安装钢结构仿真树木围栏210米，石砌护坡180米，制作安装防腐木质牌坊1座。

【精准扶贫】对照贫困村减贫验收17项指标、贫困户减贫验收12项指标，对未脱贫的408户贫困户，完成贫困户危房改造75户，新建卫生厕所291座，配发互联网手机339部，所有自查发现问题全部解决到位。同时，成立农村产业发展资金专业合作社8个，扶贫资金互助协会2个，发展会员451户，吸纳入股资金21.75万元(500元/户)，发放精准扶贫专项贷款4批2040万元。全乡373户1341人在2015年底可以实现稳定脱贫，贫困发生率降至0.57%。

(贺毅泽)

西街街道办事处

【经济数据】全年固定资产投资完成 40.2 亿元，同比增长 11%；招商引资完成 32.69 亿元；规模以下工业增加值完成 2962.8 万元；农业增加值完成 945 万元；农民人均纯收入完成 10947 元；人口自然增长率控制在 7‰以内。

【基层党建】巩固完善东门村党建标准化阵地市级示范点，建成寨子村党建标准化阵地区级示范点。建成寨子村党员干部教育培训基地，完善了机关党员干部、村组干部的培养、管理、培训机制。深入各村举办宣讲报告会 12 场（次），参与群众达 2500 多人（次）。“七一”期间，以“庆七一、强堡垒、当先锋、树形象”为主题，开展庆祝建党 94 周年系列活动。在陇东建材市场举办文艺演出 1 场，表彰奖励先进基层党组织 2 个、优秀共产党员 30 名，纳新党员 5 名，转正党员 11 名，按期上解党费 8643 元；组织慰问老党员、困难党员、离任老干部 12 名；举办了入党积极分子培训班一期，参训人员 20 人（次）；开展捐书、读书、整学风活动；开展党的历程宣讲讲座 2 场（次）。购置学习书籍 100 册以上；组织观看宣传教育片《红盾先锋》和《甘南情歌》；开展“邻里守望•情系陇原”、“文明出行，从我做起”“爱护花草、勿穿乱行、文明游园”等主题学雷锋志愿服务活动，参加志愿者 92 人次；以文艺会演、趣味抢答等形式在春节、“三八” 等节日期间开展了大型主题活动；建立健全贫困儿童、贫困妇女档案。双节慰问贫困妇女 9 人，贫困二女户 5 人，高龄老人 9 人；为 12 名贫困儿童发放奶粉 48 罐；“六一”儿童节，深入各校园走访慰问 20 名贫困儿童，送去慰问品。

【项目建设】实施重点项目 22 个，签订协议 435 户，完成拆迁 267 户，收储土地 335 亩。按照区委、区政府“项目大会战年”决策部署，以棚户区改造、世行项目为总抓手，严格对照签订的目标管理责任书，落实项目帮包责任制和督查激励机制，确保项目建设工作抓得实、进展快、效果好。1. 棚户区改造项目 5 个。南盘旋片区建设项目，东方丽晶新天地主体已封顶；中元世贸项目，由于承建方出现问题，工程停工十个月，通过积极主动调处，工程于十月份正式复工，现进展顺利，主体已建至地上八层；西北角市安全局整体搬迁事宜正在积极协商，已有初步意见。解放西路桥西蔬菜市场片区改造，拆迁工作全部结束，等待土地出让。气象局片区改造项目，共签订协议 63 户、拆迁 61 户，已具备土地出让条件；炮台巷片区改造项目，已签订协议 71 户，拆除 69 户；家乐福超市片区改造项目 11 月启动以来，已完成 7 户国有户的丈量登记和 2 户国有户征用拆迁。2. 道路建设项目 5 个，北京大道拆迁已结束；古象路项目完成铺油罩面；庆化大道中段开通项目，签订协议 137 户，拆迁 136 户，已建成通车；安定西路延伸段开通项目，10 月启动，已经完成 6 户农户附属物丈量登记；育才西路西延伸段 3 户农户已征拆结束。3. 村部建设项目 2 个，火巷村社区服务中心主体已建成；秦霸岭社区服务中心，完成初步设计方案。4. 失地农民安置小区建设项目 10 个，建设中 3 个（秦霸岭三里庙组二期、三期，秦霸岭组），办理手续的 7 个（火巷村、老城村老城组、北城组、北门组、中街组、寨子村后庄组、郑家巷组）。

【环境整治】采取科级干部“五包”责任制（包村、包组、包市场、包小区、包巷道），突出“一个教育”切实加强对辖区群众、经营户的宣传教育），落实好“五项管理”小区管理、市场管理、巷道管理、机关管理、长效管理），张贴墙体标语 1202 平方米；出动干部职工 2800 多人次、雇佣民工 600 多人次、雇佣机械 100 多台次；共增加垃圾设施 150 多个，增加保洁员 80 人，清理垃圾 12 万立方、小广告 8000 多份、乱堆乱放 500 余处、露天煤场 21 处。对辖区内 13 个市场进行了集中整治，完善《西街办加强市场管理实施意见》等大市场的管理制度，添置了垃圾设施，督促摊位摆放整齐，商品划行归市，杜绝占道经营和乱摆卖现象。完成东门村南苑蔬菜市场的封闭装修方案和规划设计，已开工建设。增加保洁人员，实行全天候保洁；对零散摊点及店外经营进行了整治，取缔零散摊点3处，摊位58个；完成了基础设施建设，硬化6片停车场面积6000平方米，补坑罩面30多处，4960平方米；更换节能落地式路灯28个，全部纳入城市管网管理。年初抽调54名干部，组建3个中队，专门负责“两违”监管，进一步加大了巡查监管力度，在六个村群众聚集的地方和“两违”工程易发的重点区域进行宣传、检查85场（次），发现违法占地86宗，共拆除58宗，其中强拆30宗、自拆28宗，拆除面积11928平方米。

【社会管理】1.文化工作。开展丰富多彩的大型文化活动3场（次）；开展“书香无处不在”全民阅读活动，由干部职工推荐，统一购买书籍150套。干部职工向东门村农家书屋捐赠图书200多册。建成南门文化广场，正在建设街办标准化文化站和老城村农民文化广场。2.计生工作。以“精细化服务管理年”活动为主线，以扎实采集全员信息、坚决落实“以房管人”为重点，抓统筹、促协调，求精细、重规范，破难题、补漏洞，全面提升标准化、精细化服务管理水平，推进了人口和计划生育工作开展。3.民政工作。通过“一折统”发放各类惠农资金91万元，建成了东门村老年互助院，建成了6个村便民服务中心。4.环保工作。开展环保集中宣传活动2场（次）；创建绿化小区2个（南门小区、三里庙花园小区）。5.安全生产工作。开展安全生产“三项行动”和安全生产百日攻坚等整治活动，对各市场存在的消防安全隐患进行了全面排查整改。

【综治维稳】开展法制宣传月、综治宣传月、禁毒宣传月活动，举办禁毒文艺会演3场（次）；普法文艺演出6场（次）；干部学法培训和三校法制讲座20余场（次）；开展防震和消防紧急避险演练10次；发放禁毒、普法等宣传资料11200多份；制作板报、专栏12面，出动宣传车辆80余次；悬挂横幅90多条；编印《法制宣传》11期，并通过西峰电视台、庆阳印象网、西峰网等上稿宣传12次。投入宣传经费8000多元。对市人民医院周边、寨子村桥西组、寨子村桥东组等社会治安重点区域进行了专项整治；成立了村级防范处理邪教问题工作站，做到定期家访和不定期督查相结合，确保帮教措施到位。民调信访新增微博平台、QQ平台等多种网络新途径及时了解群众信访诉求。落实“百名干部带案下访”活动，变上访为下访，切实化解各类矛盾。目前，共排查矛盾纠纷103起，成功化解101起，2起正在调处，调处成功率98%；接办信访案件33起，成功调处30起，3起正在调处。

【队伍建设】成立领导小组、工作督查促进组和明察暗访组，明确工作职责，广泛征求群众意见、建议137条，持续开展“四项督查”，定期通报考核，以守职促守责。全年共下发各类工作通报60期，通报批评干部职工88人（次），辞退4人，停发工资1人。开展以“述职述廉述作风”为内容的三述报告会，由科级干部带头在大会上述职，对不能坚持守职守岗的五名干部在大会上进行检查。以“五个排队”为抓手，强化督查问责，严肃追究责任。在个人述职的基础上，分层次对干部评价排名，即：部门负责人排名、科级干部排名、一般干部排名、村干部排名、组干部排名。对排名滞后的干部取消年度评优选模资格，进行约谈，集中举办工作促进班。

【精准扶贫】对辖区42户146人的贫困对象全部建立了详细的贫困人口档案，逐户查短板、拿措施，帮助贫困村、贫困户解难题、办实事、促发展，全面推进“双联”行动，切实落实“三个到位”工作措施。先后新建扶贫攻坚“双联”阵地1处、悬挂横幅20条、刷写标语18条、编发《简报》52期。严明奖惩督查到位，建立完善了三大制度（即：帮联工作报告制度、督查指导制度、考评奖惩制度），并严格执行“三个防止”和“八个不准”，保证了精准扶贫帮扶行动顺利开展。对在“双联”行动中涌现出的26名先进个人进行了表彰奖励，并推选3名先进个人进行了大会经验交流,以先进带后进。

(李嘉宇)

北街街道办事处

【经济指标和项目建设】辖区开工建设500万元以上项目15个，完成固定资产投资13.4亿元。招引省外资金投入辖区再建项目9个，到位资金12.9亿元。规模以下企业20户,完成工业增加值3387万元。50万元以上建设项目22个,完成项目建设14.04亿元。汽修厂棚户区改造项目共签订搬迁协议222户（其中：货币补偿92户，产权置换130户),兑付安置资金5800万元。房管十号楼项目区块33户公房住户全部进行异地安置,27户商业门店已签订搬迁协议23户。

2015年经济工作会

【产业培育】邀请香包刺绣大师，举办香包刺绣培训班10期,培训手工制作者837人。新增生产户11户，研发民俗文化新产品8种，销售量达51.3万件,年产值710万元。年内,组织30个香包生产大户参加了第十三届庆阳香包民俗文化节普品展。

【为民办实事】建设街办政务服务中心和社区便民服务中心,完善管理机制,实现“一站式审核”“一门式办理”。康寿路、东湖社区建成示范型便民服务中心,九龙北路、东大街、北大街、长庆北路社区建成标准型便民服务中心,解放路社区建设基础型便民服务中心。对社区办公的服务场所维修改造,配备办公设施,设置服务窗口,建设500平方米的标准化居民服务场所。建设居民活动服务场所、老年人居家养老服务中心，对辖区居家养老服务对象的生活现状调查摸底,建立服务对象数据库,与“百事可托”家政服务公司等服务机构联合为居家养老服务对象提供上门服务32次。建成心怡咨询调解服务中心,聘请40多名热心公益事业的专业人士开展心理咨询、法律咨询等服务。年内,调解矛盾纠纷15起,举办励志讲座12场次。扎实做好廉租住房申报工作，严格申报程序，年内共申报廉租住房补贴922户,2394人,并积极配合房改办做好廉租住房分配工作,切实做到应保尽保。围绕“共筑和谐社区、共建美好家园”主题编排文艺节目,先后在居民楼院举办诗文朗诵、书画展等活动8场次。组织开展居民趣味运动会,举办文艺团体节目展演,金凤凰文艺团等9个代表队参加活动。完善志愿服务站管理机制,制定《志愿者管理考核办法》《募捐财务管理办法》,共募集公益基金16.6万元。以扶弱济困,提升社会公德为出发点，积极组织开展群体志愿服务47场次,个体志愿服务215场次,举办“爱让梦想绽放”等大型公益活动4场次,受益群众11000人次。协调北街卫生服务中心等医疗机构开展咨询义诊等服务4场次,受益群众达760人。做好城乡养老保险政策宣传,动员居民参保续保,办理养老保险3553人,参保率94%;续保2262人,续保率89%。完善档案管理制度,加强统计站建设,规范内部管理,完善统计专网

看望空巢老人

运行机制，完成万元以上项目建设、固定资产、招商引资等工作收集核查统计上报工作。同时，做好地名普查，1%人口抽样调查等工作，确保数据真实准确。

【城镇建设与管理】集中整治辖区内的占道经营和店外经营等现象，成立文明劝导队，在重点区域引导流动摊贩依规经营、市民形成按章出行。积极配合城管部门在辖区实施网格化管理模式，对辖区居民楼院、居民生活大院进行摸底登记。全面推广社区物业管理“三位一体”工作机制，对辖区物业管理情况进行全面摸排，指导东湖社区业主委员会依法完成换届选举工作。成立了北部商城市场管理办公室，聘用卫生保洁人员，并对商城内部道路进行了硬化。对汽修厂、北部商城等 38 个重点区域开展卫生“脏乱差”集中整治，组织干部职工集中清扫 40 多次，清运垃圾 50 余吨，清理小广告 8000 多处。积极配合做好东大街提质改造工作，妥善化解项目工作中的各类矛盾纠纷。

(周飞虎)

南街街道办事处

【经济指标】完成固定资产（不含房地产项目）投资项目 21 个，占任务 15 亿元的 103.3%；完成建设项目 24 个，占任务 15.5 亿元的 101.8%；招商引资，到位资金 14.58 亿元，占任务的 121.5%。规模以下工业增加值，完成 2550.68 万元，占任务的 101.8%。小什字东大街道路提质改造及平战结合地下人防项目已经投入使用；原市发改委及老体育场片区项目正在封顶；原市中医院住院部片区完成地上三层主体建筑。

【棚改项目】四中南侧片区棚户区改造，完成 72 户丈量、登记、公示、评估、协议签订、拆除工作，拆除面积 9117.317 平方米。完成肖金建司家属楼 42 户和 6 户公地公房丈量评估工作，签订协议 24 户。总计兑付补偿资金 8190 万元；原工农被服厂片区改造，涉及的 25 户住户已签协议，拆除 23 户；市农机站办公楼及 8 户住户全部签订并拆除；区委片区紫峰大厦项目，已征拆市国税局办公楼及 2 栋55 户家属楼，征拆面积 8887 平方米；市工商局办公楼已全面拆除，拆除面积 3601.14 平方米，市工商局住宅楼 20 户住户协议全部签订。

【城市管理】1.“两违”依法拆除：成立由联社科级干部和社区书记共同负责的社区督查巡查队伍，确定协管人员，共摸排“两违”建筑 23 宗，强拆 11 宗，自拆 6 宗，申报危旧房屋改造 9 户；在辖区建立环境卫生示范街 1 条（董志塬大道）、示范社区 1 个（南苑路社区），推荐上报省级卫生社区 1 个（东平路社区）、市级卫生单位 2 个（西峰区地税局、庆阳四中）；确立开展规范化物业管理小区 4 个（中元小区，圣鼎步行街，康馨园小区，昊鑫名苑住宅小区），制定完善了各项制度，规范了物业管理。2. 文明风尚宣传：开展健康教育宣传 2 次，禁毒宣传 2 次，控烟宣传 2 次，志愿者服务宣传 10 次，在辖区创建无烟单位 4 个。建成集图书阅览室、舞蹈形体室、中老年活动室、办公室、群众社团之家、群众书画之家、群众音乐之家、群众健身房、多功能厅、产品研发展销中心为一体的综合文化站 586 平方米，免费向居民开放，引领辖区居民文化生活新风尚。3. 环境卫生整治：共开展集中整治 32 次，清扫居民楼院 396 个，清除卫生死角 1987 处，清除牛皮癣、非法小广告等 8632 处，清除垃圾废弃物 897 处，清洁巷道 132 条，清洁楼梯口 2623 个，清理乱堆乱放 432 处，清除破旧门头牌匾 516 处，更换新牌 60 多面，处理暴露垃圾 87 处。4. 重点区域大气污染综治：成立领导小组，安排

干部职工清扫积雪

专人办理具体业务。先后集中组织各联社部门、各社区居委会、公益性岗位工作人员、志愿者服务队、部分居民群众486人参与，并对辖区8个社区网格重新划分。

【社会服务】审核申报廉租住房补贴户781户2024人，落实房补202.8万元。帮助431名大龄就业困难人员实现再就业。申报社会养老金补贴345名，为辖区322户临时救助对象发放资金13.34万元；完成1124名城乡居民社会养老保险享受待遇人员资格认证工作，60岁以上人员存折和80周岁以上老人高龄补贴足额发放到位；组织街居残联专职委员开展持证残疾人专项调查工作，为28名精神病患者、368名残疾人发放药物、器械，补助资金3万余元；专署巷社区选派的1名残疾人，代表南街街道参加了甘肃省第五届残疾人职业技能大赛和全国第五届残疾人职业技能大赛，分别获得二等奖、四等奖，受到甘肃新闻、陇东报等媒体报道。育才路社区与“12349”庆阳家政服务中心联合成立了社区中医理疗中心，配备了光磁理疗仪、中医按摩床、按摩桶等，为辖区老年人提供中医按摩、理疗、拔罐等服务；联合陇东学院政法学院永正模拟法庭，在社区政务大厅进行了以离婚纠纷为案例的民事调解和审判模拟。政务服务工作。完成标准化建设，建成电子平台，强化公开监督，实现了“窗口统一、牌子统一、事项统一、流程统一、制度统一”，共受理各项业务2235件，服务群众评议率和满意度分别达到了98.92%和99.99%。统计工作。统计站基础设施建设，做到了“八有一通”（有牌子、有印章、有机构、有专人、有场所、有机子、有柜子、有资料和资料内网传输畅通），实现了乡卡等专业报表网上直报，年内开展业务培训4次，维护统计网络4次，配备兼职人员1名，专职人员3名，社区统计员8名，累计组织100多名干部参与了1%人口抽样调查和地名普查。“联社联户，为民富民”行动，开展家政、科技培训3期，培训人员77人次；组织学习座谈会2次，集中宣讲45次，入户宣讲880人次；上报典型经验材料5篇，“双联”文艺作品4篇，理论文章4篇，“双联”小故事11篇，民情日记6篇，深入辖区进行矛盾纠纷排查调处143起，为贫困户送去资金总计47400元。流动人口及卫计服务工作。开展“计划生育基层基础建设年”活动，各项任务控制在指标范围内。微信服务公众平台拓展为民服务新途径。东平路社区创建的微信服务公众平台，通过社区简介、服务指南、社区党建等方面，及时更新社区工作动态，公开便民服务信息，拓展为民服务新途径。

【社会治安】1.禁毒管理：对辖区现有涉毒人员摸底排查4次，加强外出务工人员和外流下落不明人员的管理；对辖区内所有涉及易制毒化学药品的单位和企业全面调查2次，建立了监管台账；在原有戒毒康复人员就业安置点的基础上，成立了以凌云服饰加工厂、正行德集团、彭阳春酒厂等企业为平台的就业安置点，安置率达到75%；验收命名挂牌3处“无毒小区”（华宇名城、永安花苑、怡园新村）。2.矛盾纠纷调：在社区及大型商场建立调委会49个，全年排查各类矛盾纠纷279起，调处276起，调处成功率98%。对市、区批转案件4起、省信访平台转送的1起、辖区自生矛盾纠纷24起信访件，通过包案领导多次深入分析案情、因人因事因地制宜化解，均按期办结上报。3.重点人员稳控：对辖区175名矫正对象建档案立卡，组织学习10次、集中劳动10次，并因人制定具体矫正措施，定期回访谈话和思想分析。4.安全生产整治：完善街道安全生产责任体系，开展安全生产打非治违和隐患排查，检查企业单位47家，查出和督促整改隐患38条；走访检查校园周边“小饭桌”、早教机构23家，责令限期整改发现各类安全隐患14条；对辖区内烟花爆竹固定零售点、学校、人员密集场所出动工作人员152人、检查38次，排查生产经营单位35家，整改安全隐患15条；安全生产大检查和“六打六治”专项行动中排查企事业单位71家，发现各类隐患23条，现场整改7条，限期整改16条。对辖区内社会企事业单位、人员密集场所持续加大消防安全管理专项整治，共排查单位331

个，现场整改16个单位，限期整改87个单位。

【文化建设】建成社区文化活动室6个；组织开展文体活动7场次。3月25日，在庆阳岐黄文化传播有限公司肖金基地开展“义渠戎国——走进历史寻找文化创意”文化产业培训活动。培育壮大香包生产龙头企业2个；开展香包、刺绣生产者培训班10期1296人，研发新产品10种；协助凌云公司、岐黄公司建立营销网店，通过互联网宣传香包品牌。

【廉政教育】结合“三严三实”专题教育实践活动，举办十八届四、五中全会及习近平总书记系列重要讲话精神等培训10期；开展党员教育培训14620多人次。基层党建“四化”建设，按照属地管理原则，全年接转党员147名，纳新党员8名，转正党员38名，收缴党费19678元。在职党员进社区志愿服务，报到党员6369名；“点亮微心愿”活动中，征集悬挂居民心愿142个，113个心愿被在职党员认领，其中106个心愿完成对接。根据社区实际优化服务载体，对在育才路形成的“一元钱”爱心银行、南苑路形成“党员进社区、点亮微心愿”在职党员进社区志愿服务活动在全办进行品牌推广。育才路社区动员市直在职党员采取“一帮一、多帮一、一帮多”等形式，与困难居民结对子，帮助解决实际问题。组织党员开展了为学生赠书、为居民义诊等深得民心、顺应民愿的活动。“两个责任”落实，制作了“四式管理”图，签订了三项责任书及党风廉政承诺书，明确党工委班子9项主体责任及党工委书记7项主体责任。梳理出涉及便民业务的权力清单19项、廉政风险点10项，并制定相应的防控措施。

【硬件建设】改造社区办公服务场所，提升社区党建科学化、规范化水平。为所辖8个社区拨付资金722.96万元，完成长庆南路、育才路、东平路、九龙南路、专署巷、炮台巷6个社区办公服务场所维修并投入使用，广场路、南苑路2个社区改造主体竣工，为改善基层办公服务条件做出了应有贡献。

(吴雯雯)

庆阳市市委书记栾克军检查育才路社区党风廉政建设

农业部原副部长陈耀邦在温泉苹果基地　　摄影：王梓苑

村组社区选介

董志镇庄头村

董志镇庄头村地处镇政府西南8公里，共辖6个村民小组，246户1268人，总耕地面积2356亩，是全区15个省列贫困村之一。2015年，全村着力从基础设施建设、富民产业培育、公共服务保障三个方面下功夫、求实效，全村各项工作取得了明显成效。

一是突出基础设施，改善人均环境。积极争取各方项目支持，整合各类资源，集中解决水电路房田等群众最关心、反映最突出的问题。争取实施了土地整理项目，完成土地整理3500多亩，增加耕地近百亩，有效改善了耕作条件；通过实施“一事一议”、通村油路、专项扶贫、土地整理等项目，新修水泥路4.76公里、柏油路1.76公里、砂石路6公里；新打机井2眼、新建水塔2座，更换自来水管线1600米，建成大口窖81眼，集中式管道饮水工程1处；在北咀、庄头、南头、沟畎、下冯5个组和村部、学校周围架设高低压输电线路5.98公里、变压器6台。实施危房改造工程，搬迁改造危房危窑7户，困难群众的安全住房问题得到有效保障，通过各类项目的实施，村组道路硬化率、动力电入户率、自来水入户率均达到100%。

二是突出主导产业，增强发展后劲。坚持把产业培育作为村组发展的根本措施，紧紧围绕村户实际，发展规模种植业和养殖业。在小河湾、下冯组分别成立专业合作社各1个，集中流转土地栽植果树500亩示范点1处，带动全村农户发展果产业1050亩；发展规模养殖大户16户，家畜（禽）存栏累计达到0.52万头（只），同时发展高效农业，种植全膜双垄沟播玉米2600亩，紫花苜蓿80亩，全村产业发展后劲明显增强。

三是突出社会保障，优化公共服务。新建庄头村便民服务大厅，配套建成农民文化培训中心、标准化村级卫生所，村级服务环境得到明显优化。建成庄头村文化舞台、文体文化广场和下冯组文化广场，有效解决了群众文化活动场所的问题，进一步丰富了群众文体生活，幸福指数明显提升。

四是突出干群培训，保障村组发展。按照“支部+协会+产业+基地+农户”的模式，成立了农民专业合作社2个，吸收会员34人，流转土地1040亩，2015年共培训党员干部、农民工、致富能手8场（次），700多人（次），为全村经济发展提供了人才支撑和智力支持。

温泉镇米堡村

米堡村地处西合公路沿线，距城区9公里，辖9个村民小组，625户、2653人，耕地面积5503亩，其中果园面积4220亩，是2015年省级“千村美丽”示范村。

近年来，米堡村两委会把改善人居环境、建设美丽乡村、加快脱贫致富作为“三农”工作的有力抓手和统揽，立足实际，紧盯“一个目标”(把米堡村建设成为宜居宜业宜游的美丽乡村)，突出“两个重点”(省级“千村美丽”示范村建设和党支部助推精准扶贫)，深入实施“五大行动”(基础强村行动、产业富村行动、环境靓村行动、农民兴村行动、民主治村行动)，有效推进了米堡村“五个转变”(从“基本建设”向“长效管理”转变、从“千村一面”向“各显特色”转变、从“功能完善”向“综合服务”转变、从“突出美丽”向“注重幸福”转变、从“建设村庄”向“经营村庄”转变)。

基础强村行动累计开工实施项目36个，完成投资15.3亿元。道路，建成水泥路3条2.4公里，柏油路3条4.8公里，砂石路6条9.2公里；街区建设铺设渗水砖4950平方米，安装太阳能路灯26盏，压设排污排洪管道3.8公里，栽植绿化树木2200多棵。饮水，建设机井8眼、高位水塔8座，铺设自来水管线16.2千米，人畜饮水安全、便捷。住房改造，建成舒适型小康农宅65户，4幢多层实用型住宅楼248户，年内改造农户旧宅29户。配套建设，建成村部办公大楼1处，村级卫生所2处、文体广场1处，广播室1处，文广长廊1处，村史馆1个，乡村舞台1个，综合农资店3个、金融服务点2个，电子商务网店14个、实体店1个，集中埋葬点2处。

产业富村行动突出抓好苹果、大樱桃、中药材三大种植产业和汉唐风格农家乐一条街旅游产业开发，建成占地300亩的中药材种植加工示范园1处，占地506亩的福源大樱桃示范园1处，占地224亩的现代农业观光示范基地1处；全村果园留存面积4220亩(其中杂果面积640亩)，占总耕地面积的77%，人均果业产值6000元以上。农家乐一条街旅游产业一期工程建成商业门店80间3200平方米。

环境靓村行动大力推进“四改三治”和绿化、美化、亮化工程，美化墙体1.4万平方米，清理三堆118处，涂白行道树2000多棵，规范广告牌匾12面，建设垃圾填埋场2处、生活垃圾收集仓6个，购置垃圾清运车1辆，配备垃圾箱30个，中心村新建标准化公厕2座。同时，加强了设施维护和绿化养护等工作，落实了相应人员、制度、职责、经费，探索推广农村环境卫生有偿保洁运行机制。

农民兴村行动以“143”实用技术到户机制为抓手，采取集中培训和现场实训等方式，开展系统培训31场(次)，受训群众达3000余人(次)，培养“土专家”、“田秀才”50余人，成立了百康源中医药专业协会、福源苹果专业合作社，入会人员360人，着力打造(生产型、经营型、技能带动型、技术创新型、社会服务型)“五型农民”。

民主治村行动扎实开展“十星级文明户”“好媳妇”“好公婆”等创建评选活动，共评选出先进典型21人；坚持抓早、抓小、抓苗头，扎实开展矛盾纠纷排查调处活动，有效调处矛盾纠纷163起。全面加强服务型基层组织建设，积极推行“党支部+”模式(党支部+合作社、党支部+协会、党支部+农户)，助推年内精准脱贫25户93人。

彭原镇赵沟畎村

赵沟畎村地处彭原镇西北角，是西峰城区饮用水源地保护区。全村辖8个村民小组，453户、2085人，主要收入来源为畜牧养殖业和劳务输转。共有党员57人。全村总面积24平方公里，耕地4756亩，大多分布在干旱山坡和塬边咀梢。全村以小麦、玉米、油菜及豆类等种植为主，全村现有机井1眼，水塔1座；自来水入户率100%，通电率100%，广播电视入户率97%，建成移动网络信号塔3座，实现了互联网入户全覆盖。硬化通村(组)道路26公里，新建成赵沟畎村级农民文化广场1处2670平方米，幼儿园1所500平方米，完善内配设施，现入园儿童36人。参加新型农村合作医疗453户2085

人，新建村级卫生所，配套有合格药房、接诊室、治疗室，基本医疗设备齐全；结合精准扶贫，新修彭原至王寨9.17公里通村公路建成通车，表油硬化赵咀—李庄、北坳—北田5公里村组道路，完成9.5公里村组道路绿化；完成侯庄、赵咀等5个村民小组农电网改造工程，安装变压器5台，架设线路11.5公里；完成危旧房改造44户，整合各类扶贫资金230万元。1名“五保户”集中供养，17个特困户每月按时领取社会救助金，救助率达到100%，最低生活保障基本覆盖。2015年，农民纯收入为7641元，养殖收入突破78万元。300户配套有卫生厕所近几年发展迅速。

按照“一村一品”的生产格局，赵沟畎村主导增收产业是种养殖业和劳务输出，农作物种植主要以小麦、玉米、油菜及豆类等为主，经济作物1052亩，占耕地面积22%。2015年，全村牛存栏28头，羊存栏1683只，猪存栏76头，鸡1112只，农民专业合作社（协会）3个，入社会员85人。目前，庆阳市凌云服饰轩辕香包有限公司落户赵沟畎村，以香包刺绣、手工鞋帽加工为主，带动剪纸、面塑、种桑养蚕等同步发展，年生产各类产品20万件，产值1000万元，辐射带动周边农村留守妇女300余人居家就业，群众生活水平显著提升。

后官寨镇赵咀村

赵咀村位于后官寨镇西南角，距镇政府11公里，属少数民族聚居村，是全区15个重点贫困村之一。村组共辖7个村民小组，401户1838人。土地面积4210亩，其中耕地面积3600亩，人均耕地面积1.96亩。

近年来，赵咀村聚焦精准扶贫，按照“抓党建夯基础、强引领壮产业、优管理强服务”的工作思路，大力实施基础设施建设、公共服务提升、富民产业培育“三大工程”，群众生产生活条件明显改善，致富产业特色鲜明，农民收入节节攀升，全村面貌焕然一新。

一是狠抓基础铺路，改善生产生活条件。紧盯整镇脱贫目标和“军令状”任务清单，按照“全面覆盖到村、分类施策到户”的工作思路，切实落实水电路房和环境改善“五到户”及贫困村“八有”标准，相继完成集中式饮水工程28户自来水管线埋设，全村自来水入户率达到100%；实施农电网改造71户，全村生活用电实现户户通，动力电实现组组通；新修硬化道路3条7.61公里，村组主干道硬化率达到90%以上。依托易地扶贫搬迁和少数民族“1+9”项目，建成集中居民点3处91户；完成危窑危房改造76户，改建卫生厕所37处，有力改善了群众的生产生活条件。同时，乡村舞台、老年活动中心、村级标准化卫生室、幼儿园、村淘网点、畜牧兽医室建成投用，村级公共服务得到全面保障。

二是狠抓产业拉动，扩宽致富增收渠道。坚持把产业培育作为持续提升贫困户收入的第一抓手，充分发挥党支部牵头引领作用，倾力打造“支部+企业+基地+农户”四位一体领跑产业发展模式，与辖区企业利源砂矿联姻，定向输送12名贫困群众固定就业。招引农民专业合作社，建成400余亩紫花苜蓿种植基地1处；流转土地100亩，建成矮化密植苹果园1处；帮联部门扶持2户贫困户，建成养殖场2处，带动发展养殖大户10户。积极推行电商扶贫模式，建成村级电子商务服务中心1处，为农户的农产品提供了新的销路。扎实推进富民产业专项扶贫，扶持45户贫困户栽植杂果93亩，为贫困户增添了后劲。通过产业扶贫，切实实现了户有致富产业的目的，平均增加贫困户家庭纯收入5000余元。

三是狠抓帮扶助力，保障扶贫脱贫成效。严格按照“853”挂图作业要求，紧盯“八个准”的要求，建立健全贫困村“五类档案”及贫困户“三本账”，突出干部一对一帮扶成效，进一步强化服务管理抓手，切实实现了精准管理、精准扶贫。充分发挥农村产业发展资金专业合作社及互助资金协会作用，为

39户扶贫户发放精准扶贫专项贷款195万元，有效破解了产业发展资金短缺的瓶颈。进一步加大新型技术农民培养力度，为有意愿的54名贫困群众提供技能培训，切实解决了产业发展技术难题。动员所有贫困户参合参保，健全贫困户生活保障，全村参合参保率均达到98%以上。为所联系贫困户送慰问、送物资、送技术、送医疗等900余人次，为村组稳定脱贫工作提供了强大助力。

肖金镇杨咀村

杨咀村位于肖金镇西部，距镇政府9公里，东接胡同村，西邻镇原县，南与上刘村相接，北与董志镇庄头村毗邻。全村辖7个自然村，总户数310户，总人口1326人，土地面积3405亩，其中耕地1490.5亩，人均1.14亩，是西峰区15个精准扶贫村之一。

为扎实做好精准扶贫、精准脱贫工作，全村以"基础设施建设、公共服务保障、富民产业培育、金融信贷支撑"四项重点工作作为抓好扶贫工作的突破口。

狠抓基础设施建设。积极争取各类项目、资金、政策支持，新修水泥路3条6公里，全村硬化路面达8条15.7公里，实现了通组道路全硬化；建成集中供水塔一座，实施23户自来水接入工程，新建小电井17眼，维修小电井33眼、水窖3眼，实现了户户人畜安全饮水；实施危旧房改造8户，改造卫生厕所25处，实现了户户有安全稳固住房；完成全村7个组的农电网改造升级和动力电、网络接入工程，实现通电通网全覆盖；一年来，用于改善民生基础的扶贫资金达到541.5万元。

狠抓公共服务保障体系。新建占地700平方米幼儿园一处，解决了"上学难"；建成标准化村级卫生室4间，解决了"就医难"；建成占地2000平方米的乡村舞台及老年人日间照料中心，解决了"活动难"；一年来，用于改善公共服务保障的扶贫资金达到85.3万元。

狠抓富民产业培育力度。针对全村种养殖业和三产服务业规模小、带动能力弱、贫困户参与度低的现状，我们采取多种方式引导发展壮大。依托得旺养殖专业合作社组建成立了党小组，采取"党员+致富能人+贫困户"的一对一或一对多的帮带模式，将25个贫困户吸纳入社，建立起帮带关系，由社内的4名党员常年为其提供养殖技术指导，目前贫困户户均养羊15只以上，带动其他群众养羊存栏量达4200只以上，年收入210万元，户均增收0.67万元；依托招引的北京远鹏集团，采取"支部+企业能人+贫困户"的发展模式，积极引导贫困户发展以白瓜子、紫花苜蓿、苹果树、核桃树等为主的特色种植业，有效解决了全村农业产业结构单一、经营管理粗放、土地产出效益低的问题，15户贫困户通过发展特色种植户均增收0.2万元；依托庆阳市驾驶员考试中心，采取"支部+班子成员+贫困户"的发展模式，引导、帮助贫困户及周边村民发展以餐饮、住宿、停车、娱乐等为主的三产服务工作，现已开设商业门店34家，年三产服务收入达300万元以上，受益群众120户；依托本村建筑、餐饮、保安等行业方面的能人，采取"支部+劳务能人+贫困户"的发展模式，组织引导全村富余劳动力赴外地就业，增加收入。2015年全村400多名青壮劳动力通过外出务工创收700多万元，其中14户贫困户通过劳务收入，户均增收1.8万元。

狠抓金融信贷支撑力度。针对贫困户有致富愿望，但无发展产业启动资金的实际困难，村党支部牵头在全区率先成立了农村产业发展资金专业合作社，积极争取精准扶贫专项贷款为25户贫困户办理扶贫贷款125万元，及时发放到户发展养殖产业，并利用扶贫互助协会为20户群众贷款20万元，有效解决了群众有项目无资金的实际困难。

什社乡文安村

文安村位于什社乡东部，与宁县、合水接壤，全村共辖12个村民小组，778户，3383人，耕地面积6306亩。属典型的川塬结合地貌，省道纵贯全境，交通便利，资源丰富，素有西峰区东大门之称，是全区15个重点贫困村之一。

近年来，文安村按照“建好城镇优环境，壮大产业显特色，保持稳定促和谐”的工作思路，依托双联行动和精准扶贫，实现了小村镇街区绿化、亮化、硬化、美化，并实施了排水排污工程。现有易地扶贫搬迁点、农民文化广场各1处。目前，村镇建设功能齐全，商贸物流活跃，群众文化生活丰富。同时，以苹果和杂果产业为主的致富产业初具规模，为贫困群众精准脱贫奠定了产业基础。街区的饮食业和位于岘子川组的百年石板桥也使该村的知名度不断提高。

文安村按照“一路二水三服务四点”的精准扶贫工作思路，依托整村推进项目，整合行业部门资源，围绕基础设施建设、易地扶贫搬迁、富民产业培育、金融资金支撑、电商扶贫等方面全力实施精准扶贫。在基础设施建设方面：2015年度硬化道路8.7公里(其中水泥路5.2公里、柏油路1.5公里，砂石路2公里)。铺设岘子塬至岘子川安全饮水管线2千米，新打水窖8眼，标准化卫生室已完成主体工程建设；在易地扶贫搬迁方面，项目已完成地基处理，新打机井1眼，新建水塔1座，铺设排水(污)管道1.5千米。在富民产业培育方面：为了解决搬迁贫困群众后续产业培育问题，由兴塬农民专业合作社牵头新建占地200亩蔬菜基地1处。同时，按照精准扶贫产业到户要求，在岘子塬新建杂果基地1处208亩，辐射带动新栽樱桃、桃子、李子等杂果200多亩。在金融资金支撑方面：注册成立了农村产业发展资金合作社、协助建档立卡贫困户76户贷款118万元。在电商扶贫方面：积极学习陇南电商扶贫先进经验新建示范点1处，布置产品展厅3间，主要销售核桃、小米、香菇、黄花菜等农特产。

显胜乡显胜村

显胜村地处西峰南部，距西峰城区约30公里，属显胜乡中心村，位置优越，交通便利。全村共辖12个村民小组、652户、2760人，耕地面积4750亩。村党总支下设党支部4个，其中：自然村党支部3个，农民专业合作社党支部1个，非公企业党支部1个，有党员92名。

近年来，显胜村围绕“建经济强村，创和谐新村”总目标，认真贯彻“能人强村，好人治村”工程和“三双”战略，以富民强村为核心，改善民生为重点，全面推进小城镇提质改造和新农村建设，大力培育壮大“果菜畜”等优势主导产业，“生产发展、生活宽裕、乡风文明、村容整洁、管理民主”的社会主义新农村形象在显胜村逐步形成。新建上宅下店式商贸楼6幢，完成人行道渗水砖铺设、门头招牌集中更换，建成小游园1处，促进了小城镇的框架规模稳步扩大，服务功能日益完善，品味形象焕然一新。在产业发展以土地流转为抓手，全力招商引资，目前全村土地流转面积达2000多亩，建成百亩以上果树(杂果)示范园8处，以樱桃、桃、苹果为主，集春季赏花、采摘体验为一体的休闲农业正在逐步形成，通过订单化种植，年均套种辣椒1000亩以上。同时，全村建有优质驴、奶山羊规模化养殖小区各1处，非公企业2家。

西街办东门村

东门村是西街办辖区内的一个直属行政村，地处西峰城区东部，是一个典型的城中村。全村农户共167户，人口602人。现有党员49名。

东门村1992年8月开始，先后总投资3878.55万元建成了村龙头集体经济产业—陇东商场，建筑面积30212平方米，现有经营户600多家。该市场是目前陇东地区年交易额最多，辐射面积最广的综合批发市场，主要经营烟酒副食、针织百货、五金家电、服装、布匹、鞋帽、文具、化妆品等十多个经营品项，有许多名优厂家进行直销。经营户大多实行总经销、总代理。多数经营户实力雄厚，进销批量大，利薄价优，市场占有率较高。商品除供应当地外，还远销七县及宁夏、陕北等周边地区，市场年交易额已超过1.8亿元。

1995年，建成了南苑蔬菜、瓜果、水产市场。2005年又同商家联手，对旧市场改造，投资1600万元，建成了南苑百佳超市。这些产业支柱使村级经济壮大，群众富裕，而且给周边市民的生活带来了便利。

2008年总投资2188万元，给村民建成了8幢住宅楼，改善和提高了村民的居住环境和条件。村民乔迁到住宅楼，把原有的宅基房屋都用于出租，这样又增加了村民的家庭收入。

2013年11月投资500万元，建成了占地面积5613平方米的高标准，多功能的基层组织阵地和东门村文化广场。投资30多万元在文化大楼一楼建成60平方米的“便民服务中心”，中心设5个服务窗口，以“为民，便民，利民，务实，高效”为宗旨，全方位接受社会和群众的监督。村文化广场配套了各类健身器材，给村民提供了一个强身健体的场所，丰富了村民的业余生活。

为推进农村社会养老的“幸福工程”，有效解决当前农村养老问题，2013年11月由村委会投资5万元建成和投入使用的老年人日间照料中心。

陇东商场作为西峰区最早建设的品牌市场之一，也是西峰区小商品流通的主要集散地。由于市场建成时间长，受当时设计理念限制和城市经济快速发展多方面原因影响，市场在基础设施、道路、环境等软硬件方面已不能适应目前经济快速发展需要，在消防、安全等方面凸显出一定隐患。新的市场提升改造手续，正在申报和筹备中。

2015年，全村集体公共积累5600万元。年底，村集体人均分红3万多元。

北街办长庆北路社区

长庆北路社区成立于2003年6月，辖区面积0.61平方公里，有居民2100户，6300人。驻辖区机关事业单位18个。社区党总支下设4个党支部，有党员103名，社区工作人员15名。2015年，社区以基层组织建设年活动为契机，围绕“一个主题”（和谐示范社区建设）、突出“两个重点”（组织建设、为民服务）、深化“三项服务”（便民服务、养老服务、文化服务）、实施“五项工程”（党建引领工程、精细管理工程、社会保障工程、文明创建工程、平安建设工程），努力打造设施齐全、功能完善、管理有序、环境优美、服务到位、群众满意的和谐示范社区。

一是提升党建保障服务水平。加强党员教育管理，实行党总支委员包片和定期走访党员见面工作制度，动员党员参与社区管理与服务，党员见面率达到85%以上；认真开展在职党员进社区服务活动，开展了“关心下一代爱心救助基金”捐助、“爱心图书捐赠”、书画义务交流、健康义诊和点亮微心愿等活动5场次，党员捐助物品130余件，认领心愿物品23人。

二是提升精细管理服务水平。按照确保基本服务、彰显特色服务、拓展亲情服务的功能设置要求，形成了“1+3+2+N”的社区服务新模式，即一厅三室两中心基本服务功能室。同时，根据居民需求和服务特点，配套建立了家政服务、志愿服务、中医理疗、书画交友、棋牌娱乐、舞蹈健身、儿童亲情教育等特色服务室，为居民提供十大类30项便民服务。实现居民群众办事“一门式接待、窗口式受理、一次性办结”，使广大居民群众在最短时间内享受最优质的服务结果。

三是提升社会保障服务水平。做好辖区特困户、贫困户、残疾户等弱势群体的排查摸底工作，建立了贫困户台账，实行定期慰问救助，保障了21户特困户的基本生活，落实救助金8500元；上报落实廉租住房补贴103户6700元，使68户享受到了实物配租保障房；联合社区卫生服务中心开展上门入户义活动服务群众50人次，宣传动员为辖区60周岁以上老年人免费进行了心电、B超、血常规等项目体检，采集用工信息18条、提供用工岗位100个、帮助介绍实现就业21人次。

四是提升文明创建服务水平。大力整治居民楼院环境卫生，对各居民小区院落、楼道、绿化带等卫生死角进行清理，清除乱贴乱画宣传标语1200余条、清除商业广告牌30余面。举办居民健康知识教育专题讲座2场次、健康沙龙12场次，受益居民500余人；新组建文化活动团队3个，举办文化活动4场次；组织开展志愿者集中服务活动7场次，服务群众达300多人。

五是提升优质服务水平。坚持“四个结合”(与项目扶持相结合、与典型示范相结合、与利益导向相结合、与优质服务相结合)，培养挖掘幸福家庭典型5户，宣传动员3对新婚夫妇接受了孕前优生优育保健检查，组织62名流动人口到社区卫生服务中心接受免费体检；持续深入开展了以房管人信息清查补漏工作和流动人口持证验证工作，年度出生人口58人，出生率11.21‰，计划生育率98.28%，人口自增率6.93‰，流动人口持证验证率98%。

六是提升平安创建服务水平。成立了社区家政便民服务中心，受理解决居民在水、电、暖等生活方面的困难求助；探索实施了社区居委会、业主委员会、物业服务企业“三位一体”协调服务机制，建立规范业主委员会30个，协调解决各类问题6件；开展法律知识宣传“五进”活动，发放各类宣传单5000余份，坚持信访接待制度和矛盾纠纷月排查调处活动，调处各类矛盾纠纷35起。加强对重点人员的管理帮教，与各居民楼院、房屋出租户签订了平安创建治安管理责任书，与精神智障、刑释解教等重点人员家庭签订了安全管护责任书，建立帮教档案12份，做到重点人员底子清、情况明。

南街办九龙南路社区

九龙南路社区成立于2003年，位于西峰城区东南部，辖区面积0.21平方公里。现有居民小区及楼院39个，住户1830户，人口5800余人。辖区内有机关单位13个，学校2个，居民党支部4个，党员117名、在职党员456名，注册各类志愿者1376名。

2015年，九龙南路社区党总支、居委会紧紧围绕全区和街道经济工作会议安排，坚持以科学发展观为统揽，以街道党工委、办事处提出的“一个中心(项目建设)，“两个重点”(城市管理、民生服务)，“三大任务”(党的建设、社会治理、文化建设)的工作总体思路为指导，团结带领全体干部职工，精心安排，突出重点，狠抓落实，各项工作进展顺利。

社区以经济建设为中心，对辖区固定资产投资和重点项目每周进行摸底登记。紫峰大厦预算投资2.3亿元，拟建成集商业、居住于一体的综合性建筑群。共涉及拆迁户75户，其中市国税局办公楼、家属楼居民55户，征拆面积8887平方米；市工商局办公楼、1号家属楼居民20户，征拆面积约11000平方米，现已完成置换协议签订。

社区对原办公楼房进行了重新装修，将院内平房改建为社区便民服务中心，锅楼房改建为残疾人康复中心和活动排练大厅。新社区现有办公服务场所面积852平方米，除“四室一厅两中心”外，还建有书画室、绿色网吧、儿童驿站等特色活动室和服务室，功能室规划一应俱全。

社区利用网络媒体宣传平台，广泛宣传社区建设和工作开展情况。社区上报综合工作信息、简报、文章63篇(其中48篇被街道办网刊登、52篇被区级网站刊登、11篇被市级网站刊登、5篇被省级部门网站刊登)。

大力开展省级绿色社区建设。社区坚持把环境改善工作列入了社区工作的议事日程,大力开展环保工作,成立了绿色社区创建工作领导小组。组建了 50 人的护绿志愿队,15 人的清扫保洁队,8 人的文化宣传队。为省级"绿色社区"创建活动提供了有力的组织保障和人力保障,有效地确保了创建绿色社区工作的顺利开展。

社区结合辖区居民实际情况,立足社区资源优势,积极推动省级科普示范社区建设。为确保科普工作有场地、有设备、有器材,社区加大科普专项经费投入,设立了科普工作室、图书阅览室、多功能室等科普活动场所。在建好科普阵地的同时,还在居民小区内建成科普宣传栏和宣传橱窗,并定期进行更新,防震减灾、安全用电、生活健康、低碳生活等宣传、警示标语也随处可见,营造了浓厚的科普社区创建氛围。

社区紧紧围绕"打造文明家园、创建和谐社区"的奋斗目标,坚持从实际出发、从群众的需求做起,有针对性地开展和谐社区创建活动。社区以"民心工程"活动为载体,确立了"核心在组织、专心抓党员、热心办实事、真心换民心"的工作思路,把党的工作落实到温暖民心、稳定民心、赢得民心上。一年来,社区为社区居民解决各种生产生活问题 30 余起,调解处理矛盾纠纷 33 起,慰问困难和特困户 30 余户,发放各类慰问金 2 万余元。

巴家咀水库　　摄影:刘小智

项目建设

庆阳嘉鑫国际建材市场建设项目

2014年8月开工建设，总投资18亿元。2015年计划投资10亿元，截至12月已完成投资7亿元，投资完成率70%。

近年来，随着庆阳市城市化进程的急剧加速，大规模的市政建设、房地产行业迅猛发展和消费者个性化的提升，对工程设计、建筑施工、装饰材料、家居生活用品等关联行业提出了更高要求。为此，庆阳市规划建设汽车、文化传媒、放心食品、建材、小商品、家饰装饰、蔬菜瓜果、农资产品、粮食、金属等“十大专业市场”，着力健全商贸流通体系，更好地满足消费者需要、服务广大市民。

庆阳嘉鑫国际建材城是市区十大专业市场之一，规划占地面积37.15公顷，总建筑面积约46万平方米。项目坚持“打造一座城、富裕一方人”的理念，建设以建材为主，家五金、仓储、物流、商务“六位一体”的信息化博览型体验园，分两期实施。一期工程于2014年8月开工，建设精品家居馆、窗帘布艺区、壁纸地毯区、灯饰城、玻璃工艺等功能区，计划今年年底竣工投用。二期工程主要建设门业地板区、精品建材馆、油漆涂料区、陶瓷卫浴区、五金机电区、企业展示区、石材加工区及精品旗舰店，计划于2015年8月全面开工，2016年6月完成主体工程，年底实现试营业。

截至2015年底，一期办公用房、B-1、B-2和南北场馆已封顶，建成投用后，可容纳商户3000个，安排近1万人就业，年实现销售收入15亿元，利税1.5亿元。

庆阳市区雨洪集蓄保塬生态项目

庆阳既是一个干旱少雨地区，又是一个水土流失严重区域，为了破解这一难题，庆阳市提出了市区雨洪集蓄保塬生态项目研究，依托中国水利水电科学研究院北京中水科总公司技术，充分吸纳借鉴了国内同类地区、同类工程的经验做法，特别是水利部关于《黄土高原城市雨水综合利用技术创新》最新成果，把城市的雨水收集、储存、调配、管理技术体系与农业、水保、环卫、养殖、城市绿化、人文景观等方面，进行技术组合、集成创新，高端设计、高效利用、高技术循环，是“一项投资、多项受益”的民生工程和生态项目。该项目建设总投资2.71亿元，主要建设人工湖水系和双向车行桥、慢行桥，总占地面积29.33公顷。主要突出“五大功能”建设：

一是雨洪集蓄。针对庆阳市降雨时空分布不均，特别是60%的降雨多集中在7、8、9三月难以及时收集利用且易造成洪涝灾害的实际，通过多年试验成功，在建设南湖的基础上，规划建设总库容88万立方米，水域面积26.67公顷，年复蓄水量174万立方米的南区雨洪集蓄保塬工程。这既能把有效的天然降水和城市污水处理厂的中水收集于湖中，也能充分发挥集雨、调蓄、消峰、防洪的重要作用，创造高原建平湖的新模式。

二是固沟保塬。市区处于董志塬的核心腹地，随着建成区面积由过去的8平方公里扩大到30平方公里，加之地势西北高、东南低，落差达60多米。长期的雨水冲刷对董志塬面的侵蚀严重。据史料记载，现在的董志塬比民国时期减少了约1/3。通过实施该项目，可解决新城区汛期洪水集中排放的问题，减少或分流雨水冲向塬边造成大量的水土流失，提高土地集约节约利用水平，创造固沟又保塬的新路子。

三是循环利用。通过实施该项目，构建市区东西南北湖体贯通的循环水系，并在湖体内部实施导流工程、推广生态种植技术，构建湖体内的小循环。一方面为西峰石油石化产业园提供水资源保障；另一方面解决庆阳市生态建设用水的问题，变"水害"为"水利"，创造旱作节水型社会高效利用水资源的新途径。

四是改善生态。通过专家论证，水体能够更好地吸附工业废气。为此，庆阳市建设26.67公顷湖体，并在周围配套20公顷绿地，与建成的400公顷碳汇防护林，构建西峰石油石化产业园与城市生活区之间的隔离带，有效吸附石化工业区的工业废气，净化空气，提升环境质量，创造资源型城市有效治理生态新机制。

五是美化环境。项目采用旋扩成孔砼摩擦桩（水下灌柱桩）技术，破解湿陷性黄土建设难题，建造车行桥和慢行桥形成新城区环湖经济圈，带动周边千亩土地升值，并与规划建设的庆阳民俗文化产业园连成一片、相得益彰，打造庆阳市高端文化区、商住区、贸易区，增添城市灵气、提升城市品位，打造了宜居乐业的城市发展升级版。

截至2015年底，该项目完成投资2.1亿元，桥梁关键性工程已经完成，主体桥梁基本贯通，人工湖主体工程达到蓄水要求。

鑫兰石化庆阳永欣干气芳构化建设项目

该项目2014年8月开工建设，总投资2.98亿元。2015年计划投资2亿元，截至2015年底已完成投资8120万元，投资完成率40.6%。

兰州鑫兰石油化工有限公司是甘肃省唯一以碳五为原料进行深加工的综合性石油化工生产企业。企业投资实施的庆阳永欣干气芳构化项目，按照循环发展理念，主要建设一套9万吨干气芳构化装置，以庆阳石化催化干气作为原料，年生产轻裂解料1亿多吨、重芳烃56吨，实现石油化工生产中废弃物的资源化、再利用，是庆阳市石油石化千亿级产业链延链、扩链项目。项目占地3.91公顷，计划2015年年底竣工。公司已与庆阳石化签订了公用工程、干气供应协议，完成了办公楼主体工程及球型罐建设，各种设备安装到位。

该项目建成投产后，可实现年销售收入9.3亿元，上缴税金3832万元，利润8999万元，提供就业岗位100个。

庆阳瑞华天然气综合利用及深加工建设项目

该项目2014年10月开工建设，总投资8.7亿元。2015年计划投资3.9亿元，截至2015年底已完成投资4565万元，投资完成率11.7%。

庆阳油煤气资源丰富，天然气储量达1.51万亿立方米，资源潜力可达15.16万亿立方米。开发天然气清洁燃料产业，以及天然气乙炔、甲醇、丁二醇等高附加值精细化工产品，是庆阳市能源化工产业发展的一个新突破口。截至2015年年底，已打评价井34口，单井获日产75.3万立方米高产气流，生产天然气6.95万吨。

庆阳瑞华天然气综合利用及深加工项目是为保障庆阳市城市、工业和交通等领域燃料用气实施的招商引资项目，也是庆阳市石油石化千亿级产业链重点项目，由上海瑞南企业发展集团投资建设。项目占地14.2公顷，计划2015年底竣工。主要建设两台年产15万吨天然气净化、液化装置，90万立方米液化天然气存储装置及相关配套设施，在8个县区分别建设5万标准立方米的LNG车用加气站。目前已完成办公区、厂房、宿舍楼基础工程建设及设备购置安装。

该项目建成投运后，年可实现销售收入17.3亿元，上缴税金1.1亿元，利润3.2亿元，提供就业岗位170个。

西峰区显胜乡毛寺村精准扶贫示范村建设项目

该项目2015年3月开工建设，总投资5.35亿元。2015年计划投资1564万元，截至2015年底已完成投资1294万元，投资完成率82.7%。

西峰区贫困村均地处塬边咀梢、残垣沟壑区，2015年有重点贫困村15个、贫困人口1.39万人。按照甘肃省精准扶贫精准脱贫要求和市上全力打好基础设施建设、特色产业培育"两大扶贫攻坚战"的部署，通过再摸底、再评估、再核实，把以塬边咀梢、山台沟底为主的深度插花贫困村作为全区扶贫攻坚的重中之重，着力在基础改善、产业培育、公共服务上创新举措、加大投入、提升水平，使扶贫对象、扶贫措施、扶贫效果精准到村、精准到户。

毛寺村精准扶贫示范村建设项目，是市、区两级确定的精准扶贫示范项目。主要建设内容包括村组道路、学校、卫生所、居民点，供水、电网改造、养殖、种植及旅游开发等。其中，旅游项目计划投资5.2亿元，规划用地224公顷，采取招商引资的办法，建设以冬季滑雪为主的甘肃•陇东冰雪健身基地目，分步配套建设游客接待中心、河道漂流、马术俱乐部、旅游小镇、温泉度假村、垂钓及体育综合中心等8个休闲运动功能区。

2015年主要做了三方面工作：针对基础设施建设滞后的问题，投资350万元，建成水泥硬化道路5.2公里，砂石路7.5公里，环川公路3.5公里，累计硬化道路16.2公里，建成浮桥1座。投资90万元，埋设供水主管道8公里，建成集中供水点5处，解决了117户人畜饮水问题。投资204万元，建成居民住房安置点1处，安置分散、偏远住户82户。针对公共服务能力不足的问题，投资300万元，利用原生态希望小学闲置校舍，建成了幼儿园、村级卫生所、文化广场、农民培训中心以及居民点门、小游园、水景墙，瓜菜交易大厅、公厕等配套设施。针对产业带动致富不强的问题，投资180万元，围绕苗林、瓜菜、草畜、劳务四个产业精准施策，搭建钢架大棚368座，贫困户户均3座，棚均预计收入3000元以上；帮助每个贫困户种植芦苇2亩，饲养基础母牛1头，援建牛棚1座；在居民点背山处栽植1.7万株油松进行了绿化，完成73.34公顷的荒山造林示范点1处。投资200万元，借助黑老锅冰窟自然景观、生态希望小学和香港中文大学捐款修建的无字桥等人文景观优势，完成了黑老锅冰窟自然景观概念性规划；滑雪场滑道、草坪已基本完成，游客服务中心、河道漂流项目已开工建设，11月底投入运营。

项目全部实施后，可以彻底改变毛寺村村容村貌，增加群众收入，年底实现整村脱贫。

四中片区棚户区改造项目

该项目分为南、北两个区域，总占地2.49公顷，建筑面积42834.11平方米，涉迁居民233户、单位(企业)2户。北区块：东界至御景城西墙，西至工校巷，北至庆阳四中高中部北墙，南至庆阳四中高中部南墙，占地1.72公顷，建筑面积22450.11平方米，涉迁居民119户、单位(企业)2户。其中，工校家属楼2幢50户，占地0.67公顷，建筑面积4940平方米；三中、职中家属院20户，占地0.18公顷，建筑面积2650平方米；工校平房4户，占地0.05公顷，建筑面积424平方米；私有独院3户，占地0.08公顷，建筑面积1110平方米；肖金建司家属楼1幢42户，占地0.29公顷，建筑面积5697.5平方米；庆阳四中所属占地0.24公顷，建筑面积5100.5平方米；庆阳教育建司占地0.22公顷，建筑面积2528.11平方米。南区块：东至育才东路南工校巷，西界第一段至区教育局家属院西墙，第二段至九龙南路东侧，第三段至规划局家属院东墙，北至育才东路，南至区教育局家属院南墙，占地0.77公顷，建筑面积20384平方米，涉迁居民114户。其中，庆阳四中家属楼2幢82户，占地0.27公顷，建筑面积11576平方米；法院家属院17户，占地0.31公顷，建筑面积5560平方米，教育局家属院15户，占地0.19公顷，建筑面积3248平方米。

截至2015年底，该项目已完成调查摸底、宣传动员、公告发布、作价评估等工作。签订征迁协议99户，兑付补偿安置资金8416.003万元。

庆阳天富亿生态民俗村二期工程简介

庆阳天富亿生态民俗村是温泉镇黄官寨村沟畎组失地农民通过组建农民专业合作社，探索创建的融农业生产、加工销售、农耕文化体验为一体的城郊多元产业融合发展项目。天富亿一期投资2.6亿元，建成基础设施配套工程及现代农业示范区、休闲农业体验区、休闲娱乐区3个功能区块。2015年6月8日全面建成，顺利通过了国家AAA级旅游景区评审。

天富亿二期工程按照景区总体规划，计划投资1.8亿元，着眼打造集现代农业休闲观光、乡村生态旅游示范、民俗文化传承创新等7个功能区块为一体的综合性生态旅游景区。

2015年底，名优花卉鉴赏区、名优果品采摘区、都市博览区已建成开放；农耕食文化活态传承区220间15000平方米民俗古街已建成运营；特种养殖观赏区已投放孔雀、鸵鸟、梅花鹿等5种动物供游客观赏；农产品展销区配合市农牧局已完成内部加固，并为2015年中国(庆阳)农耕文化节活动提供了庆阳市农产品展馆，完成投资1.08亿元。

该景区全面建成后，可安置失地农民500多人，带动创业再就业3000人，年创产值1.2亿元，年接待游客60万人(次)，已成为一处多元化、多功能、多效益的国家级生态旅游景区。

西峰区得旺养殖农民专业合作社简介

西峰区得旺养殖农民专业合作社位于肖金镇杨咀村成立于2012年，由杨咀村6户养羊大户发起成立。该合作社采取“合作社+农户”的经营模式，投资500万元，在本村店门组流转土地1公顷，建成标准化羊舍18栋、饲料存贮库1栋、青贮窖1座、办公用房6间、药品器械室1间，完善了防疫、监控等设施。2015年底，合作社购回小尾寒羊、藏羊3000只，经过四个月短期育肥后全面出栏，预计产值将达到300万元以上，净利润将达到45万元以上。为了进一步加强基层党建，发挥合作社的示范引领作用，2015年杨咀村党支部在合作社内成立了党小组，带动全村67户养羊4200多只，为农民脱贫致富开辟了新路子。

杨咀村精准扶贫项目

肖金镇杨咀村是西峰区15个精准扶贫村之一。全村辖7个村民小组，现有群众310户、1310口人。总土地面积227公顷，耕地1490.5亩，人均耕地1.14亩。2014年，建档立卡贫困户32户、149人，年底脱贫7户26人，下剩25户123人。截至年底，共实现脱贫 24 户 120 人，贫困发生率降至 0.23%。

新修水泥路 3 条 6 公里，全村硬化路面达 8 条 15.7 公里，实现了村通乡、村通组、组与组全硬化、田间耕作通砂石路的目标。建成集中供水塔一座，实施 23 户自来水接入工程，新建小电井 17 眼，维修小电井 33 眼，维修水窖 3 眼，全村户户实现了人畜安全饮水。健全完善了村级各类基础配套，建成占地 700 平方米幼儿园一处，方便了村内幼儿就近入学，为农户节约了大量上学成本。建成标准化卫生室 4 间 100 平方米、配齐了药品、设备和人员，改善了群众就医条件。建成占地 2000 平方米的乡村舞台一处，配齐了各类设施；建成老年人日间照料中心一处，配齐了设备，为丰富群众精神文化生活创造了条件。实施危旧房改造 8 户，改造卫生厕所 25 处，贫困户均有安全稳固住房。实施农电网改造升级和动力电、网络接入工程，贫困户均实现了通电、通网，与外界的联络和沟通更为畅通了。

杨咀村产业类型为养殖、种植、三产服务、劳务收入。2015 年，采取多种方式发展壮大富民产业。一是“党员 + 致富能人 + 贫困户”促进养殖业发展。支部采取“党员 + 养殖能手 + 贫困户”的一对一或一对多的帮带模式，激发困难群众的主动性。在支部引领下得旺养殖专业合作社负责人刘得荣牵头，在社内组建了党小组，设立了党员活动阵地，将 25 个贫困户吸纳入社，建立起帮带关系，由社内的 4 名党员常年为其提供技术指导和包，促进贫困户增收。同时积极发挥示范带动作用，引导村上其他群众共同发展壮大养羊产业。贫困户户均养羊 15 只以上，全村羊存栏达 4200 只以上，年收入 210 万元，户均羊产业年内增收 0.67 万元。二是“支部 + 企业能人 + 贫困户”，大力发展特色种植业。利用川区复垦土地，招引北京远鹏集团种植南瓜，生产白瓜子，发展高效农业。积极引导群众改变单一种植结构，给贫困户投资 2000 元，引导栽植苹果树、核桃树，种植双垄沟播玉米、紫花苜蓿等，发展“一亩地”经济，解决了杨咀村农业产业结构单一、经营粗放、土地产出效益低的问题。2015 年贫困户种植业户均增收 2000 元。三是“支部 + 班子成员 + 贫困户”顺应需求发展服务业。积极招引庆阳市驾驶员考试中心落户杨咀村并以此为契机，引导村民开展开展餐饮、住宿、停车、娱乐等各种服务工作，增加收入。2015 年底开设商业门店 34 家，日接待考试学员及其他人员 800 人次，经初步统计，考试场运营至年底，周边群众三产服务业收入达 300 万元以上，120 户群众直接受益。

针对贫困户普遍缺发展启动资金的实际困难，在西峰区率先成立了农村产业发展资金专业合作社，为 25 户贫困户办理扶贫贷款 125 万元，并及时发放到贫困户手中。25 户贫困利用贷款资金家家搞起了养殖业，户均养羊 15 只以上，为年内实现脱贫创造了有利条件。

庆阳中庆农产品有限公司生产线技术改造项目

该项目 2014 年 6 月启动实施，总投资 6000 万元，截至 2015 年底已完成投资 6000 万元，投资完成率 100%。

庆阳中庆农产品有限公司建于 2005 年 10 月。公司集科研、生产、营销于一体，主要生产经营特色农产品、保健食品、生物科技、民俗文化产品，拥有进出口经营权资格，是省级农业产业化重点龙头企业。经过 10 年发展，2015 年创汇已达到 2000 万美元，被国家农业部授予中国农产品出口示范企业。先后通过 ISO9001 国际质量管理体系认证、国际食品卫生管理体系认证以及犹太、伊斯兰、英国 BRC 认证，考核评定达到环保 A 级标准企业。企业拥有“子午岭”“中庆”“陇东中庆”3 个注册商标和金番素、荞麦粉冲剂、α 亚麻酸等 9 项专利产品，产品远销美国、加拿大、德国、荷兰等 27 个国家和地区，得到国内外市场的充分认可。至2014年底，企业累计实现销售收入3.18亿元，利润3796万元。2015年上半年，出口创汇1500万美元。

公司生产线技术改造项目，是基于适应市场变化和食品生产企业质量技术要求进行的一项全面提升改造工程。先后购置、制造、安装设备225台(套)，其中英国布勒公司色选机13台，X光异物检测机8台，微波灭菌机2组，提升机53台，震动布料器15台，碳结钢和不锈钢储料罐17个，并通过传送带将所有设备连接成一体，形成了完整的全自动化流水线。整个生产线由原来的1条增加到2条，布局更加紧凑，生产能力成倍增长，产品质量进一步提升。

在生产线用工减少的情况下，公司260多人转岗从事南瓜基地建设和种植业指导工作，在西峰、合水、宁县、镇原，采取“公司+基地+合作社”模式，实行订单种植，建设南瓜种植基地6万亩，带动农户2.8万户。

综合建材市场项目

2015年3月21日开工续建，截至12月底完成4幢主力展馆（B-1、B-2、B-3、B-4）全部土建工程，全部内街道路施工、市场内院坪整理及绿化、供排水、消防、内外装饰装修、景观亭台装修等，基本达到政府验收条件，已有部分商户陆续入驻。由于进入冬季影响商户装修进度及部分商户个人原因推迟装修，市场整体预计2016年3月可投入试运营。项目2015年度累计完成投资62627.2万元。

电子商务产业孵化园定在嘉鑫综合建材市场主楼，总建筑面积5071平方米，其中一层面积920平方米，二、三层为1776平方米，四层为599平方米。房租费由市政府承担，市财政连续三年每年列支300万元；孵化中心、运营中心、培训中心、物流中心由市商务局负责装修运营，体验中心由西峰负责装修并运营，经初步预算装修费200万元左右。

华夏苹果第一树　　果业局提供

西峰区 2015 年实施项目表

表 1

序号	项目名称	隶属关系	项目建设内容	建设起止年限	总投资(万元)	投资来源		2015 年建设情况	责任单位及所辖乡镇
						申请投资	自筹		
	合 计	156			1372584.85	283363.85	1089221		
	一、新建	120			819717.22	178102.22	641615		
1	长庆油田原油产能建设项目	市	西峰区新增原油产量 34.28 万吨以上	2015	26000	——	26000	全面建成	石油办
2	西峰区 2015 年农网改造升级 10 千伏及以下工程	国	新建 10 千伏线路 10 千米,0.4 千伏线路 46 千米,安装配变 23 台,容量 6000 千伏安,户表改造 930 户	2015	8366	8366	——	全面建成	后官寨镇
	(二)交通	9			48444	34681	13763		
1	年通村公路建设工程	区	什社文安等 30 条 158 公里通村沥青(水泥)路	2015	11170	2362	8808	全面建成	区交通局
2	雨洪积蓄生态保塬周边景观建设项目	区	周边景观建设分为三个部分。第一部分,完成湖体周围硬化,硬化面积 220000 平方米。第二部分,完成周边亮化,安装路灯 200 个,草坪灯 300 个。第三部分,栽植绿化苗木 5000 棵,草坪绿化 35000 平方米	2015	8650	8650	——	全面建成	董志镇
3	董志镇正宁路项目	区	该道路长度约 1800 米,红线宽度为 30 米。路面设计以双轮单轴载 100KN 为标准轴载进行设计,采用半刚性基层沥青混凝土路面	2015	6770	6770	——	全面建成	全面建成
4	西合路文安服务区	区	新建占地 15000 平方米的服务区 1 处	2015	2000	2000	——	全面建成	什社乡

续表 1

序号	项目名称	隶属关系	项目建设内容	建设起止年限	总投资(万元)	投资来源		2015 年建设情况	责任单位及所辖乡镇
						申请投资	自筹		
5	肖金镇村组道路建设项目	区	新修漳水、张庄、老山、双桐、左咀、纸坊、王庄水泥路 13 公里，柏油路 2 公里，砂石路 20 公里	2015	1500	——	1500	全面建成	肖金镇
6	董志塬大道地下综合管廊	区	起自兰州路，终止石油路，为南北走向，全长 4071 米。对地下管网及天然气管道进行安装及改建线路等	2015	8390	8390	——	全面建成	南街办
7	温泉湫沟村通组道路建设工程	区	拟新修西庄组到南庄组柏油道路 3.5 公里	2015	2709	2709	——	全面完成	温泉镇
8	温泉镇村组道路建设工程	区	该项目拟新修 44.8 公里的柏油罩面道路，21.6 公里的水泥道路	2015	3455	——	3455	全面建成	温泉镇
9	县乡公路(赵沟畎至镇原王寨公路)赵沟畎段建设项目	区	项目共长 15 公里，计划对原有路段进行加宽重新修建	2015	3800	3800	——	道路已全线贯通	交通局 彭原镇
(三)农林水利		8			53128		53128		
1	庆阳昊亿农林有限公司五郎铺中药材种植加工基地建设项目	区	该项目位于彭原镇五郎铺村，项目计划占地 120 公顷，新建大型种植基地一处，种植基地占地 86.67 公顷，并配套建设中药材加工厂 1 处，总建筑面积 3500 平方米；建设办公及员工生活基地 1 处，建筑面积 2600 平方米	2015	26500	——	26500	全面建成	彭原镇
2	肖金镇农业产业化项目	区	新建百亩苹果示范园 8 处、百亩杂果示范园 2 处、梅花园 1 处、脱毒马铃薯基地 1 处，配套完成供水、供电及办农业生产房建设	2015	6000	——	6000	全面建成	肖金镇
3	肖金镇正旺养鸡场改扩建项目	区	完成正旺养鸡场改扩建，新建两幢现代化鲜蛋生产车间 1 处	2015	5380	——	5380	全面建成	肖金镇

续表 1

序号	项目名称	隶属关系	项目建设内容	建设起止年限	总投资(万元)	投资来源		2015 年建设情况	责任单位及所辖乡镇
						申请投资	自筹		
4	齐楼村新农村二期建设项目	区	新建 2 层框架结构综合服务楼一幢，并建成集文化、体育、群众性文化活动为一体的休闲娱乐广场 1 处，硬化绿化新农村区内道路 3.8 公里，同时配套建设其他服务设施	2015	4988	——	4988	全面完成	温泉镇
5	肖金高标准农田基本建设项目	区	提质改造中低产田 1408.8 公顷，新增和改善灌溉面积 803.73 公顷，新建提灌站 6 座，修复提灌站 6 座，新打机井 16 眼，修复机井 25 眼，配套水塔 37 座，新建管护房 37 间，更换配套设备 25 套，埋设管道 68 公里，新建集雨大口窖 110 座	2015	3000	——	3000	全面建成	区农发办 肖金镇
6	庆阳桃屿生态园项目	区	建设日光温室 2036 平方米，种植花卉、苗木、蔬菜各 0.2 公顷	2015	1000	——	1000	全面建成	什社乡
7	东昇养殖有限公司	区	新建占地 4 公顷的养殖场 1 处。其中建棚 36 座，办公用房 22 间	2015	1000	——	1000	全面建成	什社乡
8	庆阳陇东粮仓生态农业发展有限公司	区	引进先进的米类、杂粮类全自动无尘生产线和无菌包装线，形成从采购加工、策划包装、品牌建设、运营销售为一体的全产业链的互联网农业品牌企业	2015	5260	——	5260	全面建成	温泉镇
(四)工业		35			222076	1000	221076		
1	庆阳市鸿业墙材有限责任公司年产 80 万㎡复合轻质隔墙板生产线项目	区	引进自动化复合轻质墙板生产线 1 套，新建厂房 5500 平方米，生活区 1000 平方米， 产品晾晒区 15000 平方米，以及辅助设施	2015	19600	1000	18600	全面建成	彭原镇

续表 1

序号	项目名称	隶属关系	项目建设内容	建设起止年限	总投资(万元)	投资来源		2015 年建设情况	责任单位及所辖乡镇
						申请投资	自筹		
2	庆阳新顺达建材有限公司粉末水泥生产厂建设项目	区	该项目位于彭原镇彭原村，项目总占地4.33 公顷，新建粉末水泥生产厂 1 处，购买水泥生产设备 3 台，建设办公生活基地及厂区 1 处，建筑面积 6500 平方米	2015	21800	——	21800	全面建成	彭原镇
3	庆阳馥馨春肉类食品有限公司牛羊肉定点屠宰项目	区	该项目占地 2 公顷，计划新建牛羊肉定点屠宰加工厂 1 处，购买加工设备 2 套	2015	11500	——	11500	全面建成	彭原镇
4	庆阳庆润卫生用品有限公司专业用纸生产线改扩建	区	在公司原有基础上对生产线进行购买并建设新厂房 1200 平方米	2015	9700	——	9700	全面建成	彭原镇
5	庆阳中庆农产品有限公司白瓜子生产线技术改造建设项目	区	进行白瓜子生产线技术改造	2015	9300	——	9300	完成生产线改造	董志镇
6	庆阳千江涂装新材料科技有限公司年产1000 吨节能保温隔热外墙涂料生产线技术改造建设项目	区	进行 1000 吨节能保温隔热外墙涂料生产技术改造	2015	8998	——	8998	全面建成	董志镇
7	庆阳天马物资再生有限责任公司报废汽车回收拆解中心	区	该项目占地 1.67 公顷，计划新建报废汽车回收拆解中心 1 处，并购买相应设备	2015	8500	——	8500	全面建成	彭原镇
8	木林森碳业	镇	规划占地 2 公顷，新建 6 层研发办公楼 1 幢，宿舍楼 1 栋，生产厂房 2 间，产生线 10 条	2015	7860	——	7860	全面建成	肖金镇
9	宝盾门业	镇	占地 0.33 公顷，新建办公用房 10 间，生产车间 10 间，产生线 1 条	2015	4800	——	4800	全面建成	肖金镇
10	肖金镇空心砖厂	镇	占地 0.67 公顷，新建办公用房 10 间，生产砖窑 10 个	2015	4700	——	4700	全面建成	肖金镇

续表 1

序号	项目名称	隶属关系	项日建设内容	建设起止年限	总投资(万元)	投资来源		2015 年建设情况	责任单位及所辖乡镇
						申请投资	自筹		
11	庆渝建材	镇	新建占地 1.33 公顷的新型建材加工厂 1 处,厂房 2 间,占地 3000 平方米,综合办公楼及住宿一体四层楼房一幢,购买机械设备 14 台	2015	4100	——	4100	全面建成	肖金镇
12	星宇锅炉厂	镇	新建办公用房 5 间,生产车间 10,生产线 2 条	2015	3896	——	3896	全面建成	肖金镇
13	肖金金鑫源果蔬冷藏有限公司	镇	新建三层综合服务办公楼 1 幢,总建筑面积 1000 平方米,新建储量 5000 吨气调库 1 座	2015	2800	——	2800	全面建成	肖金镇
14	庆阳市富翔泡沫板生产加工厂建设	区	新建一座年生产能力 10 吨的轻型泡沫板	2015	2500	——	2500	全面建成	后官寨镇
15	庆阳市富达彩钢泡沫板加工厂	区	建设泡沫板、彩钢加工线	2015	4560	——	4560	全面建成	后官寨镇
16	庆阳市碧泉纯净水厂	区	建设新型过滤系统	2015	5750	——	5750	全面建成	后官寨镇
17	庆阳市餐洁仕消毒有限公司	区	新型消毒设备引进	2015	3960	——	3960	全面建成	后官寨镇
18	西峰区美昊建筑装饰材料有限公司	区	建设装饰材料生产线	2015	8100	——	8100	全面建成	后官寨镇
19	庆阳市馨星家纺有限公司	区	建设家纺生产厂区	2015	2950	——	2950	全面建成	后官寨镇

续表 1

序号	34 项目名称	隶属关系	项目建设内容	建设起止年限	总投资（万元）	投资来源		2015 年建设情况	责任单位及所辖乡镇
						申请投资	自筹		
20	庆阳市宗瑞肉类加工有限公司	区	建设污水处理系统	2015	1950	——	1950	全面建成	后官寨镇
21	西峰区瑞利铝合金加工厂	区	建设铝合金加工厂区	2015	3900	——	3900	全面建成	后官寨镇
22	西峰区同贺泡沫板加工厂	区	建设泡沫板加工线	2015	3800	——	3800	全面建成	后官寨镇
23	西峰区西北抗疏力技术材料有限公司	区	建设新型材料生产线	2015	3900	——	3900	全面建成	后官寨镇
24	庆阳长信工贸有限公司	区	建设空心砖生产线	2015	6852	——	6852	全面建成	后官寨镇
25	庆阳鑫源屠宰厂	区	建设污水处理系统	2015	4650	——	4650	全面建成	后官寨镇
26	庆阳市铭帝铝业生产有限公司	区	建设新型生产加工区	2015	5800	——	5800	全面建成	后官寨镇
27	西峰区春来木材加工厂	区	建设木材加工厂区	2015	5800	——	5800	全面建成	后官寨镇
28	庆阳市金龙彩钢加工厂	区	建设彩钢加工厂厂区	2015	8900	——	8900	全面建成	后官寨镇
29	庆阳市腾祥有限公司	区	新建混凝土分离加工线	2015	6600	——	6600	全面建成	后官寨镇
30	庆阳市金德松食品有限公司	区	新建一座豆制品加工厂	2015	5900	——	5900	全面建成	后官寨镇
31	庆阳市芳香食品加工厂	区	引进新生产线	2015	1600	——	1600	全面建成	后官寨镇
32	庆阳市天露油脂有限公司	区	建设食用油检测室	2015	1760	——	1760	全面建成	后官寨镇
33	庆阳耀昶塑业有限公司	区	新建全自动生产线	2015	1100	——	1100	全面建成	后官寨镇

续表 1

序号	项目名称	隶属关系	项目建设内容	建设起止年限	总投资(万元)	投资来源		2015 年建设情况	责任单位及所辖乡镇
						申请投资	自筹		
34	庆阳市土老坎餐饮有限公司	区	麻辣烫底料生产线	2015	2600	——	2600	全面建成	后官寨镇
35	庆阳市西峰区亨科彩印包装有限公司扩建项目	区	新扩建厂房 3200 平方米，购进新生产设备及改进生产线等	2015	9950	——	9950	全面建成	南街办
(五)城市基础设施建设		19			187376.22	83976.22	103400		
1	亨星锦绣城三期 9#、10#、11#、D# 楼（幼儿园)及地下车库	区	新建 4 幢框架结构商住楼，9#12 层、10#26 层、11# 东单元 18 层、西单元 25 层、D# 楼(幼儿园)2 层局部 3 层及地下车库 2 层，总建筑面积 49505.68 平方米	2015	35682	35682	——	全面完成	北街办
2	2015 年西峰区街巷提质改造	区	对 34 条街巷主干道进行维修改造	2015	9889	9889	——	全面建成	南街办
3	顺化路（北京大道－傅玄路)	区	长 800.38 米，宽 24 米。包括道路、给水排水、照明、电力电信和绿化等工程	2015	1200	1200	——	全面建成	住建局 温泉镇 董志镇
4	北地东路建设项目	区	该道路全长 5620 米，红线宽度为 30 米。路面设计以双轮单轴载 100KN 为标准轴载进行设计，采用半刚性基层沥青混凝土路面	2015	9460	9460	——	全面建成	董志镇
5	西峰工业集中区李寺安置小区	区	新建 5.34 公顷失地农民安置小区 1 处	2015	18500	——	18500	全面建成	彭原镇
6	西环路南延伸段道路工程(世行项目)	区	长 3574 米 (2568 米 /1006 米)，路幅 60 米 /37.5 米，综合管沟 3800 米(2.5×2.5 米×2)及 1178 米(1.2×1.0 米)，配套交通管理措施、照明及绿化等设施。(长庆大道南延伸，省道 202 线—石油西路)	2015	13500	13500	——	全面建成	世行办 交通局 董志镇 后官寨镇

续表 1

序号	项目名称	隶属关系	项目建设内容	建设起止年限	总投资(万元)	投资来源		2015 年建设情况	责任单位及所辖乡镇
						申请投资	自筹		
7	黄官寨南队真宁综合商住楼		拟新建 4 层框架结构综合楼房 2 栋,总建筑面积 12800 平方米,并配套建设道路、绿化等公共基础设施	2015	9986	——	9986	全面完成	温泉镇
8	黄官寨村对坡组东城锦绣商住楼		项目规划占地 1.8 公顷 (18002 平方米),拟新建 12 层框架结构综合商住楼 3 幢,商用面积 11689 平方米,住宅面积 18336 平方米, 总建筑面积 30025 平方米,并配套建设水电、绿化、道路及停车场等其他公共基础设施	2015	9965	——	9965	全面完成	温泉镇
9	黄官寨京都综合商住楼	区	拟在兰州东路南侧、九龙路西侧新建京都综合商住楼 1 处	2015	9965	——	9965	全面建成	温泉镇
10	地庄村北队福康家园综合商住楼		拟建 12 层框架结构综合商住楼楼三幢,商用面积 15226 平方米,住宅面积 17659 平方米, 总建筑面积 32885 平方米,并配套建设水电、绿化、道路及停车场等其他公共基础设施	2015	9960	——	9960	全面建成	温泉镇
11	地庄村南队沁园商住楼		项目规划占地 2.07 公顷 (20667 平方米),拟新建 12 层框架结构综合商住楼 4 幢,商用面积 12639 平方米,住宅面积 20559 平方米, 总建筑面积 33198 平方米,并配套建设水电、绿化、道路及停车场等其他公共基础设施	2015	9957	——	9957	全面建成	温泉镇
12	地庄村东坳嘉禾商住楼	区	拟在原西峰区皮革厂巷子内 300 米处,新建嘉禾商住楼 1 处	2015	9957	——	9957	全面建成	温泉镇
13	地庄东兴综合商住楼	区	在盖坳组境内拟建商住楼 1 处	2015	9950	——	9950	全面完成	温泉镇
14	阳光名都商住小区二期工程(附属工程)	区	道路(地坪)硬化、绿化、配套设施及附属工程建设	2015	8960	——	8960	全面建成	南街办

续表 1

序号	项目名称	隶属关系	项目建设内容	建设起止年限	总投资(万元)	投资来源		2015 年建设情况	责任单位及所辖乡镇
						申请投资	自筹		
15	董北路地下综合管廊	区	该项目西起规划路，东至经一路，长 2.9 公里，断面形式 2-2×2，主要建设内容为综合管廊、道路建设和管线迁移	2015	5250	5250	——	全面建成	董志镇
16	董陈路地下综合管廊	区	该项目西起岐黄大道，东至经九路，长 2.9 公里，断面形式 2-2×2，主要建设内容为综合管廊、道路建设和管线迁移	2015	5250	5250	——	全面建成	董志镇
17	康泰苑商住小区	区	拟在地庄组境内新建康泰苑商住小区 1 处	2015	5100	——	5100	全面建成	温泉镇
18	庆阳市供排水公司第二水厂供水应急扩容改造工程	市	1. 新建净水处理站一座；2. 增加一座备用提升泵房；3. 水厂内电气、工艺管线、自控系统改造；4. 六泵站、七泵站电气、工艺管线、自控系统改造	2015	3745.22	3745.22	——	全面建成	供排水公司 后官寨镇
19	小城镇规划干一路项目	区级	新修宽 16 米道路 0.825 公里，并完成表油	2015	1100	——	1100	全面建成	什社乡
(六)社会事业		21			87348	37779	49569		
1	后官寨中心骨科医院	区	建设双层混凝土结构医疗用房 1 座	2015	4744	——	4744	全面建成	后官寨镇
2	西峰区养正国学幼儿园	区	拟在王岭路口建设幼儿园 1 座	2015	6970	——	6970	全面建成	后官寨镇
3	西峰区北京红缨幼儿园	区	拟在后官寨村部以西建设幼儿园 1 座	2015	5240	——	5240	全面建成	后官寨镇

续表 1

序号	项目名称	隶属关系	项目建设内容	建设起止年限	总投资(万元)	投资来源		2015 年建设情况	责任单位及所辖乡镇
						申请投资	自筹		
4	董志镇八年村文化广场及卫生所改扩建项目	区	总建筑面积 18200 平方米，配套水电路、绿化等基础设施建设	2015	4300	4300	——	全面建成	董志镇
5	董志镇冯堡村至庄头村道路硬化	区	该道路长度约 62.6 千米，其中水泥硬化 39.5 千米,柏油罩面硬化 23.1 千米,路面宽度 4.5 米,路肩各 1.25 米,水沟各 1.2 米,罩面厚度主干道 5 厘米、支路 4 厘米	2015	3562	3562	——	全面建成	董志镇
6	董志镇罗杭村部及文化广场建设项目	区	总建筑面积 29440 平方米，配套水电路、绿化等基础设施建设	2015	4860	4860		全面建成	董志镇
7	疼痛专科医院	区	拟在黄官寨东队组境内新建疼痛专科医院 1 处	2015	6582	——	6582	全面建成	温泉镇
8	庆阳市东墅一品幼儿园建设项目	区	校园计划占地 0.87 公顷 (8670 平方米),拟建设 4 层框架结构综合教学楼 2 栋,总建筑面积 18290 平方米，建设幼儿园操场 3259 平方米,建设生活用房(厨房、开水消毒间、炊事员休息室)580 平方米,并配套建设幼儿教学娱乐设施、绿化、水电及停车场等公共基础设施	2015	5965	——	5965	全面完成	温泉镇
9	董志镇崔沟村至六年村道路硬化项目	区	该道路长度约 98.6 千米，其中水泥硬化 59.1 千米,柏油罩面硬化 39.5 千米,路面宽度 4.5 米,路肩各 1.25 米,水沟各 1.2 米,罩面厚度主干道 5 厘米、支路 4 厘米	2015	5126	5126	——	全面建成	董志镇
10	米堡村科技文化综合服务中心		拟新建 4 层框架结构综合楼房 2 栋,总建筑面积 12800 平方米,并配套建设道路、绿化等公共基础设施	2015	4996	——	4996	全面完成	温泉镇
11	华宇幼儿园	区	拟在黄官寨村西队组境内新建幼儿园 1 处	2015	4856	——	4856	全面建成	温泉镇

续表 1

序号	项目名称	隶属关系	项目建设内容	建设起止年限	总投资(万元)	投资来源		2015 年建设情况	责任单位及所辖乡镇
						申请投资	自筹		
12	银河星幼儿园改扩建项目	区	新建三幢四层框架结构教学楼 1 幢及配套设施	2015	4231	——	4231	全面完成	北街办
13	北大街社区等 7 个社区办公活动场所建设项目	区	北大街社区：改建五层框架，建筑面积 1462 平方米；解放路社区：改建四层框架，建筑面积 1059 平方米；长庆北路社区：改建四层办公楼 1 幢，建筑面积 1126 平方米等 4 个社区，总建筑面积 8046.86 平方米	2015	4705	4705	——	完成长庆北路、北大街、九龙北路和东湖社区四个社区的新建与改扩建	北街办
14	南街街道办事处炮台巷等 8 个社区改扩建项目	区	对 8 个社区的办公场所进行改扩建，改建面积 2060 平方米	2015	1890	1890	——	全面建成	南街办
15	庆阳博苑阳光幼儿园	区	拟在九龙路东侧，四中南侧新建幼儿园 1 座	2015	4000	——	4000	全面完成	温泉镇
16	育才幼儿园建设项目	区	新建两幢四层框架结构教学楼 1 幢及配套设施	2015	3980	3980	——	全面完成	北街办
17	董志镇吴庄村村部及文化广场建设项目	区	总建筑面积 13884 平方米，配套水电路、绿化等基础设施建设	2015	3471	3471		全面建成	董志镇
18	董志镇南庄至庄子洼环川公路建设项目	区	该道路长度约 56 千米，其中水泥硬化 60.4 千米，柏油罩面硬化 38.2 千米，路面宽度 4.5 米，路肩各 1.25 米，水沟各 1.2 米，罩面厚度主干道 6 厘米、支路 5 厘米	2015	3140	3140	——	全面建成	董志镇
19	董志镇庄头至庄子洼环川公路建设项目	区	该道路长度约 32 千米，其中水泥硬化 22 千米，柏油罩面硬化 10 千米，路面宽度 4.5 米，路肩各 1.25 米，水沟各 1.2 米，罩面厚度主干道 6 厘米、支路 5 厘米	2015	1720	1720	——	全面建成	董志镇
20	庆阳市食品安全检（监）测能力建设项目实验楼工程	区	新建五层框架结构实验楼 1 幢	2015	1985	——	1985	全面完成	北街办

续表 1

序号	项目名称	隶属关系	项目建设内容	建设起止年限	总投资(万元)	投资来源		2015 年建设情况	责任单位及所辖乡镇
						申请投资	自筹		
21	西峰区王岭初中建设项目	区	新建砖混结构教学用房、教研办公用房、学生宿舍用房等共计 14 栋及操场硬化等附属工程，总建筑面积 3660.88 平方米	2015	1025	1025	——	全面建成	后官寨镇
(七)商贸流通		26			186979	12300	174679	——	——
1	庆阳市聚福饭庄建设项目		项目占地 0.67 公顷，新建三层商务酒店一幢，建筑面积 15600 平方米；硬化面积 4500 平方米。总建筑面积 20100 平方米	2015	4826	2000	2826	全面建成	董志镇
2	庆阳市金鹏商务酒店建设项目	区	该项目占地 0.67 公顷，新建五层商务酒店 3 幢；建筑面积 15500 平方米，完成配套设施建设	2015	4726	——	4726	全面建成	董志镇
3	农产品展示电子交易中心	区	拟在安定东路北侧、东湖电动车交易市场西侧新建农产品电子交易中心 1 处	2015	9938	——	9938	全面建成	温泉镇
4	紫苑酒店	区	拟在北京大道西侧、庆阳南站南侧新建紫苑大酒店一处	2015	9925	——	9925	全面建成	温泉镇
5	阳光酒店	区	拟建设 6 层酒店综合服务楼三座，总建筑面积 32350 平方米，并配套道路、绿化、停车场等公共基础设施	2015	9897	——	9897	全面建成	温泉镇
6	陇东电动车交易中心	区	拟建 4 层框架结构的沿街综合商业服务楼二座，总建筑面积为 17850 平方米，院内南侧建成 2 层钢架结构电动车交易大厅 3 座，建筑面积为 8950 平方米，院内北侧建成 3 层框架结构电子展厅 1 栋，建筑面积为 1960 平方米，并配套建设院内停车场、水、电、道路、绿化等其他基础设施	2015	9896	——	9896	全面建成	温泉镇

续表 1

序号	项目名称	隶属关系	项目建设内容	建设起止年限	总投资(万元)	投资来源		2015 年建设情况	责任单位及所辖乡镇
						申请投资	自筹		
7	陇院美食休闲步行街	区	新建全长 453 米、日接待 5000 多人次就餐休闲的步行街一条。道路两侧建设 2 层框架结构的商业门店,总建筑面积为 36240 平方米,并配套建设水电、道路、绿化等其他基础设施	2015	9860	——	9860	全面建成	温泉镇
8	唯客商贸楼建设项目	区	占地 0.53 公顷。新建 12 层商贸楼 1 幢,建筑面积 28800 平方米;硬化面积 8500 平方米。总建筑面积 37300 平方米	2015	9680	3000	6680	全面建成	董志镇
9	庆阳华泰实业有限公司办公楼建设项目	区	该项目位于鄢旗坳村,占地 2.13 公顷,新建农产品加工公司办公楼及厂区 1 处,建筑面积 11000 平方米	2015	9200	——	9200	全面建成	彭原镇
10	庆阳鑫远二手车交易市场项目	区	该项目规划用地 5328 平方米,计划新建两层汽车展厅一幢,建筑面积 3000 平方米;两层办公用房一幢,建筑面积 1000 平方米;其他设施建筑面积 500 平方米	2015	8900	——	8900	全面建成	彭原镇
11	庆阳康威汽车销售服务有限公司东风汽车销售服务中心建设项目	区	该项目位于彭原镇鄢旗坳村,项目占地 2.87 公顷,计划新建重型汽车销售维修为一体的专业市场,建设三层办公及配套楼 1 幢,建筑面积 6200 平方米,建设汽车销售及售后服务厅 11000 平方米	2015	16500	——	16500	全面建成	彭原镇
12	庆阳东方驾校基地	区	拟在傅玄路西侧新建庆阳东方驾校基地 1 处,项目占地 1.73 公顷	2015	7984	——	7984	全面完成	温泉镇
13	庆阳振通机动车驾驶员培训学校驾驶训练基地项目	区	该项目占地 2.67 公顷(26664 平方米),拟新建 5 层框架结构综合教学楼一幢,建筑面积 5205 平方米,新建 3 学员宿舍楼 1 座,建筑面积 1850 平方米,建设驾驶训练场地 22350 平方米,配套电子检测设备,购置教练车 45 辆,并配套建设水电、绿化及停车场等公共基础设施	2015	7550	——	7550	全面完成	温泉镇

续表 1

序号	项目名称	隶属关系	项目建设内容	建设起止年限	总投资(万元)	投资来源		2015 年建设情况	责任单位及所辖乡镇
						申请投资	自筹		
14	成龙机动车驾驶员培训基地	区	拟在黄官寨村沟畎组境内新建庆阳成龙机动车驾驶员培训基地 1 处	2015	7214	——	7214	全面建成	温泉镇
15	长安汽车 4S 销售中心建设项目	区	该项目位于鄢旗坳村，占地 1.07 公顷，新建长安汽车 4S 销售中心 1 处，建筑面积 6500 平方米	2015	6800	——	6800	全面建成	彭原镇
16	景轩大酒店	区	拟在西合公路北侧，米堡村境内新建景轩大酒店 1 处	2015	5790	——	5790	全面建成	温泉镇
17	华亿酒店	区	拟建设 6 层酒店综合服务楼两座，总建筑面积 22350 平方米，并配套道路、绿化、停车场等公共基础设施	2015	5697	——	5697	全面建成	温泉镇
18	肖金健源大酒店	镇	新建 6 层框架结构商业楼房 1 幢，使用面积 1100 平方米，装修按三星级标准	2015	5300	——	5300	全面建成	肖金镇
19	付家新村万吨果蔬贮藏库	区	拟建万吨果蔬贮藏保鲜恒温库 1 座(分为 8 个单元，规格为 130 米×6 米)，建筑面积为 16640 平方米，硬化场地 2345 平方米，绿化面积 682 平方米，铺设雨水管网 2550 米，建设办公区 370 平方米，并配套水电、道路等公共基础设施	2015	4987	——	4987	全面建成	温泉镇
20	恒丰源气调库	区	建设钢结构组装式冷藏库 7 座	2015	4986	——	4986	全面完成	温泉镇
21	红鑫酒店建设项目	区	项目占地 1.33 公顷，新建二层大型酒店 1 处，建筑面积 10800 平方米；建设四层住宿楼 1 幢，建设面积 3500 平方米，建设面馆及停车场各 1 处，总建筑面积 16400 平方米	2015	4852	2000	2852	全面建成	董志镇
22	庆阳市聚福饭庄建设项目	区	项目占地 0.67 公顷，新建三层商务酒店一幢，建筑面积 15600 平方米；硬化面积 4500 平方米。总建筑面积 20100 平方米	2015	4826	2000	2826	完成商务酒店建设任务	董志镇

续表 1

序号	32 项目名称	隶属关系	项目建设内容	建设起止年限	总投资(万元)	投资来源		2015 年建设情况	责任单位及所辖乡镇
						申请投资	自筹		
23	庆发停车场建设项目	区	拟新建集住宿、餐饮、汽修、停车为一体的综合服务中心 1 处,占地 8 公顷。新建框架结构四层住宿楼 1 幢, 建筑面积 5000 平方米;新建框架三层餐饮楼 1 幢,建筑面积 4000 平方米;汽修部为钢架结构,建筑面积 5000 平方米;停车场 1 处,占地面积 2500 平方米。总建筑面积 16500 平方米	2015	4826	1500	3326	全面建成	董志镇
24	庆阳市西峰区米堡苹果集散购销站	区	拟在温泉镇米堡村新建苹果集散购销站 1 座	2015	4589	——	4589	全面完成	温泉镇
25	盛源蔬果气调冷藏保鲜物流中心项目		项目计划占地 2.67 公顷, 建筑总面积 11000 平方米。1. 气调保鲜冷藏库: 建设 5000T 气调保鲜冷藏库一座,库房占地总面积 6000 平方米, 全部采用最先进的冷藏技术和设备及管理方式;2. 制冰厂:日产 180 吨的制冰厂 1 个,占地约 500 平方米,每个车间 60 吨库容;3. 物流配送车间: 占地约 3000 平方米,全部采用钢架结构,用于蔬菜分选包装及物流	2015	4280	1800	2480	完成全部建设任务	董志镇
26	农大家宴酒店	区	该项目总占地 0.73 公顷(7337 平方米),拟新建 6 层酒店综合服务楼 2 幢,总建筑面积 15800 平方米,并配套道路、绿化、停车场等公共基础设施	2015	3950	——	3950	全面建成	温泉镇
二、续建		36			552867.63	105261.63	447606		
(一)能源		1			49789	10000	39789		
1	庆阳永欣石油化工有限公司 9 万吨 / 年干气芳结构化生产装置	区	项目占地 3.91 公顷, 主要建设年处理原料干气 9 万吨, 年生产轻裂解料 10246 吨, 年生产重芳烃 536 吨的装置及相关配套设施.	2013—2015	49789	10000	39789	完成厂房建设及设备安装	园区办 董志镇

续表 1

序号	项目名称	隶属关系	项目建设内容	建设起止年限	总投资(万元)	投资来源		2015 年建设情况	责任单位及所辖乡镇
						申请投资	自筹		
(二)交通		2			34264	24240	10024		
1	西合二级公路建设项目	省	完成西峰段 22.485 公里,采用二级公路标准建设。温泉段 10.35 公里(52 米宽 2.5 公里,16 米宽 7.75 公里)	2014—2015	17800	17800	——	全面建成	交通局 温泉镇 什社乡
2	西峰董志至镇原三级公路改建工程	省	完成长 16.36 公里、宽 7 米的路面、桥涵及附属工程	2014—2015	16464	6440	10024	全面建成	交通局 董志镇
(三)农林水利		4			29422.63	3342.63	26080		
1	彭原乡五郎铺中药材种植加工基地建设项目	区	该项目位于彭原乡五郎铺村,占地 53.33 公顷,计划建设大型中药材种植及加工基地 1 处	2014—2015	16500	——	16500	全面建成	彭原镇
2	盛牧源养殖基地	区	该项目占地 13.33 公顷,养殖基地占地 2 公顷(其中设施用地 0.34 公顷),种植基地占地 11.33 公顷。养殖基地计划建设标准化羊舍 6 处 1920 平方米,饲料贮藏库及加工库 800 平方米,青贮池 500 平方米,办公室、兽医室、消毒室 300 平方米,并配套水电、道路、绿化及其他基础设施	2014—2015	9180	——	9180	全面建成	温泉镇
3	庆阳市西峰区肖金镇、董志镇杨咀村等 5 个村土地整治项目	国家	在肖金镇杨咀村、纸坊村、上刘村、双桐村、和董志镇庄头村实施土地平整、灌溉与排水工程、田间道路、农田防护与生态环境保持工程	2013—2015	2542.63	2542.63	——	全面建成	国土分局 肖金镇 董志镇
4	西峰区苹果组装式冷藏库建设项目	国家	建设储量 100 吨苹果组装式冷藏库 14 座	2013—2015	1200	800	400	全面建成	后官寨镇
(四)城市基础设施建设		16			201733	48995	152738		
1	天润嘉园	区	占地 2.89 公顷,总建筑面积 112300 平方米,其中地上 18 层 3 栋,26 层 1 栋,28 层一栋,幼儿园 1 处	2014—2015	32000	——	32000	全面建成	后官寨镇

续表 1

序号	项目名称	隶属关系	项目建设内容	建设起止年限	总投资(万元)	投资来源		2015 年建设情况	责任单位及所辖乡镇
						申请投资	自筹		
2	小什字东大街道路提质改造及平战结合地下人防工程	区	地下为人防及地下商场工程,地上为道路提质改造工程	2013—2015	28500	28500	——	竣工	南街办北街办
3	阳光名都商住小区一期工程	区	建五幢 12—18 层商住楼，总建筑面积 74832 平方米	2013—2015	28000	——	28000	竣工	南街办
4	庆化大道中段(兰州路－古象路)	区	西环路项目:长 3614 米,宽 60 米。包括道路、综合管沟、给水排水、照明、电力电信和绿化等工程	2014—2015	16158	16158	——	全面建成	住建局 西街办
5	黄官寨对坡农民集中安置点	区	新建多层村民住宅楼 9 幢 152 套,安置村民 76 户,建筑面积 23500 平方米	2014—2015	13172	——	13172	全面完成	温泉镇
6	杏苑小区	区	该项目位于长庆北路，九龙春酒厂对面,新建 1 幢商住楼	2014—2015	12000	——	12000	全面建成	西街办
7	后官寨镇司官寨村柳树坳组农民安置小区二期项目	区	二期工程规划占地 1.92 公顷，总建筑面积 54036 平方米,其中:新建框架结构 12 层商用楼 2 幢,建筑面积 29388 平方米,砖混结构 6 层住宅楼 4 幢，建筑面积 20993 平方米，砖混结构 4 层商用楼 1 幢，建筑面积 3655 平方米	2014—2015	12000	——	12000	全面建成	后官寨镇
8	摩登时代(一期)	区	新建 17 层框架剪力墙结构住宅楼 1 幢	2014—2015	12000	——	12000	全面建成	南街办
9	庆阳市公安局业务技术用房及附属用房建设项目	市	新建钢筋混凝土框架 剪力墙 结构地上十七层、地下一层业务技术用房 1 幢,总建筑面积 23200 平方米;新建地上三层钢筋混凝土框架结构附属用房及地下一层设备用房 1 幢,总建筑面积 6826 平方米。并单建地下车库 1 处	2013—2015	9123	4337	4786	全面建成	董志镇
10	什丰村老城居民安置小区建设项目	区	新建六层村民住宅楼六幢 190 户,总建筑面积 20000 平方米,并配套建成水、电、路、绿化、亮化等基础设施	2014—2015	9000	——	9000	全面建成	什社乡

续表 1

序号	项目名称	隶属关系	项目建设内容	建设起止年限	总投资(万元)	投资来源		2015 年建设情况	责任单位及所辖乡镇
						申请投资	自筹		
11	后官寨镇后官寨村东庄组二期居民点工程	区	项目规划总占地面积为 3.77 公顷，其中二期工程占地面积为 0.72 公顷，新建 18+1 层框架结构住宅楼 1 幢 17573 平方米，14 层框架结构商业楼 1 幢 13055.24 平方米，项目总建筑面积 30628.24 平方米	2014—2015	6400	——	6400	全面建成	后官寨镇
12	地庄村东坳组农民集中安置点二期工程	区	拟建二幢十五层居民住宅楼及小区功能区	2014—2015	5220	——	5220	全面建成	温泉镇
13	董志街道道路及排水工程	区	长 2700 米，宽 30 米，主要建设内容为道路工程、雨、污水管道及照明工程	2014—2015	3810	——	3810	全面建成	董志镇
14	董志镇北门村南坳组居民安置点	区	规划占地 10 公顷，建设居民点 1 处	2014—2015	3000	——	3000	全面建成	董志镇
15	马莲河大道提质改造及排水工程	区	马莲河大道路面进行硬化，排水工程进行改造	2015	2550	——	2550	已竣工建成通车	南街办
16	淳惠家园住宅楼建设项目	区	完成淳惠家园 7690 平方米两栋安置楼建设及附属工程	2014—2015	8800	——	8800	全面建成	显胜乡
(五)社会事业		6			122364	18684	103680		
1	东湖公园改扩建项目	区	在东湖公园原有基础上进行扩建	2012—2015	98000	——	98000	全面建成	北街办
2	新建小学改扩建项目	区	该项目位于军分区西段，原五中移交用于新建小学扩建	2014—2015	5620	5620	——	全面完成	北街办
3	汽车北站改扩建项目	区	改建维修汽车北站基础设施，硬化停车场 11000 平方米，扩建候车室 600 平方米修建公厕 280 平方米	2014—2015	3264	3264	——	全面完成	北街办

续表 1

序号	项目名称	隶属关系	项目建设内容	建设起止年限	总投资(万元)	投资来源		2015 年建设情况	责任单位及所辖乡镇
						申请投资	自筹		
4	庆阳医疗服务中心	市	地上八层,地下一层框架业务大楼,总建筑面积 17067 平方米	2014—2015	9800	9800	——	全面建成	南街办
5	董志镇北门小学及幼儿园建设项目	区	计划在南坳组新建四层砖混小学教学楼和幼儿园教学楼各一幢,建筑面积 10250 平方米,水泥硬化校园 2400 平方米。总建筑面积 12650 平方米,配套水电路、绿化等基础设施建设	2015	4680	——	4680	全面建成	教育局 董志镇
6	西峰区盼盼民族幼儿园建设项目	区	建设民族幼儿园 1 处	2014—2015	1000	——	1000	全面建成	后官寨镇
	(六)商贸流通	7			115295	——	115295		
1	帝景苑商住小区	区	地上住宅楼 2 幢 18 层,宾馆、办公楼 16 层,地下均一层;地下车库一层。服务用房二层。总建筑面积 6.1 万平方米	2014—2015	32800	——	32800	全面建成	温泉镇
2	佳和北苑建设项目	区	建设剪力墙结构住宅 4 幢, 总建筑面积 45954.27 平方米	2013—2015	32000	——	32000	全面完成	北街办
3	利源大厦	区	项目占地 11199.6 平方米,新建十八层框架结构商贸楼一幢,总建筑面积 50465 平方米	2014—2015	30000	——	30000	全面建成	董志镇
4	时代明珠酒店	区	改扩建 6 层框架结构一幢, 新建门面房 12 间	2015	8645	——	8645	全面完成	北街办
5	唯客乐王子酒店改扩建	市	对 5 层框架结构的商务酒店进行改扩建,改扩建面积 16460 平方米	2015	4760	——	4760	全面建成	南街办
6	POIO 时代(富同商厦)	区	地上 15 层,地下 2 层,总建筑面积 15807 平方米	2015	4200	——	4200	全面建成	南街办
7	爱维时尚主题酒店改扩建项目	区	对一、二层餐饮及三至五层住宿楼进行改建及装修	2015	2890	——	2890	全面建成	南街办

肖金宋塔 **摄影**:刘小智

统计公报

庆阳市西峰区二〇一五年国民经济和社会发展统计公报

庆阳市西峰区统计局
2016年4月18日

2015年，面对严峻复杂的宏观经济形势和发展稳定的艰巨任务，区委、区政府团结带领全区广大干部群众，不断创新思路与方式，积极适应发展新常态，深入推进经济结构调整，大力推动重大项目建设，扎实开展精准扶贫攻坚，促使了经济社会持续发展，民生事业不断改善，实现了“十二五”圆满收官，为“十三五”经济社会发展奠定了坚实的基础。

一、综　合

经济发展：全年实现地区生产总值154.8亿元，按可比价格计算，比上年增长3.8%。其中：第一产业实现增加值10.2亿元，增长5.6%；第二产业实现增加值64.4亿元，同比下降0.1%。第三产业实现增加值80.2亿元，增长8.8%。在生产总值中，全部工业实现增加值55.7亿元，下降1.4%，建筑业实现增加值17.2亿元，同比增长6.4%；三次产业结构比例由上年的5.7∶52.0∶42.3调整为6.6∶41.6∶51.8。其中第一产业比重上升0.9个百分点；第二产业比重下降10.4个百分点；第三产业比重上升9.5个百分点。按常住人口计算，现价人均生产总值达到40387.2元，按12月底汇率6.4936折合6219.5美元。

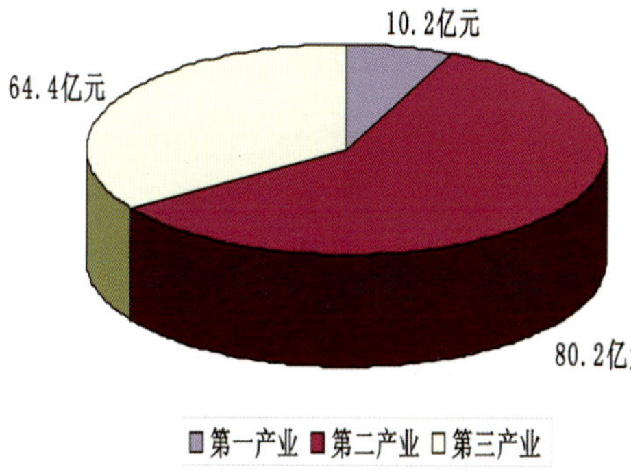

图1 2015年西峰区经济结构

就业：年末全区城乡从业人员为25.93万人，比上年末增加1.2万人，增长4.9%。其中城镇从业人员12.12万人，年内新增11248人。年末城镇登记失业率1.96%。全年完成劳务输转6.04万人，其中有组织输转2.6万人，实现劳务收入9.79亿元。

二、农业和农村经济

种植业：全年农作物播种面积84.20万亩，比上年下降0.6%。其中：粮食播种面积为48.80万亩，比上年下降1.4%；经济作物播种面积为31.35万亩，比上年增长1.4%；青饲料播种面积为4.08万亩，比上年下降4.8%。粮、经、饲比例由去年的58.4∶36.5∶5.0调整为57.9∶37.3∶4.8。全年粮食总产量完成12.81万吨，比上年下降

0.2%。其中：夏粮总产 6.04 万吨，比上年增产 0.24 万吨，增长 4.1%；秋粮总产 6.77 万吨，比上年减产 0.27 万吨，下降 3.8%。在秋粮中玉米产量 3.35 万吨，比上年下降 3.5%。油料产量完成 1.61 万吨，比上年增长 5.9%；蔬菜产量 15.98 万吨，比上年增长 5.5%；瓜类产量 2.72 万吨，比上年增长 1.1%。

林果业：全年共完成造林面积 5.18 万亩，累计达到 53.61 万亩，森林覆盖率达到 35.9%，较上年提高 3.5 个百分点。当年出售树苗 1650

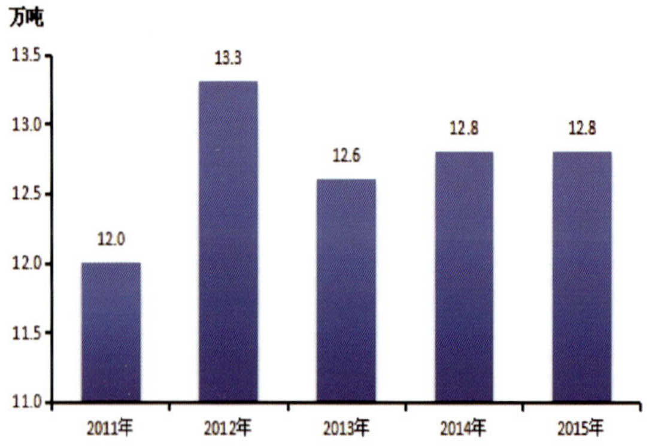

图 2 西峰区粮食总产量

万株，比上年下降 12.5%。果园面积累计达到 23.84 万亩，果品总产量 11.98 万吨，比上年增长 5.2%，其中苹果产量 11.35 万吨，比上年增长 5.7%。

畜牧业：年末大牲畜存栏 2.05 万头，比上年下降 1.4%。其中：牛存栏 1.95 万头，比上年下降 1.5%，出栏 0.71 万头，比上年增长 4.4%；猪存栏 5.92 万头，比上年下降 1.6%，出栏 6.17 万头，比上年下降 0.5%；羊存栏 11.61 万只，比上年增长 1.6%，出栏 4.43 万只，比上年增长 3.0%。肉类总产量达到 6413.14 吨，比上年增长 0.9%。奶类产量 1156.38 吨，比上年下降 0.7%。禽蛋产量 629.4 吨，比上年下降 0.3%。

渔业：水产品产量 155.47 吨，比上年增长 3.6%。

2015 年主要农产品产量情况

表 2　　单位：吨

产品名称	产量	比上年±%
粮食	128101	-0.2
# 夏粮	60446	4.1
油料	16101	5.9
# 油菜籽	11138	7.8
药材	2766	-0.1
水果	119836	5.2
# 苹果	113450	5.7
肉类	6413	0.9
# 牛肉	857	4.3
羊肉	709	3.0
猪肉	4628	-0.4
牛奶	768	-1.3
绵羊毛	138	1.8
水产品	155	3.6
鲜蛋产量	629	-0.3

全年完成农林牧渔业总产值 21.78 亿元，与上年基本持平。其中：农业产值 13.13 亿元，比上年增长 2.7%；林业产值 0.17 亿元，比上年下降 19.0%；牧业产值 1.50 亿元，比上年下降 0.7%；渔业产值 136.19 万元，同比增长 0.8%；农林牧渔服务业产值 6.96 亿元，比上年增长 5.5%。实现农林牧渔业增加值 12.01 亿元，比上年增长 4.3%。其中：农业增加值 9.07 亿元，比上年增长 4.9%；林业增加值 0.08 亿元，比上年下降 22.7%；牧业增加值 1.04 亿元，比上年增长 2.9%；渔业增加值 128.69 万元，与比上年增长 2.0%；农林牧渔服务业增加值 1.81 亿元，比上年增长 5.2%。

年末耕地面积 58.08 万亩，比上年下降 0.3%，有效灌溉面积达到 20.85 万亩，比上年增长 1.0%，保证灌溉面积达到 16.64 万亩，比上年增长 1.2%。农业机械总动力增长到 31.22 万千瓦，比上年增长 4.0%。劳动力资源总数 16.32 万人，其中：劳动力达到13.94万人，比上年增长0.13万人。

新农村建设：2015年全区大力开展“三清四改五化”工程，在20个行政村开展环境整洁示范村建设工程，新建公厕8座；新建农民文体广场2处，并完成广场绿化、硬化3085平方米，清理“三堆”3880方。安装节能路灯198盏，亮化率达到96%；安装太阳能路灯200多盏；绿化道路30公里，绿化覆盖率达到38%以上。目前，10个示范村的道路硬化率、小康住宅率、绿化率分别达到了98%、79%和35%以上，为全区的美丽乡村建设奠定了良好的发展基础。

三、工业、建筑业

工业：其中规模以上工业完成总产值162.4亿元，比上年下降36.6%，实现增加值36.7亿元，比上年下降18.8%(可比价)。在规模以上工业中，省以下地方工业实现增加值8.8亿元，比上年增长1.6%。在规模以上工业增加值中，国有工业实现26.6亿元，比上年下降21%；股份制工业实现5.2亿元，比上年上升2.4%；外商及港澳台商工业实现0.2亿元，比上年下降5.3%。按行业分：轻工业实现增加值1.5亿元，比上年下降9.5%；重工业实现增加值35.2亿元，比上年增长42%。规模以下工业完成总产值2.09亿元，比上年增长6.2%，实现增加值0.68亿元，比上年增长6.2%。

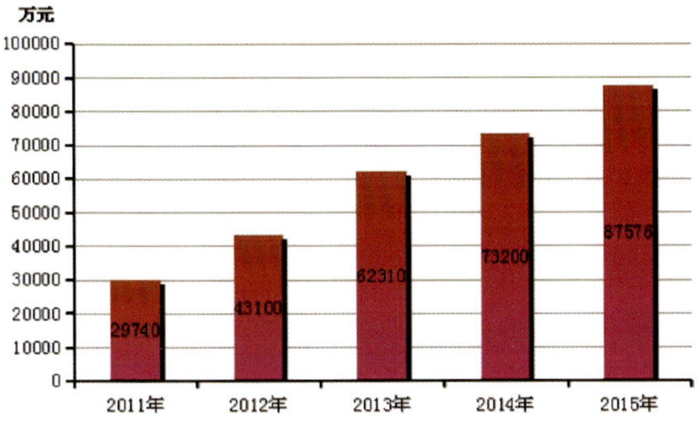

图3 地方规模以上工业增加值

规模以上工业完成销售总产值160.1亿元，比上年下降36.9%，产品销售率为98.6%。其中省以下地方工业完成销售总产值27.4亿元，比上年增长14.6%，产品销售率为98.2%。实现营业收入167.8亿元，比上年下降33.9%。

全年原油加工量257.10万吨、生产汽油99.86万吨、煤油9.49万吨、柴油109.11万吨、燃料油2900吨、液化石油气12.72万吨、服装22.26万件、化学药品原药244吨、自来水1098.00万立方米、商品混凝土56.91万立方米、涂料6288吨、中成药232吨。

2015年西峰辖区内主要工业产品生产量

表3

产品名称	计量单位	生产量合计
原油加工量	吨	2571043
汽油	吨	998554
煤油	吨	94896
柴油	吨	1091091
燃料油	吨	2900
液化石油气	吨	127194
服装	万件	22.3
化学药品原药	吨	244
自来水生产量	万立方米	1098
商品混凝土	立方米	569142
涂料	吨	6288
中成药	吨	232

建筑业：全年50户资质以内企业完成建筑业总产值46.3亿元，比上年下降8.1%；实现增加值17.2亿元，比上年增长6.4%。资质以内建筑企业实现营业利润2.0亿元，比上年下降20.0%；利润总额达到2.1亿元，比上年增长4.0%；房屋建筑施工面积362.18万平方米，比上年增长21.6%；房屋竣工面积103.89万平方米，比上年减少4.9%。

四、固定资产投资与房地产开发

固定资产投资：全年固定资产投资累计完成266.4亿元，比上年增长11.2%。其中亿元以上项目26个，完成投资83.58亿元，比上年下降21.5%。按构成分：建筑安装工程完成投资243.6亿元，比上年增长11.5%；设备工器具购置6.6亿元，比上年增长9.8%；其他费用16.2亿元，比上年增长

7.3%。按三次产业分：第一产业完成投资 6.5 亿元，比上年增长 8.9%；第二产业完成投资 143.5 亿元，比上年增长 11.3%；第三产业完成投资 116.4 亿元，比上年增长 11.3%。

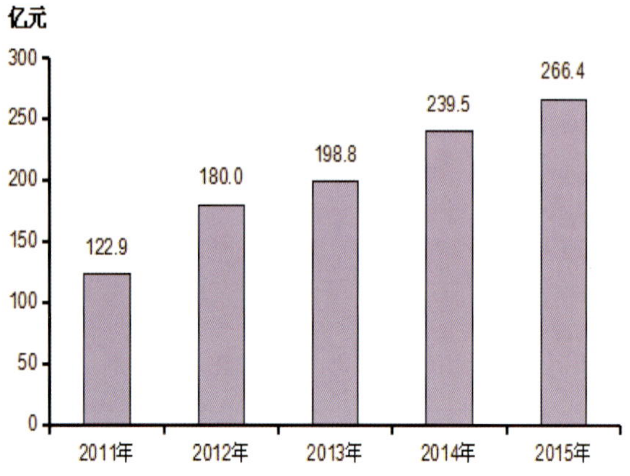

图 4 固定资产投资

房地产开发：全年 72 户房地产企业共计完成房地产开发投资 32 亿元，同比增长 3.6%；其中商品住宅投资 23.3 亿元，同比增长 14.94%；办公楼投资 7258 万元，同比上涨 45.2%；商业营业用房投资 43817 万元，同比下降 28.3%。商品房施工面积共计 356 万平方米，同比增长 0.5%，其中商品房住宅施工面积 235 万平方米，同比下降 4.2%；商业营业用房施工面积 70.5 万平方米，同比增长 15.6%。全年全区商品房新开工面积 59.5 万平方米，占全部施工面积的 16.7%，同比下降 56.7%。商品房销售面积 33.54 万平方米，同比下降 19.3%，其中住宅销售面积 32.3 万平方米，同比下降 19.7%；商业营业用房销售面积 1.05 万平方米，同比下降 15.5%。全年销售额 16.9 亿元，同比上涨 0.7%，其中住宅销售额 14.5 亿元，同比下降 8.1%；商业营业用房销售额 2.5 亿元，同比上涨 172.3%。

五、交通、邮电通讯业

交通：年末辖区拥有营运载客汽车 1673 辆，载货汽车 9630 辆。客运量达到 3511.9 万人(次)，旅客周转量达到 259649 万人公里。货运量达到 712.5 万吨，货物周转量达到 105845.6 万吨公里。

邮电通讯：辖区邮政局(所)15 个，电信局(所)15 个。邮政业务总量完成 3998.4 万元，比上年增长 17.9%，邮政业务总收入 3090.68 万元，比上年增长 4.3%。农村投递线路 695 单程公里，邮路总长度 421.5 单程公里。电信业务总量完成 36693.3 万元，比上年增长 27.0%，电信业务总收入 16389.9 万元，比上年增长 2.9%。电缆长度为 2528.0 皮长公里，与上年基本持平。年末移动电话用户达到 19.05 万户，固定电话用户 7.80 万户，国际互联网用户为 66057 户。

六、贸　易

商贸：全年完成社会消费品零售总额 63.5 亿元，比上年增长 8.0%。分地域看：城市完成 54.2 亿元，增长 7.0%；农村完成 9.2 亿元，增长 14.1%。分行业看：批发业完成 16.4 亿元，下降 9.5%；零售业完成 39.1 亿元，增长 15.3%；住宿业完成 0.4 亿元，增长 11.9%；餐饮业完成 7.6 亿元，增长 18.2%。全年外贸出口创汇 14708 万元，比上年增长 18.0%。

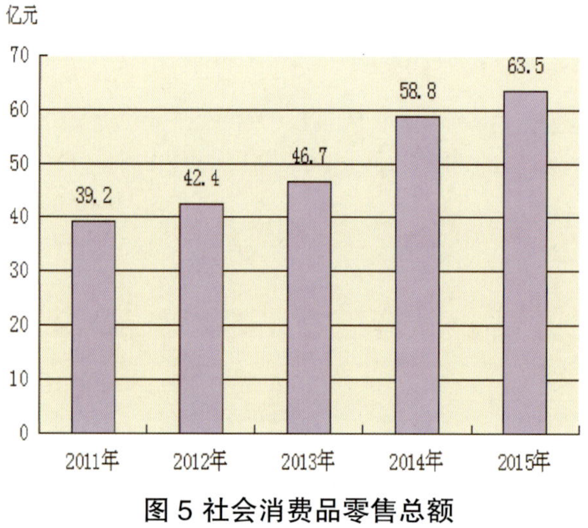

图 5 社会消费品零售总额

七、财政、金融和保险

财政：全年大口径财政收入完成 13.04 亿元，同比增长 14.6%，其中一般预算收入完成 7.72 亿元，增长 13.5%。各项税收收入完成 59.32 亿元(含庆化厂上缴税金 45.11 亿元)，增长 9.4%。其中：国家税完成 50.25 亿元，同比增长 8.7%；地方税完成 9.07 亿元，增长 15.4%。全年财政支出 26.17 亿元，比上年增长 6.5%。

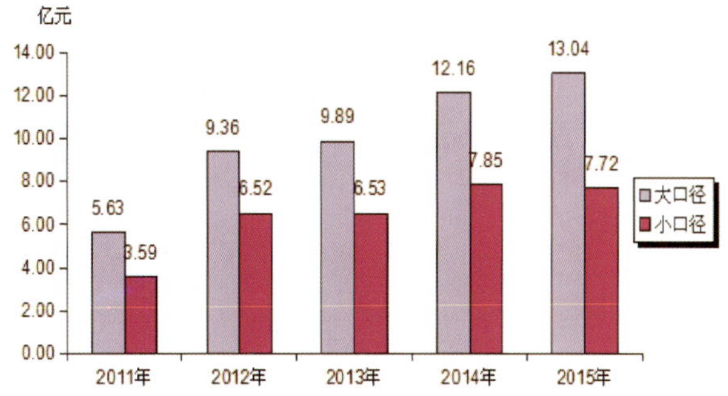

图 6 大小口径财政收入

金融：金融机构人民币各项存款余额 304.39 亿元，同比增长 16.0%，其中：单位存款 75.54 亿元，下降 36.1%；个人储蓄存款余额 180.13 亿元，增长 19.7%。各项贷款余额 286.70 亿元，同比增长 28.5%，其中短期贷款 81.04 亿元，增长 2.6%；中长期贷款 205.65 亿元，增长 38.7%。存贷差 17.69 亿元，较上年同期下降 65.2%。

保险：全年保费收入 19188.5 万元，比上年增长 4.5%。其中：财产保险保费收入 8079.05 万元，下降 17.3%；人寿保险保费收入 11109.4 万元，增长 29.2%。支付各类赔款及给付 9717.5 万元，比上年增长 17.6%。其中财险支付 6868.8 万元；寿险支付 2848.7 万元。

八、科技和教育

科技：全区共有各级各类学(协)会 34 个，其中专业技术学(协)会 10 个，农村专业合作组织 24 个，当年完成专利申请 208 件，授权发明专利 18 件，累计授权有效发明专利 37 件。全年争取省列科技项目 1 项 10 万元，累计承担实施市列科技项目 17 项，投入科技经费 181 万元，区列新上项目 33 项，投入科技经费 1232 万元，除统筹项目之外，正式列入科技计划 25 项，投入科技经费 170 万元。全年共选派 55 名科技特派员分别进驻 9 户企业、5 个基地、13 个专业合作社和 25 个村组开展技术指导与技术服务工作，创建了林颖种植专业合作社等一批具有示范带动作用、经济效益好、科技含量较高的科技特派员示范点。培育经济利益共同体 7 个，组建了果产业、瓜菜产业 2 个服务团队。科技特派员累计举办科技培训班 50 多场(次)，培训群众 3000 多人(次)，发放宣传资料 1 万余份。

教育：辖区内共有各类学校 215 所。其中大专院校 1 所，中等职业学校 10 所，中学 26 所(其中：独立初中 12 所，完全中学 5 所，高级中学 5 所，一贯制中学 4 所)，普通小学 107 所，特殊教育学校 1 所，幼儿园 71 所。各类学校共有教职工 7966 人，其中专任教师 7427 人。在校学生 92048 人。九年义务教育巩固率 97.24%，学前三年毛入园率 86.55%。

九、文化、卫生、体育和旅游

文化：辖区现有专业剧团 2 个，文化(艺术)馆 2 个，图书馆 2 个，博物馆 2 个，画院 1 个，文化站 8 个，农村文化室 100 个，农家书屋 104 个，露天剧场 35 个。全年实现文化产业增加值 3.4 亿元，同比增长 20.4%，文化产业法人单位 348 个，新增 34 个。全年共组织各乡镇(街办)香包、刺绣、剪纸、皮影类展棚 410 个，参展公司 35 个、参展农户 256 个，共销售香包、刺绣、剪纸、皮影类民俗文化产品 133.5 万件。打造 2 个香包民俗文化产业培训基地，举办民俗文化产业培训班 90 多期，培训从业人员达到 7000 多人(次)。首次在阿联酋迪拜、白俄罗斯设立香包民俗文化产品销售窗口，组织外出参展 12 次。

卫生：辖区拥有卫生机构 309 个，其中医院 13 个、社区卫生服务中心(站)19 个、卫生院 8 个、村卫生室 113 个、门诊部、诊所(卫生所、医务室)137 个、疾病预防控制中心 2 个、妇幼保健院(所、站)2 个、采供血机构 1 个、卫生监督所(中心)1 个，计划生育服务机构 13 个。实有医疗病床 3447 张。卫生技术人员 3411 人，其中：执业(助理)医师 1275 人，注册护士 1243 人，药师(士)186 人，技师(士)196 人，其他人员 385 人。全年参合人数 238532 人，参合率 98.1%。居民健康档案规范化建档率达到 98%，老年人健康管理率 98%，高血压、糖尿病、重型精神病患者管理率分别达到 99%、99%、97%。全区孕产妇总数 4189 人，早孕建卡率 98.3%；孕产妇系统管理率 97.1%；住院分娩活产 4218 人，住院分娩率 99.6%。

体育：辖区共有体育场地数 411 个，举办县级以上运动会 5 次，参加县级以上运动会运动员人数 16991 人。年末等级运动员 37 人，等级教练员 29 人，等级裁判员 452 人。体育事业经费支出 9543 万元。

旅游：辖区共有国家级重点文物保护单位 3 处，旅游景点 16 处，涉外定点星级接待单位 4 个，旅行社（分公司）31 个。全区累计接待游客 225.8 万人次，旅游综合收入达到 10.56 亿元。

2015 年，庆阳天富亿生态民俗村被评定为国家 4A 级旅游景区；建成庆阳市新城南区雨洪集蓄保塬生态景观工程 1 处；创建西峰区显胜乡毛寺村、什社乡李岭村乡村旅游示范点 2 处；新建北石窟寺外围广场，完成了东湖公园改扩建工程。

十、环境和安全生产

环境保护：城市环境质量 7 项指标全部在市上下达的控制指标之内。PM10（可吸入颗粒物）年均浓度 80（微克 / 标立方米），二氧化氮年均浓度 22（微克 / 标立方米），二氧化硫年均浓度 38（微克 / 标立方米），集中式饮用水源地水质达标率 100.0%，地面水水质达标率 100.0%，交通干线噪声平均值≤57.1 分贝，PM2.5 年均浓度 7（微克 / 标立方米）。

安全生产：全区共发生各类生产安全事故 99 起，死亡 22 人，受伤 83 人，直接经济损失 19.65 万元。其中：道路交通事故 78 起，死亡 18 人，受伤 81 人，直接经济损失 10.17 万元；火灾事故 19 起，无人员伤亡，直接经济损失 9.48 万元；工矿商贸事故 2 起，死亡 4 人。亿元生产总值生产安全事故死亡率 0.14 人；道路交通万车死亡率 1.49 人。

十一、人口、人民生活和社会保障

人口：年末全区总人口为 38.16 万人，比上年末增加 0.21 万人。按性别分：男 19.40 万人，女 18.76 万人；按户籍分：非农业人口 14.64 万人，农业人口 23.52 万人。全年出生人口 5002 人，出生率 13.2‰；死亡人口 2175 人，死亡率 5.7‰，自然增长率 7.5‰。常住人口为 38.32 万人，比上年末增加 0.09 万人，其中城镇人口 21.27 万人，农村人口 17.05 万人，城镇化率达到 55.51%。

人民生活：辖区全部单位在岗职工年工资总额达到 410684 万元，比上年增长 15.8%，年人均工资额 64636 元，比上年增长 14.0%。其中区属职工工资总额为 70682 万元，比上年增长 33.3%，年人均职工工资额 58921 元，比上年增长 31.4%。城镇居民人均可支配收入 23847.20 元，比上年增加 2306.6 元，增长 10.7%，人均消费性支出 14121.56 元，比上年增加 1124.21 元，增长 8.7%。城镇居民家庭恩格尔系数为 32.4%。农村居民人均可支配收入 7878.20 元，比上年增加 818.88 元，增长 11.6%，人均消费性支出 10325.93 元，比上年增加 952.98 元，增长 10.2%。农村居民家庭恩格尔系数为 37.9%，比上年下降 2 个百分点。

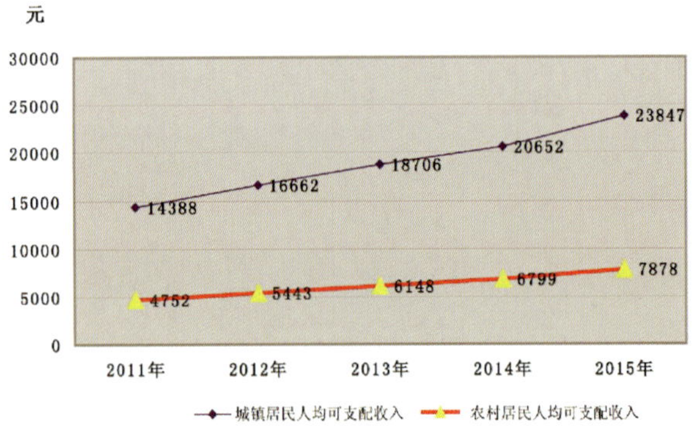

图 7 城乡居民收入情况对比

社会保障：辖区参加基本养老保险的职工人数为 19746 人，其中离退休人员 16736 人；参加失业保险 40299 人；参加工伤保险 65252 人；参加职工基本医疗保险 47529 人；参加城镇居民基本医疗保险 55059 人。城市低保参保人数达到 5465 户、13731 人，发放保障金 4680 万元，比上年减少 367 万元，城市低保月人均补差 285 元。农村低保参保人数达到 3979 户、12861 人，发放保障金 2328 万元，比上年增加 466 万元，农村低保月人均补差152元。

荣誉成果

西峰区2015年单位获奖统计(地厅级以上)

表4

序号	获奖单位	奖项	发奖单位	获奖时间
1	南街办	全国文明单位(育才路社区)	中央精神文明建设指导委员会	2015年2月
2		全国五四红旗团支部(长庆南路社区)	共青团中央	2015年5月
3		全国民主法治示范社区(育才路社区)	司法部、民政部	2015年3月
4	西峰区妇幼保健站	爱婴医院	国家卫生和计划生育委员会 联合国儿童基金会 世界卫生组织	2015年7月
5	西峰区人民医院	爱婴医院		2015年7月
6	什社乡	全省双联行动“民心奖”	中共甘肃省委双联行动协调推进领导小组	2015年12月
7		省级精神文明建设先进集体(什社乡)	中共甘肃省委 甘肃省人民政府	2015年7月
8		省级精神文明建设先进集体(李岭村)		2015年7月
9	人大办	全省双联“人大代表在行动”活动先进集体	中共甘肃省人大常委会党组	2015年5月
10	政协办	2014年度甘肃省政协系统在委员助推双联行动中做出突出成绩的政协组织	政协甘肃省委员会	2015年6月
11	检察院	“全省检察机关科技强检示范院”	甘肃省人民检察院	2015年2月
12	统战部	全省民族团结进步模范集体	中共甘肃省委 甘肃省人民政府	2015年1月
13	农发办	全省双联行动“民心奖”	中共甘肃省委双联行动协调推进领导小组	2015年5月
14	果业局	第十三届中国国际农产品交易会名优果品展暨第九届全国名优果品交易会优秀组织奖	农业部优质农产品开发服务中心	2015年11月
15	工业园区管委会	2014年度全省优秀开发区	甘肃省开发区建设发展领导小组	2015年12月
16	教体局	我的中国梦.第七届“艺术之旅、闪亮新星”全国青少年才艺展示大赛暨甘肃好才艺全省青少年才艺选拔赛优秀组织单位	中国关心下一代委员会、中国艺术家协会甘肃组委会	2015年1月
17	民政局	民政局双拥办荣获“甘肃省先进双拥工作办公室”	省双拥工作领导小组	2015年7月
18		双拥工作先进单位	省委、省政府、省军区	2015年7月

续表 4

序号	获奖单位	奖项	发奖单位	获奖时间
19	公安分局	禁毒大队荣获“全省公安机关 2013—2014 年度优秀单位”	甘肃省公安厅	2015 年 7 月
20	卫计局	肖金中心卫生院荣获“2014—2015 年度群众满意的乡镇卫生院”	国家卫生计生委办公厅	2015 年 12 月
21	新闻网络中心	在中央电视台主办的 2015 “寻找最美孝心少年”活动中作为合作媒体，做出突出贡献，荣获 " 优秀组织奖 "	中央电视台	2015 年 1 月
22	南街办	市级文明单位	中共庆阳市委 庆阳市人民政府	2015 年 3 月
23	西街办	省一级档案工作规范化管理水平	庆阳市档案局	2015 年 11 月
24	北街办	全省和谐社区建设示范街道	甘肃省民政厅	2015 年 6 月
25		全省和谐社区建设示范社区(东湖社区)		2015 年 6 月
26		雷锋精神种子志愿服务站	中国福利基金会学雷锋基金管委会、甘肃省委宣传部	2015 年 4 月
27	温泉镇	双联“人大代表在行动”先进集体	庆阳市人大常委会	2015 年 8 月
28	彭原镇			
29	显胜乡			
30	人大办			
31	政协办	关于表彰 2014 年度市政协反映社情民意信息工作先进集体和先进个人、优秀社情民意信息的决定	政协庆阳市委员会办公室	2015 年 3 月
32	区委办	“陇东冰雪健身基地杯”迎新年西峰城区全身健步行活动最佳团队奖	庆阳市人民政府 庆阳市体育局 西峰区人民政府	2015 年 12 月
33		庆阳市社会治安治理平安单位	庆阳市社会治安综合治理委员会	2015 年 2 月
34	编委办	2014 年度全省机构编制工作先进集体	甘肃省机构编制委员会办公室 甘肃省财政厅	2015 年 4 月
35		2014 年度机构编制目标管理考核先进单位	庆阳市机构编制委员会	2015 年 3 月
36	检察院	2014 年度全市检察机关先进集体	甘肃省庆阳市人民检察院	2015 年 3 月
37	纪 委	2014 年度目标管理责任制考核和绩效考评党风廉政建设单项奖	中共庆阳市委 庆阳市人民政府	2015 年 10 月
38	宣传部	2014 年度目标管理责任制考核和绩效考评宣传思想和精神文明单项奖		2015 年 10 月
39		2014 年度全市联村联户为民富民行动先进牵头单位	庆阳市委联村联户为民富民行动协调推进领导小组	2015 年 3 月
40		2014 年全市文化产业发展先进县区	庆阳市文化产业发展协调领导小组	2015 年 3 月
41		2014 年度创建全国文明城市工作先进单位	庆阳市创建全国文明城市工作指挥部	2015 年 6 月
42		2015 年度《党的建设》发行工作先进集体	甘肃省委党的建设杂志社	2015 年 10 月

续表 4

序号	获奖单位	奖项	发奖单位	获奖时间
43	政法委	2014 年度目标管理责任制考核和绩效考评政法维稳单项奖	中共庆阳市委 庆阳市人民政府	2015 年 10 月
44		2014 年度全市防范和处理邪教工作先进单位	庆阳市委防范和处理邪教问题领导小组	2015 年 3 月
45		2014 年度全市油区治理工作先进集体	庆阳市石油矿区治安管理领导小组	2015 年 4 月
46	统战部	全市民族团结进步模范集体	中共庆阳市委 庆阳市人民政府	2015 年 5 月
47	组织部	全市 2014 年度联村联户为民富民行动先进单位	中庆市阳市委联村联户为民富民行动协调推进领导小组	2015 年 3 月
48		全市党员教育电视片观摩评比二等奖	中共庆阳市委组织部	2015 年 12 月
49	督查考核局	2014 年度目标管理责任制考核和绩效考评综合奖	中共庆阳市委 庆阳市人民政府	2015 年 10 月
50	农村工作部	2014 年度目标管理责任制考核和绩效考评“三农”工作单项奖		2015 年 10 月
51		2014 年度全市联村联户为民富民行动先进单位	庆阳市委联村联户为民富民行动协调推进领导小组	2015 年 7 月
52		全市双联行动“新闻奖”“文艺奖”评选活动优秀组织奖		2015 年 3 月
53	法 院	肖金法庭荣获“优秀人民法庭”	庆阳市中级法院	2015 年 2 月
54		信息化工作先进集体		2015 年 2 月
55		区法院审管办荣获“庭审直播工作先进集体”		2015 年 2 月
56	文 联	《陇东书画》在甘肃省文艺期刊审读活动中荣获一等奖，文学期刊《董志塬》获优秀奖	甘肃省文联	2015 年 6 月
57	妇 联	贫困地区妇女劳务培训项目实施工作先进集体	甘肃省妇联 甘肃省扶贫办	2015 年 2 月
58	住建局	甘肃省建设工程飞天奖	甘肃省住房和城乡建设厅	2015 年 3 月
59		2014 年度目标管理责任制考核和绩效考评城乡建设单项奖	中共庆阳市委 庆阳市人民政府	2015 年 10 月
60	果业局	甘肃省果业技术推广工作先进集体	甘肃省农牧厅	2015 年 1 月
61		2015 甘肃·庆阳苹果赛果大会优秀组织奖	庆阳市人民政府	2015 年 10 月
62	招商局	2014 年度全市经济合作工作先进县区	庆阳市人民政府	2015 年 3 月
63	石油办	2014 年度和谐模范油区创建工作目标管理考核二等奖	庆阳市人民政府 长庆油田分公司	2015 年 2 月
64	市政局	迎新年西峰城区全民健步行活动优秀组织奖	庆阳市人民政府 庆阳市体育局 西峰区人民政府	2015 年 12 月
65	环保局	2014 年度目标管理责任制考核和绩效考评环境保护单项奖	中共庆阳市委 庆阳市人民政府	2015 年 10 月

续表 4

序号	获奖单位	奖项	发奖单位	获奖时间
66	农牧局	全省绿色食品工作先进单位	甘肃省农牧厅	2015 年 12 月
67		全省农业行政综合执法信息报送先进单位	甘肃省农牧厅	2015 年 12 月
68	财政局	陇东冰雪健身基地杯“迎新年西峰城区全民健步行活动优秀组织奖”	庆阳市人民政府 西峰区人民政府 西峰区体育局	2015 年 12 月
69	交通局			2015 年 12 月
70		2014 年全市交通运输工作先进县(区)	庆阳市人民政府	2015 年 2 月
71	林业局	全市 2015 年度苗林结合培育先进集体	庆阳市人民政府	2015 年 12 月
72		2015 年度护林防火工作先进单位	庆阳市护林防火指挥部	2015 年 12 月
73	政府办	“陇东冰雪健身基地杯” 迎新年西峰城区全民健步行活动最佳团队奖	庆阳市人民政府 庆阳市体育局 西峰区人民政府	2015 年 12 月
74	教体局	2014 年度目标管理责任制考核和绩效考评教育工作单项奖	中共庆阳市委 庆阳市人民政府	2015 年 10 月
75		南街小学荣获 “甘肃省中小学德育师范学校”	中共甘肃省委宣传部 甘肃省文明办	2015 年 3 月
76		庆阳三中荣获“第十五届中国青少年机器人(甘肃赛区)竞赛优秀组织奖”	甘肃省科学技术协会 甘肃省教育厅	2015 年 4 月
77	体管中心	甘肃省第六次全国体育场地普查先进单位	甘肃省体育局	2015 年 2 月
78	人社局	2014 年度目标管理责任制考核和绩效考评人力资源和社会保障单项奖	中共庆阳市委 庆阳市人民政府	2015 年 10 月
79	民政局	西峰区人民政府荣获“全省第二批和谐社区建设示范城区”	甘肃省民政厅	2015 年 6 月
80		西峰区北街街道荣获“全省第二批和谐社区建设示范街道”		2015 年 6 月
81		西峰区北街街道东湖社区荣获“全省第二批和谐社区建设示范社区”		2015 年 6 月
82	安监局	2014 年度目标管理责任制考核和绩效考评安全生产单项奖	中共庆阳市委 庆阳市人民政府	2015 年 10 月
83	卫计局	2014 年度目标管理责任制考核和绩效考评人口和计划生育单项奖	中共庆阳市委 庆阳市人民政府	2015 年 10 月
84		迎新年西峰城区全民健步行活动优秀组织奖	庆阳市人民政府 庆阳市体育局 西峰区人民政府	2015 年 12 月
85		基层居民健康素养和中医药适宜技术技能大赛省级决赛团体三等奖	甘肃省卫计委	2015 年 6 月
86		2015 年全省村医急救知识与技能大赛优秀组织单位		2015 年 9 月

续表 4

序号	获奖单位	奖项	发奖单位	获奖时间
87	文广局(旅游局)	全省中国乡村旅游模范村、中国乡村旅游模范户、金牌农家乐	甘肃省旅游局	2015 年 12 月
88	新闻网络中心	庆阳市第七届李梦阳文艺奖影视作品类三等奖	中共庆阳市委　庆阳市人民政府	2015 年 3 月
89	公安分局	集体三等功	庆阳市公安局	2015 年 1 月
90		西峰区拘留所荣获“集体三等功”		2015 年 1 月
91	交警大队	集体嘉奖	庆阳市公安局	2015 年 1 月
92	环卫局	创建全国文明城市工作先进集体和先进单位	庆阳市财政局 庆阳市创建全国文明城市工作指挥部办公室	2015 年 6 月
93	统计局	全省第三次全国普查先进集体	甘肃省统计局	2015 年 5 月
94		中国公民科学素质抽样调查先进集体		2015 年 12 月
95		全省流通消费价格调查统计工作三等奖	国家统计局甘肃调查总队	2015 年 1 月
96	司法局	全国民主法制示范(村)社区	甘肃省司法厅	2015 年 4 月
97	食药监局	2014 年度目标管理责任制考核和绩效考评食品药品安全单项奖	中共庆阳市委 庆阳市人民政府	2015 年 10 月
98	质监局	2014 年度目标管理责任制考核和绩效考评产品质量安全单项奖		2015 年 10 月
99	扶贫办	2014 年度联村联户为民富民行动先进单位	中国庆阳市委 庆阳市人民政府	2015 年 3 月
100	残联	2014 年度全市残疾人工作二等奖	庆阳市人民政府	2015 年 4 月

西峰区 2015 年个人获奖统计（地厅级以上）

表 5

序号	姓名	单位	奖项名称	发奖机关	获奖时间
1	张　宏	宣传部	荣获省委、省政府甘肃省“精神文明建设先进个人”荣誉称号。	甘肃省委、省政府	2015 年 7 月
2	杨秀娟	西峰区妇计中心	实用新型专利证书	中华人民共和国国家知识产权局	2015 年 1 月
3	田　晖	庆阳四中	2015 年“陇原情”甘当下一代艺术人才展示活动优秀辅导教师	教育部	2015 年 1 月
4	马文瑞	农机局	“全省农机推广先进工作者”	甘肃省农牧厅	2015 年 9 月
5	王　佩	农牧局	全省渔业渔政工作先进个人	甘肃省农牧厅	2015 年 8 月
6	杜富前	老干局	区委办正县级退休干部杜富前被评为“全省离退休干部先进个人”	甘肃省委老干局	2015 年 3 月
7	许乃冰	老干局	西峰区人大原常委会副主任许乃冰荣获“全省关心下一代工作先进个人”	甘肃省委老干局	2015 年 12 月
8	齐云博	老干局	西峰区关工委办公室副主任齐云博荣获“全国关心下一代工作先进工作者”	甘肃省委老干局	2015 年 12 月
9	缪文静	党　校	缪文静荣获全省党校系统第三届优秀教学比赛一等奖	甘肃省委党校	2015 年 5 月
10	包　玉	卫计局	2015 年甘肃省职工技能大赛基层居民健康素养和中医适宜技术省级决赛 护理组个人三等奖	甘肃省卫生和计划生育委员会	2015 年 6 月
11	嵇兴洲	庆阳三中	第十五届中国青少年机器人（甘肃赛区）竞赛机器人创意比赛三等奖	甘肃省教育厅	2015 年 4 月
12	王晓英	北街实验学校	全市模范教师	中共庆阳市委 庆阳市人民政府	2015 年 9 月
13	师虎宁	后官寨学区	全市模范教师	中共庆阳市委 庆阳市人民政府	2015 年 9 月
14	张艳艳	北街幼儿园	全市模范教师	中共庆阳市委 庆阳市人民政府	2015 年 9 月
15	芮建忠	陈户初中	全市模范教师	中共庆阳市委 庆阳市人民政府	2015 年 9 月
16	金丽娜	温泉学区	全市模范教师	中共庆阳市委 庆阳市人民政府	2015 年 9 月
17	刘浩亮	什社中学	全市模范班主任	中共庆阳市委 庆阳市人民政府	2015 年 9 月
18	吴　琼	南街小学	全市模范班主任	中共庆阳市委 庆阳市人民政府	2015 年 9 月
19	刘小虎	显胜实验学校	全市模范校长	中共庆阳市委 庆阳市人民政府	2015 年 9 月

续表 5

序号	姓名	单位	奖项名称	发奖机关	获奖时间
20	王亚娟	回民小学	全市模范教师	中共庆阳市委 庆阳市人民政府	2015 年 9 月
21	周燕妮	团结小学	全市模范教师	中共庆阳市委 庆阳市人民政府	2015 年 9 月
22	孙浩宏	彭原初中	全市模范班主任	中共庆阳市委 庆阳市人民政府	2015 年 9 月
23	赵广利	庆阳四中	全市模范校长	中共庆阳市委 庆阳市人民政府	2015 年 9 月
24	李　超	庆阳四中	全市先进工作者	中共庆阳市委 庆阳市人民政府	2015 年 9 月
25	郑　斌	庆阳四中	全市模范班主任	中共庆阳市委 庆阳市人民政府	2015 年 9 月
26	范丽娟	西峰职专	全市模范班主任	中共庆阳市委 庆阳市人民政府	2015 年 9 月
27	包慧宗	西峰职专	全市模范班主任	中共庆阳市委 庆阳市人民政府	2015 年 9 月
28	杜文原	西峰职专	全市模范班主任	中共庆阳市委 庆阳市人民政府	2015 年 9 月
29	苏瑞华	文联	国画《陇东行》获庆阳市第七届李梦阳文艺奖美术类二等奖。	中共庆阳市委 庆阳市人民政府	2015 年 3 月
30	胡　斐	文联	行书条幅获庆阳市第七届李梦阳文艺奖书法类二等奖。	中共庆阳市委 庆阳市人民政府	2015 年 3 月
31	秦望龙	宣传部	《清言小品菁华》荣获庆阳市第七届李梦阳文艺奖丛书专著类二等奖。	中共庆阳市委 庆阳市人民政府	2015 年 3 月
32	郭崇勇	宣传部	歌曲《父亲的背》(作词)荣获庆阳市第七届李梦阳文艺奖音乐作品类二等奖。	中共庆阳市委 庆阳市人民政府	2015 年 3 月
33	李浩庭	林业局	2015 年度苗林结合培育工作先进个人	庆阳市政府	2015 年 11 月

著 作 篇

厚德蒙学(节选)

囊括了81部蒙学作品，分为弟子守则、女子闺范、教学相长、训导劝诫、启蒙诗歌、认读识字、知识典故、声律学对八个篇章。作为益人心智、引归正路、不入偏门的“生命存在之学、道德践履之学、理想人格之学、内圣外王之学、安身立命之学、人生智慧之学。”其关乎文脉气运和民族根基。《厚德蒙学》具体周详地对人们尤其对少年儿童衣服冠履、言语步趋、洒扫捐洁、认读识字、作文写字、立志成才、为人处世等进行了严格的约束规范，涉及为官、治国、治学、修身、养性各方面内容和对人与自然、人与社会、人与人、人与自我心灵全方位的思考。这些蒙学作品的著作者既有雄才大略、沉浮宦海的圣君贤相，也有超然物外、遗世独立的世外高人；既有学富五车、才高八斗的博学鸿儒，又有命运多舛、穷愁潦倒的落泊文人。他们“出之言为经术之言，行之事为经济之事、建之业为经天纬地之业。”他们的著述经过上百年乃至千余年时间考验和岁月积淀，广泛流传至今，且历久弥新，深受人们喜爱，其绝大部分内容则是积极向上，劝人明理知耻、崇德向善，蕴藏着古人丰富的智慧才思，是中华民族精神的生动写照、是对崇高道德的深情礼赞，其语重心长、苦口婆心的谆谆教诲值得我们借鉴、汲取和恪守，更值得我们挖掘、整理和传承，使之转化为当代资源。其强大生命力体现在温润人的心灵、变化人的气质、涵养人的德行、纯洁人的情感、提升人的精神、开阔人的视野等方面。

秦望龙 镇原县人，1995年毕业于西北师范大学中文系。庆阳市作家协会会员、庆阳市书法家协会会员、庆阳市社会科学联合会委员、庆阳市诗词学会会员。近年来，在工作之余，主要从事传统国学和庆阳民俗研究。先后在《陇东学院学报》《陇东报》和《今日西峰》报刊发文学理论文章及诗歌散文20多篇(首)。所编著的《清言小品菁华》《厚德蒙学》由甘肃人民出版社出版发行，分别获第七届、第八届李梦阳文艺奖丛书专著类二等奖、三等奖。

贫瘠土地上长出好根苗(节选)

——追寻全国时代楷模柴生芳的成长足迹

2015年9月7日

《时代报告•中国报告文学》

梅花香自苦寒来，每朵成功的花朵都浸透着奋斗的汗水。全国时代楷模、全国优秀共产党员、全国人民满意公务员柴生芳，从小虽然经历了生活的磨难，但他像一根顽强的绿苗，从贫瘠的土地上一点一点顽强地成长起来了。

……

2014年8月18日，金秋的火阳迟滞着不肯迈上陇中岳麓山的三国点将台。山川含悲，洮河呜咽，马衔山低首，南屏峰含泪。从临洮县殡仪馆到线市街到县城的大街小巷，已经站满了人群。人们举着一幅幅写着感人话语的横幅，面含悲戚，双眼垂泪，有的忍不住巨大的悲痛仰面痛哭。

地处甘肃陇中临洮县的县城里，人们双手拭泪，对街长哭，他们在用泪水最后一次送别自己的好县长——柴生芳。

——题记

……

一、土塬磨砺

黄土古塬上贫家子刻苦读书，煤油灯下走出了北大学生。一一采访手记

1969年7月3日(农历6月1日)，一个普普通通的夏日，直亮亮的阳光照着雄浑的天下黄土第一原一广董志塬。董志塬南部的麦田里白瓷瓷的麦茬亮在地上，那已经收割的麦地旁边是一片片穿着绿色衣衫的玉米，像手握钢枪的绿色士兵，在风的吹动下哗哗啦啦鼓动着满身的绿色，散发着青春的清甜香气。

这一天，一声稚气的啼哭从董志塬上传出，一

个幼小的生命诞生在这董志塬上一个叫南义公社北庄大队柴家湾生产队，靠东的山梁下的一个窑洞的炕上。

董志塬，这块由二十多万年的风沙沉淀而成的天下黄土第一原，是由一系列塬系连缀而成的。

紧临董志塬东面的第一条塬是叫瓦斜塬的小塬，两个塬之间被一道叫岘瓦川的小河分开，而紧临瓦斜塬东面的一条小塬就叫南义塬，和瓦斜塬之间又被一条叫马连河的黄河的三级支流分开。这条长长的南义塬东面也有一条小河叫寨子河，流到宁县县城则叫城北河。马连河与寨子河之间的这条狭长的南义塬东西宽不足 5 公里，南北长则达 60 公里，就是这条长长的塬把宁县县城和合水县城连接起来，两个县城像一条宽带两头的两只篮子。这条宽带中间又镶嵌着一条粗糙的黄色带子，这就是五十年代修成的一条县际沙石公路，这条路的中间是南义公社和街道所在地，沿南义公社的街道向北六里路地的东面是北庄大队所在地，再沿着大队部的沟边向南走三里地，就是这个新生命诞生的柴家湾村。

这个新生命的到来，让柴家人又增添了无比的欢喜。早在这年正月已经得病半瘫在床的老奶奶听到第五个孙子的叫声，脸上弥漫开柔软的黄亮亮笑容，她颤颤巍巍地拄着拐杖从她住的窑里到另一个窑里来迎接这个新生命。她靠在炕边，焦急地应用祖先流传下来的经验指派这个又指派那个，直到看到孙儿吃上母亲张氏甘甜的乳汁。小生命的一个叔父和一个姑姑也是这个家庭的主要成员，他们为哥哥嫂嫂又添新子而高兴。小生命的大哥生龙在县城上着中学；二哥生都已经是一个十五岁变声期的半大小伙；三哥生琪出生在饥饿的五八年，已经十一岁，但还显得面黄肌瘦，走起路来轻飘飘的；四哥生军已是刚有炕头高的四岁儿童了。

面对自己的第五个儿子，三十六岁的高大而苍劲的柴家湾农民柴俊厚依然显出欢乐的笑容，他是这个十口之人的大家庭一根坚强的顶梁柱，高高地挺立在柴家湾的天空下，为这个家遮风挡雨，为这个家庭拾掇必须的粮食和衣物。

小生命取名为建仓，叫柴建仓。柴生芳是他后来上学的时候才改的名字。

王天宁　宁县人，20 世纪 80 年代中期开始发表习作，作品散见于《当代诗歌》《世界现当代经典诗选》《中国网络诗歌史编》等多种刊物、选集。出版诗集《漂泊的草帽》《时间的风景》《汉字之舞》及《采绿》（合著）报告文学集《高原沧浪》《大道长歌》。其中，《时间的风景》被搜狐网读书频道连载。在中国报告文学学会、人民文学杂志社、中华文学基金会等组织举办的全国大型征文中，获特等奖一次，一等奖六次，其他等级奖五次。并获第四届甘肃黄河文学奖，五次获庆阳市精神文明建设“五个一”工程奖。现为中国报告文学学会会员，甘肃省作家协会会员，庆阳市作家协会副主席，《董志塬》文学执行主编。

“陶人”徐鸿伟（节选）

2015 年 5 月 17 日

《时代报告·中国报告文学》

引子

陇东民歌《情人谣》唱到：“胶泥沟里胶泥多，和堆胶泥捏你我，捏个你来捏个我，捏个妹妹捏哥哥，捏好绊烂再重捏，再捏你来再捏我，妹妹身上有哥哥，哥哥身上有妹妹……”

平凉、庆阳两市，俗称陇东。如果坐在飞机上，从高空向下俯瞰，它的地理状态很像大自然鬼斧神工雕琢而成的地质公园。沟梁塬峁如卧牛、如恐龙、如大象、如巨蟒……岿然而立，粗犷而博大，永恒而震撼。充满了冷峻而神秘、幽深而苍莽的气息。而它的主色调是黄色，单调而绚丽，贫瘠而夺目。站在这幅巨大的由黄土为底料创作而成的天然雕塑画卷面前，你会感到神奇而叹服，想必连雕塑大师罗丹也会望“画”兴叹，自愧弗如。

在庆阳境内，有一块著名的黄土大塬，叫董志塬，平畴沃野，一望无垠，方圆八百里，横跨庆阳四县区。据资料显示，它是目前世界上面积最大，黄土层最厚，保存最完整的黄土塬面，堪称“天下黄土第一塬”。又因为盛产小麦，被誉为“陇东粮仓”，曾有“八百里秦川，不抵董志塬边”之说。

在这片黄土堆积起来的世界里，娃儿们从小用黄土和尿泥“过家家”、打“糊墼仗”，夏天在烫土堆里拉着树条摆“烟雾阵”；大人们用黄土筑墙、筑土炕、筑灶台，用黄土打“墼子”砌泥坯房，箍“箍窑”、挖“地坑院”、土窑洞……当然，也有手巧的人，下到沟里挖来红胶泥——捏泥人，捏动物、捏花草虫鱼、捏吉祥物……再装到陶窑里，烧制后成了陶艺品。这些手巧的匠人，人们称他们为“陶人”，也就是陶塑艺人。

过去，在陇东民居的墙面和门楼的脊顶上，庙宇大殿的斗拱间，砖塔城垛的构件上……常能见到那些青灰色、造型各异、逼真传神的脊兽和浮雕图案。这些古陶作品虽然不能与陇东这个天然“雕塑馆”作品相比，但它却是由人类这双巧手精雕细琢、用汗水和智慧凝结而成的艺术品，它给陇东这个单调的以黄色为主基调的世界带来了无数炫目的亮色，也给人们贫乏的精神生活增添了乐趣和色彩。人们爱这些艺术品，也爱这些在他们看来无比“日能”和聪明的“陶人”，也许这些艺术品和“陶人”就是乡亲们在艰苦岁月里对美好精神生活渴求的替代物和象征。

昔日陇东的每个村庄都有陶窑，山梁上，沟道间，塬面上一年四季总能看到这些背着工具、行色匆匆的“陶人”。他们从这一座陶窑去赶另一座陶窑的场景，往往成了乡间的一道风景。乡亲们送别他们和迎接他们的眼神都是亲切的、迫切的，而这些“陶人” 对制陶和烧陶这一活儿也是非常上心和痴迷的。虽说这一活儿的收入明显不高，只能勉强糊口度日，但这毕竟是个手艺活儿。这种经过火的洗礼后无比坚硬的“玩意儿”在“陶人”看来简直有了灵性，神性，活灵活现，生动异常。所以，他们每次在陶艺品出窑前，都要举行神圣庄重的开窑仪式，以示虔诚和敬畏。总之，过去的“陶人”，一旦爱上了陶艺，就像陇东民歌《情人谣》中唱的一样：你中有我，我中有你，就再也不离不弃了。

徐鸿伟应该就是这样一个“陶人”。起码，从对陶艺痴迷和膜拜的角度来说，他有过去陇东“陶人”的影子。

尽管近三十年来，在陇东，这种有些古典有些凄美有些苍凉的“陶人”行色匆匆赶窑的传统唯美的剪影再也难以看到了，让怀旧的人们有些惆怅；尽管随着现代化建筑风格的流行和新型建筑材料的使用，古建筑陶艺品市场萎缩，艺人们纷纷弃业或转业，年轻人不愿干，使该技艺已濒临失传；尽管昔日乡亲们用亲切的和迫切的目光迎接和送别“陶人”的感人情景也难以再现了，但徐鸿伟不为这些所困所累，还是顽强地坚守了下来。他用自己的聪明才智和一双巧手为世人和社会奉献了无数精美典雅的陶塑艺术品，成了甘肃省非物质文化遗产保护项目——西峰陶塑技艺的代表性传承人、西峰陶塑技艺传习所的传习师、驰名陇东的陶塑艺术大师，为人们津津乐道。

徐鸿伟的陶塑作品日渐为政府重视，他也每年享受政府的项目补贴，他的作品多次参加庆阳市民俗文化节的展出，作品得到专家的好评，被有关部门收藏。从一个默默无闻的穷苦农民到一个熠熠生辉的草根艺术大师，徐鸿伟走过了一条艰难曲折而又坎坷不平的艺术之路。

……

侯永刚 西峰区人，笔名朝歌。系中国报告文学学会会员、甘肃省作家协会会员、西峰区作协副主席兼秘书长。相继在《中国报告文学》《影响力人物》、《飞天》《西部》《绿洲》《新民晚报》《新疆日报》《北斗》《陇东报》等报刊发表作品100余万字。著有《北地异彩》《柳絮飞》《足音》《呈现陇东》等专著，获全国报告文学奖6次；短篇小说《对峙》获首届西部文学奖，并入围第五届鲁迅文学奖提名作品；中篇小说《秦陇散曲》获甘肃省第四届黄河文学奖；获庆阳市李梦阳文艺奖5次。

美术篇

《太行情》

《惠风》

张学文 镇原县人，笔名村夫，现为甘肃美协、书协会员，庆阳市政协委员，庆阳市美协副主席，西峰区美协主席。其作品参加省市及全国展览数次，全国优秀指导老师一次，市政府一等奖二次，区政府一等奖二次，市五个一工程一等奖一次，省美协展览一等奖一次，其作品发表于国画家等众多杂志及报刊，出版张学文画集，张学文花鸟集二册。

摄影篇

(补遗)

《巧手绘皮影》

张步农 1954年9月出生于甘肃镇原，曾任西峰区文联主席，现为中国摄影家协会会员、中国民间文艺家协会会员、庆阳市摄影家协会副主席、西峰区政协委员。

从事摄影40余年来，拍摄资料照片万余幅，创作摄影作品600余幅，先后在《中国摄影报》、“今日长征路全国摄影展”、甘肃省和庆阳市摄影展中刊展作品百余幅。《雷锋走过的路》2008年获文化部“群星奖”、《巧手绘皮影》2014年获“红色胜地 魅力庆阳”全国摄影大展金奖。组织举办“兴陇杯”“理光杯”“乐凯杯”全国摄影大赛和庆阳市第一、二届摄影作品展等。多次荣获庆阳市“五个一”工程奖和西峰市文艺创作一等奖。拍摄和主编《今日西峰》《西峰20年》《庆阳风情》及庆阳市摄影作品集等十多本画册。2009年、2012年习近平总书记和温家宝总理视察庆阳时，被庆阳市委、市政府指定随行采访和拍摄合影工作，留下了珍贵的历史镜头。

音乐篇

大美陇原

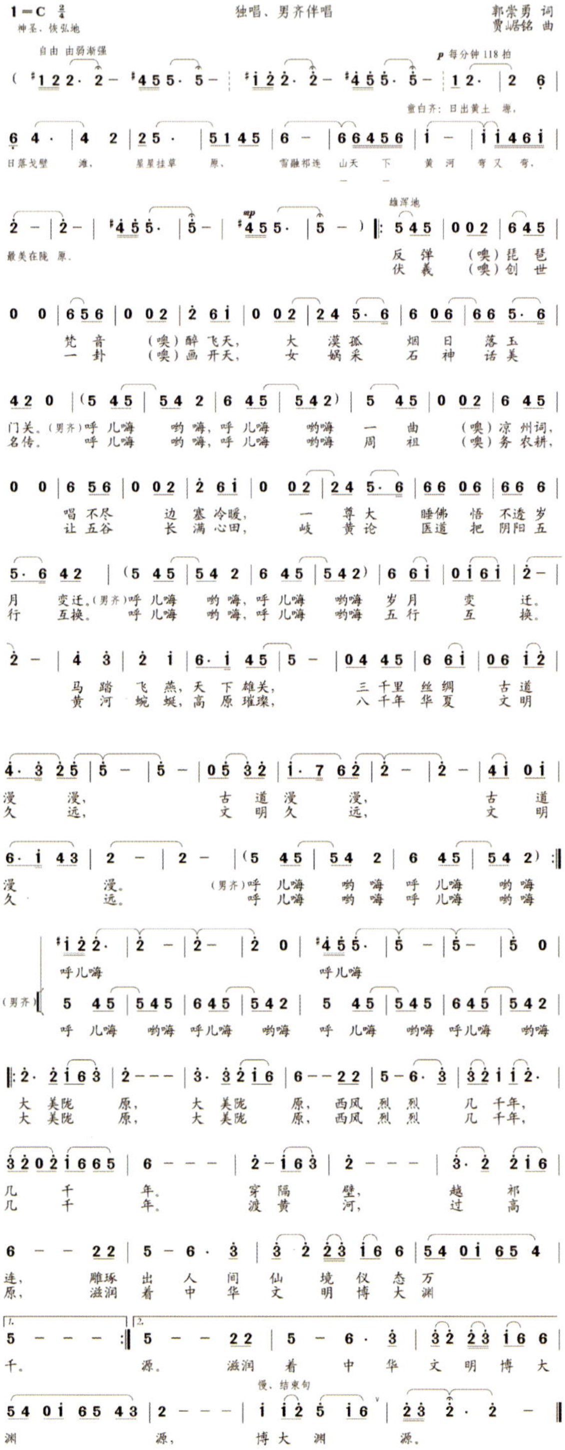

音乐篇

月牙泉之恋

我是你沙海中一滴寂寞的眼泪
紧紧连着你的心扉
与你共欢乐，和你同伤悲
千万年不离不弃相依相偎

我是你荒凉中一股流动的血脉
深深为你苍茫迷醉
守着日月美，听着风沙吹
任岁月沧桑轮回相融相随

古道漫长，驼铃声脆
你用无边的沙海把我护围
我就是你怀中的月牙泉
一万年陪你无悔无怨

黄似金沙，碧如翡翠
你用粗犷挽着我的秀美
我就是你心中的月牙泉
一万年与你真心相对

（原载中国文联《词刊》2015 年 1 期）

你在哪里

亲切的笑容那么熟悉，
无糖的咖啡还在原地。
怀抱的温度守着曾经的美丽，
为何你走了就没了踪迹。

匆忙的身影还在脑际，
挥别的泪水依然清晰。
两个人相约一生永远不分离，
为何只有我在苦苦寻觅。

在哪里，你在哪里，
我走千山万水寻你消息。
在哪里，你在哪里，
我的心和你，紧紧在一起。

在哪里，你在哪里，
我把黑夜熬成漫长回忆。
在哪里，你在哪里，
纵然千万里，我要找到你。

（原载中国文联《歌曲》2015 年 2 期）

守住这方绿

——森林警察之歌

抚摸你的绿叶依依，
仰望你的参天林立，
我的生命写满翠绿的情谊。
惊叹你的枝头新绿，
喜欢你的秋叶诗意，
我用一生陪伴绿色的亲昵。
守住这方绿，
让生命充满希冀，
鲜花露珠，光彩熠熠，
幸福中国更惬意。

感受你的凉风习习，
聆听你的林中鸟语，
我的心灵珍藏绿色的记忆。
呼吸你的清清气息，
沿着你的生命足迹，
我用一生守卫绿色的奇迹。
守住这方绿，

给世界一片生机，
阳光大地，绿荫千里，
和谐中国更美丽。

(原载中国文联《词刊》2015 年 2 期)

狗尾巴花

——打工歌曲

那年还在乡下，
青山绿水如画，
屋后山坡长着一片狗尾巴花。
那时我还很傻，
喜欢把她手拉，
每次见面送她一支狗尾巴花。

狗尾巴花，狗尾巴花，
纯朴的年代给我一个家，
伴我走过春秋冬夏，
让我一生学会珍藏她。

那年离开了家，
独自城市拼打，
苦了累了痛了想想狗尾巴花。
城市霓虹繁华，
到处盛开鲜花，
我却依然怀念那支狗尾巴花。

狗尾巴花，狗尾巴花，
孤单的时候给我个牵挂，
陪我走过酸甜苦辣，
我要一生永远陪伴她。

(原载中国文联《歌曲》2015 年 8 期)

当兵的兄弟

看到你的身影在风雪中屹立，
听到你的呼喊惊天动地。
生命的脉搏跳动责任与坚毅，
你就是我敬佩爱戴的兄弟。

当兵的兄弟，当兵的兄弟，
你的坚守换来我的幸福安逸。
当兵的兄弟，当兵的兄弟，
我的牵挂写满你的忧愁悲喜。

看到你的脊梁在洪水中挺立，
听到你的呼吸焦灼喘急。
年轻的心灵镌刻奉献与忠诚，
你就是我患难与共的兄弟。

当兵的兄弟，当兵的兄弟，
你的真心温暖我的苦难记忆。
当兵的兄弟，当兵的兄弟，
我的真情连着你的绿色军衣。

(原载中国文联《词刊》2015 年 7 期)

郭崇勇 1982 年 5 月生于董志镇陈户村，词曲作者，编剧。中国硬笔书法家协会、中国音乐文学学会、中国音乐著作权协会、甘肃省音乐家协会、甘肃省音乐文学学会会员，庆阳市音乐家协会副秘书长。现供职西峰区委宣传部。2014 年，《一颗思念的心给了谁》(作曲)获中国音乐家协会“晨钟奖”。《中国梦》(作词)获中国音乐家协会、中国唱片总公司“美丽中国”征歌优秀作品奖。词《大美陇原》《月牙泉之恋》进入“西风烈—绚丽甘肃”原创歌曲全国征集 25 首入围歌词。《听雨》《“联户”干部到我家》《父亲的背》等五首作品先后获庆阳市“李梦阳”文艺奖音乐作品一、二、三等奖。代表作品:《中国梦》(作词，吴碧霞演唱)、《一生平安》(词曲，吕继宏演唱)。

影视篇

吴嘉慧 西峰区人，出生于1982年7月23日，大专文化，2002年至2004年在庆阳电视台文艺部工作，2004年至2010年在庆阳广播电视报编辑部工作，2011年进入西峰电视台，在社会专题部从事编导、记者工作至今。2014年、2015年采访报道的庆阳市少年梁维月、马小龙和李依桐李易轩姐弟的感人故事分别在中央电视台新闻频道播出，四个学生由此获得中央电视台举办的“寻找最美孝心少年”大型公益活动“最美孝心少年”和“特别关注孝心少年”等一系列荣誉称号(最美孝心少年活动开展以来，甘肃省获得此荣誉的典型学生事迹都是由吴嘉慧所报道)。副省长夏红民对吴嘉慧的报道做出重要批示，要求全市中小学生开展向最美孝心少年学习的系列活动。从业以来创作的电视专题片《塬颂》荣获2012年甘肃广播影视奖社教类三等奖；系列报道《请救救老兵》荣获2012年全市优秀广播电视节目一等奖；访谈《母爱如帆》荣获2013年全市优秀广播电视节目一等奖；专访《走基层蹲点日记：环卫工人邓金梅》荣获2013年全市好新闻三等奖；专题片《永远的牵挂》荣获2014年庆阳广播影视奖一等奖，本人也连续几年被单位评为“先进工作者”，2015年获得“特别贡献奖”荣誉称号；2015年5月被共青团庆阳市委授予“向上向善好青年”荣誉称号。

寻找最美孝心少年活动

老洞仙山真人寺 摄影：刘小智

新闻特载

大项目引领快发展

——西峰区 2014 年项目建设纪实

冬日的庆阳西峰，寒意凛然。与气温形成鲜明对比的是持续升温的重点项目建设：城建项目遍地开花，园区建设紧锣密鼓，农业项目风生水起……至目前，庆阳市西峰区累计实施 500 万元以上各类建设项目 264 个，完成投资 264.6 亿元。

城建项目让城市充满活力

家住西峰区的王浩辉是一位摄影爱好者，多年来，他用相机记录着这座城市的点滴变迁。而他最近几年拍摄的西峰，有了越来越多的“新元素”——一个个拔地而起的新项目。“通过自己这些照片，可以让大家看到这座城市每时每刻都在变，天天都在发展。”展示自己的作品时，王浩辉不光是成就感，还有幸福的滋味。

西峰区立足打造区域门户城市的定位，2014 年全面启动实施各类城市新建、续建项目 38 个。区上坚持抓城市交通和民生工程两个重点，道路建设由主攻交通“大动脉”向辐射“毛细血管”转变，民生事业由抓点示范向普惠纵深推进，从而在“面子”上扮靓了城市、“里子”上惠及了民生。特别是一批重点建设项目的实施和投用，进一步完善了城市功能、提升了城市品位。集固沟保塬、生态保护、农业灌溉、观光休闲、环湖经济等功能于一体的新城区雨洪集蓄保塬生态项目，通过近两年的实施，目前人工湖水系工程、彩虹桥工程和绿地景观主体即将完工，2015 年可望在旱塬实现碧水千里、绿树成荫、双桥飞架南北的美景。总投资 30 亿元的南盘旋片区建设项目，建成后将成为西峰区的新地标和新的商业圈。

2014 年以来，西峰区还对体育场片区、果汁厂片区等多处旧城区实行提质改造，东湖公园的扩建改造可望年底全面建成，免费开放。通过一系列城市管理提升年活动，共实施城市基础设施项目超过历年项目总和的两倍，有效解决了城区“行路难、停车难、垃圾倾倒难、如厕难”等问题。特别是汇景家园、福景家园两个保障性住房小区建设项目的启动实施，让城市中低收入群体实现了安居梦……

园区项目形成集聚效应

近年来，西峰区各类文化公司迅速发展，达到 200 多家，但由于没有统一的生产基地和发展园区，无法实现规模化、集约化生产，“抱团”发展非常困难。而 2014 年开工实施的庆阳民俗文化产业园项目，规划占地 1313 亩，集文化产业传承保护、研发生产、体验展销等为一体，项目囊括了庆阳历史、民俗、农耕文化等多个方面，充分体现了庆阳的“文化之魂”。西峰区岐黄民俗文化有限公司董事长张仁民告诉记者：“希望能借助园区把庆阳的民俗文化做大做强。”

西峰区坚持把园区建设作为推进转型升级的主攻点，着眼搭建经济发展平台，突出基础建设，促进工业向园区集中，产业向园区集聚，就业在园区解决。全区三大园区和十大专业市场已进入建设高潮期：城南石化工业园稳步推进，鑫兰干气芳构化等5个工业项目建成投产；城北工业集中区加快建设，在已建成的4条主干道的基础上，2014年又新开工了3条道路，10个标准化厂房钢结构安装已基本结束，园区基础框架初步形成；庆发公司、福润200万头生猪屠宰、30万吨饲料加工等入园项目建成投产，西峰制药厂、彭阳春酒厂搬迁改造项目即将开工，鸿泰石油、威尔斯公司等6户企业入园建设项目正在进行征迁工作；庆阳民俗文化产业园全面开工，十大专业市场建设项目快速拉开，全面提升"物流西峰"整体水平。

农业项目谱写增收新篇章

马来西亚香蕉、巴西草莓、海南岛木瓜……这些产自南方的水果蔬菜对生活在陇东高原的人们来说并不陌生，但如果告诉你，这些水果蔬菜现在就生长在董志塬上，你会惊讶吗？

冬日里，走进位于西峰区温泉乡黄官寨村的天富亿现代生态农业文化体验示范园，这些热带水果蔬菜在无土、有机等新型农业技术的培养下长势良好，而且游客可以在这里感受亲手采摘的乐趣。

2014年10月，省委书记王三运在天富亿调研时，曾称赞这个项目做到了集科技性、环保性、集约性、观赏性、效益性于一体，是一个好模式、好思路、好典型。天富亿现代生态农业文化体验示范园董事长马平告诉记者："我们的做法就是让农业生产经营摆脱原有的固定模式，得到重新组合，实现土地最大效能，使传统农民经过培训发展成为职业农民。"

西峰区积极探索建立农民增收、农村公共服务供给、统筹城乡规划建设等机制，使农民资产"动"起来、农村产业"活"起来、农民钱包"鼓"起来。按照规模化发展、工厂化生产、市场化运营的模式，突出东果、南菜、北畜三大产业格局，扎实推进土地流转，鼓励扶持家庭农场、专业大户、农民合作社、产业化龙头企业等新型主体，新发展各类农业产业专业合作社26个，带动全区新栽果树1万多亩，新建钢架大棚2500亩、日光温室200亩，建成规模养殖小区23处。在典型引路的同时，西峰区以现代综合农业示范工程为抓手，充分挖掘地域优势，新建绿色循环现代农业体验园4个，走出了一条设施农业、高效农业、生态农业新路子。

项目建设撑起了西峰经济社会发展的脊梁。到2014年10月底，西峰区共完成生产总值129.1亿元，全社会固定资产投资完成206.33亿元，大、小口径财政收入分别达到10.1亿元、6.24亿元，城镇居民可支配收入14772.4元，农民现金收入实现6530.6元，各项指标均实现了两位数增长。

（载于2015年1月12日《甘肃日报》4版，记者：先朝阳，通讯员：巩晓静）

"社火头儿"的喜与愁

在西峰区肖金镇王庄村秦庄村民小组，有个人称"社火头儿"的老人在村上及周边庄子很有名气。他十几岁开始"耍社火"，一耍就是50多年，现在还在耍。

他叫秦孝东，自1974年从部队复员回家后，就当上了"社火头儿"。

平时在自家地里忙乎，人们并不经常见到他。但进入腊月后，老秦的身影在村上多起来了，这情景和往年一样。他又开始为秦庄的社火队忙碌了。

站在自家的墙根旁，一边晒太阳，一边哼着《出五关》的台词儿。老秦说，他的记性不如以前了，得时时练习。

临近中午时，十余个村民身着戏服，三三两两来到一块空地上，鼓声响起来了，锣声敲起来了，临时担当“跑旦”的学生娃娃也在嬉笑中加入了社火队的排练。从正月初一到正月二十三，秦庄社火队要在本村和邻近村镇好好“露两手”。

排练中，第一个出场的依然是老秦，他扮演关公，一招一式，很是老练，尤其是挥舞大刀的一段动作，看得出有一定的武术功底。老秦说，从小受祖父的影响，会点武术，会点杂耍。上学、当兵期间，他都是文艺骨干，对社火的感情，从小到老，一直没变。

在他的号召下，村上的一些“好家子”自发组织起社火班子，有跳的，有唱的，敲锣打鼓跑龙套，年年都能耍出新花样。

老秦说，参加社火队的 30 多号人，个个都痴迷社火，他们不但敬业而且好学。在表演《三国演义》《隋唐演义》片段时，有大量的唱词，有些人担心记不住，就拿个小本，抄下来，有空就背。

正是有了一群爱好者的参与，秦庄村的社火一直没有断线。作为“社火头儿”的老秦，自然功不可没。这些年来，为了社火队的发展，老秦和他的老伙伴们经常自掏腰包，更换一下服装，买一些道具。他说只要喜欢，掏点钱无所谓，只要坚持，才能把先人留下来的传统文化保得住，不至于失传。这一点他打心底里高兴。

据说去年，老秦和他的社火队在过年前后连续演出了近一个月，每人分到了 110 元钱。老秦说大家并不为钱而来，为的是过年期间要得欢。

高兴之余，老秦说还是有点担心，担心以后社火队撑不起来了。村上参与社火表演的年轻人越来越少，培训成了大问题，有些外出打工者，在家待的时间只有三五天，想教几招也没时间。“其实老祖宗留下的这些古老文化，很有特色，也算是农村人的‘根’。”老秦说，他不愿看到这些古老文化慢慢从田野里消失。

（载于 2015 年 2 月 19 日《甘肃日报》1 版，记者：李满福）

乘势破“瓶颈”　聚力拔“穷根”

——西峰区扶贫攻坚工作纪实

一缕和风软细柳，几场春雨催杏花。阳春时节，大地回暖，西峰区从乡镇到村组，田间地头，乡亲们已经忙得不亦乐乎：有顶凌覆膜的，有给果树追肥的，有起垄整畦的，还有和城里来的“亲戚”围在田间地头，盘算春耕规划的……习近平总书记在陕甘宁革命老区脱贫致富座谈会精神传达后，“脱贫致富”成了西峰区干部群众口中的关键词，如何真正让贫困户脱贫，成了全区干部职工心系一念的重点问题。

“习总书记的重要讲话，紧扣加快老区脱贫致富步伐这个重大问题，精心设计了老区脱贫路径，科学部署老区加快发展，这是指引我们进一步做好各项工作，特别是抓好扶贫攻坚工作的重要遵循和行动指南。我们要从全区实际出发，找准贯彻落实的结合点和着力点，切实抓好扶贫思路的完善、扶贫力量的聚焦、扶贫责任的落地，努力提高贫困片带发展水平。”庆阳市委常委、西峰区委书记章志兼在全区干部大会上强调，“说一千，道一万，关键还是落实。我们对全区人民的庄严承诺，今年要实现稳定脱贫，2018 年要实现全面建成小康社会。”

作为一个传统的农业区，西峰区的农业基础条件脆弱，农业生产受气候条件制约较大；城乡二元结构特征明显，农业人口占全区总人口的 2/3，农民人均纯收入占城镇居民收入的 1/3，相差达 13853 元；特色产业发展缓慢，三大主导产业基地虽已基本培育形成，但产业化、集约化、标准化程度低，产业链条短，辐射带动作用不够明显；贫困基数较大，目前全区还有贫困人口 2668 人，脱贫任务十分艰巨。扶贫攻坚工作一直是西峰区各届班子、各个部门议事日程上的重要事件。

西峰区委副书记、区长解平介绍：“今年，西峰把全区基本实现稳定脱贫作为扶贫攻坚的总体目标。以塬边咀梢沟壑梁峁区和塬面深度插花区的2300户贫困户为攻坚对象。重点实施基础建设、优势产业、公共服务三大攻坚工程。持之以恒地开展‘1236’扶贫攻坚和‘双联’行动，围绕‘两推一精’，在全区30个发展水平较好的村整村推进小康建设，在11个边远村推行整村扶贫开发，在15个插花村实行点对点、人对人精准扶贫，全面提升扶贫攻坚实效。”

强基础：着力改善农村生活条件

在显胜乡毛寺村，青砖白墙的24户异地扶贫搬迁点在雨后显现出一番特别的“古典美”。村民毛社峰一边收拾自己扶贫搬迁点上的新院落，一边对记者说：“多亏了区上的扶贫政策好，我才能从以前河对岸的旧庄院搬到这。”

在西峰，为改善贫困户生活条件而建造的村民新居比比皆是，有的从远郊组搬到了村部周围，有的从村上搬到了乡镇，生活条件越来越好了，群众致富的信心也更足了。毛寺村村主任毛锦社告诉记者：“在区上各种政策的帮扶下，村里变样了，不仅新建了度假村和瓜菜大棚，还要铺上水泥路，村民们都高兴得很。”被毛寺村村民津津乐道的新生活，正在西峰区的26个贫困村中逐步实现。

今年，西峰区将扎实加快以路、水、电、房为重点的基础设施建设。在道路硬化建设上，抢抓交通扶贫攻坚大会战机遇，把农村公路建设作为交通建设的重中之重全力实施，细化方案，量化指标，把目标任务分解到乡镇、具体到村组，挂图作战，销号落实，全力打通断头路、联通乡村路、开通产业路，高标准、高质量完成230公里的农村公路修建任务，确保自然村通畅率达到80%以上，建制村通畅率达到100%。在贫困村饮水安全建设上，加大农田水利设施建设、资金投入力度，新建机井供水工程、蓄水池及饮水安全管道延伸工程，确保全年新增有效灌溉面积2000亩，发展节水灌溉面积500亩。在农电网升级改造上，以提高生活用电质量，保障生产用电为目标，加快推进农电网改造，重点解决好大电网延伸范围内无电户用电问题，新建线路163公里，扩大户表改造范围，完成户表改造12506户，确保年内动力电覆盖率达到90%以上。在农村危房改造上，加大对特困户、易地搬迁户和灾害多发区农户倾斜力度，确保完成500户危窑危房改造任务。在易地扶贫搬迁上，重点做好董志、什社两个乡镇的扶贫搬迁工程，加快罗杭、文安居民点的项目启动建设工作，确保239户群众全部搬迁到位。

兴产业：培育富民产业

“多亏了这些蔬菜大棚，我家的日子才有了奔头。”提起富民产业，肖金镇纸坊村村民赵亚峰说。赵亚峰因为孩子患有小儿麻痹症，不能出去打工。家中的7亩薄田也仅仅能种植生活所需的作物，一年到头，连1万元都收不下。“前几年，看着邻居们一个一个出门打工，新收拾了庄基，我直接都羡慕死了。”2011年，在西峰区扶贫办和帮联干部的帮助下，村上新建了800座蔬菜大棚，赵亚峰抱着试一试的心态承包了15座，没想到，连着这几年，每一座大棚的收入基本上都在2000多元。“这下我就安安分分在家把大棚种好，比什么都强！”赵亚峰说。

在什社乡新庄村，村民们做的是传承上百年的黄毛谷产业和养殖业，但随着社会的不断发展，村民们的这两项“看家”产业也一度因缺乏资金而面临困境。2013年，新庄村被确定为区、乡共抓金融支持产业扶贫试点样板村，投放200万元贷款用于支持94户农户发展增收致富产业。村民罗文祥就是享受贷款的人员之一。罗文祥养羊多年，但一直苦于没有资金，无法扩大规模。今年年初，村上的200万金融贷款到位后，他如愿以偿贷到了2万元，“我又买了13只羊，还买了种子、化肥种谷子。”罗文祥说。

作为富民强区的基础，西峰区把产业发展作为帮助贫困户脱贫致富奔小康的有力抓手，根据村组发展实际，坚持因村制宜，在融资服务、科技服务、市场开拓等方面积极发挥作用。今年，西峰区将全面推进产业扶贫，继续壮大“果、菜、畜、林”四大主导产业，全面落实主导产业扶持政策，强化职能对接，进一步扩大果产业优势，发展以果树为主的多元化产业经营模式，全年新栽果树1.5万亩以上；继续巩固完善肖金设施蔬菜基地、三川设施瓜菜基地生产规模和效益，逐步加大彭原乡鄢旗坳循环农业示范区示范力度，全区设施瓜菜面积较上年增加1600亩，瓜菜总面积稳定在16.26万亩；大力发展规模养殖和畜产品精深加工，新建规模养殖小区（场）33个，全面带动增加群众收入，确保年内贫困人口人均纯收入提高20%。

加强公共服务：补齐民生短板

在后官寨镇马集村副支书周继鹏的记忆中，曾经最让全村人头疼的是娃娃的上学问题。“村里以前没有幼儿园，村民们只好把孩子送到其他村上学，专车接送的费用过高，自己接送路途又比较远，根本不方便。”2014年8月，在西峰区扶贫攻坚工作的推动下，马集村有了公立幼儿园，不仅为村里办了好事，也为附近村庄的孩子求学提供了方便。还有村民们向往已久的便民政务大厅，也在马集村民们的雀跃声中开门办事。“村民们对这些好事都称赞的不得了，再等今年把村里唯一的一条3公里石子路硬化了，我们村上的柏油路就100%全覆盖了。”对于村里以后的发展，周继鹏副支书充满憧憬。教育、医疗、文化等公共服务向贫困村倾斜，让农村人和城里人享有一样的公共服务，成了西峰区各级领导干部在扶贫攻坚工作上达成的一个共识。

今年，西峰区继续全面提升贫困村的公共服务。把公共服务保障作为改善贫困村民生的重要基础优先实施，下大气力补齐农村公共服务短板，促进公共服务均等化。教育部门大力实施“全面改薄”项目，统筹发展义务教育、职业教育和学前教育；卫生部门加大医疗救助力度，健全乡村卫生服务体系，确保村级标准化卫生所覆盖率达到60%以上；文广部门要加快贫困村文化广场、标准文化室、农家书屋建设；人社部门健全新型农村社会养老保险体系，确保参保率达到98%。同时，西峰区还规定，发改、农牧、水务、交通、旅游等部门要加大扶贫项目争取力度，积极争取项目，跟踪申报进度，保证项目尽快落地实施。

（载于2015年4月3日《甘肃日报》1版，通讯员：先朝阳、巩晓静、张烨）

燃起致富新希望

——庆阳市西峰区显胜乡毛寺村扶贫攻坚侧记

5月7日，离省委书记、省人大常委会主任王三运来村里调研已过去一个多月了，但庆阳市西峰区显胜乡毛寺村的村民还沉浸在激动和喜悦之中。村党支部书记毛颖敏说：“王书记从广场转到卫生所，还去了农家书屋、幼儿园，他对我们村的评价比较好，给我们的鼓舞挺大的。”

扶贫攻坚行动开展以来，作为西峰区15个重点贫困村之一的毛寺村发生了翻天覆地的变化。到2014年底，全村精准识别的67户贫困户脱贫51户，贫困户人均纯收入达3200元，全村农民人均纯收入达6691元，实现了基本脱贫。

蒲河岸边，青瓦白墙的易地扶贫搬迁住宅小区独具特色。在村民毛相全家的院子里，亮堂的房间昭示着他们一家人的新生活。“我们今年3月搬进这里，以前的房子就在河对面，一下大雨，泥水就从山上流下来，漫进房子，晚上睡觉都不踏实。”毛相全告诉记者，住进居民点后，再也不用过着提心吊胆的日子，院里就有自来水，生活也方便了。

毛相全是村里的精准扶贫户，家有70多岁的老母亲，女儿在上学，妻子有残疾，全家仅靠他一人种植家里的10亩地，人均收入不到2700元。在帮扶单位的帮助下，他不但有了新房住，收入也提高了。去年，毛相全种植4座大棚瓜菜，收入8000元，养殖3头牛、27只羊，收入4610元，加上种植粮食，年人均收入增加到3696元。今年，他继续种植大棚瓜菜，还搞起了养殖。

“年底，所有搬迁户将全搬进居民点。”毛颖敏介绍，居民点一共有24户，每户占地240平方米。目前正在完善配套设施，5月底前实现户户通水通电。

毛寺村属于塬边咀哨，出行难是群众面临的大问题。村委会主任毛锦社告诉记者，村民如果想把种植的瓜菜运送到显胜或西峰，交通是个“老大难”。

为此，西峰区把解决群众“行路难”作为重要任务，加快显胜乡毛寺村道路建设，改善出行环境。2014年，西峰区在毛寺村整修拓宽铺砂硬化村组道路4.3公里。今年，又在毛寺村居民点修建一条全长1.8公里的道路，目前已铺设基础砂石。得知这条路要拓宽修成水泥路时，村民毛仲文很高兴：“路修好了做啥都方便，而且路好走，来村里旅游的人也会更多，我们可以多卖些土特产。”据悉，这条路建成后，可彻底解决毛寺村370多户、1000多名群众的通行问题。

路通了，去年，毛寺村在扶贫单位的帮扶下，因地制宜，积极发展富民产业。

在毛寺村的田间地头，记者看见村民们正忙着搭建大棚、平地、铺地膜。去年村里搭建的312座钢架大棚都育上了甜瓜苗。毛锦社说：“这两年，村里有30多户村民种植大棚瓜菜，以西瓜、甜瓜为主。去年平均每个大棚的收益在3000元左右。”

下湾组的魏社荣，是规模种植大棚瓜菜的农民之一。“这几年，我种了13棚西瓜、甜瓜和2棚蔬菜，年收入3万—4万元，今年我又种了15棚瓜菜。”魏社荣介绍，政府不仅帮乡亲们搭建大棚、赠送地膜，还聘请科技人员传授种植知识，有了好政策，他对在家门口种瓜菜致富更有信心了。

除了抓好设施瓜菜，村里还发展设施养殖，鼓励村民养羊养牛，去年，扶贫部门为贫困户引进良种母牛67头，并安排市级财政项目资金30万元，为67户贫困户种植134亩芦苇，平均每户补助4478元。

（载于2015年5月15日《甘肃日报》1版，记者：先朝阳，通讯员：张烨）

撬动脱贫致富内生动力

——庆阳市西峰区开展金融扶贫惠农工程纪实

“自从有了金融扶贫贷款，我搞养殖有钱了，也有动力了。”庆阳市西峰区彭原镇芦子渠村的翟相珍一边在羊舍里忙碌一边告诉记者，见到村里贷款搞产业的人越来越多，自己也贷款搞起了养羊，“我可不想被人家比下去，一定要加把劲，早点挣钱还了贷款，咱也过个富足日子。”

在金融资金的撬动下，全村群众发展致富产业的积极性被调动了起来。如今，在芦子渠村几乎见不到闲人，大家都有了责任和压力，更有了信心和动力。

政府搭台 借“鸡”生“蛋”

芦子渠村7个村民小组，共有474户1969人，以前村里贫困户居多，群众主要以种植粮食作物为主，只有个别农户小打小闹搞养殖，没有形成规模。

如今已有110只羊的翟相珍告诉记者，早年他倒腾过养猪，银行贷款办不下来，就找亲戚借钱养。可是猪还没有养出个名堂，亲戚要急用钱，翟相珍不得不一咬牙赔本把猪卖了还账。现在好了，政府在村里成立了扶贫资金互助协会，只要填3份合同，几天时间，贷款就能拿到手，他就是靠这个贷款，修缮了圈舍，专心养起了羊。

为帮助有致富意愿但缺少资金的农户发展产业，从2013年开始，西峰区就积极牵线搭桥，着手引进金融资金，借“鸡”生“蛋”，引导群众发展农业产业。

西峰区在10个乡镇各选一个村为试点，分别注册成立村级扶贫互助协会。区财政列支100万元作为担保金注入担保公司，由庆阳市经投公司在国家开发银行甘肃分行为西峰区贷款1000万元，全部在第一时间兑现到10个试点村的467名农户手中，支持农户发展增收致富产业，满足了贫困群众发展生产的资金需求。

三户联保 信用自己作保

金融扶贫试点工作的深入开展，切实解决了农民“要发展、想发展、没有钱”的困境。但风险和隐患也是不容忽视的问题：如何将这些钱用到地方上？

为了推进贫困户贷款顺利开展，西峰区对申请扶贫贷款担保设置了“前提要件”：必须三户或三户以上自愿组建联保小组。“贫困群众贷款担保方式，从只允许公职人员担保，变成三户联保以及其他多种形式担保，降低了贷款门槛。”西峰区扶贫办工作人员介绍，为了做好贷款资金监管和跟踪问效，各试点村要对每一笔还本清息情况及时建账，采取定期检查和不定期抽查的方式持续跟踪督查借款用途，对增收效果不明显的农户，及时帮助其调整产业发展方向。同时，利用耕种时节，组织技术员开展技术培训，确保贷款户产业发展有技术支撑，切实降低贷款资金风险。

“都是一个村的，情况都知根知底，对于那些不求上进、好吃懒做的农户，群众的心里都明亮着哩，村里也不会给他们办贷款。”芦子渠村村委会主任何希汉说，“这表面看是几个人的小事，实际上却是关系整个村的大事，村里的信用等级没法升级，银行的授信额度就没法增加，以后想致富的群众贷款就没办法办，影响全村人的发展。”

“谁都不想拿自己的信用开玩笑。”翟相珍说。

资金做杠杆 撬动农民快发展

“有了金融扶贫贷款，我购买了喂羊的饲料，同时又新建了六亩樱桃园。”谈起金融扶贫带来的好处，芦子渠村北庄组村民翟宝宝感受很深。今年27岁的翟宝宝通过金融贷款，建起了可以容纳600多只羊的庆阳嘉祥小尾寒羊繁育基地，成立了养殖农民专业合作社。

“政府不仅让我们有了资金来源，还给我们提供技术扶持，我贷了2万元，把黄毛谷和矮化密植苹果套种起来，产量高，效益好。”什社乡新庄村的梁志科用贷来的2万元购买了14亩地需用的黄毛谷种子、肥料、地膜，还套种了9亩矮化苹果树。现在苹果树还是幼苗期，但套种的杂粮作物一亩地收入就有2000元，比以前的收入翻了几番。

西峰区扶贫办工作人员介绍，在国开行扶贫贷款扶持的全区467名农户中，用于发展优质林果的贷款户191户，占41%；用于发展瓜菜种植的贷款户78户，占17%；用于发展养殖业的贷款户158户，占33%，另外还有发展其他特色产业的贷款户。金融资金的杠杆作用，有效促进了西峰区草畜、果品、瓜菜等产业的快速发展，推动了“输血”扶贫向“造血”扶贫方式的转变。

（载于2015年7月14日《甘肃日报》4版，记者：先朝阳，通讯员：张倩）

西峰：“项目引擎”驱动“发展快车”

在西峰区陇东汽车城项目现场，机声隆隆，施工车辆往来穿梭，一片热火朝天的场面。现场施工人员告诉记者：“该项目是集汽车用品和汽配为一体的综合型汽车交易市场，聚集近30家4S店，建成后年可增加税收1.5亿元，安排就业1500人以上。目前正在进行车立方的主体工程建设。”今年，西峰区把重点项目建设作为增强发展内生动力的主战场，通过抓项目、抓进度、抓招引、抓储备等方式，在全区掀起重点项目建设热潮。

西峰区把项目作为推动经济社会发展的主引擎，实施500万元以上项目260个以上，形成“大项目顶天立地、小项目铺天盖地”的发展局面。以十大重点项目为龙头，采取“签约项目抓落实、未批项目抓审批、已批项目抓开工、开工项目抓进度、在建项目抓质量、建成项目抓投产、投产项目抓效益、远期项目抓储备”的“八抓法”，带动实施500万元以上各类项目153个，完成投资85.9亿元，形成了以大项目带动大投资、推动大发展的局面。

为了加快项目建设进程，西峰区严格实行重点项目“三个一”包抓责任制，由县级领导干部牵头负总责，列出具体项目任务清单，落实“周督查、月通报、季评比”的推进机制，凝聚了人人围着项目转、事事围着项目干的强大合力。对于市区确定的重点项目，紧扣时间节点，按日排出作战时间表和推进路线图，把工作任务分解细化到每一天、靠实到责任人，跟踪督查，全程服务，一线抓促。上半年，共完成用地征拆1780亩，有效保障了市区重大项目建设用地。

东湖公园改扩建项目已建成投用，雨洪集蓄保塬生态项目7月底可全面建成，陇东汽车城、民俗文化产业园等项目正在快速推进……“一年打基础、两年成规模、三年见效益”的思路成效已经显现，十大重点项目建设日新月异。庆化大道中段7月底可建成通车，将彻底祛除影响市民生活多年的城市顽疾；育才西路、环县西路等9条道路进展顺利，人行天桥、横一路等3条道路即将开工建设……城市路网建设日趋完善。以东方丽晶城市综合体项目、中元世贸商城项目为主的南盘旋改造项目正在加紧施工，年底主体全部建成……旧城的面貌将焕然一新。

在西峰十大类专业市场之一的庆阳嘉鑫国际建材城，工人正在紧张地进行施工建设。该项目以建材家居专业市场为引擎，以综合化多业态功能复合为载体，建设集商、销、研、展、居为一体的信息化博览型体验园。目前，已累计完成投资7亿元，办公用房、B-1、B-2和南北场馆已封顶，12月底将全面建成投用。“作为一名土生土长的西峰人，我特别迫切地期待这些项目建成后，西峰将会像一些大城市那样，环境优美，出行方便，生活多姿多彩，给我们的生活带来更多的便利。”市民李宝峰对记者说。

在极速推进项目建设的同时，西峰区还秉持“引新、引高、引强”的理念，采取定向招商、以商招商、政策招商、资源招商等形式，加快项目招引，力促项目早落地、早开工、早建设、早投产。并借助中央及省市大力推进革命老区脱贫致富的政策机遇，立足区情实际，紧紧围绕破解瓶颈制约、加快扶贫攻坚、保障改善民生等重大课题，梳理储备基础设施类、民生类重大项目34个，补充完善了全区重点项目储备库，目前，香港环球嘉年华、汇立旭日东方生态示范城、中盛牧业清真工业园等项目相继落户，到位资金71亿元。

（载于2015年7月27日《甘肃经济日报》4版，记者：张文智，通讯员：张烨）

西峰：“希望之果”铺就致富路

秋收时节，从西峰城郊到塬边咀梢，漫山遍野的苹果园硕果盈枝，果农们忙着摘果、选果、过秤，新栽植的果树苗正在加紧搭支架、刷白……董志镇庄子洼村精准扶贫户金俊峰高兴地说：“我这16亩果树明年就能挂果，按现在的行情看，赚10万元不成问题。”苹果成为越来越多贫困户的“希望之果”。

政府搭台，规模化种植形成“产业力”

从温泉镇齐楼村到什社乡贫困村贺塬村，一条万亩苹果示范带映入眼帘，作为西峰区“东果、南菜、北畜”产业布局的重要一环，温什万亩苹果示范带是西峰区聚合产业力的“大手笔”，也寄托着沿线贫困户的致富梦。

近年来，西峰把苹果产业和扶贫工作结合起来，主攻塬边咀梢沟壑梁峁区、塬面深度插花区，坚持经济效益和生态效益并重，优先落实贫困户各项惠农扶持政策，积极解决果农资金不足难题，5年累计投资2.5亿元以上。

在苹果种植乡镇，按照“一村一品”的发展思路，采取土地入股、联户建园、土地流转等形式，整村推进苹果产业；加快管理创新和新技术应用，全力抓好低产老果园提质改造；从源头抓起，支持有育苗资质的机构规范育苗，规划建立专业育苗基地，高标准、高质量、高起点打造万亩苹果示范带、省市级苹果标准园，增强苹果产业集聚力。累计建成3个苹果基地乡镇、25个苹果重点村、规模化流转土地苹果园面积1.8万亩，规模化流转土地新建果园数量和矮化省力化栽培技术应用范围位居全省前列。去年全区苹果总产量10.74万吨、总产值5.37亿元，农民人均苹果纯收入达到1567元，产业集聚优势正在形成。

抱团作战，合作化管理聚合全链条

今年，帮联单位和董志镇为罗杭村43户精准扶贫户创办了一个苹果专业合作社，每亩果园补贴1700元。“果园平时都有镇上农业干部和驻村干部作指导，陇东学院的教授也来上过课，选苗、定植、管护都按标准进行，果树长势不错。”罗杭村支书杭宏伟说。合作化经营模式是西峰果业发展的一大特色。

针对苹果产业发展不均衡的难题，西峰区积极动员种果大户、能人和果农组建专业合作社，以土地入股、合作建园等形式，实现果园连片集中经营，让能人带着干、互帮互助干，解决个体经营规模有限、管理效率低下、抵御风险能力差等问题。鼓励依托区乡农业服务机构，组建专业服务队，从施肥、修剪、病虫害防治、苹果销售等各个环节统一指导，加快应用机械化耕作、测土配方施肥、矮化密植栽培等新技术，在果园设置灭蚊灯、防雹网、虫情测报机等设备，使果园管理日益科学化、标准化，实现了分散粗放的小农经营向集约化经营转变，苹果产业链条日趋完备。目前，创办果品专业合作社55个，百亩以上流转土地果品专业合作社和经营大户102处。

面向市场，销售渠道开发提振品牌力

9月17日，见到什社乡庆丰村村民雷生夏时，他正忙着和快递公司联系发货。“今年政府帮我建起了庆阳‘村淘’网店，苹果仅在网上就卖了500多单，每单在45元—65元之间，明天还有10个单子要发。”雷生夏高兴地说。

为提振西峰苹果品牌，今年西峰区从销售渠道开发入手，主推电商平台建设，以15个贫困村为主攻点，积极推广“一村一店”模式，依托产业合作社等农村经济组织，采取“政府引导、合作社主导、群众参与”的方式，探索创建电子商务示范村，带动贫困群众增收致富，建成庆阳苹果西峰形象店1处，扶持“村淘网”示范店50个，扶持以陇清、恒丰源、三姓果业合作社为主的电子销售平台覆盖全区，构建起按个物流销售和大宗果品销售并存的销售网络，产品远销越南、印度、哈萨克斯坦等国。同时，加快新品种的引进，优化升级现有产品，培育扶持有影响力的果业品牌，先后培育出苹之塬、陇宝、陇清等多个品牌，“陇清牌”果品商标获全省著名商标，单个苹果网上售价达到100多元。

（载于2015年10月8日《甘肃经济日报》4版，记者：张文智，通讯员：李晓峰）

让雨露“滴灌”到户

——西峰区精准扶贫工作纪实

秋日的董志塬上，处处可见干部们忙碌的身影。在庆阳市西峰区什社乡新庄村，沉甸甸的黄毛谷压弯了枝头，村民李云成说：“多亏政府帮忙贷款，今年我这150亩谷子才能丰收。”

西峰区是省级“插花型”贫困县区，一些贫困村的基础条件差、群众生活困难。早日摆脱贫困，过上好日子，是这些贫困群众最大的愿望。精准扶贫号角吹响后，西峰区确定了“5341”精准扶贫工作思路，实行点对点、人对人精准扶贫，全面提升扶贫攻坚实效，确保今年底率先实现整区脱贫。

扶贫坚持不漏一户，帮扶不走过场

在显胜乡铁楼村村部，墙上有贫困户的基本信息，资料夹里还有他们的家庭人员、致贫原因、生产条件、劳动能力、收入来源和历年来享受的危旧住房改造、种植养殖业、技能培训等扶贫项目及增收计划等基本情况。

如今在西峰区，“遍访不漏户，户户见干部”已

成为精准扶贫的常态。为了确保精准发力，西峰区探索出了典型特征法、因素比较法、熟人社会法、收入测算法四种方法，精准识别2937户1.39万名贫困人口。工作人员从信息采集基础和源头抓起，认真细致地开展易地搬迁、惠农政策、危房改造、饮水安全等10项信息采集，建立精准扶贫大数据库，实行实名制动态管理，确保识别准确科学、信息真实可靠。同时，在贫困村“九有”资料的基础上建立“三簿一册一墙表”，在贫困户“六有”资料的基础上为每户建立一张“明白卡”，由驻村工作队制定具体可行的脱贫计划和减贫措施，分户包抓、因户制宜、因人施策，形成了贫困户区域位置图、精准帮扶图两张“作战图”，为实现整区脱贫、全面小康提供了可靠依据。

帮扶重在培育项目，铺就致富“坦途”

说起村里的变化，后官寨镇王岭村流传着一件事——村里的王小芬嫁到外地3年没有回家，前段时间回娘家时，突然发现找不到家门了，不得已只好打电话让家里人到村口来接。事后，村里人把这件事当成笑谈，但村党支部书记王超军却一语道破：“精准扶贫让我们村的变化太大了！”

为补齐扶贫项目短板，西峰区财政挤出2000万元专项资金统筹使用，这样一来，各项惠民措施化作“真金白银”落实到贫困户手中：毛寺村16户贫困户每户得到3万元贷款、庄头村旅游资源得以挖掘、新庄村村民得到金融扶贫贷款……

贫困村贫在基础、困在产业、弱在服务，为此西峰区紧盯整区脱贫目标，按照“缺什么、补什么”的原则，抠责任、挤水分、提干货，对15个贫困村逐村列出精准管用的项目需求清单，制定了“1+20”实施意见及配套工作方案。并将专项扶贫与行业扶贫深度融合，组织19个职能部门对全区项目安排进行了统筹谋划调度，将项目资金打捆向贫困村和建卡贫困户集中，努力做到富民产业培育到户、基础设施延伸到组、公共服务配套到村。今年，西峰区解决了9.15万群众行路难、用水难、用电难的问题，完成了15个“乡村舞台”推广村建设任务，策划组织了各类文化活动162场。

干部下沉接“地气”，为群众排忧解难

温泉镇巨塬村南湾组地处偏远，贫困户刘宗喜双目失明，孩子在外打工，吃水难一直是他和妻子的心病。得知这一情况，驻村工作队紧锣密鼓地开始筹建起新水井。目前，南湾组水井修建工作正在开展中，预计10月底，南湾组的几户人家就能在自己家里用上放心水。

为了使精准扶贫各项措施落到实处，西峰区通过选派干部、到村任职干部、大学生村官、乡镇包村干部，以及有对口帮扶任务的干部共同组成帮扶力量，强化驻村帮扶工作，帮助贫困群众改善基础，发展产业，增收致富。“驻村工作队的工作人员待我像亲人，事事都替我着想。”彭原镇五郎铺村的强爱指说，正是驻村工作队帮他搬出危窑，住上了新房。

西峰区扶贫办工作人员周建妮告诉记者：“西峰区对驻村工作抓得很紧，时不时对各工作队的情况进行抽查。”目前，各驻村工作队组织力量进村入户开展信息采集工作，为大数据平台建设做好了基础。

（载于2015年10月22日《甘肃日报》4版，记者：先朝阳，通讯员：张烨）

实施民生大工程　打造城市新景观

——庆阳雨洪集蓄保塬生态工程一举两得

近日，庆阳市南区雨洪集蓄保塬生态工程竣工。这个工程以“高原出平湖，长桥卧彩虹”的效果，在起到“固沟保塬”作用的同时，也成为改善人居环境、提升城市品位的新景观。

庆阳市区所在的董志塬素有“天下黄土第一塬”之称，由于黄土层深厚、沟壑纵横、植被稀少，土质疏松裸露等问题，使得这里的生态十分脆弱。比起一百多年前，董志塬面积缩减了近400平方公里，目前有3249个支毛沟不断伸向董志塬腹地。每

年的7月至9月都是西峰集中降雨、洪灾肆虐的重灾期，城区排水不畅，对市民日常出行和部分低洼地带居民的生命财产安全造成了极大地困扰和威胁。而且，随着城市规模不断扩大和城市人口的增多，对城市综合防汛体系的功能及硬件设施提出了更高的要求：水土流失日益严重的现状，让城市的可持续发展面临着严重的困境；生产生活用水的严重匮乏，要求水资源的利用率急需提高；石化工业、农业产业的突飞猛进，对原本单一的城市生态系统带来了更为严峻地考验。

雨洪集蓄保塬生态工程，庆阳市有过多年的探索和实践。近年来，西峰城区相继实施了天湖、北湖、东湖等4个雨洪排放、固沟保塬工程，为缓解城市防洪压力与资源性缺水尖锐矛盾积累了宝贵的经验。在此基础上，庆阳市着手新城区雨洪集蓄保塬生态工程的论证，吸纳借鉴了国内同类地区、同类工程的经验做法，特别是水利部关于《黄土高原城市雨水综合利用技术创新》最新成果，把城市的雨水收集、储存、调配、管理技术体系与农业、水保、环卫、养殖、城市绿化、人文景观等方面进行技术组合、集成创新，形成“一次投资、多项受益”的民生工程和生态项目。

2013年，这项工程正式启动，历经两年多的紧张施工，近日正式建成投用。该项目“湖体”总库容88万立方米，水域面积400亩，年复蓄水量174万立方米。这个湖不仅能全部积蓄庆阳新城区15平方公里的雨水资源，为位于南区的董陈节水灌区和庆阳石化600万吨炼厂提供农业、工业用水，并且作为巴家咀电灌区的农业灌溉调蓄水库，大大提高水资源综合利用率，降低用水成本。同时，每年还可减少被侵蚀带入下游河流的泥沙59万立方米，相当于50个中型淤地坝一年的泥沙拦蓄量。更重要的是，也给城市增添了灵气，为市民提供了一个休闲的好去处。现在，湖体周边已经成为商业开发的热点区域。

（载于2015年10月27日《甘肃日报》4版，记者：先朝阳）

“服务+”引领西峰打造“幸福社区”

“退休后我唯一的爱好就是跳广场舞，但是遇到天阴下雨就没法活动了。自从社区组建了舞蹈队、配备了舞蹈活动室，随时可以去活动室跳舞，比以前方便多了。”谈起自己的退休生活，58岁的西峰区育才路社区李凤玲一脸自得，而这种自得来源于一场正在影响西峰社区发展的“变革”。今年以来，西峰区以“社区基层组织建设年”为契机，创新提出“服务+”社区建设新模式，全力实施社区建设“521”工程，提升社区硬软件水平，提高社区整体服务水平，广大居民幸福感显著提升。

服务+硬件，社区生活更便利

走进育才路社区，宽敞明亮的服务大厅，崭新的硬件设施和热情的服务态度，让人切身感受到社区的变化。“以前来办业务，因为办公区域小，办业务的人挤一堆抢着办，浪费很多时间。”65岁的马东明感触颇深：“自从社区进行了改建，设置了便民服务大厅，来办理业务只要按照提示就可以快速找到办理窗口，再没发生过拥挤。”

新建成的育才路社区服务中心面积达到1100平方米，各类业务办理窗口均有明确标示、细化分工，居民有任何问题和事项都可以及时得到回应。更让居民感到“贴心”的是，图书阅览室、文化中心等便民设施相继向居民开放，根据居民爱好设置的舞蹈活动室、棋牌室、书画室等活动场所，为社区居民打开了休闲娱乐的“绿色通道”；针对60岁以上老年人的日间照料中心、中医理疗室，使社区内的高龄老人、空巢老人、残疾老人再不会“空巢空心”，居家养老服务更细化、更便利。

育才路社区只是西峰区社区建设的一个缩影。今年，西峰区筹资2.6亿元，通过新建、划拨改造、改扩建、租赁改造等方式，对15个社区进行了改造提升，建成后15个社区服务中心面积最低不小于

500 平方米，最大的将超过 1000 平方米，新型社区将提供集便民服务、文体活动、维稳应急为一体的多功能服务，居民生活更加便利。

服务+民情，群众需求“无死角”

在提升社区硬件水平的同时，西峰区把畅通社区服务信息渠道作为着力点，构建起了“社区居委会、居民小组长、网格工作员、民情信息员”四级民情上下联动机制，开展民情走访活动，收集社情民情，分类研判，限时办结。了解辖区居民需求，列出“需求清单”，有针对性地为居民解决实际问题，实现“联系无缝隙、管理无忙点、服务无遗漏”。

育才路社区所辖的电信家园小区，由于物业管理缺失，小区安保系统混乱，发生入室盗窃事件。社区工作人员了解到这一情况之后，组织巡逻队不间断进行巡逻，并多次与物业公司接洽，加强小区安保工作，小区居民安全感明显增强。

南苑路社区与市电信公司合作，向社区60 岁以上的老人发放老年机。这款老年机不仅有普通手机的基本功能，还带有卫星定位系统，发生紧急情况，只要按下一键呼救按钮，就会在第一时间得到救助。“现在好了，有急事或身体不舒服，只要按一下键，社区的工作人员就会在第一时间来帮助我们，再也没有后顾之忧了。”社区住户王建忠深有体会。

服务+党员，干群关系更融洽

社区建设在提升居民幸福感的同时，也成为在职党员强服务、贴近群众的平台。西峰区广泛开展了在职党员到社区报到活动，按照“单位督促报到、社区设好岗位、党员志愿服务、单位和社区联合考评”的工作模式，引导在职党员服务社区建设。目前全区已有 7981 名在职党员到社区报到，相继开展了“一元钱爱心银行”“孤寡老人慰问”等活动 200 多场(次)。

各社区结合实际，实行党员亮身份、领岗位和星级服务公示，依据党员特长爱好和服务志愿，设立“扶贫济困”“纠纷调解”“政策宣传”等服务岗位 6 类，建立各类特色党小组 40 多个。同时，动员社会各界爱心人士、志愿者和在职党员，开展日间照料、棋牌娱乐、舞蹈健身等 10 大类 30 多项服务活动，使社区充满了活力。

75 岁的育才路社区居民马树生说：“通过在职党员参与社区活动，把党员与群众紧密的联系到了一起，在党员和群众之间架起了一座‘连心桥’”。

(载于 2015 年 12 月 1 日《甘肃经济日报》2 版，记者：张文智，通讯员：李晓峰)

马头坡石桥　　摄影：刘小智

年度人物

新晋升及人事变动县处级人物简介

（按姓氏笔画排序）

门杜娟　女，陕西省扶风县人。生于1974年9月，本科学历。1994年8月，参加工作，1995年12月，加入中国共产党。2015年1月，任西峰区人大常委会副主任。

马耀文　陕西长武人。生于1966年9月，中央党校函授学院党政管理专业毕业，大学学历。1993年11月，加入中国共产党，1985年7月，参加工作。现任西峰区委常委、区政府副区长。1985年8月，任庆阳师范附属小学教师。1994年9月，任庆阳行署教育处普教科干部。1998年11月，任庆阳行署教育处普教科副科长。2001年8月，任庆阳地委组织部副科级组织员。2002年7月，任庆阳地委组织部正科组织员、干部二科副科长。2003年3月，任庆阳市委组织部正科组织员、干部二科副科长。2004年9月，任庆阳市委组织部干部二科科长。2008年8月，任庆城县人民政府副县长。2011年9月，任宁县县委常委、组织部部长。2015年6月，任西峰区委常委、区政府副区长。

王　超　合水县人。生于1975年12月。大学学历，西北师范大学企业管理专业。1996年9月，参加工作。2003年8月，加入中国共产党。现任西峰区政府副区长。1996年9月，任庆阳市财政局企业科科员。2003年7月，任庆阳市政府采购办副主任。2007年3月，任庆阳市财政局办公室主任。2013年5月，任庆阳市财政局党组成员、副局长。2015年8月，任西峰区政府副区长。

李廷位　华池县人。生于1967年1月。1988年7月，参加工作。1993年7月，加入中国共产党。甘肃省委党校研究生学历。现任中共西峰区委常委、区城市管理行政执法局局长。1996年7月，任华池县元城乡党委秘书。1998年1月，任华池县乔川乡副乡长。2002年12月，任华池县元城镇党委书记。2011年10月，任庆阳市纪委常委、纪检监察二室主任。2015年8月，任西峰区委常委、区城市管理行政执法局局长。

刘长命(明)　正宁县人。生于1957年1月，大专学历。1975年12月参加工作。1984年5月，加入中国共产党。西峰区第七届人大代表。2009年3月，任西峰区人大常委会副主任。2015年1月20日，任人大常委会副县级干部。

刘兴峰　陕西省旬邑县人。生于1971年8月。大学学历。1992年8月，参加工作，1995年1月，加入中国共产党。2006年12月，任中共合水县委常委、宣传部长。2011年10月，任西峰区政府副区长。2015年8月，任西峰区委常委、政法委书记。

刘　斌　女，藏族，甘南藏族自治州临潭县人。

生于1961年6月。大学学历。1977年3月，参加工作。1992年3月，加入中国共产党。2009年3月，任西峰区人大常委会副主任。2015年1月20日，任人大常委会副县级干部。

肖广军　庆城县人。生于1964年9月，大学经济学学士。1988年7月，参加工作。1995年11月，加入中国共产党。2015年1月，任西峰区人大常委会副主任。

贾兴义　西峰区人。生于1965年2月，华北水利水电学院水工建筑专业。1987年7月，参加工作。无党派。2015年1月，任西峰区政协副主席。

贾志升　镇原县人。生于1976年7月，大学学历。1996年11月，参加工作。1999年11月，加入中国共产党。现任中共西峰区委副书记。1996年11月，在庆阳地区环保处环境监测站工作。1997年2月，在庆阳地区环保处人秘科工作。2001年10月，在庆阳市环保局人秘科工作。2002年9月，任庆阳市环境监理站副站长。2007年3月，任庆阳市环保局环境监察支队副支队长。2007年5月，任庆阳市政府办公室秘书科工作、地志办主任科员。2010年3月，任庆阳市政府办公室秘书一科科长。2010年4月，任庆阳市政府办公室党组成员、副主任。2012年8月，任中共宁县县委副书记。2013年2月，任中共宁县县委副书记、庆阳经济技术开发区常务副主任。2015年1月，任中共宁县县委副书记，庆阳经济技术开发区管委会党组副书记、常务副主任。2015年7月，任中共西峰区委副书记。

雷兼博　西峰区人。生于1965年7月，大学文化程度。1987年7月，参加工作，1995年12月，加入中国共产党。现任西峰区政府副区长。1987年7月，任西峰市财政局干事。1999年5月，任西峰市财政局副局长。2003年2月，任西峰区财政局副局长兼西峰区非税局局长。2005年12月，任西峰区政府办公室副主任。2006年6月，任西峰区政府办公室副主任兼纪检组长。2008年9月，任西峰区财政局局长兼会计核算中心主任。2010年2月，任西峰区财政局局长。2014年1月，任西峰区工业园区管委会副主任、西峰区财政局局长。2015年8月，任西峰区人民政府副区长。

2015年晋升高级职称专业技术人员

（按姓氏笔画排序）

表 6

姓 名	性 别	民 族	出生年月	籍 贯	工作单位	专业技术职务
王雅宁	女	汉族	1970 年 9 月	甘肃宁县	庆阳第四中学	高级教师
王会荣	女	汉族	1963 年 1 月	甘肃正宁	甘肃省西峰职业中等专业学校	高级教师
任　超	男	汉族	1970 年 1 月	西峰温泉	甘肃省西峰职业中等专业学校	高级教师
任淑红	女	汉族	1967 年 2 月	甘肃合水	庆阳第三中学	高级教师
安聪慧	女	汉族	1966 年 1 月	甘肃镇原	甘肃省西峰职业中等专业学校	高级教师
杨立年	男	汉族	1970 年 9 月	甘肃宁县	庆阳第四中学	高级教师
张喜娟	女	汉族	1973 年 2 月	西峰董志	庆阳第四中学	高级教师
张广辉	男	汉族	1971 年 1 月	西峰董志	庆阳第三中学	高级教师
张晓伟	男	汉族	1974 年 12 月	西峰显胜	甘肃省西峰职业中等专业学校	高级教师
陆　霄	女	汉族	1971 年 11 月	甘肃宁县	甘肃省西峰职业中等专业学校	高级工程师
郑浩峰	男	汉族	1966 年 2 月	西峰董志	庆阳第二中学	高级教师

什社武川石桥 摄影:刘小智

档案钩沉

张学良与西峰的“一面之缘”

陇东报　夏辉邦　2014-11-14

▲张学良观看运动会比赛

▲德国一家报纸对中国和平统一的报道

▲ 1935年张学良入陕时，与杨虎城一起步出候机室，杨虎城希望与张学良联合抗日

导读：《庆阳县志》(甘肃文化出版社2012年9月版)记载：1936年12月，张学良到西峰，接见了参加陇东8县(庆阳、合水、宁县、镇原、环县、正宁、灵台、泾川)运动会的运动员……

1936年12月12日，发生了震惊中外的重大事件“西安事变”，张学良作为事变的主要发起人之一，在这个时间段内忙于应对来自国际、国内多方面的压力，处置兵谏事宜，应该没有更多的精力来西峰这一陇东小镇参加8县运动会。

带着这一疑问，笔者在编纂《庆城县公安志》搜集资料过程中，随时注意各档案部门保存的这一时期档案资料。终于在2014年3月，找到一份存档资料《甘肃第三行政督察区陇东八县联合运动大会纪念刊》，由当时民国政府甘肃第三区督查专员胡抱一亲笔署名题刊，发刊日期为民国 25 年 5 月 9 日。刊内首页全文刊载了《张副总司令训辞》一篇，正是张学良在陇东八县运动会开幕式上的讲话。原文如下：

张副总司令训辞

(1936 年 5 月 9 日)

各位选手、各界来宾、各校男女同学、各位武装同志：

今天是甘肃第三区第一届各界春季联合运动大会开会之期，兄弟趁此机会，躬逢其盛，能与陇东八县的武装同志及选手等见面，并且能够看到会场中一种生气蓬勃的情绪，是很喜悦的。根据过去的观察，一个国家和民族的盛衰，完全是视其国民性的如何，世界上的新兴国家，其国民的举措，是一种动性的，我国国民的病根是一种惰性的，亦即是一种不动性的。基于此种惰性的表现，因之在国家社会民族事业种种上，都没有动的精神，动的效率。再考世界上人类的生存，完全是一种竞争的，但此种竞争是一种有秩序有规范的，竞争非无意识与不规则的。试观西洋人的运动，无论在何种项目上，莫不充分表现出其运动的道德。这种优美的特征，非一时的，是养之于平素的。各选手此次来参加运动也应如此。如果又比不上人的，不怨人快，应归咎与平时没有准备，更应痛下苦功，自己去努力练习，以求将来的获胜。运动如此，推之社会国家事业上，亦莫不如此。我们果能万众一心，养之于平日，用之于一旦，则国家和民族的地位自可增高。虽即有帝国主义，尤其是邻近的帝国主义的无理压迫，也自不难打到他们，取得最后胜利了。此外单就运动而言，兄弟记得有一个同乡在天津南开学院肄业，因掷铁饼都约最近，曾被同学们讪笑，后来这位同乡即暗下苦功，逐日练习，及至远东运动会开幕，他就前往报名，当时仍被大家讥笑不止，但至比赛一过，居然得了第一。这种惊人的记录，就是由于平日能下苦功的原因。由此例言，同样的事情，同样圆颅方趾的人，所以人能我不能者，端在于平时的不下苦功。亦可以知如果事事能下苦功，就没有做不到的。若再从此推演下去，外国人住的是高楼吃的是美味，中国人住的是破窑吃的是粗粮，同样的人类，外国都是强盛的国家，中国却居于次殖民地的地位，这种高下悬殊的原因，就是中国人的血被外国人吸干了。换句话说，也就是动的精神战胜了堕的习惯了。所以才到了这种地步，今后惟望大家本着参加此次运动大会的热忱，扩而光之，继续不断地努力做去，以求恢复我国家和民族的自由，去打倒万恶的各帝国主义者！

这份资料可以证实：

1. 张学良的确到西峰参加了这次运动会[《庆阳地区志》载：民国二十五年，东北军将领张学良、军长王以哲乘直升机在西峰镇老城街东北侧（火巷）修建的简易机场着陆]；

2. 第三行政督察区在西峰镇的确举办了 8 县运动会，举办时间是 1936 年 5 月 9 日，而非 1936 年 12 月。

据此，笔者认为：1936 年 5 月 9 日，张学良乘机抵达庆阳县西峰镇参加陇东 8 县运动会，并接见运动员是可信的。结合当时全国抗日情绪高涨，蒋介石推行“攘外必先安内”政策，陇东庆阳县西峰镇正处在倦于内战、决心抗日的国民党东北军与十七路军、共产党军队三者防区相互十分接近的有趣位置，东北军与十七路军又在当年 12 月 12 日联合发动兵谏行动，共产党在这次事变中也起到了积极的作用，三方面共同促成第二次国共合作、组成联合抗日阵线。那么，东北军少帅张学良在事变 7 个月前来到陇东西峰小镇参加运动会，就很有意思了。《庆阳地区志》又载：“西安事变之前，东北军司令张学良亲赴西峰召集东北军各级将领商讨抗日救国运动时，军统兰州站派遣特务，以国民党绥靖公署驻甘肃参议名义，前往西峰镇侦查……”在特殊的历史时势下，当时这么一个处在特殊地理位置的乡间小镇，却具备了足以吸引满怀救国热情的大人物光顾的魅力！

附　　录

数字西峰

名　　称:西峰区

邮政编码:745000

电信区号:0934

地理坐标:处甘肃省东部,泾河上游,位于董志塬腹地,处在北纬35° 25′ 55″至35° 5′ 11″和东经107° 27′ 42″至107° 52′ 48″之间,海拔1421.0米,北靠庆城县,南接宁县,西和镇原县毗邻,东与合水县相望。地势由东北向西南倾斜,地形呈一扇状,南北长约47.7公里,东西宽约34.8公里,总面积996.35平方公里。其中耕地面积59.3万亩(1亩=666.7平方米)。森林面积73.26万亩(含未成林造林面积和经济林)。

行政区划:西峰区隶属于甘肃省庆阳市,位于陕、甘、宁三省区金三角地带。1985年建市,2002年撤市设区,是庆阳市政治、经济、文化、交通、金融和商贸流通中心。辖5镇2乡3个街道办事处,15个社区、100个行政村、1050个自然村。

总人口:2015年38.16万人,其中城镇人口21.27万人。有汉族、回族、满族、蒙古族、苗族等19个民族。

2015年地区生产总值154.8亿元,其中第一产业增加值10.2亿元,第二产业增加值64.4亿元,第三产业增加值80.2亿元。固定资产投资266.4亿元。社会消费品零售总额63.5亿元。大口径财政收入13.04亿元,财政支出26.17亿元。

属半干旱大陆性气候,具有季风及黄土高原气候的双重特点,冬春多干旱,夏秋雨水较多,暴雨多集中在七八月份。年日照2400—2600小时,年降水400一600毫米,年均气温9.9℃,无霜期175天,空气质量优良。

物产:农作物以小麦、玉米为主,盛产谷子、洋芋、油菜。苹果栽培处于最佳纬度区。什社小米以其色泽黄亮、营养丰富而成为具有地方特色的珍品,黄花菜被国家经贸委认定为"西北特级金针菜"。

西峰区农业产业以发展果、菜、畜3大主导产业为主。苹果基地乡镇3个、苹果重点村25个、果品专业合作社55个、百亩以上流转土地新建果园专业合作社和经营大户102处,规模流转土地果园面积2.31万亩;存量3000吨以上果库12处,农户果窖539处,苹果组装式冷藏库104座,总储藏量5.66万吨。实施省部级苹果标准园13处,其中省级苹果标准园12处,2015年实施农业部苹果标准园1处,市级苹果标准园7处。果园面积23.9万亩,果品总产量13.35万吨,果品总产值6.5亿元,农民人均果品纯收入1780元。依托5个设施蔬菜示范点和5个露地瓜菜示范点,西峰区年种植各类瓜菜16万亩,其中设施瓜菜2.3万亩。依托中国500强企业雨润集团旗下福润肉类加工厂、沃得利种猪繁育基地,创建循环农业示范区10个,累积留存以紫花苜蓿为主的多年生牧草13.26万亩，规模养殖小区(场)58个，规模养殖户3500户，年畜牧业总产值2.6亿元。

工业门类有医药、农机制造、机器维修、化工、皮革、建材、烟草、石油炼化、出版印刷和农产品加工等。

年营业额500万元以上的企业有北地红调味食品有限公司、兴庆混凝土有限公司、西峰制药有限责任公司、福润肉类加工有限公司、维尔康食品有限公司、中庆农产品有限公司等23家。

辖区内以砂石、黏土、石英砂为代表的优质矿种分布广泛，易于开发。境内马莲河支流、蒲河两条大河流总径流量约8.43亿立方米，地下水储量约43.4亿立方米，天然矿泉水年开采量在1000吨以上。天然气探明储量243.6亿立方米，煤炭三级储量约86亿吨，石油三级地质储量约4亿多吨，庆阳石化年炼化能力500万吨，依托中国石油、中国华能等大型国企以及众多下游产业陆续建设，“西部能源新都”初具雏形。

辖区包括乡镇占地面积大于100平方米的超市有百佳超市、家福乐购物广场、万嘉超市、开鸿超市、熙和金村购物广场、好日子超市、亨嘉超市、亿家华联购物广场等23家。

辖区占地面积大于1000平方米的商厦（商场)有华荣家具汇展中心、博华家具城、华兴美食城、九龙家饰城、九龙商场、金象大厦、世纪商厦、恒隆商城、丽晶百货、银隆商厦、富达商厦、千旺百货等15家。

辖区占地面积大于1000平方米的市场有南亚商场、陇东商场、天禾蔬菜市场、天禾干调水产市场、天禾瓜果市场、陇东建材市场、西郊瓜果蔬菜批发市场、天禄水产市场、秦霸岭市场等11家。

辖区内年营业收入500万元以上酒店有新港湾商贸有限公司、金利商贸有限责任公司陇上明珠大酒店、协成酒店管理有限公司、川粤森林餐饮服务有限公司、汇鑫酒店管理有限公司、中国石油庆阳石化公司庆化大酒店、庆阳宾馆、阳光天湖会展中心、周天餐饮娱乐有限公司、聚福饭庄餐饮文化有限公司、三力餐饮有限公司、银座餐饮服务有限公司12家。

辖区有中国银行等各级金融网点137个。

辖区邮政局(所)15个，电信局(所)15个。

辖区内各类学校215所。其中大专院校1所，中等职业学校10所，中学26所，普通小学107所，特殊教育学校1所，幼儿园71所。

专业剧团2个，文化(艺术)馆2个，图书馆2个，博物馆2个，画院1个，文化站8个，农村文化室100个，农家书屋104个，藏书量30万册，露天剧场35个。香包民俗文化产业培训基地2个。

卫生机构309个，其中医院13个、社区卫生服务中心(站)19个、卫生院8个、村卫生室113个、门诊部、诊所(卫生所、医务室)137个、疾病预防控制中心2个、妇幼保健院(所、站)2个、采供血机构1个、卫生监督所(中心)1个，计划生育服务机构13个。

各级各类学（协）会34个，其中专业技术学(协)会10个，农村专业合作组织24个。

城市建成区面积达到14平方千米，城市道路总长度达到75千米，综合日供水能力1.6万立方米，建成区绿化覆盖率22%，人均公共绿地面积4.5平方米，市区人均住宅面积33平方米。城区有48条主干道、42条巷道。

辖区体育场地数411个。

城区有东湖公园、周祖广场、和谐广场、公刘广场4个公园广场及街景居住小区小游园11处。

城区路名牌、导视牌3400余面，休闲座椅1800个。

国家级重点文物保护单位3处，旅游景点16处，涉外定点星级接待单位 4个，旅行社(分公司)31个。后官寨镇南佐疙瘩渠仰韶文化遗址，距今已有4000—5000年历史。始凿于北魏永平二年的北石窟寺群，是与敦煌莫高窟并列的“甘肃四大石窟”之一。20世纪60年代建设的巴家咀水库大坝，宽539米，高74米，有黄土高原第一坝之称。肖金宋代金城寺砖塔、小崆峒山、南小河沟等自然景观、公刘庙、老洞山等历史遗迹构成境内旅游主轴线。庆阳天富亿生态民俗村被评定为国家 AAA 级旅游景区，建成庆阳市新城南区雨洪集蓄保塬生态景观工程 1 处、北湖以及西峰区显胜乡毛寺村、什社乡李岭村乡村旅游示范点等新型城乡休闲旅游景点渐成体系。

西峰被中国民俗学会命名为“中国香包刺绣之乡”“民间剪纸之乡”“徒手秧歌之乡”“窑洞民居之乡”“周祖农耕文化之乡”“荷花舞之乡”“最具艺术气质的西部名城”。

民间艺术有剪纸、刺绣、雕刻、面塑、泥塑称“五绝”。

民航机场 1 座，开辟有西峰—西安—兰州航线、庆阳—天津航线、上海—庆阳—银川航线。

境内等级公路总里程 330 千米，有 3 个长途客运站，每天都有发往北京、兰州、西安、银川、咸阳、延安、宝鸡、天水、广州、深圳、天津、乌鲁木齐等中心城市及省内各县的班次客车。西长凤高速公路越境而过，全长 77.41 千米。起点位于省道 202 线庆城至西峰一级公路的李家寺(距西峰 5 千米)，终点位于平凉市凤翔路口，接陕西境内在建的凤翔路口至永寿高速公路，境内段长约 47 千米，路线经过董志、肖金 2 个乡镇。雷西高速公路是国家高速公路网青岛至兰州高速公路的重要组成路段，起点位于陕甘交界的雷家角，顺接陕西壶口至雷家角高速公路，终点位于西峰区李家寺，接西峰至长庆桥高速公路。途经庆阳市西峰区、合水县、庆城县 2 个县 1 个区，主线长度 128.057 公里。

调研报告

全区禁毒工作视察报告

中国人民政治协商会议西峰区委员会

一、工作成效

近年来，全区禁毒工作按照中央、省市和上级禁毒部门的统一部署，全面贯彻落实《禁毒法》和《戒毒条例》，紧紧围绕确保实现吸毒人员千人区禁毒工作整体推进、巩固提升的目标，坚持“四禁并举、预防为主、全民参与、综合治理”的工作思路，以打击毒品违法犯罪为主线，以开展社区戒毒(康复)和禁毒宣传活动为载体，最大限度收戒吸毒人员为重点，先后开展了“百日禁毒攻坚”和“禁毒百城会战”等多个专项行动，取得了显著成效，全面推进了各项禁毒工作的深入开展。

(一)禁毒工作机制初步建立。近年来，全区认真落实禁毒工作责任制，不断强化对禁毒工作的组织领导。每年全区都要召开禁毒工作会议，总结上年度的禁毒工作，分析当年的禁毒形势，确定工作重点和具体措施，并且层层分解禁毒任务，逐级签订《禁毒工作责任书》，形成了党委、政府统一领导，有关部门各负其责，全社会广泛参与的禁毒工作格局。同时，将禁毒工作列为社会治安综合治理的一项重要内容与其他工作同部署、同检查、同考核，逐步建立了区、乡镇(街办)、村(社区)三级禁毒组织网络体系，为全区禁毒工作的深入开展提供了有力保障。今年，区委、区政府制定出台了《关于进一步加强禁毒工作的实施意见》《关于加强禁毒工作的实施方案》和《2015—2017 年西峰区禁毒工作规划》，进一步加强了对禁毒工作的指导。区财政持续加大经费投入，全区禁毒工作经费由 42.5 万元增加到 100 万元，并为每个社区列支 5000 元禁毒经费。按照每 20 名吸毒人员配备一名禁毒工作人员的要求，增设禁毒专职工作人员 67 名(其中招聘 52 名)，禁毒大队工作人员增加到 15 名，做到了机构、经费、人员三落实。

(二)全民禁毒意识逐步提高。通过开展禁毒图片展、印发宣传资料、张贴警示标语、禁毒知识讲座、公开销毁毒品等多种形式，在全社会营造浓厚的禁毒宣传氛围，提高了全民防毒、拒毒意识。组织了“百乡(镇)千村(社区)”禁毒宣传活动，以进社区、进校园、进单位、进家庭、进场所、进农村等“六进"宣传教育活动为主线，以"6·26"国际禁毒日和"全民禁毒月"活动为重点，在城乡各主要路段、社区、商场、网吧、车站及娱乐场所等人员聚集的公众场所开展集中禁毒宣传活动，得到了群众的积极参与，取得了良好的社会反响。区公安分局、教体局通过"警校共建"、"禁毒图片巡展"、法制讲座等系列活动，在全区各中小学校开展禁毒预防教育；筹措50万元在理工中专建立禁毒教育基地1处、命名2所毒品教育示范学校，提升了宣传教育效果；区禁毒委、文广局、工商局对辖区内50余家娱乐场所悬挂了禁毒标语、警示牌，安装视频警示软件，对业主和从业人员进行合成毒品知识预防教育培训，全面提升娱乐场所对合成毒品的防范意识；区司法局、团委、妇联、工会加强对外出和来峰务工人员禁毒工作宣传，预防毒品对流动人员的侵害。

(三)毒品蔓延得到有效遏制。公安部门始终坚持把打击毒品犯罪作为有效减少毒品流入、供给的主要途径，始终保持对涉毒违法严打高压态势。去年以来，全区共破获涉毒犯罪案件103起，抓获涉毒犯罪嫌疑人114名，缴获海洛因3373.19克，冰毒104.12克；强制隔离戒毒人员363名，责令社区戒毒69名，捣毁吸毒窝点42个。区检察院共受理提请逮捕涉毒犯罪案件78件86人，批准逮捕85人；共受理移送审查起诉涉毒犯罪案件96件111人，提起公诉93件109人，区法院作出有罪判决88件103人，均被判处监禁刑。公、检、法的积极行动，有效地震慑了犯罪分子，遏制了毒品蔓延。

(四)社区帮教工作稳步推进。健全社区(行政村)戒毒(康复)工作机构，成立社区戒毒(康复)监护小组，并配备医务人员，与街办、家庭、单位、派出所共同开展对55名戒毒人员、173名康复人员的管理和帮教。近年来先后为126名吸毒人员解决低保，协调300多名吸毒人员参加了医疗保险，资助5名吸毒家庭进行灾后重建，为42名吸毒人员申报廉租房，努力解决吸毒人员的生活困难，充分发挥了社区在管束、矫治和救助吸毒人员等方面的积极作用。落实出所出狱吸毒人员衔接制度，去年以来共接回172名出所出狱吸毒人员，衔接率100%，并及时纳入社区康复工作。目前，全区戒断三年以上吸毒人员406名，社区戒毒(康复)结束人员174名。同时，不断加大安置就业工作力度，进一步拓宽吸毒人员回归社会的渠道。区上投资50万元先后在肖金蔬菜基地、鑫圆通达商贸公司新建2处集中安置点，安置戒毒人员44名。温泉、后官寨、北街办各建成1处就业安置点，安置戒毒人员14名。并多方联系有关部门落实创业优惠政策，鼓励戒毒人员自主创业。全区戒毒人员通过各种就业渠道安置456名，就业安置率达到72%。

二、存在问题

全区的禁毒斗争虽然取得了较为突出的成效，但面对新形势我区禁毒工作还存在诸多困难和问题。

(一)禁毒形势仍然严峻。一是吸毒人员持续增多。截至2014年底，全区登记在册涉毒人员达1300多人，是全省18个吸毒人员千人县区之一。按当前的国际惯例统计，每一个显性吸毒人员后面至少有3至5名隐性吸毒人员，由此可以推算出全区吸毒人员实际数最多可达5000至8000人。二是吸毒群体不断扩张。吸毒人员以社会闲散人员为主，但已有个别机关单位工作人员和私营企业主涉嫌吸食毒品，吸毒已在不同层次、类别的人群中逐步蔓延。三是"以贩养吸"问题突出。目前，毒贩贩卖的大多是零包毒品，不仅满足了贩毒人员购买毒品的需要，也为以贩养吸的零包贩毒人员提供了"生存"条件。这些人绝大多数因吸毒倾家荡产，生活无着落，依靠从事零包贩毒，获取吸毒资金。四是吸毒场所更加隐蔽。吸毒场所开始从原来的迪吧、KTV、酒吧转移到城郊村、出租屋、网吧等场所，打击难度进一步加大。

(二)禁毒机制不够健全。一是病、残等特殊涉毒犯罪人员"处理难"。多年来，全市的强制隔离戒毒场所和看守所均未设立收治传染性疾病和自伤自残人员的专门场所，特别是对日益增多的感染艾滋病、肝炎、结核病的吸毒人员以及患有传染病的违法犯罪嫌疑人无法隔离收押，公安机关“抓了放、放了又抓”，导致患有传染病和自伤自残的违法犯罪嫌疑人流入社会有恃无恐、肆无忌惮地进行吸贩毒和其它侵财等犯罪活动，危害公共卫生和公共安全问题日益突出。甚至出现了吸毒及其他违法犯罪人员故意采用自伤自残或吞食异物的方式逃避打击的现象，并对其他违法犯罪人员产生示范效应，对全区社会治安造成严重危害，收治特殊涉毒人员成为制约全区收戒工作和打击毒品犯罪的一个瓶颈难题，严重影响全区整体禁毒工作的深入开展，对社会治安稳定构成极大威胁。目前，此类因各种疾病、体内有异物、残疾等特殊犯罪人员共有 30 多人，根据现行法律规定，司法机关不能对其采取刑事拘留、逮捕的强制措施，只能实行或变更为取保候审。女毒贩吴某，因多次贩毒被区法院分别判处 6 年、9 年两次监禁，但其子女年仅两岁，无有效监护人，只能监外执行。因此，尽管贩卖毒品是一种严重妨害社会管理秩序的犯罪，审判机关依照刑法规定对其判处有期徒刑，甚至有的被处多次刑责，最终没有效执行。二是禁毒单位职能没有得到有效发挥。一些禁毒成员单位对禁毒工作的重要性和必要性认识不足，职能分工不明确，单位责任不到位，综合优势未充分发挥，部门之间缺乏协作配合，齐抓共管、综合治毒的力度不够，仍然存在依赖公安部门的现象，影响了禁毒工作的整体效果。

（三）禁毒防控体系薄弱。一是宣传教育不深入。禁毒宣传主要集中在城区范围，乡镇尚未全面开展；禁毒成员单位对日常宣传重视不够，经常化宣传不够；宣传方式比较单调，缺少有效宣传载体；宣传对象的层次不够分明，重点不突出。社会禁毒氛围不够浓厚，群众参与度有待进一步提高。二是帮教制度不健全。全区社区戒毒（康复）工作起步晚、建设滞后，制度不完善，责任及配套措施落实不够，普遍存在“专干不专”、无专门场所的现象，部分社区不具备戒毒康复条件，戒毒和康复工作没有真正开展起来。有些吸毒人员和家属也存在抵触情绪，不愿配合社区戒毒（康复）工作，社区工作人员普遍存在畏难情绪，多数社区戒毒（康复）及帮教工作流于形式。一些在社区戒毒和康复的吸毒人员无人管理，放任自流，从而导致新生和复吸人员增多。同时，人户分离问题依然存在，造成个别乡镇、街办和社区帮教组织对吸毒人员失控漏管。一些涉毒人员为了吸贩毒方便而居无定所，有的为了逃避打击有房不住，有户不上，四处游荡，给打击毒品犯罪、社区戒毒、社区康复带来了诸多困难。三是打击整治不到位。公安部门对教唆、引诱、欺骗他人吸毒以及容留他人吸毒等犯罪的打击力度有待进一步加大；对出租屋、城郊村、娱乐场所、宾馆、酒吧、网吧等易涉毒场所的管理还留有死角；毒情线索不够畅通，深挖余罪、扩大战果的能力有待进一步提升；毒品案件的侦查取证难度较大，毒品案件因毒贩拒不交代或者旁证不足，最后难以认定，影响打击效果；毒品犯罪手段的高科技化趋势明显，多数毒品交易采用现代化通讯运输工具，但全区禁毒大队的技术装备滞后、车辆陈旧，难以适应新形势下禁毒工作需要。四是队伍力量仍显不足。区禁毒办只有 4 名工作人员，禁毒大队 15 名工作人员中 8 人具有执法资格，管理 5000 到 8000 人的吸毒人员，力量略显薄弱，难以适应缉毒侦查工作的需要；全区禁毒专干队伍中近 80%为聘用人员，年龄偏大，业务不精，积极性不高，且月补助 1250 元，扣除失业金、养老金等，实领 1040 元，低于全省最低工资标准，不利于基层第一线安置帮教工作的开展。

三、意见建议

（一）统一思想，强化领导，努力推动禁毒工作深入开展。一要强化部门协作，提高思想认识。各乡镇（街办）、有关部门要充分认识毒品问题的长期性、复杂性和毒品犯罪的严重危害性，从维护社会和谐安定的高度，进一步提高对禁毒工作重要性的认识，不断增强禁毒工作的责任感、使命感和紧迫感。各成员单位要进一步明确职责，强化禁毒工作全局意识、协作意识，充分发挥各自在禁毒宣传教育、禁吸戒毒、打击毒品犯罪、禁毒管理等方面的职能作用，全力做好各自工作，形成齐抓共管的工作格局。二要强化组织领导，切实履行职责。各乡镇(街办)主要领导要树立长期作战的思想，真正做到领导到位、措施到位、责任到位、保障到位。切实承担起禁毒工作第一责任人的职责，把禁毒人民战争作为“一把手”工程，亲自动员、亲自部署，明确责任，科学分工，做到禁毒工作有规划、有安排、有督促、有考核、有成效。三要强化督促检查，完善工作机制。要全面贯彻落实禁毒法律法规，健全禁毒工作制度，完善考评、激励、责任追究和举报监督等机制。把禁毒工作纳入社会治安综合治理内容来考核，经常性地开展工作检查，加大考核力度。对目标不明确、措施不到位、效果不明显的单位和人员，依法追究相应责任，确保法律法规的贯彻落实。

(二)加强宣传，注重实效，全面增强全民防毒拒毒意识。提高全民识毒、防毒、拒毒意识，广泛发动群众参与禁毒斗争，是遏制新吸毒人员滋生的治本之策。要把禁毒预防宣传教育纳入精神文明建设总体规划，认真制定宣传方案，协调各方力量，精心组织实施，营造浓厚的宣传氛围。一要注重禁毒宣传教育工作的经常性。既要认真组织好集中宣传活动，又要树立禁毒宣传教育活动长期作战的思想，坚持不懈地开展经常性的宣传工作，做到将日常宣传与集中宣传有机地相结合，提高禁毒宣传的参与率和知晓率。二要注重禁毒宣传教育形式的多样性。要按照“贴近实际、贴近生活、贴近群众”的原则，广泛开展群众喜闻乐见的禁毒宣传活动，丰富宣传内容、拓宽宣传渠道、创新宣传载体，活跃宣传形式，提高宣传效果。三要注重禁毒宣传教育活动的层次性。宣传、文广等部门要切实承担起面向全社会的禁毒宣传教育职责，积极宣传报道禁毒工作的方针政策、斗争成果和典型事例，大力开展禁毒公益宣传；机关单位、社会团体、各乡镇(街办)、村(社区)要认真履行义务，加强本单位、本辖区的宣传教育，落实禁毒防范措施。加强娱乐场所、宾馆、酒吧、网吧、出租屋等易涉毒场所经营者和从业人员的禁毒知识培训，进一步增强守法经营意识和拒毒防毒能力；教育部门要研究开设禁毒教育课程，努力实现“学生不吸毒、校园无毒品”的目标；对外来务工人员、无业闲散人员，要依托劳动力市场以及流动人口服务管理、就业培训、暂住证申领等工作，积极有效地开展禁毒宣传教育。

(三)打防结合，突出重点，不断加强毒品犯罪打击力度。一要加大涉毒犯罪打击整治。公安机关对打击涉毒违法犯罪要坚持“露头就打”的方针，挤压毒品违法犯罪的空间，绝不能让其形成气候。在坚持经常性打击的基础上，对吸食新型毒品群体扩张与增长等突出问题，适时开展禁毒专项斗争。司法机关在打击涉毒犯罪的过程中，要密切配合，协同作战。公安机关要快侦快破、检察机关要快捕快诉、审判机关要快审快判，形成打击的合力。二要加大易涉毒场所的管控。公安、文化、工商等执法部门要加大对娱乐场所、宾馆、酒吧等易涉毒场所的管理力度，要与经营者签订禁毒责任书，建立巡查、暗访机制，经常性地开展联合检查整治行动。对发现有吸食、贩卖毒品的场所要清理整顿，对问题严重的坚决依法停业或取缔，并追究相关当事人的责任。三要加大毒品种植和违禁品流通监管。各乡镇(街办)要将禁种铲毒的责任落实到专人，在罂粟种植、开花结果等季节开展本辖区内的巡查工作，确保毒品“零种植”目标的实现。公安、卫生、医疗、食药等部门要加强对麻醉药品、精神药品和易制毒化学品的管理，严防流入非法渠道。四要加大对特殊涉毒犯罪人员的惩戒。针对残疾、疾病、自残，不能收监却一再犯罪、不思悔改的吸贩毒罪犯，应借鉴宁夏工作经验，向上建议设立甘肃省特殊医院或庆阳市戒毒所特殊医院。在限制其人身自由、保证其无法犯罪的同时，给予适当的医疗和关怀。对无监护人的犯罪人员子女建议民政部门列支专项，由福利院或敬老院收养。通过采取积极有效的措施，依法惩处严重病残、吞食异物、抚育子女等特殊犯罪人员，有效减少对社会的持续危害。

(四)夯实基础,落实举措,扎实推进社区戒毒康复工作。有效开展社区帮教工作，教育挽救吸毒人员，是解决毒品蔓延、减少毒品社会危害的重要措施。一要摸清情况，建好台账。各乡镇(街道)要加强与公安、司法等部门的配合、衔接，并把禁毒工作列入治安防控内容，定期或不定期地开展对吸毒人员的调查登记，切实提高对本辖区吸毒人员的发现能力，全面、客观、准确地掌握本辖区毒品蔓延情况。特别是要建立禁毒工作台账，指定专门人员收集整理禁毒工作资料，规范建档，确保资料整齐、规范，做到底子清、情况明。二要加强跟踪，掌握动态。充分发挥基层监护小组接触社会面广、信息灵通、反应快捷的优势，对辖区内的吸毒人员进行严密管控，适时掌握毒情动态，并及时向相关部门报告，掌握禁毒工作的主动性。三要做好帮教，妥善安置。落实具体的责任人，根据社区戒毒(康复)工作规范的要求，对辖区的吸毒人员要定人、定责任、定措施，把定期谈话、不定期尿检等帮教工作落到实处，防止已戒毒人员再次吸毒，通过转化一批吸毒人员，萎缩毒品消费市场。充分发挥社区开展帮教工作灵活性、针对性强的优势，利用社区公益性岗位或辖区企业设置戒毒(康复)人员集中安置点；与劳动部门加强合作，加大有专业特长戒毒(康复)人员的安置力度，不断拓宽吸毒人员就业渠道。加强与民政部门的协作，对符合低保或社会救助条件的戒毒(康复)人员，落实相关社会保障措施，为吸毒人员回归正常生活创造条件。

(五)建好队伍,加大投入,确保禁毒工作长期顺利开展。加强禁毒队伍建设是做好禁毒工作的根本保证。要高度重视执法队伍建设，配齐配强禁毒力量；要强化禁毒队伍的思想政治建设，打牢执法为民的思想根基；要加强禁毒队伍管理，推进执法工作规范化，提高禁毒队伍的正规化建设水平；要强化禁毒队伍的教育培训和岗位练兵活动，切实提高缉毒工作的整体水平。同时，建议从超编部门调剂禁毒干部，充实禁毒专干队伍；逐步提高聘用专干工资待遇，解决禁毒专干不“专”的问题；要通过多种形式开展对乡镇(街办)禁毒工作者的业务知识培训，使其进一步熟悉有关禁毒工作的法律法规，按要求做好禁毒各项工作。继续按照禁毒工作有关规定，加大对禁毒工作的经费投入，努力解决好办公条件、办案、社区戒毒(康复)工作经费不足和装备落后的问题，确保禁毒工作顺利开展。

全区苹果产业发展现状调研报告

中国人民政治协商会议西峰区委员会

苹果产业是我区农民增收的支柱产业之一。为了全面掌握我区苹果产业发展成效，找准影响产业发展的突出问题，按照区政协常委会工作安排，区政协组成调研组，分赴显胜、董志、肖金、温泉、什社、后官寨、彭原等五镇两乡14个村、组，进行实地查看，现场询问，并召开座谈会，广泛征求意见建议，现将调研情况报告如下：

一、发展成效

区委、区政府高度重视苹果产业发展，将其列入了“十二五”期间重要的工作目标，全区按照“建基地、抓规模、创名牌、促效益”和“苹果为主、多果并举”的工作思路，立足苹果产业发展得天独厚的区位优势，从培育特色支柱产业入手，大力发展优质苹果，带动服务业及相关产业的发展，为农民增收和全区早日实现小康打下了坚实的基础。

(一)产业发展已具规模。截至2015年6月底，全区果园面积达到23.9万亩，其中苹果20万亩(挂果园10.4万亩，盛果园5万亩，幼果园4.6万亩)。2014年果品生产总量为11.41万吨(其中苹果10.74万吨)，果品总产值6.06亿元(其中苹果5.37亿元)，农民人均果品纯收入1768元(其中苹果1567元)。同时，全区“东果、北畜、南菜”的产业格局初步形成，温泉、什社两乡镇苹果栽植面积及产值均占全区半数以上。

（二）产业体系逐步形成。全区已建成3个苹果基地乡镇，25个苹果重点村，55个果品专业合作社，102个百亩以上流转土地果品专业合作社和经营大户，规模流转土地建园面积达2.31万亩（其中苹果84处、1.8万亩）；建成存量3000吨以上果库12处，果农自建果窖539处，组装式苹果冷藏库104座，总储存量达到5.66万吨；建成果品包装箱生产厂5家，年生产标准苹果网箱2000多万件；建成苹果清洗、分择、打蜡、装箱、存储为一体的自动化果品生产线2处。

（三）品牌创建初见成效。"庆阳苹果，果真好"，随着这句广告词在中央电视台的播出，"庆阳苹果"已走向全国，而西峰苹果正是这一品牌的主力军。全区现有绿色基地认证15万亩，有机苹果认证1022亩，出口苹果生产示范园2.87万亩。苹果注册商标21个，其中"陇清"品牌获甘肃省著名商标，彭原镇玉祥果业合作社注册的"华泰"红富士苹果获"中华名果"称号，长富2号、秋富1号和2001富士品牌分别获国家优质苹果金奖。以"陇清""恒丰源""三姓"等果业合作社为主组建的庆阳名果品牌苹果电子销售平台（村淘网）覆盖全区，初步实现了按个物流销售和大宗果品销售的网络销售平台。"陇清"苹果创出了单个苹果网上拍卖1680元的全国纪录，为"庆阳苹果"走向全国，走进千家万户打下了坚实的品牌基础。

（四）标准化生产起步良好。"十二五"以来，全区推广以提质增效为主的先进实用技术，苹果无公害、标准化生产起步良好。温泉镇、什社乡围绕特色支柱产业提质增效，组织实施了苹果旱作栽培技术集成和生态苹果园建设，率先探索苹果农业规范（GAP）基地创建等科技推广项目。新建果园配备滴灌、防雹、防冻等技术，实行标准化管理，"公司+基地+合作社+农户"的产业化运作模式基本形成，起点高，发展态势良好。初挂果果园苹果品质明显提高，彭原镇庆庆果业公司注册的"庆庆果业"苹果获国家绿色食品认证。

（五）政府引导扶持效果明显。我区在上世纪90年代初，自实行"1085"工程开始，主攻方向就是发展苹果产业，由于群众接受认知不够，积极性不高，"今年栽、明年补，后年仍不见树"的现象十分普遍。在吸取了以往经验教训的基础上，近年来，区委、区政府及时调整工作思路，采取"政府引导补助，创业经营，农户参与"的运作模式，极大地调动了广大农民栽植果树的积极性。通过土地流转，政府整合农业项目资金，对百亩以上集中连片的果园每亩补助1000元，合作社对流转的土地统一规划、栽植、管护，果业部门也积极争取国家、省、市项目投资，建成了一批高标准、高质量、设施先进、绿色环保的示范园。什社三姓合作社、后官寨沟畖村春泰园合作社等一批新建办的示范果园，预计今年入社农户人均苹果收入达到8000多元，实现了经济效益和社会效益"双赢"，使苹果产业真正成为农民脱贫致富的特色产业。

（六）助推扶贫攻坚成效显著。在扶贫攻坚工作中，针对贫困户致富手段缺失的难题，我区不断加大优质苹果苗木向贫困村、贫困户的投放力度，专门成立资金互助社，动员经营大户、种果能手和贫困户组建专业合作社，以土地入股、合作建园等形式，让能人带着干、互帮互助干，解决贫困户管理效率低下、抵御风险能力差等问题。鼓励依托区、乡农业服务机构，组建专业服务队，从施肥、修剪、病虫害防治、苹果销售等各个环节统一指导，加快应用机械化耕作、测土配方施肥、矮化密植栽培等新技术，在果园设置灭蚊灯、虫情测报仪等设备，使果园管理日益科学化、标准化，实现了由分散粗放的小农经营向集约化经营转变，苹果产业成为贫困户脱贫致富的重要产业。

二、存在问题

（一）产业认识不到位。由于果树生产周期长，费工费时，前期投资大，效益显现慢，技术要求高，部分农户片面认为栽植果树不如种粮省事，不如打工收入快，加之土地流转难度大，大面积发展苹果产业受阻。一些大面积规模栽植区域，出现个别农户既不愿自己栽植果树，也不愿流转土地，造成园中种粮种瓜等现象，作物花粉与苹果花粉相互传播影响苹果品质，对果园管理造成一定难度。

（二）管理措施不到位。在果业生产中，重栽轻管的现象十分普遍，果树成活率低、果园保存率低，特别是部分老园追肥浇水、修剪拉枝、病虫害防治等措施跟不上，经济效益不高，又缺乏相关的保险措施，抵御自然灾害、抗风险能力不强，效益下滑，挫伤了果农的积极性。其次，由于大部分青壮年劳动力外出打工，从事果业生产的大多是留守老人或妇女，熟练掌握果树栽培技术的能手不够，直接影响了产业的发展。

（三）资金投入不到位。苹果生产既是劳动密集型产业，更是技术密集型产业，技术要求高，资金需求量大。一是建园成本高。目前矮密苗木栽植每亩成本在 2500 元以上，再加上水、电、路、围栏、管护、防雹、防冻等配套设施每亩建园成本高达一万元。二是投资周期长。建园 3—5 年间只有投资没有回报，部分合作社、农户后期资金跟不上，造成有钱建园，无钱管理的现象。三是银行贷款难度大，由于国家土地政策不明朗，银行贷款仅针对农户个人，合作社贷款难，质押担保要求高，且手续繁杂，贷款额度小，不能满足果农的资金需求。四是各级项目资金有限，扶持力量不大，缺乏持续性。

（四）服务体系不健全。近年来，我区在引进苹果先进栽培技术方面做了大量工作，但技术推广体系不健全，新技术推广到位率和普及率低等问题依然存在，生产资料投入不够，技术操作不标准，经营管理水平赶不上周围先进兄弟县区。一是苗木繁育体系建设滞后。近年来推广的矮化密植苗木主要靠农户自己在外地购买，苗木品种鱼龙混杂，质量不高，价格昂贵。二是乡村级果业技术人员不足，专业技术能力和水平有待提高。三是销售流通体系亟待完善。目前，西峰区的大宗苹果销售主要依靠区内外客商上门选购、下定、转运、销售，销售手段比较单一，网络销售所占销售额比较少。“互联网 +”的网络销售普及化程度偏低，大部分果农缺乏网络售果的经验和必要的网络知识；物流渠道发展相对滞后，物流覆盖率不够高，区内外流通渠道缺乏有力支撑。在苹果产业蓬勃发展的农村，仅仅依靠传统单一的物流方式，限制了苹果产业的多元化销售。

三、发展建议

我区苹果产业发展要以市场为导向，以效益为中心，突出区域优势，依靠科技，调整布局，优化结构，突出特色，培育品牌，主抓果园科学化管理，推广新技术、新品种，延长产业链条，坚持走可持续发展道路。

（一）加强宣传引导，提高产业发展认知度。全区上下要进一步统一思想，坚持发展苹果这一特色优势产业的信念，加大宣传力度，提高广大农民的认知度。一是要宣传好国家的政策和我区得天独厚的地理优势，紧紧抓住我区被国家规划定位的“西北黄土高原优质苹果生产区”“全国苹果优势区域基地县区和重点扶持县区”“全省林果产业十八强县区”这一历史机遇，坚定发展苹果产业的信念和决心。二是加强典型宣传，发挥示范带动作用。大力宣传温泉、什社两乡镇发展苹果产业的先进村组和个人的典型事例，发挥他们的引领带动作用。“一亩园、十亩田”既是对果园管理投入的形象比喻，更是对果园收益的真实写照。要大力宣传苹果产业是一项实实在在的富民产业，特别是各级各部门都应当把发展苹果产业与扶贫攻坚紧密地结合起来，用苹果产业来支撑农民收入，助推农民脱贫致富奔小康。三是大力宣传土地政策，做好土地流转，实现苹果栽植产业化。土地是农业生产的重要要素，发展现代农业，必须开展土地流转，发展苹果产业也就是发展现代农业，走农业产业化的道路，各级政府部门要趁土地确权登记的大好时机，加大对土地流转政策的宣传，让土地“动”起来，“活”起来，这样就有利于发展苹果产业，使之成为我区农民致富的支柱产业。四是采取“走出去引进来”的方式，组织广大农民群众到定西、天水、洛川、富县等苹果产业发展好的县区，通过看、比、算的方法，让群众充分认识栽植果树的好处。让大家充分认识到栽树、建园是发展苹果产业，保障农民致富的产业。五是充分利用会议、新闻媒体、宣传栏等载体，宣传果树栽植扶持政策及产业发展先进典型人物等，通过宣传，使全区上下都能够认识到发展苹果产业是广大农民致富奔小康的主要途径。

(二)强化管理措施，保障产业健康发展。为了积极推进10万名果农增收、2万名返乡农民依靠苹果产业企业工程、全区50%的农民50%的收入来自苹果产业和建成全国绿色优质苹果示范区暨出口苹果生产基地目标的实现，必须坚持科学规划、标准生产、制度管理、创新发展。一是科学规划，统筹发展。大力支持、引导农民专业合作社、种植大户、致富能手、工商企业主从事苹果产业开发，提倡集中连片、大规模、高标准建园，积极推广和引进先进的管理技术和人才，逐步实现机械化、智能化管理，逐步实现“四项创新”和全面建成“五个整区域推进”。二是制定《优质苹果生产技术标准规程》，规范生产优质、绿色、无公害苹果的技术要点和标准要求，严把苹果生产、管理的各个环节，从土壤成分化验分析、施肥、有机农药使用，到果树修剪、套袋管理、采摘分级与运输存贮等全过程都要有严格的技术规范要求，向管理要品质，以品质占市场，向市场要效益。三是建立果园档案，实行科学分类管理制度。对全区果园要进行全面摸底，造册登记，建立档案。按改造园、老果园、盛果园、丰产园、幼树园等类型进行分类管理，做到一园一管理，有一名技术人员指导，责任到园，因园施策，科学管理。达到老果园、改造园延长寿命增效益，盛果园、丰产园保证品质创效益，幼果园加强管理早日见效益的目的。四是积极探索苹果产业保险机制，区果业局要做好与保险公司相关业务的对接，宣传“我为人人，人人为我”的保险理念，鼓励果农积极参加苹果保险，保护果农利益，支持苹果产业健康、持续、稳定发展。

(三)创新经营模式，健全服务体系。一是突出培育品牌战略，整合全区现有品牌资源，突出西峰特色，积极打造我区苹果特色品牌，严格规范使用我区商标和包装箱具，发挥品牌效益，推进我区苹果向优质名牌产业快速发展。二是加强苗木繁育基地建设，奠定产业发展的基础。高标准、严要求、规范建设育苗基地，降低建园成本。支持无毒、矮化砧木优质大苗培育，缩短新建果园进入结果期、丰产期年限，强化苹果苗木生产、销售许可证制度，实行定点、专业销售。三是加强人才队伍建设，提高管理与服务水平。区果业、科技、农技等部门要密切配合，依托陇东学院农学院，有计划、按职称做好农民技术人员的培训工作，造就一批新型的农民技术员。做到村有技术员、乡有技术队、区有专家组，全区上下果业生产技术全覆盖的工作格局。四是建立现代苹果流通营销体系。规范和完善我区果品生产流通协会运作方式，整顿果品收购市场，在继续做好苹果经纪人收购存贮秩序的同时，积极探索运用现代电子物流新模式，依靠天富亿生态民俗村“庆阳特色农产品展销馆”平台，引导更多的青年农民投身到“庆阳苹果”的营销中来，壮大“庆阳苹果”西峰形象店队伍，实现苹果专业村都有果品电子物流营销网点。同时，支持果农参加各类果品推介会，拓宽果品流通营销渠道。

(四)加大产品开发，延伸产业链条。一是继续提升苹果文化内涵。融艺术于果品，赋予苹果以文化品质，积极引导果农通过贴字、贴花等形式，生产具有地域特色的宣传苹果、祝福苹果、书法苹果、剪纸苹果等，不断丰富果品的文化形式和内涵，提升苹果的价值。二是突出地域特色，大打绿色生态牌。积极发展生态果园、有机果园建设，以实施标准化生产为抓手，同时实施“果、畜、肥”配套发展，提高果品有机质含量，使生产流程和产品都能体现出生态特点；在产品销售与宣传中，突出我区自然环境好、光照充足、污染少的优势，大力宣传绿色、有机、高品质概念，以此带动苹果产业向更高层次发展。三是加强合作交流，积极研发新产品、新技术。与省内外科研院所合作开发，加强优质苹果储存、保鲜、加工技术的研究，对苹果进行精细深度加工、多层次综合利用，研究鲜果贮存技术，开发果汁、果冻、果酱、果片(干)、果粉、果饼、果酒、果醋等产品，改变果产品品种单一格局，延伸产业链，提高产品附加值。

(五)拓展融资渠道，加大扶持力度。一是积极争取资金。区、乡果业部门在用好管好各级苹果产业项目资金的同时，要积极引导广大果农、合作社、果业企业等，多方吸收个人、社会闲散资金及工商业资金到苹果产业中来，对接好各商业银行、小贷公司贷款，解决苹果产业发展中资金不足的问题。二是积极争取各级项目支持，既要加强新果园投资和精细管理，也不能放松对老果园的提质增效改造工作，巩固现有成果，使果农达到早卖钱、多卖钱的目的。三是培育壮大龙头企业，增强带动能力。继续支持好"三姓"、"天富"、"陇清"、"春泰园"等生产基地做大做强，积极引导工商资本进入苹果产业，吸引龙头企业参与苹果产业开发，带动苹果产业大发展。四是加大扶持力度。对于集中连片的果园，政府要整合果业、扶贫、农发、水利、农牧、交通等部门项目对园区水、电、路、果库等基础设施进行配套支持，争取各类银行支持利用土地及果园作抵押进行贷款，做好苹果产业发展中的贷款融资工作。五是完善奖励机制，推动产业发展。区财政应安排一定资金，建立苹果生产基金，专门用于对果园管理规范、辐射带动能力强、社会贡献大的苹果企业、合作社及个人的奖励，实行以奖代补，示范带动。

全区食品安全监管工作调研报告

中国人民政治协商会议西峰区委员会

按照区政协2015年工作要点安排，教科委于5月12至13日，在张建国、贾兴义副主席的参与指导下，利用两天时间组织部分委员，对全区食品安全监管工作从种植、加工、流通、消费等各环节、各领域选择有代表性的调研点（庆阳市多乐饮料厂、肖金蔬菜基地、宗瑞屠宰厂、天富亿大酒店、市工会院内托幼小饭桌、米丰源醋厂、九九鸭脖王、胖妈妈面馆等）21个，采取现场察看，听技术人员（监管执法人员）讲解分析相关食品监管重点、风险控制环节，向业主询问了解，在卫生安全允许的情况下，近距离嗅味、触摸辩质、品尝检验等方法进行了调研，并召开了监管工作通报协商座谈会，现将有关情况报告如下：

一、现状与成效

调研后委员们一致认为，西峰区食品安全监管工作初见成效，食品安全形势呈现稳中向好地发展趋势。食药监、农牧、质监、工商四个职能部门做了大量卓有成效的工作。

(一)区委政府高度重视食品安全工作，食品安全监管体系全面建立。区政府成立了由主要领导任主任，公安、教育、工商、农牧等十多个部门为成员的"食安委会"(办公室设在食药监局、局长任办公室主任)，专门协调相关部门联合实施食品安全执法监管工作；2014年1月，区上正式组建了西峰区食品药品监督管理局(局内下设食品、药品两个稽查局)，各乡镇也组建了食药监所。区上还成立了由区政府主要领导任组长，农牧、食药监、财政等相关部门为成员的涉食农产品质量监管领导小组(办公室设在农牧局，局长任办公室主任)；区农牧局成立了"农业综合行政执法大队"及"农产品质量检测站"；各乡镇也都成立了农产品质量检测站，并确定了办公地点和工作人员。工商、质监部门都内设了食品安全监管业务股室及专职工作人员，并有一名领导分管此项工作。

(二)各食品安全监管部门职能分工明确，责任清楚，有效消除了执法空档。区上下发了〔2013〕305号文件《关于组建和完善全区食品药品监督管理体制实施方案的通知》，将食品生产、流通、消费环节的安全监管工作由食药监局负责；农牧局按照本职工作权限负责涉食农产品质量安全监管工作；工商局负责涉食商标、证照、市场、熟食原料安全监管工作；质监局主要负责涉食包装箱、袋、瓶、罐等容器的生产安全。各部门之间既分工负责，又联合执法，有效实现了食品监管执法上的行业领域无缝连接与全覆盖。

（三）有一支善学习、懂业务、爱岗敬业的食品安全监管工作队伍，保证了监管工作的正常运行。区上新成立的食品药品监督管理局全系统共有监管工作人员113人（包括内设机构工作人员、外勤执法人员与乡镇所的28人），其中由工商局划转到食药监局、具有食品监管工作经验的执法骨干35名，约占31%，平均年龄37岁左右，可谓年富力强，他们都被分散在各股、室、组及各乡镇所担任骨干，发挥引领带动作用，保障了食品安全监管工作的质量和正常运行。调研委员们认为，新的食药监局领导班子是一个善学习、精业务，进入角色快的领导班子。每到一处，他们都能把该食品生产的主要环节、允许添加的剂料、分量额度、易于作假的高风险环节等情况讲得清清楚楚，头头是道，并教给大家日常辨析各种问题食品的基本方法。为了建立一支精于业务的学习型执法工作队伍，在食药监局的工作任务清单中关于个人业务学习、培训、专业课题研究、打假辨伪比赛等考试考核的项目任务就有14项，科学性、实用性、操作性很强。农牧、质量技术监督、工商三部门的涉食监管工作股室（乡镇站）都相应配备了有经验、懂业务的工作人员和分管领导，有效保障了食品安全监管工作。

（四）食品安全监管部门做到了监管任务对象明确，底子清楚。目前，食药监局监管的食品加工、流通、消费环节的对象5017户，其中，从事生产加工的246户（含小作坊82户），流通环节的2796户，从事餐饮的1975户，学校食堂216户（大专院校食堂25户、中小学食堂132户、托幼机构食堂59户），量化分级与外置化管理1324户，实施明厨亮灶1272户。涉食农产品质量监管的任务对象为796户，其中：从事农资农药的216户，经营兽药饲料的22户，从事种、加、养及专业合作社558个。质监涉食包装、容器等产品生产企业5户，其中：获得许可证的企业2户（华特塑料彩印、任佳纸品），正在申办许可证的3户。工商部门以市场流通领域的商标、证件、熟食摊点、食品原料监管为重点，全面实施监管工作。

（五）食品安全监管部门各司其职，监管工作多措并举，进展顺利，成效显著。

1. 规范市场秩序，重视日常监管抓安全。年初各监管执法部门与内部分局、股室、乡所（站）与各经营户之间层层签订了责任书，明确了责任，扩大了执法覆盖面，警示了不法行为，增强了执法效果；加强现场勘查、规范行政许可。受理餐饮服务许可41户，食品流通许可118户，小作坊备案13户，变更餐饮、流通各6户，注销流通2户，抽检食品47批次；开展食品经营户量化分级与外置化管理，实施悬挂“阳光公示”牌工作。把食品安全生产企业（门店）考核结果与诚信等级公示于社会，接受群众监督；建立食品安全应急预案，制定投诉举报奖励办法，实行24小时接警，受理投诉举报125起，核查125起，立案查处8起。

2. 突出重点，重视专项整治保安全。抓春节期间的食品安全专项整治工作。采取食药监局、工商等部门联合执法，对食品消费量大、人流密集的天禾早市、天禾瓜果市场、百佳超市、南苑菜市场、西郊蔬菜批发市场的蔬菜、冷鲜肉、豆腐、豆芽等高风险食品进行质检、规范储运等，确保市民过个安全祥和的春节；抓春季学校食堂及校园周边食品安全专项整治。食药监局联合教育、公安、消防等部门对辖区内高等院校、中小学、幼儿园及托幼机构进行专项检查整治。规范餐饮操作、厨房硬件设立、卫生条件、食品留样等，与各学校食堂负责人签订食品安全责任书，向家长发放食品安全宣传及监督意见书。对检查出的“一园六所”无证经营行为，进行了立案查处；抓小餐饮门店、摊点的食品安全监管整治。以天禾早市为重点，食药监局牵头协调召开了工商、环卫、西街办及市场主办方联席会议，按照各自工作职能，制定综合整治方案，在明确市场主办方主体责任的同时，各职能监管部门各负其责，检查证照、规范散装食品摆放与卫生条件要求、健全索票索证制度，落实市场脏、乱、差整治责任，此项工作还在坚持之中；抓重大节会活动餐饮服务整治工作。食药监局对涉及“两会”、香包节等重要会议、节庆活动相关的餐饮服务机构、摊点，安排专人蹲点驻岗进行监督，保障重大活动安全顺利进行；抓涉食门店、市场等脏、乱、差专项整治。食药监局抽调精兵强将，与城管局联合开展20天的城市脏、乱、差专项整治行动，主要对秦霸岭市场、天禾市场、变电工区等主要地段的餐饮单位和个人乱泼乱倒污水，乱倒乱放餐饮垃圾行为进行了专项整治，重新明确了门前卫生包干责任，签订了门前“三包六禁”责任书，落实了主体责任。到目前为止，食药监局累计出动执法人员9227人/次，检查涉食经营户5651户，立案93起，结案61起，罚款21.18万元；抽检食品56批/次，销毁假冒劣质食品138种，12.8万袋/盒、396公斤，货值金额28.8万元；抓农产品质量安全监管。巡查涉农经营主体76户，并签订了农产品安全承诺书，落实了经营主体责任；加强动物、肉品检疫卫生监督。检疫动物7.6万头/只，检出病畜98头/只；检疫肉品3763吨，检出不合格肉品1.84吨。发放“瘦肉精”快检卡62盒，实检使用600头/份，全部呈阴性(合格)；加强农业投入品安全监管，落实农药经营备案制，登记备案农药429种。实行生产经营主体监管名录和“黑名单”制度。加强农产品安全监测，全年已完成检测379样/次，合格率100%；实施农产品质量安全项目蔬菜示范180户，0.8万亩。建成绿色无公害菜、果品示范区10个。(蔬菜农药残留抑制率均小于50%〈国家标准〉，查工作站快检台账记录最高为48%)，监测结果全部纳入档案管理。目前7个乡镇共完成抽检512个样/次，合格率100%；打击涉农违法行为，出动人员323人次，检查农药化肥门店221家，查处假兽药3种20盒，劣质兽药3种110袋，过期饲料14袋，办理简易程序案件10起，罚款0.24万元，发放责令整改通知书14份；抓涉食包装副产品生产企业证照及产品质量技术安全监管。抽检已办证企业2户，抽检覆盖率100%。帮助未办证的3户企业完善相关资料及设施条件，帮助提质达标取证；实施产品风险监测15批/次，全部合格，消除了风险隐患。

二、困难和问题

食品安全监管工作面广量大、头绪繁杂、科技含量高、安全风险大，法制与道德底线易被突破。因此，食品安全监管工作中还存在一些值得重视的困难和问题。

(一)少数市民缺乏食品安全知识和自我保护意识。一些市民对于重复用油的油炸食品(油饼、麻花等)，临街(露天)早餐店的面食菜品无防蝇、防尘卫生设施，麻辣条类垃圾食品长期存在等现象习以为常，这些高风险、不卫生的食品之所以长期存在，说明经营者有生意可做，相当一部分人不害怕吃出病来。另有部分市民适得其反，过分解读食品安全，认为地里种的都是靠化肥农药长大的，加工制作的都是添加了不安全剂料的；有的谨小慎微，连反季节蔬菜也不敢吃。

(二)一些食品生产企业(小作坊)设施简陋，卫生条件差。个别豆腐作坊、饮料生产车间加工流程中，污水排放渠道不畅，清洗不及时，污水变质发臭，气味难闻；个别鸭脖小作坊地面油污厚积，门外通向操作间的一条“油路”就是对内部卫生的诠释；个别外来的流动熟食(酿皮等)制作售卖者，在一间租赁房中既住人又搞加工，卫生条件比较差。

(三)少数涉食生产加工企业的经营者缺乏道德诚信，逐利违法现象依然存在。少数个体种植户还有使用违禁农药、催熟剂、催红剂等现象，致使农药残留(检测)抑制率接近极限(50%);有的加工生产企业违禁使用低成本工业原料加工食品(如食醋使用工业乙酸或醋精勾兑等)、在食品中超标使用高效防腐剂、膨大剂、甜味剂等。借助这些高科技产品生产"色鲜、个大、味美"、以假乱真(非科技手段无法鉴别)的问题食品,给消费者造成感官上的错觉;有的违规经营过期食品和廉价来路不明食品,达到赢利的目的(前述抽检食品56批次中,不合格的8批次,约占14%)。

(四)食品安全监管执法体制不协调、不健全。一些餐饮服务门店未达到食药监部门的经营许可标准,在没有取得(食药监局)餐饮服务许可证的情况下,工商部门却依照(有租房合同、有身份证、有事由就可办工商营业证照)本部门规则给办理了营业证照,造成一些涉食经营门店至今设施条件不达标,监管工作只能依照其特殊情况,边营业边规范,边补办餐饮许可证。乡镇食品安全监管所的4名执法人员中,只有一名是食药监局下派的,具有执法资格,其余3人是乡镇干部临时补充人员,工资供给、管理使用全是乡镇的(兼职);农牧局对下设的乡镇农产品质量检测站只有业务指导权,人员为乡镇干部所兼。双重管理,体制关系不顺,影响食品安全监管执法。

(五)执法力量不足,影响食品安全监管工作。一是工作人员缺额。按照区政府2013〔305〕号文件精神,7个乡镇监管所配所长1名,副所长1名,至今也没有全部配齐,一些乡所负责人为临时指定,工作不够理直气壮;目前,面对我区食品安全监管对象面广量大,专业市场不规范、食品小作坊多、相当一部分餐饮单位基础条件差、流动食品经营摊贩多、"红白喜事"与农家乐等餐饮服务监管困难的现状,现有的执法人员队伍缺额严重,不能满足现实需求(据相关部门测算,按目前辖区监管对象情况安排需要260人(现有113)尚缺147人)。农产品质量检测人员与畜禽屠宰监管人员不足(各缺额至少5人),不能满足监管工作需要。二是专业技术人才缺乏。食品安全监测是一项富有科技含量的工作。食药监局现有的113人中,由工商划转的35人具有管理食品市场的经历,在目前的食品安全监管中发挥着骨干作用,但人数太少仅占30%。而懂食品检测的、由专业院校毕业或受过化验检测专业培训的技术人才少之又少,满足不了食品安全监管执法工作的需要。

(六)食品安全监管工作缺乏必要的执法资金和装备支持,制约执法效率的发挥。食品安全监管工作面广量大,步行执法,出击不速,满足不了工作需要。食品稽查局和乡镇监管所都没有工作车辆;区食药监局只具备简单的快速检测设备,监测结果不具备法律效力,检测结果的最终定性,要送市上或市外专门机构进行数据终极监测,没有自己的权威设备;西峰是全市蔬菜集散地,区农牧局承担全市蔬菜批发检测工作,任务繁重,房屋和检测设备不能满足工作任务需要,执法缺乏必要的技术装备支持。"瘦肉精"检测、养殖检疫检测、采样设备、消费药品等年资金缺额约30万元。乡镇监管所(站)大都是依托乡镇租借房子临时办公(董志所租借工商所2间),食品安全监管缺乏基本的工作设施。

三、对策与建议

食品安全就是人民群众的生命安全。监管工作面广量大,涉食经营门类繁多,生产、流通和消费等环节情况复杂,食品安全监管工作任重道远,责任重于泰山,要守好食品安全底线,我们还有大量工作要做。

(一)大力开展宣传教育工作,增强消费者的食品安全意识和经营者的守法意识。一方面要对消费者进行食品安全知识方面的宣传普及,让消费者既要充分认识问题食品的严重危害,又要正确认识食品安全的可控性和两面性;通过电视讲座、手机微信等普及面广的有效形式,向消费者宣传辨别问题食品之法;深入宣传《食品安全法》,让消费者在保护自己健康利益的基础上,拿起法律武器同食品违法行为作斗争,远离问题食品,积极举报食品违法的人和事；安全监管部门要在公园、广场、幼儿园、中小学等人群集中的地方，举办食品卫生宣传日活动，普及《食品安全法》与有关知识，并倡导小学生互相监督，远离麻辣条等垃圾食品。另一方面要强化食品经营者的诚信守法教育工作。要加强对食品企业经营者《食品安全法》的定期学习教育与培训考核，并将考核结果纳入分级量化管理和外置化管理之中；在电视节目固定时段，设立食品诚信企业、销售经营者的信誉等级升级光荣榜和黑心食品、违法企业曝光台，发挥好法律宣传教育、媒体舆论监督与群众监督的作用；宣传科技知识，提高科技含量，倡导生产种植无公害绿色食品等，要从思想道德层面上树立起食品经营者的诚信守法意识。

(二) 把加大处罚打击力度作为食品安全监管执法工作的重中之重。食品安全隐患的隐蔽性特点和经营者的趋利意识，决定了不法经营者存在的必然性和长期性。在法制宣传教育对少数人不起作用的情况下，强化不定期巡查和增加抽样检测频次，依法严管重罚、严厉打击成为有效手段。执法监管工作要排查确定高风险食品领域、重点监管企业，特别是城郊租住屋的"游击"式熟食小作坊，要增加明察暗访和抽检次数，加大打击力度，决不能给违法分子可乘之机。对一经查实的违规违法经营者要严责重罚，对情节严重的食品违法者要充分发挥"食安委会"的协调配合作用，出动公检法联合办案，该关的关、该抓的抓，该罚的罚，该取缔的坚决取缔，绝不手软；严把食品经营市场准入关，对未申领餐饮服务许可证的企业或个体门店要严格审查其场地面积与布局、设施设备、排污通道、人员健康条件等项目，特别对卫生设施条件不达标的、没有整改完善可能的、要坚决予以取缔。对已取得工商营业执照、但未能取得餐饮服务许可证的、具备整改完善条件的营业户，要挂牌督办，指定专人负责，责令限期整改完善后，予以补证。总之，既要把好食品市场准入关，规范食品市场行为，又要强化执法检测工作，以有力有效的执法手段守住食品安全底线，让市民吃得放心。

(三)继续重点关注各类学校、"红白喜事"承办酒店、农家乐等群体聚餐机构的食品安全监管工作。以群体聚餐单位为重点，做到监管工作制度化、经常化。强化巡查检测工作，做到执法威慑到位，警钟长鸣；学校食堂、饭店等机构负责人要同监管部门签订主体责任承诺书，落实食品购物进料台账、操作规范流程、饭菜留样等制度化、规范化程序，严格管控群体食品安全事件的发生；继续落实"明厨亮灶"制度及相应设施的完善，让食品安全工作接受消费群体的广泛关注和监督；继续清查整顿校园周边食品市场，清理杜绝麻辣条等垃圾食品，有效清除校园周边食品安全隐患。

(四)继续加大农产品质量安全监管力度，从源头保障食品安全。农产品质量监管部门要从重结果变为重过程。蔬菜生产要做到喷施有机肥料，提倡生物杀虫灭菌，用健康卫生的生物科学方法生产食用农产品，禁用高毒高残留农药，少用或不用低毒农药，确保农药残留控制在国家许可数值范围之内，努力做到无公害。农产品上市要挂牌标出产地、品质特点、价格等说明。乡镇食品安全监管所、质量检测站要加强农村"红白喜事"群体聚餐、生猪、牛羊及肉品市场的检疫监管工作，不留安全隐患，有效管控群体饮食安全事件和病畜肉品的流散。要制定农村食品安全事件处置应急预案，保障农村群众的食品安全。

(五)加强各大专业市场的食品安全监管，强力规范市场行为。加强各大市场环境卫生整治。食药监、环卫、市场主办方、工商等部门要联合执法，严格落实摊位卫生负责制、定人定期清扫制、门前"三包六禁"制等制度，消灭脏、乱、差市场；对流动性强的熟食摊点实行索票索据制，对主要食材进货发票、检验报告，经营者的营业执照、从业人员健康证等实行备案管理；完善熟食卫生防护设施、经营人员佩戴工作衣帽、食品容器清洗等制度，杜绝露天食品的摆放，定期抽检熟食样品，规范熟食摊位市场，保障熟食安全；加强固定蔬菜、瓜果、肉食市场、销售门店食品的检查检测；实行上市食品检测、检疫、商标证照、购物票据等明示待查制度，严厉查处涉食假冒伪劣产品，自觉接受消费者监督，培养良好的市场秩序和上市规矩，以有效监管确保食品安全。

（六）加强监管执法部门自身建设。在食品安全监管人员队伍建设上，要开展食品生产一般环节的熟悉、惯用违法造假手段的研析等业务活动，采取各种检测比赛、打假课题研究、专业技能培训、外出学习深造等办法提高现有人员的业务水平和执法能力；采取招录化检专业返峰大学生、从区内各行业专业对口人员中选调等办法，配齐调足各层级食品安全监管执法管理干部及执法工作人员，进一步充实食药监两个稽查分局、各乡镇监管所（站）的执法力量。在人员充足的前提下，健全完善“网格化”管理和分工明确、管理工作缺位追究、责任到人的监管体系，解决好占位而工作不到位的问题；进一步理顺乡镇监管所（站）工作人员行政关系，专人专职从事食品安全监管工作；各监管部门要真心同监管对象交朋友，关心他们的生活，帮助他们解决经营中的实际困难，上门办理业务，搞好帮联服务，以服务促管理，保安全。

（七）为食品安全监管执法创造必要的装备和经济条件。在改善食品安全监管设施投资上，要把争取省、市财政支持与区上配套相结合，为食药监、农牧等监管部门配齐配足快检设备，并建立与配备具有独立执法资格的权威终极检测机构和设备，实现快速高效执法；协调解决乡镇监管所（站）无办公场地问题，尽快摆脱办公场地租借，面积狭小，收缴违禁产品无处堆放的局面；配齐各稽查分局、各乡镇监管所的执法用车，让执法工作应急行动迅速，提高食品安全监管执法效率；区政府财政要给食品安全监管工作以财力支持。在检测设备购进、车辆燃修费用、人员培训等方面，保障食品安全监管工作正常运行。

强化廉政防风险 严格监管保安全

西峰区委常委、宣传部长 张鹏瑞

廉政风险是指行政机关公务人员凭借所拥有的公共权力在执行公务过程中或日常生活中出现谋求私利等腐败行为的可能性。为杜绝不廉行为发生，西峰区食药监局在区委、区政府的精心部署下，率先引入现代管理理念和科学管理方法，着眼机制建设，紧扣关键环节，积极探索融教育、制度、监督于一体的防控廉政风险新机制，从源头上进一步强化了防治腐败工作，取得了较好成效，为切实履行食品药品监管职能、维护全区人民群众饮食用药安全提供有力保障。

一、取得的工作成绩

一年来，西峰区食药监局能够紧紧围绕“四品一械”的工作职能，全年共出动执法人员 2.3 万人/次，其中对我区食品生产经营单位检查 1.8 万余户/次，药品生产经营单位 2700 余户/次；全年立案 214 起（其中食品 175 起，药品 36 起，医疗器械 3 起），没收不合格食品 11262 袋（瓶），药品医械 361 件，罚款 70.62 万元，受理消费者投诉举报 327 起，调处 315 起。对食品生产经营企业进行监督抽验 185 批次，共抽检 18 个食品大类、60 小类，其中生产 26 批次，流通 55 批次，餐饮业 30 批次；药品监督抽检 79 批次，医疗器械抽检 1 批次，化妆品抽检 6 批次，上报质量风险评估报告 36 份，销毁假冒伪劣食品药品 138 品种、12.8 万袋（盒）、396 公斤，货值金额 28.8 万元。通过不间断、无缝隙的监管模式，有效地打击了食药市场违法违规经营行为，有力地保障了我区广大消费者的合法权益。同时，利用“3·15”、“3·31”、“6·26”食品药品安全重大宣传周活动，出动宣传人员 272 人次、宣传车辆十余台次，制作专题宣传展板、设立15处咨询台，发放宣传资料12000余份，接受群众咨询5000余人次，通过形式多样的媒体和现场销毁假冒伪劣产品等方式进行有力宣传，形成了社会公众公知，营造了消费群体共识的食品药品监管格局。

二、主要的工作方法

（一）加强领导，精心组织。食品药品安全责任重大，建设一支执政为民，廉洁奉公和善于执法的监管队伍，是党和政府实现食品药品安全有效监管的目标。与此同时，管好干部加强岗位廉政风险防控机制建设就显得尤为突出和重要。年初，西峰区食药监局成立了以纪检组长为组长，局长、副局长、乡镇（街办）所长、各股室负责人为成员的岗位廉政风险防控机制建设领导小组，全面负责活动的组织领导工作；设立了专门办公室，具体组织、协调、指导开展工作。各直属单位也成立了相应的组织，制定了工作方案，明确职责分工。与全体职工签订了“干部职工党风廉政承诺书”，与各直属单位负责人签订了“一岗双责”责任书，制定了“党风廉政明白卡”，切实履行“一岗双责”，班子成员带头参加廉政风险教育，带头查找廉政风险，带头撰写廉政党课，带头抓好自身和分管范围内的廉政风险防范机制建设。

（二）加强学习宣传，提升廉政风险防控能力。西峰区食药监局紧密结合工作实际，切实加强宣传教育，提高全局干部职工的思想认识，形成工作合力，积极组织广大干部职工集中学习省、市、区关于加强廉政风险防控的一系列文件，充分认识到开展廉政风险防控重要性、紧迫性，把思想统一到省委、市委和区委的要求上来，增强抓好廉政风险防控的责任感、自觉性。党政一把手组织干部职工上“三严三实”专题党课，从“三严三实”提出的时代背景、本真内涵、发展脉络、时代内涵四方面对“三严三实”进行阐述，要求干部职工做到“四知五行”，“四知”就是知道“三严三实”提出的时代背景、本真内涵、发展脉络、时代内涵，“五行”就是“加强政治纪律，提高忠诚意识；加强组织纪律，提高执行意识；加强工作纪律，提高担当意识；加强廉政纪律；提高干净意识；加强群众纪律，提高服务意识”。同时，组织召开座谈会，就如何加强廉政风险防控工作进行讨论。通过集中学习和召开座谈会，全局党员干部进一步增强了责任感、自觉性。

（三）突出重点，全面推进廉政风险防控工作。结合工作实际，西峰区食药监局在要害部门、关键环节、执法办案等环节进行认真梳理，查找风险点。在范围上，突出了公车私用、人财物管理、公务接待、执法办案等重要岗位。在内容上，突出了涉及民生和人民群众切身利益的重点、难点、热点等问题。以重点带全面，抓关键促整体，全面查找廉政风险点，制定风险防控措施等工作，扎实推进廉政风险防控管理工作有效开展。

（四）强化廉政制度建设。年初，西峰区食药监局制定了《西峰区食品药品监督管理局案卷评查制度》、《西峰区食品药品监督管理局案卷公示制度》、《西峰区食品药品监督管理局行刑衔接制度》等制度，完善措施，整合资源，建立了廉政风险信息库，对可能在行政、管理、岗位等环节上发生的廉政风险情况进行常态化分析，建立廉政风险分析机制；公开“权力清单”，将行政权力运行流程图、行政处罚流程图、相对人的权利和义务、投诉举报程序公示于众，主动接受公众监督，实现权力事项全透明。同时依托信息化手段，积极构建权力透明运作模式。将行政许可、举报投诉、黑红企业名单、案件处理等通过局网站，及时向社会公布，接受社会监督，杜绝关系案、人情案。

（五）加强依法行政，规范案件审核。在食品药品执法中，西峰区食药监局严格做到发现问题“不缩手”，处理案件“不伸手”的良好作风，完善规章制度，制定了案件首办责任制、案件三级合议制度、案件评查制度，严格按照国家局文书范本制作执法文书，严格领导签字“谁立案、谁结案、谁负责”，立案、结案及相关审批表稽查局由稽查局局长签字，乡镇

(街办)由分管副局长签字,行政处罚审批表由局长签字,对重大疑难案件通过案件核审委员会召开会议进行集体评审的好做法。

(六)完善"12331"投诉举报工作。西峰区食药监局制作了"12331"公开投诉举报流程图,通过局网站向社会公示,研究讨论完善了《庆阳市西峰区食品药品监督管理局"12331"食品药品安全投诉举报管理办法》,进一步建立健全了"12331"工作机构,落实"12331"投诉举报接听人员,确保"12331"投诉举报24小时畅通,做到"件件有着落"、"事事有回音"。

三、存在的问题及努力的方向

尽管西峰区食药监局在廉政风险防控工作中取得了一定成绩,但仍与市区两级的要求有一定的差距,存在一些不容忽视的问题:一是有些领导干部、党员对开展廉政风险防控工作的目的、意义及任务不够了解,存在抓不抓廉政风险防范管理工作无关紧要的思想。二是廉政风险防控工作各项制度还有待进一步完善,还没有一套科学、合理,适合不同岗位的考核标准。

今后,我要求在党风廉政建设工作中要继续按照区委、区政府的安排部署,紧密结合食品药品监管工作的实际,从创新工作措施着手,紧紧围绕风险防控中的短板,扎扎实实地把廉政建设工作抓紧抓实,通过有效的防控、有力的防范,确保实现全体干部队伍素质不断提高,造就一支政治过硬、业务熟练、作风优良的高素质食品药品监管干部队伍,为全区人民群众饮食用药安全有效做出贡献。

关于贯彻落实《廉政准则》情况的调研报告

西峰区司法局　李卉放

2010年1月,中共中央印发了《中国共产党党员领导干部廉洁从政若干准则》。这是中央出台的党内关于反腐倡廉建设的一项重要法规,对于促进党员领导干部廉洁从政,实现"以人为本、执政为民"的宗旨,深入推进党风廉政建设和反腐败斗争,具有重要现实意义和长远战略意义。《廉政准则》实行以来,区司法局结合实际,注重实效,强化措施,认真学习、宣传、贯彻《廉政准则》,取得了一定的成效。

一、学习贯彻情况

一是坚持以学为基础,提高《廉政准则》的渗透力。司法局把学习贯彻《廉政准则》作为一项重大政治任务来抓,利用简报信息、政府门户网站和"智慧司法"网等媒介,广泛宣传《廉政准则》的出台背景、重要意义、精神实质和主要内容,营造浓厚氛围。从健全学习制度入手,制定《廉政准则》学习方案,明确学习目的意义、方式、时段、课时、学习效果检验标准等事项,增强党员干部特别是党员领导干部学习的主观能动性。结合在全区开展的创建学习型机关活动,把学习《廉政准则》纳入党组理论学习中心组和干部教育培训的重要内容,使广大党员干部特别是领导干部入心、入脑,将《廉政准则》中的8个严禁52个不准,作为自己从政的行为规范。坚持与学习《中国共产党纪律处分条例》、《公务员法》等党政纪和法律法规紧密结合,对照"52个不准",让党员领导干部逐步懂得违反《廉政准则》的危害性及其代价。为增强学习和教育生动性,还组织全局党员领导干部召开廉政教育工作会议,集中观看警示教育片,感受荣辱落差,通过警示教育,使党员领导干部在廉政教育上触及灵魂,从思想上敬畏法纪、感恩组织和人民。

二是坚持以查为载体,提高《廉政准则》的执行力。为避免只学不用、浅尝辄止的问题发生,督促全体党员领导干部对照准则找差距,对查摆的问题限期整改。结合实际,制定学习贯彻《廉政准则》实施方案,并及时召开民主生活会,对照《廉政准则》要求,深刻查找存在的问题,明确努力方向,把"52个不准"完全融入党员领导干部工作和生活的各个方面。同时，重点加强权力运行监督，深入推进行政权力监控机制建设，通过向社会公开行政职权、行政流程图等，将“权力清单”交给群众，主动接受全社会监督。同时，加强对各部门“三重一大”事项的监督检查，有力促进了《廉政准则》的落实，防止违反廉洁自律规定现象的发生。

三是坚持以惩为保障，提高《廉政准则》的威慑力。不断加大抓党风廉政建设责任制和惩防体系建设的力度，加强对《廉政准则》贯彻实施的监督检查。对党员领导干部在执行《廉政准则》过程中及其分管股室、部门落实过程中存在的问题，由纪检组督促检查，限期整改。对执行不严、拒不执行、出现违反廉政准则规定的行为、造成负面影响的，发现一起查办一起，绝不姑息迁就。

二、存在的问题

在学习贯彻落实《廉政准则》实践中，一些部门或领导干部还普遍存在着一些薄弱环节和不容忽视的问题，主要表现：

一是有的领导干部认为学不学《廉政准则》并不重要，只要自己不犯错误就行，好像与己无关。有的因忙于具体事务而学得不深不透，停留在走形式、摆样子上，学习效果不理想。

二是一些党员领导干部对贯彻落实《廉政准则》的重要性，认识上还不到位，缺乏高压线意识，没有意识到违反《廉政准则》任意一条而可能造成的严重后果及其危害性，学是一套，做是一套，思想与行动相背离，甚至存在侥幸和铤而走险的心理。

三是对落实《廉政准则》情况的监督检查力度不够，缺乏有效监督措施和方法，加之惩处力度也需要进一步加大，致使一些领导干部缺乏有效监管，有的铤而走险。

三、对策与建议

对于上述问题，一定要采取有力措施，认真解决，使《廉政准则》得以全面贯彻落实。

——要进一步加强组织领导。各级党员干部要充分认识贯彻实施《廉政准则》的重要性和紧迫性，把贯彻实施《廉政准则》作为当前和今后一个时期党风廉政建设和反腐败工作的一项重要任务，摆上重要日程、明确职责任务、细化工作方案、加强督促检查、狠抓工作落实。各部门进一步强化“一把手”的责任，切实承担起第一责任人的责任，对本部门本单位的贯彻实施工作亲自抓、负总责；领导班子其他成员要按照分工，认真抓好分管范围内的贯彻实施工作，形成一级抓一级、层层抓落实的良好格局。

——要进一步加大宣传教育。要把《廉政准则》学习宣传教育作为反腐倡廉宣传教育工作的重要内容，纳入本部门理论学习中心组的学习内容，列入干部培训的教学计划，采取举办培训班、研讨会、理论征文活动等形式，组织广大党员干部进行系统学习，使他们全面掌握《廉政准则》的基本要求和主要内容，增强贯彻落实的自觉性；要把学习《廉政准则》与学习党章和《党内监督条例（试行）》等其他法规制度结合起来，引导广大党员干部切实增强廉洁从政的自觉性。

——要进一步完善配套制度。党员领导干部廉洁从政涉及经济社会生活各个方面，《廉政准则》作为面向全党的一个反腐倡廉基础性法规，许多要求和规定还是总体性、原则性、指导性的，不可能面面俱到、过于具体。因此，要把《廉政准则》贯彻实施好，必须在完善配套制度上下功夫。一是要细化制度。结合工作实际，制定贯彻实施《廉政准则》的具体意见，制定具体的规章制度，更便于实施和操作。二是要清理制度。对仍然适用的要继续坚持，对不完全适应的要认真修订完善，对基本不适应的要及时加以废止，逐步建立以《廉政准则》为核心、与反腐倡廉建设有关制度相配套的党员领导干部廉洁从政制度体系。三是要创新制度。认真总结新鲜经验，积极借鉴先进部门和单位的有益做法，不断创新制度，努力解决影响党员领导干部廉洁从政的深层次矛盾和问题，最大限度地铲除腐败行为滋生蔓延的土壤。

——要进一步加强监督惩处。党员领导干部廉洁从政，既要靠自律，也要靠他律。要通过加强监督检查、强化责任追究、严肃惩处，切实推动《廉政准则》的贯彻实施。一是要开展集中监督检查。适时对《廉政准则》的贯彻实施情况开展集中监督检查，及时发现和督促解决存在的问题，有效推动落实。二是要加强日常监督。充分发挥民主生活会、重要情况通报和报告、诫勉谈话、函询质询、述职述廉、报告个人有关事项以及干部考察考核等党内监督制度的作用，全面掌握《廉政准则》贯彻执行以及党员领导干部廉洁从政的有关情况，及时发现和纠正相关问题。三是要拓宽监督渠道。在贯彻落实《廉政准则》的过程中，要注重发挥人大、政协和人民群众、新闻媒体等方面的监督作用，整合监督资源，形成监督《廉政准则》落实的强大合力。四是要严肃执行纪律。加大查办案件工作力度，对违反《廉政准则》的党员领导干部，要视情节依照有关规定严肃处理。同时，要选择一些典型案例予以曝光，形成有效震慑作用。

西峰区商贸系统重点领域经济体制改革调研报告

西峰区商务局

2011年以来，我区“十二五”规划《纲要》(以下简称规划)已实施四年，根据规划中商贸流通业发展的目标，现将完成情况、存在问题和意见建议汇报如下：

一、商贸流通业发展现状

内贸工作：社会消费品零售总额，我区2011年完成39.17亿元，增长34.1%；2012年完成42.42亿元，增长8.6 %(规划目标2015年达72亿元)；2013年完成46.82亿元，增长9.4%；2014年计划完成53.4亿元，预计增长14 %；平均增幅 16.52%，勉强达到规划中年均增长15%的目标，只是按照目前增幅的走势保持15%增速和2015年达到61亿还存在一定困难。

外贸工作：我区现有外贸企业47户，其中有进出口业绩的企业20户，占全区外贸企业总数的42.5%。2011年完成出口创汇1708万美元；2012年完成出口创汇1268万美元；2013年实现外贸进出口总额3379万美元，同比增长166%；2014年实现进出口总额2040万美元，同比减少39%。

二、重点工作进展

(一)民生工程建设成效显著。“十二五”以来，按照区委、区政府“构建大商贸、创建大市场、搞活大物流”的总体思路，统筹城乡、协调并进，逐步增强经济活力，提高经济总量，千方百计增加城乡居民收入，扩大消费需求。一是“家电下乡”工作圆满收尾，累计销售各类家电下乡产品78732台，销售金额17178.34万元，补贴1899.6万元，有效地拉动了我区城乡消费。二是继续推进“万村千乡市场工程”建设，2011—2013三年城区共建设农家店74家，行政村覆盖率达到70%。三是退市还路工程顺利实施，先后对温泉齐楼村蔬菜市场、肖金李城瓜菜市场、什社农贸市场进行的改造升级，有效地解决了街区占道的经营问题，美化了农村消费市场，创造了一个群众放心、安全的购物环境。四是全力推进“早餐工程”开展实施工作，目前正由庆阳市鹏派商贸有限公司实施，在全区共布置早餐供应网点30个。五是居民小区便民蔬菜店方便惠民，新建改造居民小区便民蔬菜销售店51处，此项总投资153万元的“民心工程”解决劳动就业102人，缓解了4个乡镇3个街办20余万人购菜难问题，实现了居民方便、放心、低价、质优购物需求。

(二)商贸物流体系建设逐步完善。一是连锁经营业迅速发展，努力争取了如家宾馆、永和豆浆、雨润食品等国内名牌企业落户我区，积极引导百佳超市、好日子超市、家福乐超市等本地企业做大做强。二是市场调控得到有效提升，建立市场监测及应急预案，在大型超市及重点农贸市场设立生活必需品供应监测点，开启了日常的市场供应及价格调控，做好日常和节假日期间的商品供应；加强了酒类市场管理，对酒类批发企业、零售商户进行了调查摸底和备案登记，并严格行政许可，把住了酒类批发市场准入关，开展了酒类市场执法检查，对销售假酒的企业和商户追根溯源进行了查处，确保酒类消费安全。三是现代物流发展新突破，积极对全区的物流业开展调研，并制定了《庆阳市西峰区商贸物流市场发展规划》。重点发展以城区南盘旋—小什字附近形成城市的商业金融中心，并主要沿南北大街、世纪大道两侧布置商业网点。重点建设肖金物流园区，目前已完成前期规划选址工程。四是重点项目建设逐步实施，“十二五”期间，全面落实了《甘肃省“十二五”商贸物流业发展规划》，围绕打造陕甘宁三省商贸中心和现代物流中心，国家级大型能源化工基地的思路，按照区委、区政府提出了“双轮驱动、双翼支撑、双向保障”三大战略，重点实施了“22310”工程（即两个商贸物流集聚区、两条商贸物流产业带、三个商业圈、十大类专业市场）。其中两条商贸物流产业带和两个商贸集聚区（肖金物流园、空港物流园）已完成规划设计及项目前期手续办理，空港物流园区已开工建设，十大类专业市场逐步进入开工建设阶段。五是限额以上的企业显著增加，全区限额以上企业从19家增加到46家，我区商业经济建设的不断壮大。连锁经营业业态迅速发展，争取了如家宾馆、肯德基、永和豆浆、雨润食品、必胜客等国内名牌连锁企业落户我区。六是电子商务发展初入门径，扶持鼓励发展多家电子商务企业，组织主要包括中小企业负责人、电子商务企业负责人参与电子商务培训多次。截至2014年6月底在册登记电子商务企业6户，参与到电子交易的企业有20户，大多数属于外贸企业，相关从业人员1000多人，年销售额3000多万元；2013年4月建成甘肃省首家以电子商务交易为平台的甘肃西北商品交易市场有限公司（以下简称：交易市场）。交易市场以覆盖全国的仓储物流体系和授权分支机构为支撑，以甘肃特色农产品和具有地理标志的品牌商品为交易对象，实现现货挂牌交易和企业专场交易，成为我省电子商务交易第一家。七是市场监管举措得当，大力推行商务行政执法责任制，借助区政务信息发布平台，向全社会公开商务综合行政执法信息，接受全社会监督，同时建立和完善了行政执法责任追究各项制度，工作责任靠得实，执法更规范。开通了12312商务举报投诉服务热线，确定工作人员3名。我局注重加强对行政法律法规和商务法律法规及政策的宣传，仅2013年，就举办专题宣传活动8次，出动工作人员300多人次、宣传车辆6辆，接受群众现场咨询1200余人次，散发宣传资料2000多份。我们坚持依法行政，我局已办理行政执法资格证的人员共计12人，对肉品行业开展了多次专项整治活动，加强酒类监管，以规范酒类市场秩序为重点，多次组织开展酒类市场专项检查整治，办理酒类零售备案登记。对不执行酒类流通随附单制度和未参加备案登记的经营者，立案查处，下发《限期整改通知》，并进行罚款。

三、存在的困难及建议

（一）内贸发展举步维艰，社会消费品零售总额增速下行压力大，受国家宏观经济政策的影响，社会消费品零售总额增速可能还会下降，建议适当调低指标。随国家“家电下乡”“以旧换新”政策的结束，国内刺激消费的政策支持下降。

几点建议：一要大力发展商贸服务业，根据我区城乡商业网点规划，我区将形成“一体两翼三心，两园两带十大类市场”的商业体系：“一体两翼”以华池路以北，北京大道以西的中心城区范围作为城市商业发展的核心主体，以东部科教片区，以及华池路以南片区作为城市商业发展的两翼；“三心”在中心城区和东、南两个片区布置一个市级商业中心和两个片区级商业中心，“两园”在城市北部和南部外围，结合集中用地条件和多元的交通资源布置两个商贸物流集聚区域，分别为空港物流园区和肖金物流园区;“两带”庆化大道、北京大道是城市的南北向城市交通干道，也是两条商贸物流发展带,主要的专业市场和物流设施宜沿其布置;“十大专业市场”在西峰区范围内根据不同的服务门类共布置十类大专业市场。力争到“十二五”末,把西峰城区建设成为基础设施完善、商贸服务发达、居住休闲舒适、辐射聚集强劲的示范城区。二要深化商贸流通改革,坚持三个创新,一是创新流通方式,初步形成了以批发市场为主导、零售市场为主体的多层次、多类别的商品市场体系;形成遍布城市、辐射农村的流通网络和商业网点,为商品流通提供重要载体和流通渠道;逐步发展成为多种经济成分、多种业态形式的贸易主体,实现平等竞争、共同发展的商贸流通方式。三要创新服务、消费工作业态,培育发展电子商务,专业咨询、信息服务、金融投资、家政服务等现代服务新业态。四要对错并举抓项目,一是优先安排用地指标,增加物流项目建设用地指标,对重大现代物流项目,在符合我区土地利用总体规划的前提下,请求上级适当增加物流项目所需建设用地的计划指标。二是降低项目建设成本,物流项目占地面积大,容积率低,投资强度小,应给予在建用地价格。引导社会资金投入,积极运用财政贴息等手段,引导信贷资金,增加现代物流发展投入。三是鼓励民间资本投向现代物流,并在财税、投融资、土地等政策方面享受同等待遇,加大项目投入力度,整合商务资金,向重点商贸物流项目基础设施建设投入。

(二)外贸形势不容乐观,一是我区出口多年以来主要依靠白瓜子、黄花菜农产品企业等,其他出口企业业绩较少,特别是我区承接产业转移整体数量偏少,难以形成大气候,出口骨干企业数量偏少,难度大;二是近年国际经济低迷,尤其是受欧美经济危机的影响,农产品价格下降明显,我区农产品出口受到严重冲击。三是外贸商务人才缺乏,我区地处内陆,一些高素质的外贸商务人才不愿到这里就业。四是出口退税周期过长。我区出口退税最快需2—3个月,周期过长直接影响出口业务量。

几点建议:一是研究制定有利于稳定本地外贸人才、吸引外地人才的措施,促进高层次管理及技术人才加盟外贸企业，构建以人为本的企业环境。二是设立外贸发展专项资金，制定出口奖励政策。三是加大出口退税支持，尽可能缩短出口退税周期。四是对文化品牌产品企业及基地建设,出台相关配套支持政策。五是奋力开拓外贸出口新局面。一要继续扶持农产品出口企业。发挥庆阳市中庆农产品有限公司、甘肃庆发绿色食品有限公司等产业化龙头企业示范带动作用，优化出口产品结构,做大做强龙头企业,促进外贸企业平稳发展。二要积极协助、指导有实力的企业办理进出口自营权,扩大农产品出口,探索优势产品进口业务,实现优势资源互补。注重引进、消化和吸收国际先进的商品流通模式、经营服务方式、经营理念和流通技术。鼓励和推动外资投向物流配送中心、采购中心、农产品采购基地建设。三要不断优化服务,建立健全融资贷款意向体系和出口退税专项督察制度,协调争取各类外贸扶持资金,鼓励引导外贸企业调整出口产品结构,加快新产品研发,巩固现有市场,开拓新兴市场。

四、制约我区商务工作发展的障碍

1.电子商务工作开展的障碍目前表现在以下三个方面:一是传统企业电子商务意识差,人才缺乏,需打破原有传统,转型升级难,政府介入少,缺乏引导;二是缺乏政府主导建设的成熟的区级电子商务平台,区内 B2B 电子商务没有良好的环境;三是政策扶持力度不够,尤其是支撑地方特色产业的电子商务企业没有明确的奖励扶持办法。

2.我区依法行政工作开展的障碍目前表现在以下三个方面:一是商务综合行政执法长效机制没有健全和完善;二是执法队伍仍不能满足目前的市场管理需要;三是没有专门执法经费,很难满足当前综合行政执法工作开展的需要。

3.我区餐饮、住宿业主要表现出了以下两个方面的问题：一是对全区社会消费品零售总额贡献率偏低，缺乏独特的餐饮文化。从经济指标可以看出，西峰区住宿餐饮业的发展对社会消费品零售总额的贡献不大，缺乏独特的餐饮文化体系；二是发展不稳定，服务营销环节问题大。住宿餐饮在品质同质化时代，服务营销已经越来越成为商业组织创造竞争优势最有效的手段，我区住宿餐饮业在服务营销方面的主要问题是经营者和服务人员自身服务理念不够，缺乏用长远眼光做大做强住宿餐饮业。

五、我区商务工作亟须解决的难点问题

1. 电子商务发展至今，已经表现出明显的社会需求，尤其是B2B模式的发展，是加强区内企业与外地企业的交流重要机遇。第一，目前我们需要建立一个政府引导的电子商务平台，引导更多的企业实现转型升级。第二，我们需要提出更为明确的电商发展奖励办法，政策支持是目前电商难以再有发展的难点所在。缺乏政策扶持，中小型电商企业难以支撑低融合度的市场，发展缓慢或生存艰难。

2. 我区需进一步建立行政执法长效机制，加强执法队伍建设，特别是针对行业特征的专业执法队伍的建设更是迫在眉睫。由于执法职能混搭，再加上人员编制限制，难以适应现有工作任务要求，建议将市场监管股与商务综合执法工作分开，增设商务综合执法大队，管查分离，充分加强执法检查力量。

3. 随着我区经济的高速发展，将会必然会产生更多的生产生活垃圾，而我区再生资源回收体系尚未建成，难以满足社会需要。我区需通过建设回收网络站（点）、集散交易市场和综合利用处理三个层次来构建再生资源回收利用网络体系。积极支持、引导龙头企业以资本或技术为纽带，以整合网络资源为基础，以建设项目为核心，以标准化和规范化为手段，以资源化和无害化为目标，有步骤地实施回收体系建设，实现再生资源回收的产业化。

4. 近年来，随着西峰区经济的飞速发展、市民生活水平的不断提高，私家车保有量剧增。新车数量的激增使二手车交易存在着巨大的潜力和广阔的前景，我区二手车交易存在规模小且市场分散、交易不规范和售后服务不完善等问题。因此我区需建设一个大型的二手车交易市场，加以培育规范，健全二手车鉴定评估制度。同时重视行业协会建设，发挥行业协会在二手车交易市场实施规模化、规范化、品牌化中的作用，延伸政府职能，推动二手车市场健康快速可持续发展。

5. 我区餐饮住宿业发展还需从以下几个方面入手。1. 全面开展酒店、宾馆评等定级工作，推动酒店、宾馆的集团化和连锁经营，力争全区五星级酒店达到3家、四星级酒店达到10家。发展酒店业在线服务、网络预订、网上支付等网络营销方式，扶持重点旅游景区配套建设高中低档餐饮住宿业。2. 要切实转变职能，加强政策研究、规划引导、调控监管和公共服务，提高依法行政能力和工作效率。推进“诚信兴商”活动，提高我区商贸流通领域的信用度。严厉打击流通领域的商业欺诈。3. 创新消费理念。鼓励与倡导低碳消费、绿色消费、健康消费、文化消费等最新住宿、餐饮消费理念。4. 实施“人才强商”工程。建立全区贸易人才培训机制，引导、鼓励和资助住宿、餐饮企业、行业协会、社会公益基金参与开展职业培训和继续教育，形成多层次的人才培养与职业教育体系。5. 积极引导住宿餐饮行业协会的发展。支持住宿餐饮业行业协会的发展，扩大行业协会的覆盖面。

西峰区“十三五”现代服务业发展对策研究

西峰区商务局

现代服务业是随着电子商务、现代物流等行业发展而快速兴起的一项新兴产业，在经济社会发展中具有十分重要的地位，其发展状况，不仅直接影响着一个地区的经济发展水平，对增加就业岗位、转变经济增长方式、缓解资源环境约束、提高产业

竞争力、促进区域经济发展都起着重要的推动作用。近年来区委、区政府坚持以调整经济结构、加快产业转型升级为方向，以项目建设为抓手，相继出台了多个扶持性政策文件，明确发展方向，努力改善发展环境，现代服务业得到了较快发展。

一、西峰区现代服务业发展现状

近年来，随着国家系列惠民政策的实施，我区商贸流通服务业发展较快，各种商业业态竞相发展。根据我局的调研显示，西峰区现代服务业有以下特点：

（一）网点总量较大，业态齐全。通过调查，西峰区商贸网点总量较大，业态齐全。共有商贸网点12550个，其中餐饮网点722个，酒店住宿网点225个，零售业网点11237个，药店网点255个，娱乐休闲网点70个，典当网点22个，大型农贸市场15个，建材市场2个，农资批发市场1个，网点种类齐全，业态分布合理，主要是以满足居民日常生活需要为主。并且现有网点主要集中在老城区，零售网点主要沿城市主干道九龙路、南北大街和商业步行街排开，集中在由这些道路围成的区域内，而这个区域也正是居民居住的聚集区。

（二）餐饮休闲娱乐产业发达。现有网点中除零售网点外，餐饮、酒店、娱乐休闲网点为最多，共计有1017个，值得注意的是，酒店住宿业网点比较多，能够提供床位15000个，且入住率相对较高。餐饮网点也比较多，达722个，且消费者主要为当地居民，主要是因为随着居民收入水平的提高，居民的生活方式有所改变。

（三）步行街商圈初步形成。目前，在安定东路、桐树街东口步行街周边，商圈基本形成，这里区位优越，集聚着部分政府行政机构，交通便利，业态齐全。加上步行街良好的基础设施，初具规模的商业网点，相对浓厚的商业氛围，以及良好的景观休闲设施，吸引了众多的商业企业，网点数量较大，业态齐全，大型网点云集，辐射能力日益增强，商圈基本形成。

（四）大型网点日益增多，规模效应日现。调查显示，大型商贸网点日益增多，随着城市建设的增容提质，西峰区大型商贸网点（大于1000平方米）日渐增多，除了东方百佳、民生百货、千旺百货、丽晶商厦等的入驻，建材市场、瓜果蔬菜市场、农贸市场的建设和运营，城内的大型网点日益增多，规模效应日现。

社会消费品零售总额：我区2011年社会消费品零售总额完成39.17亿元，增长34.1%；2012年完成42.42亿元，增长8.6%；2013年完成46.82亿元，增长9.4%；社会消费品零售总额累计完成51.5亿元，同比增长12.2%。较上年同期提高10个百分点。

外贸出口创汇：2011年完成出口创汇1708万美元；2012年完成出口创汇1268万美元；2013年实现外贸进出口总额3379万美元，同比增长166%；2014年实现进出口总额2032万美元。

（五）基础设施建设齐全，服务体系逐渐完善。连锁经营业业态迅速发展。四年来，努力争取了如家宾馆、永和豆浆、雨润食品等国内名牌企业落户我区，并积极引导百佳超市、好日子超市、家福乐超市等本地企业做大做强。市场调控得到有效提升。一是建立了市场监测及应急预案，在大型超市及重点农贸市场设立生活必需品供应监测点，开启了日常的市场供应及价格调控，做好日常和节假日期间的商品供应；二是加强了酒类市场管理，对酒类批发企业、零售商户进行了调查摸底和备案登记，并严格行政许可，把住了酒类批发市场准入关，开展了酒类市场执法检查，对销售假酒的企业和商户追根溯源进行了查处，确保酒类消费安全。现代物流发展新突破。积极对全区的物流业开展调研，并制定了《庆阳市西峰区商贸物流市场发展规划》。重点发展以城区南盘旋—小什字附近形成城市的商业金融中心，并主要沿南北大街、世纪大道两侧布置商业网点。重点建设肖金物流园区，目前已完成前期规划选址工程。重点项目建设逐步实施。“十二五”期间我区将积极开展“十大专业市场”建设工作，目前综合建材市场、食品城（东区）、汽车市场（汽车城）、文化传媒市场（民俗文化产业园）4个市场已开工建设；食品城（北区）、小商品市场、肖金物流园区3个市场已签订了项目开发框架协议书；瓜果蔬菜市场和家饰装饰市场前期手续已办理结束，正在完善设计方案；殡仪市场主体工程全部封顶。限额以上的企业显著增加。据统计，2011年以来，我区限额以上企业从19家增加到46家。

二、西峰区现代服务业发展存在问题的原因分析

西峰区地处甘肃省东部、泾河上游，属黄土高原沟壑区，海拔1421米，半干旱大陆气候。现代服务业从客观因素上来说，起步晚、基础差、底子薄，受地方区域经济发展整体水平的制约，发展比较缓慢。但也有主观因素的影响，归纳起来主要有以下几个方面：

（一）现代服务业对外开放潜力尚待挖掘。开放型经济比重较低，近年来，虽说外资、外企已较多地进入西峰现代服务业，但由于银行业、保险业、信息服务业等开放程度还不高，所以从规模上看，一方面外资所占比重仍然较小，另一方面在经营方式和效率上与省内发展较快县区相比还存在一定的差距。虽然西峰商贸、中介、信息、通讯等服务业增长较快，但占GDP的比重仍然很小，作用体现与产业本身的拉动作用不相适应。

（二）现代服务业内部结构不尽合理。现代服务业总量仍主要集中在商贸流通业、房地产等行业，高层次的知识、技术型服务业包括现代中介咨询、物流等领域相对狭窄且发展不快。这种层次结构在一定程度上制约了现代化服务业的快速发展。同时，运用现代经营方式、现代技术和管理手段，对传统服务业的改造、提升力度不大；医疗、卫生、体育等行业的产业化步伐不快，服务管理和市场化水平有待提高；现代服务业市场体系发育程度低、新兴现代服务业较少、信息咨询服务业发展滞后等问题。

（三）现代服务业区域布局不尽合理。西峰现代服务业产业发育十分薄弱，城市与农村的发展不相协调。一方面，服务业仍有一个发育不够的问题；另一方面，区域结构极不平衡，资源高度向省会城市兰州集中，西峰农村的服务业十分薄弱。即使是满足群众基本消费需求的商贸业，在农村存在网点少、效率低，难以适应群众需要的问题。金融资源在西峰的覆盖率更是稀缺。这种状况已严重影响到西峰产业、企业的发展，影响到群众的基本生活。

（四）现代服务业政策引导滞后。随着现代服务业的迅速发展，地区现代服务业整体规划、产业调控、部门协调以及市场管理与执法等诸多方面，政府赋予现代服务业管理部门的工作职能与现代服务业发展的形势要求相比，已经滞后。国家对世贸组织承诺的服务业对外开放的时间表，在领域、时间、内容、股权等方面都有了明确规定。而西峰目前还有一些规定不明确，相关政策有的尚未出台，即使已出台的对现代服务业的政策引导也相对滞后，从而影响了现代服务业的对外开放。

（五）现代服务业管理人才相对短缺。由于现代服务业发展的时间不长，人们对其的思想认识亦相对不足，没有形成较好的发展环境。这种观念上的局限性，在很大程度上导致了现代服务人才的欠缺。就目前来说，服务从业人员大部分仍集中在传统服务领域，精通信息技术、现代管理和统计等方面的人才较为缺乏，且人员素质参差不齐，经营理念比较落后，服务效率和人均增加值不高。在服务业从业人员中，有专业特长的技术人员较少，特别是从事国际贸易、金融、保险、国际劳务合作、国际旅游、咨询、信息、广告、会计、中介服务等方面的优秀管理人才相对短缺，这对西峰现代服务业的发展是极为不利的。

三、加快西峰区现代服务业发展的思路和建议

“十三五”时期，是西峰现代服务业发展的重要战略机遇期和黄金发展期。特别是随着城乡居民收入水平的逐步提高，消费结构加快升级，以汽车、住

房、旅游、文化、教育等为主要内容的宽裕型、发展型消费加速普及，为西峰发展现代服务业开拓了广阔的空间。因此，西峰现代服务业应加快向工业化和城镇化进程过度，改造提升传统服务业，加快发展现代服务业，把旅游业和工业培育成新兴产业，不断提高服务业的就业比重。

(一)改造提升传统服务业。积极采用新的科技手段和经营管理方式，改造提升传统服务业。要加快发展商贸流通业，继续发展大型超市、连锁经营、营销代理、配送中心、专营店、便利店等新型业态，培育一批具有较强竞争力的大型连锁龙头企业，形成以专业批发市场和大型购物中心为骨干，超市、专卖店、便民店、仓储式商场相配套的多层次、多样化的商贸流通格局；鼓励连锁经营向农村延伸；发展多层次的餐饮服务业；深化商业流通体制改革，规范商业行为，创造竞争有序的商贸流通环境；继续抓好专业市场建设，提升商贸中心功能。要大力发展交通运输业，以农村客运、旅游客运为重点，培育区域性大中型客运集团，建立安全、高效、快捷的客运体系；依托省内交通主枢纽、货物主要集散地，建立多方式联运发展的区域性货运中心，提高综合运输效能和服务水平。要鼓励发展社区服务业，适应居民生活改善的新需求，发展各种形式的便民利民服务，建立社会福利与社会互助相结合的社区服务网络。

(二)加快发展现代服务业。立足经济社会发展需要，加快发展多种形式的现代服务业。要优先发展现代物流业，抓住打造丝绸之路经济带黄金段的机遇，在中心城区建设一批综合性物流园区，建设面向西部的西峰物流基地，建设物流信息平台，加快培育发展大型物流企业，努力形成覆盖全区并辐射各县的多功能现代物流服务网络。西峰要整合现有工业和商业仓储、运输等物流资源，大力发展集约化、全程服务社会化的第三方物流，逐步培育1至2家年配送额在亿元以上、辐射周边的大型物流集团和物流园区，形成高效畅通的物流配送体系。要积极发展电子商务，高起点发展信息服务业，加快建设并充分利用各类网络资源，促进互联网、电信网、广电网相融合，完成各县、区有线电视分配网的升级改造，不断完善“网络连乡村、信息进万家”的农村信息化服务体系。要规范发展中介服务业，规范咨询评估、会计审计、工程设计、广告和市场信息等中介服务业的行业准入和服务行为，吸引国内外知名中介机构设立分支机构或合资、合作；加快行业协会、商会、学会的改革和建设，发挥其协调、自律和服务作用。要鼓励和支持各类金融机构拓展服务领域。

(三)健康发展房地产业。要完善和发展城镇房地产供应体系，有序推进商品住宅建设，规范并搞活房地产交易二、三级市场，进一步发展完善个人住房信贷和住房抵押贷款业务，促进住房消费。要加快中低价位普通商品住房和经济适用房建设步伐，建立并完善城市廉价租房制度，改善城乡居民住房条件和居住环境，力争到2020年使城镇人均住宅建筑面积达到30平方米。要扩大土地有偿使用范围，规范土地出让方式，鼓励存量房地产全面进入市场，建立以基准地价、标定地价和房屋重置价在内的房地产价格体系，发展房地产信息、评估等中介服务。要引入市场竞争机制，推行物业管理项目招标投标制，规范物业管理服务的市场行为，促进房地产业的健康有序发展。要加快小城镇建设，提高疏解中心城区人口和接纳企业转移扩散的能力，把西峰建设成为布局合理、设施配套、功能齐全、环境优美的适宜人们居住的山水生态城市。

(四)突出发展旅游业。要把旅游业培育成为国民经济的新兴产业，充分利用丰富的旅游资源，以“文化西峰、山水西峰、现代西峰”为主题，借助省委打造以丝绸之路机遇，总体规划，分步实施，逐步形成“点、区、群、带”相配套的旅游发展新格局。要整合旅游资源，促进区域合作和整体开发，重点培育南佐仰韶文化遗址、覆钟山北石窟寺、公刘庙、老洞仙山、肖金宋塔、宝塔寺、小崆峒黄土地质森林公园、巴家咀水库等景点旅游线，大力改善主要景区的基础设施条件，开发多层次旅游产品，加大宣传推介力度，塑造地方特色旅游品牌。要开拓旅游市场，培育多元化的投资主体和经营主体，理顺旅游管理和经营体制，推进旅游咨询服务的信息化，提高服务能力。

西峰区“十三五”扩大消费需求对策研究

西峰区商务局

“投资、消费、出口”是拉动经济增长的三驾马车，近年来，西峰区经济的增长主要靠投资拉动，消费需求一直处于疲软状态，“十三五”期间要实现加快建设和谐富裕新西峰目标，就必须着力扩大消费需求，充分发挥流通引导生产、指导消费的功能，促进城乡居民消费扩大和消费结构升级。

一、基本思路

“十三五”扩大消费的基本思路是：

1. 继续以扩大石油、汽车、住房消费为重点，促进石油、汽车、住房消费热点不断扩散，切实改善和提高人民生活水平和质量。

2. 着力培育和扩大服务性消费，包括旅游、交通通讯、休闲、健身、社区服务等发展型和享受型消费，尤其要重点发展旅游和社区服务，把扩大服务性消费作为“十三五”乃至今后一个时期新的消费增长点，以满足不同层次消费群体和个性化消费需求的需要。

3. 适度鼓励投资型消费，把房地产市场、汽车市场和旅游作为扩大投资型消费的重点，发挥财富效应对扩大消费需求的积极作用。

4. 培育和扩大农村消费需求，要以新农村建设为契机，在继续普及家用电器、交通通讯、家用小轿车等一般耐用消费品消费的基础上，把住宅、汽车、电脑等信息产品以及休闲旅游等作为“十三五”扩大农村消费的着力点，促进农村居民消费普遍由生存型逐步向发展型、享受型转变。

5. 加快推进城市化和城乡居民基本公共服务均等化，完善消费政策，尽快形成与经济发展战略转变相适应的消费模式和消费环境，从而实现经济增长由主要依靠投资、出口拉动向依靠消费、投资、出口协调拉动转变。

二、对策建议

扩大内需已成为经济又好又快发展的战略性问题，要从根本上解决投资与消费的扭曲结构，使消费增长进入长期持续的快速上行通道，须长期的努力，必须采取措施，下大力气解决。

1.政府管理部门要转变观念，把扩大内需的重点从投资转向投资与消费并重。

拉动消费，扩大内需，是近年来每次政府经济工作会议上提出的要求。扩大内需已经到了必须高度重视且非解决不可的地步。我们必需改变在经济发展中“重积累、轻消费”的传统办法，改变百姓“重储蓄、轻消费”的传统观念，把思想和行动集中到中央扩大消费的精神上来。目前社会再生产环节的主要矛盾已由生产转为消费，消费将成为拉动经济增长的主引擎，政府的主要精力也应随之转换，从研究生产和供给，逐步向研究消费和需求上转变，重新调整“三驾马车”驱动姿态。着力从体制上和政策上去调整消费结构，启动不同层次的消费需求，转变经济增长方式，实现又好又快发展。

2.实施扩大就业发展战略，稳定收入预期，提高消费信心。

“十三五”时期我区仍处于劳动力就业的高峰期，因此，要把扩大消费的长期目标和短期政策措施紧密结合起来，实施扩大就业发展战略，增加广大劳动者获取收入的机会，稳定收入预期，提高消费能力和消费信心。在结构调整以及安排主要产业布局和重大项目时，要优先考虑对扩大就业的影响。我区在大力发展第三产业时，尤其要积极推动商务服务、现代物流、金融服务等生产性服务业发展，鼓励和支持中小企业、非公有制经济发展，充分发挥服务业和中小企业对就业的拉动作用。进一步完善自主创业的政策环境和市场环境，鼓励自谋就业。

3.要千方百计地提高中低收入者收入，增强居民消费能力。

扩大消费，解决消费需求不足的问题，最根本的在于提高居民收入。大幅度提高劳动者报酬占国民收入的比重，扩大中等收入者比重，调节过高收入，增加城乡居民特别是中低收入群体的收入。逐步提高财政支出用于改善民生、扩大消费的比重，增加对城镇低收入群体和农民的补贴。要不断提高居民财产性收入。拓宽居民投资渠道，逐步完善储蓄、债券、保险、股票、商品期货和房屋出租等多种市场，让居民拥有更多获得财产性收入的机会。

4.加快城市化进程，扩大农村消费需求，提高农民收入水平。

加快城市化进程，有序转移农村劳动力是提高农民收入、扩大农村消费、进而扩大最终消费需求的根本出路。应加快农民工转化为市民的进程，变农民消费为市民消费。加快城市化进程，一要在进一步加强城市化建设的同时，大力推动乡镇小城镇建设。二要加大政府公共支出力度，配套推进安居工程、教育、医疗、社会保障等相关公共服务和社会福利政策。三要在城镇化过程中让农民从土地的保值增值中得到更多的财产性收入，提高对农民的补偿标准。四要稳步推进农村集体用地和农民宅基地流转，创新流转模式，多渠道提高农民收入和增加农民财富，为农民收入稳定增长提供可靠的制度保障，切实提高农民的消费能力。

5.推进城乡基本公共服务均等化，改善城乡居民消费预期，消除城乡居民消费的后顾之忧。

推进基本公共服务均等化，是扩大消费需求的重要条件。一要加快完善和推进覆盖城乡居民的社会保障体制建设。加大财政对社会保障的投入力度，并多渠道筹集资金，建立科学合理的社会保障筹资机制。二要加快建立新型农村社会养老保险制度，争取到“十三五”末新型农村社会养老保险覆盖全区，让广大农村居民老有所养，消除他们消费的后顾之忧。三要建立企业退休人员基本养老金和城乡最低生活保障标准正常调整机制，逐步提高退休人员基本养老金和城乡居民最低生活保障标准。四要着力解决群众“看病难、看病贵”问题。推进基本医疗保障制度建设，将全体城乡居民纳入基本医疗保障范畴，切实减轻群众个人支付的医药费用负担。五要加快解决公共服务供给不足问题，提高财政在公共服务领域(包括扶贫、义务教育、公共医疗、公共安全等)的投入比重，推进基本公共服务均等化。六要继续加大保障性住房的投入力度，健全廉租住房制度，切实解决低收入家庭的住房问题。

6.改善消费环境，挖掘消费需求增长潜力。

首先，要围绕消费结构升级的需要，调整投资结构，努力改善消费的硬环境和软环境。要继续加大城市公共设施建设，进一步拓展消费空间，为房地产、汽车及相关服务业大规模的消费增长创造条件。同时，增加文化、旅游基础设施建设，为扩大居民文化、休闲、旅游等服务性消费创造条件。加大对农村基础设施、教育、卫生等投入，大力提高农村自来水普及率，完善农村电网和乡村道路，推广利用太阳能和沼气，释放广大农民巨大的消费潜力。适应消费结构从生存型向发展型升级的要求，要加大对现代服务业、新型服务业的投资，开拓新的消费空间、消费渠道与消费模式。

其次，要扩大消费信贷。继续建立和完善个人消费贷款征信体系、消费贷款抵押担保体系，扩大消费信贷品种，鼓励住房建设公司和汽车生产销售企业发展贷款金融业务，降低消费贷款风险，优化消费信贷市场环境。

其三，建立健全市场秩序，保护消费者合法权益。“十三五”期间我区在全面促进市场提质升级的同时，要加强职能部门的行业管理和市场内部管理，提高服务能力。同时加强农村市场秩序建设，尤其要针对家电和汽车等产品下乡活动，严把农村商品市场主体准入关，深入推进农村市场商品质量准入制度改革，完善各项监管制度，努力构建农村商品市场监管长效机制。加快城乡现代化流通网络建设，加大财政资金对流通领域的投入力度，加快传统流通业的改造提升，大力发展现代流通组织形式和新兴流通业态，着力构建农村现代商品流通网络，促进工业品与农副产品双向流通。

7.积极开拓农村消费市场，扩大消费规模。认真贯彻落实国家政策，启动农村市场整体规划，为农村城镇建设和消费升级打好基础。各乡(镇)要制定2016年—2020年市场建设规划；鼓励城区大型企业进军农村市场，建立健全日用品消费网络和农资消费网络；发展农村农贸市场，为农民自产自销农产品提供交易平台；做好销售网点备案和其他服务性工作。

8.积极培育和发展新的消费热点，倡导健康文明的消费方式。

要根据我国居民收入差距较大的特点，顺应不同层次居民消费结构升级的需要，采取更加全面、更加广泛的刺激消费政策，迎接大众消费时代的到来。进一步拓展电子商务、通信产品、教育培训、家政服务、文化娱乐、体育健身、休闲旅游等服务性消费。引导个性化、差异化、时尚化、品牌化消费，培育和发展“定制类”消费。同时，要合理引导消费者预期，鼓励节能型消费、无害型消费、文明型消费，避免炫耀型消费、跟风型消费、奢侈型消费。大力推广节能住宅、节能汽车和无污染产品，促进资源的循环利用，提高消费的经济效益和社会效益。

西峰区电子商务发展情况的调研报告

西峰区商务局

西峰区电子商务的发展起步晚，大多数企业是在2013年开始注册的，虽然在工商部门注册范围内包含电子商务的比较多，但直接网络销售的企业较少，尤其传统企业对电子商务的介入甚浅，处于尝试阶段，其效果还只是停留在电子商务的初级水平上。西峰区目前电子商务的现状的分析如下：

一、我区电子商务现状

全区截至2014年9月底，在工商部门注册登记包含电子商务的业务企业64户，通过逐一走访调查开展与电子商务有关业务的企业26户，进入全国电子商务信息分析管理系统的6户企业，直接网络销售产品的11户，生产实体企业5户，利用微信平台进行推广的5户，搭建行业电商平台6个，有自由门户网站的4户，其盈利模式除直接销售商品外，主要盈利点是提供增值服务，相关从业人员1000多人，年实现销售额预计4000多万。

二、配套产业发展情况

目前，随着电子商务的快速发展，相关产业也得到了突飞猛进的发展，尤其是物流快递业发展迅速，西峰区现有大小物流、快递33户，从业人员460多人。截至9月底，西峰区邮政EMS、申通快递、中通快递、圆通快递、韵达快递、顺丰快递六户快递企业业务量为48.6万件，比上年同期增长42%；投递量为432.5万件，比上年同期增长43%；收入约为445.42万元。

三、我区电子商务存在的主要问题

1.企业电子商务工作开展滞后。表现在企业管理体制、管理理念与组织机构上的不适应，企业主对电子商务应用的重要性、紧迫性认识不足。我区电子商务企业不仅整体规模偏小，而且普遍存在信息管理水平低、信息机构不健全、信息化建设投入不足与建设成本过高、经营管理中运用计算机网络不充分等问题。

2.缺乏较成熟的区级电子商务网络平台。目前我区有3家专门从事电子商务的门户网站，现有电子商务活动一部分依附于区外其他网站，一部分在区内其他行业网站下，大多数企业没有自己公司网页，如外贸企业等。由于没有综合性的商务网站，难以有效的组织本区企业开展各种商务活动，电子商务的优势难以发挥。

3.货物供应市场还不成熟。电子商务的实现要经过商情查询到网上购物和实现交易等阶段。我区现有的供货市场主要集中在土特产，很多尚属于小型店面，配给力量不强，货源的质量保证上，由于存在许多不规范的行为，假冒商品、伪劣产品、售后服务不能兑现等现象，使顾客对网上的消费心有疑虑，所以即使拥有上网条件的顾客，也愿意传统的选货方式。

4.有关电子商务法律法规、鼓励政策等需要完善。从全区范围来看，我区还没有一套鼓励发展电子商务的奖励办法，现在只是一部分企业打着电子商务创业园等旗号，盲目圈地、盲目争取项目，没有正真地了解自己的优势，发挥自己的优势。

5.电子商务人才匮乏，人员素质急需提高。电子商务是新生事物，它的知识亟须普及。就我区而言，人员在计算机及电子商务方面知识与其他地区相比较低，人员培训工作需要加强，特别需要提高企业领导计算机水平，商务人员的业务素质和网络技能。

四、解决目前电子商务问题的对策建议

1.加速企业信息化的进程。针对我区的实际情况，加强企业信息化需要做好以下几个方面工作。一是建立和完善以财务管理为核心的管理系统，循序渐进地推进电子商务的发展。二是率先推进基础比较好的几家区级重点企业的信息化建设，带动全区企业的信息化建设步伐。三是企业信息化发展到一定阶段后建立电子商业社区。电子商业社区通过互联网，在同业、上下游企业间开展贸易和业务协同，以信息的实时交互实现信息共享，减少中间环节、消除信息障碍。四是在企业内部信息资源整合的基础上，在企业间实现信息采集、交流和共享的基础上，以信息流向资金流、物流递进，以信息平台向交易平台升级，积极稳妥地开展电子商务。

2.政府积极参与，促进电子商务良性发展。电子商务的发展需要政府和企业的积极参与和推动。政府的参与有助于引进技术、扩大企业规模和提高企业偿还债务的能力。在发展电子商务方面应加强政府部门对发展电子商务的宏观规划，并为电子商务的发展提供良好的法律法规环境。对于积极开展电子商务的试点的单位，区政府应在资金、税收、宣传等方面给予大力的支持，从宏观角度加强行业管理，制定相应的政策措施，积极帮助企业解决困难，保证我区电子商务实现良性发展。构造良好的法制环境，在交易安全，电子支付等方面，联合有关部门建立相应保障机制，成立相应保证机构。加强计算机的安全技术，有关部门应组织一支精干的安全技术研究队伍，集中力量尽快解决电子商务的安全技术问题，包括密码技术、防火墙技术、认证技术、留痕技术等，并能够随着计算机和电子商务技术的发展而不断改进这些技术。通过各种安全控制分中心的协调作用，将电子商务交易风险降低到最小限度。

3.加强市场体系的培育，搭建电子商务平台。一是在卖方市场方面，当前我区应该加速物流中心如肖金物流园等的建设，提高物流、配送功能。二是通过各种方式努力培养买方市场的形成与发展，为电子商务的发展夯实基础。三是在市场需求方面，建好公共电子商品导购平台，保障人们发送到网络上的交易信息准确、迅速地在供应商、流通商、管理部门、银行、交通运输等部门等部门之间传送。各企业的商品信息库建设是平台的基础，企业没有与平台标准一致的商品信息库，电子商务就失去了生存的基础。建议商务系统会同相关部门建设西峰区电子商务网站，通过这种综合性商务门户网站带动我市电子商务的发展。

4. 加强人才培养。电子商务活动的每一个领域、每一个过程都离不开人才。在我区现在的电子商务活动中，不仅需要高新技术人员，而且需要大量的掌握现代信息技术和现代商贸理论与实务的复合型人才。因此政府应充分利用各种途径和手段

培养、引进并合理使用好一批素质较高、层次合理、专业配套的网络、计算机及经营管理等方面的专业人才，以加快电子商务建设步伐。希望政府选派商务局监管部门人员到专业院校跟班学习，从而培养高素质的复合型监管人才，以适应电子商务服务的需要。

5.采取引进、复制、创新相结合。由于我区发展电子商务较晚，如果从头学起，走别人走过的路我们的差距更大，也将在竞争激烈的市场经济中没有立足之地，我们只有引进发展到现阶段最好的模式和技术，插到快速发展的队伍中去，进行快速的复制，但是复制知识短暂的，更重要的是创新，有自己特色才能有一片天地。我们将竭力与阿里巴巴合作成立庆阳市西峰区电子商务发展基金会，为电子商务注入源源不断的动力。

西峰区财政困难现状及对策

西峰区财政局

一、基本情况

西峰区财政供养各类人员 15686 人。2015 年，全区大口径财政收入预算 12.5 亿元；地方财政收入预算 7.5 亿元；总财力 14.59 亿元；公共财政支出预算支出 14.59 亿元。政府性基金收入预算 15.97 亿元；政府性基金支出预算 15.97 亿元。

截至 11 月 30 日，全区大口径财政收入完成 11.41 亿元，占预算 12.5 亿元的 91.3%，同比增长 4%。地方财政收入完成 6.72 亿元，占预算 7.5 亿元的 89.7%，同比下降 1.7%。公共财政预算支出完成 21.86 亿元，占调整预算 26.05 亿元的 83.9%，同比增长 12.1%。

政府性基金收入完成 2.82 亿元，占预算 15.97 亿元的 17.6%，同比下降 71.3% 。政府性基金总支出 2.22 亿元，占预算 15.97 亿元的 13.8%。

预计到年底，全区大口径财政收入可完成 12.5 亿元，占预算的 100%，同比增长 9.8%。地方财政收入可完成 7.5 亿元，占预算的 100%，同比增长 10.2 %。政府性基金收入可完成 3 亿元，占预算 15.97 亿元的 18.8%。财政支出实现保工资、保运转、保民生、保发展的公共财政要求。

2009 年以来，市与区实行了“划分收入，核定基数，支出包干、自求平衡”的财政管理体制。西峰辖区内除长庆油田、庆化公司，市区电力、通信、烟草及彭阳春酒厂实现税收由市级征收入库外，辖区内其他国有、集体企事业单位和个体工商户实现的中央和地方共享税的地方留成部分及地方税、行政事业性收费、罚没收入、国有土地使用权出让收入、城市基础设施配套费等非税收入全部划为区级收入。

全区税收收入占财政总收入的 91.6%，其中房地产实现税收占 51.5%，达到 6.4 亿元，政府性基金收入中，土地出让金收入占基金收入的 94%，达到 15 亿元，财政收入主要靠房地产市场拉动，没有稳固税源支撑。在财政支出方面，市区内的教育、社会治安综合治理、社会保障以及市上确定的城市建设重大项目及城市管理、新区开发、园区建设、城市供水、供热、园林绿化、巷道治理、环卫保洁等城市基础设施建设及城市管理等社会事务全部由区级负担。

二、区财政面临的困难和问题

一是债务包袱十分沉重。截至 2014 年底，西峰区政府性债务达 57.11 亿元，其中：政府融资平台贷款 23.7 亿元，市区重点建设项目工程欠款 11.4 亿元；借用财政间歇资金及有关项目征地单位预缴保证金、征地款 9.44 亿元；市财政专项借款及长拨款 12.57 亿元。区财政的负债是区本级年财力的 2.56 倍，负债率达 142.5 %，是全省政府性债务负债较高的县区之一。仅 2014 年区财政归还银行贷款本息 9.46 亿元，还不包括当年新建项目和归还历年工程欠款支出。

二是城市建设和社会事务管理支出压力大。西峰区承担着庆阳市的城市建设和管理，市区两级和外来务工人员子女义务教育任务，市区两级的社会治安管理任务，而且对这些项目的财政投入越来越多，仅靠区级财力是不能完全解决的。2015 年，西峰区本级财力 14.59 亿元，仅城市建设和城市管理支出达近 30 亿元，是区级当年实有财力的 2.06 倍。

三是市区重点建设项目资金欠账大。2006 年以来，经市、区两级共同研究确定，由我区负责实施的重点建设项目总投资 64 亿元，现已支付 39 亿元，下欠 25 亿元。由于负债量大，融资困难，影响了项目的建设进度，许多储备地由于资金不到位不能如期收储，旧城改造由于资金原因一拖再拖，世行城市基础设施建设项目由于地方配套不到位不能按期开工，市区确定的部分重点建设项目工期一再拖延。由于工程款兑付不及时，经常出现开发商起诉政府或农民工上访事件，直接影响社会和谐稳定大局。

三、财政困难现状的成因

一是加快发展的需求和财力严重不足的矛盾导致政府举债搞建设。随着城市规模的扩大，原有的城市基础设施和市民对教育、卫生的需求的矛盾日益突出，已严重制约西峰经济发展和社会稳定，破解发展瓶颈已成为区政府头等大事和市民的迫切需求。但区财政财力严重不足，2008—2012 年，每年 90%以上的财力用于人员经费和机构正常运转，区本级没有足够资金改善城市基础设施和保障民生，举债搞建设成为推动发展筹措资金的主渠道。

二是市区重点建设项目资金需求量过大加剧了债务急剧膨胀。2009 年，市委、市政府确定了“规划管理在市上、建设运营在区上、综合执法授权给区上、督促检查在市上”的城市建设和管理新体制，区上每年还要安排大量的资金用于城市建设和城市管理。倒逼区政府不得不通过银行贷款、工程欠款等各种融资手段推进项目，从而使政府性债务规模急剧膨胀。

三是政策性配套过多过大也是导致政府债务居高不下的原因之一。近几年，教育、农业、社保、卫生等民生项目都由国家和地方共同承担，有些项目不断提标阔面，地方配套连年增长，2008—2014 年，区财政用于灾后重建、教育、卫生、社保、水利、政法、保障性住房建设等项目配套支出占财政总支出的 15%以上，并按年均 20%增幅递增，再加上地方配套到位纳入工作考核，扩大内需政策的拉动效应，区财政不得不通过地方融资平台筹措配套资金。

四、解决区财政困难和问题的建议

一是建议市上按照属地管理的税收征管原则，将西峰辖区内油田企业实现税收的地方留成部分划分区级使用；将西峰区油田产能增量部分实行税收全部划归西峰区，使西峰区有稳定可靠的税源支撑。

二是建议市上考虑西峰区政府性债务包袱沉重，收支矛盾、支出压力大、偿还债务困难的财政现状，将 2009 年以来由于市区两级公共服务项目形成的债务由市、区两级财政按 5:5 比例分级负担。

三是建议市上今后在确定市区重点建设项目时，明确筹资渠道和市区应该承担的资金数额。

四是建议市上安排专项资金支持城市供热、旧城改造、工业园区建设、世行项目配套资金，全力支持西峰区申报争取海绵城市建设、管廊城市建设项目。

对于加强乡镇年轻干部培养管理的实践和思考

中共西峰区委组织部

随着“大学生村官、进村进社、乡镇公务员考录”等就业项目的实施，一批又一批的年轻大学毕业生分配到乡镇基层工作。这些年轻干部思维敏捷，对新事物接受能力强，为乡镇干部队伍注入了新的生机与活力。随之而来，如何培养好这些年轻干部，如何创造一个有利于他们成长的环境，使他们逐步成为基层工作的中流砥柱和党的事业的接班人，便成了组织人事部门面临的一个新课题。对此，我们通过问卷调查、走访座谈等方式，全面回顾总结实践做法，分析存在的主要问题，对今后年轻干部培养管理进行深入思考，提出了一些针对性的意见。

一、我区加强乡镇年轻干部培养管理的主要做法

近年来，西峰区着力加强乡镇干部队伍建设，注重多途径做好乡镇年轻干部培养选拔管理工作，开辟了年轻干部成长进步的"快车道"。

（一）建立储才机制，着眼长远"选好苗"。区委坚持把加快培养选拔基层优秀年轻干部放在重要位置长抓不懈，定期召开会议专题研究，不断完善荐才机制。制定了《2013—2016年优秀年轻干部培养工作规划》《关于加强和改进优秀年轻干部培养选拔工作实施意见》《后备干部队伍建设工作方案》，把好干部"五条标准"作为选拔优秀年轻干部的重要遵循，采取民主推荐、党组织推荐、知识测试、组织考察的方式，建立了85后优秀年轻副科级后备干部人才库。坚持对后备干部采取动态管理，定期考核测评，实行优胜劣汰机制，不断加强乡镇年轻干部队伍的结构和梯队建设。同时，结合干部人事制度改革、日常干部调整等工作，加大选拔任用乡镇优秀年轻干部工作力度，换届以来，先后公开选拔6名大学生村官充实到乡镇党政班子任职，提拔任用乡镇年轻干部42名。制定了《区委党群机关公开选调工作人员办法（试行）》，从乡镇遴选优秀年轻干部21名，变"伯乐相马"为"赛场选马"，充分调动了乡镇年轻干部的工作积极性，促进了年轻干部的健康成长。

（二）狠抓教育培训，注重培养"育好苗"。注重提高乡镇年轻干部理论素养和政治素质，在区委党校、市大学生村官实训基地每年至少安排2-3期乡镇优秀年轻干部培训班，加强马克思主义原理、中国特色社会主义理论体系教育，加强习近平总书记系列重要讲话精神学习培训，引导年轻干部提高理论素养，提高运用马克思主义立场、观点、方法分析解决问题的能力。各乡镇结合实际建立了理论学习制度，针对年轻干部强化个人自学、领导督学、集体议学，注重用党的最新理论成果武装年轻干部，增强中国特色社会主义道路自信、理论自信、制度自信。定期组织年轻干部到南梁干部教育培训基地、区内廉政文化教育基地参观培训，突出马克思主义群众观点和党的群众路线教育，引导年轻干部自觉抵制形式主义、官僚主义、享乐主义和奢靡之风，树立正确的权力观、事业观、政绩观、进步观，戒除浮躁和急功近利心理，淡泊名利、远离庸俗。牢记"两个务必"，做到"三严三实"。

（三）强化实践锻炼，多岗历练"敦好苗"。始终坚持将实践锻炼作为培养提升年轻干部的主要途径，多渠道地历练培养年轻干部。一是走进一线磨炼。定期选派乡镇优秀年轻干部到园区建设、项目建设、招商引资、征地拆迁等中心工作一线，让他们在艰苦的环境中磨炼意志，在复杂的局面中提高能力。二是轮岗实践锤炼。完善乡镇年轻干部和区直机关干部双向交流任职制度，把工作经历单一的乡镇年轻干部和大学生"村官"选派到纪检、组织、信访等部门，让他们在不同环境、不同岗位进行锻炼，通过轮岗使年轻干部积累实践经验，提高处理复杂问题的能力。近两年，先后选派22名优秀年轻干部充实到社区、园区挂职锻炼，将28名在乡镇工作的年轻干部交流到区直部门任职，双向交流挂职锻炼干部83名。三是走出家门历练。有针对性地选派乡镇优秀年轻干部到经济发达地区参加培训，学习先进的工作理念、工作方法，开阔和提升年轻干部的工作视野。

（四）健全完善制度，加强管理"爱护苗"。坚持把从严要求贯穿于乡镇年轻干部培养全过程，定期开展思想政治状况分析，教育引导年轻干部强化规

矩意识，自觉接受监督。进一步建立健全与年轻干部谈心谈话制度，严格落实个人有关事项报告、函询、诫勉等制度，充分发挥纪检、审计、督查等工作的作用，始终把年轻干部置于党组织管理监督之中。建立完善优秀年轻干部双重管理制度，采取选派干部接收单位党组织和组织部双重管理，由接收单位党组织负责日常管理和工作指导，组织部门定期考核和监督。对于拟提拔任职的年轻干部，在任职前详细了解其品行、廉洁等情况，扎实开展任前廉政谈话，形成了一套全方位、立体型的监管体系。建立完善了《西峰区科级后备干部培养管理办法》等四项制度，坚持用制度管人理事，为年轻干部健康成长提供了强有力的制度保障。

二、全区乡镇年轻干部队伍现状及培养管理方面存在的问题

西峰区下辖 7 个乡镇，100 个行政村，现有乡镇干部　1265 人，其中科级干部 131 人，一般干部 1134 人；男干部 737 人，占干部总数 58.3%，女干部 528 人，占干部总数的 41.7%；30 岁以下干部 621 人，占 49.1%，30 岁—35 岁 277 人，占 22.9 %，35 岁—45 岁 267 人，占 21.1%，45 岁—50 岁 56 人，占 4.4 %，50 岁以上 44 人，占 3.5%；中专及以下学历干部 106 人，占 8.4%，大专学历 435 人，占 34.4%，大学学历 714 人，占 56.4%，研究生学历 10 人，占 0.8%。

总体来看，对乡镇年轻干部的培养、使用和管理取得了一些成效，但在一些方面还存在不足。一是在年轻干部培养选拔上思想不够解放，过分强调〞台阶〞，对年轻干部不放心、不放手，导致一些干部"敦苗"时间过长，影响了年轻干部的成长进步。二是年轻干部实践锻炼的方法途径仍不够丰富，大规模、多层次、深入的干部交流、锻炼，缺少制度保障，长效机制还未形成。三是少数乡镇年轻干部工作作风不实，思想浮躁，不能一心一意想工作、干事业，加之"四门"乡镇离城较近，干部"走读"现象时有发生。个别乡镇虽然建立了管理制度，采取了措施，但效果仍不理想。

三、加强乡镇年轻干部培养管理的一些建议

一是进一步解放思想，营造良好的用人环境。要大胆破除妨碍培养选拔优秀年轻干部的思想束缚，坚决抛弃求全责备、论资排辈等陈旧观念。全面、客观地看待年轻干部。在年轻干部使用上，坚持"三破三立"。一是破除论资排辈，树立"用人看主流、看本质、看发展"的观念。全面、正确地看待年轻干部，尊重和爱惜年轻干部，大胆提拔使用实绩突出、群众信任的优秀年轻人才。二是破除"求稳怕险"，树立"领导干部的经验来自实践，早压担子早成才"的观念。消除对年轻干部不放心，不敢用的思想顾虑，放手让年轻干部身挑重担，上阵拼搏。三是破除"因循守旧"，树立选贤任能、竞争择优的观念。在严格选拔标准的前提下，打破身份、资历、年龄界限，不拘一格选人用人，为年轻优秀干部提供更多展示才华的平台。

二是严格建章立制，完善用人机制。要按照"定位子、给位子、腾位子、留位子"四个方面的要求，制定出台具体的政策规定，增强工作的针对性和操作性。根据区管领导班子建设的现状及发展需要，制定年轻干部培养规划，确定年轻干部在领导班子中的比例，加大面向乡镇基层选拔领导干部工作力度。要健全能上能下机制。通过民意测评、座谈了解、实绩考核等方法，对那些多数群众不满意的干部、经组织考核有问题的干部、不胜任现职的干部、业绩平平的干部，予以调整，从制度上进一步解决好干部能上能下问题。要探索推行晋职和晋级"双轨制"，让年老的干部乐意"让位"，给年轻干部空出位置、压上担子，解决年轻干部成长"受堵"的问题。要坚持群众公认原则选干部，不断扩大群众对干部选拔任用的知情权、参与权、选择权、监督权。对那些群众公认、政绩突出的年轻干部要敢于推荐，敢于破格提拔。

三是拓宽实践渠道，提高制度保障。要完善交流轮岗机制，制定工作办法，提高制度保障。要本着

扬长补短的原则，扩大范围继续推进年轻干部培养性交流轮岗工作。要加强横向交流，建立乡镇内部岗位轮换机制，工作分工定期轮换，培养年轻干部的大局意识和驾驭能力。要加强纵向交流，从乡镇挑选能力强、业务精、发展潜力大的年轻干部到区直部门工作，进一步增强岗位历练。要强化实践锻炼。坚持把重点工作、重点工程和关键岗位作为年轻干部培养锻炼的阵地、展示自我的平台。要选派一定数量的年轻干部参与专项工作锤炼，注重在急、难、险、重任务中锻炼提高年轻干部，锤炼他们敢于负责、勇于担当的意志和品质，提高他们应对复杂局面、解决实际问题的能力。

四是加强教育管理，预防走读现象。要以作风整顿为契机，组织乡镇年轻干部认真学习中央“八项规定”，省市区关于干部作风建设的一系列制度规定，积极开展党性党风党纪教育和交心谈心活动、引导年轻干部提高思想认识，增强遵章守纪的自觉性，坚持群众路线、树立群众观念，以工作为重，以乡镇为“家”，以群众为友，从思想认识上预防“走读”。要加强对年轻干部的日常管理，进一步建立健全完善干部考勤、值班、请销假、去向公示、工作签到等内部管理制度，严格执行干部工作日志定期查阅制度，加大平时考核力度，并将干部“走读”情况与工作补助、年度考核等次、评先评优挂钩，从内部制度和机制建设上形成约束干部“走读”的长效机制。

彭原上何木瓜树　　摄影：刘小智